本书系国家社会科学基金重大项目
"德国古典哲学与德意志文化深度研究"
（批准号12&ZD126）成果之一

邓晓芒作品 · 句读系列

第九卷

黑格尔
《精神现象学》句读

邓晓芒 著

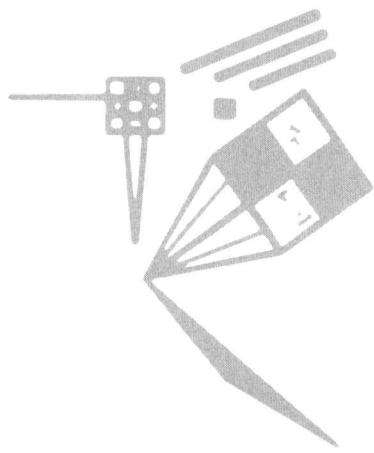

人民出版社

目　录

第三篇 （CC）宗教^①

第七章 宗教

好，我们又是一个学期，已经接近尾声了，我们还有两个学期不到，就可以把它攻下来。按照原计划我们提前了一个学期。

今天我们讲"宗教"这一部分。宗教属于绝对精神，在黑格尔那里，宗教和哲学都是属于绝对精神，前面的伦理、教化、道德都属于客观精神，再前面的意识、自我意识和理性属于主观精神，但是在《精神现象学》里面还没有这样分，这个是我们按照后来黑格尔的《哲学百科全书》这样划分的。所以，从宗教开始我们进入到另外一个境界，就是这个上册讲的是主观精神，下册前面都是讲客观精神，如果要从精神的立场上来看，我们可以这样来划分。而下册从"宗教"开始是进入到了绝对精神，我们上一堂课已经涉及到这一点了，已经讲到了绝对精神，绝对精神就已经过渡到宗教了。所以我们上一次讲课的最后部分，很长的一大段，包括前

---

① 以下凡引黑格尔的原文，以及拉松本所加的带方括号的标题，第一次出现时均加下划线以示区分。另，所注边码大括号 {} 中为德文考订版页码；方括号 [] 中为贺麟、王玖兴中译本 1979 年版上册的页码，后面转入下册时则代表下册页码。

1

面还有，从"良心"开始讲到"罪与宽恕"，讲到"和解"，最后讲到上帝，我们上一堂课和上上一堂课就是这样过渡来的，就是从道德如何过渡到宗教。这里头有一个很复杂的过程，道德里面有很多伪善啊，欺骗啊，优美灵魂涉及到很多负面的东西。一般来说，黑格尔对于道德不像康德那样推崇到那么高的地步，他总是要唱点反调，就像恶魔。他认为道德只是一个过渡的阶段。那么道德如何过渡到宗教呢？就是从良心开始，虽然里面有伪善，虽然里面也有恶，伪善本身就是恶了，但是也有忏悔，也有宽恕，有罪恶意识，因为有恶，所以有罪恶意识。有了罪恶意识以后呢，就会有相互之间的和解，相互之间的承认，就像我们在176页中间这段话的最后一句讲的："这种精神就是一种相互承认，这种相互承认就是**绝对精神**"。从相互承认，也就是相互和解、相互宽恕，我们进入到了绝对精神，那就是宗教了。绝对精神的最初级的阶段，那就是宗教。当然在后来的黑格尔的体系里面呢，最初级的阶段是艺术，艺术、宗教和哲学；而在精神现象学里面呢，他把艺术合并到宗教里面去了，叫作"艺术宗教"，没有专门来谈艺术。后来才专门谈到艺术，黑格尔的艺术哲学专门有一个《美学讲演录》，这是后来才分化出来的，在精神现象学里面它们还是捆在一起讲，总而言之，它们都属于绝对精神。

那么，绝对精神一开始就是"宗教"，因为讲到这样一种和解，那就是上帝，只有上帝从彼岸的高度才能促成世俗人们的和解。上帝就是最高的自我意识，最高的自我就是上帝。当然这样一个宗教概念是基督教的宗教概念，而且是新教的宗教概念。在黑格尔那里，他自己就属于新教，他的思想也是从新教里面发挥出来的，所以他讲宗教就是以新教为标准的，虽然也讲原始宗教啊，自然宗教啊，艺术宗教啊，那都是新教的前史，是天启宗教的前史。他这里讲的从道德过渡到宗教，那就是过渡到马丁·路德的新教。路德教作为基督教的最高阶段，在黑格尔看来是宗教的一个典型代表，它代表了宗教的本质。这一点在后来的人，像青年黑格尔派，包括马克思、费尔巴哈和鲍威尔兄弟，都承认这一点，就是说，基督教、特别是新教，是"作为宗教的宗教"，基督教反映了宗教的本质。当然还有很多宗教不能用基督教来概括，像原始宗教、自然宗教、东方的宗教，包括儒教，都不能用基督教来概括，但是这些宗教里面的"宗教性"是归属于由新教所体现出来的宗教原则的，这就是后面要讲到"天启宗教"，就是所有这些宗教形态都隐隐约约地包含了天启的因素。但在最初的时候宗教的本质因素还没发展出来，它还要经过一个漫长的历程，才能把它的本质展现出来，就是到了宗教发展的最后阶段——新教阶段，才把这个本质发展出来，这是黑格尔对于宗教的看法。所以他前面讲的向宗教的过渡，像道德通过良心，通过宽恕，通过忏悔，过渡到宗教，那主要是讲的基督教，或者主要是讲的新教；但是宗教本身也有个发展历程，不是一下子就到了基督教的。我们今天要讲的这一部分，第七章，那就不仅仅是讲新教了，而是讲基督教的原则是怎么样发展起来的。你抽象地讲宗教，一口咬定宗教是什么，那只要把基督教的最后结论拿来讲就行了；但是你要全面展开论述宗教的话呢，那就要追溯它的概念。基督教不是天上掉下来的，它肯定有一个形成史，那么对这个形成史的追溯，也就涉及到对整个人类的所有的宗教意识、宗教形态、宗教文化，你都要有解释，你都要把它们安排在一个历史发展的进程之中，指明它们每一个形态是处于一个什么样的阶段。而最后的阶段，它发展的目的，当然就是要发展出黑格尔所谓的"天启宗教"、"启示宗教"，最终是新教。宗教在黑格尔的《精神现象学》中的地位就是这样的。所谓的"绝对精神"跟前面讲的精神是不一样的，整个下册一开始就是讲精神，"真实的精神；伦理"，伦理就是精神了，然后讲"教化"，教化包括宗教的信仰，包括天主教和基督教的信仰精神，以及后来的启蒙精神，教化、启蒙、分裂的意识，等等，所有的这些东西都是精神；但是宗教是绝对精神。绝对精神跟一般的精神的区别就在于我们前面讲到的"互相承认"，前面的那些精神都是互相矛盾、互相冲突，没有一个沟通的渠道，那么绝对精神呢，就是说你心中有了上帝，你就意识到所有的他人都是精神，并且整个自然界都是精神，这样的精神就绝对化了，主客统一了。客观精神是客观的，客观里面有冲突，有矛盾，我的主观可以不认；主观精神呢，在前面总是在追求客观的东西，但是那个客观的东西又不是主观精神。所以前面的精神都不是绝对的，要么只是主观的，要么只是客观的；而到了宗教，主客观统一了，达到了一种互相承认，用我们今天的话来说，就是达到了一种主体间性，主体间互相承认。你是一个主体，我也是一个主体，我们都是同一个主体，我们都属于同一个上帝，同一个圣灵，我们的灵魂是相通的，是同一的，这就进入到宗教了。那么，我们今天来看这一段。我们今天读第七章，宗教。

按照惯例，第七章一开始就是追溯前面的。过渡已经过渡完了，我们前面讲到"道德"的最后一部分就已经过渡到宗教了，已经引出了上帝，它最后一句话就是：绝对自我是"把自己作为纯粹认知来认知的双方中间显现出来的上帝"，这个"我"、"自我"就是上帝。那么，现在我们就要追溯，这样一个上帝、这样一种宗教怎么样从前面那些意识形态的各个阶段中引出来，也就是说我们要追溯这个宗教概念的形成史。过渡我们已经完成了，在理论上已经完成了，但是这个宗教是怎么形成起来的，它本身有一个概念发展过程。我们前面很多地方都点到了宗教，都触及到了宗教，但是当时所讨论的问题不在这方面，只是附带地涉及到宗教。现在我们要把宗教当成一个主题来专门地探讨它，那它还得作一番追溯。所以，第七章宗教，它一开始就对前面的意识形态进行追溯，开始这几段都是在追溯。

①前此的诸形态大体上被区别为**意识**、**自我意识**、**理性**和**精神**，在其中，**宗教**虽然也曾经作为对**绝对本质**一般的意识出现过，——不过，那

---

① 凡是原文换行分段之处，本书中均空一行。为了读起来醒目，原文每一整句在本书中都另起一行，带起对它的解释也另起一行。

是从意识到了绝对本质的那种**意识的立场**出发的；但这绝对本质本身并不是**自在自为**的，精神的自我意识在那些形式里并没有显现出来。

这第一小段就是一句话，一个长句子。"前此的诸形态大体上被区别为**意识**、**自我意识**、**理性**和**精神**"，这是我们前面所走过的历程，精神现象学整个历程都是这样过来的。我们在走到宗教面前的时候，我们回顾整个精神现象学，我们发现精神现象学一开始就是讲意识，后来进入到自我意识，再后来进入到理性，最后呢进入到了精神，这是我们经过的四个阶段。"在其中，**宗教**虽然也曾经作为对**绝对本质**一般的意识出现过"，"宗教"和"绝对本质"打了着重号。也就是说，前面四个阶段里面，我们凡是提到绝对本质的时候，宗教也曾经出现过，是作为一般的绝对本质。在意识阶段讲"内在的东西"，还比较笼统；在自我意识阶段讲不幸的意识的时候，就已经涉及宗教了；而在理性和精神阶段，黑格尔在很多地方都谈到后面有个绝对本质，绝对本质就是宗教。但是宗教的绝对本质不仅仅在宗教本身中体现出来，而且作为"绝对本质一般"而出现在意识、自我意识理性和精神中。"——不过，那是从意识到了绝对本质的那种**意识的立场**出发的"，那个时候我们涉及到宗教，我们的立场却不是宗教，我们不是立足于宗教来谈宗教，我们只是从意识到了绝对本质的那种意识的立场，也就是对象意识的立场，把那种绝对本质当作一个对象来意识而已。所以虽然这个时候我们涉及到了一点宗教，但是我们的立场还只是意识的立场，"意识的立场"打了着重号。就是说所有我们前面的这些形态，不管是在谈意识，谈自我意识，谈理性，谈精神，当涉及到绝对本质的时候，我们的立场还是意识，还是对象意识，而不是自我意识。我们没有意识到这个绝对本质就是我自己的本质。意识就是把自己跟对象区别开来，对象是对象，我是我，就是把这样一些绝对的本质当作自己的对象来看待，而没有从这个对象里面反思到自己，或者说没有把这个对象看作就是自己，没有达到自我意识。所以它这里讲"不过"，"不过"就是作一个限定了，虽然前面谈到了绝对本质，谈到了宗教，只不过呢，那是从意识到了绝对本质这一对象的那种意识的立场出发的，还没有把这个绝对本质看作就是我本质，还没有提升到自我意识的阶段。所以那个程度很浅，我们在前面也谈到宗教，不是说现在才开始谈，前面也多次接触到宗教，但是那样一个立场是浅层次的，没有真正深入到宗教本身。所以他接下来讲，"但这绝对本质本身并不是**自在自为**的，精神的自我意识在那些形式里并没有显现出来"，就是说我们谈绝对本质的时候，已经涉及到宗教了，但是这个绝对本质本身并不是自在自为的，"自在自为"打了着重号。就是我们谈绝对本质的时候并没有深入到这个绝对本质本身的自在自为，它本质是一个什么东西，它本身是如何发展起来的。我们只是在谈别的东西的时候触及一下它的更深层次的绝对本质，但是我们没有把绝对本质拿到正面来对它的自在自为的运动过程进行考察，只是附带地涉及到，没把它当作主题，看它是怎么样的自在的，又是怎么样自为地发展起来的。所以他讲，精神的自我意识在那些形式里并没有显现出来，那个时候还只是从意识的立场出发的，而自我意识还没有来得及显现出来，我们还没有从绝对本质身上反思到自身，不是一种精神的反思。我们的精神，不管是主观精神还是客观精神，当然也涉及到底下的绝对本质，同时也触及到了宗教的一些问题，比如信仰，专门有章节谈信仰，实践和信仰，但那都是从意识的立场出发的。我们把它们看作一种对象，在其中挑挑拣拣，但是我们没有意识到这个对象它就是自我，精神的自我意识在那些形式里面并没有显现出来。这是第一句话，第一句话就已经在回顾了。我们这一章已经开始谈宗教了，那么宗教在前面的章节里面是不是就完全没有涉及呢？如果说已经涉及到了，那又是在一种什么意义上面、什么层次上面来涉及的呢？这开始一段就点出了，它是在一个意识的层次上、而不是在一个自我意识的层次上，它是在一个客观的层面上，而不是在一个主客观统一的层面上。我们刚才讲绝对精神，它就是主客观统一，主客观统一是通过什么统一？通过自我意识，客观的东西就是主观的东西，我们在客观的东西上面看到了主观的东西，这就是绝对精神了，但在前面四个阶段里面呢，这样一个绝对本质还没有达到这样一种眼光，没有达到这种主客观统一的自我意识的眼光，它还是作为一个客观的对象、一个意识所面临的对象而出现的。那么，下面这一段就是一个个地追溯了，首先从意识，然后从自我意识，然后从理性，然后从精神，一个个追溯宗教概念本身的形成史，或者层次结构。我们看它是怎样追溯的。

就意识是知性而言，意识已经成为了对超感官的东西和对象性定在之内在的东西的意识。

"就意识是知性而言"，"意识"打了着重号，我们首先来谈意识。前面不是讲四个阶段吗，第一个阶段就是意识了。那么，就意识"是知性而言"，"知性"也打了着重号，我们首先从意识里面的知性来看。我们前面看到，意识有三个阶段，一个是感性确定性，一个是知觉，一个是知性。那么这里我们首先从意识中的知性谈起，为什么要从知性谈起，那前面的感性确定性和知觉就不谈呢？因为知性才开始涉及到绝对的本质，涉及到"内在的东西"。感性确定性和知觉都还没有谈内在的东西，到了知性就开始想要把握内在的东西，撇开现象去把握底下的本质，这是意识的最高阶段。初级阶段还没有涉及到这个问题，到了意识的最高阶段知性，我们才开始涉及到绝对本质了，所以我们现在要追溯的话，我们要从知性开始追溯起。但知性是属于意识的，所以我们也可以说是从意识追溯起。就意识作为知性而言，"意识已经成为了对**超感官的东西**和对象性定在之**内在的东西**的意识"，一个是"超感官的东西"打了着重号，我们前面在谈到知性和力的时候呢，我们涉及到超感官的东西，超感官世界，而且不光只有一个，还有第二个超感官世界；"内在的东西"也打了着重号，超感官的东西和内在的东西，这都是属于绝对本质。属于绝对本质，那无形中就已经涉及到宗教问题了。

但是，超感官的东西、永恒的东西，或者无论人们对它如何称谓，都

是无自我性的；它刚刚才是**共相**，这共相距那把自己作为精神来认知的精神的存在还很远。

"但是，超感官的东西、永恒的东西"，我们已经涉及到超感官的东西、内在的东西，你可以说它们埋藏着宗教的意识，或者宗教的可能性。知性涉及超感官的东西，超感官的东西那就很神秘了，就像康德的知性，对于超感官的东西他称为自在之物，认为是不可认知的，那么这里头就埋藏着宗教的可能性。所以康德后来从自在之物里面发展出了上帝啊，灵魂不朽啊，自由啊，这样一套东西，这都是属于宗教的话题。这都是从超感官的东西来的，感官达不到，那就不能认识了，不能认识那就只能信仰。但是严格说起来呢，这些东西还不能够说是宗教性的东西，因为超感官的东西在康德那里它也不仅仅是指上帝啊、灵魂啊这些东西，它也有自在的物质对象的意思。这个杯子在这里，我们看到它的形状、颜色，但是它本身是一个自在之物，任何一个东西后面都有一个自在之物。所以自在之物是一个很泛的概念，它可以包含宗教的意义，但是也可以不包含，也可以是唯物主义的。像洛克就认为这个物质实体本身是不可知的。这样一些东西，"或者无论人们对它如何称谓，都是**无自我性的**"，自在之物跟意识是对立的，它没有自我，它跟自我没有相通之处。"它刚刚才是共相，这共相距那把自己作为精神来认知的精神的存在还很远"，这样一个自在之物、超感官的东西，刚刚才达到共相。它已经是共相了，万物后面都有一个超感官的东西，物理学里面讲物质不灭，实体永恒，当然康德的自在之物还不是物理的实体，它比物理实体更超越、更内在。但无论人们叫它什么东西，它都是没有自我性的，它刚刚是一种共相，也就是它顶多达到了一种共相。你当然可以说万物都有一个自在之物在后面，所以它是一个共相；但是，这共相距离那种自我认知的精神或者自我意识到的精神，还很远。自我意识到的精神那就是绝对精神了，那就不是仅仅当作一个对象的精神，而且也是当作自我的精神了，那还远得很，刚刚才起步。当然它是一个前提，你没有经过这个起步阶段，连共相都没有形成，那后面的都谈不上。可见宗教精神的发展可以说在意识、在知性那里就已经有了一个最初的基础了，那就是已经从感性和知觉上升到了知性的共相；但是要从这里发展出宗教意识、宗教精神来，那还要走很远的路。

——其次，那在**不幸意识**的形态中得到自己的完成的**自我意识**，也只是精神再次努力为自我取得对象性而不得的**痛苦**。因此，**个别**自我意识和自己不变的**本质**的统一，尽管这统一将由这本质造成，却仍然是它的一个**彼岸**。

"自我意识"打了着重号，"不幸意识"也打了着重号。"其次"，就是说，接下来我们回顾自我意识的阶段，这是第二个阶段。"那在**不幸意识**的形态中得到自己的完成的**自我意识**"，也就是说讲到自我意识，它的最后完成阶段就是不幸的意识。我们前面已经讲到，自我意识从意识、欲望、生命、类等等，一路发展过来，进入到主奴关系，斯多葛主义，树立起了对于人格、对于自由的意识；但这个自由意识就导致人的不幸的意识。人有了自由意识之后就感到自己的不幸，在动物阶段他从来没有感到自己不幸，但是有了自由意识，意识到自己是自由的，意识到自己本来可以是别样，本来可以有另外一种选择，这个时候他就感觉到了自己不幸。不幸意识呢是自我意识的完成阶段，那么在这里是不是就达到了宗教呢？当然不幸意识已经开始涉及到宗教了，没有不幸意识的人是不需要宗教的。前面大量地谈到不幸意识在宗教中是怎么表现出来的，主要是基督教，基督教就是从不幸意识产生出来的，从斯多葛主义、新柏拉图主义进到基督教，早期基督教就开始有了不幸意识。人活在这个世界上注定是不幸的，所以这个世界没有什么可留恋的，必须要寄希望于上帝，寄希望于天堂，基督教就是这样产生出来的。所以那个时候已经涉及到了彼岸，涉及到了上帝，那么是不是就已经是宗教了呢？还没有！这种自我意识，"也只是精神再次努力为自我取得对象性而不得的**痛苦**"，"痛苦"打了着重号。也就是说在自我意识那里、在不幸意识那里，虽然我们涉及到了绝对本质，涉及到了彼岸，但是它只是体现为精神再次努力为自己取得对象性而不得。"再次努力"，前一次努力就是在意识那里，在知性那里，在超感官的东西那里，在永恒的东西那里，它是没有自我性的，但它已经体现出了一种意向，有一种不可知的东西在后面，你不要太自信了，你以为你看到的就是全部啦，你所有的知识后面还有一个不可认知的东西，它会引起你的敬畏，它会引起你恐惧。当然也不一定，唯物主义者就无所畏惧，但它留下了这个余地啊，就是你可以把它设想为更高的东西，上帝、灵魂不朽等等，这可以说是第一次努力。那么，在不幸的意识里面呢，精神的努力就很明显了，精神的再次努力为自己争取对象性而不得。为什么会感到不幸呢？为什么感到痛苦呢？为自己争取对象性而不得，我想要达到彼岸，想要达到天堂的极乐，但我只是一个世俗之人，我不能够上天堂，我在世俗生活中追求天堂、追求彼岸而不得，所以感到不幸，它只是这样的痛苦。光是痛苦、光是对彼岸的向往还不是宗教，它还没有达到主客观统一，没有达到绝对精神。"因此，**个别**自我意识和自己不变的**本质**的统一，尽管这统一将由这本质造成，却仍然是它的一个**彼岸**"，"**个别**自我意识"，"**个别**"打了着重号，这里强调它是个别的自我意识，每一个个人为自己的灵魂得救而苦恼，而感到不幸。它还没有和自己不变的本质达到统一，只有这种不变的本质才会带来这种统一，但现在自我意识还陷在它的个别性中，所以这种统一仍然还是它的一个彼岸，它注定只能是痛苦的。人和上帝的统一仍然是一个彼岸，你在现实生活中是达不到这种统一的，你永远苦恼，永远不幸。所以在自我意识阶段，不幸的意识是个别自我意识和彼岸的对立，是个人的灵魂和彼岸的对立，当然你可以说这已经涉及到宗教意识了，而且可以说这是宗教的起源，基督教最初的起源也是从这里开始的，意识到自己的有限性，意识到自己的不幸，处处受到限制，自由得不到满足，只好把它寄托于天国，这个时候就产生出宗教来了。但这种宗教仍然是自我与彼岸的一种分裂状态，在基督教中还只限于《旧约》圣经阶段，还没有达到某种意义上的统一状态。所以前面谈自我意识，谈到不幸的意识的时候已经大量地涉及到宗教的问题，但是还没有把它作为普遍自我意识的话题来谈，而只是从人的个体的自我意识来谈的这个问题，在那个时候自我与彼岸、与上帝还是分裂的，还是对立的，没法统一起来，在生活中仍然是对立的状态、痛苦的状态，没有人来拯救，拯救还未到来。

　　——那在我们看来是从那种痛苦中产生的**理性**，它的直接定在和它所特有的诸形态是没有宗教的，因为理性的自我意识是在**直接**当下中认知或寻求它**自身**的。

　　这有个破折号，它和前面那个破折号都是一种划分的意思，前面一个破折号划分了意识和自我意识这两个阶段，现在这个破折号划分了自我意识和理性这两个阶段，破折号后面是谈理性。"那在我们看来是从那种痛苦中产生的**理性**，它的直接定在和它所特有的诸形态是没有宗教的"，从痛苦中产生出来的理性，个人达不到彼岸、感到痛苦，怎么办呢？个别的自我意识感觉到自己的有限性，追求彼岸追求不到，那就会痛苦，那么如何摆脱这个痛苦呢？那就从身边的事情开始，先追求此岸吧！用理性和科学来把握自然、把握人本身，这都是彼岸上帝的造物，我们直接追求彼岸追求不到，那就追求上帝的造物，追求此岸，在此岸中得到满足，于是就有了理性。当然理性本身也被看作是上帝赋予人的"自然之光"，理论上是这样；然而，"它的直接定在和它所特有的诸形态是没有宗教的"，理性本身有它的确定性和规范性，它在直接运用于它的对象时，是没有上帝插手的余地的。所以说科学家都是天生的唯物主义者或无神论者。我们通过理性来面对我们面前的这个定在的世界，这个有限的世界，我们不要追求无限，面前这个有限的世界我们可以通过理性来把握它，从这里就产生了一种理性的态度。理性的这种特有的形态是没有宗教的，这就是近代科学理性或启蒙理性所坚持的立场，它们的反宗教的立场，启蒙运动就是跟宗教的权威相对抗而发展起来的。当然它不是专门要跟宗教对抗，而是要发挥自己的理性，自然就会跟宗教产生一种对抗，因为在这种理性里面本身是没有宗教的，它是局限于有限性的，就事论事的。我们面对自然界、面对人本身，彼岸的那些虚无缥缈的东西就不要谈了。"因为理性的自我意识是在直接当下中认知或寻求它自身的"，理性的自我意识，这里面有自我意识，因为它经过了自我意识阶段发展出理性，那么理性的自我意识跟前面的不幸的意识呢，已经大不一样了，它在直接当下中认知或寻求它自身，它不再到彼岸寻求它自身。之所以痛苦、之所以有不幸的意识，就是因为你的追求太高了，你想要到彼岸去寻求和上帝合一，那是不可能的。既然不可能，所以现在我们还是把眼光放得现实一点，我们从直接当下中认知或寻求它自身，我们就会发现我们所面对的这个当下的世界是一个合理的世界，是一个理性的世界，那么理性在这一点上就达到了自我意识。自我意识有理性，那么我们运用我们的理性去处理当下的认知对象，我们在认知中发现，我的理性就在万物之中，万物都是合理性的，我们可以支配万物，那么还有必要去追求彼岸的那个上帝吗？所以它是一种非宗教的形态，理性自身独立起来，已经把彼岸踢到一边去了。理性的这种发生可以参看"自我意识"章的最后一段（上册第152—153页）。这是前面三个阶段，这一段讲的是三个阶段，一个是意识，一个是自我意识，一个是理性，是这样过来的，它们都涉及到宗教，但在意识阶段呢，只是给宗教打下了共相的基础；在自我意识阶段呢，是有了自由意识，已经意识到彼岸，但是追求彼岸而不得；在理性阶段呢，把宗教踢开了，把宗教放到一边了，这是对宗教的批判。这是前三个阶段，那么还有一个精神阶段，我们读的这个下册就进入到了精神的阶段。精神阶段首先是伦理，我们可以看看目录，第六章是"精神"，第一节是"真实的精神；伦理"，第二节是"自身异化了的精神；教化"，第三节是"对自身具有确定性的精神；道德"，通过这三节我们才进入到了宗教。宗教当然也是精神，但宗教是绝对精神，所以一般讲精神跟宗教讲的绝对精神层次还不一样，虽然它们都是精神，但层次不一样。那么我们先看看一般讲的精神，就是四个阶段里面的最后这个阶段，前面已经讲过的四个阶段，最后一个阶段讲精神，但这个精神是一般的精神。

反之，在伦理世界中，我们看见了一种宗教，亦即一种**阴间**的**宗教**；这种宗教是一种信仰，相信**命运**之可怖的、不熟悉的黑夜和相信**死去的精神**之复仇；——前者是具有普遍形式的纯粹否定性，后者则是具有个别形式的纯粹否定性。

"反之，在伦理世界中"，这个"反之"，就是跟前面的相反，前面讲来讲去都还没有达到宗教，虽然不幸意识已经是一种宗教意识了，但它还是主观的，正因为主观的，所以才感到不幸嘛。仅仅停留在主观中，所带来的是一种痛苦，达不到客观，达不到彼岸。而在伦理世界中呢，真正有了一种宗教，它已经是主客观统一了。我们说了，伦理一方面是主观的伦理精神，另一方面它又是一种客观的伦理秩序，这就不一样了，这种宗教跟前面讲的不幸的意识就不一样了。它不仅仅是奠定一个基础，它又并不是对于宗教完全的批判，一种否定，它也不仅仅是一种主观的自我意识，而是主客观统一的。在伦理世界中，"我们看见了一种宗教，亦即一种**阴间**的**宗教**"，"阴间的宗教"打了着重号。当然一般说我们在伦理世界里面已经有宗教了，古希腊的社会就已经有宗教了，每个城邦都有自己的神，但这个神它是伦理性的，它是一种阴间 (Unterwelt) 的宗教。这个我们在前面的伦理世界里面看到了，人的法则和神的法则、白天的法则和黑夜的法则、男人的法则和女人的法则，作了这样一些区别，这些不同的法则都代表着一方面是世俗生活，另一方面是宗教生活。但这个宗教是阴间的，在死后阴间有一种生活，在我们想象中的，它跟现实生活中的国家、法制、人际关系、家庭关系都不一样，它是一种死后才能进入到的宗教的领域。所以虽然我们在伦理世界里已经有一种宗教了，但是它仅仅是一种阴间的宗教，还没有进入到世俗的现实生活中来。"这种宗教是一种信仰，相信**命运**之可怖的、不熟悉的黑夜和相信**死去的精神**之复仇"，这种宗教里面当然有一种信仰，但这种信仰相信什么呢？一个是相信命运之可怖的、不熟悉的黑夜，"命运"打了着重号。这种宗教依赖命运观，命运女神是至高无上的，任何人都受命运女神的支配，包括神本身。在古希腊宗教里面，不管你是最高的神宙斯，还是其他的神或人，都要受命运女神支配，而命运女神凭什么支配？不知道！所以是很神秘的，这是命嘛，你只能认命。命运女神为什么要捉弄你，她当然有她的逻辑，在古希腊的神话里面有很多的逻辑，就是说那是因为你前世怎么怎么样，你生前作了什么恶，于是诅咒就实现在你的后代身上，但你不知道，等等等等，有一系列的说法。但所有的说法都说明，人是不知道这些的，只有命运女神冥冥中掌握了人生命运的线索，掌握了你的命运，所以它是可怖的、不熟悉的黑夜，这是一方面。另一方面，相信死去的精神之复仇，Eumenid，欧墨尼得斯，就是复仇女神。一个是命运女神，它是黑夜，是不熟悉的，它是可怕的，你不得不服从；再一个就是复仇女神，死去的精神能够复仇，死去的鬼魂可以复仇。在希腊社会那个时候的宗教意识就是这样一种宗教意识，临死之前你可以发出诅咒，你们这些人都不得好死，然后呢，他死了以后，他的诅咒就落到活着的人身上，就受到报应。像阿伽门农的诅咒，诅咒他的子女们，你们在生前抛弃我，你们都不得好死，果然他的两个儿子都不得好死，互相残杀同归于尽。这就是对死去的精神能够复仇的信仰，当然这已经是一种宗教了，我们后面还要涉及到这方面，后面专门讲宗教也要涉及这方面，但它还只是阴间的宗教。阴间的宗教虽然是宗教，但它是片面的，怎么片面的呢？"前者是具有普遍形式的纯粹否定性，后者则是具有个别形式的纯粹否定性"，这两者都是否定性的，一个是命运女神，她否定什么呢？否定在现实中生活着的人的主观意志，她不以你的意志为转移，她决定你的意志，她否定你的意志，你想要这样她偏不让你这样，让你达不到目的，让你达到属于她的另外一种陌生的目的。人和神都是被命运所支配、所否定的，如果是肯定的话，它跟你的意志就会是一致的，但它跟你意志不一致，相反，它违背你的意志。这种命运就是一种普遍形式的否定性，没有人能够逃脱命运，连神也不行。"后者"，就是死去的精神能够复仇这样一种信仰，则是"具有个别形式的纯粹否定性"。死去的人都是一个一个的人，他个人有什么怨仇，他的鬼魂也就报复在某个人身上，冤有头，债有主，这都是个别形式的否定性。总而言之，它是一种阴间的纯粹否定性，有两种形式，一个是不可知的命运，一个是死去鬼魂的复仇。这已经是一种宗教意识了，但是都是否定性的，都是对活着的人的一种否定，所以对现实世界来说呢，它仅仅起着一种否定作用。它是宗教，但它是片面的，所以在伦理世界里面虽然我们已经看到了一种宗教，但只是从否定的方面，还没有正面地展示出宗教的积极的意义，它的肯定的意义。

因此，绝对本质在后一种形式里虽然就是**自我**并且就是**当下的东西**，正如自我不是什么别的东西一样；不过，**个别的**自我就是**这一个**个别的阴影，它把本身是命运的普遍性和自己分离开来。 [180]

"因此，绝对本质"，在这里是继续讲阴间的宗教，"绝对本质"这里是宗教的代名词。"在后一种形式里"，后一种形式就是这种个别的形式，就是死了以后复仇这种纯粹否定性。"虽然就是**自我**"，"自我"打了着重号，绝对本质在死后的形式里面，它就是自我，人死了以后他的个体性得到承认了，他的个体性得到尊重了，孔子讲"敬鬼神而远之"。在生前得不到尊重，人死了以后他的个体性就得到尊重了。"并且就是**当下的东西**，正如自我不是什么别的东西一样"，他死了他的尸体还在，我们讲活要见人死要见尸，那就是当下的东西，你必须把他的尸体下葬，不能像对待别的东西那样随意处置和抛弃。像安提戈涅的神话里面就是，作为他的姐妹，她有义务把她的兄弟的尸体埋葬，因为这尸体有一个自我，这自我不是别的东西，他就是当下的这个特定的人，不管他活着也好，死了也好，他就是这个具体的人，死了以后他也是这个具体的尸体。"不过，**个别的**自我就是**这一个**个别的阴影"，个别的自我在这样一种形式之下，它就是作为"这一个"的个别阴影，"个别的"和"这一个"都打了着重号。就是说，他的那个自我只有在他死后进入到阴间才被承认，他的阴魂才是他的真正的自我；而他活在世界上作为一个活生生的人，他的自我是得不到承认的，受到各种各样的身份和义务的束缚，受到整个城邦的群体意识的束缚。前面讲，希腊人把自己看作各种身份的承担者，把自己融化在城邦之中，融化在家庭之中，融化在群体之中，没有自我。古希腊人我们用今天的眼光来看，虽然称之为城邦的公民，实际上他们是没有自我的个体独立性的，被各种身份和义务束缚着。他们的自我体现在什么地方呢？体现在死后，死后他才有了独立的自我，人们才把他看作"这一个"。但人已经死了，这种自我只是这一个个别的阴影。"它把普遍性作为命运而和自己分离开来"，个别的阴影和普遍性、和命运分离开来，因为命运是支配活着的人的，而人死了以后，他跟命运就没有关系了，命运不再能够支配死了的人，命运支配的是活着的人。活着的人所遵守的命运就是一种普遍性，一种必然性，任何人都必须服从命运，包括神，包括宙斯在内，都不能不服从普遍的命运；而个别的人呢，他就可以不服从命运，因为他已经死了，他已经无所作为了，命运也加不到他身上了，所以这种个别性作为一种阴影，跟现实的命运的普遍性是完全分离的。前面讲有两个因素，一个是命运的可怖的、不熟悉的黑夜，一个是死去的精神能够复仇，这是阴间的宗教的两个要素；但这两个要素是对立的，是分离的。当你服从命运的时候你是没有个体性的，你必须服从，你不能凭自己的意志来彰显你的个体性，来凸显你的个体性；那么死了以后呢你的个体性得到了尊重，但命运也拿你没办法了，最坏的命运无非是一死嘛。所以这两方面，一个是个体性，一个是普遍性，双方是分离的。

　　这一个个别阴影虽然是一个阴影，是被扬弃了的这一个，因而即是普遍的自我；但是前一种否定的含义还没有转化成后一种肯定的含义，因此那被扬弃了的自我同时还直接意味着这一个特殊的东西和无本质的东西。

　　个体性和普遍性对立，那么先看个别性。"这一个个别阴影虽然是一个阴影，是被扬弃了的这一个，因而即是普遍的自我"，就是说这一个个别的阴影虽然是一个阴影，虽然死了以后在阴间相当于一个影子了，已经起不了什么作用了，是被扬弃了的这一个，那么它的个别性呢实际上是被扬弃了的。在阴间你的灵魂已经归入地下，那么我们尊重你的灵魂，但是这样一个阴影、这样一个个别性已经被扬弃了。我们尊重你作为一个灵魂、作为一个个体，那是因为我们对所有死了的人都是这样尊重的，所以并不是特别尊重你这一个人，而是尊重一切死了的灵魂。所以你这个自我相当于一个普遍的自我，每一个人他的自我在他死了以后都要得到尊重，所以你的这一个作为一个阴影来说，就成了一个普遍的自我，虽然我把你当作一个个别性来加以尊重，但是它在阴间已经具有普遍性。"但是前一种否定的含义还没有转化成后一种肯定的含义"，前一种否定的含义，也就是个别性具有的否定的含义，我们刚才讲了，个别的形式是一种纯粹的否定性。那么虽然个别性被扬弃了，成了普遍的自我，但这普遍的自我仍然是否定性的，是一种消极的普遍性。它无非是说，所有的人死了以后都是一样的，人固有一死，死了就什么都没有了，所以这种普遍自我不可能转化成一种肯定性的含义。"因此那被扬弃了的自我同时还直接意味着这一个特殊的东西和无本质的东西"，自我被扬弃了它的个别性，但是它的普遍性并没有因此而具有肯定的、积极的意义，还没有转化为对于个体的一种肯定。人死后变成了一个阴影，你已经死了，虽说死了以后能够复仇，能够发出诅咒，等等，但这是一种纯粹的否定性；它有没有肯定性呢？能不能自己建立起什么呢？不行，所有死了的人都不再能做什么积极的行为，而只能通过命运女神对活着的人发生消极的影响，给他们带来无法预料的命运。而这种命运虽然具有普遍性，但仍然是直接由个别性导致的，只不过个别性现在是无本质的阴影，你看不见摸不着，但它仍然是特殊的原因，是种因果报应。实际上这仍然是冥冥中命运的普遍性和阴间的个体性的对立，就是说，死了以后的这样一个个别的阴影，仍然是作为一种与普遍性自我相对立的个体在那里存在，没有把普遍自我纳入到自身，使自身在宗教里面形成一种积极的普遍意识。相反，它始终是特殊的、否定性的、消极的。在这种阴间的宗教里面，特殊个体和普遍命运的对立使得双方都不能够转化为肯定性。被扬弃了的自我就是死去的个体的鬼魂，但它仍然是一个特殊的东西和无本质的东西，鬼魂都是有名有姓的，它仍然是直接特殊的东西，但是，它又是无本质的东西，你抓不住它。这是从自我这一方面来看，自我死了以后，它并没有从一种否定的含义转化为一种肯定的含义，它本来在死的时候是一种否定性，但死了以后它并没有转化成一种肯定性，或者说它还只是一种跟命运相对立的、被命运抛弃了的孤魂野鬼、游魂，没有肯定的含义。死了以后的人不能做什么了，所以它是无本质的，虽然它是一个特殊的东西，它是这一个，但是，它没有了本质。这就无法达到宗教的本质。

——而那没有自我的命运仍然是无意识的黑夜，它既没有达到黑夜中的区别，也没有达到自我认知的明晰性。

前一句是讲个别的阴影，这样一种个别性它本身没有吸收普遍性而转化为一种肯定的含义；这里讲；其实命运也是一样，命运也保持着它的否定性。"而那没有自我的命运"，这命运仍然是没有自我的，或者说它是对抗自我的，它是违背自我的，命运是一种可怕的力量。没有自我的命运"仍然是无意识的黑夜"，仍然是否定性的、盲目的。"它既没有达到黑夜中的区别"，在黑夜中没有什么区别，在黑夜中什么东西都看不清楚，你要在黑夜中看出一些区别，那就可以使黑夜消散了，那就天亮了，但是没有达到黑夜中的区别。"也没有达到自我认知的明晰性"，没有达到区别，那就没有达到自我认知的明晰性。自我认知是很清晰的，就是把自己跟对象区别开来，意识和自我意识都具有这样一种结构，但是它现在还没有达到。因为命运是没有自我、没有意识的，是没有区别的，没有达到自我认识的明晰性。这就在两方面，个别性方面和普遍性方面，都没有达到宗教所需要的那种肯定性，那种可认知的内容。古希腊的宗教是一种阴间的宗教，作为伦理实体里面的那种宗教仅仅具有否定的含义，从个体、自我的一方和普遍的命运一方，双方来看都是这样的，都不具有肯定的含义。这是第一个阶段，从伦理精神我们看见了一种宗教是这样的。那么从伦理精神以后呢，就是教化和启蒙的阶段，一个是教化，一个是启蒙，什么是教化？基督教就是教化，基督教就是最开始的教化，然后就是启蒙，我们看这一段。

<u>这样一种对必然性之虚无的、以及对阴间的信仰成了对于**天**（Him-mel）的**信仰**</u>，是因为那死去了的自我必须和它的普遍性相结合，必须在普遍性中把它所包含的东西敞开来，并使自己明白这一点。　{364}

　　这跟上面刚才讲的最后一句话是对着来的，刚才讲的这一句就是说，"那没有自我的命运仍然是无意识的黑夜，它既没有达到黑夜中的区别，也没有达到自我认知的明晰性"。那么这一句就是反过来讲，"这样一种对必然性之虚无的、以及对阴间的信仰成了对于**天的信仰**"，前面讲阴间的信仰，阴间的宗教就是地下的宗教，现在呢成了对于天的信仰，成了天上的宗教。为什么呢？"是因为那死去了的自我必须和它的普遍性相结合，必须在普遍性中把它所包含的东西敞开来，并使自己明白这一点"，自我必须和它的普遍性相结合。前面讲自我的个体性和普遍的命运是对立的，但这个自我必须和它的普遍性结合起来，必须在普遍性中把它所包含的东西敞开来。没有普遍性，它包含的东西就揭示不出来了，就被湮没在黑夜里面了。"并使自己明白这一点"，要敞开来，要明白这一点，那就必须要变成对于天的信仰。对于天的信仰，那就不再是黑夜了，天跟地，天上跟地下的区别，一个是白天，一个是黑夜，一个是光明，一个是黑暗。阴间的宗教就是黑夜中的宗教，它的命运都隐藏在黑夜之中，看不清楚。它虽然是普遍性，但这个普遍性跟个别性是对立的，把个别性拒之于门外，你要受它的支配，但是你又不知道它是什么。那么，现在呢，由于死去的自我必须和它的普遍性相结合，死去的自我虽然是个体的，但是，它必须要有它的普遍性，要有它的解释，我的个体死去了，我受到命运的支配，这命运是什么呢？我要追究这个命运是什么，要解释

这个命运。但命运如果能够解释，那就不是命运了，那就是规律了。而我必须要解释，如何才能解释呢？必须要从地下提升到天上，天上的东西才能够使我寻求到一种普遍性，要跟普遍性相结合。天上的东西那就是上帝了，上帝具有普遍性，我的个体的灵魂实际上就是圣灵的一分子，每个人都有圣灵，当你死了以后你的灵魂不是孤魂野鬼，不是被命运所抛弃了，不是被黑暗所笼罩了，而是升天达到跟上帝的圣灵合一。你融入了上帝的圣灵，那么个体性和普遍性就结合在一起了，在上帝那里，你的个体的灵魂、你的本质，就得到了揭示。人的本性在人世间、在世俗生活中是被遮蔽了的，在阴间也沉入了黑暗中；但是死了以后你的灵魂升天，达到跟上帝的圣灵合一，那么你的灵魂中的个别的东西呢就得到了敞开，得到了揭示。并且你要使自己明白这一点，当然在死之前你还没有彻底明白，只有到死了以后你才能够彻底明白，但在死之前你有这种意识，你就会一步一步走向越来越明白，走向上帝，跟上帝靠近，这就是教化。教化就是从阴间的信仰提升为对于天的信仰的过程，这个天 Himmel 可以理解为天堂，也可翻译为"上帝"。天堂、上帝、天上、天空，都是这个词，在宗教里面就译作天堂或上帝，或者就翻译成"天"，我们更好理解。从地下的信仰变成了对于天上的信仰，为什么要提升呢？就是因为死去的自我必须和它的普遍性相结合，我到底是一个什么东西？我的灵魂成了孤魂野鬼，我死了以后没有人接纳，地下仍然是黑暗的，阴间把我的灵魂接纳，但是我仍然不知道，因为在阴间什么也看不见。我还是想要看见我到底是谁，那就只有到天上去，必须和它的普遍性相结合，必须在普遍性中把它所包含的东西敞开来，并使自己明白这一点。这就是基督教的原理，基督教的宗教原理和古希腊的阴间的宗教是不一样的，它们的区别就在这里，基督教具有一种普遍性，它把每个个体的灵魂和普遍性结合在一起了，这就是它的一个很大的区别。

但是我们曾看见这个信仰的**王国**只是在思维的元素中无概念地展开着自己的内容，因此，它就在自己的命运中，亦即在**启蒙的宗教**中消沉了。

"但是我们曾看见这个信仰的**王国**",这里用的过去时,回顾到了前面讲的信仰和明见。"王国"打了着重号,信仰是一个王国,上帝的天国、上帝之城里面有个王,那就是上帝。我们曾看见这个信仰的王国"只是在思维的元素中无概念地展开着自己的内容",就是说它是一种信仰,我想到有一个上帝,我可以思考一个上帝,这是思维的元素,它已经是一种思维的元素;但并不是以概念来展开自己的内容,我可以设想一个上帝,但是我不能理解一个上帝。这个上帝如何理解呢?你能不能用概念来把握住上帝呢?在传统基督教里面这个是做不到的,上帝只是你信仰的对象,但并不是你通过概念来认知的对象,你不能把上帝还原为一个概念。它不是在概念中展开自己的内容,而只是无概念地展开自己的内容。"因此,它就在它的命运中,亦即在**启蒙的宗教**中消沉了","启蒙的宗教"打了着重号。为什么它在启蒙的宗教中消沉了?为什么它对抗不了启蒙运动?这仍然是它无法抗拒的命运。启蒙运动用新的启蒙的宗教取代了它,这就是自然神论,像伏尔泰、卢梭啊,启蒙运动对于传统的宗教具有最大的消解作用,特别是自然神论。无神论当然可以和宗教对抗,但是不能消解掉它,真正消解掉传统宗教的就是启蒙宗教,就是这样一种自然神论的宗教。传统的基督教由于它不是在概念中展开自己的内容,因此它就在启蒙的宗教中消沉下去了,这是它的命运,是它所控制不了的必然性;而启蒙的宗教则是用概念来解释它的内容。传统的宗教抵挡不住概念,而启蒙的宗教把这些东西归结为概念。自然神论对上帝的解释很简单,很合乎理性,上帝是一个数学家,上帝是一个最伟大的物理学家,他创造了这个世界,他就是按照牛顿物理学的原理来创造整个世界的,他就是按照逻辑、按照数学关系、按照理性来创造这个世界的,所以这就把信仰的内容归结为概念了。这是对宗教最有力的消解,是传统宗教的命运。经过一千多年的基督教的教化,最后在启蒙这个话题里面基督教遭到了瓦解。为什么是它的命运?在黑格尔看来,就是因为它没有达到上帝的概念,它仅仅是一种思维的要素、元素,它仅仅是想到了上帝,但它没有解释上帝。必须要解释上帝，那么这一点在启蒙的宗教里面开始做了，它开始解释上帝了。

在这种启蒙的宗教里，知性的超感官的彼岸又恢复了，但却是这样恢复的，即自我意识立足于此岸的满足，并且既不把那超感官世界，那**空虚的**、不可知也不可怕的彼岸认作自我，也不把它认作力量。

启蒙的宗教是怎么样一种宗教？下面就讲了。"在这种启蒙的宗教里，知性的超感官的彼岸又恢复了"，在启蒙的宗教里面，我们又回复到它的起点，就是前面"意识"部分的第三章知性，知性的超感官世界。知性的超感官世界就是承认一个自在之物，我们刚才讲，像康德的自在之物就给宗教留下了余地，但是他并没有具体地限定，这个自在之物就是上帝或就是彼岸的宗教，只是留了余地，你可以在这上面去建立一种宗教，但还不一定就要建立一种宗教，也可以是唯物主义的。那么启蒙的宗教也是这样，启蒙的宗教对自在之物、客观世界的承认，可以变成唯物主义、无神论，但是也可以变成自然神论和泛神论，就是把物质世界称之为神，像斯宾诺莎所讲的，自然界就是神，就是上帝，就是实体，这都是一个东西。所以自在之物这个概念里面既可以包含唯物主义的自然界、物质世界这个含义，也可以包含上帝这样一种可能性。那么我们现在又回到了知性的那样一个超感官的彼岸。"但却是这样恢复的，即自我意识立足于此岸的满足"，启蒙的宗教，它的自我意识是立足于此岸的，它在现实世界中、在自然界中就能够获得它的满足，凡是存在的东西我都可以用我的自我意识的理性来加以解释。"并且既不把那超感官世界，那**空虚的**、不可知也不可怕的彼岸认作自我，也不认作力量"，它满足于用此岸来解释此岸，但是对彼岸的超感官世界，它认为那是空虚的、不可知的，但是也不可怕，也不认作力量（Macht，也可以译作"权威"）。它没有什么特殊的力量，没有权威性，它的力量还是那些物理的力量，比如牛顿讲的上帝的第一推动，上帝创造这个世界是用数学、物理学的原则、规律来创造的。虽然上帝本身是怎么创造的我们不知道，但我知道那总归不过是物理数学的力量，对于我来说，那是空洞的、不可知也不可怕的，无论他怎么创造，他用的都是物理学的规律，这个牛顿已经揭示了，所以它不可怕。不可知只是因为我们人的理性有限，我们还达不到上帝那样的力量，但是它不可怕。就像伊壁鸠鲁说的，神住在星球之间的间隙中，并不对我们显示它的作用，因此不用怕它。我们不把那样一个超感官世界认作自我，那个跟我没关系，上帝创造这个世界，但上帝除了物理学的力量之外没有别的力量，上帝不可能创造奇迹。也不认作是自我，跟自我也没关系，那是不以我的意识为转移的一种客观存在。这是自然神论和唯物论的共同原则，它们都是这样的原则。这就是从教化到启蒙我们所走过的这样一个过程，教化已经把自我和普遍性统一起来，使它们结合起来，达到了某种统一，但是只是在思维的元素中达到这种统一。我只是能够想到这样一种统一，但是还没有在具体的概念中展开这种统一的内容。那么在启蒙的宗教里面呢，这样一种传统的宗教意识就消失了，这也是它的命运，它应该消失，它抵挡不住。在启蒙的宗教里面我们诉诸知性，知性的超感官世界又恢复了，当然是在更高的层次上，在启蒙的宗教这样一个层次上得到了恢复。我们现在不仅只有知性，我们的知性是拿来作一种手段，来建立启蒙的宗教，来建立一种自然神论。下面一小段就是讲道德宗教，这是跟着前面一路来的，前面一共讲四个阶段，四个阶段最后一个阶段是精神，精神的阶段里面又有三个阶段，一个是"伦理实体，真实的精神"，一个是"教化和启蒙"，再一个是道德，那么道德跟宗教是什么关系呢？

最后，在道德的宗教里，绝对本质重新恢复作为一个肯定的内容，但这内容是与启蒙的否定性一致的。

"最后，在道德的宗教里，绝对本质"，绝对本质也就相当于上帝了，"重新恢复作为一个肯定的内容"。绝对本质在启蒙的宗教里面已经成了一种否定的含义，没有内容，上帝于我何有哉，它是空虚的、不可知也不可怕的彼岸，不能把它认作自我，也不能把它看作一种特殊的力量，那是一个超感官的世界。那么在道德宗教里面呢，绝对本质重新又有了它的肯定的内容了，就是说它不像自然神论里面所讲的那样，上帝就是一个物理学家，比牛顿也高明不了多少，用的还是牛顿的力量。牛顿就相当于世俗世界中的上帝，他已经发现了上帝创造世界的秘密，这个秘密已经为人所拥有，所以上帝在这个意义上就被架空了，一切都归结为人的数学的、物理学的把握。那么在道德宗教里面呢，绝对本质重新恢复了它的内容，不再被架空了，因为它不再是一种自然科学的、物理学的内容，而是一种道德的内容了。在道德方面它充实起来了，你们在讲上帝的时候不要把上帝看作只是一个科学家，上帝具有道德的内容。"但这内容是与启蒙的否定性一致的"，道德内容与启蒙的否定性是一致的。不管是无神论也好，还是自然神论也好，无神论是否定上帝，自然神论是架空上帝，所以都有一种否定性。而道德宗教则跟启蒙的这种否定性不冲突，甚至是一致的，这在康德那里看得最明显。康德的启蒙的否定性，那是非常强的，海涅说他的《纯粹理性批判》是"砍掉无神论头颅的大刀"，因为他对上帝存在的证明进行了逐个的批驳。你要证明上帝存在那是不可能的，上帝完全是个自在之物，它只是一个否定的内容，或者说它没有内容，你要用经验的和科学的内容去解释上帝，那是根本做不到的。但是康德同时又认为上帝有另一方面、就是道德方面的内容，道德宗教，这也是康德提出来的。科学在它自己的领域里面可以解释一切，但是在它之外还有一个领域，那就是道德的领域，康德把它归结为超感官世界，也就是自在之物。自在之物的领域是超越人的感官之外的，超验的，在那个领域里面科学毫无用武之地，但我们可以适用道德的原则、道德法则，而这也是宗教的内容。所以康德在《纯粹理性批判》的序言里面就讲到过，我们要悬置知识，以便为信仰留下地盘。悬置并不是否定，以前有人译作"否定知识"，是译错了。康德的意思不是否定知识，而是把知识收起来，束之高阁。你知识讲了那么多，不错，讲得很好，但是我们现在不讲这个问题了，我们就把它挂起来、悬置起来，我们要为信仰留个地盘，我们现在谈的另外一个问题了，那就是道德的问题。所以这两方面是一致的、不冲突的，康德的道德宗教与启蒙的否定性是一致的，但是只有按照康德说的，把两方面隔离开来，分别置于此岸和彼岸，它们才不会冲突，否则就会陷入二律背反等一系列的问题。他采取这种办法使它们不相冲突，这个在黑格尔看来当然是不能令人满意的，在后来的人看来也都不能令人满意，但康德毕竟使这两方面能够互不干扰，道德宗教的内容和启蒙的否定性是可以共存的。

这个内容既是一个回复到自我并仍然被包括在自我之中的存在，同样也是一个**有区别的内容**，这个内容的诸部分正如它们被创立起来时那样，同样也被直接地否定了。

这还是讲的康德的道德学说。"这个内容既是一个回复到自我并仍然被包括在自我之中的**存在**"，"存在"打了着重号。就是说这个道德宗教的内容它不是虚的，不是架空的，不像自然神论那样被架空了，更不是像无神论者那样被否定了；它是存在，是一个回复到自我并仍然被包括在自我之中的存在。这样一个绝对本质，这样一个自在之物，这样一个宗教的内容，它回复到了自我，它仍然是自我的，人在自然界是人为自然立法的，人在道德里面是为自己立法，这个立法的内容仍然在自我的掌控之中。康德讲的自在之物，上帝啊，灵魂啊，自由啊，都属于自在之物，它们是存在，而且是真正的存在；我们所认识到的存在反而都是些现象，真正的存在就是宗教的这些对象，它们才是真正存在的。但这个存在是被包含在自我之中的，是我自己给自己立法，宗教的所谓彼岸世界其实并不是彼岸的，还是此岸的，因为那是我把它设立为彼岸，这个彼岸是我把它设定的，它还在我之中。所以他讲，这个内容既是一个回复到自我并仍然被包括在自我之中的存在，"同样也是一个有区别的内容"。一方面它是回复到自我并被包含在自我之中的存在，但是它又有区别，它又是可以认知、可以把握的，对于它具有一种道德知识。康德也讲到，道德

25

本身也是一种知识，一种实践的知识，当然它跟科学知识不一样，它是有关我们"应该做什么"的知识。这里头有区别、有规律、有分辨、有判断、有它的内容，并不因为它包括在自我之中有一个自我就够了，这个自我里面有区别，我可以把它区别开来分别加以研究。"这个内容的诸部分"，既然有区别，那么这个内容就有各个部分了。这个内容的诸部分"正如它们被创立起来时那样，同样也被直接地否定了"，为什么被否定了呢？它是由我创立起来的，但是在康德那里这样的内容被创立起来，采取了一种被否定的形式，也就是说采取了一种道德悬设、假设的形式，并不是一种科学的知识，并不说明真的有个上帝。它在我们的知识之外，它不是一个认识的对象，它只是一个信仰的对象，是我们把它悬设在那里，对自己提出的一个要求。康德的道德宗教看起来好像它作了一个调和，把传统的宗教跟启蒙的宗教作了一个调和，但实际上它还是启蒙的，甚至更加是启蒙的。所以宗教界是不承认它的，宗教学家、神父们是不承认它的，认为康德是一个无神论者。但康德自己认为自己还是一个虔诚的基督教，他认为只有对上帝存在的道德证明是可以行得通的。他还是承认了上帝，只不过上帝是我的一个道德悬设，因此他认为宗教应该建立在道德的基础之上，而道德则应该建立在自由意志的基础之上，那么归根结底，宗教也要建立在自我之上。但是，既然建立在自我之上，那你怎么能说那是客观的呢？那不就是主观的吗？所以人家说康德是无神论者也没说错啊！他不承认有一个客观对象的上帝，他认为这个上帝只不过是我们人出于道德的需要所建立起来的一个假设、一个悬设，这个就很微妙了。一方面他创立起了这些内容，道德和宗教的关系，在宗教中道德和幸福的关系，道德和至善的关系，道德和个体灵魂不朽的关系，都谈到了，这都是一些悬设；但是一旦这些悬设被建立起来，它们直接就被否定了，就因为它们是作为一种假设创立起来的，而不是作为一种事实来认定的。

但是这种矛盾着的运动所沉陷入其中的命运，乃是一个把它自己作为**本质性**和**现实性**的命运来意识的自我。

"但是这种矛盾着的运动所沉陷入其中的命运",这个运动,也就是从自我设定上帝、又否定上帝的可知性而回复到自我的运动,在康德那里是带有矛盾的。一方面上帝你必须相信,另一方面他又是你悬设的,你自己设立、假设的东西怎么可能你又相信? 这里头有矛盾,他的自在之物和现象的这样一种分裂、这样一种矛盾导致了这个矛盾着的运动。有矛盾就会导致运动,就会推动你的理论,表现为一种不得不如此的必然性,也就是命运。这里仍然摆脱不了不可知的命运。这种矛盾着的运动所陷入其中的命运,"乃是一个把它自己作为**本质性**和**现实性**的命运来意识的自我",就是说这种命运,背后其实是这样一个自我,这个自我把自己的本质性和现实性当作自己的命运来意识。康德的上帝悬设的矛盾其实是自我意识本身的矛盾,自我意识似乎是身不由己地陷入到命运中,其实是受到自己的本质性和现实性的支配,是自己支配自己而已。于是我把这个命运也纳入到自我里面来了,这个命运就是我的命运,我为什么会有这种命运呢? 是因为我的本质和现实就是如此,我的自我意识必然是这种结构。我把我自己作为本质性和现实性的命运来意识到,当我把我自己作为一种绝对的本质和一种绝对的现实性来意识到时,那就是上帝了。上帝对我来说是本质性,是我的现实性,但是又表现为我的命运,也就是说,我把自己作为一种客观的命运来意识到。我的本质和我的现实性是我的命运,那就是客观的了,我就必须服从这个命运了;但是它其实又是我,这个命运的内容又是我自己,是我自己造成的命运。我们经常也说,性格即命运,你的性格就是你的命运,你的命运是你自己造成的,这里头有一种矛盾。你说那是上帝啊,我要服从上帝的命令,上帝命令我做好事就不要做坏事;但是上帝本身是我设立起来的,就是我的道德本质的一种体现,服从上帝其实是尊重自己的本质性。人是道德的人,所以他需要设立一个上帝。我已经意识到了我的本质,但我把这个本质作为我的命运来意识,上帝就是我的本质,上帝命令我要做的事情就是我的本质命令我要做的事情，这就是我的命运。所以在康德的道德宗教里面已经揭示出了这样一种把自己的本质和现实性当作自己的命运的自我，那这个自我是什么呢？就是良心，是良心在命令我。我们前面也讲到，康德的道德世界观里面最后一个环节就是良心，我把良心看作是对我的一种命令，甚至看作是上帝对我的一种命令，但实际上就是我的本心的命令，上帝其实就是我的本心。所以良心就是康德的道德宗教过渡到真正的宗教的一个桥梁，我们前面讲到，良心导致了对罪恶的意识、宽恕和和解，最后达到上帝。当然这里头也有一种矛盾，讲良心的人很可能陷入到伪善。但陷入到伪善不要紧，你只要意识到这个伪善，你也就意识到了人的罪，人的原罪，意识到人人都有罪，你就会有对他人的宽恕，就会有对自己的忏悔，通过忏悔和宽恕，你就会达到一种与有限人性的和解。达到了和解呢，你就会意识到有一个无限的绝对精神在上面，使得你们相互之间能够沟通，能够在精神上达到和解，那个绝对精神就是上帝。而这样一来，作为宗教的宗教在这里就出现了。于是下面一段就来讲宗教的阶段了，前面我们已经追溯完了，从意识到自我意识，到理性，到精神，精神里面又追溯了三个阶段，一个是伦理，一个是教化和启蒙，一个是道德宗教，这是我们对前面的一个总体的追溯。

好，我们再继续往下看。上面我们已经把前面讲的都追溯了一遍，用宗教的眼光把前面与宗教有关的地方都提示了一遍，包括从知性，到不幸的意识和理性，到伦理、教化和启蒙，一直到道德宗教，全都追溯了一遍。那么，现在我们进入到了本题了，那就是谈到宗教本身。前面都是在宗教的立场看我们曾经经过的阶段，现在我们站在宗教的立场来看宗教。

<u>自我认知的精神在宗教里直接就是它自己的纯粹的**自我意识**</u>。已被考察过的那些精神形态——如真实的精神、自身异化的精神和自身确定

的精神———一起构成在自己的**意识**中的精神，这种意识与精神的**世界**对立着，在这世界中没有认出自己来。

"自我认知的精神在宗教里直接就是它自己的纯粹的**自我意识**"，这里是从精神讲起，也就是从下卷的"精神"章讲起，它所走过的历程就是精神的自我认知的历程。现在我们走到了"宗教"，那么在宗教里，这种精神直接就是它自己的纯粹的自我意识，或者说，精神在自己的自我认知的过程中，在宗教这里达到了自己纯粹的自我意识，"自我意识"打了着重号。也就是说，所谓的宗教，作为一种绝对的精神，就是精神的纯粹的自我意识。所以为什么说宗教是一种绝对精神？就是因为精神在宗教里面达到了它的纯粹的自我意识，在自我意识里面，自我和对象是一个东西，已经合一了。"已被考察过的那些精神形态———如真实的精神、自身异化的精神和自身确定的精神———一起构成在自己的**意识**中的精神"，也就是在达到宗教以前，精神走过了真实的精神，即伦理，异化的精神，即教化，自身确定的精神，即道德，这样三个阶段。而这三个阶段一起构成了意识中的精神，"意识"打了着重号，与前面的"自我意识"相对照。这些意识中的精神，与宗教这个自我意识的精神相比，都属于精神的对象意识，比自我意识要低一个层次。在对象意识的层面上，我们把这样一些精神都看作对象，但是我在对象中还没有认出自己，没有达到自我意识。所以，"这种意识与精神的**世界**对立着，在这世界中没有认出自己来"，"世界"打了着重号。"世界"为什么要打着重号？因为意识的结构就在于自我和对象的对立，这个对象在这里就是"世界"。这种意识与精神的世界对立着，这正是出自于意识本身的结构，意识本身的结构就是自我和对象对立，那么在这里呢就是意识与精神的世界对立。既然是对立的，所以意识在这世界中没有认出自己来，就是说，意识还没有上升为自我意识。对象还是对象，世界还是客观世界，在这客观世界中，意识还没有认出自己来。如果认出自己来，那就是自我意识了，但在这个阶段呢还没有达到这个层次，只有在宗教里面才达到了自我意识这样一个层次。所以我们从这里面可以看出来,所谓的宗教就是意识在精神的世界里面认出了它自己。如果意识把一个世界看作一个精神的世界,同时又在这个精神世界里面看出了自己,那么它就进到了宗教阶段,也就是进到了精神的自我意识阶段。宗教作为一种精神,它在这个客观精神里面认出了它的主观精神,这就达到了自我意识;但在此之前意识还没有从中认出它自己,没有达到自我意识,仅仅停留在意识的层面上。

　　<u>但是在良心里,精神使它的一般对象世界,以及它的表象和它的特</u>
[181]　<u>定的概念都服从于它自己,而它现在就是在自身那里存在着的自我意</u>
　　<u>识了。</u>

　　虽然前面讲的那几个阶段都还没有达到自我意识,"但是在良心里",良心作为道德的最后一个阶段、最后一个环节,作为道德所达到的顶峰,它有了罪恶意识,有了宽恕和忏悔,有了和解,于是就有了宗教。所以在良心那里就不一样了,良心是前面阶段的最后一个环节,这个时候呢我们已经向自我意识过渡了,已经过渡到宗教了。所以在良心里,"精神使它的一般对象世界,以及它的表象和它的特定的概念都服从于它自己",在良心里面,精神使它的一般对象世界,以及它自己的表象和它的特定的概念,全部都服从于自己。在良心里面建立起了这样一种结构,虽然也有精神和它的对象世界的区别,但是这个对象世界,甚至精神自己的表象和特定的概念,都是服从精神自身的。这就在对立面之间开始有了沟通,原来是没有沟通的,你把精神世界当作对象,那它就跟你的意识是对立的。而在良心里面呢,这个对象世界是服从它自己的,我凭良心,这个良心跟对象世界是打通了的,是同一的。我凭良心说话、做事,也就意味着我凭一般的原则、凭绝对的本质说话做事,在西方人看来就是凭上帝说话做事,上帝就是我的良心。所以良心不是完全主观的,良心跟为所欲为的不同就在这里,我们经常说你这个人要凭良心哪,所谓良心就是一个客观的东西。当然它同时也是主观的,它在每个人心里都有,每个人心里都有良心,只要他看看自己的良心,他就知道自己客观上

应该怎么做。所以在良心里已经是主客观同一的了,精神使它的一般对象世界,以及它的表象和它的特定的概念服从它自己。对象世界要服从精神,对象世界五花八门,但是精神可以告诉它怎么做,它要服从良心的命令。所以对象世界不再是跟精神对立的一个客观的东西,而是跟它的主观达到了统一。"而它现在就是在自身那里存在着的自我意识了",精神现在就是在自身那里存在着的自我意识了。所以我们可以把良心看作从道德向宗教的一个过渡,因为良心已经达到了精神的自我意识,它跟前面所有的精神形态都不一样,所有的那些精神都还是一种意识的状态,而在良心那里已经开始进入到自我意识的状态了。

　　在这种自我意识里,精神作为**被表象的对象**,自为地具有了本身是普遍精神的含义,这个普遍精神自身包含着一切本质和一切现实性,不过并不是以自由的现实性或独立显现出来的自然界的形式。

　　"在这种自我意识里,精神作为**被表象的对象**","被表象的对象"打了着重号,这个表象前一句已经出现了,"精神使它的一般对象世界,以及它的表象和它的特定的概念服从它自己",那么这一句呢,它特别强调被表象的对象,为什么强调被表象的对象? 因为黑格尔有一个划分,就是绝对精神本身有两个环节,一个是宗教,一个是绝对认知,在后面要讲的最后一章是"绝对认知"。那么绝对认知跟宗教的区别就在于,宗教是通过"表象"来达到普遍精神的自我意识,而绝对认知是通过"概念"来达到普遍精神的自我意识。它们都已经是绝对精神,但是在宗教那里呢,这个绝对精神采取了表象的方式,而在绝对认知那里,也就是在哲学那里呢,它采取了概念的形式。那么这里特别强调,精神作为被表象的对象,而"自为地具有了本身是普遍精神的含义"。换句话说,自我意识在宗教中表象了普遍精神,精神自为地把自己表象为一个普遍精神的对象,"自为地"就是它自己具有、自己建立起来的,它自己为自己建立起了本身是普遍精神的含义。"被表象的对象",就是在宗教里面的那个对象、那个上帝是处于表象之中,还不是处在概念之中,处在概念之中那就成了哲学。当然宗教里面也有宗教哲学，宗教哲学里面也已经有概念了；但是就宗教本身来说呢它还是一种表象的方式。表象的方式我们可以理解为想象的方式，或者是形象思维的方式，或者是象征的方式，宗教里面是少不了这些东西的。比如说圣像、圣母像、耶稣基督受难的像、十字架，这些东西都是象征，它用这些象征的表象说话，所以它是一种表象的方式。当然你不要执着于这样一些形象，基督教里面讲，你不要执着于这些形象，形象只是一种引导，你要体会里面的普遍精神的含义。"这个普遍精神包含着一切本质和一切现实性在自身内，不过并不是以自由的现实性或独立显现出来的自然界的形式"，这个普遍精神包含着一切本质和一切现实性在自身内，就是说普遍精神它不是高高在上的，不是架空的，不是抽象的，它是有很多内容的，它有很多具体的东西。我们看《圣经》里面有很多故事，有很多现实的发生的事情，当然是传说了，使徒行传啊，耶稣的奇迹呀，各种各样的事件呀，等等。这些现实性，这样一些本质，都使基督教充实了它的内容，不过并不是以自由的现实性或独立显现出来的自然界的形式把它们包含在内的。所有这些事实，面包和酒啊，具体的事件啊，耶稣基督一生也经历了很多事件了，所有这些事件，你都不能把它们看作是自由的现实性或独立显现出来的自然界，并不采取这样的形式。比如说圣经上说，耶稣基督用五个饼和两条鱼让五千个饥饿的人吃饱了，还有剩余。这当然是奇迹了，但隐含的意思是说，这些看起来"自由的"、也就是不以人的解释为转移的现实性，其实具有精神的普遍性，并不是说那个事情发生了，我们就讲那个事情，我们就可以对它们进行历史考古研究和科学研究了，可以用科学的眼光来看待这些事情了，不是的。那样看你肯定不能接受，认为这都是欺骗。这些事情并没有独立的意义，并不是独立的自然界，并不是自由的现实性，而仅仅是一种表象。所有据说是现实发生的事情，所谓的基督教的"实证性"，基督教的那些事件、那些奇迹、那些遗物，所有这些东西你都不要把它看作一种实实在在的自然物，而是要用一种神圣的象征的眼光去看待。有的人去考证，说基督做了那么多奇迹，但是从科学的眼光一个个分析，那不过是一种魔术，要么就是以讹传讹。这实际上就把它的形式误解了，我们不能够用它本身自由的现实性来解释，而必须以上帝的名义来对它加以解释，以神圣的名义对它加以解释。比如说面包和酒，这是很自然的一些事物，但是你不要把面包看成是面包，你要把面包看成是基督的肉，把酒看成是基督的血，它们都具有基督精神的普遍意义。一切自然之物都具有神圣的意义，如果你把它们看成不具有神圣的意义，而是以独立显现的自然界的形式出现的，那就成唯物主义了。而在这样一种精神的自我意识里面，也就是在宗教的意识里面，精神作为表象的对象是具有普遍的含义的，它能够包含一切本质和一切现实性，但这些本质和现实性都是经过解释的。在对象上你能够认出自己，这叫自我意识；在一块面包上你都能够认出它的神圣的意义，基督的肉，那基督是什么？基督就是我的精神啊，基督就是圣灵啊，我也有圣灵，所以我是以我的圣灵去解释这块面包，我在对象上看见了自己，这不就是自我意识吗？

　　<u>普遍精神虽然具有存在的**形态**或形式，因为它是它自己的意识的**对象**，但是由于这个意识在宗教里是在它就是**自我**意识这一本质规定中建立起来的，所以这种形态完全是自身透明的；</u>

　　我们先来看这半句。"普遍精神虽然具有存在的**形态**或形式，因为它是它自己的意识的**对象**"，"形态"和"对象"都打了着重号。普遍精神具有存在的形态，具有客观存在的对象形态，比如说面包和酒，这都是客观存在的形态或形式，但是里面包含着普遍精神。你不要以为面包就是一块面包，酒就是一杯酒，它代表着某种别的东西，它象征着某种别的东西，这就是表象思维。所以基督教并不反对圣像，圣像作为它的对象是有必要的，我把上帝画成一个白胡子老头，把耶稣基督画成一个年轻人，把圣灵画成一只鸽子，这都是为了形成一个意识的对象所必需的一种形态。虽然如此，"但是由于这个意识在宗教里是在它就是**自我**意识这一本质规定中建立起来的，所以这种形态完全是自身透明的"，"自我"打

了着重号，与前面的"对象"相对照。由于这个意识，也就是这个对象意识，并不是指向独立存在的自然物的，它在宗教里是由自我意识这一本质规定建立起来的，也就是说它的对象意识在宗教里面是自我意识的环节，而自我意识的对象其实就是自我，就是把我当作一种对象，所以这种形态完全是自身透明的。"这种形态"也就是普遍精神所具有的普遍的形态，这种形态完全是自身透明的。为什么完全是自身透明的呢？因为这种形态就是它的自我，这块面包就是它的自我，就是它的精神，这杯葡萄酒就是它的精神，就是圣灵，所以精神和精神是可以相通的，透过面包、透过酒它们能够达到沟通，那就是透明的了。精神可以透过这样一些媒介互相沟通，所以我和我的对象是同一的，我在对象上就看到了自己，对象在我身上也看到了它自身，对象就是我，我就是对象。葡萄酒和面包不能遮蔽什么东西，相反，你透过面包和酒你可以看到里面的圣灵，看到里面的精神。

　　而精神所包含的现实性是被封闭在精神里面的，或者说被扬弃在精神里面的，所采取的方式正好如同我们说**一切现实性**那样，而一切现实性就是**被思维的**普遍现实性。

　　"而精神所包含的现实性是被封闭在精神里面的"，这个从另一方面讲了，前面讲意识前进到了自我意识，这当然是一个进步，宗教的精神跟以往的精神相比，它的高明之处就在于它从意识提升到了自我意识，它使得所有以前那些意识的形态都变得透明了，这就是它的高明之处；但另一方面呢它又有它的局限性，因为精神所包含的现实性是被封闭在精神里面的，精神所包含的现实性是透明的了，这个现实性已经透明了，它本身已经成为精神了，那么既然这样，你跟对象打交道就是精神跟精神打交道，来也精神、去也精神，那岂不是封闭在精神里面吗？精神所包含的现实性它不是一个外在的精神了，它是被封闭在精神里面的。当然你也可以说被包含在精神里面的，就是它被限定在精神里面了，精神认为自己无所不包，它认为自己没有限定，但你从旁观者的眼光来看，它恰好是一种限定，你的精神所包含的现实性已经被封闭在精神里面，你讲的现实性都是你的精神里面的现实性。"或者说被扬弃在精神里面的"，这个现实性已经不是现实性了，现实性已经被扬弃了，在精神的自我意识里面，一切都在精神里，而现实性呢，虽然也把它包含在精神里面，但是它已经被扬弃了，现实性已经不是现实性，而是精神，现实性在精神里面也成了精神，它被封闭在精神里面，它被酿成了精神，就像酿酒一样，它被溶解为精神了。他说，"所采取的方式正好如同我们说**一切现实性**那样，而一切现实性就是**被思维的**普遍现实性"，它如何被封闭、扬弃在精神里面的呢？它采取了这样一种方式，就像我们说一切现实性那样。当我们说一切现实性的时候，我们实际上是把一切现实性封闭在我们的"说"里面，是我们说出来的一切现实性，但实际上一切现实性并不因为我们说它就包括无余了，我们可以说一切现实性，我们说出一切现实性来，是不是就已经把一切现实性包括在内了呢？其实我们说出的只是我们思维到的一切现实性，因为我们并不是一切，当我们说一切现实性的时候，我们所说出来的只是所思维到的一切现实性，那么在我们所思维到的现实性之外还有没有现实性呢？这个我没说出来。所以他讲，一切现实性就意味着是被思维的普遍现实性，"被思维的"打了着重号。现实性现在被归入到思维这一方来了，那么在思维这一方的外面还有没有现实性呢？这个就不得而知了。这个宗教的绝对精神，它的局限性也就在这个地方，因为它是采取一种表象的方式，那么这个表象的方式它就有一个对象，这个对象是我的表象。所以这个对象呢仍然把自我意识的对象限定在某一个范围，当然这个范围是极大的了，就是绝对精神的范围，但是它的现实性也被封闭在绝对精神的内部，受到窒息。怎么样才能够突破、突围？那就是下一步了，那就要进到绝对认知，进到哲学，我们才能够突围，才能够真正达到一种客观唯心主义、绝对唯心主义。但在宗教这里还没有，它的对象只是一种封闭的现实性，只是思维的现实性，思维和存在还没有达到最后的亲密无间的统一。既然这样，宗教也就包含自己的内在矛盾。

因此，既然在宗教里精神的真正意识的规定不具有自由的**他在**的形式，所以精神的**定在**就与它的**自我意识**区别开来，而它的真正的现实性就落在宗教之外了；

我们先看这半句。"因此"，就是根据前面讲的我们自然就可以推出来了，"既然在宗教里精神的真正意识的规定不具有自由的**他在**的形式"，这个前面也讲了，"并非以自由的现实性或独立显现出来的自然界的形式"包含着一切本质和一切现实性，这个前面已经有这句话了。这里讲不具有自由的他在，也就是不具有自由的现实性这样一个形式，精神的东西跟现实的东西还没有完全融洽，精神的真正意识的规定就是对对象的规定，精神对对象的规定不具有自由的他在的形式，而是完全封闭在自我中。就是说，这样一个规定的他在的现实性，这样一个自然对象，它现在还不是自由的，它是我强行给它规定的，被扬弃在自我中。它不是由自己发展出来的，不是说在我之外自己发展自己，而是由我所控制、封闭在精神里面的。"所以精神的**定在**就与它的**自我意识**区别开来"，"精神的定在"，也就是那些精神的现实的内容了。既然你把那些现实的东西都纳入到精神里面加以扬弃，都封闭在精神里面加以窒息，那么精神就无法体现在一个真正的定在中，"定在"打了着重号。这样一来，这个精神的定在就与它的自我意识区别开来了，就是精神的定在不是由他在自由地发展出来的，而只是一个静止不变的、不具有自由性、不具有自我性的那样一个对象，那么那个对象就与自我意识有了区别。前面讲自我意识和它的对象相互之间成了透明的，但这透明的前提就是你把这个对象就看作自我意识本身的环节，就是自我意识设立的环节，而不是它自己发展出来的；所以你的自我意识和对象还是有区别的，虽然你可以在对象上面看到你自己，但这个对象是摆在那里不动的，它让你去看，而不是自由地发展为你的镜子。所以精神的定在就与它的自我意识区别开来了。"而它的真正的现实性就落在宗教之外",这个就是宗教的一个矛盾了,精神的定在与它的自我意识有区别,自我意识是能动的,而这个对象是被动的。虽然你把它看作是能动的产物,你可以透视它,你可以把它看作透明的,但真正的现实性还在宗教之外,不是封闭在精神之中的。封闭在精神之中的现实性已经不是真正的现实性了,已经是被你消化过的了,已经不是现实性的原生态了。它经过你的自我意识消化过以后,你当然可以从它看到你自己了,但它原来是怎么样的,它的原生态、它的原汁原味的现实性就落在了宗教之外。所以它的真正的现实性跟宗教是格格不入的,这就是宗教的最深刻的矛盾,就是宗教生活跟世俗生活还是有区别的。虽然我把世俗生活看作是种宗教生活,我可以在每一个世俗生活的行为里面都看出它的宗教意义,但是僧俗有别,宗教跟世俗还是有别的,僧侣跟俗人还是有区别的,僧侣为什么要住在教堂里面? 为什么要修道? 在修道院里面跟世俗隔绝,就是有区别的嘛。新教是反对这个东西的,但还是有一定的区别,即使新教也还是从基督教来的。一直到现在天主教还强调这个,僧侣是不结婚的,没有后代的,他把一生都献给上帝,他不过世俗生活。当然他也要吃饭,也要穿衣,但这两方面有区别,他要清醒地意识到这是有区别的,"真正的现实性就落在宗教之外",在宗教之内的那个现实性是封闭的,已经不是原生态的现实性了,已经是经过宗教意识消化过的,宗教还没有睁开眼睛看见它之外的那个真正的现实性。

　　当然这乃是同一个精神的两个方面,但精神的意识并不一下子就包括两个方面,宗教显现为精神的定在、行为、发奋的一方面,而精神的另一方面则是在它的现实世界中的生活。

　　"当然这乃是同一个精神的两个方面",在基督教的解释里面它们是一个解释,世俗生活就是宗教生活,真正的基督徒就应该把世俗生活就当作宗教生活,你在世俗生活中你是遵守上帝的命令,上帝要你在世俗中生活,在世界上生活,这是你的"天职"。上帝把世俗生活当作是对你的宗教信仰的一种考验，这就把你的世俗生活当作一种宗教生活了。所以按照基督教的教义来说呢，这是同一个精神的两个方面。"但精神的意识并不一下子就包括两个方面"，既然世俗生活是宗教信仰的一个考验，那就要有一个考验过程啊，那世俗生活跟宗教生活还是不一样，你在过世俗生活的时候，看你是否能坚守你的信仰，但那就有可能坚守不了，坚守不了你就要忏悔。所以这两方面还是不一样的，虽然是同一个精神的两个方面，但是精神在现实中两个方面是分裂的。所以，"宗教显现为精神的定在、行为、发奋的一方面"，宗教的方面它显现为精神的定在、行为、发奋的一方面，你在世俗生活中你仍然要有精神的定在，精神的每时每刻的存在，你每时每刻都要显现为一种精神的存在，过一种宗教生活，也就是用你的行为、发奋不断地努力去接近上帝。"而精神的另一方面则是在它的现实世界中的生活"，这个现实生活当然你赋予了它精神的含义，但它还是现实世界中世俗的生活，它可以归属于精神的方面，但它本身是一种世俗生活，例如养家糊口、赚钱。这两方面不能一下子就达到合一，不能等同，它们是分裂的，在现实中宗教生活跟世俗生活是分裂的。

{365}　　正如我们现在所知，在自己的世界中的精神，和把自己作为精神而意识到的精神、或者在宗教中的精神，乃是同一个东西，所以宗教的完成就在于这两方面彼此成为同一的，即不仅仅是在于精神的现实性为宗教所把握，而是相反，是在于精神作为意识到自身的精神成为现实的，成为**它自己的意识的对象。**

　　"正如我们现在所知"，什么叫"我们现在所知"？就是说在黑格尔时代，黑格尔也属于路德派新教，我们通过新教已经知道，知道什么呢？"在自己的世界中的精神，和把自己作为精神而意识到的精神或者在宗教中的精神，乃是同一个东西"。我们现在通过马丁·路德知道了这一点，就是在世俗生活中的精神和在宗教中的精神是同一个东西。马丁·路德的宗教改革就干了这件事情，就是把世俗生活中的精神和宗教精神合为一体,把世俗生活和宗教生活合为一体。在自己的世界中的精神,"世界",Welt,也可以翻译成"世俗"、"人世间",在世俗生活中的精神,和把自己作为精神而意识到的精神,就是作为精神的精神,或者在宗教中的精神,乃是同一个东西。作为精神的精神你也不能高高在上,你也不能不食人间烟火,宗教的纯精神也要食人间烟火。所以马丁·路德经常强调,一个基督徒应该也是一个人,"谁不爱美酒和女人,谁就是一个大傻瓜!"这是马丁·路德的名言。虽然他是一个虔诚的基督徒,但他对于世俗生活还是看得很重的,不像以往的教士那么样地蔑视世俗生活,那么样地强调禁欲主义。到马丁·路德,世俗生活跟宗教生活就天人合一、僧俗合一了,僧人和俗人是一体的,是同一个人,不要把他们区别得那么严格。所以在新教里面、在路德教里,僧人和俗人的区分并不是很严格的。当然僧人的学识可能更渊博一些,他对基督教的教义更熟悉一些,他更能说出一番道理;但他在人格上跟普遍的大众是平等的,没有高人一等的地位。"所以宗教的完成就在于这两方面彼此成为同一的",真正宗教的完成就在于这两方面,一个是世俗生活,一个是宗教生活,这两方面彼此成为同一的。怎么同一呢?"即不仅仅是在于精神的现实性为宗教所把握,而且相反,是在于精神作为意识到自身的精神成为现实的,成为它**自己的意识的对象**","它自己的意识的对象"打了着重号。就是说有两个层次,一个是精神的现实性为宗教所把握,也就是说精神的现实性上升到了宗教的把握,俗人在精神的现实性中要成为僧侣,每一个信徒,每一个俗人,在他的日常生活中都要服从教会和僧侣,要向僧侣学习,向僧侣看齐,这是旧的基督教、天主教所强调的;另一个层次呢,就是要反过来,使精神作为意识到自身的精神成为现实的,成为它自己的意识的对象。这就是要求每一个僧侣要使自己成为俗人,要使自己的宗教生活成为现实的生活,要讲究实效,要在世俗生活中为上帝增添荣耀,这就是新教的精神了。马克思曾经谈到马丁·路德,说他把僧侣变成了俗人,同时又把俗人变成了僧侣。他使僧侣成了俗人,这是马丁·路德的一大贡献,就是解构了基督教的那样一种高高在上的宗教生活，无非就是世俗生活嘛，把宗教生活归结为世俗生活是马丁·路德的一大贡献，但是在另一方面呢马克思又说，马丁·路德又把俗人变成了僧侣，这方面他与旧的天主教并没有区别。每一个俗人在世俗生活中都具有了宗教的维度，具有了宗教的意识，从这一方面来说呢，马丁·路德是基督教发展到极限的一种表现。他虽然取消了僧侣的特权，但他把每一个平凡的人都变成了僧侣，宗教意识更加根深蒂固了。这就是基督教的新教伦理，新教伦理把自己的信仰贯彻在日常生活之中，把自己的一举一动、赚钱的活动都看作是为了上帝，是所谓的"天职"。马克斯·韦伯讲天职的概念在新教徒里面是根深蒂固的，所以他的一举一动都具有神圣的意义。这在我们今天看来未必不是一件好事，我们现代社会就是缺乏信仰嘛，新教徒就是做每一件事情都包含有信仰在里头，他们都是那么样的认真，尽心尽力。可惜这种精神在今天也慢慢地淡化了，在西方社会也开始慢慢淡化，美国社会还保留得多一点。"天职"的观念使得西方的政治生活、经济生活可持续发展，这是一个很重要的因素。所以这句里面就体现了宗教精神的矛盾推动它走向宗教的完成，什么是宗教的完成？就是俗人变成僧侣，僧侣变成俗人，天人合一，上帝跟世俗、宗教生活跟世俗生活合一。既然如此，那就不需要专门的僧侣了，人人都是僧侣，这就是宗教的完成。

——只要精神在宗教中自己向自己**表象**出来，当然它就是意识了，而那封闭在宗教中的现实性就是精神表象的形态和外衣了。

"只要精神在宗教中自己向自己**表象**出来"，"表象"打了着重号，那么"当然它就是意识了"，就是宗教要成为意识，它的门槛不高，只需精神在宗教中自己向自己表象出来，只要能形成一个表象。你讲故事也好，打比方也好，只要能够表象出精神的对象，那么它就是对宗教的对象意识了。"而那封闭在宗教中的现实性就是精神表象的形态和外衣了"，"封闭在宗教中的现实性"，比如说我们刚才举的例子，面包和酒，这是现实的，那么这现实的就是精神表象的形态和外衣。你不要仅仅看成这件外衣，你不要仅仅看到这只是一块面包，地里长出来的，麦子做成的，你要把它看成基督的肉。所以面包和酒只是精神的表象形态和外衣，精神的形象好像穿了件外衣，它里面其实是精神，其实是圣灵，它有神圣的意味。所以说，精神在宗教中作为意识来说它只需要这样就够了，只需要表象出来就够了。

不过现实性在这个表象里并没有获得自己充分的权利，这就是说，不只是作为精神的外衣，而是独立自由的定在；

我们先看这半句。"不过现实性在这个表象里并没有获得自己充分的权利"，这就是对宗教的这样一个初级的理解，现实性在宗教的表象中并不是作为现实性出现的。在这样一种宗教的理解中，现实性只充当了一个表象，宗教只要能够把自己的对象向自己表象出来就行了，只要有一个表象给它，有一个形象交给它，那么它就有了宗教意识。你给小孩子讲宗教的时候，你不能讲得太深，你就跟他讲几个故事，然后画几个图，这个是上帝，那个是耶稣基督，那个是他妈妈，那就够了，那就有宗教意识了。而这些封闭在宗教中的现实性，其实不过是精神表象的形态和外衣。现实性在这个表象里并没有获得自己充分的权利，"这就是说，不只是作为精神的外衣，而是独立自由的定在"。现实性要获得它充分的权利，就必须有自己独立自由的定在，有自己现实的解释。比如面包和酒，它本身就有自己的解释，淀粉，水，酒精和糖分等等，这些不是用来解释耶稣基督的血和肉的，和精神、思想更是没有任何关系。然而现实性在基督教的表象里并没有获得自己这些独立的、自身充分的权利，它只是被利用了一下，只是作为精神的外衣披了一下。但是它在实际上并不只是精神的外衣，而应该是有自身独立自由的定在、有它自身的意义的。它自身的意义有很多方面，但是你只把它当作宗教含义的外衣这样一个方面，只把它当作一个隐喻，而把其他方面都撇开了。比如说面包，可以从营养学方面，从化学结构方面去解释它，还可以把它看作是劳动的产物,面包是怎样生产出来的？除了自然规律以外,它还有社会关系、土地关系,等等。这些方面你都没有考虑,你没有把这个现实性本身当作一个独立自由的定在、当作客观存在来考察。所以基督教里面虽然也有一些表象,有一些现实性,但是这些现实性是拿来为我所用的,并没有认真地对待它们。你要认真对待它们,你就要考虑这些现实性不是附属于宗教、仅仅作为宗教的外衣而产生出来的,它们本身有自己独立自主的定在；甚至你还要考虑,宗教本身才是从现实性中发展出来的,要考虑这些现实性是如何发展出宗教来的。在一般的宗教意识里面不考虑这类问题,它能够拿来就拿来,把现实性只是作为自己的一个象征,所以现实性在这个表象里并没有获得自己充分的权利,它没有把自己的真正的现实性展示出来。

反之,由于现实性在表象自身中没有得到完成,所以它是一个**特定的**形态,这个形态没有达到它应该呈现出来的东西,亦即没有达到意识到自己的精神。

"反之,由于现实性在表象自身中没有得到完成",由于现实性上述的片面性,它自身的各个方面都没有展开来,"所以它是一个**特定的**形态"。现实性被限定在这样一个特定的形态里面,它只是宗教拿来为我所用的一个象征、一个被利用的表象。"这个形态没有达到它应该呈现出来的东西,亦即没有达到意识到自己的精神",现实性应该呈现出什么？应该呈现意识到自己的精神。就是说,应该把自我意识的精神从现实性的自身发展里面呈现出来,或者说,把宗教的发展从现实性的发展过程中呈现出来、描述出来。但目前这个现实性的形态还没有达到自己意识到自己的精神,它只是一个现成的例子、一个表象,被拿来了,或者说被借来了,但这个表象它本身并没有达到自我意识。它只是自我意识的一个工具,是我们的精神自我意识、宗教自我意识的一个工具,被利用了一下,但它自己还没有达到自己的精神,没有达到自我意识。那么你用它来表达精神,在初级阶段、在意识的阶段当然也可以,但是宗教的发展要求它提升到更高的阶段，提升到自我意识，就不适应了。你没有消化嘛，你把现实性拿来作为一个表象，来说明你的精神，但是你没有把它消化掉嘛。

精神的形态要表达精神自身，它本身就必须不是别的，无非是精神，而精神也就必须这样来显现自身或实现自身，就像它在自己的本质中所是的那样。

[182]

"精神的形态要表达精神自身，它本身就必须不是别的，无非是精神"，精神的形态你真的要表达精神自身，如果你真想把这些表象当作精神的形态来表达精神，那么就有个要求，就是说你用来表达精神的这个形态本身必须也是精神，如果还是面包啊酒啊这些现实的东西，没有被精神所消化掉的东西，仅仅当作一个拿来就用的例子，一个形象、一个工具，来用一下，那它还不是精神。怎么样才是精神？你要让它自己发展出来，让它运用自己的权利自己变成精神，它才是精神。如果它只是一个静止不动的东西，你把它拿来用一下，那它还不是精神。"而精神也就必须这样来显现自身或实现自身，就像它在自己的本质中所是的那样"，这也是前一句话接着来的，一个意思。精神也就必须这样来显现自身，你要表象精神，那么你就必须这样来表象，这样来显现和实现它自己，怎么样来实现自己呢？就像它在自己的本质中所是的那样。精神它要显现自己必须要按照自己的本性来显现，不是说从这里那里拿来一个东西表象一下，那个东西是偶然的。你拿一个什么东西来表象精神，那是偶然的，那个并不具有精神的含义，并不具有精神的本质。你要考察精神本身的发展史，就像后面讲的，考察精神自身如何从自然界的光明的本质到植物和动物，到人的劳动和艺术，这样一步步发展起来。而在宗教的精神这样一个初级的意识的阶段里面呢，精神还没有达到一种自我融洽，还没有把它的外来的东西、现实性、世俗的东西消化掉，让它们都呈现为本质性的东西，让它们自身呈现出精神来。所以精神要表现自己，就必须像它在自己的本质中所是的那样把自己表象出来。

不过这样一来，就连那可能看起来是对立方面的要求的东西也都会实现出来了，即要求那对立东西的意识的**对象**同时也拥有自由的现实性的形式；

我们先看这半句。"不过这样一来"，也就是说前面设想了，如果精神的形态要表达精神自身，它本身就必须无非是精神，而精神也就必须这样来显现自身或实现自身，就像它在自己的本质中所是的那样，这是一个要求了。但是如果按照这样一个要求，那么这样一来，"就连那可能看起来是对立方面的要求的东西也都会实现出来了"，按照这样一种要求，就连那可能看起来是相反要求的东西也都会实现出来了。你如果要求这样来表现精神的话，那么有些要求可能与你的要求是相反的，也许它表现出来的不是精神，也许它表现出来的就是世俗生活，就是现实的东西。可能看起来是对立的东西，表面看起来是相反的，当然实际上还是相同的，殊途同归的，但是表面看起来是相反的东西，也都会实现出来了。你要表现精神，你要实现精神，但是同时按照这样一种要求呢，你就要把那些非精神的东西也实现出来，你就要面向客观世界，你就要面向世俗生活，你就是那些非宗教的东西，你要把那些都实现出来。"即要求相反东西的意识的**对象**同时也拥有自由的现实性的形式"，"对象"打了着重号。那就是要求相反东西的意识的对象，非宗教的意识对象，那些世俗生活的对象，同时也拥有自由的现实性的形式。也就说把那些对象看作拥有自己的现实性，看作这样一些形式，你要让它自由地发展起来。那么这样一种相反东西的意识的对象当然就不是宗教意识的对象了，所以你在谈宗教意识的时候你也要考虑那些你认为是非宗教意识的对象，你要有本事，你要让那些非宗教意识的对象自行发展到宗教意识来。虽然最初看起来好像背道而驰，你好像是抛开了你的宗教的立场，或者你站到了自然宗教、艺术宗教的立场，对这些被你视为迷信、幼稚的准宗教形态加以同情的理解，这都是真正的宗教的立场所要求的，要求让相反东西发展。真正的宗教即天启宗教对这些都要有一种同情的理解，你不

44

要死抠着你的立场不变，你要放开一步，让它们自己去发展，然后从它们的发展里面把它们的本质揭示出来，你就会看出它们的本质是殊途同归的，它们就会引导到你的立场上来。既然精神要把自己在对象中实现出来，那就会面临一些相互对立的对象，它们都同样拥有自由的现实性的形式，同样有权代表精神的对象。这样宗教精神就会陷入到宗教冲突，例如后面讲的，代表光明的宗教和代表植物动物的宗教，和代表艺术的宗教，以及代表天启的宗教就会发生对立和冲突。也就说，你把那些对象看作这样一些形式，它们拥有精神本身的现实性，你要让它们自由地发展起来，那就会形成一系列对立的宗教形态。当然你要放开一步，让它们自己去发展，从它们的发展里面把它们的本质揭示出来，你就会看出它们的本质是殊途同归的，它们就会一步步从低级到高级地引导到你的立场上来。所以最后一句讲：

　　但是只有那本身作为绝对精神就是对象的精神，才是某种正如它在其中仍然意识到自己本身那样自由的现实性。

　　这是接着前面刚才讲的，要让现实的对象以及与它相对立的意识对象都拥有自由的现实性的形式，怎么样才能做到呢？那样一个对象怎么样才能拥有自由的现实性的形式呢？这句就解释了："但是只有那本身作为绝对精神就是对象的精神，才是某种正如它在其中仍然意识到自己本身那样自由的现实性"，也就是说，精神最终只有以绝对精神作为自己的对象，才能在自由的现实性中仍然意识到自身，也才能把自由的现实性看作本身就是精神。换言之，只有真正宗教的精神才是自由的现实性。你不是要求各种相反的、相对立的东西的意识的对象都拥有自由的现实性的形式吗？那么什么样才是自由的现实性形式呢？只有宗教的精神才拥有自由的现实性的形式。这就是我们刚才讲的殊途同归，你从各种非宗教的、准宗教的现实性方面让它们去拥有自由的现实性的形式，那它们最终会达到宗教。为什么呢？因为只有那本身作为绝对精神就是对象的精神，也就是真正宗教的精神，才是自由的现实性，在这种现实性中，精神仍然意识到自己本身,而不是把现实性仅仅当作自己的一种附属的表象。宗教在它的非我中仍然意识到它的自我,这样一种精神才是自由的现实性,所以你最后会殊途同归。你让开一步,你退后一步,你让相反的东西进来,让对立的东西在自身中发展起来,你就会发现,它将自己走到你这边来,它就会回归到你自己本身。宗教意识不要死抠住一个片面,你要让你的对立面发展出来,你就会在你的对立面中发现自己,这就是某种正如它在其中仍然意识到自己本身那样的自由的现实性,这就是真正的宗教意识。这是对宗教意识的一个要求,宗教意识本身具有一种内在矛盾性,矛盾都是由现实生活的对象带来的,使得各种宗教在现实生活中相互矛盾冲突。那么怎么样解决这个矛盾?不是要把世俗生活和宗教完全隔离开,而是要把它们合为一体,而合为一体有一个过程。你必须要放开,让宗教在世俗生活中去发展,展开自身的矛盾,让世俗生活逐渐一步步地变得越来越接近真正的统一的宗教,那么这样一个过程就是天人合一的过程,就是世俗生活跟宗教生活逐渐走向统一的过程。当然里面充满了矛盾,后面还要讲到、涉及到宗教史,宗教就是从非宗教中、从自然宗教和艺术宗教中,一步步地发展起来的。在今天的宗教看来,在新教、基督教看来,那些不是宗教的东西,被看作是迷信的东西,被看作是原始宗教、自然宗教的东西,它们其实是宗教的前史,宗教就是从那里一步步走过来的,你不要因为它们太世俗了、太低级了,就把它们排除在外,你要从它们里面让它们自由地体现它们的现实性,将它们看作宗教本身的现实性。宗教不是一个概念,宗教是一个历史过程,要这样来看待,你就是真正体会到宗教的精神了。今天大概只能讲到这里了。

*　　　　　*　　　　　*①

我们上次讲到宗教了,我们这学期开始讲绝对精神,前面都是讲精

---

① 以上是一次课所讲的内容。为了区分课程顺序,书中用"*"隔开。

神,现在我们进入到了绝对精神。应该说黑格尔的《精神现象学》有两个立场,一个是精神的立场,一个是理性的立场,那么前面讲意识、自我意识、理性和精神,有四个阶段,但精神是被包括在理性中的,而且整个下册都属于理性篇(第三篇);所以精神阶段呢,实际上应该把宗教和绝对认知都包括在内。这就是理性的立场。所以从理性的立场看,整个《精神现象学》只有三个阶段,即意识、自我意识、理性,表明理性所走过的历程。但是反过来,从精神的立场看,理性的三阶段整个都属于主观精神,伦理、教化和道德则属于客观精神,宗教和绝对认知属于绝对精神。后面这种立场是在后来的《精神哲学》中才明确起来的,而在《精神现象学》中,从标题划分来看还是限于前一种立场,即理性的立场。那么今天我们所要讲的这一部分,就属于绝对精神的第一个阶段。绝对精神里面有两个阶段,一个是宗教,一个是绝对认知,这是《精神现象学》里面的划分,在后来他的《哲学全书》的划分是三个阶段,中间插了一个艺术,艺术、宗教和哲学,绝对认知就是哲学了。但在《精神现象学》里面把艺术包括到宗教里面去了,属于艺术宗教。这是因为他的立场后来不同了,他从理性的角度来讨论《精神现象学》,后来《哲学全书》中改为从精神的角度来讨论,把理性的角度让给了逻辑学,所以他的划分也就有了区别。这个转变我们在本课程开头的时候已经跟大家交待过 [参看本句读第一卷第 24 页]。宗教我们上次讲到了,它里面的一个基本的矛盾也就是宗教精神和现实的世俗精神之间的区分,在现实生活中已经有精神了,比如说我们前面讲的伦理、教化,包括中世纪的信仰和后来的启蒙,也包括道德,这就是精神了,但这些精神都属于现实的精神。而我们现在要讲的是宗教精神。宗教作为绝对精神,它跟现实的精神之间是什么样的关系? 它们不是一开始就很协调的,宗教开始是超现实的,超越现实精神的,超越伦理、超越世俗生活,甚至于是超越道德的;那么宗教所面临的问题就是怎么样使自己跟现实达到一致,跟现实合一。上次也讲到,在马丁·路德的新教里面已经开始关注这个问题,并且在一定程度上做到了这一点，就是僧俗合一，我们讲天人合一，神圣的东西和世俗的东西合一，这是新教所开创的这样一个局面。那么这也是黑格尔的出发点，就是从新教、路德教的这样一个立场上来回顾宗教怎么样走过了它与现实相结合的历程。这就是我们上次讲的最后一句话了，我们可以翻到第 182 页，最后这一句话："不过这样一来，就连那可能看起来是对立方面的要求的东西也都会实现出来了，即要求那对立东西的意识的**对象**同时也拥有自由的现实性的形式。"就是说，宗教和世俗的现实性要合一，那就会把世俗的要求、对立方的要求，也就是宗教的对立面的要求，世俗生活现实生活的要求实现出来，即要求对立东西的意识的对象同时也拥有自由的现实性的形式，要把现实性的形式从它的对象中解放出来，使它具有自由的形式。现实生活本来是一个对象世界，它要脱离宗教而自行其是，以为那才是自己的自由；"但是只有那本身作为绝对精神就是对象的精神才是某种正如它在其中仍然意识到自己本身那样的自由的现实性。"也就是说只有宗教精神才能真正把现实性解放出来，使它获得自由。这样宗教一方下降到现实生活，现实生活一方上升到宗教，两方面汇合起来才能达到合一，这是上次讲的最后部分涉及到的问题。那么今天讲的接下来的这一段就是要解决这个问题：如何能够使这两方面汇合？宗教和它的现实性如何能够达到真正的统一？下面这一大段分了三个层次来讲宗教和它的现实精神之间的关系。

首先，由于自我意识与本来的意识、宗教与世俗中的精神或精神的定在被区别开来了，所以后者就在于这种精神整体，在这范围内精神的诸环节以各个分离的方式，每一个环节都自为地呈现其自身。

"首先，由于自我意识与本来的意识、**宗教**与世俗中的精神或精神的**定在**被区别开来了"，这是第一步。首先我们要考察的，就是宗教和世俗的现实的精神之间的区别是怎样一种区别，这个区别相当于自我意识和本来的意识的区别。什么叫"本来的意识"？自我意识也是意识，但自我意识是从意识发展出来的，在自我意识之前，那就是本来的意识。《精神现象学》一开始第一篇就是"意识"，第二篇是"自我意识"，自我意识是从意识里面发展起来的。自我意识与本来的意识的区别，就相当于宗教与世俗中的精神或精神的定在的区别。宗教相当于自我意识，精神达到了自我意识；而前面讲的精神则相当于意识，如伦理、启蒙、信仰、道德，这都是精神，但这些属于客观精神，属于被意识到的对象的精神，但是还不是自我意识的精神。世俗中的精神，原文是 Geist in seiner Welt，就是精神在其世界或世俗中，伦理啊，道德啊，都是精神世界，但是是作为对象世界呈现出来的。这个世界，Welt，在德文里面也有世俗生活的意思，精神世界中的精神也就是在人世间的精神，"或精神的定在"，"定在"打了着重号，此时此刻的存在，Dasein，定在就相当于精神的现实性了。宗教跟精神的现实性，跟现实世俗生活中的精神，是不一样的，是被区别开来的。"所以后者就在于这种精神整体，在这范围内精神的诸环节以各个分离的方式，每一个环节都自为地呈现其自身"，后者也就是世俗生活了，精神的世俗生活，精神的定在，就在于这样一种精神的整体。什么样的精神整体呢？在其中，精神的诸环节表现为各个分离的，并且每一个环节都自为地呈现其自身，就是说，每个环节、每个精神的定在，都是自由的现实性。整个精神整体里面到处都是精神的定在，但都只是相对的精神，而不是绝对精神，不能代表精神整体。精神的整体我们可以把它看成是宗教，宗教代表精神整体，它里面有精神的种种定在，但是宗教是更高层次的精神。而各个精神的定在则表现为各个分离的，各自为政，每一个环节都自为地呈现自身，每一个环节都坚持它的定在，不能跟全体合为一体。这就是一种区别，自我意识和意识、宗教与精神的定在，它有这样一种区分，或者说是全体与部分的关系，这个部分呢始终是顽固地坚持它的部分，它不愿意融入全体，但全体又是由这些部分所组成的，精神的全体与精神的定在、全与分的关系有这样一种区别。

但是这些环节就是意识、自我意识、理性和精神，——因为精神作

<u>为直接的精神它还不是对精神的意识。</u>

"但是这些环节"，这些环节就是刚才讲的精神的诸环节，也就是精神的定在，世俗中的精神，它们跟宗教是有区别的。哪些环节呢？"就是**意识、自我意识、理性和精神**"，这四个环节就是在"宗教"这一章之前我们所经过的四个环节，实际上经过了四个大的阶段，意识、自我意识、理性和精神。"——因为精神作为直接的精神它还不是对精神的意识"，为什么要加一个破折号？就是把精神和前面相并列，意识、自我意识、理性，这三者是主观精神，而精神是客观精神。为什么把这个精神，包括伦理、信仰和启蒙、异化以及道德，把这样一种精神和前面的意识、自我意识、理性三项相提并论，放在同一个层次呢？那是因为精神作为直接的精神还不是对精神的意识，在这点上和前面是一个层次。他破折号后面讲"因为"就是这个意思，就是解释一下，精神这个环节，为什么我把它跟前面的摆在一起呢？是因为这个时候讲的精神还是作为直接的精神，它跟前面讲的意识、自我意识、理性还处在同一个层次上，还不是对于精神的意识，也就是说，精神还没有达到自我意识。精神对精神的意识那也就是精神的自我意识了，精神还没有达到对它自己的意识，也就是说没有达到自我意识，还是一个作为对象的精神，那么在这一点上，它跟意识、自我意识、理性还处于同一个层次。自我意识已经意识到了意识，但是还没有意识到精神。这句话就是说，你讲到精神诸环节以各个分离的方式，每个环节都自为地呈现其自身，那么这些环节是什么环节呢？就是这四个环节：意识、自我意识、理性和精神，其中精神作了特殊的解释。因为精神比较复杂，我们现在讲的宗教也属于精神，后面讲的绝对认知也属于绝对精神，但是这里讲的精神是前面已经谈到过的"精神"这一章，真实的精神就是伦理，异化的精神就是信仰、明见和启蒙，再就是道德。

这些环节被总合而成的那个总体性构成了在其世俗定在中的一般精神；精神作为这样的精神在那些普遍规定中、在刚才提到的那些环节中包含着前此的各个形态。

"这些环节"，就是前面讲的四个环节：意识、自我意识、理性和精神，或者说，主观精神和客观精神，"**被总合**而成的那个总体性"，所有这四个环节总合起来，现在我们回过头来回顾一下，它们都属于一个总体性的精神，"构成了在其世俗定在中的一般精神"，也就是构成了精神在其世俗定在中的一般形态。精神有它的世俗定在，那就是体现在意识、自我意识、理性和精神这样一些精神世界里面的主观精神和客观精神。世俗定在的这个"世俗"就是weltlich，跟我们刚才讲的Welt即世界或世俗生活是同一个词，现在变成形容词了。在其世俗定在中的一般精神，也就是说这个精神的总体性把所有这些环节总合在一起，它就是在这个世俗的世界定在中的一般精神，一般精神也就是普遍精神、总体性的精神。"精神作为这样的精神在那些普遍规定中、在刚才提到的那些环节中包含着前此的各个形态"，这是前面一句话的进一步解释，它是一般精神嘛，所以一般精神就包含这些特殊精神在内，精神作为这样的一般的精神，在意识啊，自我意识啊，理性啊，精神啊，这样一些普遍的规定、也就是这样一些环节中，包含着前此的各个形态，所有这些环节都是精神的各个形态，一般精神就是所有这些形态的总和。这个一般精神其实就是宗教了。

宗教以这些环节的整个历程为前提，并且是这些环节之**单纯的**总体性或绝对的自我。

"宗教以这些环节的整个历程为前提"，我们前面走过了一个漫长的历程，从《精神现象学》的第一章开始，从意识到自我意识，到理性，一直走到精神，现在达到宗教，那么宗教是以前面这些环节的整个历程为前提，一步步发展起来的。"并且是这些环节之**单纯的**总体性或绝对的自我"，宗教是这些环节的单纯的总体性，"单纯的"打了着重号，也就是说它把这些复杂的内容都扬弃了，它就是在这些复杂内容里面的一般精神。那个一般精神是单纯的，宗教跟那些具体的内容相比，它是超越的，它没有那些复杂的关系，它贯穿所有这些复杂的关系之内，是这些关系里面的单纯的总体性或绝对的自我。为什么是绝对的自我？因为这个自我和前面的自我意识不同，它既是主观的也是客观的，是主观和客观的统一，所以它是绝对的自我。绝对的自我也可以理解为绝对的自我意识，精神意识到了它自身，这个跟前面讲的那个精神已经不一样了，前面那个精神还没有对它自身有明确的意识，还不是对精神的自我意识。现在的宗教已经是绝对的自我，也就是精神对精神自身有了意识，精神有了自我意识。宗教和世俗中的精神、精神世界中的精神相互之间是有区别的，尽管是全体和部分的关系，但这个部分跟全体有区别，全体这个总体性是单纯的，而它里面的这些部分呢是各自为政的，是分离的，每个环节都自为地呈现其自身。所以一开始从概念上面我们把这两个层次区别开是有必要的，你要使宗教和现实性达到统一，你首先要搞清楚宗教和现实性有什么区别，我们才能找到一个途径，怎么样去达到它们的统一，宗教如何实现现实性，现实性如何提升为宗教。

——其次，这些环节的进程在与宗教的关系中不可能以时间表象出来。

这是第二步。"其次，这些环节的进程"，这些环节本身有进程了，从意识到自我意识，到理性，到精神，是一个逐步上升的过程，这些环节有一种逻辑进程、逻辑层次关系。但它们"在与宗教的关系中不可能以时间表象出来"，不可能表现在时间中。表现在时间中也就是表现在现实中，因为所谓现实性它首先体现为时间性。这些环节与宗教有关系，但是这个关系不是时间关系，不可能在现实中表象出来，它们的关系只是一种逻辑关系。前面讲了宗教以这些环节的整个历程为前提，这整个历程实际上是一种逻辑历程，从意识到自我意识，到理性，到精神，层层递进，这是一种逻辑上的关系，而不是一种时间上的关系。并不是说先有意识，然后在时间上才产生了自我意识，然后过了一段时间产生了理性，最后呢产生了精神，不是这样的。《精神现象学》里面分析的这些历程都是逻辑历程，当然我们也说它是什么精神的胚胎史，有的人甚至把它看作心理学。但我们在"序言"里面已经讲了，我们不能从心理学的眼光和人类学的眼光来看《精神现象学》，《精神现象学》里面的这些层次，意识、自我意识、理性和精神，它们是同时发生的。自从有了人类，就既有了意识，也有了自我意识，也有了理性，也有了精神，缺一不可；而不是先有了意识，然后才发展出了自我意识，然后发展出了理性，最后才获得了精神，它在时间上没有这样一个过程。那么这些环节要从与宗教的关系来看呢，也不可能体现为一个时间上的进展。我们前面讲到，所有这些阶段、这些环节跟宗教都有关系，比如说"宗教"章第一句话就是这样讲的，"前此的诸形态大体上被区别为意识、自我意识、理性和精神，在其中，宗教虽然也曾经作为对绝对本质一般的意识出现过——不过那是从意识到了绝对本质的那种意识的立场出发的"，等等，而且下面还举了一个例子，比如说意识里面的知性，就已经提到了超感官世界、超感官的东西。自我意识中的不幸的意识也提到了彼岸，后来的伦理精神，什么阴间宗教啊，等等，都已经跟宗教有千丝万缕的关系，而且我们可以用宗教的眼光来看它们，可以说里面已经包含有宗教精神的因素了。但是宗教是不是就是这样发展起来的呢？是不是就这样在时间中发展起来的呢？那倒不是！这些环节所经历的进程在与宗教的关系中，我们不可能用时间对这样一种关系加以表象，我们不可能说有一种意识的宗教，有一种自我意识的宗教，有一种理性的宗教，有一种精神的宗教，最开始是意识的宗教，然后呢是自我意识的宗教，不是的！宗教肯定它本身就是自我意识，在任何情况下它都是自我意识，但是它不是在原来的层次上面的自我意识，它是在精神的这个层次上面，精神自身达到了自我意识，但它同时又是对象意识。这个不能那样简单地类比，宗教的确是在时间中发展起来的，但是我们不能把这个时间跟这些环节所经历过的历程相提并论，这些环节经历过的历程是一种逻辑上的历程，而宗教所经历的历程呢，我们可以把它看作宗教史，它是在历史上真实地经历过的。后面我们看到他对宗教的划分，自然宗教、艺术宗教和天启宗教，相当于宗教史上的原始宗教、古希腊的宗教以及基督教这三个阶段，当然有时间上的发展，但并不是和前面那些环节相呼应的，这些逻辑环节本身在时间上是同时的，没有时间上的先后。

只有整个精神才是在时间中的，只有那些作为整体精神本身的形态而存在的诸形态才呈现在一个接一个的顺序中；

我们先看这半句。"只有整个精神才是在时间中的"，"整个精神"也就是精神的全体了，也就是精神的总体性了，而精神的总体性那就是宗教。只有整个精神才是在时间中的，它的各个环节都不在时间中，宗教的发展并不是宗教内部各个构成环节拆分出来，从一个发展出另一个。你把它的那些环节分析出来，如同七宝楼台，拆开不成片断。整个精神里面有意识的环节，有自我意识的环节，有理性的环节，有精神的环节，那么这些环节都不在时间中，只有整个精神，只有精神的全体，才在时间中，才形成它自己的历史。"只有那些作为整体精神本身的形态而存在的诸形态才呈现在一个接一个的顺序中"，这个是进一步了。前面讲只有整个精神才在时间中，这是个总体性，但是，除了总体性之外还有个别性，所以这里加一句，只有那些作为整个精神本身的形态而存在的诸形态，现在是"诸"形态了。整个精神有各种各样的形态，但是这些形态每一个都是整体精神，都是整个精神发展出来的，都代表了整体精神的发展。"精神"打了着重号，精神的形态只能是整体性的，片断的精神不是精神。体现在精神层次上的形态，它不是意识的形态，不是自我意识的形态，不是理性的形态，甚至不是原来意义上的那个精神的形态，它是整个精神的形态，这样的诸形态它才呈现在一个接一个的顺序中。一个接一个的顺序，它们是顺着来的。整个精神在时间中，那时间就有先有后啊，最开始的整个精神和后来的整个精神，那就有不同的形态啊，它是变化着的，如果没有变化哪有时间？但是既然在时间中它是变化的，它就有诸形态，而整体的精神、精神的总体性就在时间中体现为它的个别性，体现为一些个别的诸形态，这些诸形态就呈现在一个接一个的顺序中。

因为只有整体才具有真正的现实性，因而也才具有对于他者的纯粹自由的形式，即那被表现为时间的形式。

"因为只有整体才具有真正的现实性"，这是对前面一句的解释了，整个精神才在时间中，为什么呢？因为只有整体才真正具有现实性，精神整体才具有现实性。具有现实性那就是在时间中了，按照康德的说法，除了在时间中还要在空间中，但黑格尔比较重视时间，空间就不用说了，在时间中那肯定也在空间中了。后面讲的东方的自然宗教、古希腊的艺术宗教和日耳曼世界的基督教或天启宗教，这都在空间中了，但是首先在时间中。在时间中就相当于讲在现实中，因为只有整体才具有真正的现实性，也就是说才具有时间性。"因而也才具有对于他者的纯粹自由的形式"，因而也才具有纯粹自由的形式。为什么是对于他者的纯粹自由的形式？"自由"这个概念也可以翻译成"解放、摆脱"，纯粹自由就是摆脱一切他者，从一切他者中解放出来。也就是说它特立独行，摆脱他者，自行其是，这就是纯粹自由的形式。"即那被表现为时间的形式"，也就是说表现为时间性，时间具有一种纯粹自由的形式。黑格尔理解的时间跟我们通常理解的时间已经有些区别了，当然海德格尔对他还不太满意，认为黑格尔基本上还是受传统时间概念的束缚，还是一种世俗的时间概念。但是其实我们可以看出来，黑格尔已经不完全是世俗的概念了，世俗的时间概念是均匀的，按照时钟的刻度，这一分钟和那一分钟完全一样，我们不能说这一分钟长一些那一分钟短一些，这是世俗的、物理学上的时间概念，已经被定量化了的，或者说已经被空间化了的时间。我们在钟表上面间隔那么远就刻一个刻度，以前计时用沙漏，沙漏也就是那个沙子漏下来有多少，我们给它量一下我们就知道经过了多少时间，这都是空间化了的时间，均匀的、匀质的时间，但是黑格尔不是。黑格尔的时间概念就是这种自由的时间形式，摆脱他者的束缚。所以为什么黑格尔讲在自然界没有时间，在物理世界没有时间，只有在人类社会才有时间，因为人类社会才有自由啊。只有人才有时间，物质世界是没有时间的，物质世界只有循环，不断地重复，那个怎么能叫时间呢？重复一圈又回到原处，那个不叫时间，时间就是要从低级到高级，有一种向精神层面的超越。自由的形式才能叫作时间，这就是黑格尔所理解的时间，精神的整体才具有这种自由的形式，它里面那些逻辑的环节既没有时间也没有自由的形式，是分析出来的。我们分析一个人的精神，我们就可以从里面分析出来，它里面有意识层面，有自我意识层面，有理性的层面，等等，但所有这些东西都是同时存在的，同时存在的那就没有时间的形式了。

但是整体的**各环节**：意识、自我意识、理性和精神，由于它们是一些环节，就不具有相互不同的定在。

"但是"，这跟前面对比了，前面讲的那些精神的形态，整个精神的本身的诸形态，那是有一个时间顺序的，有一个纯粹自由的形式的。但是，"整体的**各环节**"，"各环节"打了着重号，这四个环节，意识、自我意识、理性和精神，"由于它们是一些环节，就不具有相互不同的定在"，就是说不具有这样一些现实的定在，比如有一个东西是意识，另一个东西是自我意识，再一个是理性，等等，似乎它每一个单独的都有自己的定在，都有自己的现实性，这个是不可能的。那是一些逻辑关系，逻辑的层次，各个层次它们都是同时存在的，它们是同一个定在的不同结构。比如说一个人，他的意识里面就包含有自我意识，也包含理性，也包含精神，你可以一个一个地分析，但是那个人还是那个人，他是不可分的。他那一瞬间你把他截住，你把他作一个截图，你就可以对这个截图作一个分析，但那是同一个定在的各个层次，它没有不同的定在，没有说从一个发展出另一个定在来，没有不同的现实性。它们是对同一个现实性的不同层次的分析，这是第二点要注意的。第一点我们前面讲，首先要把自我意识和意识、宗教和世俗的精神区分开来；那么其次呢，我们要把宗教的现实性和这些环节的逻辑性区分开来，这些环节是一种逻辑关系，当然它们也体现在现象之中，但它们不是体现在各个不同现象的交替，而是对同一个精神现象的不同层次的分析。而精神整体的现实性却是体现在一个历史过程、历史进程中。前面我们分析四个环节的时候，也引进了很多历史的材料，像主奴关系啊，斯多葛主义啊，中世纪的信仰啊，近代的启蒙啊，法国大革命啊，这不都是历史的东西吗？但是那些东西只是举例说明，那些例子比较典型，能够说明那些层次，但决不说明这些环节就是经过了这样一些时间上的顺序。而宗教就不同了，它是一种时间上的顺序，这点我们要搞清楚。就是说各个环节的进程从宗教的眼光来看，它并不呈现为时间上的前后相继，只有宗教本身作为一个总体性才呈现为时间上的先后顺序，这是另一点区别。第一点就是首先我们要把宗教跟世俗生活，跟现实中的精神区别开来，现实中的精神当然就是那四个环节；第二点就是具体怎么区别，那四个环节跟宗教的关系并不是时间的关系，只有宗教本身作为一个整体才具有时间关系。下面就是讲的第三点了。

　　——正如精神与它的诸环节将会区别开那样，同样，第三，还必须把这些环节本身和它们那些个别的规定区别开来。

　　"正如精神与它的诸环节将会区别开那样"，这个前面已经讲了，前面两点都是讲的精神和它里面的诸环节是不同的，一方是总体性，另外一方是各个分离的、没有消化掉的；再就是精神的总体它是有时间性的，而它里面的各个环节并不表象在时间中，这是两点区别。那么第三点呢就是总结，"同样，第三，还必须把这些环节本身和它们那些个别的规定区别开来"，精神和它的诸环节有区别，那么这些环节和这些环节的个别规定也有区别，这里有三个层次。哪三个层次？一个就是精神整体、总体性，那就是宗教；第二个就是它底下的诸环节，具体来讲就是四个环节：意识、自我意识、理性和精神；第三个层次就是这些环节的个别的规定，这些规定也有区别。我们在讨论那些环节的时候对它们作了个别的规定，这些个别的规定又有时间上的关系，哪些个别的规定？下面就讲到了。

{366}　　　　我们看见，这些环节中的每一个本身在它自己特有的进程中又在自身加以区别并形成着不同的形态；例如在意识中就区别出感性确定性和知觉。后面这两方面在时间中接踵而来，并属于一个**特殊的整体**。

　　个别规定是什么呢？"我们看见，这些环节中的每一个本身在它自己特有的进程中"，比如说意识，作为第一个环节，意识本身在它的特殊进程中，"又在自身加以区别"。我们前面讲了，意识分为三个阶段，一个是感性确定性，一个是知觉，一个是知性，然后再进入到自我意识。自我意识也有两个阶段，首先是主奴关系、主人和奴隶，然后是斯多亚主义和不幸的意识，也"在自身加以区别"，"并形成着不同的形态"。这些环节是逻辑环节，但它们所形成的形态却具有现实性，具有时间性，何种形态？"例如在意识中就区别出感性确定性和知觉"，感性确定性和知觉那倒是在时间中有个顺序，我们在凭感官去感知外在事物的时候，的确一开始是感性确定性，没有这个前提，我们不可能有知觉和知性。经过了感性确定性自身的进展，我们才上升到知觉。从儿童心理学我们也可以看出来，最开始就是感性确定性，感性确定性通过反复以后我们才能知觉到一个事物。小孩子最先开始感觉的时候他没有事物的概念、没有实体的概念，他要通过一定的训练，他才上升到知觉，他才知道这个东西是一个物，是一个东西，我们的认知就是要认知这个东西。但这里没有提到知性，只提到前面两个阶段，即感性确定性和知觉。为什么不提知性？他前面倒是提到知性而没有提感性确定性和知觉，像"宗教"这一章的一开始，第二段，179页，就讲到了，他说，"就意识是知性而言，意识已经成为了对超感官的东西和对象性定在之内在的东西的意识"，他这里只举知性，为什么只举知性？因为在这个地方是讲宗教和前面所讲的那四个阶段的关系，宗教作为绝对本质在那些关系里面、在那些环节里面也曾经出现过，比如说在知性里面它是作为超感官的东西或者说内在的东西，已经有了。我们上次讲到这个地方也已经提到了，就是说在知性阶段其实已经隐含着宗教的可能性，所谓康德的自在之物就是知性的结果嘛，有个东西在后面，我们所看到的都是现象。有个东西在后面我们看不到，看不到的东西它就可能是上帝，可能是灵魂，可能是自由，那就已经有宗教的话题了，但是"无论人们对它如何称谓，都是无自我性的"。所以这些内在的东西、超感官的东西都是无自我的，它们上升不到宗教的层次；但是它们是宗教的前提，在前面谈到，宗教在这些东西里面其实已经包含着了，就提到知性，而没有提到感性确定性和知觉。因为感性确定性和知觉里面没有超感官的东西，只有知性才意识到了超感官的东西，所以它已经包含着宗教的可能性。而现在这个地方我们讲的话题不同，它是讲宗教必须采取怎么样的形态。我们已经是在讲宗教了，不是讲宗教在前面怎么包含着可能性，我们现在是已经有宗教，那么我们要考虑这个宗教它将采取什么样的形态。于是我们就举例，"例如在意识中就区别出感性确定性和知觉"，感性确定性和知觉它们都是总体性的，到了知性就不是总体性的了，知性就是分析性的了，它分析出来有些是现象，有些是自在之物，有些是超感官的东西，我们所认识的只是现象，而超感官的东西我们不能认识，那就没有总体性了。你把它分成两截，一个此岸一个彼岸，那还有什么总体性呢？所以知性在这里头不能充当宗教的形态，而感性确定性和知觉倒是可以。比如说后面的自然宗教，自然宗教就是以感性确定性和知觉的形态出现的宗教，感性确定性，包括知觉，知觉虽然已经有了一点分裂，但是它还是一个主体，它没有分裂到像知性那样，区分出一个自在之物，它还是可以看成一个整体。所以在意识中就区别出感性确定性和知觉，"后面这两方面在时间中接踵而来，并属于一个**特殊的整体**"，特殊的整体打了着重号，这是他要强调的。我们刚才解释了半天也就是解释这一点，感性确定性和知觉都是属于一个特殊的整体，而知性不是，知性已经形成不了整体了，已经把整体解构了，已经区别成现象和自在之物两大部分了。而感性确定性和知觉都是呈现在我们面前的一个特殊的整体，那么作为特殊的整体呢，感性确定性和知觉在时间中有一个接踵而来的关系。我们首先是感性确定性，首先是感觉啊，从儿童心理学就可以通过观察总结出来，婴儿最开始的时候并没有上升到知觉，他只有感觉，感觉有些光，有些影，有些东西消失了，有些东西出现了。一个玩具汽车开到门后面去了，他就以为消失了，没有了，于是小孩子就哭起来；然后大人一把门打开，咦，还在这里，于是他又笑起来了。小孩子就是这样，他不知道这个东西是一个事物，一个实体，不会无缘无故消失的。皮亚杰的儿童心理学专门讲到这样一些问题，就是感知运动图式是如何形成的，它有个过程，最开始是没有的，最开始只有感觉而没有知觉，后来形成了知觉，再后来慢慢才形成知性，这都在时间中。而形成知性呢那已经是分裂的世界了，已经不是一个整体了。

——因为精神由它的**普遍性**通过**规定**而降下来成为**个别性**。这种规定或中介就是**意识**、**自我意识**等等。但是**个别性**是这些环节的诸形态所构成的。

"因为"，这个因为也就是说，前面讲的，这些环节中的每一个在自己特有的进程中又对自身加以区别，并形成着不同的形态，为什么会这样？是因为"精神由它的**普遍性**通过**规定**而降下来成为**个别性**"，普遍性、规定和个别性都打了着重号，也就是通过三个阶梯的下降而造成了这种区分。精神，在前面就是主观精神，由它的普遍性降下来，通过一些特殊的规定而降为个别性。"这种规定或中介就是**意识**、**自我意识**等等"，普遍的精神、宗教以主观精神的形态最初就体现了这样一个从普遍下降为个别性的进程，而中间的这些环节就是中介，是意识啊、自我意识啊这样一些规定，这些规定要落实到个别性之上，要落到个别的东西上面，比如感性确定性、知觉、知性等等形态上面。意识、自我意识等规定是逻辑上的结构层次的规定，但是在体现为现象时必须要落实到个别性上面，比如一个处于感性确定性阶段的小孩子的精神就是最起码的个别性形态，还有在后来的各个层次上的种种形态。宗教精神的那种普遍的整体性、总体性，是用时间中、历史中各个个别性的相继推移、发展成长来体现的。

个别性、单一性和总体性、普遍性之间，是一个否定之否定的关系，普遍性是一个肯定，中间这些特殊的规定、环节是否定，那么个别性是否定之否定，它回到了起点，就是个体的普遍性。所以这两端是可以重合的，中间反而只是一个过渡，中间那些环节，意识啊，自我意识啊，理性啊，精神啊，只是一个中介或过渡，它要过渡到哪里去呢？要过渡到那些具体的形态，它的个别性上面，要落实到个别性。从普遍性要降到个别，要体现为个别的现实性，那就需要一个中介，这中介呢就是这四个环节。而这四个环节里面每一个都有一些个别的形态，这些个别的形态它本身是总体性的，它是否定之否定嘛。比如说感性确定性和知觉都是具有总体性的，但它们都是个别的，都讲"这一个"。感性确定性一上来就讲这一个、这一位，我就是这一位，对象就是这一个；知觉也是讲这一个，讲"一"，这个一就是一个统一性或单一性、个别性。那么这些个别性在不同层次上都可以体现精神的总体性，比如在意识层次、自我意识层次、理性层次、精神层次等，这都只是些中介，是为了把精神体现为个别性而产生的一些规定性。"但是**个别性**是这些环节的诸形态所构成的"，这样一些个别性它本身是由这些环节的诸形态构成的，或者说它们就是这些环节的诸形态。比如说意识这个环节它有感性确定性和知觉这两个形态，这两个形态都构成了个别性，都是以个别方式体现了主观精神的总体性形态。我们一开始讲的这一个，它就是个别性、个别实体，亚里士多德讲作为存在的存在，那就是个别实体，个别实体是最起码的存在，它就是个别性。个别性怎么来的？它们就是由这些环节即意识和自我意识等等的诸形态构成的，这些特殊环节倒是一些普遍的规定，但是它们表现出来的形态是个别性，至少它里面有个别性，感性确定性和知觉就是，当然也有不是个别性的，也有分裂的，像知性就是分裂的，这样一些形态要作一些区分，它里面有一些个别的形态构成了这些环节的个别性。

因此这些形态就在精神的个别性或**现实性**中呈现出了精神，并且在时间中把自己区别开来，但却使得后来的形态将先行的那些形态保存在 [183]

自身内。

　　"因此这些形态"，比如说感性确定性和知觉，"就在精神的个别性或**现实性**中呈现出了精神"，精神的个别性或现实性，"现实性"打了着重号，这就涉及到刚才所要谈的主题了，就是宗教如何跟现实性相结合、相统一？我们就要找到在现实中有哪些形态是适合于成为宗教的形态的，比如说感性确定性、知觉就适合于表达宗教的形态，而知性就不适合；主奴关系、抽象自由和不幸的意识是适合表达宗教形态的，但观察的理性就不适合；后面讲到的信仰是适合于表达宗教形态的，但是启蒙就不适合。这里头是要落实在个别性形态上的，所以这些形态是在精神的个别性或现实性中呈现出来的精神，精神的现实性就是在这些个别性里面呈现出来的。我们要找宗教精神和现实精神如何能够结合起来的例子，我们就要从这些个别性里面去找。"并且在时间中把自己区别开来"，这些个别形态是有时间的，它们在时间中一个接一个把自己区分开来，"但却使得后来的形态将先行的那些形态保存在自身内"。在时间中虽然有区别，但并不是说一个东西消失了而另一个东西产生了，而是同一个东西在时间中发展成这样了又发展成那样了，而发展到最后，要把它前面所有的阶段都保持在自身之内。比如说感性确定性、知觉是一开始在自然宗教里就是作为主要的形态、主流的形态，但在最后，哪怕在天启宗教里面它仍然有。古希腊的艺术宗教也是中间的一个形态，它不是最终形态，但是在最终的天启宗教里面也包含有艺术宗教的形态，基督教也有基督教的艺术啊，有文艺复兴的艺术啊，也有这样一些形态，但是它已经不是占主流的，它被扬弃地包含在后面的形态里。因为只有这样，它才能保持为一个个别的整体啊，它的每一个阶段都是个别的整体，而全体仍然是个别的整体，为什么呢？因为这些形态它们并不是各个分离的，并不是各自自为地呈现自身，并不像意识啊、自我意识啊、理性啊、精神啊那四个环节，它们作为这样的个别的形态已经构成一个整体。当它们最后归结到天启宗教的时候，还是一个整体的各阶段，这个整体把前面各阶段的整体全都包含在自身内,全都消化在自身之内。在基督教里把自然宗教、艺术宗教都消化在里面了,它并不是完全排斥那些东西,当然它也有批判,也有扬弃,但是是扬弃地保存,保存了前面的。哪怕在自然宗教里面,你说它很迷信,很原始,但它那种虔诚是一切宗教信仰的前提。也就是说在基督教里面它有一种自信,就是每个人只要是人,它就有基督教的那种虔诚,这种虔诚最开始是表现在迷信里面的,表现在自然宗教里面的,表现在那些低级宗教、原始宗教里面的,但它作为萌芽已经有了。人不能离开信仰,基督教是最终的信仰,基督教是作为宗教的宗教,这是它们的一种自信,就是说我基督教并不排斥那些东西,我把你们那些东西里面的真正宗教的东西都包含在我自身之内了,它有这样一种自信。当然这是黑格尔的看法了,并不一定是客观的。整个这一段就是讲的三个话题,前两个话题就是把宗教和世俗区别开来,第三个话题就是宗教如何在世俗精神里面体现为个别的形态,前面要把它区分开来,区分开来你才能结合起来,后面这第三个话题呢就是如何把它们结合起来,宗教如何才能够体现为现实的形态。这是解答前面的问题,就是宗教如何具有现实性,而现实的东西如何具有宗教性。下面还是继续讨论这个话题,就是继续讨论这样一种宗教的整体性跟现实的关系最后要体现为一些什么样的形态,它体现为宗教的一个接一个形态的历史的发展。

因此,当宗教是精神的完成,而精神的个别环节即意识、自我意识、理性和精神**返回到**并且**已经返回到了**宗教作为它们的**根据**时,它们就一起构成了整体精神的**定在着的现实性**,而整体精神只是作为它的这些方面的区别运动和自我返回运动而**存在**的。

"因此,当宗教是精神的完成",在前面已经透露出来了这样一个信息,就是宗教是整体的精神,是所有精神世界的总体性,并且它又是一种个别的形态,是一个个别的整体,所以宗教是精神的完成。"而精神的个别环节即意识、自我意识、理性和精神**返回到**并且**已经返回到了**宗教作为它们的**根据**时"，精神的个别环节，从精神的眼光来看，前面那四个阶段都是它的个别的环节。我们前面讲到了，它们都属于精神这样一个概念里面的不同的逻辑层次，而其中贯穿一切的背后的根据是宗教，宗教就是这四个层次最终必须返回并且已经在返回的根据。宗教是精神的完成，怎么完成的？就是这样完成的，精神的这四个环节以个别性的形态返回到并且已经返回到宗教，这就完成了宗教。一个是返回到，一个是已经返回到，返回到是正在进行时，讲的是过程，已经返回到是完成时，讲的是结果，"根据"打了着重号。就是说前面四个环节意识、自我意识、理性和精神就是把宗教作为它的根据，并且返回到这个根据，它们的进展就是返回到根据，用康德的话来说就是返回到它们之所以可能的条件。它们已经在了，但是为什么在呢？它们何以可能呢？就是因为它们最终就是宗教。所以宗教就是它们的完成，精神一步一步地最后追溯到它的根，那就是宗教。因此，当宗教是精神的完成，而精神的个别环节即意识、自我意识、理性和精神返回到并且已经返回到了宗教作为它们的根据时，"它们"，也就是这些环节，"就一起构成了整体精神的**定在着的现实性**"。这些环节一起走过了四个阶段，它们全部一起构成了整体精神的定在着的现实性，"定在着的"和"现实性"都打了着重号，这就是我们的主题，即宗教和现实性是如何统一起来的？经过这四个环节我们可以看出来，它们返回到它们的根据就是返回到宗教，而这个返回的过程就是整个精神的定在着的现实性，宗教由此而跟现实性达到了统一，它本身就在现实中，经过了一个现实的过程。当它经历了这个现实的过程，返回到它的宗教的根据时，那么它就跟现实性统一了，宗教跟现实性就是这样统一的，或者宗教跟现实性是在这样一个过程中统一的。当然这四个环节它本身是逻辑环节，但是它们构成了整体精神的定在着的现实性，也就是这些逻辑的环节整体上构成了现实性，它们不等于现实性，但它们在它们的返回过程中构成了整个精神的定在着的现实性。所以这些环节都是中介，促使宗教构成自己的现实性，它们提供了各种各样的形态，宗教采取了这些形态，从而使自己具有了现实性。"而整体精神只是作为它的这些方面的区别运动和返回它自身的运动而**存在**的"，"存在"打了着重号。"整体精神"也就是宗教了，整体精神只是作为它的这些方面返回它自身的运动而存在的。宗教是什么？宗教不是预先设定在那里的一个概念、一个目标，宗教就是它的这些方面的既区别又返回自身的运动。整个精神就是一个运动，是作为这样一种运动而存在的。为什么"存在"要打着重号？就是指宗教的现实存在，它成为了现实性，宗教是作为这样一种运动而成为现实性的。宗教不是一个抽象的、静止不变的概念，而是一个运动，是经过了这样一个历程、这样一种既区别而又返回自身的运动而存在着的。这里头就透露出一种宗教就是宗教史的思想了，我们后面还要讲到哲学就是哲学史，而这里宗教也就是宗教史。宗教不是一个抽象的概念，宗教就是在它的历程中而存在的。当然最后这个结果是精神的完成，但这个完成不是说摆在那里就完成了，它是要经过一个漫长的历程才能够完成，而这整个历程就是宗教，这个运动就是宗教。

　　一般宗教的形成就包含在这些普遍环节的运动里。但是由于这些定语中的每一个曾经被呈现为并不只是如同它一般地规定自身那样，而是如同它**自在自为地**存在那样，也就是如同它在自己本身中作为整体经历自身那样，所以也就不仅由此产生出了**一般**宗教的形成过程，而且这些**个别**方面的上述完成的进程同时就包含着**宗教**自身的种种**规定性**。

　　"**一般宗教**的形成就包含在这些普遍环节的运动里"，这是一般的普遍原则，"一般宗教"打了着重号。这些环节当然有普遍性，有逻辑性，意识、自我意识、理性和精神都是一些普遍的环节，那么这些普遍环节的运动就是一般宗教的形成过程，这跟刚才讲的是一个意思。宗教就是一个运动过程，一个自我返回的过程，整个精神就是返回到自身的运动，从自身区别开来又返回到自身，而一般宗教的形成过程呢就包含在这些普遍环节里。"但是"，后面就讲具体的了，"由于这些定语"，Attribut，也可以翻译成"属性"，但是我们这里翻译成"定语"，以形容词形容一个名词

65

的定语。我们前面 Eigenschaft 译成"属性"，这里我们就不译成"属性"了，译成"定语"，也就是这些普遍环节，意识、自我意识和理性对宗教来说都是一些定语，都是来限定宗教的。为什么用"定语"Attribut 而不用 Eigenschaft？就是强调这些环节的逻辑性，这些环节相互之间具有逻辑性，这个"定语"是逻辑上的定语、语法上的定语。这些环节的运动并不是这些环节本身作为一种定在、作为一种现实性有什么运动，而是一种逻辑运动、逻辑进程。但是，"由于这些定语中的每一个曾经被呈现为并不只是如同它一般地规定自身那样"，由于这些定语中，这些意识啊、自我意识啊、理性啊、精神啊这样一些定语，虽然只是逻辑上的定语，但是它们每一个都曾经被呈现为不只是逻辑关系，而且是存在关系。也就是它们在前面的发展过程中，我们在陈述它们的时候，我们并没有把它们陈述为一般地规定自身那样，并没有把它们理解为一个逻辑上的关系，一种语法上的定语。当然它们事实上并没有它们特殊的定在，按照它们的本性只是一种逻辑关系，但我们在谈它们的时候并没有仅仅当作逻辑关系来谈，来陈述，没有仅仅把它们局限于这样一些定语、这样一些逻辑关系。"而是如同它**自在自为地**存在那样"，"自在自为地"打了着重号。自在自为地存在就是客观存在，我们把它当一个事物、一个过程，我们把它当一个现实的环节，虽然它只是一个逻辑的环节，但是我们在陈述它的时候呢，我们为了揭示它底下的内涵，我们要深入到现实之中。比如说意识，你抽象地谈意识，那谈不出什么，那么我们就要谈意识的几个阶段，一个是感性确定性，一个是知觉，一个是知性，这样一些环节、这样一些形态就是这个环节本身自在自为地存在那样，本身有一个发展过程。作为一个定语它无所谓发展不发展，它只是用来形容别的东西，但是现在根据我们的陈述呢，我们把它陈述为像它自在自为地那样，好像它有个实体那样，好像它不仅仅是一个属性，而是一个实体，好像它自己在那里发展。我们这种陈述当然是有道理的，它底下确实隐藏着一个实体，那就是精神，甚至于是绝对精神，但是当时还没出现。我们在陈述的时候把它挖掘出来，如同它自在自为地存在那样来讲它，"也就是如同它在自己本身中作为整体经历自身那样"。我们已经有了整体的眼光了，就好像这些定语在它本身中作为一个整体在经历自身，实际上它是不能作为整体的，它只是环节，意识只是一个环节。我们说这个思想里面有意识的层面，但意识的层面只是一个层面哪，只是一个环节啊，你怎么能单独把它抽出来当作一个整体，来考察它经历了哪些阶段呢？但是我们在陈述的时候呢我们是这样呈现它的，就是说把它当作一个整体，好像是一个整体，在自己本身中作为整体经历自身。意识的经验科学，就是把意识当作一个经验的对象、一个科学研究的对象来陈述，就好像是说它作为整体经历了自身。"所以也就不仅由此产生出了**一般**宗教的形成过程，而且这些**个别**方面的上述完成的进程同时就包含着**宗教**自身的种种**规定性**"，我们在这些环节的进程中，我们把它当作一个自在自为的存在那样来加以陈述，所以我们在这里就产生出了一般宗教的形成过程。我们从宗教的眼光来看，前面的所有的意识也好，自我意识也好，理性也好，都是宗教的前史，都是宗教的形成过程，我们笼而统之地可以这样说。没有前面的发展，我们就到不了宗教，我们今天之所以能够站在宗教的层次上面，是因为有了前面的种种发展，这就是一般宗教的形成过程。"一般"打了着重号，我们一般地泛泛而谈，宗教的形成过程就是以前面四个阶段为前提的，但是不仅仅是这样，而且这些个别方面的上述完成的进程，同时就包含着宗教自身的种种规定性，"个别"打了着重号。我们前面讲了，个别方面、个别的整体，像感性确定性啊，知觉啊，还有后面的很多环节，像精神里面的伦理、信仰、道德等等，这都是一些个别方面、个别的形态。而上面讲的这个完成的进程就是所有这些形态一个接一个，顺着来，它有时间性的。所有这些个别的整体形态是处在时间中的，完成了的进程无所不包，所有的东西都包含在这样一个进程里面。那么这样一个进程同时就包含着宗教自身的种种规定性了，"宗教"打了着重号，"规定性"也打了着重号。那就不是笼而统之、大而化之、泛泛而谈地说，前面的四个环节都是宗教发展的前提，说完就完了；而是很具体的，就是说上述完成的进程它有很多个别的方面，很多个别的形态，在意识里面是感性确定性和知觉，在自我意识里面是苦恼意识或者说不幸意识、自由的意识等等，后面还有很多，上述完成的进程本身就包含着宗教自身的种种规定性，它们已经是宗教的规定性了。它不单是宗教的前提，不是说没有它们就产生不了后来的宗教，而是说它们的这些形态本身就是宗教的形态，感性确定性、知觉、不幸的意识等等，所有这些都是宗教本身的形态。所以前面是一般宗教的形成过程，"一般"打了着重号，而这个地方呢是宗教自身的规定性，"规定性"打了着重号，它们是宗教的具体规定性了。原来它们是属于意识和自我意识的规定性，现在它们摇身一变成了宗教自身的规定性。前面我们没有想到，我们在讲感性确定性的时候谁会想到宗教呢？但是我们在谈宗教的时候回过头去看，我们就会发现宗教本身的初级阶段就是体现为感性确定性的形态，有一种感性确定性的形态的宗教，也有一种知觉形态的宗教，如此等等。所以这个完成的进程同时就包含着宗教自身的种种规定性、种种形态，不仅仅是感性确定性，不仅仅是知觉，所有这些形态我们都把它找来，就会发现它们就是宗教自身的各种规定性，宗教的一切规定性都在这些形态之中，各种各样的形态都可以在前面这些形态里面找到。

整体的精神、宗教的精神又再次是那从它的直接性进到对于它自在地或直接地是什么的认知的运动，是使得它对它的意识所由以显现的形态完全与它的本质相同一、并直观到它自己是怎样的这一过程实现出来的运动。

"整体的精神、宗教的精神"，中间是一个顿号，整体的精神就是指的宗教的精神，这两个是同位语，"又再次是那从它的直接性进到对于它**自在地**或直接地是什么的**认知**的运动"，也就是宗教精神又再次是从直接性达到对它的认知的这样一个运动，从直接性到对它的自在状态的认知，在以往是从意识到自我意识、到理性这样一个过程，现在呢我们站在宗教的立场上来看，那么宗教本身又重新经历了这样一个过程，从它的直接性进到对于它自在地或直接地是什么的认知的运动，"认知"打了着重号。这还是直接的状态，像感性确定性，那就是很直接的了，感性确定性几乎还算不上是认知，只有对于它是自在地或直接地是什么的认知那才算得上是认知，就是它本身客观上是什么。从它的直接是什么进到它的客观上是什么，这样一个逐渐自觉、逐渐上升到认知的这样一个运动。所以宗教的精神又再次是那样一个运动，什么运动呢？从宗教的直接性进到对宗教自在地和直接地是什么的认知，也就是说在宗教精神里面我们看到了一个历史，最开始是宗教直接是什么，然后进到了对于宗教自在地或直接地是什么的认知。最开始它是直接的状态，从它的直接性还没有达到对它自己的认知，然后从它直接地是什么要进到认知，认识你自己，要达到一种自我意识、自我认知，宗教的精神又再次经历了这样一个过程。为什么是"再次"呢？前面已经经历过了，从意识中的感性确定性、知觉开始，一直进到它自在地是什么，它直接地是什么。自在地、直接地就是精神了，我们从那里才过渡到了宗教啊，宗教就是自我意识到的精神哪，我们达到了这样一个认知，经历了这样一个过程。"是使得它对它的意识所由以显现的**形态**完全与它的本质相同一、并直观到它自己是怎样的这一过程实现出来的运动"，前面讲是从直接性到认知的运动，这里再补充一句，这跟前面是并列的，进一步说明，是什么运动？是使得它的形态完全与它的本质相同一、并直观到它自己是怎样的这一过程实现出来的运动。前面已经讲了是一个运动，后面再讲不光是那样一个运动，而且是这样一个运动，是这样一个过程实现出来的运动，什么过程？就是使得它对它的意识所由以显现的形态，就是宗教对它自己的意识所由以显现出来的种种形态，完全与它的本质相同一，并且直观到它自己是怎样的这一过程。就是说宗教的意识所由以显现出来的那些形态，比如说自然宗教、艺术宗教、天启宗教这样一些形态，逐步逐步地走向了一个最终的目的，就是形态和本质同一，这表现为一种运动。所有这些形态前后相继，表现出一种逐渐与它的本质相同一的运动，最开始它的形态和它的本质是不同一的，在原始宗教里面非常明显，我们今天把它们称之为迷信、巫术。迷信、巫术当然有宗教的本质，我们说原始宗教、自然宗教也是宗教；但是它的形态与它的本质并不同一，它是宗教的一种最初的、幼稚的表现。那么逐渐到了艺术宗教，那就比较高级一些了，它是精神领域的。而到了天启宗教呢，那就更加高级了，已经完全与它的本质相同一了，并且能够直观到它自己的本质是怎样实现出来的。宗教精神就是这样一个运动，就处在这样一个运动之中，这体现宗教史实际上就是宗教，宗教只有一个，而自然宗教、艺术宗教等等所有这些宗教都包含在唯一的这个宗教里面，作为它的低层次的表现形态，但里面贯穿着的宗教本质是同一个。只有在最高阶段，它的形态跟它的本质才同一了，而前面是分裂的。

　　——于是，在这个形成过程里，精神本身就存在于种种**特定的**形态中，这些形态构成了这个运动的种种区别；同时特定的宗教就因而同样也拥有一种**特定的**、**现实的**精神。

　　"于是，在这个形成过程里，精神本身就存在于种种**特定的**形态中"，"特定的"打了着重号，"精神本身"，这里的精神就是宗教精神，宗教精神就存在于各种特定的形态中了。"这些形态构成了这个运动的种种区别"，既然是特定的形态嘛，那它们当然就不同啦，这个跟那个不同，是很特别的，自然宗教里面也有种种的形态，艺术宗教里也有种种的形态，这些形态构成了这个运动的各种区别。在这个运动中有种种不同的形态，一个比一个高。"同时特定的宗教就因而同样也拥有一种**特定的**、**现实的精神**"，"特定的"、"现实的"打了着重号。为什么要在这里打着重号？就是为了特别强调宗教跟它的现实性是如何达到统一的，还是这个主题。特定的宗教同样也拥有一种特定的、现实的精神，宗教跟现实要达到统一，那么在它的运动过程中特定的宗教就跟特定的现实相一致，相对应。宗教跟现实统一不是一次完成的，经过了一个历史过程，在这个历史过程中有不同的阶段,产生了各种不同的区别,每一个宗教它的形态都是特定的,它的现实性也是特定的,都是有具体规定的,我们可以对它加以描述的,并和其他宗教形态区别开来。

所以,如果意识、自我意识、理性和精神属于那自我认知的精神一般,那么这些在意识、自我意识、理性和精神之内各自特殊地发展出来的**特定**形式就属于那自我认知的精神的**特定**形态。

这也是从上面顺理成章地推出来的。"所以,如果意识、自我意识、理性和精神属于那自我认知的精神一般",自我认知的精神一般,就是《精神现象学》中所探讨的总的主题,所有的意识、自我意识、理性和精神都是自我认知的精神一般的形成史,或者说形成过程中的各个环节。而标志着这个形成过程完成阶段的就是宗教了,宗教第一次达到了精神的自我认知,它就是一般精神,或者说是精神的整体、精神的单纯的总体性。所以我们有理由把前面四个环节都归属到宗教的名下。"那么这些在意识、自我意识、理性和精神之内各自特殊地发展出来的**特定**形式就属于那自我认知的精神的**特定**形态",两个"特定"都打了着重号。也就是说这些形态,前面举例比如说感性确定性、知觉,它们都是在这些环节里面各自特殊地发展出来的特定的形式,而这些形式就属于那自我认知的精神的特定形态,也就是就属于宗教精神某个阶段的特定形态。特定对特定,在这里有种平行关系。

宗教的**特定**形态为了自己的现实的精神而从它的每一个环节的诸形态中选取一个适合于它的形态。

"宗教的**特定**形态",一般宗教那是笼而统之的、抽象的,但它在历史中表现为宗教的种种形态。那么这些宗教的特定形态呢,"为了自己的现实的精神",或者说为了跟现实达到统一、为了使自己具有现实性,"而从它的每一个环节的诸形态中",比如说从意识的环节里面的感性确定性和知觉的形态中,"选取一个适合于它的形态"。它不是全部收纳进来的,而是有所选择的,选择的标准是什么呢? 就是看它这个形态是否具有个别性和总体性，还没有分裂。当这些形态还没有分裂的时候，从中选取一个适合于它的形态，宗教的特定形态从诸形态中选取一个适合于它的形态，那些分裂了的它就不要了，比如说理性阶段的那些形态它就不要了，观察的理性啊、实践的理性啊这些东西它就不要了。它主要是从意识、自我意识和精神里面选取，理性的那些环节基本上都没用，它选取的是某个适合于它的形态。

　　<u>宗教的这个**单一**规定性贯穿到它的现实定在的一切方面，并且在它们身上打上这一共同的烙印。</u>

　　"宗教的这个单一规定性"，它选取了一个一个的形态，我们刚才讲它主要选取了那些个别性的形态，那么个别性的形态都是一种单一的规定性，这种单一规定性"贯穿到它的现实定在的一切方面"。宗教是为了自己的现实的精神而选取这个形态的，那么宗教所选定的这种形态的单一的规定性呢，就贯穿到它的现实定在的一切方面，每一个宗教的特定的形态都有一个单一的规定性贯穿在里面，比如说感性确定性，你就可以在自然宗教里面看出它贯穿到它的各个方面，"并且在它们身上打上这一共同的烙印"，自然宗教主要就是感性确定性和知觉这样一种共同的烙印。这整个都是在解释，宗教如何使自己变成具有现实性的。

　　好，我们再看下面。前面我们讲了宗教精神不是脱离现实高高在上的抽象概念，而是跟它以前发展出来的那些环节，它前此作为它的准备所提供出来的那四个环节，相互之间既有联系又有区别。那么这就有一个问题，就是我们在描述宗教精神本身的发展过程的时候，按照一种什么样的次序？前面已经讲到了时间性，宗教精神本身是有时间性的，作为一个总体它有它的时间性；而那些四个环节本身是没有时间性的，只是逻辑层次；但四个环节中的每一个里面所展示出来的形态又有时间性。所以虽然这些环节本身是逻辑环节，是没有时间性的，但它们又被安排在一个先后顺序里面，从意识到自我意识，到理性，到精神，是这样安排的,那么这两种安排的方式是一种什么关系? 我们下面来看。

以这种方式,前此出场的那些形态现在被安排的次序就不同于它们 [184]
原来出现时的次序了,关于这一点,我们还需首先简略地作一点必不可
少的说明。 {367}

这句话就是我们刚才讲的那个意思。"以这种方式",以什么方式呢?
就是说每一种宗教精神作为一种特定的宗教,它有一种特定的现实的精
神,它必须要把以往在四个环节里面所体现出来的那些形态作为它自身
的形态,它从那些形态里面选择一些适合于自己的形态来加以表述,把
它们放在时间中。宗教本身作为整体它是在时间中的,而那些个别形态
也是在时间中的,虽然它们的环节不在时间中,但它们的形态是在时间
中的。那么这两个时间的次序有什么区别? "前此出场的那些形态",
像感性确定性、知觉等等,"现在被安排的次序就不同于它们原来出现时
的次序了",现在我们在宗教里面来对它们加以安排,感性确定性的宗
教、知觉的宗教以及后来的其他的宗教,那么这样一些形态的次序并不
同于它们原来出现时的次序。原来出现的次序中,有的东西现在被删掉
了,像知性就没有,理性在宗教形态里面也不加考虑,那么这里头就有些
不同的地方。所以,"关于这一点,我们还需首先简略地作一点必不可少
的说明"。就是在宗教的发展过程中,总的来说有三个阶段,自然宗教、
艺术宗教、天启宗教,三个阶段并不跟前面的那四个阶段一一对应,而且
其中很多形态都被忽略了,都被跳过去了。前面也讲到,它只选择那些
适合于它的形态,不适合于它的形态就不要了,这里面似乎有点任意性,
他想把这个任意性说清楚。你是不是随便选的? 适合的你就拿过来,不
适合的你就不要,或者在排列上面也不一致。这还要作一些必不可少的
说明。

——在我们考察过的那个次序里,每一环节在自己深入自身时,都
以自己特有的原则而将自己造就成了一个整体;而认识则曾经是那深刻

的东西或精神，在其中，那些独自不具有持存的环节才拥有自己的实体。

　　"在我们考察过的那个次序里"，前面考察的那个次序就是四个环节的次序，意识、自我意识、理性和精神，这下面都是用的过去时。"每一环节在自己深入自身时，都以自己特有的原则而将自己造就成了一个整体"，每一环节在深入到自身的时候，意识的环节，比如说，深入到自身的时候，什么是意识？我们来考察，感性确定性、知觉、知性，这都是对意识环节的一种深入，意识本身只是一个逻辑环节，它只是我们的认知活动的一个定语，我们的认知活动是意识的认知活动，是处在意识的阶段的。每一环节在自己深入自身时，都以自己特有的原则而将自己造就成了一个整体，那么意识环节就是以意识的原则，以对象意识的原则，将自己造就成一个整体，凡是涉及对象意识的，比如说感性确定性、知觉和知性，它们构成了一个整体。"而认识则曾经是那深刻的东西或精神"，在这个整体里面呢，认识活动就是那深刻的东西或精神，这里用的是过去式，曾经是那深刻的东西或精神。就是说，在意识里面，通过意识造就成了一个整体的形态，比如说感性确定性，它的"这一个"就是一个整体，整个感性世界，一切都是"这一个"。在这里，认识就是那深刻的东西，是在这样一种感性确定性的背后起作用的东西。我们在获得感性确定性的时候，主观上不一定是要去认识，但在背后起决定作用的那个深刻的东西就是我们的认识能力，意识本身就是最基本的认识能力。而有认识活动在后面起作用，那就是精神了，精神本质上就是一种认识活动嘛。所以在这个环节深入到自身的时候呢，它就可以表现出一个整体，而这个整体的内部深刻的东西那就是精神。"在其中，那些独自不具有持存的环节才拥有自己的实体"，这个"才"是我加上去的，就是说在这样一个认识里面，在这个深刻的东西和精神里面，那些独自没有持存的环节，像意识这样一个环节，意识这个环节它独自不能存在的，你不能说有一个意识独自存在，只要有意识，它就有自我意识，就有理性，就有精神，单独一个意识它是不可能存在的，凡是有意识的地方就有自我意识，就有理性，就有精神。所以那些独自没有持存的环节只有在认识活动或精神中，才拥有自己的实体，比如说意识环节，它只有借助于认识活动、借助于背后的精神，它才拥有自己的实体。否则它是没有自己的实体的，它只是一种定语或者一种属性，它可以用来形容别的东西，它不能独立存在的。亚里士多德讲，实体就是能够自己存在而不存在于任何别的东西里面的，是只能被别的东西所谓述而不能谓述别的东西的。这就是实体，而属性则是只能存在于别的东西里面的，它自己是不能独立存在的。所以这些环节都是一些属性，一些定语，是独自没有持存的环节，它们只有在这样一些认识活动里面，在这样一些深刻的东西里面，才拥有自己的实体。我们从那里一路走过来，我们在走的时候并没有想到这后面是什么东西支撑着我们，但是我们走完了以后就可以看出来了，实际上是人类的认识能力、认识活动在推动着我们走，那个东西就是事情本身，就是实体。在我们考察过的那个次序里面，每一个环节都造就成了一个整体，而里面深刻的东西就是认识，就是精神，那些独自没有持存的环节借助于这种认识才拥有自己的实体，但是那个实体还是隐藏着的，只是在背后起作用。

但是这个实体从现在起走到前面来了；它就是对其自身有确定性的精神的深刻的东西，它不容许个别原则把自身加以孤立，并把自身当成全体，反之，它把所有这些环节集中并约束在自身内，而在其现实精神的这全部丰富性里迈步前进，并且所有它这些特殊环节都共同地采取和吸纳着全体的同一个规定性于自身之内。

"但是这个实体从现在起走到前面来了"，"从现在起"，也就是从我们现在考察宗教的时候，开始走到前面来了。原来是躲在幕后，原来这个实体一直在背后起作用，我们在分析每一个环节的时候，我们也只有追溯到后面这个深刻的东西，我们才能借此而拥有自己的实体。我们知道后面是有实体的，我们知道背后是有事情本身起作用的，但这个事情本身、这个实体究竟是什么？还没有走到前台上来，还是在后面起推动作用。但这个实体从现在起走到前面来了，现在我们发现，这个在后面起作用的东西就是精神，就是精神的全体，作为整体的精神，那首先就是宗教了，最后是绝对认知。"它就是对其自身有确定性的精神的深刻的东西"，这个实体是什么呢？就是对其自身具有确定性的精神的深刻的东西。前面讲，对其自身有确定性的精神、或自我确信的精神，就是道德，而道德后面深刻的东西，那就是宗教，是达到了自我意识的精神。或者说，深刻的道德就是宗教。这样一种深刻的东西，"它不容许个别原则把自身加以孤立，并把自身当成全体"。个别原则，就是每一个环节的特有的原则，原来它每一个都把自己发挥、造就成一个全体，把自己当作一个整体。而现在在宗教这里，个别原则不可能再把自己孤立起来，唯我独尊，把自己当成全体。它们以往曾经把自己当成全体，把自己当作是一切真理，这个已经过时了，已经被扬弃了。"反之，它把所有这些环节集中并约束在自身内"，"所有这些环节"也就是前面四个环节了，意识、自我意识、理性和精神，现在实体把它们全都集中起来，并约束在自身内。也就是说，在宗教精神里面包含着所有这四个环节，作为不同的层次，并且呢约束在自身之内。"而在其现实精神的这全部丰富性里迈步前进"，实体在这个宗教的现实精神的全部丰富性里面迈步前进。这样一个对自我具有确定性的精神现在不再限于一个道德世界观了，而是在宗教的现实精神的全部丰富性里迈步前进了，宗教把前面所有四个环节里包含现实性的那些形态纳入自身，宗教从中选择了适合于自身的形态，从而丰富了自身，使自身具有了现实性。在前面的四个阶段、四个环节里面已经充满了很多现实精神了，宗教现在要具有现实的精神，只有到前面的那四个环节里面所包含的现实形态里面去找。现在这个自身确定的精神在宗教的丰富性中如鱼得水，阔步前进。"并且所有它这些特殊环节都共同地采取和吸纳着全体的同一个规定性于自身之内"，也就是宗教的规定性已经不是原来的那种狭隘的规定性了，现在感性确定性也好，知觉也好，自由意识也好，后来的伦理精神也好，道德也好，它们都把宗教的规定性纳入自身之内，作为自己的一个最高的单一规定性来服从了。这是一个双向吸纳的过程，宗教在这些形态里面采取适合于它自己的现实形态，而每一个形态一旦被采取，它们都把宗教的规定性吸纳进自身之内，作为自身一贯的原则。这就是我们刚才讲的，宗教和现实性如何能够统一？宗教要变成现实的，要采取现实的形态，而现实的形态呢也要吸纳宗教的原则。你吸收我、我吸收你，宗教变成现实，现实变成宗教，僧侣变成俗人，俗人变成僧侣，是这样一种关系。

——这个对其自身有确定性的精神及其运动就是这规定性的应归之于每一个个别环节的真正的现实性和**自在自为的存在**。

"这个对其自身有确定性的精神及其运动"，"对其自身有确定性的精神"，经过深化以后，现在是宗教，而不再是前面讲的道德了。这个宗教以及它的运动，"就是这规定性的应归之于每一个个别环节的真正的现实性和**自在自为的存在**"。"这规定性"，就是前面讲的，每一个特殊环节都共同地采取和吸纳着全体的同一个规定性于自身之内，那么这个规定性就是宗教形态的规定性，它就是这个自我确定的精神及其运动的真正的现实性和自在自为的存在，"自在自为的存在"打了着重号。也就是说宗教形态的这个规定性实现在这个自我确信的精神和它的运动之中，并把一种真正的现实性和自在自为的存在授予每一个个别环节。这个规定性应该归之于每个环节，因为每个环节都吸纳了它，每个环节都吸纳了这个共同的规定性，并且这个自我确信的精神及其运动就是这样一种规定性的真正的现实性，真正的实体。这个规定性还是宗教的规定性，它如何达到现实性呢？就是通过这个自我确信的精神和它的运动，它赋予了这个规定性以真正的现实性，因而它就是这个规定性的自在自为的存在，或者说就是这个规定性的客观存在。真正的现实性或客观存在就体现在这个自我确信的精神和它的运动之中。

——因此，如果说前此的单一次序在其前进过程里通过关节点曾在该次序中表明了多次返回的特点，但从这些返回中走出来却又再次沿着

单一路线迈进的话，那么它从现在起仿佛是在这些关节点上、在这些普遍的环节上被中断了，并且被分割成许多直线了，

　　我们先看这半句，这句很复杂了。"因此，如果说前此的单一次序"，单一次序我们前面讲了，"在我们考察过的那个次序里，每一环节在自己深入自身时，都以自己特有的原则而将自己造就成了一个整体"，前此的这种次序是单一次序，就是一个单线的次序，从低到高一直发展过来的，从意识到自我意识、到理性、到精神，每一个后面的都比前面的高，这是一个单一次序。"在其前进过程里通过关节点"，关节点，Knoten，关节、节、节疤、结节，我们把它翻译成"关节点"，这个关节点在逻辑学里面也出现过，就是我们讲辩证法的时候经常讲到从量变到质变，从量变到质变中间那就是一个关节点（交错点）。原来量变是直线的积累，到了这个关节点上呢就产生了一个飞跃，所谓渐进过程的中断，到了飞跃就进到了一个完全不同的层次，那就是质变的层次，他是用的这个词。这个地方跟量变、质变当然还不太一样，他这里讲到的关节点是这样的，就是在前进过程里通过关节点，在这个次序中表明了多次返回的特点。就是说每一个环节到了它的结束的时候都面临一个关节点，你要向下一个阶段迈进，那么在这一点上一旦跨过去了，就回到了起点。所以前面的单一次序并不是一条直线一直贯下来的，而是一种圆圈似的进展，或者在某段看起来好像是直线，但经过一个关节点以后它又回到原来的地方，在更高的层次上回复到原点。它不太符合量变质变规律，更像是否定之否定，是这样一个过程。前面从意识到自我意识到理性到精神，每一次开始的时候都回到那个起点重新开始，但是在更高的层次上重新开始，表明了多次返回的特点。这里的"多次返回"原文是 Rückgänge，就是"返回"（Rückgang）的复数，所以我们把它译成"多次返回"，就是每一个阶段在向下一个阶段过渡的时候，它又回到了起点，正—反—合嘛，到了合题它又回到了起点，是这样过来的。虽然这一次序表明了多次返回的特点，"但从这些返回中走出来却又再次沿着单一路线迈进的话"，这就是

所谓螺旋式上升，走过一遍，再走一遍，在每一个新的层次上面都把已经走过的路以不同的形式再走一遍，每次看起来好像是返回到起点的转圈子，总体上看却像一根螺旋形弹簧一样形成一条直线，从低到高一直往前，所以总的来看是单一的，是从低到高沿着单一路线前进。这是讲前面，如果说前面的进程是这样的话，"那么它从现在起仿佛是在这些关节点上、在这些普遍的环节上被中断了，并且被分割成许多直线了"。从现在起就不同了，在宗教精神这个阶段、这个层次上面，它的进展有所不同，从现在起仿佛是在这些关节点上、在这些普遍的环节上被中断了。我们前面也讲到，量变到质变被称之为渐进过程的中断，那么这个中断呢好像是被打断了，好像是被截断了，并且被分割成许多直线了。在这些关节点上，这些直线呢被中断了，就断头了。原来还不断地返回到起点，但现在呢，它断头了，不再往前延伸了，而且被分割成许多直线了。原来是通过一个返回过程、一个圆圈似的进展，而回到原点，通过一个曲线的过程回到原点；那么现在是被分割成许多直线，截成一段一段了。

　　这些直线被合并为一束，同时也使自己对称地结合起来，使得每一条特殊的线在其自身内部得以赋形的那些同样的区别汇合在一起。

　　它被分割成许多直线了，现在呢，"这些直线被合并为一束"，"一束"的"一"，Eine，用了大写，跟上面"单一次序"的"单一"，也是 Eine，这个是相应的。前面也是单一次序，也是直线，也是单线，但是这个单线呢不断地返回到原点，形成一条螺旋式上升的曲线。而现在它不再返回到原点，那条直线被截断了，成了一些断头线，这些断头线被合并为一束。现在的这个"一"它是一束，它不再是单一的一根线，它成了一束线。"同时也使自己对称地结合起来"，这一束线的各条线相互之间是对称地结合起来的，怎么对称地结合起来呢？　"使得每一条特殊的线在其自身内部得以赋形的那些同样的区别汇合在一起"，使得那些同样的区别汇合在一起，什么同样的区别呢？　就是每一条特殊的线在其自身内部得以赋形的那些同样的区别。每条线的特殊形态都是由同样的区别造成的，你把所有这些截断了的线捆起来，捆成一捆，但是，是对称地捆成一捆的，这边有一个感性确定性，那边也有一个感性确定性，你把有感性确定性的这一头放在一起，然后其他的再把它们放在另一头。各条线都是以这样一种对称的方式结合起来，捆扎起来的。所以宗教的这样一些形态是一束线，它不是从一个发展到另外一个，不是从一个发展到顶点又回过头来从头开始，它不是的，而是宗教按照自己适合自己的方式选择了一些形态，把它们码齐了，捆成一捆。这样一种结合的方式，使得它们的那些区别呢能够以相互对称的方式结合起来，使得每一条特殊的线在其自身内部与形成起来的那些相同的区别汇合在一起，感性确定性对应着感性确定性，知觉对应着知觉，自由意识对应着自由意识，等等。在宗教的这样一个发展过程中，它的次序是以这样一种方式来安排的，是把各种区别对称地重叠在一起、汇合在一起。

——此外，从整个陈述中不言而喻地说明，这些普遍方向在这里所表象的并列安排应如何理解，即用不着多加解释的是，这些区别本质上必须只作为形成过程的诸环节而非各部分来把握；这些环节在现实的精神那里是它的实体的一些定语；但在宗教那里毋宁说只是主词的一些宾词。

前面讲到它是一束直线，分割成许多直线，然后把它们捆起来，比如说从自然宗教到艺术宗教到天启宗教，它们每一个都是一根线，它们互相之间是中断了的。但是要把它们捆起来，为什么要捆起来呢？因为它们都属于同一个宗教，它们是作为一个整体的宗教，同一个宗教是不可分的，但这个不可分呢不是从这个宗教发展出那个宗教，而是各个不同的宗教被捆在一起，宗教与宗教之间不可通约。这就是宗教的一种文化视野，宗教冲突啊，我们现在发现宗教之间很难沟通，它们每一个都断头了，每一个宗教都认为自己那个神是最高的，它不承认别的，但实际上它们又是一个，所有的宗教都是一个宗教。但所有的宗教都不能够完美地融合在一起，都互相不承认，你只能把它们捆在一起。它们都有相同的区别，但这些区别呢你只能把它们并列在一起，那么这里就有这个问题。他说，"此外，从整个陈述中不言而喻地说明，这些普遍方向在这里所表象的并列安排应如何理解"，普遍方向或者说普遍的倾向，各个宗教都自认为是普世的，是一种普遍的方向，但是它们在世界宗教史中又是并列安排的，各个宗教，自然宗教、希腊宗教、罗马宗教、犹太教、基督教、伊斯兰教、佛教等等，这些普遍的方向都是并列地安排的。那么应该如何理解这种并列安排呢？"即用不着多加解释的是，这些区别本质上必须只作为形成过程的诸环节而非各部分来把握"，这些区别，也就是各种宗教它们的区别，各种宗教每个都是一条特殊的线，跟别的都不一样，但是这些区别本质上必须只作为形成过程的诸环节而不是各部分来把握。你必须把它们理解为唯一的宗教形成的各个环节而不是各个部分，唯一的宗教里面有各个环节，意识啊，自我意识啊，但这都是一些环节而不是孤立的部分。不是说有一种宗教只有意识，另外有一种宗教只有自我意识，等等，应该说凡是宗教，都有这些环节，你不能说有一种意识的宗教，有一种自我意识的宗教，或者有一种理性的宗教，有一种精神的宗教，它们合起来构成宗教本身的各个部分，不是这样的。而是每一种宗教里面都具有各个环节，只要它达到了宗教的阶段，它就是所有的环节都有的，都齐全的。它包含着诸环节，但是不是作为各个部分包含在内，你不能把它割裂开来当作孤立的部分来把握。"这些环节在现实精神那里是它的实体的一些定语"，这些环节，意识、自我意识、理性、精神，在现实精神那里是它的实体的一些定语，是用来描述那个实体的，那个实体是什么呢？就是各种规定和倾向后面隐藏的宗教精神、绝对精神，这些环节呢只是一些定语，用来形容那个实体的。这个实体就是事情本身，在前面一直没有露面，现在才露面，现在实体性才走出来了。"但在宗教那里毋宁说只是主词的各个宾词"，在宗教那里它是主词的各个宾词，或者主体的各个宾词，就是主体在运动过程中它的各种规定性。这些环节你不能把它们孤立地看作独立的一些环节，它只是一些定语，只是一些宾词，这个道理前面已经讲过了，就是它们只是一些逻辑上的环节，它不是现实中孤立起来的一个什么实体，应该这样来看。黑格尔这种说法与当时莱辛他们提倡的宗教宽容有关，所有宗教的神都是同一个神，不同的宗教只不过是执着于同一个实体—主体的不同的环节、不同的宾词而已，但并不说明它就不具备其他宗教的宾词。

　　——同样，一切形式一般讲来**自在地**或者**对我们**而言诚然在精神内并且在每一个精神内都包含着；但是在精神的现实性那里一般起决定作用的东西仅仅在于，对精神而言，在它的**意识**里有什么样的规定性，在什么样的规定性里精神表现了它本身，或者在什么形态下精神认知到了它的本质。

　　这就是前面讲的，那些环节只是主词的各个宾词，它们本身不能够独立起来成为一个体系的，那么"同样，一切形式一般讲来**自在地**或者**对我们**而言"，"自在地"、"对我们"打了着重号。我们前面讲到，所谓"对我们而言"也就是对研究精神现象学的人而言，对我们读者或对黑格尔这个考察者而言，对我们旁观者而言，那也是就是自在地而言，从客观上来看。我们旁观者清。我们可以看出，一切形式一般讲来，"诚然在精神内并且在每一个精神内都包含着"。一切形式在每一个精神内都作为环节而包含着，所有这些环节，所有这些定语啊，宾词啊，客观上是在每一个精神里面都有的，在每一种宗教形态里面都包含有的，包括最原始的自然宗教，里面也就有了基督教中的所有这些形式、所有这些定语。"但是在精神的现实性那里一般起决定作用的东西仅仅在于，对精神而言，在它的**意识**里有什么样的规定性"，前面是讲在每个精神里面一般讲来都包含着所有的环节，这是从逻辑上来讲的，在逻辑上讲每一种精神里面都包含有前面讲的那四个环节，最后一个环节精神就已经包含前面三个环节了，意识、自我意识和理性就已经包含在精神里面了，那么精神又包含在宗教精神里面，自我意识到的精神里面。所以在精神里面呢包含着一切形式、一切环节，一般讲来是这样；但是在精神的现实性那里，我

们现在讲的就不是"一般的"精神了，而是讲具体的精神如何实现出来
了，那么在精神的现实性那里一般起决定作用的仅仅在于，对精神而言，
在它的意识里有什么样的规定性，"意识"打了着重号。也就是说在现实
性中，一种现实的宗教，其特点取决于它在它的对象里意识到了什么样
的规定性。你把精神当作一个对象，那么你在这个对象中意识到了感性
确定性呢，还是知觉呢，还是自由意志和不幸意识呢，还是立法、男人的
法律或女人的法律呢，还是道德良心等等呢？这就导致各种不同宗教的
差异性。但这并不说明一个宗教就没有其他宗教所包含的那些环节，只
是有些环节不出现在它的意识中而已，但潜在地，任何宗教都是各环节
齐全的。所以问题在于，在一种宗教中，对精神而言，在它的意识里有什
么样的规定性。具体说，"在什么样的规定性里精神表现了它本身，或者
在什么形态下精神认知到了它的本质"，也就是说在精神的现实性那里，
如果要考虑宗教的现实性的话，那么一种现实的宗教中决定性的是它的
宗教的意识，即看它认为在什么样的规定性里精神把自身表现出来，或
者在什么形态下精神认知到了它的本质。在这方面各宗教是互不相同的，
在它们的形态上是有差异的。所以要区别各种不同的宗教，那就要考虑
它们视为精神本质的各种形态了，而不光是考虑它们的各个环节了。我
们要注意，环节（Moment）跟形态（Gestalt），这里头是有层次不同的，这
两个用语是比较严格区分的，而形式 Form 这个词的用法是不太严格的，
它可以指环节，也可以指形态，在这个地方"一切形式"是讲的环节，有
的地方又讲的是 Gestalt。但是环节和形态是用得很严格的，那些环节是
逻辑上的环节，它们只能作为定语，只能作为宾词；而这些形态呢是精神
本身的形态，它反映了精神的本质，它们是个别的，是具有现实性的，是
可以独立存在的，而环节是不能独立的。形态可以独立地表现出精神的
本质，这个是最重要的了，就是在精神的现实性里面我们主要考虑它的
形态。当然这些形态是由环节形成起来的，这个我们顺便地也要考虑，
但最后要落实到它采取什么形态，宗教的历史就是根据这些形态来划分

的,看它在历史上有一些什么样的形态。

[185]　　　在**现实的**精神和知道自己是精神的精神之间曾作出的区别,或者在它自身作为意识和作为自我意识之间曾作出的区别,就在根据自己的真理而知道自己的那种精神中被扬弃了;精神的意识和精神的自我意识就一致起来了。

　　"在**现实的**精神","现实的"打了着重号,"和知道自己是精神的精神之间曾作出的区别",用的过去时。在哪里作出的呢? 今天我们读到的文本一开始就作了这种区别,翻到 182 页:"首先,由于自我意识与本来的意识、**宗教**与世俗中的精神或精神的**定在**被区别开来了"。你要讨论宗教和现实性之间的关系如何统一,那么你首先要把它们区别开来。而我们现在读的这一段一开始就讲到,过去曾作出过的这样一种区别现在被扬弃了。前面我们已经作了区别了,有了区别就有了一个前提,我们知道它们的区别何在;那么现在通过某种进程,我们把它们的区别又扬弃了。在现实的精神和知道自己是精神的精神之间,其实也就是现实的精神和宗教的精神之间,这两者的区别现在已被扬弃了。"或者在它自身作为意识和作为自我意识之间曾作出的区别",这是进一步说明,这种区别其实就是精神作为意识和作为自我意识的区别,这也是前面那句话中讲过的:"首先,由于自我意识与本来的意识……被区别开来了"。而这种区别现在也被扬弃了。通过什么被扬弃了? "就在那根据自己的真理而知道自己的精神中被扬弃了",什么是真理? 真理就是观念和对象的符合,也就是意识和对象的符合,自我意识和对象意识的符合,精神根据这种符合而认知到了自身;而通过这种认知到自身的精神,意识和自我意识之间的区别就被扬弃了。精神现在知道自己是符合对象的,是符合现实性的,现实的精神和知道自己是精神的精神之间,由于这个知道自己是精神的精神符合了那个现实的精神,所以它们的这种区别就被扬弃了。或者说,作为意识的精神和作为自我意识的精神之间的区别、也就是精神自身和精神的对象之间的区别被扬弃了。"精神的意识和精神的自我意识就一致起来了"，精神的意识就是客观世俗的精神，精神的自我意识就是宗教的精神，两者就一致起来了。精神的主观方面和客观方面就达到了一致，这就是所谓的绝对精神。

但正如宗教在这里还只是直接的那样，这种区别还没有返回到精神里。被建立起来的只是宗教的概念；在这个概念里，本质就是那自身是一切真理并在真理中包含一切现实性的自我意识。

这个"但"就转折了一下。前面已经把宗教精神和现实精神的区别扬弃了，但是，"正如宗教在这里还只是**直接的**那样"，"直接的"打了着重号。现在宗教跟现实已经达到统一，但是，这种统一还是直接的统一，这种宗教在这里还是直接的宗教，还是最起码的宗教。"这种区别还没有返回到精神里"，也就是说，宗教把这种区别扬弃了，那么下一步该怎么办呢？既然扬弃了，那就是还保留着呀，虽然被取消了，但是还是被保留了，这就叫作扬弃。那么下一步呢就是要把这种区别再次发挥出来，要让这种区别再次返回到精神里。不仅仅是你把它取消了、扬弃了就完了，这个时候的宗教还只是直接的宗教，它还没有把这种区别返回到精神里，由精神来驾驭这种区别。直接的宗教里面还没有发挥出、甚至还没有意识到它里面的区别，它具有直接性，它就摆在那里，区别还没有发展出来。所以它只是把原来的那种分裂扬弃了，宗教本身就是有现实性的；但是，宗教跟现实性之间还是有矛盾的，在宗教的进一步发展中，它又会暴露出区别来，宗教的方面和现实的方面在同一个宗教里头还会产生矛盾，这个矛盾是推动宗教不断地发展自己的形态的内在的动力。"被建立起来的只是宗教的**概念**"，我们前面把它的区别扬弃了，扬弃了就建立起了宗教啊，而这个时候建立起来的只是宗教的一个概念。宗教的概念还是很抽象的，一般来说，所有的宗教都应该是这样的，都应该有现实性，中间当然有区别，宗教是超现实的，但正因为超现实，所以它跟现实生活有一种关系，它是面对现实生活的，尽管置身于彼岸，但实际上是指导着你在此岸的生活，所有的宗教都是这样。这是宗教的概念被建立起来了，但还只是宗教的概念，那就还是很抽象呀。"在这个概念里，本质就是那自身是一切真理并在真理中包含一切现实性的**自我意识**"，在这个概念里面当然它已经达到自我意识了，"自我意识"打了着重号，什么样的自我意识呢？它已经知道自己就是一切真理，并且在真理中包含一切现实性。自我意识本身就是一切真理，宗教的精神就是达到了这样一种自我意识，它是一切真理，并且正是在这个真理中它包含着一切现实性，所有的现实性都可以在它这里得到解释，它的本质就是这样的。宗教在所有的现实性上面都看到了自己，都用它自己来加以解释，这些现实性都是符合于宗教的，那宗教也是符合于这一切现实性的，那就是真理性啊。所以一切现实性、一切真理性都在我这里，这就是宗教的概念。

这个自我意识作为意识以自身为对象；因此那最初**直接**认知自身的精神对它自己说来就是在**直接性的形式**中的精神，而精神显现于其中的那个形态的规定性就是**存在**的规定性。

"这个自我意识作为意识以自身为对象"，前面讲了，这种宗教概念它的本质就是一种自我意识，所有的现实性和真理性都在它这里，那么这个自我意识作为意识，自我意识也是一种意识啊，作为意识它就应该有对象，意识就是对象意识嘛，但它是以自身为对象。前面已经讲了意识跟自我意识的区别就在这里，自我意识也是一种意识，所以它也有对象，但是这个对象就是它自己，它以自身为对象，这就到了自我意识了，所以自我意识要比意识的层次更高。意识的对象不一定是自我，那也许是我不知道的，我不理解的，对于我来说是陌生的，如同自在之物；而自我意识呢就是把对象看作自己，把自己也看作对象，那就是自我意识。在宗教里面也是这样的，这个意识达到了自我意识，但这个自我意识还是直接以自身为对象。"因此那最初**直接**认知自身的精神对它自己说来就是在**直接性的形式**中的精神"，既然以自身为对象，那么，最初直接认知自身的精神,直接把自己当作自己的对象来认知,对它自己说来就是在直接性的形式中的精神,"直接"和"直接性的形式"都打了着重号。这是强调宗教的概念最初它把自己当作对象,那么它的这样一种形式呢就是一种直接性的形式,直接性的宗教,它处在一种直接性的阶段。那么这个直接性的阶段是什么阶段呢?就是存在的阶段,所以他讲,"而精神显现于其中的那个形态的规定性就是**存在**的规定性",它那个形态是直接的形态,直接的形态它的规定性就是存在。这个在感性确定性那里我们已经看到了,所谓的感性确定性就是抽象的存在,那种规定性就是抽象存在的规定性,这是最初宗教被建立起来的时候它采取的这样一种形态,就是一种直接的存在的形态。

<u>这种存在虽然既不以感觉或各种各样的材料也不以其他片面的环节、目的和规定来**充实**,而是以精神来**充实**,并且作为一切真理和现实性而得到认知。但这种**充实**以这种方式和它自己的**形态**并不同一,精神作为本质和它的意识并不同一。</u> {368}

"这种存在",宗教最开始的这种存在,"虽然既不以感觉或各种各样的材料也不以其他的片面的环节、目的和规定来**充实**",这种存在的规定性现在是在宗教的层次上,所以它跟感性确定性又不太一样了。虽然感性确定性也是以存在作为它的规定性的,但是在宗教的直接性的阶段,这种直接存在并不以感觉或各种各样的材料来充实自己,"充实"打了着重号,意思就是把它当作自己的内容。它不把感觉或各种的材料当作自己的内容,Stoff,材料,也可以译成"质料",就是那些经验的材料,那些感觉的材料,这些都不是它的内容。也不以其他的片面的环节、目的和规定来作为自己的内容。存在本来是最抽象的,它没有什么确定的内容,感性确定性其实是站不住的,实际上不过是指意谓,只可意会不可言传的东西,它是没有确定性的。那么在这里呢,它不以感觉或各种各样的材料为内容,也不以感性确定性之后的其他片面的环节、目的和规定为内容,"而是以精神来充实",是以精神作为它的内容来充实自

己。这种存在已经不是感性的存在，也不是其他从感性确定性直到精神以前的各种环节、各种目的、各种规定的存在，而是精神的存在。"并且作为一切真理和现实性而得到认知"，它以精神来充实自己，并且把自己作为一切真理和现实性来认知，这种直接性就跟感性确定性在内容上已经不太一样了。虽然它采取了感性确定性的形态，但它所充实的内容已经不同了，它已经自觉到自己就是一切真理和现实性。在感性确定性那里它是没有这个自觉的，它老是觉得自己不确定，老是要追求那个对象，又追求不到。而现在不同，虽然也是一种直接性的阶段，存在的阶段，但是它已经意识到自己就是一切真理和一切现实性，因为它的内容就是精神。"但这种**充实**以这种方式和它自己的**形态**并不同一，精神作为本质和它的意识并不同一"，这个"但"是我加上去的，因为前面有个"虽然"。这种充实，也就是这种精神了，意识到自己是一切真理和一切现实性的精神，在这种方式下和它自己的形态并不同一，"充实"和"形态"都打了着重号，作为对照。形态是什么形态呢？感性确定性。它采取了感性确定性的形态，但没有采取它的材料或内容，它所充实的内容是精神，那这两者当然不同一了，感性确定性必须要有感性的内容，现在它没有感性的内容，它只有精神的内容。虽然它确信自己是一切真理，意识到自己就是一切真理和现实性，它相信自己具有现实性，但它的形态跟这种内容是不同一的，它的形态是感性确定性，而它的内容是精神真理性和精神的现实性，这里再次表现出确定性和真理性的不一致。"精神作为本质和它的意识并不同一"，精神作为内容本质上已经是精神了，宗教在其直接性的阶段，它的本质已经是精神了，但是我们对这种本质的精神的意识还跟这个本质不同一，还采取了感性确定性这样一种直接确定的形式。这形式作为一种直接的存在形态，跟它的精神的内容还有区别。

精神只有当它如同在**它的自我确定性**中那样也在自己的**真理性**中时，或者当它作为意识而分裂成的两端在精神形态中互为对方而存在时，它作为绝对精神才是现实的。

"精神只有当它如同在**它的自我确定性**中那样也在自己的**真理性**中时"，一方面是它自身的确定性，它在宗教的第一个阶段、初级阶段，它已经有确定性，这是由"对自身具有确定性的精神"、也就是道德阶段的精神所带来的。但另一方面，它这时还不存在于它自己的真理性中，它只是在概念上是绝对精神，但还不是现实的绝对精神，只有当确定性和真理性这两方面都齐备了，它才成为现实的绝对精神。在这里"自我确定性"和"真理性"都打了着重号，确定性和真理性必须同时存在、相互统一，才是现实的。而现在还没有，它已有了确定性，它知道自己的内容是精神，但它的形态对它的意识来说还不是，对它的意识还是一种直接的确定性，它还没有处在它的真理性中。"或者当它作为意识而分裂成的两端在精神形态中互为对方而存在时，它作为绝对精神才是现实的"，它作为意识而分裂成的两端，一端是自我，另一端是对象；一端是主观，另一端是客观。只有当这两端在精神形态中互为对方而存在时，这个时候它才现实地是绝对精神。它已经是绝对精神了，但它只是绝对精神的概念，还没有成为绝对精神的现实。绝对精神的概念就是宗教概念，宗教在它的概念中建立了它的初级阶段，它是直观的宗教，但它采取的形式还不是现实的形式，它这个形式还不符合于它的概念，所以还不存在于它的真理性中，还没有成为现实。

精神作为它的意识的对象而采取的形态仍然是由精神的确定性亦即实体来充实的；由于有这种内容，那将对象降格为纯粹的对象性、降格为自我意识的否定性形式的情况就消失了。精神同它自身的这种直接统一是基础，或者说是意识**在其内部**分离的那个纯粹意识。

"精神作为它的意识的对象而采取的形态仍然是由精神的确定性亦即实体来充实的"，就是说，作为它的意识的对象，所采取的形态仍然是以精神的确定性为内容的，也就是以精神的实体性为内容的，精神的确定性就是精神的实体性，就是精神实体的前后一贯的不变性，这方面已经定下来了。宗教在它的直接性的形态中，也就是在意识对象的阶段，它的内容也就是精神实体了，这点已经确定了。那么，"由于有这种内容，那将对象降格为纯粹的对象性、降格为自我意识的否定性形式的情况就消失了"，就是说，它既然已经有了这样一种内容，那就不再发生这种情况，即把对象降格为纯粹的对象性，或者降格为自我意识的否定性。在这种情况中，对象不会是实实在在的对象，而只是在我们看来的对象，只是客观对象的一个宾词，在我们看来它具有对象性，其实不见得是客观对象。所以这种纯粹对象性是拒绝自我意识的，或者只是自我意识的否定性的形式，它表明自我意识达不到客观的对象，而只能获得一种对象性的形式，一种没有主词的宾词。而现在有了这种精神实体的充实，这样一种情况就消失了，它已经具有了精神的确定性了，已经具有了确定性的肯定的形式了。对象就是确确实实的对象，是事情本身，是实体，它不是什么对象性，不是自我意识的否定的形式。这种情况已经消失了，它已经具有确定性了。但这只是精神作为它的对象意识所采取的形态，它仍然只具有精神的确定性的内容，尚未具备真理性的内容。"精神同它自身的这种直接统一是基础，或者说是意识**在其内部**分离的那个纯粹意识"，这种确定性只是精神同它自身的直接统一，仍然处于直接性的阶段，当然这是奠基性的，没有这种确定性，谈何真理性？但毕竟是受到限制的，它只是意识在其内部分离的那个纯粹意识，"在其内部"打了着重号。绝对精神、宗教在其直接性的初级阶段具有一种直接统一，具有一种直接的自我意识，我就是我，我的对象也是我，这种直接统一具有一种直接的确定性；但还只是一种纯粹意识，是在意识内部分离开来的意识和意识对象的关系。所以，虽然它已经是精神的自我意识了，但还只是一个基础，还没有超出意识的内部分离，因而还不具有真正的现实性或真理性。你可以让意识在其内部去分离，但这个分离还是在内部分离，它不会分离到外部去，所以讲这只是基础，或者说是意识在其内部分离的那个纯粹意识。精神的确定性已经有了，这是个基础，现在有待于建

90

立的是精神的真理性。

精神以这种方式被封闭在自己的纯粹自我意识里，它就不是作为<u>一般**自然界**</u>的创造者而实存于宗教中；相反，凡是它在这种运动里所产生出来的东西，都是它的各种作为精神的形态，这些形态合在一起构成它的现象的完备性，而这运动本身则是通过它那些个别方面或者它的种种不完善的现实性而向它的完善的现实性形成的过程。

"精神以这种方式被封闭在自己的纯粹自我意识里"，这个"封闭"就指出这种直接性的宗教的不足之处了。前面讲它已经具有了精神自身的确定性，但这种确定性是封闭在自己的纯粹自我意识里面的，它虽然自认为具有一切现实性，但是不是真正具有一切现实性呢，那还难说。那么你不具有真正的现实性，你就还不具有真正的真理性。真正的宗教精神必须既有确定性同时又具有真理性，这才是现实的绝对精神。必须两方面都具备，一方面具有确定性，在直接统一里面已经有了这样一种确定性了，直接的宗教、宗教的直接性阶段已经有了这种确定性了，但这只是一个基础，它还不具有真理性，为什么？因为这里讲了，精神以这种方式被封闭在自己的纯粹自我意识里。你被封闭在纯粹自我意识里面，那怎么会有真理性呢？那怎么会有真正的现实性呢？"它就不是作为一般**自然界**的创造者而实存于宗教中"，既然精神还封闭在自我意识里面，那就是不作为一般自然界的创造者而实存于宗教中，这种精神还不是一种实存的东西。为什么还不是实存的东西呢？因为它并不能够创造出自然界来，并不是自然界的创造者，"自然界"Natur 打了着重号。所以宗教要有创世神话才是现实的宗教，如果这个自然不是由精神创造出来的，那就还是宗教的初级阶段，就是直接性的阶段。精神必须要超出它的这种直接性，变成自然界的创造者，才能进入到第二阶段。如果说第一阶段是自然宗教，那么第二阶段就是艺术宗教，艺术宗教才涉及到创造性；而只有第三阶段天启宗教，才有整个自然界的创造。"相反，凡是它在这种运动里所产生出来的东西，都是它的各种作为精神的形态"，自然宗教当然也在运动，但凡是它产生的东西都是各种作为精神的形态，它被封闭在精神的纯粹自我意识里面嘛，所以它产生出来的都是封闭在它里面的精神形态，而缺乏现实性。"这些形态合在一起构成它的现象的完备性"，所有这些形态合在一起构成了现象的完备性，例如火、光明，还有植物、动物，无所不包，但是它们只是现象的完备性。各个事物被逐个选为宗教精神的形态，但它们互不相通，每个都谈不上是完善的。"而这运动本身则是通过它那些个别方面或者它的种种不完善的现实性而向它的完善的现实性形成的过程"，只有这个运动本身，才是完善的或自我完善着的现实性，是由精神的那些个别方面或者它的种种不完善的现实性而向它的完善的现实性形成的过程。这个运动本身有现实性，但这个现实性一开始是不完善的，但通过种种不完善的个别的现实性而不断地向它的完善的现实性的形成，也就是说它在它的运动中能够克服这种不完善性，最终形成完善的现实性。所以，这个运动能够超出它的直接性的阶段，克服它的各种不完善的缺陷，而越来越走向它的完善的现实性。这就是宗教最初作为一种抽象概念而存在的时候，它所具有的一种内在的矛盾性。就是说，一方面它封闭在自我意识的里面，原始宗教、自然宗教是一种内在的信仰，所有的东西它都用它的内在东西来加以解释，这是它的不完善性了，它自以为所有的现象都在这里了，它都可以解释，没什么东西不可以用它的信仰来加以解释的。但是它是封闭的，与其他精神不相通的，它还不具有真正的现实性。它作为运动，本身已经具有了一定的现实性，但是这是很不完善的；但这个运动可以推动它逐渐克服它的有限性，而把它推向更加完善。宗教精神在最初的阶段已经体现出这样一种内在的动力，就是它的这种内在的不完善性向它的越来越完善而运动。下面最后一段就是讲了这三个阶段，宗教本身从自然宗教的直接性的阶段，然后经过了艺术宗教阶段，再达到了天启宗教的阶段；最后又总结天启宗教也还是不够，最后要进向概念，进向绝认知。这只有留给下一次再讲了，今天就讲到这里。

＊　　　　　　＊　　　　　　＊

好，今天继续讲。我们上次已经讲到宗教在它的最初阶段提出了宗教的概念，从宗教的概念出发形成了最初的一种直接的宗教。那么这样一种单凭宗教的概念就能够树立一种宗教的形态也可以说是宗教的第一个阶段，上次我们讲到它还仅仅是初级阶段，没有发展出后来的各种形态，但是后来的各种形态其实已经隐含在里面了。抽象的概念树立起来了，它里面已经包含着它后来发展出来的各种形态的可能性。我们上次讲的最后一句回顾一下："精神以这种方式被封闭在自己的纯粹自我意识里，它就不是作为一般**自然界**的创造者而实存于宗教中；相反，凡是它在这种运动里所产生出来的东西，都是它的各种作为精神的形态，这些形态合在一起构成它的现象的完备性，而这运动本身则是通过它那些个别方面或者它的种种不完善的现实性而向它的完善的现实性形成的过程。"也就是说，宗教精神在它的最初阶段里面，它是封闭在它的纯粹自我意识里的，因为它是一个纯粹的概念，它是一个基础，宗教要发展出来它必须有一个概念，但这个概念还没有发展出作为一般自然界的创造者这样一种形态。那么怎样才是作为创造者实存于宗教里面呢？就是我们后面要提出的艺术宗教。但是在最初阶段直接性的宗教还不是艺术宗教，所以它还不是作为一般自然界的创造者而实存的，相反，所有它在这种运动里所产生出来的各种精神形态合起来构成它的各种现象的完备性，天上地下，万物都在其中，但它们作为宗教形态都是不完善的现实性。而这宗教运动本身，则是通过它的个别方面、或者它的种种不完善的现实性，而向它的完善的现实性的形成的过程。宗教运动是这样一个过程，就是从最初的不完善的现实性，从一个抽象的宗教概念随意选择一个自然的现实形态而与其他形态处于并列或对立中，而逐步走向越来越完善，包括将自然界作为自己的创造物纳入进来，经过艺术宗教，进向后来的天启宗教的创世说，是这样一个运动的过程。上一次讲的最后这一段话，其实已经提出了宗教从它的概念出发一步一步地使自己更加具有现实性，更加具体，也就是从抽象到具体的这样一个历程。从抽象的概念出发，然后把这个概念内部的可能性一步一步地发展出来，使它越来越丰富，越来越完整，这个是黑格尔的一般的方法。马克思很推崇的从抽象上升到具体的方法，就是从黑格尔这里来的。从一个抽象的宗教的概念，发展出形形色色的宗教，然后在天启宗教这里归总，前面那些宗教都按照它们的层次和等级安排在这个唯一宗教的体系里面，宗教就是这样发展的。我们今天读的这一段，就是大体上介绍宗教发展的这样一个结构。

精神**最初的**现实性是宗教本身的概念，或者说，是宗教作为**直接的**因而是**自然的宗教**；在这里，精神把自己作为在自然的或直接的形态下自己的对象来认知。

"精神**最初的**现实性"，"最初的"打了着重号，"是宗教本身的概念"，这个前面已经提出来了，宗教它要能够成立，首先在概念上必须要能够成立，首先宗教是什么，这个抽象的概念你要能够把它树立起来。那么树立起来呢，它就有了最初的现实性，或者说第一现实性。"或者说，是宗教作为**直接的**因而是**自然的宗教**"，"直接的"和"自然的宗教"都打了着重号，我们把它称为自然宗教。直接的宗教也就是自然的宗教，就是宗教作为直接的宗教，它的概念在自然中凸现出来，成为一种现实性，那就是自然的宗教。就是说既然宗教在概念中就包含有现实性，所以它对现实的自然没有任何先入之见，看到什么就是什么，把所看到的所有的东西都当作宗教对象来看，那么最初直接看到的就是感性确定性所看到的东西，于是宗教本身的概念就立起来了。我们可以用宗教本身的概念来看一切事物，或者我们可以在任何事物中都看到宗教的概念，不用分析，一分析那就不是宗教了，那就是科学了。我们有了宗教概念以后，我们看一切东西都是一，一切都是神，一切都是上帝，这就是自然的宗教，也就是万物有灵论或者泛神论。自然宗教就是把感性知觉中所呈现出来的东西都直接地当作宗教的对象来看待。"在这里，精神把自己作为在自然的或直接的形态下自己的对象来认知"，在这样一种自然宗教中，精神把自己作为这样一个对象来认知，这个对象是直接的和自然的形态下的对象。在自然宗教中，精神也达到了它的自我意识，那么当精神把自己当对象看时，它最初看到的是直接的自然对象，精神在自然界的任何形态上面都可以看到它自己，这就是首先第一个阶段，是自然宗教。

但是，精神的**第二现实性**必然是这样一种在**扬弃了的自然性**的形态中、或在**自我**的形态中认知自己的宗教。

"但是，精神的**第二现实性**"，"第二"打了着重号，它跟前面"最初的"现实性是对应的，现在这里是第二现实性。"必然是这样一种在**扬弃了的自然性**的形态中，或在**自我**的形态中认知自己的宗教"，"扬弃了的自然性"和"自我"都打了着重号，这都是与前面"自然的"相对照的。也就是说现在自然的形态已经被扬弃了，而扬弃了的自然性形态是一种什么形态呢？就是自我的形态。它仍然是以自然物作为自己的对象，但这个自然物已经把它的自然性扬弃了，怎么扬弃了？就是上一段的最后一句话提到的，"作为一般自然界的创造者而实存于宗教中"。扬弃了的自然性，就是说这个自然物当然还是自然物，但它是由我创造的，是我做出来的，我通过对自然物的改造、通过对它的艺术加工，我创造了一个自然物。这个自然物，用康德的说法就是"第二自然"。本来的自然界是第一自然，我们通过艺术创造、艺术品构成了一个艺术世界，这个艺术世界叫作"第二自然"。但在这个第二自然里面我处处看到的是我的创造，所以这又是在自我的形态中认知自己的宗教。第二现实性必然是这样一种宗教，就是在扬弃了的自然性的形态或自我的形态中认知自己的宗教。

因此它就是**艺术宗教**；因为这个形态由于意识的**创造活动**而提高到 [186] **自我**的形式，于是意识就在自己的对象中直观到自己的行为或自我。

"因此它就是**艺术宗教**"，"艺术宗教"打了着重号，这跟前面打了着重号的"自然宗教"是相对应的。第一阶段是自然宗教，第二阶段是艺术宗教。"因为这个形态由于意识的**创造活动**"，"创造活动"打了着重号，"而提高到**自我**的形式"，"自我"也打了着重号，这是对前面的解释了。由于意识的创造活动，这个对象是我创造出来的，所以把这个形态提高到了自我的形式。就是说改造自然、加工自然，按照自我的形式随心所欲地创造自然，这就是艺术宗教。艺术创造当然是自我的形式，每一个艺术品它都是一个特定的自我的创造物，它是自我的作品，所以我在这个对象上面可以看到自己。"于是意识就可以在自己的对象中直观到自己的行为或自我"，这对象是我的创造物，那么我是怎么创造的？我在这个作品上面去看，我就可以直观到自己的行为，也直观到我的自我。当然我的行为已经过去了，在艺术品上面保留了它的痕迹、结果，但我通过这个结果、通过这个艺术品呢，我可以直观到自己的行为，我知道它是怎么样造出来的；而这个行为就是自我了，就是说我的行为，我在行为中的目的和手段、我的技巧、我的用意，所有这些东西都是体现在我的作品之中，我可以看见它，它就是我自己。我们所谓文如其人，画如其人，艺术欣赏无非就是看作家的用意，他的手法多么巧妙，技能多么高超，以及作者想要表达什么，这些都可以在作品上面表现出来，这就是艺术宗教。

最后，意识的**第三种**现实性扬弃了前两个现实性的片面性；自我既是一个**直接的**东西，而**直接性**也同样是一个**自我**。

这是黑格尔的三段式了，第一个是直接性的自然宗教，第二个是间接的或者是通过中介、通过行为、通过创造建立起来的艺术宗教，那么第三种现实性则是直接性和间接性的合题。注意这三种都是讲的现实性，在现实性上面，宗教体现为三个阶段。"最后，意识的**第三种**现实性扬弃了前两个现实性的片面性"，前两个现实性都带有片面性的。一个是直接的东西，直接的东西当然就是片面的了，它没有把后面的运动包括进来，它一开始只是一个出发点，是静止的、直观的，就像感性的确定性，一开始直接出现；艺术宗教里面就有了创造过程，而不再是直接涌现的，它的现实性就是创造的自我，什么东西都是我的艺术品，是我创造出来的艺术世界。在这个艺术世界处处都看到了我的功劳，是我的功能，是我的效果，到处都看到我；但是又缺乏直接性。艺术宗教它已经是间接性了，它是造出来的，但它缺乏直接性。就是说，宗教不能完全凭你的自我创造，你必须要先有所敬畏，你必须要有神秘感，你必须要有一个至高无上的、你够不着的东西预先立在你的面前，那是要超越自我才能仰视的。那么，第三个现实性就扬弃了这两个现实性的片面性，在这里，"自我既是一个**直接的**东西，而**直接性**也同样是一个**自我**"。自我本来是我的行为、我的创造、我的间接的活动，现在自我成了一个直接的东西，那是什么东西呢？那就是上帝。上帝的自我是一个直接的东西，不是需要你去想的，他就直接出现在你面前的；但上帝也是一个自我，像艺术家一样是一个创造的自我，这直接性同时也有间接性。那就是上帝的绝对自我。绝对自我跟我们每个人的自我不一样，它是"自有永有"的，是处处、时时都在那里，不依赖于任何别的自我的，它是直接的自我。我们每个人的自我都是由绝对自我来的，是对上帝自我的模仿，上帝按照自己的模样造人。那么这样一种现实性呢就是后面要讲的天启宗教，天启宗教基本上就是基督教了。基督教的上帝是一个人格神，他是有他的自我的，特别是以耶稣基督、上帝化身为人这样一种方式，耶稣基督的自我不是那种片面的自我，他就是一种直接性的绝对自我。

如果说在精神的第一现实性中一般就是在意识的形式中，在第二现实性中就是在自我意识的形式中，那么精神在第三现实性中就是在前两者统一的形式中；精神具有**自在自为存在**的形态；而且，既然它因此被表象为如同它是自在自为的那样，那么这就是**天启宗教**。

"如果说在精神的第一现实性中一般就是在意识的形式中"，意识和自我意识在这里又有了区分，虽然宗教一般就是自我意识的精神，但在这个平台上又可以区分为意识和自我意识两方面。在宗教的第一现实性、直接出现的那种现实性中，那还是处在意识的形式中，所谓在意识的形式中就是作为一个对象，在对象意识的形式中，是对象意识的宗教。自然宗教嘛，就是把自然界当作我们的对象，在那个对象上面宗教还没有发现自己的本质，而是把直接的对象形态看作自己的本质。"在第二现实性中就是在自我意识的形式中"，第二现实性就有了自我意识的形式了，自我意识当然也有对象，但这个对象就是自我，是我的产物，它代表自我。这跟一般的对象意识还不太一样，我面前有对象，但所有的这些对象都是我的艺术创造的结果，是我的艺术的作品，我在上面看出来都是我，我用一种艺术家的眼光去看待这个世界，同时我就在创造这个世界，我创造出来了形形色色的作品。有些作品虽然不是我创造的，但是我用这样的眼光去看，我认为它们也是艺术的作品，比如说我把它们看作上帝的作品，上帝是一个艺术家，我的艺术是跟上帝学的。古希腊人就有这样的眼光，在亚里士多德那里，上帝是一个艺术家，我们的作品是模仿上帝的艺术。所以第二现实性就是在自我意识的形式中，我在所有对象上面都看到自我，这就是宗教现实性的艺术的形式。这跟第一个现实性不一样，第一个现实性所有的自然界，我在上面看到的都是神，都是不可理解的、神秘的，我只能服从，那不是我，那跟我完全是两码事，所以我不能以小人之心度君子之腹，不能太狂妄自大。但是在艺术宗教里面就可以这样想，上帝也不过就是个艺术家，和我一样，这就是第二个现实性，它也是有片面性的。"那么精神在第三现实性中就是在前两者统一的形式中"，前两者统一，一个是对象意识，一个是自我意识，现在统一起来了。"精神具有**自在自为存在**的形态"，"自在自为存在"打了着重号。一方面是自在的，在这方面跟第一种现实性相类似；再一个就是自为的，这跟第二种现实性相类似。自在的就是对象意识，对象自在地在那里；自为的就是自我意识，就是艺术的创造性，自为嘛，这都是我的行为，都是由我的行为创造出来的。但是由我的行为创造出来的它就不是自在的了,那它的自在性何在呢? 所以第三种形式呢就是把自在和自为统一起来,在上帝那里,它既是自为的又是自在的,这两种形态统一在同一种形态之中。"而且,既然它因此被表象为如同它是自在自为的那样,那么这就是**天启宗教**","天启宗教"在这里第一次出现了,打了着重号。就是说,精神现在是一个上帝,上帝先于我的自我、先于一切人的自我而存在,但他也有他的自我,上帝的自我对于人的自我来说具有一种启示。"天启"这个词,offenbar,也可以翻译成"启示",基督教里面的启示,就是启示的宗教。就是说对象世界不是你凭借你的自我的艺术创造就可以把它看透的,需要靠天启,需要自上而下的启示,如果启示没到,那你再是一个艺术家,你也参透不了世界的秘密。天启宗教往往强调这一点,就是说你要有启示,要有直觉和感悟,甚至有时要有灵感。上帝的启示往往是一种很神秘的方式,非理性的方式,类似于灵感,那你是求不来的,你必须要敞开心扉,虔诚地相信上帝,那说不定什么时候上帝就会给你启示。很多人自述自己的信教,为什么信基督教呢? 并不是因为他家里是信基督教的,从小就受了洗礼,不是的,这还不足以使他成为一个教徒,真正成为一个教徒就是由某一次灵感使他突然一下顿悟了。比如说潘能贝格,一个德国的神学家,本来是一个唯物主义者、科学主义者,第二次世界大战的时候应征入伍,但由于生了一场大病,没去打战,就在家潜心读书,但从来不信基督教。有一次从山上走下山谷的时候,突然看见山谷里弥漫着一片金色的阳光,一下有所感悟,就信教了。这个很奇怪,很多教徒都有这样的经历,就是突然一下有个什么东西触碰到他,启示了他,使他真正地信教了。很多人你别看他自称自己是基督教徒,但他们自己也不认真对待,事实上也不一定百分之百的是基督教徒,他就是因为习俗、习惯。从小爸爸妈妈带着他去教堂,当然有的在教堂里面有所感悟,但是有的人也不见得,虽然一辈子是基督徒,但内心里面不是,他只是遵守了基督教的一些规矩。那么,天启宗教、特别是新教中的虔诚派就强调这个,你的心要跟上帝相通,但不是你想相通就可以相通的,你得依赖和等待天启。所以天启宗教在这方面有一种自在性，自在就是它在那里，它不是专门为你的；但是只要你有这个信心，信赖它，你总会有机会得到上帝的启示，所以它同时又是自为的。基督教、天启宗教跟前面两种宗教都不一样，它既是自在的又是自为的，这是三个阶段。

但尽管精神在这里达到了它的真实形态，恰好这个**形态**本身和这种**表象**却还是未被克服的方面，精神必须从这一方面过渡到**概念**，以便在概念中完全消解掉对象性的形式，而概念同样包含它的这个对立面在自身内。

"但尽管精神在这里达到了它的真实**形态**"，这个"但"呢就转折了。前面把宗教的三个阶段、三种形态都摆出来了，正—反—合，一个三段式，似乎已经很完备了。然而，尽管精神在这里达到了它的真实形态，"形态"打了着重号。"形态"为什么要打着重号，就是说它在形态、外形上面它是完备了，是真实的，宗教有它的形态，每一个宗教都有它的外在的形态，不管是直接的自然宗教也好还是艺术宗教也好，或是天启也好，自然、艺术、天启，这都是一些形态，都是有形的。这形态是真实的，这个不用说。但"恰好这个**形态**本身和这种**表象**却还是未被克服的方面"，"表象"也打了着重号，这个形态跟表象是相通的。我们前面讲黑格尔的宗教是绝对精神的一种形态，是什么形态呢？是表象的形态。所谓表象，就是一种通过想象和象征的方式建立起来的观念。表象在康德那里是无所不包的，在黑格尔这里却有它特定的含义，比如说感到一种红色，然后这个红色过去了，我不看它，这种红色的感觉就没有了，但是表象还在，我记得刚才这个红色是怎么样的，我还可以描述出来，画出来，我下次再看到它我可以认出它来，这是因为有一个表象在脑子里面保持着。所以表象是偏向于感性的，但它不像感性那样地转瞬即逝，而是具有保存下来的持存性，比如说想象、回忆、象征，这都是表象。我们可以把它拿来当一个对象一样考察、推敲，这就是表象。那么，宗教的形态呢是这样一种表象的形态，不管是最初的自然宗教还是最后的天启宗教，它都是一种表象的形态，都是要有形象的，都要依靠形象思维，形象思维就是表象思维，就是通过想象、象征、比喻这样一些方式来表达某些深刻的涵义，宗教就是这样的。那么恰好这样一种表象的方式呢却还是未被克服的方面，表象恰好就是它的一个弱点，它的软肋，它的不够充分的地方。你要表达精神，你却只能通过比喻的方式表达精神，因为精神的事情是不可感的，那岂不是隔了一层？尽管这个比喻很贴切，比喻得很真实，它是真实的形态，精神在宗教这里达到了它的真实的形态；但是这个形态本身、这个表象还是未被克服的。你通过打比方的方式、通过表象的方式、通过诉之于一种形态、一种形象的方式来表达精神，这个是有待于克服的方面。"精神必须从这一方面过渡到**概念**"，"概念"打了着重号，这是黑格尔的观点，你最后要超越宗教，超越宗教的表象方式，要达到概念方式，你才能真正地、直接地把精神表达出来。不要通过比喻，不要打比方，打比方是对小孩子说的，对大人你要直接把概念说出来，精神到底是什么？要在概念中把它表达出来。那么用概念来表达那就是哲学了，哲学跟宗教的不同就在于它是用概念来表达绝对精神，而宗教是用表象来表达绝对精神，这个是宗教的不足之处。"以便在概念中完全消解掉对象性的形式"，对象性的形式也就是外在的形式，就是表象的形式。精神的对象采取表象的形式，就还没有完全纳入到精神里面来，只有在概念中这个对象性的形式才被消融了，才被消化掉了，才不成为对于精神内容的一种遮蔽、一种阻碍。当然表象这种形式在某种意义上也是一种表达，也是一种揭示，用海德格尔的话来说，它也是一种去蔽；但这种去蔽呢恰好又是遮蔽，你用这种方式把精神的内容表达出来，但是你局限于这种方式，它又把精神的内容遮蔽了。所以在黑格尔看来必须在概念中完全消解掉对象性的形式，当然消解掉对象性的形式并不是说就不是对象了，概念它本身也是对象，所以他讲，"而概念同样包含它的这个对立面在自身内"。对象性的形式就是概念的对立面，是精神的外在的形式，那么概念消解掉对象性的形式并不是说把它排除掉了，而是把它包容进来，扬弃在自身之内，以概念的方式包含在自身之内。哲学、绝对认知以概念的方式把对象作了解释、作了澄清，这是最终的目的。可以说整个精神现象学的最终的目的就是达到这种澄清，达到对绝对精神的概念把握，这就是绝对认知。

这样一来，精神就把握住了它自身的概念，正如我们也只是刚刚才把握住这个概念那样，而精神的这个形态或精神的这一定在元素，由于这个形态即是概念，那就是精神自身。

"这样一来，精神就把握住了它自身的概念"，这就达到精神现象学的最后阶段，最后的目的就在这里，这就是后面要讲到的绝对认知，绝对认知就是要用概念来认知。"正如我们也只是刚刚才把握住这个概念那样"，就是说"我们"，读《精神现象学》的人，旁观者，在这个时候呢，也才刚刚把握住这个概念。我们旁观者不能从外面人为地介入精神现象学的进程，我们只能观察它走到哪一步了，然后我们对它加以描述。当精神把握住了它自身的概念的时候呢，我们也刚刚才把握住这个概念，我们跟着它前进到了这一步。当然我们旁观者也不是完全被动的，我们可以预测，在这里就是在预测嘛；我们也可以回顾，在每一段的开头，黑格尔就大量地回顾，都是用我们的眼光。但是我们的预测也好回顾也好，都不影响精神现象本身的进程，意识的经验科学，意识本身的经验的展现，这是最主要的。我们跟着它走，它带领着我们进入到了这样一个最后阶段。"而精神的这个形态或精神的这一定在元素"，这个地方还是用形态，所以我们前面讲到，这个形态呢一般来讲是有形的形象、表象，但是也不一定，有时它也用在精神上面，精神它也必须要有定在呀，要有具体存在呀，那么它的定在的元素如何表达出来，如何表现出来呢？就是以概念的形态表达出来。"由于这个形态即是概念，那就是精神自身"，精神的形态到了概念，它就是精神自身了。精神在宗教中的形态还不是精神自身，因为宗教的形态，不管是自然也好艺术也好还是天启也好，都还不是精神自身，都还只是精神自身的表现形态，当然这个形态是真的，但是还不等同于精神自身。它以这种形态表达出来，但这个形态呢还是表象，还是用来包裹精神内容的一张皮。而到了最后阶段呢，精神用概念来表达精神，那么概念本身就是精神了，它就是用精神来表达精神了，或者说精神真正来说只能用精神来表达，最后要落实到精神用概念来表达，因为概念就是精神自身。这两句话就是对后面的预测，预先提示，宗教经过了它三个阶段的发展，是不是就完了呢？绝对精神是不是就到头了呢？还没有，后面还有一个环节，就是概念的环节，也就是哲学的环节，它形成了绝对认知。这是有待后面去讲的，这里预先作了一个提示。所以这一段基本上是对于后面的一个总纲，宗教阶段和绝对认知阶段，以及它们的关系，在这几句话里面已经作了总体的交代。下面我们看宗教的第一个环节，就是自然宗教。

一、自然宗教 {369}

自然宗教包含很广，也可以说自然宗教所包含的内容是最多的。各种各样的宗教，在黑格尔后来的《宗教哲学》里面，"自然宗教"分成两篇，第一篇讲的"直接的宗教、法术、巫术"，再就是"自在意识的分裂"，包括三个最重要的内容，一个是"中国的宗教"，对中国的东西也讲了很多，儒教、道教啊；然后是"幻想的宗教"，那就是印度教，或者叫婆罗门教，或者追溯到更早的《奥义书》《吠陀经》，主要是印度教；再就是"己内存在的宗教"，那就是佛教，他讲的佛教主要是喇嘛教，我们叫密宗，或者叫黄教。对中国大陆和日本的禅宗他好像不知道，没讲，佛教他不把它算作中国的宗教，他把它算作是蒙古的、西藏的宗教。这是第一篇"自然宗教"。第二篇"续"，讲到了三个宗教，第一个呢是"善或光明的宗教"，我们这里也要讲到，光明的本质、光明之神，把光明当神，也就是讲到了拜火教。拜火教就是琐罗亚斯德教，我们又叫查拉图斯特拉教，尼采是非常推崇查拉图斯特拉的，这是拜火教的创始人。琐罗亚斯德教是光明的宗教，崇拜火、崇拜光明，包括摩尼教也属于此类。再一个就是

"叙利亚的宗教"，也就是腓尼基的宗教；第三个就是"谜的宗教"，就是埃及宗教。"自然宗教"就包含这样一些内容。在"自然宗教"以后，第二种更高级的宗教就叫作"精神个体性的宗教"，有了精神的个体，包括犹太教、希腊的宗教，也包括罗马宗教。有点奇怪的是没有讲伊斯兰教，他不是不知道，他提到了，说伊斯兰教的人数比基督教的人数还要多，佛教徒最多，不知道是不是包括中国。当然他这个统计不准确了，那个时候18世纪嘛，眼界就那么宽。他知道伊斯兰教，里面也曾经提到过跟犹太教相比，犹太教很局限，犹太人是上帝的选民，它是一个民族宗教，它不像伊斯兰教那样的广泛，伊斯兰教只要你信，不管你是哪个民族。所有这些都属于自然宗教。《精神现象学》里面的自然宗教就很简单了，粗线条的。一个自然的宗教包括这么多，但它就只是很简单地讲了这么几个，一个是光明的本质，一个是植物和动物，一个是工匠，从逻辑上作了一番梳理。所以实际上它的每一个形态里面都包含有很多内容，他一会讲印度教，一会讲埃及宗教，一会又是希腊宗教，都掺杂在一起讲，所以你不可能把它的每一个小标题都看作是指的一种宗教，实际上很多宗教都提到了。或者甚至说每一个宗教里面都有这个层次，自然宗教的那些环节，光明啊，植物动物啊，工匠啊，这些东西在每一种宗教里面、包括基督教最高的宗教里面都有。基督教里面也讲光明，也讲植物动物（苹果、橄榄枝、鸽子、羔羊等等），也讲工匠（上帝创世），但是它占主导地位的不是这些，这些都是外围的。所以每一种宗教里面都包含每一种宗教，这是黑格尔的宗教观里一个很重要的观点。就是说看起来每一种宗教跟另外一种宗教格格不入，他信了一种宗教，你要他改信另一种宗教是很难的。我们前面讲了，他讲到宗教的现实形态的时候，所有这些形态都是一些断头线，你要讲宗教可以举出一大把来，但每根线跟另一根线都不相通，都不可调和；但尽管如此，黑格尔又认为所有的宗教都是一个宗教，这个很重要。如果我们吃透了他这个精神的话，我们就可以找到各宗教之间相通的线索。今天亨廷顿讲"文明的冲突"、宗教的冲突，好像不可调和,甚至于非常接近的宗教都不可调和,甚至越是接近的宗教越是不可调和。例如讲三教同源,基督教、犹太教、伊斯兰教都是同源的,都是从《圣经·旧约》里面出来的,但就是不能够调和。而且伊斯兰教里面那些教派更加不能调和,你要说打以色列大家都联合起来打,但不打以色列的时候就互相打,互相打还打得厉害些,搞那些自杀性爆炸袭击,都是各个教派之间的冲突,什叶派呀,逊尼派呀,互相之间炸对方的教堂,不都是炸毁的清真寺吗?也还要炸,这个没办法相通。那怎么办?这么多的宗教都不能相通,都互相杀来杀去,总得有个办法。我想黑格尔这样一个叙述把所有宗教都放到同一个筐子里面,一会扯这个一会扯那个,看起来杂乱无章,但实际上它有一个背景在那里,就是所有的宗教其实都是一个。但这不是他提出来的,最早是莱辛在《智者纳旦》那篇关于宗教宽容的作品里面,就讲到基督教、犹太教和伊斯兰教的三位神学家在一起讨论问题,他们引用同一个《圣经》,实际上讲的是同一句话,但他们信的是不同的上帝。最后莱辛认为他们信的其实还是一个上帝,大家都是信徒,都是信神的,为什么不能坐在一起好好谈谈呢?求同存异嘛。所以这里我们要用这样一种眼光来看各种宗教的形态。

那认知着精神的精神就是对精神本身的意识,并且对自己处于对象性东西的形式中;精神**存在**,——并且同时是**自为存在**。

这第一句话就把他前面讲的结构浓缩了。"那认知着精神的精神就是对精神本身的意识",精神对精神本身的意识,这是意识,但同时它又是自我意识,因为它是精神对精神本身的意识,当然是自我意识了。"并且对自己处于对象性东西的形式中",精神把它自己放在一个对象性东西的形式中,那它就还是意识,意识就是对象意识,但它同时又是自我意识,因为所谓自我意识就是把自己当对象嘛。所以精神在这里把自己当作一种对象性的东西来对待。前面这半句话实际上是把精神的结构展示了,就是它是自我意识;但它在这里又采取对象意识的形式,包含着一种对象性的形式。怎样的对象性形式？ "精神**存在**"，"存在"打了着重号，"——并且同时是**自为存在**"，"自为存在"也打了着重号。它存在，在这个存在的层次上，就说明它是对象意识；并且同时它又是自为存在，就说明它同时是自我意识。它有两个环节，一个环节是存在，另一个环节是自为存在。存在也可以理解为自在存在，所以它是自在自为的存在，两方面它都有。认知着精神的精神就是宗教，所以宗教作为绝对精神来说它就是认知精神的精神，它的结构就是自我意识到的意识。

精神**自为地存在**，它是**自我**意识这一方面，也就是与它的意识那方面、或者说与作为**对象**的自己相联系的那方面相对立。

"精神**自为地存在**"，"自为地存在"打了着重号。从这个方面来看，"它是**自我**意识这一方面"，"自我"也打了着重号。讲自我意识的时候就是讲的精神自为的存在，自己为自己，自己把自己当作对象，这属于自我意识这一方面。"也就是与它的意识那方面、或者说与作为**对象**的自己相联系的那方面相对立"，自我意识方面当然与意识方面相对立了，因为意识方面是对象方面，这里"对象"打了着重号，和前面"自我"的着重号相对应。所谓意识的方面就是与对象相联系嘛，当然这个对象也是自己，所以是与作为对象的自己相联系的方面，但毕竟是对象方面。自我意识跟意识相对立，这种对立也延伸到自我意识内部，自我意识本身的内在结构也就是自我意识跟对象相对立，哪怕这个对象就是作为对象的自己，但这个自己仍然是与对象相联系的方面。所以宗教虽然已经是精神的自我意识，但它里面仍然有两个对立的环节，一个是自我意识，另一个是对象意识，这两个方面相对立。

在精神的意识里面存在着对立，因而存在着对精神由以显现自身和认知自身的那个形态的**规定性**。

"在精神的意识里面存在着对立"，也就是上述认知着精神的精神本身的意识结构，这种对精神本身的意识里面存在着意识和自我意识的对立。"因而存在着对精神由以显现自身和认知自身的那个形态的**规定**

性","规定性"打了着重号。什么规定性呢？对那个形态的规定性。什么形态？精神在里面由以显现自身和认知自身的形态。有对立就有规定性，互相规定，由对立的这一方规定那一方，又从那一方规定这一方。这种规定性，规定了精神在里面显现自身和认知自身的那个形态：精神显现自身就是作为对象意识来显现自身，精神认知自身就是作为自我意识的主体来认知自身。这种显现和认知有一个形态，你是以什么样的形态来显现自身？你是以什么样的形态来认知自身？这就是宗教的形态，这个形态根据这种对立就有了它的规定性，我们如何规定它，就看它是怎么对立的。精神的显现自身和认知自身的形态是根据它的意识内部的这种对立，也就是意识和自我意识的对立来作规定的，是根据这两者如何对立、如何互相转化、如何互相统一来规定的。

在对宗教进行考察时所关注的只是这个形态，因为精神的未具形态的本质或它的纯粹概念已经给出了。 [187]

"在对宗教进行考察时所关注的只是这个形态"，就是说我们下面对宗教进行考察，要开始写宗教史了，这时我们所注意到的只是这个形态，即精神由以显现自身和认知自身的形态，看它有哪些规定。我们现在关注的只是这个形态，前面都是讲的宗教的一般的概念，讲它是怎么样建立起来的，在这个基础上怎么样走过了它的三个阶段，那么我们现在要对宗教的这些形态进行考察了，前面讲过的就不必再讲了。"因为精神的未具形态的本质或它的纯粹概念已经给出了"，我们前面已经给出了它的纯粹概念，在它的抽象形式下对它进行了规定，所以现在要考察的是这个概念怎么样走过了它的各种形态，走过了哪几种具体的形态，前面讲过的就不必重复了。

但意识和自我意识的区别同时发生在自我意识的内部；宗教的形态既不包含精神的如同它是脱离了思想的自然那样的定在，也不包含如同它是脱离了定在的思想那样的定在；反之，宗教的形态是在思想内所获得的定在，正如它是一种自身定在着的被思想到的东西一样。

107

这句话比较纠缠。"但意识和自我意识的区别同时发生在自我意识的内部"，这个前面已经讲了，它是自我意识，但是这个自我意识里面又包含有意识和自我意识的对立，所以意识和自我意识的区别不仅是外部对立的区别，而且同时也发生在自我意识的内部。因为自我意识本身也包含有对象意识，自我意识就是把自我当对象看的意识，所以它也有对象意识在内，作为自身的对立环节；但它又是自我意识，它们都发生在自我意识的内部。我们在自我意识的内部来分析它的自我区别。在这个内部呢我们可以看到，"宗教的形态既不包含精神的如同它是脱离了思想的自然那样的定在"，也就是宗教的形态不包含精神的那样一种定在，什么样的定在呢？如同它是脱离了思想的自然那样的定在。话说得很纠结，其实意思很简单：宗教的形态既不包含没有思想的自然，就完了。宗教的形态不是脱离了思想的自然，不是没有思想的自然，把精神就看作自然界的定在，那是宗教所不能承认的，它不包含这种形态，如果把精神看作是这么一个东西，那就是唯物主义了，那就是斯宾诺莎的泛神论了。但另一方面，"也不包含如同它是脱离了定在的思想那样的定在"。就是说，宗教的形态一方面强调自然中的思想，另一方面也强调这种思想不是空洞的思想，而是有自己的定在、自己的具体内容的思想。它既不包含脱离了思想的自然，又不包含脱离了定在的思想，这个定在在这里肯定也要借助于自然，而不能任由思想天马行空，好像没有什么定在可以表达它、规定它一样。也就是说，宗教的形态是包含自然定在和思想双方的统一这样一种定在，自然和思想两者的统一这样一种定在，才是宗教的形态所包含的精神定在。所以，"反之，宗教的形态是在思想内所获得的定在，正如它是一种自身定在着的被思想到的东西一样"，这个"反之"其实就是正过来说了，既不是这个也不是那个，那它到底是什么呢？反之，宗教的形态是在思想的内部所获得的定在，不是脱离思想的定在，而是在思想之内的定在；而另一方面，它是一种自身定在着的被思想到的东西。一方面讲它是思想内的定在，另一方面它是自身定在着的但又被思想到的东西，又是思想的对象。或者说它是思想内的自然，它又是自然中的思想。宗教的形态应该是这样，不管哪一种形态。首先是自然宗教体现得最明显，但其他的宗教其实也是这样，至少也包含了这个层次，也就是说，在宗教内部虽然也有区别，有意识和自我意识的区别，有自然和思想的区别，但是这种区别是统一的，它是一种自然的思想，也是一种思想的自然，这就是宗教的形态。

　　——按照精神借以认知自身的这样一种形态的**规定性**，一个宗教便与另一个宗教区别开来；不过同时要注意到，按照这种**个别的规定性**对精神的这种自我认知的陈述，实际上并没有穷尽现实宗教的全体。

　　这就是我们区分的原则了，前面是笼而统之地讲宗教的形态，一方面是自然的思想，另一方面是思想的自然，或者是定在着的思想，或者是思想内部的定在，我们前面已经讲了，这是一般的原则，但是各种不同的宗教之间又有区别。"按照精神借以认知自身的这样一种形态的**规定性**，一个宗教便与另一个宗教区别开来"，宗教的形态应该是这样的，刚才讲了，它既包含思想又包含自然，它是思想和自然的统一。那么，按照精神借以认知自身的这样一种形态的规定性，"规定性"打了着重号，这样一种形态是宗教借以认知自身的，宗教有这样的形态，根据这种形态宗教可以构成自我意识，可以认知自身。这样一种形态的规定性很重要，虽然笼而统之地你可以讲自然的思想、思想的自然，但究竟是怎样的自然的思想或思想的自然？这种规定性才使得一个宗教与另一个宗教区别开来。"不过同时要注意到，按照**个别的规定性**对精神的这种自我认知的陈述实际上并没有穷尽现实宗教的全体"，"个别的规定性"打了着重号。一个宗教要跟另一个宗教区别开来，那么这种规定性肯定是个别的了，一个宗教有这种规定性，它的形态是这样规定的，另外一个宗教是那样规定的，这都是一些个别的规定性。按照个别的规定性对精神的自我认知的这种陈述，比如说自然宗教，我按照自然的规定性，来对宗教加以陈述，事实上并没有穷尽现实宗教的全体。就是说在现实的宗教中，比如说现实中的自然宗教，不管是拜火教也好还是其他宗教也好，凡是自然宗教，你按照这样的个别的规定性来对它加以陈述，是不是就能够把它一言道尽了呢？比如说后面要讲到光明的本质，光明的本质当然是拜火教的一个最主要的原则，或者说一种个别规定性，它跟其他的宗教有区别，因为其他的宗教并不把光明当作它的最主要的、根本的规定性。比如说基督教里面也讲光明，在《创世纪》里面，上帝创造的第一件事就是光，上帝说："要有光！"于是就有了光。但这光明在基督教里面并不是它最根本的规定性，它还有很多更高的，比如说光不过是上帝的"道"、"说"或逻各斯的产物。那么你用光明来给拜火教作规定，是不是这一个词或一个概念就把现实的拜火教的全部内容都概括了呢？当然远远不是，你只是挑出了一个它最突出的、最具特色的规定来讲它，它还有很多别的规定性。但是其他这些规定性不是主要的，不是突出的。同样，基督教的"道"也不过是它最高的规定，而不是唯一的规定。就是说，在黑格尔看来，每个宗教其实都是五脏俱全的，麻雀虽小五脏俱全，每一片羽毛都是完整的，它都是一个宗教，它里面包含着其他宗教里面也已经包含的东西，所有的宗教其实都是相通的。表面上是不相通的，表面上是格格不入的，但是你讲佛教也好，讲伊斯兰教也好，基督教也好，其实都是相通的；问题是，每一种宗教都突出它自己的一个特色，它以某一个东西作为它的主导。比如说拜火教，尽管它很原始，但它已经把所有宗教的要素都包含在里头了，只不过很多东西是潜在地包含的，没有突出出来。而你在突出它主要的规定性的时候呢，这个规定性并没有穷尽现实宗教的全体，在现实中宗教就是宗教，宗教徒就是宗教徒，有信仰的人跟没信仰的人就不一样，所有的有信仰的人都是一样的，他们都是宗教徒，区别只在于某一种信仰它突出了某一种规定。但这个规定并没有穷尽现实宗教的全体，现实宗教它是一个整体，每一个个别的宗教它都是整个宗教，它都是全体。

那些将要得出的一系列不同的宗教，同样也只是再次陈述一个唯一的宗教、也就是**每个个别**宗教的不同的方面罢了，而且那些似乎将一个现实宗教在另一个现实宗教面前特别突出出来的表象也出现在每一个宗教里面。

这个就更明确了，我们刚才讲的也是这个意思。"那些将要得出的一系列不同的宗教"，我们马上要讲的，要讲的很多了，我们刚才根据《宗教哲学》的目录已经讲了那么多，中国的宗教、印度的宗教、埃及的宗教、波斯的宗教、拜火教、犹太教、佛教，等等，有很多宗教，当然《精神现象学》这里列得比较简单，但实际上也包含了一系列的宗教。"同样也只是再次陈述一个唯一的宗教、也就是**每个个别**宗教的不同的方面罢了"，或者说，各种宗教只不过是陈述一个唯一的宗教的不同方面而已。《宗教哲学》里面讲的所有的宗教都是一个唯一的宗教，各种不同的宗教只不过是从各个不同的方面不断地重述同一个宗教，每一次陈述好像跟另外一次陈述毫不相干，但实际上都是同一个。所以每个个别的宗教都可以把另一个个别宗教的陈述看作自己的不同的方面，因为它们都是同一个宗教的不同方面，每一个宗教的个别性就是它特定的规定性，它跟别的宗教不同的那些规定性，只不过是同一个宗教的不同方面。因此每一个个别的宗教并不单纯只有自己的个别性，你不过是把它跟别的宗教不同的方面提取出来，其实它还有很多跟别的宗教相同的方面啊。所以它的个别性并不能穷尽每一个个别的宗教，它只是具有代表性的规定，代表这个宗教，但是它并没有穷尽这个宗教的内容。"而且那些似乎将一个现实宗教在另一个现实宗教面前特别突出出来的表象也出现在每一个宗教里面"，不管你拿什么样的表象作为特点，这些表象也出现在每一个宗教里面，每一个宗教里面都有每一个宗教里面的每一个表象，当然它的意义可能不一样，它的位置也摆放得不一样。光明在基督教里面有，在希腊宗教里面也有，希腊宗教就是太阳神嘛，阿波罗嘛，在基督教里面就是上帝之光嘛。动物、植物也有啊，印度人就崇拜动物，崇拜猴子、牛啊，埃及人也崇拜狼啊、甲壳虫啊，基督教虽然不崇拜动物，但基督教也有动物的表象，比如说圣灵就是用鸽子来代表，还有植物，像橄榄枝。诺亚方舟的故事说，一只鸽子衔了一支橄榄枝来，于是方舟上所有人都松了一口气：马上就要到陆地了，这都有一些表象在里头的，每一个宗教里面的那些突出的表象也出现在每一个宗教里面。

不过这种差异性同时也必须看成宗教的一种差异性。因为精神处于它的意识和它的自我意识的区别中，所以这一运动所具有的目标就是扬弃这个主要的区别并赋予本身是意识对象的那个形态以自我意识的形式。

"不过这种差异性同时也必须看成宗教的一种差异性"，尽管各个宗教的代表性的表象在其他宗教中都有，每一个都包含在每一个里面，但这种差异性同时也必须看作宗教的差异性，每一个宗教毕竟跟另一个宗教不同，以不同的表象作为自己的标志性的特色，它们就是凭这种差异性来相互区别的。前面我们知道它们其实都是一个唯一的宗教，但这里讲，它们还是有区别的，就是说，宗教尽管是唯一的宗教，但是每个宗教都有自己的特色，都有自己所强调的命题。"因为精神处于它的意识和它的自我意识的区别中"，为什么会有这样一种差异性呢？因为在宗教里面，精神是处在它的意识和自我意识的区别之中，虽然有同一个自我意识，但却有不同的意识，归根结底是这样一种区别，意识和自我意识在宗教里面是一对矛盾，是主要的区别。"所以这一运动所具有的目标就是扬弃这个主要的区别并赋予本身是意识对象的那个形态以自我意识的形式"，宗教里面有这样一个区别，而且是主要的区别，那么宗教运动的目标就是由这样一个矛盾所推动，而最终扬弃它们之间的矛盾，扬弃它们的这个主要区别，并赋予本身是意识对象的那个形态以自我意识的形式，使意识和自我意识达到同一。在宗教里面的那些形态都是意识对象的形态，都是一种对象的形态，你看到什么东西，那个东西就是一个对象，你以这个对象的形态来标志这个宗教的特色。你靠内心的宗教自我意识是区别不了的，这方面每个教徒、每个宗教都是一样的，各种宗教从内心来说都是一样的；但是它们各自有些外在的规定，使得这个宗教跟那个宗教区别开来了，那种规定就是意识对象的形态。宗教的运动和发展就是要赋予本身是意识对象的那个形态以自我意识的形式，你就是要在这样一些对象形态中意识到你自己，意识到我们在这个、那个对象上面的自我意识实际上是一个，我们所有的宗教的自我意识都是一个。当然它们的对象意识是不同的，你要把意识和自我意识的这样一个对立扬弃了，那么宗教就达到了它的目的，在没有扬弃之前，宗教就要发生运动，就要不断地运动，不断地前进。在这个意义上，各宗教虽然是相通的，但并不是完全平等的，有的还处于起点上，有的已经离开了起点，但还没有到达终点，而有的则达到了最后的圆满的目的地。这就是宗教的历史。

　　但是这个区别并不因为意识所包含的这些形态本身也拥有自我这一环节，以及上帝被**表象**为**自我意识**，就已经遭到了扬弃。

　　就是说，宗教这样一个运动的目标就是要扬弃这个区别，扬弃意识的对象和自我意识的对立，要赋予意识的那个对象以自我意识的形式，"但是这个区别并不因为意识所包含的这些形态本身也具有自我这一环节，以及上帝被**表象**为**自我意识**，就已经遭到了扬弃"。就是意识和自我意识的区别并不因为宗教精神的内在结构本身是意识和自我意识的统一就可以扬弃掉，仅仅将上帝这个绝对的对象表象为自我意识是不够的，"表象"和"自我意识"都打了着重号。为什么要打着重号？这就是点明在宗教精神中的意识和自我意识的统一还只是在"表象"中的统一，而不是概念中的统一，因此无法彻底扬弃双方的区别。宗教的对象始终以表象的方式出现，所以尽管在宗教的概念中双方已经达到了统一，但在宗教的现实形态中仍然呈现出双方的对立。看起来好像已经被扬弃了，比如说意识所包含的形态本身也具有自我这样一个环节呀，因为宗教本身就是精神的自我意识嘛，精神把自己当作对象来看嘛，这个区别难道不是已经被扬弃了吗？上帝被表象为自我意识，上帝虽然是意识的对象，但是我把他表象为自我意识，上帝在我心中，我意识到上帝就是我的自我意识，那么是不是就已经扬弃了这种区别呢？但是这里讲，这个区别并不因为这些就已经得到了扬弃。为什么还没得到扬弃呢？是因为"表象"的局限性。因为这个自我是处在表象中的自我，上帝还只是表象，上帝被表象为自我意识，意识的对象的形态是一种表象的形态，而不是一种概念的形态，在没有达到概念之前，表象的形态跟它的内容还是格格不入的。

被表象的自我并不是**现实的**自我；被表象的自我要是像这个形态的任何其他更为确切的规定那样在真理中属于这一形态，它就一方面必须通过自我意识的行为被置于这种形态之中，另一方面较低的规定必须显示出自己已被更高的规定所扬弃和包括了。

"**被表象的**自我并不是**现实的**自我"，"被表象的"、"现实的"打了着重号，这是宗教本身的矛盾所导致的。被表象的自我和现实的自我并不是一回事，我把这个自我表象出来了，是不是它就是真的现实的自我了呢？并非如此。"被表象的自我要是像这个形态的任何其他更为确切的规定那样在真理中属于这一形态"，这是虚拟式，被表象的自我，如果说你要使它像这个形态的任何其他更为确切的规定那样，真正归属于这一形态。你用这样一个对象的形态来表象自我，但是这个形态其实表象的是其他的规定，表象的是对象意识，它不是自我意识。当然你可以用这个对象意识来表象自我意识，但是它不确切，而且不真实，更确切更真实地属于这形态的是一些别的规定，比如说光明，比如说动物、植物，等等，那些东西更加确切地属于这个对象意识的形态。你硬要说这些东西里面表象出了一种精神的自我，那个就很玄，带有神秘性。当然也不是不可以表象，但如果要使这种表象更加确切并获得真理性的话，也就是说这一形态要跟它的自我的内容相符合，就像这个形态的任何其他更为确切的规定那样在真理中属于这一形态。比如说你要表象光明之神，那么光明之神它作为一个对象来说，它是符合自然形态的，光明本来就是自然对象嘛，要表象对象意识的形态，它是符合的；但是要用它表象自我意识这样一个精神的概念、"神"的概念呢，它就不是那么符合了，就很勉强了。要完成这一确切的、具有真理性的表象，必须有两个条件。"它就一方面必须通过自我意识的行为被置于这种形态之中"，就是一方面，必须在这种形态中看到自我意识的行为，看到它的主动性和创造性，必须要在这种对象上用自己的行动来体现出一种形态。而这也就是艺术宗教所表现的那样一种创造自然的力量，它是更适合于表象自我意识的形态。"另一方面较低的规定必须显示出自己已被更高的规定所扬弃和包括了"，就是说，一方面自我意识要用行动介入到这种形态中，去创造这些形态，另一方面其他那些形态、那些较低的规定必须要隶属于它，必须要被它所掌握，被它据为己有，扬弃地被包含于它自身中。一个是它必须体现出自己的行动、能动性，另一方面呢它必须体现自己比其他形态更高，能够把其他形态都包括在自身之中，成为一个整体。被表象的自我如果要实现自己的真理，成为现实的自我，它必须走过这样的历程，就是首先它必须要进入到这里头，充当各种形态的创造者，这就已经超出自然宗教了；另一方面它必须把所有其他形态的规定作为自己低层次的内容包括进来，加以消化，把它们扬弃和包括在自身之中。这是宗教在进一步的发展中，它要从它的直接的确定性进入到真理性所必须走过的一条路。

因为被表象的东西之所以不再是被表象的东西和为自我的认知所感到陌生的东西，只是由于自我已将它创造出来了，因而把对象的规定作为它**自己的**规定来直观了，所以就在对象中直观到自己了。

这是对上面的进一步解释。为什么自我意识必须要用自己的行动介入到形态之中，成为它们的创造者，并把前面那些较低的规定包括于自身中？"因为被表象的东西之所以不再是被表象的东西和为自我的认知所感到陌生的东西"，被表象的东西之所以不再是被表象的东西，当然在艺术宗教里面它还是被表象的东西，但它所表象的那个东西已经不再是被表象的东西，不再是隐喻或隐喻的隐喻，而是自我意识本身。它已经超出了原来那些被表象的东西，经过突出在艺术中的自我创造，突出这种自为性，它使它的对象不再像自然宗教中那样感到陌生，感到神秘。当然它还是借这些被表象的东西来表达自己的，那些被表象的形态在开始的时候是被信奉者的自我意识感到陌生、感到敬畏的，在光明之神面前、在动物图腾面前，他感到是异己的东西。而现在，由于是自我已将它产生出来的，是我把它创造出来的，这样一个表象对我就不再是陌生的了。如何能够做到这一点？"只是由于自我已将它创造出来了，因而把对象的规定作为它**自己的**规定来直观了，所以就在对象中直观到自己了"，"自己的"打了着重号。我对自己的创造物有种亲切感，因为那就是我的内心世界的展现。所以在希腊的艺术宗教里面，希腊人创造的艺术品都是和蔼可亲的，都是很有人情味的、很人性化的，不是那么恐怖、那么不可理解的。因而在这里，自我意识就可以把对象的规定作为它自己的规定来直观，在对象中直观到自己。这是后来通过艺术宗教所达到的层次，包括后来的基督教其实也是这样，自我把自己创造出来的规定看作自己的规定。

　　——通过这种能动性，那较低的规定同时就消失了；因为这种行为
{370}　是否定性的行为，它是以另一行为作为代价而实现出来的；

　　我们先看这半句。"通过这种能动性，那较低的规定同时就消失了"，较低的规定，例如在艺术宗教里面，比艺术宗教更低的那些规定就消失了，希腊宗教里面，新神取代旧神成为了宗教的象征。代表旧神的表象都是些自然物，天与地、河与海、森林与泉水等等；代表新神的则是文艺、理性、智慧、交通、法律等等人造物。"因为这种行为是否定性的行为，它是以另一行为作为代价而实现出来的"，它的这种行为要实现出来，它就必须牺牲另外的行为，所以经过新神和旧神（泰坦神族）的斗争，其他那些较低的规定就消失了。比如说在埃及宗教里面就有狮身人面像，狮身人面像它本来是一个谜，是要吃人的；但到了希腊宗教里面，狮身人面像的谜被俄狄浦斯猜破了，说谜底就是"人"，于是狮身人面像斯芬克斯

就跳下悬崖摔死了。斯芬克斯在希腊宗教里面也还有，但已经不是那种神秘的非人的东西了，已经是人性化了的东西。狮身人面像在希腊的雕塑和绘画里面变得非常美丽，是一个美女，只不过身体是狮子的，而在埃及那里是很可怕的，我们看埃及金字塔旁边的狮身人面像，那是一个很可怕的形象，巨大无比，面无表情，这个是完全不同的。但就连这样美丽的斯芬克斯都摔死了，因为她还是半人半兽。其他的半人半兽，如羊人、马人，虽然还有，但只能做配角，不能唱主角。它们在新宗教中都遭到了否定。

　　低级的规定即使还会出现，那也已经退居到非本质性中去了；正如反过来说，当较低的规定还占统治地位时，更高级的规定却已经出现，它在别的规定的位置旁边占据着一个无自我性的位置。　[188]

　　这句很重要。"低级的规定即使还会出现，那也已经退居到非本质性中去了"，就是在高一级宗教那里，低一级宗教的规定还会出现，斯芬克斯还会出现，羊人萨提儿还会出现，但它们在希腊宗教里面根本就不足挂齿了，那些都属于比较野蛮、比较原始的半神，已经退居到非本质性中去了。在希腊神话里面，所有正宗的神都是人形的，宙斯啊，阿波罗啊，雅典娜啊，这些奥林普斯诸神都是人形的，而且漂亮、高大，具有美丽的男人、女人的形体，而半人半兽的形象还有，但它们都已经退居到非本质性中去了，都是非本质、非理性的，属于比较原始的神。像酒神就是羊人形象，狮身人面的斯芬克斯是埃及旧神，这些怪物在奥林普斯诸神的系统里面是没有位置的，它们都属于比较低级的神，是被战胜了的旧神。"正如反过来说，当较低的规定还占统治地位时，更高级的规定却已经出现，它在别的规定的位置旁边占据着一个无自我性的位置"，这个"反过来"很重要。也就是说，在较低的规定占统治地位的时候，更高的规定已经有了，但是它还不占主导地位，它在别的规定的位置旁边占据着一个无自我性的位置，它没有自觉，还没有醒过来，还在那里没睡着，没有自我性。所以为什么说一切宗教都是一个宗教呢？就是这个意思，不要以为你很高级，你那些高级的东西其实低级的宗教里面已经有了，只是没有发挥出来。斯芬克斯在埃及宗教中毕竟有了一个人的面孔，尽管只是作为金字塔的守护神，神态也捉摸不定，但已隐约暗示着有人的精神在从动物的身体中奋力挣扎出来。所以，后来宗教中的这些思想都已经潜在地包含在古老的宗教里面了，但它占的位置是一个无自我性的位置，不是有意强调的。前面和后面的宗教是一个整体，宗教一开始产生就把一切宗教的要素都潜在地包含着，因为宗教的概念已经出现了，概念通过自身运动它会发展出自身的丰富的内容。但之所以能够发展出后来丰富的内容，就是因为它潜在地有这些方面的要素，只不过还没有自觉。

　　因此，如果说个别宗教内部的不同表象虽然呈现了它的诸形式的整个运动的话，那么每一个宗教的个性则是由意识和自我意识的特殊统一性所规定的，就是说，这种规定是因为自我意识已经把意识对象的规定在自身中把握到了，通过自己的行为已把这个规定完全据为己有了，并且将这个规定作为与其他规定相比是本质性的规定来认知。

　　这句话不难懂。"因此，如果说个别宗教内部的不同表象虽然呈现了它的诸形式的整个运动的话"，个别宗教的内部包含有很多表象，并且这些表象已经在内部呈现了它的诸形式的整个运动，例如刚才讲的，埃及的斯芬克斯已经在狮身里面展现了人性的挣扎，展现了狮的表象向人的表象的运动。"那么每一个宗教的个性则是为意识和自我意识的特殊统一性所规定的"，就是每一个个别的宗教，虽然它自身已经包含了宗教概念的各个形式，但是作为每个个别宗教的个性，则是为意识和自我意识的特殊统一性所规定的。在这个阶段，在这个特定的宗教中，它的意识和自我意识具有特殊的统一性，跟别的宗教不一样。"就是说，这种规定"，这种特殊的统一性的规定，这种个性的特殊规定，是如何规定下来的呢？"是因为自我意识已经把意识对象的规定在自身中把握到了，通过自己的行为已把这个规定完全据为己有了，并且将这个规定作为与其他规定相比是本质性的规定来认知"。意识对象的规定有很多了，因为整个世界都是意识的对象，你把意识对象的某一种规定在自我意识中把握到了，你通过你的行为把这个规定完全据为己有，并且将这个它看作你特有的本质性的规定，你抓住了其中一个规定把它当作自己的本质，这就是你的个性了，这就是某一种宗教的个性。比如说拜火教，就把光明这个东西拿来据为己有，并且将这个规定作为与其他规定相比是本质性的规定来认知。所以拜火教认为光明是宇宙的本质，另一种宗教则可能认为某种动物是至高无上的神，还有一种则认为半人半兽的怪物值得崇拜，再有一种则是认为工匠、艺术家是值得崇拜的，工匠是如有神助，艺术家、诗人是代表神意，代神说话，甚至神本身就是一位工匠或艺术家，等等。所有这些对象的规定都可以作为某一种宗教的特色，我们就把这种宗教称之为某某宗教，如光明的宗教、动物的宗教、艺术的宗教等等。

——把对于宗教精神的某个规定的信仰的真理性显示出来的是，**现实的**精神具有这种性状，如同它在宗教里借以直观自身的那种形态那样，——例如说出现在东方宗教里的神化身为人就不具有真理性，因为东方宗教的现实的精神不带有这种和解。

"把对于宗教精神的某个规定的信仰的真理性显示出来的是"，对于宗教精神的某个规定的信仰，它有没有真理性？对宗教精神可以作各种各样的规定，因此对这种规定的信仰可以五花八门，但是它的真理性何在，它真正这样相信吗？那就要有个辨别。是什么把这个信仰的真理性显示出来的呢？那就取决于这一点，即"**现实的**精神具有这种性状，如同它在宗教里借以直观自身的那种形态那样"，"现实的"打了着重号。就是说，你要看它对它的规定是否真信，就要看它在现实的精神中是不是具有这样一种性状，什么性状呢？如同它在宗教里借以直观它自身的那种形态，那样一种性状，也就是说，在宗教里现实的精神借以直观自身的那种形态。你是否真的信仰这种规定，就看你是否在宗教里面借这种规定而直观到了现实的精神，就看现实的精神在宗教中是不是具有那样一种直观的形态。你在这样一种信仰中作了这样一种规定，那么你是不是

119

真的在现实里面具有这样一种形态呢？也就是说，你的信仰的真理性标准就在于是否符合现实的精神，是否符合现实精神中的直观形态。不看你说什么，你说的同一句话如果在现实中不具备这样一种现实的精神，那么你的这样一种规定的信仰的真理就还没有完成，还是空的，你并不是真的对这个规定有这种信仰。下面就举了一个反例了："例如说出现在东方宗教里的神化身为人就不具有真理性，因为东方宗教的现实的精神不带有这种和解"，这是一个标准了，就是说你如何判定一种说法、一种规定它在这个宗教里面是具有真理性的，就看它的现实精神如何。比如说在东方的宗教里面神化身为人，神化身为人这是基督教特别强调的，道成肉身嘛，上帝化身为耶稣基督，来拯救世人；但神化身为人在东方宗教里面多得很哪，我们佛教里面经常讲观世音菩萨有三千个替身，是男的是女的都不管，因为佛本身无所谓男女，佛性无所谓男女。观世音菩萨原来是个男的，后来大家希望他是个女的，于是就变成女的了，叫作送子娘娘，救苦救难、大慈大悲，女性当然更适合于承担这种角色，就把他画成个女的。其实他有什么男女呢？他既可以是男的，也可以是女的。所以这个化身为人在其他宗教里面都有，《西游记》里面到处都是化身为人形的妖魔鬼怪，只有被打死的时候才"现了原形"。在东方宗教里面有很多这样的说法，但是都不具有真理性，都是姑妄言之，都是障眼法。因为东方宗教的现实的精神不带有这种和解，在东方宗教的现实精神里面，神和人是拉开了很长的距离的，没有和解的余地，神就是神，人不可能变成神，神也不可能真正变成人，变成人都是障眼法。佛教讲凡人皆可成佛，禅宗讲"顿悟成佛"，但这是要排除一切有形之物之后才能做到的，色即是空，万法皆空，任何形态都不是佛，只有悟到空、变得不是人了，才能成佛，所以这里面并不带有神人和解的原则。在基督教里面，神人和解的原则那是一门大学问，涉及三位一体，道成肉身。道为什么能成为肉身？上帝为什么化身为耶稣基督？它标志着一种和解，在东方宗教的现实形态里面不带有这种和解。这是从反面来说的，举了一个反例，它正面所证明的是，如果对一个规定的信仰具有真理性，如果真的信仰这个规定，它就必须要在现实的精神里面具有这样一种性状，就是在现实里面就直观地具有在宗教里面的那种形态，如果没有，那就不是真的。

　　——这里不打算从诸规定的总体性返回到个别的规定，并指出在什么形态下其余的规定的完备性被包含在这一个别规定及其特殊宗教里面。

　　"这里不打算从诸规定的总体性返回到个别的规定"，就是各个规定它最后都是一个总体，但是每一种宗教它都采取了一种个别的方式来表达这个整体，每一种具体的宗教它都抓住了一种规定来表达这个全体，这些个别的规定当然并没有穷尽这个总体，你要知道背后还有很多东西，还有很多别的规定。有一天如果你达到了所有规定的总体，比如说在基督教里面，已经能够用一个东西来统括所有的那些规定，那么从这个总体性最后达到的完整性，我们再返回到这些个别的规定，"并指出在什么形态下其余的规定的完备性被包含在这一个别规定及其特殊宗教里面"，那就一切都真相大白了。但现在还不打算这样做，还没到时候。就是说特殊的宗教、每一个个别宗教，都是不完备的，最后才能走向完备，走向最高的宗教即天启宗教，天启宗教当然也是一种特殊的宗教，但是它把所有其他宗教规定都完备地包含在这个特殊宗教里面。那么我们现在的任务并不是考察，在什么形态下其他形态的规定的完备性被包含在一个个别规定的特殊宗教里面，都包含在天启宗教里面，或者说用天启宗教的眼光对所有其他宗教的规定加以安排，安排在一个等级次序里面，那是下一步的工作。现在我们不打算这样做，本来从天启宗教的立场回过头来回顾一下，从总体性返回到个别的规定，就可以对每一个宗教定位，就可以说某一个宗教它以这个规定作为它的主导的原则，那么它处于一个什么阶段，另外一个宗教它以另外一个规定作为它的主导原则，它又处于一个什么样的阶段，所有这些阶段最后要归总到天启宗教这里，就达到了它们的总体性。现在我不做这个工作，现在还不到时候，因为总体性还有待于发展出来，虽然已经潜在地包含着了，但目前我们要做的是描述这个发展过程，只有到了最后的阶段我们才可以回顾。

那较高的形式如果置回到较低的形式之下，那它对于已经被自我意识到的精神来说就会没有意义，而只是表面上属于精神，而且只属于精神的表象。

"那较高的形式如果置回到较低的形式之下"，前面也讲了，在最初的宗教里面那些高级的规定呢已经出现了，但是是以一种无自我的形态出现的，是一种潜在的东西、不被重视的东西，如果现在就把它们置回到较低的形式之下来考察，"那它对于已经被自我意识到的精神来说就会没有意义"。这种考察对当时的那个自我意识来说是没有意义的，这个自我意识在当时的阶段上并不能意识到这种高级形态，不能拔苗助长，不能用后来的精神强解古人。"而只是表面上属于精神，而且只属于精神的表象"，这种置回肯定是可以的，像天启宗教的启示，在原始宗教、自然宗教那里都已经有启示了，但它的意义是什么呢？那个时候还不知道，还只看作冥冥中的神谕。为了获得神谕，当时的人不去反思内心，而是求助于占卜。你现在站在当代的高度对从前所有的宗教加以非历史的批判，断言它们都是错误的，愚昧的，那是讨论不出什么名堂的。你必须根据它们在当时的情境，对它们怀有一种同情的理解，把它们安排在一个从低到高运动的历史过程中，才能展示出它们互相之间的内在关系和发展的必然性。这是黑格尔的一般的方法论原则，他不是说我们从一个旁观者的角度把对象肢解开来，看看有哪些因素可取，分别对每一个因素加以考察，不是这样的；而是必须要把它的每一个因素放在运动过程和联系中加以考察，它的这个因素在它的运动过程中处在哪个阶段，起了什么样的作用。尽管它被后来的阶段所扬弃，但是它在当时这个阶段是占主导地位的，为什么会占主导地位，有它的原因和理由。应该这样来看。

较高的形式必须按照它自己特有的意义来考察，必须就它是这个特殊宗教的原则并就它已为它的现实精神所验证这方面来考察。

　　"较高的形式"，比如说基督教的形式，"必须按照它自己特有的意义来考察"，尽管基督教的原则在自然宗教、在最原始的宗教里面已经有了，但那个时候它还不具有自己特有的意义，只有在基督教里面它才具有自己特殊的意义。"必须就它是这个特殊宗教的原则并就它为它的现实精神所验证这方面来考察"，基督教的精神只有在后来的发展过程中，特别是在新教，在马丁·路德以后，它的特殊宗教的原则才具有现实的意义，在此之前当然已经都具有了，但是它跟现实还合不上；只有当现实精神里面已经具有了这个原则的意义，这个时候我们才可以对它进行深入考察。马克思后来揭示了这样一种方法，他讲到资本主义的商品，其实人类开始就有商品交换，以物易物，那就是商品，但是那个时候是很次要的一个原则，商品的原则在原始社会里面几乎不占什么地位，偶尔发生，发生了以后那些原始人当然也能理解，我们相互之间你缺这个我缺那个，我们互相交换，这都是很简单的事情，没有把它那么深的意义发挥出来。所以商品必须放在资本主义社会中来考察，才能够显出它的本质，才能够揭示出它全部的内涵。在以前都有，原始社会就有，奴隶社会中奴隶就是商品，封建社会也有很多，但那个时候都是很次要的。我们今天搞商品经济，我们有商品我们就进入到现代了吗？不一定，因为我们的商品、市场经济是受权力所支配的，所以商品经济的法则在我们这个社会中是一个很次要的法则，当然也有，我们经常讲要按照商品经济、市场经济的规律来办事，实际上办不了，我们还是按照权力来办事。所以商品、市场的原则在当代中国不是一个本质性的原则，我们拼命地叫喊要按照它来办事，恰好说明它不是一个主要的原则，主要的原则还是权力的原则、官场的原则，顶多是官商结合。所以它不能够体现出马克思在资本主义社会里面揭示出来的商品的价值规律，我们就说马克思说的东西不对，我们说马克思犯了错误，至少马克思的东西不适合于中国，其实不是那么回事。你中国还没有把商品市场当作一个主导的东西，怎么能怪价值规律不灵呢？马克思的方法是从黑格尔来的，一个特殊的形式、一种特殊的规定必须要在它的那个时代、它的现实精神的环境之中来加以考察，它才能展开它的全部本质意义，你超前了不行，落后了也不行。你把古代的东西拿到现在来加以解释，那还得引证古代的东西，才能够说明它的意义，用现在的说明不了，那么同样的，现代的东西你把它放到古代的环境中也不行，要适合于它的时代，也就是要适合于它的现实性，它的现实性才是检验宗教信仰的真实性的标准。休息一下。

a. 光明本质

首先第一个："a. 光明本质"，Das Lichtwesen，它意译成"光明之神"当然也可以，但我们还是严格地直译成"光明的本质"。首先是光明，这个本身也有它的很重要的意义，我曾经从哲学的角度谈到过，西方的哲学是一种光明的哲学、火的哲学，我们中国的哲学是一种气的哲学，这是一个根本的区别。① 火跟气是不一样的，中国人是气为上，什么都是气，但是火跟气呢又有类似的地方，我们下面会看到，火和气都具有双重性，一方面具有物质性，一方面具有精神性，用物质的东西来表达一种精神的涵义。在黑格尔这里呢，光明的本质就是精神嘛，就是用光明来表达精神的涵义，我们来看他这一段。

精神作为**本质**，也就是**自我意识**，——或者自我意识到的本质，它是一切真理并且把一切现实性都作为它自己本身来认知——与精神在自己的意识的运动中给自己提供的实在性相比，才刚刚只是**精神的概念**，[189] 而且这个概念与这种开显于外的白天相比，是精神本质之黑夜，与精神的各个环节即各个独立形态的定在相比，则是它的诞生之创造性的奥秘。

---

① 参看拙著：《思辨的张力——黑格尔辩证法新探》，商务印书馆 2008 年版，第 67 页。

　　"精神作为**本质**，也就是**自我意识**"，精神的本质就是自我意识。后面是破折号，两个破折号中间是解释这个自我意识的。"——或者自我意识到的本质，它是一切真理并且把一切现实性都作为它自己本身来认知——"，精神的自我意识就是自我意识到的本质，它就是一切真理，就是说凡是真理都是意识和自我意识的符合，它在一切现实性中都看到自己本身，都从中认知到自我才是现实性的真正本质。"与精神在自己的意识的运动中给自己提供的实在性相比，才刚刚只是**精神的概念**"，这里的主语还是精神作为本质，也就是自我意识。自我意识与精神在其意识的运动中体现出来的实在性相比，也就是精神作为自我意识与它的意识相比，与它的意识的运动中所提供的实在性相比，还刚刚只是精神的概念。它还只是一个抽象概念，而不具有实在性，实在性必须由精神在对象意识的运动中才能体现出来，才能给自己提供出来，而目前在手头的只有一个空洞的自我意识，一个作为本质的抽象的精神概念。这个抽象的精神概念当然也就是指抽象的宗教概念了，这是宗教的历史发展的开端概念。"而且这个概念与这种开显于外的白天相比，是精神本质之黑夜"，精神的本质、精神的自我意识，作为一个抽象的精神概念，它躲在后面，处在黑夜之中。与精神通过自己意识的运动所提供出来的实在性的白天相比，它不是开显于外的，而是躲藏在后面的，看不明白的，它是一个隐秘的东西，甚至于是一个谜一样的东西。精神作为自我意识，它跟它的意识的关系是黑夜和白天的关系，自我意识是黑夜，是晚上想到的东西，意识是白天所面对的东西。"与精神的各个环节即各个独立形态的定在相比，则是它的诞生之创造性的奥秘"，精神的意识在运动中所提供的实在性，表现为精神的各个环节作为独立形态的定在，或客观对象的定在；与之相比，精神的自我意识则是精神的诞生之创造性的奥秘。精神的本质、精神的自我意识是在后面作为创造性的力量，推动着意识的各个环节的运动，使它们体现为各种各样形态的定在，体现为白天的各种各样的事物。这就是一切精神的创造性的秘密，精神就是由这种自我意识的创造性而诞生的。这句谈的是精神的意识和自我意识的这样一种表里关系。

这个奥秘自己在自身内拥有它的启示；因为定在在这个概念内有自己的必然性，这是由于这概念是自我认知的精神，因而在概念的本质中拥有成为意识并把自己对象性地表象出来的环节。

"这个奥秘自己在自身内拥有它的启示"，"启示（Offenbarung）"我们前面讲了，就是"天启"，它们是一个词。在奥秘中它已经拥有它的启示了，最早的宗教它就已经有启示了，像光明宗教、光明的本质，其实就已经是一种启示。为什么说拥有它的启示？"因为定在在这个概念内有自己的必然性"，比如说光明，在精神的本质的概念里面或者宗教的概念里面有它的必然性，为什么有它的必然性呢？"这是由于这概念是自我认知的精神，因而在概念的本质中拥有成为意识并把自己对象性地表象出来的环节"，这个概念是自我认知的精神，自我认知要把自己作为对象来认知，所以它在概念的本质中拥有成为意识并把自己对象性地表象出来的环节。自我意识就是自我认知，自我认知就必须把自己当作对象，把自己对象化，把自己对象性地表象出来，通俗地说就是把自己表现为一个对象，使它成为意识。自我意识不能够封闭在自己的内心里面什么也不表现，你要认知自己就必须把自己当作对象，必须要有对象意识，所以它在概念的本质中拥有成为意识并把自己对象性地表象出来的环节，这是必然的。由这种必然性就可以看出来，自我意识对于对象意识的这种创造性就是精神的本质，而这就是自我意识的启示，启示就是把自己在对象上启发出来，开显于外。

{371}　　　——这是那纯粹的我，它在自己的外化中、在作为**普遍对象**的自身中，拥有它自身的确定性，或者说这个对象对它来说是一切思维与一切现实性的渗透。

"这是那纯粹的我"，这还是讲的精神作为自我意识、作为本质，它是纯粹自我。"它在自己的外化中、在作为**普遍对象**的自身中，拥有它自身的确定性"，自我意识、纯粹自我一定要把自己外化，否则的话它就意识不到自己，确定不了自己。自我意识不可能单纯停留在内部的黑暗中，它必须把自己对象化出去，变成一个对象来认识自己，它只有在作为普遍对象的自身中才拥有自身的确定性。普遍对象打了着重号，这是和纯粹自我相适应的。一个最抽象的纯粹自我，它要把自己外化出来，最开始就是外化为一个普遍的对象，而不是外化为某个具体的对象。一棵树啊，一个动物啊，都是具体对象，但是自我在其最纯粹的形式中不会满足于这些具体对象，它要认识自己不是在特定的某个对象上，而是在一般的对象上，比如说光明。光明就是普遍的对象，阳光普照，充斥于宇宙中的任何一个角落，那么在这个光明上面，我就意识到了纯粹自我的精神的确定性，我把自己的精神看作一种光明，那是很自然的，它完全可以当作自我的精神的象征。我们通常都是这样认为的，精神的象征最容易理解的就是把它比喻为一道光明，精神之光。"或者说这个对象对它来说是一切思维与一切现实性的渗透"，我的所有思维它的本质就是光明，它又是一切现实性，因为整个宇宙都充斥着光明，光明无所不在，整个宇宙的现实性都是由光明所造成的，你所看见的东西都是由于有光明，如果没有光明的话你什么也看不见。一切现实性都在光明之中，由于有了光明，所以一切思维和一切现实性才互相渗透，凡是有光明的地方我就把它看作精神，看作思维，凡是有思维的地方就有光明的现实性，哪怕我偶然有了一个灵感，它也是一道光明照进了我的内心。所以光明的本质最开始被提出来作为宗教的本质，是很自然的，因为它是现实中最普遍的对象，万物都靠光明，光明来自太阳，万物生长靠太阳。为什么拜火教要拜火，要崇拜火、崇拜太阳、崇拜光明？就是因为太阳的光明代表了一切思维和一切现实性的渗透，光明本身既是精神的，又是物质的。当然这是西方的宗教的起点，波斯拜火教虽然对于欧洲是东方，但对于我们还是西方。对比之下，在中国的宗教一开始并不是这样，中国的哲学、中国的宗教一开始是把气看作普遍的对象，气无所不包、无所不在，它既是精神又是物质。气本身就是精神和物质不分的，在汉语里面气跟精神的联系是最紧密的，我们讲精气神，气就是精神，人的情绪呀，人的思想啊，人的境界啊，都用气来衡量，我们的文学、艺术、绘画、书法，里面都要灌注一种气，都要气韵生动，它就是精神的东西，但它又是物质的，可以感到的。这个是中西的一个区分，当然后来中国人也不是完全没有考虑光，也谈到光，谈到太阳，但不占主导，占主导的是气。后来佛教进入中国，才把光的这个含义强调出来，光明这个概念才进入到中国哲学，当作是精神的一个不可缺少的比喻，但总的来说被看作气的一种，属于阴阳二气中的"阳气"。这是一点区分，我们从这里看到黑格尔在总结西方的宗教的时候，首先从光明出发，这是有道理的。当然他认为拜火教是东方的，但他那个东方呢是近东、中东地区。那个地区为什么要崇拜光明呢，他在《宗教哲学》中解释说，并不是因为要崇拜太阳，太阳只是一个道具，主要是崇拜太阳中的光明，更根本的是因为那个地方遍地是石油，所以拜火教就是由于到处都是石油，到处都可以点燃，到处都是油井，那个地方的火是很容易到手的，燃料是取之不尽的，可以终年不息地点圣灯、圣火，所以人们崇拜火。这一段还只是个引子，一个导言，在下面一段才直接点到光明。

　　在这个自我认知的绝对精神之最初直接分裂为二的过程中，它的形态具有那样一种应归于**直接意识**或**感性**确定性的规定。

　　"在这个自我认知的绝对精神之最初直接分裂为二的过程中"，自我认知的绝对精神就是宗教了，宗教就是精神的自我意识，意识和自我意识要分裂为二。它们本来是不同的嘛，本来是相对立的，在概念中被扬弃了；但是一旦进入到现实性，就要闹分裂，在自我意识内部意识和自我意识就分裂为二。那么我们从这种最初的分裂中可以看出来，它的形态具有那样一种规定，什么样的规定呢？"它的形态具有那样一种应归于**直接意识**或**感性**确定性的规定"，这就提到了感性确定性了，"直接意识"

和"感性"都打了着重号。在这样一种最初的、直接的分裂形态里面，它具有那样一种应归于直接意识或感性确定性的规定，它的形态是这样一种形态，类似于我们最初谈到感性确定性的时候那样一种规定。但这种规定并不是说我们回到了感性确定性的质料，我们讲的就是感性确定性本身了，不是这样。前面讲，宗教返回到起点并不是直接以感觉的各种材料为内容，它还是以精神为内容 [见前面第 185 页]，但它具有感性确定性那样一种规定，或者说最初的宗教的形态具有感性确定性的规定，但它并不是感性确定性本身。所以下面接下来就讲，

绝对精神以**存在**的形式直观自身，但却并不是以那种属于感性确定性的、无精神性的、充满了感觉的偶然规定的**存在**的形式，相反，这是充满了精神的存在。

刚才讲绝对精神的形态跟感性确定性的规定是相通的，但是，并不相等。"绝对精神以**存在**的形式直观自身"，"存在"打了着重号，在这一点上它跟感性确定性有相通之处，感性确定性的规定性也是存在。《精神现象学》一开始讲的感性确定性就是存在的形式，它背后就是存在范畴；那么宗教的绝对精神在这里最初也是以存在的形式直观自身，这跟感性确定性是相同的。然而它只是直观的形式，"但却并不是以那种属于感性确定性的、无精神性的、充满了感觉的偶然规定的**存在**的形式"，两处的"存在"都打了着重号，但却是不同的存在。就是说，它这种存在形式跟感性确定性的那种存在形式呢又不太一样，不是以那种属于感性确定性的、无精神性的、充满了感觉的偶然规定的存在的形式，好比我今天看见一棵树，我一转身又看见一栋房子，或者再一转身看见一座山，这都是很偶然的，我不转向呢，或者我向另外一方转身呢，那看到的就会完全不同，那都是很偶然的。感性确定性充满了感觉的偶然规定，而且它是无精神性的，它很被动，它没有自己的精神性。宗教的直观自身显然不是以这种偶然的方式，"相反，这是充满了精神的存在"。这已经不是充斥着感觉的偶然规定的存在，而是充满了精神的存在，它的内容是精神，只

是它的形式呢是类似于感性确定性那样的存在形式。它与感性确定性在存在的直接性形式方面相同，而在存在的内容上不同，它充满了精神的存在，不是充满了感觉，也不是无精神的存在，这是一点根本的区别。但它还是跟感性确定性一样从直接性开始，它是一种直接意识。感性确定性就是直接意识嘛，它属于意识的第一个阶段，那么现在这里的宗教呢，在它的第一个阶段也显现出感性确定性的那样一种特点，尽管它的内容已经不同了，但它的形态有类似之处。

这种存在同样也包含有在直接的**自我意识**中曾经出现过的形式，即**主人**的形式，这形式与精神的那个从自己的对象返回来的自我意识相对立。

"这种存在"，这种充满了精神的存在，"同样也包含有在直接的**自我意识**中曾经出现过的形式"，"自我意识"打了着重号。曾经出现过的形式，"即**主人**的形式"，"主人"也打了着重号。也就是说这种充满精神的存在、宗教的第一阶段的存在，同样也包含有在直接的自我意识中曾经出现过的形式。前面讲了它是属于直接意识的、感性确定性的那种规定，感性确定性的那种规定属于意识的阶段；但是这种充满了精神的存在，正因为它充满了精神，所以也包含有自我意识中曾出现过的形式，也就是主奴关系中的主人的形式。它虽然具有感性确定性的形式，就这一方面来说，它是属于直接的对象意识，而不属于自我意识，它属于意识的初级阶段，但是它也包含有自我意识里面曾经出现过的形态，那就是主人，在主奴关系里面采取了主人的形态。所以我们在这里不能截然地分开，就是说第一个阶段就相当于感性确定性了，那就把它定在那里，宗教的发展跟意识的发展虽然有它的同步性，但是也有它的超越性，因为它里面是精神，所以它里面可以说是无所不包的，包含有后来的种种形态，只要它适合于表达宗教，但都不占主导地位，都没有揭示出它当时的真正含义。那么最初的宗教占主导地位的是在意识的阶段里面采取的感性确定性的形式，其次呢，它也包含自我意识中主人的形式。很多宗教都把它们的神看作自己的主人，天主教就把上帝称之为主，有一种主奴关系，那么最早期的宗教也包含有这种关系，其实凡是宗教都有这种关系，都有一种主奴关系，把自己的神看作主，看作自己的主人。主人的形式在自我意识中也是属于直接性的阶段，就是通过直接的生死斗争产生出了主奴关系，这就是直接性的自我意识。经过主奴关系以后，通过劳动，最后才会产生出真正的自由意识、斯多葛主义、怀疑主义，这是后面才讲到的。但是在宗教的第一阶段呢它是采取了自我意识的直接性的形式，即主人的形式，它就是主人。"这形式与精神的那个从自己的对象返回来的自我意识相对立"，从自己的对象返回来的自我意识就是奴隶了，主人和奴隶是相对立的。奴隶是干什么的呢？奴隶是从自己的对象那里返回到自身的自我意识，奴隶也是自我意识，他也是个人嘛，但是他是从对象那里返回到自身，他是从自己的劳动产品那里直观到自己，他从中看到了自己的力量，看到了自己的能力，从而他意识到了自我。那么这个奴隶以及他的劳动跟前面的主人是对立的，主奴关系是对立的。当然奴隶的形式在最初还没有明确地出现，虽然已经有了，因为有主人就有奴隶，你把神当作自己的主人，那你就是神的奴隶了，但主奴关系还没有凸显出来。我们只知道有个主人，但是奴隶究竟怎样发展自己的自我意识，在这里还没有凸显出来，这要在后面的阶段才凸显出来。只有在自然宗教的最后阶段工匠那里，工匠就是奴隶，因为他们通过劳动来改造世界，在他们所改造过的世界之上他们返回自身，意识到自身，意识到自己的本质。人的本质就是劳动，如果你作为一个主人，奴隶主高高在上，你不劳动，只享受，那你就堕落了，那你就成了寄生虫。真正的人就是劳动的人，这才达到真正的自我意识，这是在工匠那里才逐渐开始萌芽，然后在后面的艺术宗教那里才得到确立的，这样一种从自己的对象那里返回到自己的自我意识是后面要讲到的。但是在这个阶段，宗教的对象还是单纯的主人，我们认一个主人，那就是我们的神。

　　——这种充满了精神概念的**存在**因此就是精神自己与自己**单纯的联**

系的**形态**，或者无形态性的形态。

"这种充满了精神概念的**存在**"，虽然只是存在，但是这个存在是充满了精神概念的。存在本身是抽象的，但是在宗教的存在阶段呢，它是以精神为基础的，在精神的概念的基础之上，我们来谈它的存在，所以它首先是一种充满了精神概念的存在。"因此就是精神自己与自己**单纯的联系的形态**，或者无形态性的形态"，精神自己与自己单纯的联系是没有形态的，但是它还是有一种形态，这种形态是无形态性的形态。它有形态，但这形态没有形态性，你不能把它抓出来，给它描画出一个形态出来，它是一切形态的前提。光明就是如此，你要有光明你才能有任何形态，所有的形态都是光明的反光，但光明本身是无形态的。但是它又是形态，它包括一切形态嘛，所以它是精神自己与自己单纯的联系的形态。你要说光明这种东西，它就是一种抽象的形态，当然也是具体的，它使得一切具体的东西呈现出来，有了光明，其他事物才有了形态。但是它自己这个形态呢，它是精神自己与自己单纯的联系，它里面没有任何中介，它就是精神自己跟自己相联系，这个光明跟那个光明都是一个光明。所以它是一种无形态性的形态，你不能把光明装在一个瓶子里头，或者装在一个容器里面，或者抓一把光明来，那是抓不住的，它没有形态性。其实气也是这样，中国人讲的气，它是无形无象的，视之不见，听之不闻，抟之不得的，但是所有的形都是由它构成的，所有的形都可以说是由气构成的，人体也是气构成的，万物都是气构成的。光明在西方人心目中也具有这样一种特点，它是无形态性的形态。

由于这种规定，这一形态就是日出之时包容一切、充满一切的纯粹的**光明本质**，它保持自身于它的无形式的实体性中。

这里点出光明本质了。"由于这种规定"，由于上述精神自己与自己单纯联系这样一种无形态性的形态，那么什么东西适合于这种规定呢？"这一形态就是日出之时包容一切、充满一切的纯粹的**光明本质**"，太阳出来的时候，包容一切、充满一切的那个纯粹的光明本质，就是这个充满了精神概念的存在的宗教形态。日出之时，也可以说东方日出，Aufgang 就是日出，东方就是日出之地。所以这个词一语双关，既是说光明，也是说这光明出自东方，例如说波斯。这一形态就是日出之时包含一切、充满一切的纯粹的光明本质，这个在诗歌里面描述得很多，太阳出来了，充满一片光明，这是万物的本质啊，万物都由于太阳出来充满一切的光明而生机勃勃，一切都是由光明产生出来的。基督教《圣经》里面也讲上帝最开始创造的是光，是光明，这不是哪一个特殊的宗教提出来的。当然拜火教最开始崇拜光明，但光明并不是它们的专利，所有的宗教里面都有光明，只是拜火教最早把这个光明当作最主要的本质，是最具有象征意义、最核心的规定。"它保持自身于它的无形式的实体性中"，光明是一个实体，但这个实体是无形式的实体性。光明是万物的实体，一切有形物都是由光明造成的，赫拉克利特提出火的学说，万物都是由火造成的，整个宇宙就是一场大火。但是它又是无形式的，火你不能把它装在瓶子里面，不能把它装在气球里，纸包不住火，它是没有形式的，它突破一切形式，它是无定形的。中国人讲的气也是这样，当然自然界的气可以装在气球里头，但中国人讲的气还不是那个气，而是"精气"，它是无不渗透的，任何东西都可以用气来渗透。气功可以穿透墙壁，可以穿透人体，也可以穿透黑暗。就此而言，中国的气比光明更普遍，黑暗中也有气，但黑暗中没有光明。光明可以被挡住，但气不可以被任何东西挡住。总之，光明是这么一种规定，它是无形式的、无定形的实体，光明、火是万物的本原，在早期古希腊就有这种说法。

光明本质的他在是那同样单纯的否定者，即黑暗；它的那些特有的外化运动、它在自己的他在的无抵抗的元素中的那些创造就是光明的倾泄，这些光明的倾泄在其单纯性中同时就是它的自为形成和从其定在中的返回，是吞噬其形态的火流。

这里讲到火流，联想到赫拉克利特，但赫拉克利特生活的年代比琐罗亚斯德要晚，摩尼教的光明和黑暗的二元论，也是从这里产生出来。"光明本质的他在是那同样单纯的否定者，即**黑暗**"，这里讲到光明的他在，他在，Anderssein，也可以翻译成"异在"，不同的存在，另外的存在。光明可以说是单纯的肯定者，它的他在是同样单纯的否定者，即黑暗。黑暗也是同样单纯的，像光明一样单纯。黑暗也不是说有一个黑暗，有两个黑暗，它也数不出来，也没有具体的形态。光明是无形态性的形态，黑暗也是，但它是单纯的否定者，它不复杂，它里面没有区分的，它只是跟光明有区分，与光明相对立。"它的那些自己特有的外化运动、它在自己的他在的无抵抗的元素中的那些创造就是光明的倾泄"，光明特有的外化运动是什么呢？就是倾泄，光明发射出来，倾泄出来，或者说流溢出来。光明肯定要照射了，肯定要把自己尽情地、尽量地照射出来、倾泄出来，这是光明的本质，这是它特有的外化运动。这种外化运动向什么倾泄呢？向黑暗倾泄，没有黑暗它没地方倾泄啊，先有了黑暗，光明把自己倾泄到黑暗里面，这种黑暗是不能抵抗它的。光明倾泄到黑暗里面，黑暗怎么会抵抗它呢？黑暗里面什么也没有，它怎么会遮挡它呢？黑暗完全是一种无形态的形态，无抵抗的元素，你把它称之为元素，Element，其实是虚空，它是无抵抗的，它不能抵抗光明。所以光明是纯粹的创造，无中生有，光明照到哪里，哪里就亮了，哪里就有了光明，有了光明就有了万物，就创造出了万物。光明的本质就是创造，光明就是光明的创造、光明的倾泄。"这种光明的倾泄在其单纯性中同时就是它的自为形成和从其定在中的返回，是吞噬其形态的火流"，光明的倾泄在其单纯性中，在这种光明的单纯的倾泄中，它当然会形成很多东西，但它本身就是倾泄，就是照亮。这同时就是它的自为形成。光明怎么形成呢？就是通过照亮才形成的嘛，如果它不照亮，那光明有什么意义呢？那等于没有光明。光明倾泄出来就是它的自为的形成，也是从其定在中的返回。光明倾泄出来会形成很多定在，但它本身不受这些定在的束缚，这些定在都是它造成的，但是它从定在中抽身，回到自身，返回到光明本身，那才有光明，不然只有光明所造成的这个事物、那个事物，就没有光明了，你必须从这些事物中返回。

"是吞噬其形态的火流"，各种形态一旦形成就被它所吞噬，火嘛，烧毁一切，包括烧毁它自己所造成的东西，它造成的各种形态它又吞噬掉，烧到哪里，哪里的形态就被它所吞噬，这就是从其定在中的返回。赫拉克利特也曾经把他的火形容为一条河流，人不能两次踏入同一条河流，万物皆流、无物常驻，万物都在流动，没什么东西可以常驻，都要被吞噬。这方面尼采讲得很多，尼采讲《查拉图斯特拉如是说》，讲拜火教，里面有很多其实也是赫拉克利特的观点，虽然赫拉克利特比查拉图斯特拉晚差不多一个世纪。

　　<u>光明本质所作出的区别虽然在定在的实体中繁衍滋长开来，并形成了自然界的各种形式；但其思维的本质上的单纯性却不停地和无法理喻地在这些形式中到处漫游，毫无限度地扩展着自己的边界，并以其崇高性消融了这些形式的直达壮丽的美。</u> [190]

　　"光明本质所作出的区别虽然在定在的实体中繁衍滋长开来"，光明本质本身是单纯的，但它倾泄出来、照射出来，它会作出一些区别，有了光明才有了万物，才有了各种形态。那么它所作出的这些区别，虽然在定在的实体中，光明本身是一个实体，但是它的区别使它在实体中造成了各种各样的定在，这些定在繁衍滋长开来，不断地有新的区别。有了光明以后，所有的东西都创造出来了，而且不断地生长开来了，有了万物的区别。"并形成了自然界的各种形式"，各种形式也就是各种形态了，万物的形形色色都是由光明所造成的。"但其思维的本质上的单纯性却不停地和无法理喻地在这些形式中到处漫游"，就是自然界的各种东西都是光明所带来的，但是光明本身具有思维的本质上的单纯性，光明本身作为一种思维的单纯性，它是一种精神，是一种思维，它不是物质，不是这个事物那个事物。事物都是反射光明的，但光明本身是一种单纯的东西，它不停地和无法理喻地在这些形式中到处漫游。不停地漫游，永远不会长驻；同时是很偶然的，无法理喻的，是自发性、创造性的精神，我们在这些形式中都可以看到光明，但是它没有必然性，没有规律，它是

135

突然触发的，如同灵感。这就带有神秘意味了，我们不能掌握它的规律，只能永远跟随它去漫游，期待它的创造和毁灭带来更多的启示。查拉图斯特拉就是到处去游历，从山上一会下来，一会回到山上，一会要拯救世人，进入大千世界，接触各种各样、形形色色的人，跟他们打交道；但光明的本质只是偶尔才照射出来，你要回到的那个本质是偶然的，并不是每时每刻它都现身。这说明了光明本身的无定形性，它不受这些有定形之物的约束，有形之物、自然界的各种形式、各种各样的人物和事物，都是有定形的，但是光明本身是无定形的，它不受拘束而到处漫游。"毫无限度地扩展着自己的边界"，无定形嘛，就是毫无限度地扩展着自己的边界，或者说它没有边界，毫无阻拦地自我扩张。"并以其崇高性消融了这些形式的直达壮丽的美"，在光明的照耀下，这些形式是美的，甚至于有时候是壮丽的，壮丽是美的极致了，极美，在自然界的形式中达到了极美；但是光明的本质具有崇高性，这个就比美和壮丽更高，壮丽上面就是崇高了，因为崇高具有超越性。我们看尼采的《查拉图斯特拉如是说》里面所描绘的那些的景象，都是极其壮丽的，极其灿烂辉煌的，那样一种美；但是还不够，真正的光明的本质呢是崇高，这种崇高是无限的，不受限制的，不能把它定形在一个东西上面。哪怕是太阳，都是有形物，你都不能把它定在太阳上，光明的本质并不就是太阳，太阳只不过是一个道具，是光明现身的一个场合，当然它比较典型，但它还不是全部。

这种纯**存在**所发展出来的内容，或者它的知觉活动，因此就是对这样一个实体的一种无本质的例示，这个实体只是**升起来了**，而没有**落入到**自身中成为主体，并且通过自我来固定它的各种区别。

"这种纯**存在**所发展出来的内容，或者它的知觉活动"，知觉出现了，意识的第一个阶段就是感性确定性，第二个阶段就是知觉，第三个阶段是知性，我们前面讲到他好像没有用知性，但其实后面也用了，在"工匠"的那一小节里面也讲到了知性。那么这种纯存在一旦发展出来，它的内容就是知觉。"因此就是对这样一个实体的一种无本质的例示"，对实体的无本质的例示，实体已经是属于知性的范畴了，知觉还没有达到实体，但已经有了对实体的一种无本质的例示。我们这里有个词，例示，我们前面多次碰到过，Beiherspielen，词典上没有。我们前面把它翻译成"例示"，就是举例说明、举例示明，用例子来启示。光明的本质作为实体它是没有例子的，你可以举太阳的例子，但太阳的例子不足以代表光明，光明是超越一切的。尽管如此，这些例子可以作为光明的一种例示，一种暗示，我们通常把光明用太阳来作比喻，就是要用例子来比喻这种纯存在，这些例子都是"事物"，这就是知觉所要面对的。现在光明本质作为实体和它的例子之间有了区别，不再是直接的纯存在了，而是发展出来了知觉活动的内容，这就比感性确定性要高一个层次。知觉活动就要有事物啊，就不是一片模模糊糊的感性确定性，它就必须要有一种事物，要确定下来，要把这个事物确定为一个例子，但这个例子却是无本质的，不足以表达它的实体。"这个实体只是**升起来了**"，升起来了打了着重号，这就是前面讲的日出。日出 Aufgang 在此只有一个"升起来"的规定，"而没有**落入到**自身中成为主体"，这个"落入到"也打了着重号，它跟"升起来"是相反的。"落入到"后面隐藏的就是日落之国，西方是日落之地，东方是日出之地，那么东方的这个实体升起来了，但是还没有落入到自身中，成为主体。成为主体，这是西方的特点，日落之地的特点就是深入到自身成为了主体，东方的精神升起来了，高高在上，但精神还没有落实下来，落入到每个人自身中成为主体。只有当太阳在日落之国落入到自身中，精神才能成为主体，不然的话它还仅仅是个实体。"并且通过自我来固定它的各种区别"，有了主体，你才能通过自我来固定它的各种区别，仅仅是一个实体，这个实体是没有区别的，没有规定、没有规范的，它可以无所不包，它可以什么都是，但它又什么都不是。这是东方的实体性的特点，模模糊糊，只可意会、不可言传，有很多例示，但没有自我，它不能通过自我来固定它的各种区别，没有规范性。东方实体的特点是

137

实体还没有成为主体。

这个实体的诸规定只是一些定语，这些定语并未成长为独立性，而仍然只是具有多名的太一的各种名字。

"这个实体的诸规定"，你可以对这个精神实体做出很多规定，但这些规定"只是一些定语"，并不是独立的实体。刚才讲到太阳、火，这些东西都是唯一的那个光明本质的一些定语，用它来描绘光明的本质。但是"这些定语并未成长为独立性"，例如，并不是说太阳就是一个独立的实体，"而仍然只是具有多名的太一的各种名字"。这个"太一"，Ein，我们前面也翻译成"一"，这里作为宗教意义上的一，译作太一。太一有各种名字，所有那些例示的事物只不过是太一的各种名字，太一本身则是光明的本质，可以称它为火，也可以称为太阳，也可以叫作别的名字，但是这些名字都不是独立的实体。

这个太一穿上定在的多种多样的力和现实性诸形态的衣装，就像戴着一个无自我的头饰一样；它们只是一些转达太一的威力、报告对它的庄严妙境的观感和传递对它的赞美之声、但却没有自身意志的信使。[1]

"这个太一穿上定在的多样性之力和现实性诸形态的衣装"，穿上了这样的外衣，就是现实定在的多种多样的力量和现实的各种形态，这都是太一精神的衣装。比如太阳就是一个强有力的定在，还有很多别的东西、海洋、潮汐、火山爆发、龙卷风等等，都有它们的力量；现实性的诸多形态，大地、山川、河流等等，都是现实性的诸多形态。那么太一穿上了这些衣装，"就像戴着一个无自我的头饰一样"，像戴着一个装饰品一样，这些东西都不代表它的本质。"它们"，也就是这些力量、诸多形态，"只是一些转达太一的威力、报告对它的庄严妙境的观感和传递对它的赞美之声、但却没有自身意志的信使"，它们是一些报信人，转达太一的威力，

---

[1] "信使"（Bote）一词，令人想起伊斯兰教所说的："穆罕默德是真理的信使"。——中译者

报告对它的庄严妙境的观感,传递对它的赞美之声,但是却没有自身意志,只是一些信使或中介。所有这些传达都是一些例示性的把握,都是对这个实体的无本质的例示,是举一些例子来赞美太一。在早期这些宗教里面那些赞美的诗歌,天上太阳怎么样、月亮怎么样、地上怎么样、海上又怎么样,都是举很多例子来赞美光明本质,都是一些信使、传递消息的人,但是都没有自身的意志,没有把自我意识摆进去,没有把代表自己的追求和欲望的东西摆进去,只是一味地赞美、赞颂。早期宗教伴随着这样一些诗歌,都有这样一个特点,有点像我们这个《东方红》、《大海航行靠舵手》的造神运动,① 这些都属于这个实体的无本质的例示,都是打比方。好些诗歌都是用隐喻来说话,用比喻来赞美,而这个精神的实体本身却并不直接现身在人间。今天就到这里。

＊　　　　　　＊　　　　　　＊

好,我们接着上次的讲。上次已经讲到了光明本质,这属于自然宗教的第一个阶段,就是把光明,当然首先理解为太阳的光明,作为万物的本质、本体,当作神来崇拜,所以也可以理解为光明之神,光明作为一个精神本质出现在当时的人们面前。上次讲到最后一段,我们回顾一下,他讲这种光明最初处于存在阶段,光明是一种纯粹的存在,前面已经讲了无形态的形态,光明本身没有形态,但它赋予所有的东西以看得见的形态。所以这一段讲,"这种纯存在所发展出来的内容,或者它的知觉活动,因此就是对这样一个实体的一种无本质的例示",就是说光明对这样一个精神实体展示了一个无本质的例示。什么叫无本质的例示? 就是说凡是你看到的都是光明,你在你所看到的东西上面都发现了这个实体是光明,所以所有你看得到的东西都是光明作为一个实体的例

---

① 当然,中国的造神运动是用自然事物神化一个政治人物,不具有真正的宗教意义,只有某种类似性。

139

子，但是这些例子没有自己的实体性，它们是光明这个实体的一些定语，Attribut，它本身没有什么实体性、实在性，但你可以通过它们来描绘光明。你要说光明是什么，不好说，只好指所有发射出光明的事物，如火、太阳，以及被光明所照亮的事物，但是那些事物都不是光明本身，那些事物都是发射或反射光明的，本身不是光明，它只是光明的各种各样的名字。如果说光明是一，那么它们就是多，一个光明有多个名字，无数的名字都可以称之为光明。所以说这个太一穿上了现实性的各种各样的衣装，就像戴着一个无自我的头饰一样，它只是一个装饰品。万物都是光明的信使，都通报了这里有光明，"它们只是一些转达太一的威力、报告对它的庄严妙境的观感和传递对它的赞美之声、但却没有自身意志的信使"，这是上次讲的最后这一段。那么接下来就是这样一种光明本质它的出路何在了，光明在它的纯存在中最初停滞在它自身的那个阶段上面，那么它的发展方向是什么呢？最后这一小段呢就是指它如何向后面的阶段过渡。

但是，这种令人晕眩的生活必须规定自身为自为存在，并且给予它这些消失着的形态以持存。

"但是，这种令人晕眩的生活必须规定自身为**自为存在**"，就是说，你在日常生活中处处看到光明，在每一件事物上面都看到光明，但这些事物并不是光明本身，所以你要找光明本身的话你就会晕眩。你到处去找，你的眼光不断地由一个事物转向另一个事物，那就令人头晕目眩了。这种生活只崇拜光明，所有其他的东西都是光明的一种例示，它们本身都不值得重视，你不要在上面停留，你在这件事物上面发现光明了，你马上又要转到另一个事物上面再去发现光明。所以这种令人晕眩的生活必须规定自身为自为存在，才能结束这种颠沛流离的寻找。我每天生活在这种晕眩之中，那么这个生活本身为什么那么被动呢？它能不能把自己规定为自为存在呢？自为存在就是主动的存在，你生活在光明之中，到处寻找光明,这都受制于外界的偶然性,令人晕眩。寻找者或寻找本身必须要有一种自为的规定,就是寻找光明的生活必须要规定自己,要把自己作为自为存在规定下来,"并且给予它这些消失着的形态以持存",这些消失着的形态也就是这些例示,这个那个都是光明的例子,但又不是光明本身。当你从一个转移到另外一个,原来那个就消失了,所以总的来看,所有这些光明的事物都处于消失之中;那么你必须要给自己的生活规定一个自为存在,必须要给这些消失着的形态以持存,你不能让它们一闪而过就消失了,那是令人晕眩的,你必须要给它们以持存。怎么样给它们以持存?

那个让太一在其中把自己和自己的意识对立起来的**直接存在**本身就是消除太一的各个区别的**否定性的**力量。

"那个让太一在其中把自己和自己的意识对立起来的**直接存在**",光明本质是自然宗教的直接存在阶段,"直接存在"打了着重号。在这种直接存在中,太一把自己和自己的意识对立起来,太一自己就是光明本质了,而对自己的意识就是那些对象意识,那些例示,但不管是这个还是那个例子,都不是光明本身,所以这两者存在着一个对立,一个是光明本身,一个是对光明的意识。光明是通过这些例子而被意识到的,但这双方是不统一的,那么这两者在其中对立起来的那个直接存在,也就是刚才讲的令人晕眩的生活,das taumelnde Leben,也可以译作"沉醉的生命",它"本身就是消除太一的各个区别的**否定性的**力量"。这种直接存在,也就是这种寻求光明的生活,是最直接的,我通过对光明的意识来寻求光明,这两者是对立的,而它们的根基都是出于这样一种直接存在,这种令人晕眩的生活,沉醉于其中的生命,它是消除太一的各个区别的否定性的力量,"否定性的"打了着重号。就是说我的这样一种直接的自为存在,在寻求光明的时候呢,把光明的各个区别都一一加以否定,凡是有区别的,凡是这个跟那个不同的,那都不是光明。我所看到的东西都是有区别的,那么所有这些有区别的东西我都要把它加以否定,认为它们不是光明本身，只是光明的一种例示。于是现在剩下来的就是这个否定者本身了，只有这种否定性的力量才是那个直接存在，我在寻求光明的生活中展示了一种否定性的力量，这才是所有被否定的东西的持存。

所以它在真理中其实就是**自我**；因而精神就向着以自我的形式认知自己这一方向过渡了。

"所以它在真理中其实就是**自我**"，"自我"打了着重号。这样一种否定性的力量，这样一种直接的存在，或者说这样一种寻求光明的生活，其实就是"我"的寻求光明的生活，那就是我的生活，也就是自我本身，它在这一过程中持存下来，成为了这一过程的真理。"因而精神就向着以自我的形式认知自己这一方向过渡了"，当我回到这个自我，试图对这个自我的自为存在加以规定，使它不再是单纯的直接存在，而是一种间接的存在，这个时候呢，我就向着以自我的形式认知自己这一方向过渡了。宗教本来就是认知自己的，凡是宗教都是绝对精神的自我意识；但是在它的最初阶段还没有以自我的形式来认知自己，它还不是作为自我意识的自我意识，还仅仅是在对象意识中的自我意识而已，还没有采取自我意识的形式。但这是整个宗教哲学进一步的发展方向，就是要达到对自我意识的自我意识，那就要从这里起步。最开始是直接的存在，就是光明的本质，这是一个起点，从这个起点出发，它的方向就是以自我的形式认知自己，宗教精神的自我意识在开始起步的时候就确定了这样一个方向。

{372}　纯粹光明把它的单纯性作为各种形式的无限性抛洒开来，它把自己作为牺牲奉献给自为存在，以便个别的东西可以在它的实体上取得持存。

"纯粹光明把它的单纯性作为各种形式的无限性抛洒开来"，纯粹光明是一种单纯性，它没有区别，它的那些区别已经被否定了，寻求光明的生活已经把它所有的区别都加以否定，只剩下一个单纯的否定性了。光明本质的一个重要特点就是直接的单纯性，单纯性就是一了，所有那些被光明所照亮的东西都是多，在光明的本质那里对这些多加以否定，于是它的一就作为纯粹的否定性而持存下来。现在它作为一,不过是凌驾于各种形式之上的无限性,这种无限性把自己抛洒开来,把自己解体为无限多的形式。"它把自己作为牺牲奉献给自为存在,以便个别的东西可以在它的实体上取得持存",自为存在刚才讲了,这个自为存在就是自我,就是在寻找光明本质的过程中的自我。现在我们倒转回来,从那个所追求的光明本质返回到自我,回头来看,那个光明本质实际上是为了引出自我的自为存在而作了牺牲。光明本质把自己从各个具体形态的形式中提升为无限性,这就为我的自为存在扫清了道路,也就是为这个自我作出了牺牲。而这个自我作为真正的一、太一,它才是贯穿一切的实体,于是那些个别的东西、各种具体的形式就都可以在光明本质的这个实体上取得自己的持存,它们只有这样才不是过眼云烟。在此之前,虽然我们看到万物都有光明,我们没有把万物认真对待,只看作是光明本质的各种例示;但是现在我们看出,万物都在一个实体身上获得了持存,它们都是自为存在的产物,你不要以为它只是一个定语,万物都有自己的实体,这实体就是自我的自为存在。这就是光明本质的发展方向,即纯存在变成了自我,变成了自为存在,原来是直接的存在,或者说是自在的存在,现在变成了自为的存在,变成了自我。立足于自我,个别的东西、各种不同的形式才有了根基,才有了实体性和持存,不再是像原先那样的过眼烟云。在光明本质那里,在拜火教那里,个人、我是无所谓的,个人必须要献身于光明,每个具体的东西都是无所谓的,它们都是来自于光明,所以要追求的就是那个自在存在的光明本身;但是这样一种生活是令人晕眩的,是没有发展、没有出路、停滞不前的,下一步的发展方向就是向自我意识过渡,把寻求光明的生活本身独立出来作为自为存在,以便使万物能够由这种自为存在获得自己的持存。在《宗教哲学》里面黑格尔提到,崇拜光明的首先是拜火教,波斯宗教,虽然很多其他宗教都崇拜光明,但波斯宗教特别把光明提出来作为唯一的崇拜对象,体现为对光明的崇拜。这里说,这种光明崇拜是最初级的宗教,但在《宗教哲学》

里面的说法不太一样，在这之前还谈了很多宗教，像东方宗教，包括最开始讲中国，然后讲印度，然后讲埃及，讲以色列人的犹太教，讲希腊宗教，那就比《精神现象学》里面讲的东西丰富得多了。《精神现象学》里面讲的这些东西都是概括性的，很多东西没有说出来。他在这里所关注的不是那些具体的形形色色的宗教形态，而是意识的经验科学，就是所有这些形态有一个层次、等级。在精神现象学里面不一定要囊括所有那些具体的宗教，只讲所有这些宗教分成什么样的意识等级，最低级的以光明的本质作为代表，当然它代表很多，凡是执着于纯存在的直接性而忽视自为存在、忽视自我的这些宗教，都被归入到光明的本质。至于自然宗教之前还有一些巫术啊，迷信啊，那就更加等而下之了，在《宗教哲学》里面虽然也谈到了，但是这些东西很难说是真正的宗教，不如说是一种前宗教形态，这个在《精神现象学》里面就提都没有提了。下面我们看第二个标题：

b. 植物和动物 [①]

自然宗教的三个标题，a. 是光明，b. 是植物和动物，c. 是工匠。"工匠"也还是属于自然宗教，为什么工匠也属于自然宗教呢？它明明是人为的嘛，但它还是属于自然宗教。就是说它虽然是人为的，但它没有意识到，它没有意识到是人为的，最初是一种本能的活动，是驱使奴隶去完成的，有点类似于蜜蜂筑巢一样。他后面也举了这个例子：就像蜜蜂建造自己的蜂房一样的，所以它也归于自然宗教。首先我们看这个中间环节：植物和动物。

　　自我意识到的精神走出无形态的本质而进入到自身，或者把它的直接性提高到一般自我上来，于是它就把自己的单纯性规定为自为存在的

---

① 此处贺、王译本注释："主要指印度的原始宗教。"不知是否有所本。——中译者

多样性，并且它就是精神**知觉**的宗教，在其中，精神分化为或弱、或强、或丰富、或贫乏的无数精灵的众多性。

这一句实际上是接着上面来的,这个中间几乎可以把这个标题去掉,一段接下来都是通的。"自我意识到的精神",自我意识到的精神也是就是宗教精神了,"走出无形态的本质",无形态的本质就是光明,光明的本质就是无形态的形态,"而进入到自身",进入到自我意识到的精神。无形态的本质也是一种形态,在光明上面还没有达到真正的自我意识,它还是一种光明的形态;那么现在我们走出这样一种形态呢,进入到了自我意识自身。"或者把它的直接性提高到一般自我上来",把这个无形态的本质的直接性、光明的直接性提高到一般自我上来。提高到自我,刚才讲了,这个是前进的方向;但自我现在还是一般的、泛泛而谈的,这就需要下一步的发展。"于是它就把自己的单纯性规定为自为存在的多样性",原来是单纯的,现在被规定为自为存在的杂多性了。前面也讲了,这是要规定它的自为存在嘛,现在把它的自为存在的单纯性抛撒开来,不再是单一的了,而是杂多的。你说精神的本质原来是单一的光明,现在在各种各样的事物上面我都看到了精神的本质,从一进入到了多。"并且它就是精神**知觉**的宗教","知觉"打了着重号。前面的光明的本质是属于感性确定性的层次,而植物和动物则属于知觉的层次,但是它是精神性的知觉。这里就是强调它现在比前一个宗教高了一个层次了,知觉其实前面也出现过,就是前面的倒数上去的第二段第一句话就是讲,"这种纯存在所发展出来的内容,或者它的知觉活动,因此就是对这样一个实体的无本质的例示",这种无本质的例示已经是一种知觉活动了,就是看到了形形色色的这些杂多的现象,意识到它们都是同一个事物的例示,这就是知觉。而感性确定性不同,感性确定性执着于它自己的这一个、当下、此时此地所感到的,下一瞬间它又感到另一个,感性确定性始终没有把它的感性确定在杂多上面,而是确定在这一个单一的定在上面,只是不由自主地在转移。而知觉就已经把这些杂多性尽收眼底,它不是从一个转到另外一个，而是一种有意识的把握，把所有这些杂多性汇集起来，加以综观，这就是知觉的阶段。前面也已经有知觉阶段的因素，但不占主导地位，占主导的是感性确定性。而这里则是知觉占主导了，但这种知觉是精神性的知觉，它跟以前讲的知觉不一样。前面第一篇中讲的知觉是非精神性的，它属于意识，而没有达到精神的高度；那么现在我们返回到知觉这个阶段，这时知觉已经是富有精神性的内容了，它是在绝对精神这个层次上面重复了知觉阶段的某些特征，所以可以称之为精神知觉的宗教。"在其中，精神分化为或弱、或强、或丰富、或贫乏的无数精灵的众多性"，这个精神知觉的宗教的特点就是这样的，在其中精神分化为无数精灵的众多性。这里的精灵其实就是精神，即 Geist 的复数 Geister，精神变成复数，我们就把它翻译成"精灵"，因为精神本来是不可数的，是一个抽象名词，但你把它变成可数的，变成复数，那就跟原来的精神的含义不太一样了，可数的就是精灵。本来在一神教中，精神或圣灵是统一的、唯一的、单一的，它虽然无所不在，每个人都分享着圣灵，但圣灵只有一个，圣父、圣子、圣灵三位一体，都要靠圣灵贯通一切。那么把 Geist 变成复数呢，就成为多神教的概念了，成了万物有灵论的概念了。所以我们译成"精灵"，一种比较低层次的对精神的理解。当然它的内涵其实还是精神，但是以各种杂多的形态出现，精神分化为或弱、或强、或丰富、或贫乏的无数精灵的众多性，一变成了多。

这种泛神论、这些精灵原子的最初**安静的**持存，在自己本身中形成

[191] 了**敌对性的**运动。

"这种泛神论"，他把这叫作泛神论（Pantheismus），其实严格地说应该叫作万物有灵论或泛灵论（Animismus，又译物活论），它承认无数精灵的众多性。而泛神论则比较抽象一些，像斯宾诺莎主张自然界就是唯一的神。所以，一个是多神，一个是一神，有点不同。但是也有人说泛神论是万物有灵论的扩展版，认为万物有灵就是泛神论，这是不太准确的说法。"这些精灵原子的最初**安静的**持存"，这里和泛神论是同位语，显

然黑格尔是有意把泛神论和无数精灵原子的多神论混为一谈。为什么这样？因为黑格尔对泛神论的理解和当时的人们不同。当时人们把斯宾诺莎称之为泛神论者，带有贬义，因为从基督教立场看泛神论相当于无神论；而在他看来，斯宾诺莎哲学其实不是否认神，而是否认世界，应该叫作"无世界论"；但正因为否认了世界，所以又的确可以贬称为泛神论，即一切都是神，泛泛而谈的、无内容的神。① 人们把黑格尔（包括谢林）的哲学也看作泛神论，这是黑格尔不承认的，他自认为自己的哲学是神和世界的辩证的统一；而泛神论则只相当于万物有灵论，如莱布尼茨那样的"单子论"。这些精神的单子或精灵原子最初在自身中安静地持存，不和外界发生关系，但接下来就"在自己本身中形成了**敌对性的**运动"。"敌对性的"打了着重号，跟前面"安静的"相对照。最开始是安静的持存，但是在自己本身中它逐渐形成了一种敌对性的运动。从安静到敌对，从持存到运动，这是万物有灵论所经历的过程，也就是从植物崇拜到动物崇拜的发展过程。万物有灵论主要是讲植物和动物，必须有众多的精灵，相反，光明本质则是一个单一的神，它没有形态，它是无形态的形态，所以还不是这种意义上的泛神论。这种意义的泛神论就是动物、植物这些杂多的具体的形态都有灵，光明本质则还没有把这些具体的形态看作是有灵的，它们只是分享了光明，但它们还不见得是精神的。在前一阶段唯一的神是光明，而现在是精灵原子，每个精灵都是一个原子，与其他原子绝不相干。它们最初是安静的持存状态，但却在自己本身中发展出了

---

① "从这里也可以看出我们对于那种批评他［斯宾诺莎］的哲学是**泛神论**的责难应该采取什么样的态度。如果像经常发生的那种情况，我们把泛神论理解为这样一种学说，这种学说认为有限事物本身或有限事物的复合是上帝，那么，我们就不能不宣告，斯宾诺莎的哲学是应免于被指责为泛神论的，因为他的哲学认为有限事物或世界本身完全没有什么真理性；可是在另一方面，正因为他坚持无世界论，所以他的哲学才无疑是泛神论的。"黑格尔：《哲学全书·第一部分·逻辑学》，梁志学译，人民出版社2002年版，第281页。另外，也可参看黑格尔：《美学》第二卷，朱光潜译，商务印书馆1979年版，第81—82页。

敌对性的运动，这是必然的，原子和原子之间必然会发生碰撞。为什么碰撞？碰撞的力是从哪来的？这在原子论那里、在德谟克利特那里是没解决的，最终诉之于偶然性，[①] 但黑格尔在后面要谈到它的来源，敌对运动从哪来的？它是有来源的。

　　那**花朵的宗教**只不过是无自我的自我表象，它的无罪状态过渡到严峻的斗争生活，过渡到**动物宗教**的罪恶，直观着的个体性的静止无力过渡到破坏性的自为存在。

　　这是解释这个敌对运动，万物有灵论为什么会变成一种敌对运动？大家相安无事不好吗？万物生长构成自然生态，平平安安的，花开花落，多好啊！但是有食肉动物出来了，食草动物也是，其实相互之间肯定会有敌对运动的，表面上看起来那样和谐、那样安静，但实际上它必然从自己本身中形成一种敌对性运动。"那花朵的宗教"，也就是植物的宗教，植物的代表就是花嘛，最初我们华夏为什么叫华夏呢？有人考证这个"华"就是"花"，因为中国是农业民族，种植业的民族重视花朵。三皇五帝的"帝"本来就是"蒂"，就是瓜熟蒂落的那个"蒂"。我们讲国家社稷，社就是土地，稷就是谷物，五谷以稷为首，所以叫社稷。对植物的崇拜，我们中华民族自古以来就是这样的，但是黑格尔没有举中国的例子，对于最有资格称为"花朵民族"的中国他不熟悉，他只是从那些传教士的报导里面看到一些资料，谈到了一些别的东西。我们还可以看到在黑格尔的《宗教哲学》里面，他对植物宗教几乎没提到，我翻遍了《宗教哲学》，植物宗教到底讲的一个什么的宗教？偶尔讲到这个宗教、那个宗教，崇拜一棵树啊，像帕西（波斯）人的宗教崇拜树神，又是泉水之神，树是靠泉水嘛，只提到这一句，而且帕西人主要的宗教是光明的宗教，不是植物宗教，他们是拜火教的信徒。找来找去呢，印度其实也有植物

[①]　原子碰撞运动的来源问题在伊壁鸠鲁那里被解释为原子自发的偏斜，这应该是正解，所以后来马克思博士论文就专门研究了这个问题。但是黑格尔瞧不起伊壁鸠鲁，从来不提这一点。

崇拜，像崇拜莲花，但是印度人也不是植物宗教，他们主要崇拜猴子，崇拜母牛，崇拜眼镜蛇。现代的人类学的研究讲到植物宗教，比如像弗雷泽的《金枝》，这是从古罗马的一种宗教引出来的。古罗马的狄安娜神庙，狄安娜是月神嘛，也是一个很重要的神，也是森林之神，又是泉水之神。狄安娜神庙坐落在森林里面，庙里有一棵圣树，那棵树据说只能由逃亡奴隶来当祭师。逃亡奴隶是最没有地位的了，但逃亡奴隶要成为那个狄安娜神庙的祭师，守卫那棵树，不能让人来破坏，万一有一个逃亡奴隶从那棵树上折下了一根树枝，那么这个逃亡奴隶就有资格向祭师挑战，进行拼杀，如果把这个祭师杀死了，那他就是祭师。所以这棵树的树枝叫金枝，这就是对树的崇拜。但是这些在黑格尔这里都没有，花朵宗教在《精神现象学》里面只是一个名词，没有内容，我们要寻找它到底指的是什么，找不着的，后面也没有提了。其实这是从他的"自然哲学"里面规定的秩序推出来的，"自然哲学"首先是讲无机物嘛，然后是有机物，有机物首先是植物，然后是动物，然后才是人类；那么要从无机界过渡到有机界、生命世界，植物这个阶段是绕不过去的，于是他就把植物宗教设在这里了。至于花朵的宗教代表什么，可能他还没有找到根据，他先入为主，按照他的逻辑设定了这个阶段放在那里，我们后来的人读到这个地方呢，发现他讲的也不错。其实中国人就是崇拜植物起家的，因为中国人是农业民族，当然这都是题外之话了。最主要的是他认为在泛神论那里，植物、动物都有灵，都是神。植物有灵这个在农村里面到处都可以看到，我老家村子门口就有一棵巨大的树，谁也不敢去伤害它，连五八年"大跃进"都没有把它锯掉，这个是很奇怪的。村门口一棵大树怎么不锯掉呢？肯定要锯了拿去炼"钢铁"呀，没有锯掉，村里人都把它称为"老爷"。那是不能动的，这就是崇拜植物，在乡下作为迷信倒是不奇怪，可以找到一些证据。万物有灵论先是崇拜植物，然后就崇拜动物，那么这里头就有一个敌对运动的过程，他这句话就是描述这个过程了：那花朵的宗教"只不过是无自我的自我表象"，花朵宗教是一种无自我的自我表象，无自我，因为它是植物嘛，一个人怎么样也不能把自己比作植物啊，你把他比作一个动物都可以，但是你把他比作一棵小草，这就连猪狗都不如了。中国人倒是喜欢把自己比作一棵小草，"我是一棵无人知道的小草"，这个是无自我的自我表象。它又是自我表象，因为它毕竟是一种宗教，它在植物上面看到了神。"它的无罪状态"，无自我的自我表象当然是无罪的了，植物有什么罪呢？植物都是受蹂躏、受迫害、受压迫的，无人知道的小草的命运就是被人践踏，被食草动物吃掉，它处在最底层，所以它是无罪状态、无辜的状态。"过渡到严峻的斗争生活，过渡到**动物宗教**的罪恶"，必然要进到犯罪和斗争，那种怡然自得的状态肯定要被打破，要过渡到动物宗教的罪恶。到了动物宗教就是生死斗争了，食肉动物就要捕食，食草运动就要逃命，动物和动物之间也要互相拼搏，互相地争夺地盘，每个动物都有自己的领地，这就进入到生死斗争了。在此之前是没有什么生死斗争的，像华夏古代社会，社稷是通过禅让，尧舜都是禅让，到了禹以后那就不客气了，把王位传给自己的儿子，就开始进入到动物宗教了。在此之前都是植物宗教，那没有什么可争的，谁愿意当天子呢？当天子是很累的，没人愿意当，要推举，推举舜来当天子。这个舜呢后来因为人家要抓他的父亲，他父亲杀了人啊，他就背着他父亲逃跑了，把天子王位丢掉不要了，不当天子，跑到天涯海角去了。这是传说了，后来就禹来当，禹就很负责，但同样呢也很自私，他自己没什么，他可以为了治水三过家门而不入，但他最后把他的王位传给他的儿子，这就开始了动物宗教，以前想象中的动物龙，现在开始具有了政治权力的、甚至镇压和征服的含义。动物宗教就有罪恶了，这就从"直观着的个体性的静止无力过渡到破坏性的自为存在"，个体性最初只是直观着的，因此它是静止无力的，植物的宗教、花朵宗教那是静止无力的，它很美，但它也没什么力量，你要是不注意保护的话，它一下就被摧残了，花朵是没有反抗能力的。但是必然要过渡到破坏性的自为存在，这就是敌对性运动的过程，一种什么样的敌对性运动呢？就是过渡到严峻的斗争生活，过渡到动物宗教。自为存在要立得起来，它必须要有破坏性，它要为自己开辟地盘，它要为自己征服对手，这就是动物宗教，动物宗教就具有了自为存在。

——采取从知觉的诸事物中把**抽象性的死亡**排除掉、并把它们提高到精神性知觉的本质这种办法并不解决问题；这个精神王国在赋予灵魂时，由于其规定性和否定性，本身就包含有死亡，这种否定性蔓延到了花朵宗教的那种无罪的漠不相干状态的头上。

"采取从知觉的诸事物中把**抽象性的死亡**排除掉、并把它们提高到精神性知觉的本质这种办法并不解决问题"，这句话的意思就是，前面讲的那个花朵宗教本来是安静的持存状态，现在进入到了敌对的运动，从无罪状态进入到了罪恶，这岂不是很糟糕吗？那怎么办呢？能否有一种办法来避免落入这个敌对运动？或者使这种敌对运动不再敌对，阻止这种从无罪状态到有罪状态的过渡？从道德角度来看，从静止无力的这种无辜状态过渡到破坏性的自为存在，这是很不好的，采取什么办法逃过一劫呢？是否能够采取这种办法，从知觉的诸事物中把抽象的死亡排除掉，并把这些事物提高到精神性知觉的本质？这种办法并不解决问题。植物宗教也好，动物宗教也好，作为宗教来说，似乎都有一个办法超越这种敌对的运动，就是把抽象的死亡排除掉，植物变成了神，那就可以设想它是不死的，动物变成了神，也可以设想它是永生的。具体的植物动物当然还是要死的，但它们的灵魂是不死的，它们的精神性知觉的本质是不死的。植物也好、动物也好，它们都不是现实知觉中的植物和动物，它们的本质都是一种精神，我在精神上知觉到它们，我在它们身上看到神，把它们当作神来崇拜。这样一来，是不是就可以把那种敌对运动结束掉、使它们不至于陷入到罪恶呢？不行，这不解决问题！你以为把动物和植物提高到神、提高到精神本质的层次，它们就不互相斗争了？在现实中它们是互相斗争的，植物要争夺阳光，动物要吃掉植物，食肉动物要吃掉食草动物，食肉动物或是食草动物之间互相都要争斗，要争地盘、争夺异性,那么这样一种你死我活是不是可以阻止呢? 是不是可以通过超越这些具体的争斗之上、把它们当作神供起来,就可以解决这个问题呢? 这是不可能的。"这个精神王国在赋予灵魂时,由于其规定性和否定性,本身就包含有死亡",就是说你在把抽象的死亡排除了之后,你以为进入到了一个精神的层次,就没有死亡了? 精神王国在赋予灵魂的时候,这一过程本身就具有规定性和否定性,你规定了这一个精灵,你就否定了另一个精灵。而且,一切规定都是否定,规定性本身就具有否定性,所以本身就包含有死亡,例如,你把一个动物供奉为一个不死的精灵,既是供奉它,也是要它死。原始人的动物崇拜,把一个动物供起来,是因为他们就是靠那个动物为生嘛,他把那个动物打死了,吃掉了它的肉,然后把它的头供在那里,就是为了感谢它为我们做了牺牲,并且祈祷它再多多地给我们提供源源不断的猎物,以便维持我们的生存。所以规定性和否定性两者并列,其实是一回事,精神王国在被规定为灵魂时本身就包含有死亡。你把它规定为超越死亡的,通过什么方式超越死亡呢? 通过死亡的方式,通过否定有生命的植物和动物的方式来超越死亡。所以死亡应该是这样的精灵的王国、这样的泛神论深入到骨子里的规定,万物生生死死、有生有死,这一开始就是骨子里带来的。"这种否定性蔓延到了花朵宗教的那种无罪的漠不相干状态的头上",这种否定性当然是后来才表现出来的,在花朵宗教那里本来是很平静的,是一种安静的持存状态,后来才走向了一种敌对运动,特别在动物宗教那里体现为一种罪恶,那么这样一种否定性反过来蔓延到了花朵宗教的那种无罪的漠不相干状态的头上。花朵宗教最开始好像是无罪状态的,但是后来显示出来这种精神的王国骨子里的规定性和否定性,那么我们从这样一种规定性和否定性反过来看花朵宗教呢,我们也会用这样一种否定性的眼光去看它。花朵宗教的那种无罪的漠不相干状态的头上也蔓延了这种否定性,我们看电视里面的《自然》节目就可以看出,植物界看起来好像很平静,你开你的花,我长我的叶,其实都在残酷的竞争,不是你死就是我活。在亚马逊丛林里面，每一颗种子要争取阳光，那都是生死存亡的斗争，争取不到阳光它就枯萎了，它就死掉了。所以为了争取阳光，采取种种办法去利用其他植物，底层的那些攀援植物为了能够出头，通过攀援各种各样的大树，攀到最高顶端，抢到了太阳光，把大树都憋死了，它才能活，不然的话它活不了。所以看起来好像是无罪的漠不相干的状态，实际上是具有规定性和否定性的。

　　由于这种否定性，那分散成多种多样的静止的植物形态的过程就成为一个敌对性的运动，在这个运动中耗尽了这些植物形态的自为存在之恨。

　　"由于这种否定性"，由于这种规定性和否定性，单讲否定性也可以，它们是一回事。"那分散成多种多样的静止的植物形态的过程就成为一个敌对性的运动"，统一的精神分散成多种多样的静止的植物形态，这样一个过程本身就是一个敌对性的运动，一个互相否定的运动。"在这个运动中耗尽了这些植物形态的自为存在之恨"，什么叫耗尽了自为存在之恨呢？就是说这些植物形态的敌对性运动是靠自为存在之间的仇恨来支撑的，这个运动消耗的是那种自为存在之恨。植物形态要自为存在，要独立出来，要争取自己的自由，那么它就有一种自为存在之恨，它就要恨别的植物，正是这样一种恨，使得这些植物形态运动起来。这个运动要有动力的话，它消耗的动力就是这样一种恨，而且无所不用其极，把所有的恨都发挥出来了，才能推动运动。这种说法很奇怪，植物能有什么"恨"呢？但是要知道这里讲的不是植物，而是植物精灵，植物的精神。哪怕它们是植物形态，看起来好像很平和的，没有害处的，不会害人的，但实际上是互相仇恨的，你死我活的，把对方当成敌人。从植物宗教一开始就有这个特点。所以我们讲华夏文明起源于对植物的崇拜，好像是与人无害的，与世无争的，其实不是的。最开始好像是的，三皇五帝的时候好像是的，大道之行天下为公；但是后来就不行了，孔子哀叹说，现在我们只能奔"小康"了。经过了夏、商、周三代，到了春秋、战国，连小康也可欲而不可求了，就开始你死我活了，战国就群雄逐鹿、分清敌我、合纵连横、争霸天下。这个东西对我们中国人的思维模式有非常深刻的影响，一直影响到今天，我们今天还是一谈到看待世界的眼光，就是要分清敌我，这是从植物宗教一开始就有这样一种生存竞争的敌对观念，发展到动物宗教就成形了，不是敌人就是朋友，或者说凡是敌人拥护的我们就要反对，凡是敌人反对的我们就要拥护，不是东风压倒西风，就是西风压倒东风。这一套仇恨话语都是扎根在植物宗教里头，到了动物宗教、龙的传人这里而进一步发扬光大的。什么时候摆脱了这样一种敌我思维，中国才能真正融入全球化的世界体系。

——这种分散了的精神之**现实的**自我意识就是一大群个别化了的、不合群的民族精灵，这些民族精灵由于它们之间的恨而相互作殊死的斗争，并且把特定的动物形态作为它们的本质来意识，因为它们无非是一些动物精灵，一些相互分离的、不以普遍性意识到自身的动物生命。

"这种分散了的精神之**现实的**自我意识"，"现实的"打了着重号，就是说，要讲那些分散的精神，要讲这些泛神论的精灵，它们的自我意识在现实中，"就是一大群个别化了的、不合群的民族精灵"。"民族精灵"也可以翻译成"民族精神"，比如说中国人的华夷之辨，非我族类其心必异，就是一种难以合群的民族精神。"这些民族精灵由于它们之间的恨而相互作殊死的斗争"，从宗教的这个知觉阶段已经出现了自我意识阶段的生死斗争。我们以前热衷于搞"阶级斗争"，其实与我们历来的民族精神是有关的，我们从来就是一个"窝里斗"的民族，我们的大一统都是靠暴力，靠"枪杆子里面出政权"，从来都不是通过谈判协商达到双赢。只要暴力稍有放松，这一大群个别化了的、不合群的民族精灵就会群雄并起、四分五裂。我们中国现在还是属于不合群的民族精灵，对待其他的民族精灵，我们只能把它当作一种敌对势力，出于仇恨而与它作殊死的斗争，我们不相信谈判，只相信"实力"，所有的谈判都只是"韬光养晦"的计谋。我们对日本的仇恨是情有可原的，我们对美国也仇恨，那个就不知道是出于什么，可能是出于最初的"一边倒"。美国实在没有对我们做过什么大恶，反倒有过大恩，但是没有恨也要制造出恨来，现在纯粹是出于"一山不能容二虎"的动物性原则，反正你强大对我就是威胁。"并且把特定的动物形态作为它们的本质来意识"，我们中国人的动物形态就是龙，印度人的动物形态就是象，美国的动物形态是鹰，俄国是熊。当然现在是一种象征的说法了，但是在古时候那可不一定是象征的说法，各个部落或民族都把一种动物视为自己的保护神。我们今天还在说我们是"龙的传人"，其他民族没有听说什么"象的传人"、"鹰的传人"或"熊的传人"，只有我们中国人会认为我们的本质就是龙。"因为它们无非是一些动物精灵，一些相互分离的、不以普遍性意识到自身的动物生命"，这样一些民族精灵或者民族精神，实际上是属于动物精灵的状态，处于一种精神动物的王国，互相伤害，互相仇恨，以邻为壑，弱肉强食，无非是一些相互分离的、不从普遍性上来意识到自身的动物生命。在中国人眼里没有任何普遍性，所有的东西都是特殊的，你要讲普遍性，人家就会觉得你别有用心，是想用你的特殊性去吞并他的特殊性。当然黑格尔这里不是讲现代的情况，而是讲很久以前古代的情况。但中国人的意识和潜意识里面的确包含有很多古代积淀下来的东西没有得到清理。这第一段就是对植物宗教和动物宗教的大致的概括。

那么下面就来分析了，讲到动物宗教的敌对运动，这种敌对运动的归属何在？它要形成这样一种植物、动物的宗教，形成了以后它是怎么运动的。整个这一小节就分成两段，前面一段概略的论述，把它们的运动方向展示出来，后面这一段就是展示它们的运动所暴露出来的内在矛盾性以及它的出路。

<u>但是在这种恨中就耗尽了这纯粹否定性的自为存在的规定性，通过概念的这种运动，精神就进入到另一种形态。</u>

"但是在这种恨中就耗尽了这纯粹否定性的自为存在的规定性"，这

种恨本来是由这种否定性的自为存在所导致的，前面就讲到这种"直接存在本身就是消除太一的各个区别的**否定性的**力量"，它"在真理中其实就是**自我**"，自我就是这样一种否定的力量。但是在从植物宗教发展到动物宗教的过程中，都是通过一种恨，在这种仇恨中，就耗尽了这纯粹否定性的自为存在的规定性。这种恨就是那纯粹否定性的自为存在的规定性的表现，那么当这种自为存在的规定性被耗尽了的时候，这种仇恨的运动也就停止了。你想要把它提升到一种精神性知觉的层次以避免它们之间的互相仇恨，那是做不到的，但是自为存在本身会把它的否定性的规定燃烧干净，它提供动力，使你去仇恨其他的民族、动物，但是在这种互相仇恨中，最后呢把这种纯粹否定性自为存在的规定性耗尽了，燃烧尽了，这样一种能量已经燃烧完了。"通过概念的这种运动，精神就进入到另一种形态"，概念的运动是高层次的运动了，就是说在概念的层次上来把握这样一种仇恨的运动。仇恨的运动是非常具体的，生死斗争，生死存亡，你死我活，我不争取、我不拼搏，我就没了，这是非常具体的；但是从概念上来看呢，这种运动使得精神进入到了另一种形态。这个生死斗争在前面讲自我意识的时候已经讲到了，它的结果就是主人和奴隶，失败者成为了奴隶，胜利者成为了主人，在民族和民族之间是胜利的民族成为了贵族，而失败的民族成为了奴隶。失败的民族已经耗尽了它这种否定性的自为存在，它本来有自我意识，这种自我意识使得它去仇恨别的民族，但它被打败了，它本来可以被杀掉，但是没有杀，成了奴隶，这个时候它已经无力反抗了，已经耗尽了它的这种否定性，它服服帖帖，它被打趴下了，没有办法了，这个时候就只好当奴隶。当奴隶就是做牛做马，做牛做马就已经没有那种自为存在的否定性了，逆来顺受了，你叫我干什么就干什么，你只要不杀我就行。这就是耗尽了这种规定性之后呢，通过概念的运动，精神就进入到了另外一种形态。另外一种形态就不再是敌对的形态，而是主人和奴隶之间的稳定状态，主人和奴隶之间达成了一种承认，奴隶承认你是主人，主人也承认你奴隶的地位，不杀你。

这实际上一种互相的承认，不光是奴隶承认主人，主人也承认奴隶，当然这种承认肯定是不平等的，这个前面也讲到了，这是一种不平等的承认，但它毕竟是承认了。从此以后就形成了一个社会，不再是族群了，不再是部落了，而是社会，社会就是由不同的等级所构成的，有主人，有奴隶，他们相互承认，保持社会的相对太平，这就进入到了另外一种形态。

那被扬弃了的自为存在就是**对象的形式**，这形式是由自我创造出来的，或者不如说是被创造出来的自我、消耗自身的自我，也就是使自己成为事物的自我。

"**那被扬弃了的自为存在**就是**对象的形式**"，这个我们可以参看前面189页，中间下面一点讲到主人，他说"主人的形式，它与精神的那个从自己的对象返回到自身的自我意识相对立"，从这个对象返回到自身的自我意识是跟主人的自我意识相对立的，这个自我意识是什么自我意识呢？就是奴隶的自我意识，奴隶的自我意识就是从自己的对象那里返回到自身的自我意识。那么这里也是这样讲的，那被扬弃了的自为存在就是对象的形式，奴隶的自为存在已经被扬弃了，他成了一个对象的形式，成了主人的财产和物品。"这形式是由自我创造出来的"，奴隶的这种被动的对象形式居然是由奴隶的自我主动创造出来的，他在自己的被动性中看到了主动性。也就是通过从对象返回到自我，他看出对象的形式是通过自我而产生出来的，"或者不如说是被创造出来的自我、消耗自身的自我，也就是使自己成为事物的自我"。我在对象那里看到了自我，这个是奴隶意识的结构，前面讲自我意识的主人和奴隶的时候也提到这样一个结构。主人是不生产的，他不跟对象打交道，奴隶是直接跟对象打交道的，主人只享受对象，当奴隶把对象做好了，就提供给他享受，他是通过奴隶间接地涉及到对象，而奴隶是直接跟对象打交道，所以他在对象上面看到了自己。他把这个对象、这个事物看作是成为了事物的自我，奴隶造出来一个东西，他把它看成就是自己，那就是我啊。一个奴隶他什么也不是，但他造出了很多东西，那些东西就是他的自我，所以奴隶是被扬弃了的自为存在，他本来是自为存在，他有他的自我意识，他有他的自主性，现在被当作一件工具，被扬弃在对象上。虽然他的自为存在被扬弃了，但他具有了对象的形式，"被扬弃了的自为存在"和"对象的形式"都打了着重号，他把自己的自为存在扬弃了，变成了对象。一方面他是被奴役了，他被剥夺了自由意志；但另一方面，他造成了对象，创造了财富，他说这个形式是由我创造出来的，或者不如说，它就是被创造出来的自我，是消耗自身的自我，是使自己成为事物、因而具有了对象的现实性的自我。他耗尽精力把自己作为一个对象产生出来，这个对象就是他的自我，有的奴隶甚至于还在他的对象上面、在他的产品上面刻下他自己的名字，或刻下他名字的第一个字母，这是某某奴隶所做的。这个奴隶很可能是专家、是高手，但他是奴隶。奴隶中有很多人才的，奴隶中的人才比主人中的人才可能还要多，因为他创造嘛，真正动手做的就是奴隶。所以他把他的作品当作就是他的自我，他把自己的一生都消耗了，消耗在什么方面呢？消耗在他的作品中，他把自己的一生都凝聚在作品中，这个对象的形式就是自身消耗着的自我。奴隶一辈子默默无闻，死了之后留下了东西，那个东西就是他的标志，就是他的自我，这样一种自己生产自己、创造自己的活动就是劳动。

因此这位劳动者对于那些只是相互撕咬着的动物精灵就占了上风，他的行为不是仅仅消极的，而乃是镇定的和积极的。

前面在讲自我意识的主奴关系的时候也讲到了，奴隶反过来成为了自我意识，而主人丧失了自我意识，奴隶才代表着真正全面的自我意识。"因此这位劳动者对于那些只是相互撕咬着的动物精灵就占了上风"，对于那些只是相互撕咬着的动物精灵，原来是对立斗争嘛，原来是敌对运动、生死斗争嘛，生死斗争就互相咬嘛，看谁咬得过谁，互相把对方撕碎，那是动物精灵干的事。这个时候，这样一个作为劳动者的奴隶对于那样一种主人的、贵族式的、高傲的精灵就占了上风。主人是很高傲的，因为他打赢了嘛，他是胜利者，他把对方撕碎了，他使对方屈服了，屈服了怎么样呢？你单纯享乐，第一代还能保持你的传统，第二代就开始不行了，就腐败了，所以那样一些动物精灵呢是没有后劲的。他第一次战胜了，但他后来就不行了，他享乐过后，什么也没有留下来，他不能在他的对象上认知自己。反而是那些奴隶、那些劳动者他们占了上风，为什么他们占了上风呢？因为"他的行为不是仅仅消极的，而乃是镇定的和积极的"，他的行为不仅仅是否定性的，而且是镇定的，不是互相撕咬的，他不跟人家争权夺利、生死斗争，他面对对象世界，他进行创造。所以他是镇定的和积极的，"积极的"也可以翻译成"肯定的"，他不再是否定的，他是肯定的，所以这个时候他面对那些动物精灵就占了上风，他从事于生产，从事建设，他处理自己的对象是拿手好戏。

精神的意识因此从现在起就是既超出那直接的自在存在又超出抽象的自为存在的运动。 {373}

"精神的意识因此从现在起"，在这些劳动者这里，在奴隶这里，"就是既超出那直接的**自在存在**又超出抽象的**自为存在**的运动"，"自在存在"和"自为存在"都打了着重号。自在存在和自为存在在开始的时候，在此之前，是对立的、分裂的，一方面自在存在像植物的宗教，那就是一种自在的状态，非常安静的持存的状态，但是它必然要进入到敌对运动，那就是由自为存在所推动的，互相敌对，互相撕咬，进入到动物宗教。前面那种自在存在是直接的，而现在这种自为存在是抽象的，为什么是抽象的？因为它没有结果。互相打来打去，咬来咬去，冤冤相报何时了，没有个了结，最后要干什么呢？总不能同归于尽啊，你最后还是要在这个世界上生活啊，你靠什么生活，不就是靠劳动吗？所以奴隶干的事情才是正事，才是真正在后面起决定作用的。它一方面超出那直接的自在存在，它已经不是那种怡然自得、不受干扰的宁静的生活了，奴隶生活是很痛苦的，受压迫、受奴役嘛，它不是那个直接的自在存在；另一方面，它又超出了抽象的自为存在，它创造对象。这跟与别人相互撕咬不同，与别人撕咬那是一种抽象的自为存在，好像显得自己很有自主性，为所欲为,想干什么就干什么,但是没有结果,只害人。你害了别人,你自己也没得到好处,真正要得到好处还得做事啊,所以奴隶的这种劳动就是做事,虽然他是被奴役的,但是他面对对象世界,他还在做事,他把自己的意志加在事物身上,对它进行改造、加工、陶冶,这样一种自为存在那就不是那种抽象的自为存在了,他的意志就有个着落处了。原来的抽象自为存在它的意志是没有着落的,你伤害了人家,人家肯定要报复,你肯定又要防备,冤冤相报,没有一个尽头,永远处在进攻和防御之中。而现在不同,自为存在虽然被扬弃,但它有了产品,它的自为存在有了结果。这是一种积极的自为存在,它不是否定性的、消极的,它要跟对象打交道,要改造自然界,要创造财富。

　　由于自在已被对立面降为一种规定性了,它就不再是绝对精神的特有形式,而只是一种现实性而已,这现实性发现自在的意识在与自己相对立时是一个普通的定在,并扬弃了绝对精神的这一形式;

　　我们先看这半句。"由于自在已被对立面降为一种规定性了",自在就是自在存在了,对象世界是自在存在的,这个时候呢已经被对立面降为一种规定性了。自在的对立面就是自为,自在已被自为降为了一种规定性,降为了自为的一种规定性,也就是说对象世界成为了劳动者的一种资料,对象世界本来是自在地在那里,现在呢降格了,不再是神了,我不再崇拜它了,我把它拿来作为我的自为存在的一种规定性,使我的自为存在有一个结果。我进行劳动,我在劳动中把这个对象世界变成我劳动的手段,变成我劳动的对象,它只是我的劳动的一种规定性,它是我干活的一种条件,一种生产资料。你干活得有个对象啊,你要种庄稼你得有块土地啊,对象世界成为了你劳动的一种规定性。"它就不再是绝对精神的特有形式",对象世界不再是绝对精神的特有形式,动物也好,植物也好,原来它们是受到崇拜的,是绝对精神的一种特定的形式;现在呢,我把它们拿来为我所用,它们都是我的手段。植物变成了我种植的作物,动物变成我狩猎和驯养的对象,都成了我的劳动的一种规定性,而不再是绝对精神的特有形式。"而只是一种现实性而已，这现实性发现自在的意识在与自己相对立时是一个普通的定在，并扬弃了绝对精神的这一形式"，自在存在、对象世界现在成了什么呢？成了不过是一种现实性，在这种现实性中，与自己相对立的自在意识只不过是一个普通的定在，它扬弃了这一定在原先那种绝对精神特有的形式。植物和动物不再神秘了，不再具有神圣性了，而只是一些普通的定在，一些自然界的对象，我在现实中遇到了这样一些定在，它们不再是什么神啊，精灵啊，而是偶然碰到的东西，我就把它拿来作为我劳动的资料，扬弃了它身上那种绝对精神的特有形式，扬弃了它作为万物有灵论的神圣的形式。自在的存在现在只是这样一个普普通通的现实性，在劳动者面前它们都去魅了，把它们身上那些神秘的东西去掉了，成了很日常的事物，植物就是植物，动物就是动物，植物可以成为庄稼，动物可以成为肉食。

　　同样，这种现实性也不只是这个进行扬弃的自为存在，而且也产生出这个自为存在的表象，即产生出已向外建立为对象形式的自为存在。

　　"同样，这种现实性也不只是这个进行扬弃的自为存在"，这是另一方面，即这种现实性在使对象去魅而成为了普通的劳动资料的过程中，不仅仅是这个进行扬弃的自为存在，不仅仅是那样一种没有结果的、单凭自己的仇恨进行扬弃的自为存在。"而且也产生出这个自为存在的表象"，这种现实性也产生出这种自为存在本身的表象，就是这个自为存在在这个现实性上面获得了它自己的表象，或者说这个自为存在在这个现实性上表象出了自己。它不再只是一个进行扬弃的自为存在，把所有东西都扬弃掉，那最后有什么结果呢？最后的结果就是这个现实性成为了自为存在的表象，成为了我的表象，"即产生出已向外建立为对象形式的自为存在"。产生出了这个自为存在的"表象"，即产生出了已经向外建立为对象形式的自为存在，产生出对象化了的自为存在，也就是说这个自为存在已经具有了对象化的形式。这样一种自为存在的活动就具有了效果，产生了它的产品，所以这个自为存在不再是空的，不再是毫无结果的，不再是仅仅停留在一种仇恨上面，不是一种敌对斗争，斗来斗去，永无尽期，永无终点，互相耗尽，最后同归于尽，不是这样的。而是在这个现实性上面获得了自己的表象，获得了自己的对象性的形式，这样的自为存在就是真正现实的自为存在。前面的那种仇恨虽然好像是自为存在的形式，但实际上并不是，因为你也受制于别人，你要消灭别人，别人也要消灭你，所以看起来好像是很自由、很独立，谁也不服，谁也管不着，但实际上你最后的结果会把你的自为存在取消掉。而奴隶的劳动看起来好像是失去了它的自为存在，但他面对现实性、面对世界的时候，他恰好表现出自己的自为存在是有结果的，是具体的。我们今天欣赏古代的那些建筑、那些艺术品的时候，我们都会感到惊叹，古代人的智慧多么了不起，它留下来了，它成为对象了，它一直到今天都供我们欣赏。这就是向下一个环节"工匠"过渡了。

[192]　　　然而这种创造还不是完全的创造，而是一个有条件的活动，是对一个现成在手的东西的赋形。

"然而这种创造还不是完全的创造"，就是说奴隶创造出一个对象来，这种创造还不是完全的创造，就是这个对象并不是完全由你产生的，"而是一个有条件的活动"。就是说你要创造出一个对象，你必须要有条件，这个对象的材料必须预先提供给你。对奴隶来说，他是没有财产的，他没有土地，没有工具，土地、工具这些劳动资料、生产资料都是主人提供给他的，他只能在现有的条件之下进行创造活动，尽可能地发挥他的创造力和生产能力。所以这"是对一个现成在手的东西的赋形"，它赋予现成在手的东西以形状，Formiren，也可以翻译成"陶冶"，也就是赋形，陶冶也就是使这个材料成形，使这个泥变成陶罐，使这个金属变成铁器、变成铜器，这是奴隶所做的事情。那么这就是劳动，所谓"劳动"就是你对现成在手的东西的一种赋形活动。那么这个劳动要由人来进行了，这个人就是工匠。下面要讲的工匠，这工匠不是一般的劳动者，而是熟练的劳动者，熟练的劳动者就是师傅，Meister 就是"大师"，Werk 就是"工

162

作", Werkmeister, 就是做事情的师傅, 就是工匠, 所以"工匠"我们也可以翻译成"师傅", 熟练劳动者就是工匠、匠人。

c. 工　匠

于是精神在这里就显现为**工匠**, 并且通过工匠的行为, 精神把它自己作为对象创造出来, 但是他还没有把握住他自己的思想, 所以工匠的行为乃是一种本能似的劳动, 就像蜜蜂建造自己的蜂房那样。

这句话应该很好理解了。"于是精神在这里就显现为**工匠**", 精神在这个时候就显现为工匠了。这里主要是讲埃及宗教, 当然不限于埃及宗教。工匠最初的时候都是一些奴隶, 在奴隶社会, 主人是不干活的, 当然在远古时代的那些英雄们还是干活的, 但是他们并不是干那些粗活, 而是干一些技术活, 比如说《荷马史诗》里面, 希腊的统帅阿伽门农结婚的时候, 他那张床是他自己打的, 阿喀琉斯的盾牌也是他自己做的, 做得非常精美。他们干这种技术活, 一般的粗活交给奴隶去做。但是奴隶经过很长的一个过程也形成了一些工匠, 就是一些师傅、一些大师, 在奴隶社会里面有一些有名的奴隶。当然奴隶一般是不留名的, 很多古希腊的作品都没有留下名字, 是一些无名者做的, 但是也有一些工匠是有名的, 那就是大师, 显现为工匠。"并且通过工匠的行为, 精神把它自己作为对象创造出来", 工匠创造出来的东西都是有精神在里头的, 精神使自己作为对象创造出来, 熟练的工匠所产生出来的东西都贯注了他的精神, 贯注了他的智慧, 贯注了他的想象, 贯注了他的理想。"但是他还没有把握住他自己的思想, 所以工匠的行为乃是一种本能似的劳动, 就像蜜蜂建造自己的蜂房那样", 工匠创造的那些产品已经是精神的产品了, 但是在劳动中他并没有把它当作一种精神的劳动来创造, 而是一种本能的劳动, 或者说是一种被迫的劳动。就像蜜蜂那样, 蜜蜂建造它们的蜂房就是受本能所驱使, 而工匠制造他的作品也是受奴隶主所驱使, 他是出于恐惧, 他完不成他的工作, 他就要受罚, 所以他不得不做, 就像一种本能在支配它。蜜蜂不做的话它就会挨饿，就会饿死，工匠也是，他要不做的话，他就要受惩罚，他就会被饿饭，他就会死去，所以他也是一种本能的劳动。出于对死亡的恐惧，他必须做事，他必须当牛做马，毫无怨言。但实际上在做的时候呢，他已经把他的聪明才智贯注到他的对象里面去了，奴隶主就是看中了他的聪明才智才要他承担这件工作。但他不自知，他还不自觉，他还没有把握住他自己的思想，所以工匠只能是一种本能似的劳动，就像蜜蜂建造它们的蜂房那样。

好，我们再来看下面一段。下面一段就是讲了几种形式，为的是与工匠作比较来突出其特点。这几种形式在某种意义上又重复了前面讲到的光明的本质、植物和动物所经历过的过程，就是从无机界到有机界，有机界的植物到动物这样一个过程，但现在是从工匠的眼光来看。工匠把无机物、植物和动物分别当作他加工的对象或手段，所以按照工匠加工什么东西、工匠按照什么原则来加工，也分成了几个层次。

第一种形式由于是直接的形式，所以它是知性的抽象形式，而且这种作品在自己本身中还没有为精神所充满。

"第一种形式由于是直接的形式，所以它是知性的抽象形式"，知性的抽象形式，我们前面提到过黑格尔在宗教的形态中把知性撇开了，只取感性确定性和知觉的形态，而这里却讲到知性的形式，似乎黑格尔自相矛盾了。但这里知性的抽象形式不是指宗教的整体形态，而是指这种宗教所采取的手段，它还有其他手段。所以这里并没有什么自相矛盾。在工匠这里他提到知性的抽象形式，是说在工匠这里，要进行劳动，要进行制作和创造，首先要掌握的直接的形式，就是按照知性的抽象形式来建立规矩，所谓无规矩不成方圆，这是最直接、最起码的技能。尽管如此，黑格尔把工匠设立为一种宗教的形态仍然是非常勉强的，不知道崇拜的对象是什么。后来在《宗教哲学》中，工匠也没有再作为一个特殊的宗教形态。事实上，似乎也不曾有一个民族把工匠作为民族的神来崇拜的，中国古代的鲁班是匠神，但被神化的鲁班并不是民族神，而只是行业神，而且他也不是奴隶，而是像伏羲氏、神农氏这样的发明家。黑格尔好像并不知道中国的鲁班，也没有举出其他的能人作为这种宗教形态的例子。当然，只要有工匠精神，首先就必须精通知性的抽象形式，这个是没有疑问的。"而且这种作品在自己本身中还没有为精神所充满"，既然是由知性的抽象形式所造成的作品，所以里面还没有充满精神，因为知性的形式是抽象的、空洞的。所谓知性的形式是什么形式呢？我们在上册讲到知性的时候，讲了力和力的关系，讲到数学，讲到几何学，讲到坐标，还讲到万有引力等等，总而言之，知性的抽象形式就是这样一些自然规律和数学规律，属于机械论的范畴。几何学和力学的形式就是知性的抽象形式，所以按照这样一种规律所产生出来的作品在自己本身中还没有为精神所充满。你不能说它没有精神，但是这个精神是不满的，很单薄的，下面就来举例子。

金字塔和方尖碑的结晶体，直线与平滑的表面、与各部分的相等比例的单纯结合——在这种结合上清除了圆弧的不可通约性——就是这种严格形式的工匠的工作。

举的例子是很通俗的，都是埃及的例子。"金字塔和方尖碑的结晶体"，金字塔和方尖碑，那是非常整齐的几何形状，相当于结晶体。在自然界，在矿物界，在无机界，人们都可以看到这样一些结晶体，金字塔像结晶体，方尖碑像水晶一样的结晶体。"直线与平滑的表面、与各部分的相等比例的单纯结合——在这种结合上清除了圆弧的不可通约性"，都是直线，直线就很好办了，用直尺就可以作出来的；但圆弧就不一样了，圆弧就有一种不可通约性。直线都是可以结算的，可以通约的，而弧线、曲线是不可通约的，一根线你可以把它拉直了来量，但是一块曲面的石头你怎么量它，有多大面积，有多长长度，不好量了，圆弧跟直线是不可通约的。当然后来有了微积分就可以解决这个问题，但是一般来说它是不可通约的，尤其在古代人那种直观的眼光看起来，这是没法量的，直线和曲线相互之间没有可通约性。"就是这种严格形式的工匠的工作"，这种结晶体的设计，以及直线与平滑的表面的结合，与各部分的相同比例的单纯结合，这都是严格形式的工作。这些工匠、这些师傅是干什么的呢？就是做这种严格形式的工作的，很精确的。我们今天去测量金字塔和方尖碑，我们都会感到惊异，它对得那么准确，它面朝东方，让太阳升起的时候阳光刚好就射到一个什么地方，这些都是经过仔细测量的，都是非常精确的，金字塔的那些石头之间至今塞不进一个刀片，吻合得非常严密，现代人都感到非常吃惊。所以这些工匠都是大师啊，是严格形式的大师，他们的工作就是把这样一些结晶体啊，这样一些直线啊，这样一些平面啊，单纯地结合起来。

　　<u>由于这种形式的纯然理智性之故，这种形式并不是这些工作在自己本身中的含义，并不是精神性的自我。</u>

　　"由于这种形式的纯然理智性之故"，由于这种形式是单纯的理智性，理智性也就相当于知性了，单纯的知性。理智性，Verständigkeit，我们把它翻译成理智性，其实就是知性的性质，Verstand 就是知性嘛，Verständigkeit 就是知性的性质、理智的性质。由于这样一个缘故，"这种形式并不是这些工作在自己本身中的含义"，这里"形式"、"工作"都是用的代词，如果不结合上下文意思，根本搞不清哪个代哪个。把意思贯通起来其实很明白，就是这些形式只是单纯的理智性，几何学啊，力学啊，都是知性的，所以前面讲工匠的作品并不能被精神所充满，而这里也说，这种知性的形式并不表达这些工作、这些作品在自己本身中的含义，它"并不是精神的自我"。它只是一种抽象的、纯粹操作性、技术性的形式，是实现精神目标的手段。埃及人造金字塔，难道就仅仅为了显示他们具有精密的几何学知识吗？难道这种认识论的含义就是这些工匠的精神性的自我吗？当时的那些工匠造出这样一些合乎知性法则的作品出来，难道这些知性法则就代表他们的精神的自我了吗？当然不是。尽管它的形

式是单纯理智性的，但是它还有更深的含义，这样一种精密的形式只不过是表达它的更深的含义的一种方式而已，后面还有很深、很神秘的东西。金字塔究竟代表什么？当然你可以测量出来，你可以说它代表某种数学公式、某种几何学的定理，但这是很表面的，这仅仅是从它的外表方面通过测量所下的结论，但是它内部的含义那是颇费猜想的，至今专家们还在探讨，没有定论。它的精神的自我还隐藏在后面。

　　因此这些作品要么只在自身中把精神当作一个异己的、死去了的精神来接受，这精神已放弃了它同现实性的活生生的渗透，本身在死后栖居于这些没有生命的结晶体中；

　　我们先看这半句，这个半句"要么"，就是一种情况，下面还有另外一种情况，我们先看这种情况。"因此这些作品要么只在自身中把精神当作一个异己的、死去了的精神来接受"，这些作品不仅仅具有那种知性的、几何学的意义，不仅仅具有那种表面的、形式上的意义，而是还有别的意义，什么意义呢？它在自身中把精神当作一个异己的、死去了的精神来接受。在这些作品自身中是有精神的，但这个精神呢只是被当作一个异己的、死去了的精神来接受的。金字塔就是法老的坟墓嘛，法老的坟墓造成了金字塔的形式，那么它是有精神的，但这个精神呢已经是一个死去了的精神，对于人的精神来说是异己的了。法老就是神之子啊，就像我们中国人讲皇帝是天子，埃及法老就是神的儿子，阿蒙神的儿子、太阳神的儿子，那么他死了，死了也有死了的精神，死了也要盖一个金字塔，让他的木乃伊住在那里，表明他的精神在里头。但这个精神呢已经死去了，作为木乃伊他还在，但那个对活着的人没有意义，只对他来世超生有意义。"这精神已放弃了它同现实性的活生生的渗透，本身在死后栖居于这些没有生命的结晶体中"，为什么要盖一个金字塔让法老的遗体放在里头呢？这个精神已经放弃了它同现实性的活生生的渗透，他已经死了，他已经用不着住在人间，他可以栖居在一个金字塔底下，死后安息于没有生命的结晶体中。金字塔是一个没有生命的结晶体，那么一个死了的精神恰好可以在里面安息，他没有生活了，他不再需要住在人们日常生活的那样一种环境里面。结晶体是没有生命的，它已经结晶了，它是矿物了；那么正因为它没有生命、它是一个结晶体，所以他能够在里面安息，谁也不要去打搅他，他就永恒了，结晶体使他进入到了永恒。这是一种情况，即这些作品要么是死了的精神的象征，这绝对不是那些几何学的知性法则能够表达的。几何学的那些法则的意义只是在于，死了的精神要达到永恒性和不朽性，那就只有采用几何学的这种永恒的、万古不变的形态，几何学永远都是精密的，它不会改变。所以只有在这个几何学的没有生命的结晶体中，法老的灵魂才能够安息，死了的灵魂才能够安息，才能够在里面长眠。这就是这样一些金字塔那么样严密地符合几何学法则的原因所在，不是为了体现埃及人的几何学知识多么丰富，而是为死了的精神能够永垂不朽所考虑的。

——要么这些作品只是外在地和精神相联系，即和这种精神相联系，这种精神本身是外在的，并且无非是作为精神而定在着——也就是和那东升的光明相联系，这光明把自己的含义投射给这些作品。

这是第二种情况，第一种情况就是这些作品要么只和死了的精神相联系，是为死了的精神而建造的，所以尽造出那些几何学的形状；第二种情况是，"要么这些作品只是外在地和精神相联系"。要么是和死了的精神相联系，要么是跟外面的精神相联系，跟它之外的精神相联系。和死了的精神相联系呢，你可以说这个精神还在里头，只不过已经死了，已经结晶了，是结晶了的精神；和外在的精神相联系，则是说外在的精神还在起作用。像这样一个作品，例如像方尖碑，它就是指向天空，和外在的精神相联系的。"即和这种精神相联系，这种精神本身是外在的，并且无非是作为精神而定在着"，这种精神本身是外在的东西，比如说光明，光明被看作一种外在的精神，跟太阳光相联系，太阳是外在的，并且无非是作为精神而定在着的。太阳光是定在着的东西，但是你可以把它看作是精神的象征。金字塔也是这样，据说金字塔上面有一个小窗口，太阳在初升的时候,第一缕阳光照射进来,就照射到里面的某一个点,与某个方位严格相符合。所以金字塔和精神的联系不完全是在内部的,它也是可以跟外在的精神的定在打交道的,是跟太阳、甚至跟星空打交道的,它的方位是按照北极星或天狼星的方位来安排的。对金字塔有兴趣的话可以查一查资料,有很多这种相关性,表明埃及人的智慧怎么样运用天文学的、地理学的知识,运用在他们的金字塔的设计之中。星空也好,太阳也好,在埃及人的心目中都是一种外部世界的精神,他们用自然界的东西来象征精神定在。"也就是和那东升的光明相联系,这光明把自己的含义投射给这些作品",和东升的光明相联系,这光明通常可以理解为东方升起的太阳,但不一定,因为"东升"这个词 aufgehen,除了有太阳升起来的意思,还有月亮升起的意思,甚至还有某颗星星升起来的意思。埃及的金字塔就是跟整个天文学相关的,不光是跟太阳相关,跟天上的某颗星也是相关的,所以"跟东升的光明相联系"这样译更加稳妥一些。太阳也好,月亮也好,星光也好,总之这光明把自己的含义投射给这些作品,因为它们本身作为光明本质都具有精神的含义。这就是在这个建筑物、在这个作品之外的一种精神联系,它在一个更高的阶段返回到了前面光明的本质,这是另外一种情况。前一种情况就是作品本身表现了某种精神,但却是死了的精神,通过这作品把这死的精神和现实生活隔离开来;另外一种情况就是外在于作品的精神,作品与它之外的精神定在相联系。这两种情况都是通过知性的几何学形式发生的,利用了光明本质的那种几何属性,这是工匠的第一种形式,即直接的形式。那么这个直接的形式呢它又会产生一些内部的矛盾,下面就来分析了。

    <u>这个劳动着的精神由以出发的那种分离,即成了他所加工的材料的那种**自在存在**与作为劳动着的自我意识**这方面**的**自为存在**的分离,在他的作品里成为了他的对象。</u>

    "这个劳动着的精神由以出发的那种分离,即成了他所加工的材料的那种**自在存在**与作为劳动着的自我意识**这方面**的**自为存在**的分离,在

他的作品里成为了他的对象"，这句话简单来说呢就是，工匠精神的对象就是自在存在与自为存在的分离，自在存在和自为存在相分离，这是劳动着的精神也就是工匠由以出发的一种分离。工匠在进行创造的时候，一开始他的出发点就有这种分离，一方面是自在存在，即待加工的材料（Stoff），另一方面是自为存在，即加工的目的和意图；或者说这样一种分离就成为了这个作品的对象，他就是要把这个分离在对象中表达出来，意图是隐晦的，形态则是日常的。这里类似于前面讲知性阶段时涉及到的客体和主体的分离，这就是知性形式的局限性。在工匠的作品、也就是那些建筑物和雕像中，他致力于把这种分离变成他的对象，这就是黑格尔在《美学》中所谈到的象征型艺术的特点。在象征艺术中是观念的内容和物质的形式的分离，他创造一个作品出来，里面的自在存在和自为存在是分离的。这个自在存在是他所加工的材料，是他的劳动所面对的对象，比如说这块大理石它是自在的，我对它进行了加工；但是作为劳动着的自我意识这方面的自为存在，我的意图和目的，在这种加工中却并不能明确地体现出来，只有一种象征或暗示的关系。客观材料和主观意图这两者之间是分离的，这是工匠的出发点，他所致力于完成的是一种象征型艺术。

　　他的进一步的努力必须趋向于扬弃这种灵魂和肉体的分离，使灵魂在自己身上穿上衣装和赋有形态，而对肉体则赋予其灵魂。

　　"他的进一步的努力必须趋向于扬弃这种灵魂和肉体的分离"，这两方面的分离，自在存在和自为存在的分离，客观材料和主观意图的分离，在这句话里面归结为灵和肉的分离，自在存在相当于肉体和物质的东西，自为存在相当于精神的灵魂，这两方面在工匠的最初阶段是分离的，但进一步的发展方向就是要扬弃这种分离，使两方面汇合起来、统一起来。如何统一起来？"使灵魂在自己身上穿上衣装和赋有形态"，这是一方面，灵魂是看不见摸不着的，它对于我是内在的，那么我现在要把它外化为看得见的对象，首先必须给它穿上衣装，使它赋有可见的具体形态，而不再是光明本质那种无形态的形态。要使灵魂赋有形态，使灵魂实现出来，变成一个东西，灵魂不是一个东西，但是你要使它成为一个东西，成为一个作品。这是一方面，要使灵魂在自己本身上穿上衣装和赋有形态。"而对肉体则赋予其灵魂"，肉体必须是有灵魂的，而不是一堆物质材料，也不是一种知性的抽象形式，一种无精神的直线式的规范，肉体要成为赋予灵魂的肉体。总的趋向一定是这样一个方向，当然在工匠这个阶段显然是不能够完成的，真正的灵与肉的统一，真正的协调、天衣无缝的一体性，那是要到艺术宗教里面才能够实现的。在自然宗教里面，在工匠这个阶段还做不到这一点。尽管如此，这却仍然是工匠阶段的象征型艺术所努力的方向。

　　这两个方面，当它们相互被推得更近了时，却同时保持着被表象的精神与其周围的外壳的相互对立的规定性；精神和它自身的一致包含着个别性和普遍性的这种对立。 {374} [193]

　　"这两个方面"，自在存在和自为存在两方面，或者说灵与肉的两方面，"当它们相互被推得更近了时"，前面讲它的趋向是扬弃这种分离，但所能做到的就是使它们相互接近，一方面要使灵魂赋有自己的形态，另方面肉体要赋予灵魂。灵魂有它的外在形态，而肉体呢有它的内在灵魂，这不就接近了吗？"却同时保持着被表象的精神与其周围的外壳的相互对立的规定性"，你把它们相互之间弄得更近了，但这并不意味着双方真正统一了。一方面灵魂有了物质的形态，另一方面肉体有了内在的精神，这两方面已经很接近了；但是灵魂还是灵魂，肉体还是肉体。灵魂尽管具有了物质的形态，但还是灵魂，肉体赋予了灵魂，但还是肉体，所以只要是象征型艺术，就仍然保持着被表象的精神与其周围的外壳的相互对立的规定性。外壳（Hülle）现在有了它内在的灵魂，但是它本身还只是一个外壳，内外两张皮，保持着这样一个对立的规定性，它们之间虽然接近了，但双方的互相对立还是消除不了。"精神和它自身的一致包含着个别性和普遍性的这种对立"，灵与肉的一致其实是精神和它自身的一

171

致，是普遍精神和个别精神的一致；但由于个别精神是靠自己的"外壳"即肉体而独立起来的，所以它和普遍精神之间仍然存在着不统一，存在着个别性和普遍性的对立。

当作品在自己这两方面彼此靠近时，那么由此同时也就发生了另外一件事情，即作品更接近那劳动着的自我意识，而这自我意识在这作品中也达到了对他自己如何自在自为存在的认知。

这里有两个层次。"当作品在自己这两方面彼此靠近时"，一方面是普遍灵魂，一方面是个别肉体，灵与肉都在作品里面，都是作为作品的内容，作品在自己这两方面彼此靠近，就是前面讲的，要使这两方面尽可能地接近起来，这是一个层次。"那么由此同时也就发生了另外一件事情，即作品更接近那劳动着的自我意识，而这自我意识在这作品中也达到了对他自己如何自在自为存在的认知"，这就是另一个层次了。前一个层次就是作品本身的双方靠近了，作品的灵的方面和肉的方面相互靠近了；另一个层次就是作品和作者、和劳动者的自我意识也相互靠近了。这就是同时发生的另外一件事情，这个就是不一样的事情了，即作品更接近那劳动着的自我意识，劳动着的自我意识那就是作者、工匠、师傅了，他们开始意识到这是自己的作品，而不仅仅是主人借他们的手所创造的作品了。既然作品更接近那劳动着的自我意识，那么这自我意识在这作品中也就达到了对他自己如何自在自为存在的认知了。当然作品在工匠的这个阶段还没有完全做到这一点，而只是接近于工匠的自我意识，也就是接近那些创造作品的奴隶的自我意识。奴隶开始对自己的自我意识有所觉醒，在他自己的产品上他开始意识到，我创造了这么多丰富的产品，那我是谁？我的自在自为是怎样存在的？奴隶通过他的产品开始有了自我意识。不光是他创造的作品里面灵和肉的关系越来越近了，而且这个作品跟作者、奴隶本人的自我意识也越来越近了，工匠就越来越接近艺术家了。所以奴隶的自我意识在他的作品中就达到对他自己如何自在自为存在的认知了，当然这个认知还是初步的，还是一种萌芽。

奴隶意识到"我也是人",我并不是牛马,虽然我为主人做牛做马,但是我也是人,我是有创造性的,我的自在自为的存在是一个人的存在。这就是工匠向艺术宗教的突破点,但这种意识还没有发展起来,还只是一个初级阶段。

但是作品这样所构成的刚刚只是精神的**能动性**的抽象方面,这能动性还没有在自己本身中认知自身的内容,而是在其作为一个事物的作品中认知这个内容。

这就是初级阶段的特点了。"但是这作品这样所构成的刚刚只是精神的**能动性**的抽象方面",就是他在自己的作品中已经意识到他自己的自我意识了,他跟作品开始接近了,他知道这个作品不仅仅是为主人创作的,也是为我自己创作的,他在其中看到了自己的形象。奴隶在创作一个作品的时候,当然他知道这是主人要他做的,但他同时也觉得这也是为我自己,所以他偷偷地有时候要刻上自己的名字、记号,说明这是我的作品,他开始有这个意识了。但是这作品这样所构成的刚刚才只是精神的能动性的抽象方面,"能动性"打了着重号,它还是这个活动的抽象方面,就是这种活动的形式方面。我虽然是一个奴隶,但我具有这方面的才华,这个工作是我做的,我记下我的姓名的头一个字母,刻在陶器底部,藏在某个地方,所以这作品就构成了精神的能动性的抽象方面,这在初级阶段是这样的。"这能动性还没有在自己本身中认知自身的内容",这能动性不是在这种能动性本身中来认知他的内容,还不是认知到他是一个有创造力的人。"而是在其作为一个事物的作品中认知这个内容",他不是在自身中认知这个内容,而只是在作品中认知这个内容;他只是以他的作品自豪,而不是以他是一个人而自豪。他的活动的创造性仅仅体现在他的作品中,但实际上他应该在他自身中认知这个内容,哪怕他不创造这个作品,他也应该认识到自己是一个人,他是有创造力的。但奴隶还没有达到这个层次,只是他创造出一个作品了,他觉得这个作品上应该留下自己的名字,说明他是具有创造性的,他还没有把这创造活动本身的内容在他自身中表现出来，而是刚刚构成了精神活动的抽象方面，就是他的创作过程已经过去了，但在这个作品上面以一种抽象的方式留下了他的痕迹。

工匠自身、整个精神还没有显现出来，而是一个还在内部隐藏着的本质，这本质作为整体只有被拆开为能动的自我意识和他所创造的对象时才是现成在手的。

"工匠自身、整个精神还没有显现出来"，工匠自身作为整个精神，也就是作为完整的人的精神，还没有显现出来，他还是分裂的。"而是一个还在内部隐藏着的本质"，工匠自身的人的本质还在内部隐藏着，"这本质作为整体只有被拆开为能动的自我意识和他所创造的对象时才是现成在手的"。这本质作为整体还看不出来，哪怕我知道这个作品是某某奴隶做的，但他在做的时候想到了什么？想要表达什么？当然我在作品上可以看出来，但是我不能断定这个作品所表达的就是奴隶所想的，很可能奴隶做成这个作品是主人的意思，主人要他做成这个形状，整个设计都是主人的。比如说金字塔，那些奴隶在那里扛石头、打石头、运石头，他怎么知道这个金字塔最后的形象是怎么样的？要意味着什么？他只知道把自己的事情做好，但整个设计都是主人的意图。主人说，做一个陶罐要什么什么样的形状的，于是奴隶就严格按照主人的意图把那个陶罐做出来。所以奴隶的精神的整体还是一个在内部隐藏的本质，他在做这个陶罐的时候想的跟主人想的不一样，主人是为了享受，你给我做一个陶罐，要做得如何精美，要有什么形象，那么奴隶就去做了。奴隶去做时他当然也接受了主人的意图，但他在做时他跟主人想的不一样，他想到的是陶罐本身的形式美，而不是它的象征意义。所以他的本质是在内部隐藏着的，这本质作为整体只有被拆开为能动的自我意识和他所产生的对象时才是现成在手的。为什么说拆成两半的时候它才是现实的？因为他的作品的意图跟他自己的意图对不上号，他在作品中表达的不是他自己的意图，而是主人的意图。当然他也显示了他的才华，显示了他的能动性,显示了他的能耐,他能够做得这么精密,他的手这么巧,他显示了这个抽象的方面。但是奴隶在做这些东西的时候是怎么想的,这个是隐藏着的,无法体现出来,要能体现出来,那就不是工匠了,那就是艺术家了。所以只有被拆开为能动的自我意识和他所产生的对象时,这个本质作为整体才是现成在手的,他当然有,但是是分裂的。在工匠那里,他的本质分成两方面,一方面是他的能动的自我意识,一方面是他的对象,灵与肉在他这里还是分裂的。按照后来黑格尔的说法,这就是象征型艺术和古典型艺术的区别。

因此,环绕四周的住房、外部的现实性,这种刚刚才被提高到了知性的抽象形式的东西,就被工匠加工成赋有灵魂的形式。

"因此,环绕四周的住房",首先是住房了,"外部的现实性",奴隶时代的外部的现实性首先就是他的住房,也就是建筑。"这种刚刚才被提高到了知性的抽象形式的东西",你要建一个住房啊,那你就必须要有知性的抽象形式,比如说几何学的知识。要盖一个房子,你必须要有几何学的、力学的知识,柱子要承受得起重量,墙应该是垂直的,才不会倒啊,所有这些东西都属于知性的抽象形式,在住房上面首先体现出来。在别的方面也许不一定,吃的方面,比如打猎啊,或者种一块田啊,这都不需要有知性的抽象形式,但是住房要。住房是一门专业,种谷物那是傻子都会种的,你把种子丢到土里面它就会长出来,但是你要盖一栋房子,那就没那么简单,你要请师傅的。而师傅具有知性的抽象形式,他掌握这方面的知识。所以最开始的工匠所造的是建筑物,是环绕在四周的住房这样一个外部的现实性,包括金字塔也是住房,死人的住房嘛,死人的家嘛。在地面上那就是宫殿了,不光是皇宫了,一般老百姓的房屋都要设计的,都是要请师傅的。那么这样一种建筑物、这种刚刚被提高到知性的抽象形式的东西,"就被工匠加工成赋有灵魂的形式",真正的师傅不是说把这房子建好就完了,他还要对它进行加工,进行修饰,进行装饰。

你盖了一栋房子，这房子牢固结实固然是第一个要求，还有一个就是好不好看，还必须要美观，这就产生了建筑艺术。建筑艺术在黑格尔看来是最初的艺术，其实不尽然，人类在穴居的时候就开始唱歌跳舞了。不过你要讲工匠的话，那要从建筑艺术开始。我们在黑格尔的《美学》里面读到有三种艺术类型，第一种是象征型的艺术，它的代表是建筑，第二种是古典型的艺术，它的代表是雕刻，第三种是浪漫型艺术，它的代表是音乐、绘画和戏剧。最初的艺术就是建筑艺术，建筑艺术是艺术前的艺术，包括埃及的金字塔啊、方尖碑啊等等。这些艺术不是作为纯粹艺术而建起来的，而是作为宫殿、作为住房，所以它们还不带有纯粹的艺术性，我们今天把它们称之为实用的艺术、工匠的艺术。我们今天讲艺术特别强调要避免"匠气"，避免工匠的手艺，那个是不入流的，我们今天谈艺术要讲美。但古代的艺术、最初的艺术呢不一定讲美，而是出于另外的目的，讲究崇高和象征，所以它以建筑艺术为代表，称之为象征型的艺术。皇宫都是有象征性的，任何一个皇宫里面的东西你都不能以为这个东西就是随随便便放在那里的，它都有意义的，但这个意义究竟是什么东西呢？不是很明确，像一个谜一样。金字塔的谜我们现在还在猜，它究竟表达什么样的意思？巨大的斯芬克斯像表达什么意思？这个还要猜。形式和内容是分离开的，虽然在努力地互相寻找，但还没有找到，形式找不到内容，内容也不能直接地表达形式，像猜谜一样要你去猜。那么这里讲到，这样一种建筑呢，它是刚刚被提高到知性的抽象形式，按照知性的几何学的、力学的方式建起来了，但是还不够，还要被工匠加工为赋有灵魂的形式。刚才讲了象征型艺术它要表达崇高啊，它要表现一种气势啊，我们中国人讲宫殿要有王气啊，宫殿搞得小眉小眼那不行，太世俗气也不行。像广东、福建那些地方的一些庙宇搞得非常俗气，堆满了各种各样的菩萨啊，鱼啊，龙啊，凤啊，全部堆在那个屋顶上面，都要把屋顶压垮了。你到皇宫去看看有没有那些东西，它就是屋檐角有几个小兽，不影响整体，远看根本看不出来，它主要是表现它的大气，一个是地盘大，一个是规模大，再一个它的形制那是非常大气的，这一点被韩国、日本都学去了。唐朝的时候建筑是非常大气的，到了明清就开始小气起来了，明代还可以，清代就更加不行了，越来越俗气了，连皇宫也搞得五花八门、不干不净。象征型艺术必须要追求简洁、大方、大气，跟天地直接打交道，如唐代的建筑，那个屋顶就是天，你就把它当天看，天上哪有什么好多东西，它就是空阔、辽阔、通透、天人合一，它就是那样一种气魄。这都是经过工匠加工成具有灵魂的形式，具有一种精神的形式。

　　他把有生命的植物用于这方面，植物的生命已不再像以前那种无力的泛神论那样是神圣的了，而是被他这个把自己当作自为存在的本质来把握的工匠看成某种可以使用的东西，并且被降回到外表的方面和装饰上了。

　　"它把有生命的植物用于这方面"，植物出现了，前面讲到金字塔的时候呢讲到了光明，光明被吸收到金字塔里面去了，而建筑、住房被工匠修饰成具有灵魂的形式，这里首先提到植物，有生命的植物作为装饰用于建筑的外表方面。前面光明是没有生命的，它是无机物，它是结晶体，而现在采用的是有生命的植物。"植物的生命已不再像以前那种无力的泛神论那样是神圣的了"，植物在这里只是一种手段，不像前面在植物宗教里面呢，植物的生命是神圣的，植物是生命的源泉，植物跟水联系在一起，水变成植物，具有一种神圣性。但是在工匠这里它失去了它的神圣性，"而是被他这个把自己当作自为存在的本质来把握的工匠看成某种可以使用的东西"，这工匠是把自己当成自为存在的本质来把握的，已经很自觉、很有主体意识了，所以这个工匠可以把植物看成某种可以使用的东西，可以拿来用、拿来装饰的东西。"并且被降回到外表的方面和装饰上了"，我们在古希腊建筑的科林斯式圆柱上面看到一些植物的雕饰，有一些花草的叶子作为装饰，其实在埃及宫殿的柱子上已经有了。那么这些叶子只是作为装饰，它本身没有任何神圣性，作为装饰品，只剩下外表方面的作用。以前的植物是被看得很神圣的，像我们前面讲的"金枝"，为什么叫金枝？就是它有一种神性。现在它失去了它的神圣性，已经被工匠作为一种房屋的柱饰来使用了。

但是，植物生命并不是不加改变地被利用，相反，自我意识到的形式的这位制作者同时清除了这样一种生命的直接实存在自身中具有的暂时性，并且使得它的有机形式更接近那些较严格、较普遍的思想形式。

"但是，植物生命并不是不加改变地被利用"，就是他利用植物的生命来装饰，但是他不是不加改变地直接拿来就用，而是要对它加工，作一些改变。"相反，自我意识到的形式的这位制作者"，工匠就是制作者，这位制作者是对自我意识到的形式加以制作，他要制作的是自我意识到的形式，要把它做成产品。这样一位制作者"同时清除了这样一种生命的直接实存在自身中具有的暂时性"，他把这样一样生命的直接实存在自身中具有的暂时性清除掉了。自然界的实存的一株植物，你把它拿来就放在我的建筑的装饰上面，那不行的，必须清除它的暂时性，把它变成一种永恒性，也就是说把它变成一种图案。植物的图案那就不是暂时的了，图案是连续的，不是一株一株的，零乱的，而是连续的有规律的图案，像阿拉伯式的花纹，大朵的花、那个叶子、花茎都是连着的，都是一连串可以不断地延伸下去的图案，这就清除了它的暂时性。"并且使得它的有机形式更接近那些较严格、较普遍的思想形式"，也就是使它几何学化。前面讲几何学本身是没有生命的，直线式的，死去了的精神才能够装在那个形式里头；但植物作为一种生命的形式，也要把它几何学化，把它的曲线变成一种图案，使它永恒化。本来是有机的形式，有机形式总是带有曲线的，按照自己的生命的特征可以任意生长的，但现在要把它纳入到几何学的联系中来，使它更接近那些较严格、较普遍的思想形式，当然已经比以前的单纯知性的规则提高了一个层次。

那在特殊性中听其自由蔓延的有机形式一方面被思想的形式所拘役，另一方面把这些直线和平面的形态提高到赋有灵魂的曲线，——这是一种混合，它成了自由建筑的根本。

　　"那在特殊性中听其自由蔓延的有机形式"，也就是植物的形式，要从两方面来进行加工。本来在自然界它是自由地蔓延的，自由地生长，这样一种有机的形式根据它的需要，根据它的生长的目的，见缝插针，到处钻营；现在你要把它拿来作为另外一种目的使用，用来装饰我们的房屋，那么就有两方面。"一方面被思想的形式所拘役"，被思想的形式所约束、所意识，就是把它纳入到思想的形式里面，纳入到几何学的图形里面，要使它规范化，把它变成一种连续的图案。"另一方面把这些直线和平面的形态提高到具有灵魂的曲线"，思想的形式就是直线和平面了，这些形态一方面要用思想的形式把它限定起来，另一方面这些直线和平面的形态也要有所提高，要把它提高到具有灵魂的曲线。曲线和直线本来是不相通约的，讲到曲线，几何学很难用直接的方式来统摄它，在欧几里得几何中这个问题是没有解决的，直线和曲线这两方面是不通约的。但是在装饰方面呢，可以把这不相通约的两方面混合在一起，一方面要有思想的形式，要有绝对的平直、平面这些形态，另一方面呢又要纳入灵魂的曲线。灵魂是曲线的，凡是在物质上面不可通约的东西在灵魂中都是可以通约的，所以要用曲线来表现植物，也就是表现植物的灵魂，表现植物中的精神。要做这两方面的工作，那就只有把两方面混合起来，所以最后讲，"这是一种混合，这种混合是自由建筑的根本"。这样一种混合，一方面有直线，另一方面又纳入了曲线，形式上是直线，内容上包含了曲线，这就是植物图案。两方面同时并存，混合在一起，这种混合就是自由建筑的根本。建筑本来是不自由的，它要受重力的限制，要受力学和几何学的限制；自由的建筑必须混合进这样一些具有灵魂的曲线，这个不光是适合于古代的建筑，一直到后来的建筑，哪怕今天的建筑，这都是一条原则。比如哥特式建筑，哥特式建筑可以说是建筑的顶峰了，它靠什么取胜？就是靠在一定的力学和几何学的基础之上，尽可能地伸张它的曲线，曲线越怪异，越显得克服重力，这个建筑就越成功。哥特式建筑在这方面达到了极限，它看起来几乎是不可能的，那么大的跨度它怎么还不垮下来？它就是不垮下来，经历好几百年都不垮下来，稳稳当当的，这就是建筑上的奇迹了。它遵守的就是这样一种自由建筑的根本的原则，在合乎几何学和力学和重力规律的前提之下尽可能地伸张自由的灵魂。

　　这样一种寓所、精神的**普遍元素**的或无机自然的这个方面，现在也包含那**个别性**的形态在自身内，这种形态使得从前和定在分离开的、对定在是内在的或外在的精神更接近于现实性，从而使得作品与那能动的自我意识更加同一。

　　"这样一种寓所、精神的**普遍元素**的或无机自然的这个方面"，这个寓所就是前面讲的建筑了，这个住房、住所了，这样一种寓所、也就是精神的普遍元素的或无机自然的这个方面，这两个呢是同位语，这样一种寓所，或换言之，精神的普遍元素的或无机自然的这个方面。精神的这个方面，哪个方面呢？就是它的普遍元素的方面或者它的无机自然的方面，它们在寓所上体现的是精神的普遍的元素，"普遍元素"打了着重号。精神有它的普遍元素的方面，体现为无机自然这方面，它在工匠那里首先就表现为住房的建筑。精神的无机自然界，后来马克思在他的《手稿》里面也用了这个说法，人所面对的是精神的无机自然界。在人面前，连无机自然界都是有精神的，人和自然是统一的，这个无机自然是精神的普遍元素，精神本身是个别的，但是它离不了这个普遍的元素，它存在于普遍的元素之中，就是存在于自然界的普遍法则之中。精神的自我意识存在于自然界之中，它必须要在自然界中创造出表达它自身的一个作品来，这个作品首先就是住房、建筑。"现在也包含那**个别性**的形态在自身内"，前面是讲普遍的元素，自然界的普遍的元素包括前面讲的光明啊，包括工匠的创造所用的直线啊、平面啊，现在也包括他用来装饰这个住房的植物的图案。在植物图案中普遍元素和个别形态交织在一起了，植物形态现在已经被普遍性的元素改造了，变得几何化了，而几何图案现在也包含那个别性的形态在自身内了。既然植物图案中已经包含有个别形态在内，那就还有更加能够代表个别性的形态，也就是动物的形态，动物的形态比起植物形态更带有个别性。"这种形态使得从前和定在分离开的、对定在是内在的或外在的精神更接近于现实"，这前面已经讲了，在"工匠"的第一段里面就讲到了两种形式，这些作品呢要么是死了的精神，那就是内在的，它是精神，但已经死了，它已经结晶了；再一个是由外部的光明所带来的、所投射给作品的精神，那是外在的。那么在这两种形式中，精神和定在都是分离开的，一个是在地下，一个是在天上，都属于彼岸，都与此岸的工匠的活动相分离。而现在体现在个别性中的精神更接近于现实了，在动物身上比在三角形和直线上更加能够体现出精神，比植物也更接近现实的精神。动物更接近于人的个别性，动物都是一个一个的，而植物缺少个别性。一棵树不会自己移动，而是被束缚在它出生的地方；而且你砍掉它的一半，它的另一半也可以歪歪斜斜地长在那里，不在乎，所以它并不一定体现它的个别性。那么动物就开始体现出它的个别性，在这方面使得那种精神更接近于现实，"从而使得作品与那能动的自我意识更加同一"。动物题材的作品与人的能动的自我意识更加同一，至少比起植物、更不用说比起几何图形来说，它更加接近于人的自我意识。

　　制作者首先抓住一般**自为存在**的形式，抓住**动物的形态**。至于他不再在动物生命中直接地意识到他自己，他可以这样来证明，即他把自己建构为针对动物生命的创造力，并且他在作为**自己的**作品的动物生命中认知自己；这样一来，动物形态同时成了一种被扬弃了的形态，成了另一种含义的、即一种思想的象形文字。[194]

　　"制作者首先抓住一般**自为存在**的形式，抓住**动物的形态**"，这就点出来了，制作者、也就是工匠，要表达自己的个别性或自我意识，他首先就抓住一般自为存在的形式，也就是动物形态。"自为存在"和"动物的形态"都打了着重号，就是动物形态属于一般自为存在的形式，一般自为存在通常是讲人的自为存在、自我意识的自为存在，但是也包括动物的自为存在，它也属于这个一般自为存在的形式。因为动物已经是各行其是的，它可以根据它的目的到处移动，到处去寻求它的目标，到处去捕捉它所想要的东西，所以它也具有一般自为存在的形式。"至于他不再在动物生命中直接地意识到他自己"，这个是他跟前面讲的动物宗教的不一样的地方，前面讲植物和动物的宗教，信徒们都是直接在其中意识到自己，而工匠的形态跟植物动物的宗教已经不同了，他可以利用植物形态，也可以利用动物的形态，但是他不再在植物动物的生命中直接地意识到他自己。对于这一点呢，"他可以这样来证明"，证明动物的生命虽然跟他更接近了，但他在动物生命中并没有直接地意识到他自己，他对动物只是拿来为我所用。如何证明这一点？"即他把自己建构为针对动物生命的创造力"，他是对于动物生命的创造力。这个动物的形象和生命都是他所造出来的，不是像动物崇拜那样，有个动物在那里，于是就把它供起来，顶礼膜拜，相反，他可以创造动物的生命，可以创造动物的形象。"并且他在作为**自己的**作品的动物形态中认知自己"，"自己的"打了着重号。他在动物形态上认识自己，但不是直接地认知自己，而是在作为他自己的作品的动物形态中认知自己，这显然是不一样的。就是这个让他认知自己的动物形态已经是他自己的作品了，他创造出一个动物形态的作品来，以便从中认知自己，所以他借以认知自己的不是动物形态，而是自己的作品创造，只不过动物形态更适合于他的作品的题材而已。"这样一来，动物形态同时成了一种被扬弃了的形态"，他在动物形态中看出自己，其实已经把这个动物形态本身按照自己的意图扬弃了，用它来表达另外一种含义了。所以它"成了另一种含义的、即一种思想的象形文字"，我们在埃及的宫墙上可以看到各处雕刻了很多动物形象，但这动物的形象已经不是自然界的动物，已经经过了改造，成了一种符号，这就是象形文字。埃及的象形文字呢都是图画，很多都是动物的形象，鹰隼，甲虫，狼，鹭鸶，蛇，狮子，猫头鹰，还有人形，当然也有一些几何形状，三角形或者直线啊，但很多是动物形象，它们都是有寓意的，代表一种思想。

因此这动物形态也不再单独地、完整地为制作者所利用，而是和思想的形态、和人的形态混合起来。但是这个作品还缺乏自我作为自我而实存于其中的那种形态和定在；——这种作品还缺乏那种就凭它自身即表明它自身中包含有一种内在含义的东西，即缺乏语言，缺乏那现成在手地包含有充实意义的元素。 {375}

"因此这动物形态也不再单独地、完整地为制作者所利用，而是和思想的形态、和人的形态混合起来"，象形文字里面有人的形象，坐着的人或者行走的人，弯腰工作的人，法老和王后，再进一步就是人兽合体，半人半兽。在埃及的很多神像、很多壁画、很多雕刻和浮雕，都有这样一些半人半兽的形象，狮身人面啊，狼首人身啊，鹰首人身啊，它们是要表达一种思想的形态，表明它们不是一般的动物，它里面是有思想的。"但是这个作品还缺乏自我作为自我而实存于其中的那种形态和定在"，就是说它里面有了思想的形态，我在我的作品里面已经开始认知我自己的思想，已经在我的动物作品里面开始认知自己了，但这个作品还缺乏自我作为自我而实存于其中的那种形态和定在。这个自我还不是作为自我而实存于其中的形态，而是一种形象和意义分离的混合状态。那么，自我作为自我实存于其中，所缺乏的那种形态和定在是什么东西呢？下面就加以解释了，"这种作品还缺乏那种就凭它自身即表明它自身中包含有一种内在含义的东西，即缺乏语言"，最后才点出缺乏语言。前面讲的象形文字难道都不是语言？一般也可以说是语言了，但是严格说来这种语言的意义还不明确，至少它的表达方式是混浊的，掺杂了很多非语言的东西。语言是什么呢？语言就是自我作为自我而实存于其中的那种形态和定在，它的形态和定在都是自我本身的实存，而不是自我化装为其他形象的实存。人的实存就体现在他的语言之中，海德格尔讲"语言是存在之家"，是存在的家园，或者说是存在的定在，语言是存在的实存的形态。语言是那种就凭它自身即表明它自身包含有一种内在含义的东西，语言单凭它自己就表明自己包含有一种内在含义,它不需要借助于一种外在的形态,什么狼啊,什么狮子啊,甚至于人体啊,它就凭它说出来的话、语音,它就包含有一种内在的含义。这是西方拼音文字的语音中心主义的观点,文字是记录语音的,是通过记录语音而记录其中的含义和思想的。如果文字只是通过图像来会意,那就还"缺乏那现成在手的、包含有充实意义的元素"。语言的现成在手的、包含有充实意义的元素,就是语音元素,是空气的振动,所以它是具有一种定在的元素;同时它现成在手地包含有充实的意义,这样一种空气振动与一般的空气振动是不一样的。一般有东西掉在地上也有空气振动,但语言的空气振动是现成在手地包含有充实意义,不需要另外去解释的。有东西掉下来,响了一下,什么东西啊?那需要解释,什么东西掉下来了?你要跑出去看,要经过旁证你才知道;而语言说出来,声带一振动你就知道意思,只要你说出来,它就是这样一种现实的元素,它的现实形态和它的意义完全合一了。这里讲的语言,用现代语言哲学的术语应该叫言语。但现代语言哲学、特别是后现代哲学强烈反对这种语音中心主义,认为它与西方传统思想中的理性霸权有关,是理性中心主义的源头。像德里达的《论文字学》就推崇象形文字,推崇"痕迹",认为逻各斯中心主义丢失了语言的丰富性,这是后话了。

因此,这种作品即使完全清除了动物性的东西并且在自身仅仅只拥有自我意识的形态,它也仍然是默不作声的形态,它还需要初升阳光的照射以便发声,[1] 这声音是由光明引发的,也只是声响,而不是语言,只是显示了一种外在自我,而不是内在的自我。

"因此,这种作品即使完全清除了动物性的东西",埃及的壁画和雕像里面有很多是完全没有动物性的,它不是半人半兽的,而就是人的形

---

[1]　指古埃及的一种叫作麦姆农(Memnon)的神像,该神像据说于日出时受阳光照射,能够发出一种音乐式的声音,但经现代人修复后遂失去了这一功能。——据贺、王中译本。

象,完全清除了动物性的东西,像拉美西斯的雕像,像克利奥帕特拉的雕像,都是真人的雕像。"并且在自身仅仅只拥有自我意识的形态",就是拥有人的形态了,人的形态就是自我意识的形态,就是完全的人像。但即使如此,"它也仍然是默不作声的形态",这些形态、这些人像都是默不作声的形象,坐在那里很呆板。神像、法老的像都是雕刻成坐在那个地方,一言不发,非常呆板的形象,双目无神,绘画和浮雕呢都是按照正面律,身体都是正面对着,头可能是侧面的,但身体还是正面的。以这种形态刻板地坐在那里或者站在那里,默不作声,不像是在说话,根本就不表现他说话的样子。狮身人面像就是趴在金字塔面前,几千年了还趴在那里,默不作声的形态。"它还需要初升的阳光的照射以便发声",它需要有阳光照在上面,它才会发声。这里贺、王译本加了一个注释,说这里是指古埃及的一种叫麦姆农(Memnon,又译孟农)的神像,麦姆农神像很奇怪,据说是太阳初升的第一缕阳光照在上面,它就发出一种乐音。它是人的形象,不是动物的形象,更不是半人半兽的形象,但是它是默不作声的,要靠外来的触动才会发声。"这声音是由光明引发的,也只是声响,而不是语言",它即使发出一种声音,也只是一种音响,而不是一种语言,"只是显示了一种外在自我,而不是内在的自我"。显示一种外在的自我,就是显示一种外在的光明本质,当我把这外在的光明看作一种神,比如埃及人的阿蒙神,也就是太阳神,看作一种精神,我把自己整个寄托于它,它就是我的外在自我。这个精神跟这个石像相碰撞产生了一种声音,这种精神还是外来的,还不是内在自我,并不是那个石像在发声。当然石像不可能发声了,古埃及所有的石像都是沉默的,一看就知道它是沉默的。古希腊的雕像就不一样了,开始有种种动态,有种种姿态,有说话时的手势,虽然面部表情仍然是平静的,但你可以设想他可能在说什么,可能刚刚说完,或者正准备说话。后期希腊雕像更是有声的,如《拉奥孔》群像,那张大的嘴分明是在呼号。但是在古埃及的时候还没有达到这样的层次,因为那个时代还属于工匠的时代,而没有进入到真正艺术家的时代。今天就到这里了。

＊　　　　＊　　　　＊

好，我们从上次还没讲完的"工匠"的这一部分开始，还剩下三段。我们上次讲到"工匠"这一部分，工匠的劳动所创造的作品，这还属于自然的宗教，但是他已经有他的作品，工匠所创造出来的作品在某种意义上也可以说是艺术品。但对这个作品呢，上面进行了一番分析，就是说它的内在方面和外在方面是相互脱离的，工匠的作品即算是去掉了它的动物性的形态，以人的形态、比如说以神像的形态出现，但是它仍然要靠外部的作用使它发声，就像麦姆农神像要到太阳出来的时候，由阳光引发一种音乐似的声音。这是一个方面，就是它没有内在的声音，没有自己的声音，没有语言；你能够把它敲响，但声音不是语言，是由外在的东西来把它敲响，或者说用光明作为一种外的自我，它自己没有自我。它外部形态是人的形象，但是它里面还没有人的灵魂，还没有表达出来，要靠外部的声音把精神的东西灌注进去。这就是外部和内部的脱离，在这一个方面的表现呢就是它的内部的自我意识这个部分还是一片空白，它必须要由外在的自我来赋予它精神的含义，这种含义不是表达为语言，而仅仅是一种声音。这是上次讲到的，外部的普遍元素就是精神的无机的自然，内部则是个别的自我、个别的形态，但这两方面是脱离的，脱节在于内部的自我还没有表现出来，要靠外部的精神的意义来赋予它一种外在的自我，上次讲到这一方面。那么今天读的这一小段呢就是从另外一个方面，就是说它不再靠外部的东西，但是它躲进它自己内部，躲藏起来看不见了。这就是这一段所要讲的。

和形态的这样一种外在自我相对立的是另外一种显示其自身拥有某种内在东西的形态。

这是跟上面一段相对照而言的。上面一段就讲到有一种外在自我的形态，外在自我赋予这样一个作品以它的一种精神的形态，这是上面已经讲过的，就像埃及的麦姆农神像，类似于这样一些例子。那么，"和形态的这样一种外在自我相对立的是另外一种显示其自身拥有某种**内在东西**的形态"，"内在东西"打了着重号，就是跟上面的"外在的自我"相对照而言，它显示了它自身拥有某种内在东西。

那返回到自身本质的自然把它那活生生的、个别化其自身的、在其运动中陷于迷乱的多样性贬低为一个非本质的外壳，这外壳是对**内在东西的掩盖**；而这内在东西暂时还是单纯的黑暗，是无运动的东西，是黑色的、无形式的石头。①

"那返回到其自身本质的自然"，自然本来是外在的，体现在外的石头啊，木头啊，或者是金属啊、大理石啊这样一些自然；但是当这样一个自然返回到它自身时，就"把它那活生生的、个别化其自身的、在其运动中陷于迷乱的多样性贬低为一个非本质的外壳"。自然的外部形象，雕像啊、绘画啊都是自然的形象，可以看得见、摸得着的，它们是活生生的、个别化其自身的。从自然的本质来看，这些东西都在运动中陷于迷乱，显示出活生生的、个别化其自身的、在其运动中陷于迷乱的多样性，各种各样的多样性都是让人眼花缭乱的、让人看花眼了的这样一些外部自然的形态。而现在返回到自身本质的自然则把这些多样性贬低为一个非本质的外壳，因为，"这外壳是对**内在东西的掩盖**"，"内在东西的掩盖"打了着重号。自然不是那么肤浅的，它底下还有意义，它不仅仅是表现在外的动作啊，形态啊，表情啊，不是在这些外在的表现上面就把的意义完全展示出来了。自然的本质其实躲藏在深处，它很神秘，外部的自然只是对这内在东西的掩盖，正因为它五花八门，所以把内在的本质遮盖住了。精神的东西应该是单纯的，不是表面上的那样多姿多彩的。"而这

---

① 指伊斯兰教圣地麦加的一块黑色石头，这块黑石至今仍受到信徒的礼拜。——据贺、王中译本。

内在东西暂时还是单纯的黑暗，是无运动的东西，是黑色的、无形式的石头"，这内在的东西，作为自然的本质，这个时候暂时还只能表现为无颜色的黑暗，无运动的静止，无形式的石头。这都是和外部自然的那种五彩缤纷、动荡不安、形态各异对着来的。既然那么多的自然的形象把它掩盖住了，那么要还原它的本来面目就必须反其道而行之，和外部形象对着干。注意这里讲的是"暂时"，也就是它仍然还属于自然宗教的范畴，要在这个范围内突破自然的外在性和表面性其实是不可能的，暂时只能采取这种办法，真正的突破只有在艺术宗教中才能完成。这里贺、王译本有个注：就是指在伊斯兰教圣地麦加的一块黑石头而言，这块黑石头至今还受到信徒的礼拜。按照这个注，那么这里几乎是唯一的一个地方提到伊斯兰教，其他地方基本上没有看到对伊斯兰教的定位。就此而言，伊斯兰教可以归于这样一个阶段，就是从"工匠"这样一个阶段过渡到"艺术宗教"的暂时的中间阶段，它是对工匠的那种加工和雕琢的否定，但却未能建立起自己的肯定的规范。一块黑石头它没有任何艺术加工，但它有某种神秘的意义，到底什么神秘的意义？它是黑的，没有色彩，没有形态，你猜不透它到底有什么意义；它也没有运动，而且也不表现运动，它不像那些雕像、那些绘画那样表现运动，像埃及的那些壁画，人死了以后怎么样超度到冥国，还有那些劳动的壁画，那都是有动作的，但在一块黑石头这里是没有这些运动的。伊斯兰教是从来不搞这些形象的，伊斯兰教的教堂叫作"清真寺"，都是很清真的，没有这样一些五花八门的形象，没有运动过程，它是永恒的，它的装饰就只是一些阿拉伯式的花纹、几何形的图案，那都是永恒的。它只有一块黑石头，它的含义只可意会不可言传。这就是第二个方面。第一个方面就是上面讲的，工匠的作品没有内在的东西，它的精神的意义要靠外在的某种精神的因素、要靠外在的神圣的东西来赋予它，要靠阳光、要靠光明这样一些观念从外面加给它，这是一种情况，就是外在和内在远离了，拉开了距离。而今天讲的这一小段是另外一个方面，就是即使有内在的东西，这内在的东西也躲进了外在东西的内部，排斥了一切外在的东西。一个是向外追寻，一个是向内躲藏，总而言之，它不能在形象上面直接地体现出来，要么到外面去寻，要么到里面去找，但始终是找不着的，是神秘象征的。下面这一段呢就是总结这两种情况了。

这两种陈述都包含有内在性和定在，——这是精神的两个环节；而这两种陈述同时是在对立的关系中包含着两个环节，既有作为内在东西的自我也有作为外在东西的自我。

这是一句总结了，就是前面的两段都在这句话里面总结了。"这两种陈述都包含有**内在性**和**定在**，这是精神的两个环节"，一个内在性、一个定在，都打了着重号。就是这两个精神环节，一个是内在性，一个是定在，定在也就是外在的东西了，定在是可以看得见、摸得着的、可以把握的、抓得住的，那就是定在。内在性的东西是被遮蔽了的，出不来的，而定在却又只是表面的外壳，这两方面互相分离，构成精神的两个环节。"而这两种陈述"，两种陈述就是上面两段话所陈述出来的情况，"同时是在对立的关系中包含着两个环节"，就是每一种陈述都有两个环节，前面是内在和外在相分离，后面是内在躲藏在外在底下，一个是向外追寻，一个是向内收缩。而这两种情况同时都是在对立的关系中包含着两个环节，而这两个环节都处于对立状态。"既有作为内在东西的自我也有作为外在东西的自我"，两种情况都有自我和自我的对立，不论它是内外相分离，还是内在东西躲藏在外在东西的底下，其实都是作为内在东西的自我和作为外在东西的自我的对立，或者说，是同一个自我的自相矛盾性和分裂。它体现为内外两个方面、两个环节。

两方面必须结合起来。——那具人形的雕像柱的灵魂还不是出自内在的东西，还不是语言，还不是那在自己本身就有内在性的定在，——而且，多种形式的定在的内在东西还是无声的、自身中无区别的东西，还是同它的领有一切区别的外部东西相分离的东西。

"两方面必须结合起来"，这句话就是归总了，就是提出要把两个方面结合起来，要结束自我意识的这种自身分裂状态。但在结合之前，必须看清形势，看清双方各自缺少什么。"那具人形的雕像柱的灵魂还不是出自内在的东西，还不是语言，还不是那在自己本身就有内在性的定在"，这是从外在自我方面的检讨。具人形的雕像柱就是指前面提到的麦姆农神像，它的灵魂不是出自自己内部，而是出自太阳光的触发，而且触发出来的还不是语言，而只是乐音，所以它还不是那自己本身就有内在性的定在。换言之，你要把双方结合起来，在外在的方面就必须使这样一个具有人形的雕像柱的灵魂出自内在的东西，变成语言，或者说在自己本身获得内在性的定在。下面是另外一方面，即内在自我方面。"而且，多种形式的定在的内在东西还是无声的、自身中无区别的东西，还是同它的领有一切区别的外部东西相分离的东西"，这是另外一种情况。前面是讲外在东西必须入内，后面这种情况呢，就是内在东西必须出外，必须表现在外。外在必须进入内在，而内在东西必须要表现出外在。多种形式的定在的内在东西还是无声的，就像那块黑石头，只是单纯的黑暗，向内收缩，没有形式、没有运动，当然更发不出声音了。它是自身中无区别的，它没有形式，连颜色都没有，它仍然是同它的那些有这些区别的外部东西相分离的东西。所有这些区别，颜色的、形态的、运动的区别，都是外部东西的区别，它们都和这块黑色的石头相分离。那么这块黑石头到底意味着什么，必须要用有声有色的形象表达出来。

[195]　　　——因此，工匠就通过混合自然形态和自我意识到的形态而把两者结合起来，而这种模棱两可的、本身是谜一般的本质，这种与无意识的东西纠缠不清的有意识的东西，这种带有多种形态的外在东西的单纯内在东西，这种与外在表现的明晰性相配合的思想的暗昧性，所有这些都爆发成了一种深奥难解的智慧的语言。

"因此，工匠就通过混合自然形态和自我意识到的形态而把两者结合起来"，为了解决上述外在自我意识和内在自我意识的分裂和矛盾，工匠所能做的只是两方面的混合。自然形态就是外在的东西，自我意识到的形态是内在的东西，工匠把这两者混合起来。当然，混合并不能真正解决问题，只是表明了一种迫切的意向，想要把内部和外部结合起来，但仍然结合不好。这样造成的混合体是什么呢？下面有四个排比句对它加以概括。"而这种模棱两可的、本身是谜一般的本质"，他把两种不同的东西结合起来，这种结合是采取一种混合的方式，混杂在一起，既有自然的东西也有精神的东西，那么这样一个作品就具有模棱两可性，具有谜一般的本质。像巨大的斯芬克斯像，趴在那个地方，狮身人面，既是人性的东西又是动物性的东西，自然界肯定是没有的，是工匠的产品；但又不完全是表现人的精神。狮身人面像，它有什么含义？模棱两可，你看它的样子，它表情朦胧，不知道究竟想说什么。"这种与无意识的东西纠缠不清的有意识的东西"，无意识的东西就是它那个巨大的狮子的身体，但是它又安上一个人的脸，那么它究竟是表现兽性还是人性，纠缠不清。当然它还是有意识的东西，因为自然界没有这种东西，这是有意创造出来的形象，你知道这个像肯定不是偶然地把一个人的脸放在狮子的身体上的，肯定是有意思的。但是有什么意思呢？想破脑袋也想不清楚，因为它与无意识的东西纠缠在一起。"这种带有多种形态的外在东西的单纯内在东西"，带有多种形态的外在东西的单纯内在的东西，这也是对比，外在形态方面多种多样，但是它的内在是单纯的，单纯的东西却又以多种形态表现出来。人兽合体绝不是单纯的，它如何能够表达单纯的意思？毋宁说，外在形态多样性反而把单纯的内在含义遮蔽了。"这种与外在表现的明晰性相配合的思想的暗昧性"，外在表现很明晰啊，你看得清清楚楚，它做得很精细，它做得很明确，虽然怪怪的，但你一看就知道这是狮身人面像；但它里面究竟要表达什么样的含义呢？思想的暗昧性，它的思想带有谜一般的本质。上面这四个排比讲的都是同一个意思，就是外在东西和内在东西不相符合。黑格尔在《美学》中对狮身人面像的定位是："我们可以把**狮身人首兽**看作埃及精神所特有的意义的象征，它就是象征艺术本身的象征"，在其中，"人的精神仿佛在努力从动物体的沉闷气力中冲出，但是没有能完全表达出精神自己的自由和活动的形象，因为精神还和跟它不同的东西牵连在一起。""到了这个顶峰，象征就变成谜语了。"① 这正是这里讲的意思。上面的四个排比句之后，在最后一句中做了一个了结："所有这些都爆发成了一种深奥难解的智慧的语言"。这里用的"爆发"一词（ausbrechen），上面引文中则是用的"冲出"。所有这些矛盾冲突，最后在顶峰爆发成了这样一种深奥难解的智慧的语言，也就是谜的语言、谜语。人的精神终于从动物的沉闷的气力中突围出来了，变成了一种谜语。什么谜语？就是斯芬克斯之谜，斯芬克斯之谜就已经进入到希腊神话了，埃及的斯芬克斯还不会提出这种谜语，还未能突破自然宗教的重围。当然，希腊的斯芬克斯是从埃及来的，但不仅形象变了，变得美丽轻盈，而且开口说话了。据说斯芬克斯守在通往底比斯的路口上，凡是从这里通过的人都必须要猜一个谜语，猜不着就要被吃掉。这谜语就是：早上四条腿走路、中午两条腿走路、晚上三条腿走路，这是什么？这个谜语被希腊英雄俄狄浦斯猜破了：这就是人嘛！婴儿只能四肢着地爬行，成人两腿走路，老人要拄拐杖，那不是三条腿吗？斯芬克斯羞愧无比，跳下悬崖摔死了。所以象征型艺术或自然宗教的谜底就是人本身，② 就是人的自我意识，但埃及人提不出这个谜语，更谈不上猜中它了，因为他们的神像不开口说话，他们的宗教矛盾只能郁积在心中。这种矛盾在伊斯兰教中达到顶峰，到希腊的艺术宗教中终于爆发出来，炸毁了那层外壳，突破到了人的自我意识本身的定在规定性，即语言。只有语言，既是内在的自我意识，又是外在的自我意识，语言把以往势不两立、无法调和的内外、主客两方统一起来了，也就是统一在人身上

---

① [德] 黑格尔：《美学》第二卷，朱光潜译，商务印书馆 1979 年版，第 77 页。

② "谜已破解，埃及的**斯芬克斯**，据奇异、深奥的神话所述，为一希腊人所杀，谜底为：**自由的、知其自身为精神的人**。"见黑格尔：《宗教哲学》，魏庆征译，中国社会出版社1999 年版，第 439 页。

了。而这样的人已经不再是工匠，也不再是奴隶，而是自由的人，即艺术家。所以最后一段就向艺术宗教过渡了。

在这种作品里不再有那种本能式的劳动，那种劳动曾经与自我意识相对立而产生出无意识的作品；因为在这种作品里，支持着工匠由自我意识构成的那种能动性的，是一个同样自我意识到了的、表述着自身的内在东西。

"在这种作品里"，这种作品，就是工匠把两种对立的东西混合在一起而最后逼出了一种语言的那种作品，在这里"不再有那种本能式的劳动"。就是说到开始有语言的时候，劳动者就已经不再是那种本能式的劳动了。本能式的劳动是什么劳动呢？"那种劳动曾经与自我意识相对立而产生出无意识的作品"，前面那种与自我意识相对立地产生出无意识的作品，那就是奴隶劳动了。工匠最开始是奴隶，做事的人、师傅、熟练劳动者最初都是一些奴隶，他们是一种本能式的劳动。他要吃饭、要活命嘛，主人命令他去干活就干活，主人说要他怎么干他就怎么干，他没有自我意识。他是与自我意识相对立地生产出无意识的作品的，他的作品没有把自己的自我意识放进去，他做牛做马，要他干什么就干什么，他没有把作品当作自己的作品。所以那是本能式的劳动，就像一群蜜蜂建造它们的蜂房一样。"因为在这种作品里"，这种作品指的就是最后出现的这种不再有本能式劳动的作品，在其中，"支持着工匠由自我意识构成的那种能动性的，是一个同样自我意识到了的、表述着自身的内在东西"。现在这工匠已经有自我意识了，不但已经具备由自我意识所构成的能动性，而且这种能动性后面已经有一个内在东西作支撑，这内在的东西是同样意识到自我并且表述着自我的。所谓"同样自我意识到"，是说不但工匠的能动性是由自我意识构成的、因而是自我意识到的，而且支持这能动性的内在东西同样也是自我意识到了的，换言之，作为外在东西的自我得到了作为内在东西的自我的支持。前面的那种劳动是与自我相对立地生产着无意识的作品，而现在工匠是由内在自我意识支持外在自我意识去能动地创造作品，这工匠内外都由自我意识所构成，那就不是奴隶了，这样的师傅已经是一种自由的劳动者了，至少是以自由劳动者的心态在工作了。支撑着他的创造活动的不再是以往那种要活命的本能，而是一个自我意识到了的、能表述自身的内在东西。就是工匠有一个自己的目的，这个目的是自我意识到了的、能表述自身的内在东西，他能够说出自己要什么，并自由地把它创造出来。这种工匠就已经摆脱了原来的那种主奴关系，他可以按照自己的意图、按照自己内在的精神来创造自己的作品了，于是内在的东西就会体现在他的作品身上，这种活动最终得出的作品就是艺术品，而这工匠就不再只是工匠了，我们可以称他为艺术家。

他在这里已努力把自己提升到使自己的意识分裂为二，以此来使精神与精神相遇。在这自我意识到的精神和他自身的统一里，只要他对自己是自己意识的形态和对象，那么他与直接自然形态的那种无意识的方式的种种混淆就消除了。

"他在这里已努力把自己提升到使自己的意识分裂为二"，他进行创造，他进行制作，在这个过程中，他已经努力地把自己提升起来，使自己的意识分裂为二。就是本来是一个意识，他把它分裂成了两个意识，一个是他自己作为创造者，另一个是他所创造出来的那个作品也是他自己，这就是前面讲的内在自我意识和外在自我意识的分裂。他把自己分裂为二，生出另外一个也是他自己，"以此来使精神与精神相遇"。他自己是精神，他的作品也是另外一个精神，他的精神与另外一个精神相遇。另外一个精神是他自己分裂为二创造出来的，但是这两个都是独立的精神，他所创造出来的那个精神是另外一个我，精神与精神相遇，那就是自我与自我相遇，我在另外一个我身上看到了我自己。工匠经过了这样一个阶段，就达到了自我意识，达到了自我意识的独立和自由，工匠就是一种自由的主体，这样一个主体不是体现在他自己孤立起来、封闭起来，而是体现在他能够把自己作为一个对象创造出来，这才是一个自由的主体，在他的作品中实现了精神和精神相遇。我在作品中遇见了我的精神，观赏我的精神，欣赏我自己的精神，出现了这样一种情况，这是一种提升，所谓提升就是从工匠提升到了艺术家。"在这自我意识到的精神和他自身的统一里"，自我意识到的精神作为客体、作为他的作品和他自身的统一，在他的对象上面他和他自身达到了统一，在这样的统一性里面，"只要他对自己是自己的意识的形态和对象"，在这个统一体里作者和作品相统一，他意识到、他觉得他是他自己的意识的形态和对象。在他的作品里面，他成了他自己的意识的形态和对象，因为他的作品就是他的意识的形态，就是他的意识的对象。意识达到自我意识就是把自己当作对象，那么如何才能把自己看作对象呢？我造出一个作品来，我在这个作品身上就看到了自己的意识的形态和对象，我就是它，它就是我。只要他觉得他是他自己的意识的形态和对象，"那么他与直接自然形态的那种无意识的方式的种种混淆就消除了"。他消除了那种混淆，什么混淆呢？就是他和直接自然形态的那种无意识的方式相混淆。只要在他的对象、在他的作品中达到了这样一种自我意识，那么他就不再跟直接的自然形态相混淆，因为这个自然形态现在已经是我的作品，不是主人要我做的，而是我自己要做的。我看到的是我啊，哪怕我造出来的是一个自然形态，但那是按照我的形象造的，我给它灌注了我的意义，通过这个自然形象我把我的意义表达出来了。那么我与直接自然形态的那种无意识的方式的种种混淆就消除了，我不再是和外在的自然混杂在一起，我的作品的每一点都是我的表现，都有我的意义。在希腊的艺术作品里面就有这个特点，希腊艺术作品如此精美、如此精细，每一个细节都有精神的意义。我们今天从考古发掘所发现的，包括断臂的维纳斯，包括胜利女神的雕像，包括很多残破的东西，它都有意义，连一条断腿放在那里都是那么样的精美，你都可以看出它里面的意义。它要表达美，它要表达优雅、高贵，哪怕它是一个不完整的东西，连头都没有，它就能够摆在那里供人欣赏、供人感悟,它的每一点都渗透了精神,而不是那种直接的自然形态。你要用直接的自然形态的眼光去看,这就是一条断腿嘛,那有什么可欣赏的呢?胜利女神雕像连头都没有,剩下一对翅膀、一身衣服,你仍然可以去欣赏,感到惊叹。它跟直接自然形态的那种无意识的方式的种种混淆就排除了,他的作品哪怕以自然的形态出现,都是精神的,它每一个细节都是精神的,这就达到艺术作品了,内在的意义和外部的形象就完全融为一体了。意义很清晰,形态都浸透了精神的含义,没有那种支离破碎的形象了。

这些在形态、话语和行为业绩上的怪物就消解为精神性的形态了,——消解为一种自身反省的外在东西,——一种从自身出发并在自身上把自己表现在外的内在东西;消解为这样的思想,这思想是自我产生的定在,是按照内在东西来维持自己形态的定在,而且是清楚明晰的定在。这种精神就是**艺术家**。

"这些在形态、话语和行为业绩上的怪物",怪物,Ungeheuer,巨无霸、巨怪,尤以斯芬克斯为代表。在形态方面,斯芬克斯狮身人面,不是人间日常的形态,是幻想出来的;在话语上,它让你猜谜,说出的都是谜语;在行为业绩上,你可以看到这些雕像的工程多么浩大,这是耗费了巨大的人力、物力才建造起来的,最大的高达20层楼。"就消解为精神性的形态了",精神性的形态不是凭借体积大小,我们可以比较一下埃及的斯芬克斯像和希腊的斯芬克斯像,那是完全不一样的。埃及的斯芬克斯是一个巨型怪物,希腊的斯芬克斯像呢,很轻灵、很秀美,还长着翅膀,体型比一个人大不了多少。我们在希腊的壁画上看到的斯芬克斯是非常美丽的,哪怕是狮身也是很美丽的,它长着翅膀。在这里,这种巨怪就消解为精神性的形态了,精神不可能是那么笨拙的东西,精神是很轻灵的,精神是有翅膀的,是飞得起来的。"消解为一种自身反省的外在东西",它仍然有外在的东西,艺术品嘛,它肯定要体现在外了,但是它又是自身反省的,它说出来的话语、谜语就是叫你自身反省,你甚至会对它有一种移情,感觉它像一个坏脾气的美丽的少女,使你反省到人性。"一种从自身出发并在自身上把自己表现在外的内在东西",他是从自身出发,但却在自身上把自己表现在外。这两个排比句都是对立方面的结合,一个是自身反省的外在东西,一个是表现在外的内在东西,这就从两个不同的方面把前面讲的内在自我和外在自我结合为一体了。"消解为这样的思想,这思想是自我产生的定在,是按照内在东西来维持自己形态的定在,而且是清楚明晰的定在",最后消解为这样一种思想,原来只是猜谜,现在有了思想,有了清晰的思路。这思想是自我产生的定在,这思想自我产生,而且产生出一个定在来,产生出它的外在的表现;它是按照内在东西保持自己的形象、保持符合于他自身状态的定在,它按照自己的意图创作,而不是按照别人的意图制作。于是,这个形态的含义不再是飘忽不定的,不再是远离思想的,不再是深奥难解的,而是符合于他的内在思想的,思想到哪里,形态就到哪里,思想是怎么样的,形态就怎么样表现,形态和思想现在已经吻合起来,天衣无缝了。作品成了这样一种定在,它的形象是符合思想的,或者按照黑格尔在《美学》中的定义,美是理念的感性显现,理念就是思想,感性显现就是定在,就是形态,理念和感性形象完全吻合、丝丝入扣、天衣无缝,那么这就是古典型的艺术品、理想的艺术品。真正的艺术品应该做到这一点,不单是把双方混合起来,以混合的方式结合起来,这个不算,那只是一种前艺术的艺术。真正的艺术品应该是理念和感性形象这两方面融合得天衣无缝,每一个细节都有思想,都表现出同一个思想,没有一点是多余的。你看希腊的那些雕像就做到了这一点,没有任何一个细节是多余的,你截取任何一个细节,你都可以推出它的全貌,因为它有个明确的理念啊,它受这个明确的理念在里面灌注、起统一的作用,所以这又是一种清楚明晰的定在。所以对这个定在有三个规定,一个是自我产生的定在,一个是按照内在东西来维持自己形态的定在,再一个是清楚明晰的定在,它不再是晦涩难解的,它清清楚楚。希腊的那些雕像意思都很清楚的,雅典娜就表现理性和智慧,阿芙洛狄忒就表现性爱和美,宙斯表现他的权威,等等,每一个雕像都有它的思想,而且界限分明,所以它是明晰的定在。"这种精神就是**艺术家**","艺术家"打了着重号,这就不再是工匠了。当然艺术家也是工匠,他也要制作,但那个层次就远远不能相比了,工匠是从奴隶来的,基本上还是奴隶,虽然他们在干活的时候也会有创造的冲动,但那是偶尔出现的,基本上他还是被主人驱使着去干活。而艺术家是独立的,艺术家为所欲为,他想怎么做就可以怎么做。这样一种精神就是一种解放了的精神,从主奴关系里面走出来,意识到了他自身的自由。

{376}
二、艺术宗教

那么我们再看第二种宗教。第一种宗教是自然宗教,讲了三个环节,光明的本质、植物和动物、工匠,一个环节比一个环节更高,更接近于自由,最后到艺术宗教呢,就达到了个体的完全自由了,下面我们来看第二部分"艺术宗教"。

精神把它对自己的意识而言所处的形态提高到了意识自身的形式,并且把这样的意识形式给自己创造出来。

"精神把它对自己的意识而言所处的形态",也就是把它自己所意识到的形态,"提高到了意识自身的形式",也就是精神认为它自己所处的形态,精神又把它提升为意识自身的形式。这个形态本来是它所处的外部形态,对它而言它的确是意识到了这个形态,这本来是它的意识的对象;但是这个对象的形态现在被它提升到了意识自身的形式,就是这个对象它也是我的意识的形式,不要把它仅仅看成一个对象,它是我的对象,它就是我。那就是提高到了自我意识的形式。本来是意识,是对象意识,工匠就是这样的,主人要我去造一个对象,我就把它造出来了,它在我面前了,我知道那个东西是我造的,但那不是我,那是主人的意图,我是按照主人的意图去造的,主人为什么要我去造,我不知道,反正他要我去做。而现在情况不同了，精神把它对自己的意识而言所处的形态提高到了意识自身的形式，"并且把这样的意识形式给自己创造出来"，他就是按照意识自身的形式来创造他面前这样一个客观的形态、这个意识的对象，这是按自己的意图创造出来的客观对象。这个是跟前面大不一样的，"艺术宗教"第一句话就把这一点表明了，艺术家跟工匠的区别，就是精神把它对它自己的意识而言所处的形态，提高到了意识自身的形式，并且把这样的意识形式给自己创造出来了。光是提高到意识的形式还不够，还要去做啊，所以艺术家在某种程度上面也是工匠，他也要去做，但这个工匠跟原来的工匠是不一样的，提高了一个层次。

　　工匠放弃了**综合性的**劳动，即放弃了把思想和自然这两种异质的形式**混合**在一起；由于这种形态赢得了自我意识到的能动性的形式，工匠就成为了精神的制造者。　　[196]

　　"工匠放弃了**综合性的**劳动"，"综合性的"打了着重号。什么是综合性的？在康德那里，综合判断就是把两个来源不同的东西联结在一起，综合的双方是不同的，并不能够互相包含，这是康德的定义。这里的综合呢也沿用了这个定义，所谓放弃了综合性的劳动，也就是放弃了把两个异质的不同来源的东西结合起来。这种结合实际上是一种混合，所以讲，"即放弃了把思想和自然这两种异质的形式**混合**在一起"，"综合性的"和"混合"都打了着重号，表示这种综合实际上是一种混合。所谓混合也就是两种异质的东西，一方面是思想，另一方面是自然，或一方面是精神，另一方面是物质，这两者格格不入，现在我把它们混合在一起。这就是原来工匠们所做的工作，所以搞得怪怪的，想要表达某种思想，但是又没有表达出来，因为外在的物质形态跟内在的思想终归不相吻合，而且还拉得无限遥远，你始终猜不透，它就是个谜，这是工匠原来那样一种状态。现在呢，工匠放弃了这样一种综合的劳动，放弃了这样一种混合。"由于这种形态赢得了自我意识到的能动性的形式"，他所创造出来的形态现在已经获得了自我意识的能动性这样一种形式，也就是他所创造的形态再也不是那种僵硬的、呆板的、摆在那里的纯物质的自然形态，而是具有了自我意识到的能动性这样一种形式。他创造的作品已经具有了能动的自我意识，那么，"工匠就成为了精神的制作者"，成了精神的工匠。前面那种工匠是物质的工匠，也就是对付那些石头，对付那些材料，做这样的工作，工匠就是做手，就是人手。我驱使这些人手去为我做事，这是原来的工匠。而现在呢，工匠成为了精神的制作者，不再是物质的制作者，他要打造的是精神，他所打造出来的作品就是精神的作品，就是具有他自己的自我意识到的能动性形式的作品，这就是从工匠到艺术家的过渡。下面一段就是讲这一过渡的现实基础，工匠要变成艺术家，真正的艺术宗教要产生出来，它有它的社会历史条件和背景。就是在这样一种社会背景之下，才能产生出理想的艺术品或艺术宗教。其实前面讲到光明本质，讲到植物、动物，讲到工匠，都提到了它的社会背景，那么在这里讲得就更多了，因为这一部分黑格尔是最熟悉的。就是古希腊在什么样的历史条件之下产生出了这样一种古典型的艺术、至今还不可企及的艺术，这个黑格尔是太熟悉了。

　　如果我们追问那在艺术宗教里具有对自己绝对本质的意识的现实精神是什么，那么结论就是，它是伦理的或者真实的精神。

　　艺术家已经产生了，艺术宗教也已经过渡过来了，那么现在我们就要追问了，追问什么呢？"如果我们追问那在艺术宗教里具有对自己绝对本质的意识的**现实**精神是什么"，"现实"打了着重号。追问艺术宗教中的现实精神是什么，也就是追问艺术宗教的现实生活的基础是什么，这现实精神具有对自己的绝对本质的意识。这个现实精神是什么呢？"那么结论就是，它是**伦理的**或者**真实的**精神"，它的现实基础就是伦理的精神，就是伦理。伦理的精神我们在下卷的一开始就讲到了，"一、真实的精神，伦理"，它包括"伦理的世界"、"伦理的行动"、"法权状态"，一路讲过来，这是从"理性"进入到"精神"的第一站。现在我们又回到了伦理的精神或真实的精神，把它作为艺术宗教的现实的基础。黑格尔讲宗教的每个部分，时时都要回到前面去找一个环节作基础，至于回到前面哪一环节，这个不一定，要看情况。以往讲的那些宗教好像和前面的环节有一定的平行性，比如说自然宗教里面讲到光明的本质，光明的本质跟感性确定性有关，植物动物呢跟知觉有关，工匠呢跟知性有关，工匠要合规矩，那就和知性有关。那么艺术宗教一开始呢，它跟伦理、真实的精神有关。前面是一路走过来的，从感性确定性到知觉到知性，最后到自我意识，而从工匠过渡到艺术宗教时则讲到自我意识的主奴关系、自由意识的觉醒等等这些东西。但现在一讲艺术宗教本身，一下子就跳到了伦理精神，中间的理性，包括观察的理性、实践的理性等等都跳过去了，那些东西对宗教来说都不可用，忽略掉了。这里他所采取的就是关于伦理精神里面的论述，作为他的理解的社会历史背景、作为艺术宗教的现实基础。这样理解，它和前面不是完全平行的，而是为我所用的。我们前面讲到，在宗教哲学里面，它前面的各个环节——意识、自我意识、理性和精神——是为我所用的，作为某种宗教的基础形态，理性部分基本上就被放弃掉了，他只从意识部分、自我意识部分和精神部分中分别取了些例子。而这里的艺术宗教呢，主要是取的最初的精神的部分，就是真实的精神即伦理部分。现实的精神是什么呢？那么结论就是，它是伦理的或者真实的精神，"现实的"、"伦理的"、"真实的"都打了着重号，这就是我们下卷一开始讲到的"真实的精神，伦理"。所以我们要从那样一个阶段里面所谈到的伦理精神来理解这种艺术宗教，艺术宗教是建立在古希腊伦理精神的基础上的绝对精神。这里不仅仅是谈艺术，而且是谈艺术宗教，谈艺术宗教就跟伦理有关，跟社会现实有关，不光是一种艺术分析。这里面的艺术分析不多，在艺术宗教里面，艺术的分析远远不如后面在他的《美学》里面谈各种各样的艺术的时候那样详细，那样具有审美意识，因为他主要是谈宗教，他把艺术合并到宗教里面来谈，称之为"艺术宗教"。这种合并当然也有一定的合理性，但是毕竟跟他后来划分的方式不一样,后来的绝对精神有三个阶段,艺术、宗教和哲学;而《精神现象学》里面的绝对精神只有两个阶段,一个是宗教,一个是绝对认知,绝对认知也就是哲学了,艺术则是包括在宗教里面连带着讲的。那么,我们来看看真实的精神。

它不仅只是一切个别人的普遍实体,而且由于这实体对那现实意识来说具有意识的形态,这就等于是说,这个具有个体化的实体是被那些个别人作为他们固有的本质和作品来认知的。

"它",也就是刚才讲的伦理的或真实的精神,伦理的精神是什么呢?"不仅只是一切个别人的普遍实体",当然我们一般会认为所有个体的普遍实体就是伦理,任何一个社会都是这样,一个社会之所以成为一个社会,就是一切个别人都有一个普遍的实体,那就是伦理实体,它在支撑着这个社会。但是它不仅仅是这样,"而且由于这实体对那现实意识来说具有意识的形态",也就是说,它不是一个普遍的实体要你去遵从它,要你去服从它,而且它对于现实意识来说具有意识的形态,它不是无意识的"天"或者"自然"在对人的意识进行现实的规范,而是作为一种意识的主体在对人的现实行为下命令。"这就等于是说,这个具有个体化的实体是被那些个别人作为他们固有的本质和作品来认知的",这一句话就点得更明确了,就是这个实体被个体化 (Individualisation) 了,也就是拟人化了,具有一个人的形象,所以在这样一个伦理实体里,每一个人会都把这样一个实体看作自己固有的本质和看作自己的作品。这是我们认可的,我们对它感到亲切,并把它当作自己的作品、当作自己的艺术品来维护。伦理跟法律的不同就在这里,法律当然也是我们制定的,但是往往有时候呢人们会想到要逃避法律,犯了法不想负责,觉得这是一种外来的束缚;而伦理呢是一种内心的束缚,每个人从内心里面都认可这些规范,作为自己固有的本质。如果你连伦理都不认了,那你这个人就是禽兽了,那就不是人了,你还是个人的话,那你的固有的本质就是伦理。但伦理又是人自己的作品,是他们根据自己的意识所制定、所规定的,而不是上天降临的自然规律。这是特别属于古希腊伦理精神的特点，希腊人不仅把伦理当作自己固有的本质，而且把它当作自己的作品来认知。这是我们大家一起建立起来的，我们的城邦以及这个城邦的伦理、习惯和伦常，都是我们把它建立起来的作品，我们每一个人都理所当然地要遵守它。当作作品来认知是古希腊人特有的现象，在其他的伦理精神里面不见得有这样一种现象。这里主要是讲在艺术宗教里面它的现实精神的基础是什么，就是伦理实体成为了城邦的每一个个体的固有的本质，而且被认可，被当作是他们的作品来认知。

所以实体对个别人来说，既不是光明本质，在光明本质的统一性里自我意识的自为存在只是消极地、只是在消失中被包含着，并且直观到它的现实性的主人；这实体也不是那些互相仇恨的民族不停息地互相消耗；也还不是把各个民族在各个等级上加以奴役，这些等级一起构成一个完整的有机整体的假象，但这整体却缺乏个体的普遍自由。

这就把古希腊的伦理实体跟其他民族的情况都区别开来了，当然其他民族也不能说就没有伦理，它们也有它们的伦理，但这个伦理跟古希腊的肯定是不一样的，或者说是不完全、不完整的，只有到了古希腊的城邦，它的伦理才是真实的精神，就是伦理精神。"所以实体对个别人来说，既不是光明本质"，前面讲了光明本质，光明本质也有它的伦理了，但是，"在光明本质的统一性里自我意识的自为存在只是消极地、只是在消失中被包含着"。在光明本质那里，它的伦理主要还是一种主奴关系，所以这光明本质被看作他们至高无上的主人，所有人在光明之神面前都匍匐在地，都是光明之神的奴隶。所以在光明本质的统一性里自我意识的自为存在只是消极地被包含着，并且只是在消失中被包含着，也就是说每一个个体都必须为这个光明本质而献身，取消自己的小我去服从那个大我。在光明本质那里没有个体的位置，每一个个体都要为了光明之神牺牲自己，所以它只是被动地、消极地、只是在消失中被包含着，只有献身于光明本质才是自我意识的自为存在。自我意识的自为存在本来是独立的，本来是自由的，但是个体的自由要牺牲掉，只有在这种牺牲中才有貌似的独立性。"并且直观到它的现实性的主人"，个体只有在牺牲中才直观到光明就是他的现实的主人，他则是光明的奴隶，要无条件地服从它。在光明本质那里的伦理状态就是这样一种状态，就是要牺牲自我，牺牲自我意识的独立和自由，来服从唯一的光明的本质，这就是波斯宗教的伦理。"这实体也不是那些互相仇恨的民族不停息的互相消耗"，另一种情况就是那些互相仇恨的民族不停息的互相消耗。在希腊也有很多城邦，那些城邦也可以说是一些不同的民族，但它们可以联合起来，结成同盟，而不是不停息地互相消耗。他们互相之间做生意，互相之间也会有某种钩心斗角，但它不是那种仇恨，即算是雅典和斯巴达打得那样的厉害，也不是由于互相仇恨，他们是互相尊重的，雅典人对斯巴达人或斯巴达人对雅典人都还是很尊重的，他们是因为利益冲突，而不是因为互相仇恨。这就跟其他民族不一样了，跟植物动物的宗教就不一样了，植物和动物的宗教常常是互相仇恨，你死我活。但黑格尔在前面和在这里都没有举例子，贺先生和王先生的译者注中 [参看第 190 页中译者注] 猜测他讲的是印度的原始宗教，也只是猜测而已。其实从精神气质上来说，这种实体形态倒是更接近于中国春秋战国时期的争霸战，都是华夏子孙、龙的传人，崇拜同样的植物和动物，却互不相容。秦国灭赵国时，竟然可以坑杀降卒 40 万，全然不把对方当人。"也还不是把各个民族在各个等级上加以奴役"，这是第三种情况，相当于前面讲的"工匠"阶段。就是说一个民族征服另外一个民族，使它成为自己的奴隶，使它成为社会的低等阶层，如埃及的奴隶制和印度的种姓制度。在希腊的斯巴达人那里还有这种痕迹，他们让战败的希洛人全体沦为奴隶，驱使他们为自己生产。这样，一个社会呢就分成几个等级，在各个等级上加以奴役。当然希腊也有奴隶制，但希腊的奴隶制是比较温和的，通常是家内奴隶制，奴隶作为仆人和婢女，属于家庭成员。在当时以雅典为代表的希腊社会，他们引以为自豪的就是他们这样一个社会是没有奴役的，即算有奴隶,那些奴隶大部分也都是心甘情愿的,都是非常和谐的,很少发生残酷压迫和起义反抗的情况。当然斯巴达人例外,是属于希腊社会中比较野蛮的城邦。"这些等级一起构成一个完整的有机整体的假象,但这整体却缺乏个体的普遍自由",东方社会通过一种武力,通过一种奴役,可以把各个民族统一起来,形成一个庞大的国家,有高贵的等级,有低贱的等级,像印度啊、埃及啊,基本都是这样的,缺乏个体的普遍自由。这种有机整体只是一种假象,一旦权威倒台,立即四分五裂、天下大乱。希腊人的伦理实体不是上面这三种情况,那么希腊人实体的情况是什么样的呢?

反之,这精神乃是自由的民族,在这个民族中,伦常构成一切人的实体,一切人和每个个别的人都把这实体的现实性和定在当作自己的意志和行为业绩来认知。

这就跟前面都不一样了,那是什么情况呢?"反之,这精神",也就是这样一个伦理精神、真实的精神,"乃是自由的民族,在这个民族中,伦常构成一切人的实体"。每个人在这样一个民族里面呢都共同分有他们的实体,奴隶也不例外。我们经常讲希腊社会也是奴隶制啊,不错,但希腊社会的奴隶制基本上都是家内奴隶,它不像罗马的奴隶制,罗马的奴隶制把奴隶用锁链锁起来,驱赶到田野上去工作、去劳动,埃及的奴隶制也是的,一大群的奴隶不管他们的死活,把他们驱赶到工地上去工作,有监工拿着皮鞭看守着。而希腊的奴隶制是家内奴隶,奴隶是他家里面的一个家庭成员,所以就连奴隶也分有了希腊城邦的伦理实体,一个奴隶该干什么,他们都很知道要守自己的本分。奴隶有时候被解放,那就要感恩戴德了,他成为自由民了;自由民有时还不起债,只好卖身为奴。就是奴隶不是绝对的,他可以被释放,也可以被买卖,但一般来说他们跟主人有一种感情联系,古希腊的奴隶制和其他的奴隶制还不太一样。所以黑格尔在这里说,伦常(Sitte)构成一切人的实体,"一切人和每个个别的人都把这实体的现实性和定在当作自己的意志和行为业绩来认知"。他们的认知中都有这样一种自我意识，就是伦理就是我的本分，伦理就是我的实体，我属于这个伦理实体，就要遵守这样一个伦理实体的本分。这是自由的民族，自由的民族就是指的希腊人了，艺术宗教只有在希腊才能产生，在其他的民族里面其实都不是艺术宗教，要么是自然宗教，要么是天启宗教，天启宗教当然层次就更高了。

但是伦理精神的宗教是精神超出自己的现实性的提升，是从它的真理性中返回到对它自身的纯粹认知。

"但是伦理精神的宗教"，伦理精神刚才讲了，它是一种真实的精神，是一种现实的精神，但是伦理精神的宗教呢，虽然以伦理精神作基础，但又与之有所不同，"是精神超出自己的现实性的提升"。它是一种现实的宗教，在现实中它会起作用，它以现实的伦理精神为基础，但它又提升至这个现实之上。在希腊城邦中伦理构成一切人的实体，每个人都把它看作自己的行为业绩，这是很现实的，也就是一般风俗习惯，伦常；但是伦理精神的宗教呢，它又超出了它的这种现实性，不单纯是伦常。"是**从它的真理性中**返回到**对它自身**的纯粹**认知**"，"从它的真理性中"打了着重号，"对它自身的"、"认知"也打了着重号。从它的真理性中，前面讲了之前的伦理精神是真实的精神，真实的精神就有它的真理性了，它是符合于当时希腊城邦的现实生活的，所以它具有真理性，每个人的认知都是符合他在这个伦理实体中的本分的，所以是具有真理性的。但是它又是从它的真理性中返回到对它自身的纯粹认知，也就是说在这样一种真实的精神里面必须返回到自身，返回到对自身的认知。希腊人的那种宗教是很自觉的，不是说既然我们生活在这样一种社会中，那我们就要服从这个社会既定的规范，没什么道理可讲。我们中国人经常讲"入乡随俗"，你生在这样的家庭，生在这样的社会，你就要遵守这个社会的规范，这个就是没有反思的了，就是单纯的伦常了。但希腊人不一样，他要从伦理实体的真理性中返回到对他自身的纯粹认知，它是一种认知，就像苏格拉底讲的，什么是美德？美德就是知识，最重要的知识就是"认识你自己"。它虽然是现实性的，但是它要超出它的现实性，要达到一种自我认知，达到一种自觉，达到一种反思。我知道它是符合我的本性的，但要知道这一点，不能听别人说，要自己认识自己。所以它是返回到对它自身的纯粹认知，我不是仅仅遵守一种社会习惯，大家都这样，那我也就这样，可以减少麻烦，我们通常认为所谓现实的精神应该是这样的。但是古希腊的现实精神不是这样，它要思想，它的伦理精神包含有思考，包含有认知，对一般伦常具有自我超越性。

由于伦理的民族生活在与它的实体的直接的统一性里，还未在自身具有自我意识的纯粹个体性原则，所以这种民族的宗教只是在同这民族的持存相分离时才以其完整性出场。

伦理精神的宗教里面包含着两个层次，一个是现实性或真理性，它是真实的精神；一个是它要返回自身，要有反思，要成为一种纯粹的认知，它包含知识。而"由于伦理的民族生活在同它的实体之直接的统一性里"，任何一个伦理的民族都是这样的，希腊民族也是生活在同它的实体之直接的统一性里。虽然苏格拉底说美德就是知识，但是在苏格拉底以前人们并没有把美德看作知识，而是直接的统一，由神话来作为他们生存的根据。神话里面对我们就是这样安排的，宙斯的意志就是这样的，我们不可违背。"还未在自身具有自我意识的纯粹个体性原则"，自我意识在其中还没有觉醒。一般来说在现实的伦理生活中自我还没有觉醒，而只是一种伦常。我们中国人讲的"五伦"，父子、君臣、夫妇、兄弟、朋友；"五常"，仁义礼智信，所有这些东西都还没有一种个体性原则在里头，都不包含有纯粹的个体性原则，而是生活在同伦常实体的直接统一性里。这是人之伦常，你要不服从，那你就不是人，是另类，是禽兽。"所以这种民族的宗教只是在同这民族的**持存**相**分离**时才以其完整性出场"，一个民族的伦常就是它的习惯，即它的持存性；但是建立在这种伦理精神之上的民族宗教如果同这种民族的持存还没有分离，那它就是不完整的、未完成的；只有在同这民族的持存的风俗习惯相分离时，这种宗教才以其完成的形态出场，才是一种完全的宗教。所以我们讲中国的儒教不算宗教，为什么中国没有宗教，关键就在这里，就是我们的伦理精神的自我意识还没有跟这个民族的持存相分离，我们动不动就说五千年文明，我们是龙的传人，因此我们就应该如何，我们就只能如何。而一个民族的宗教是在这样的情况下才会出场，就是伦理精神早就有了，但是伦理精神的宗教只有在这个伦理精神跟它的持存相分离的时候，才能够以完成了的形态出现。在此之前虽然你也可以说有这个宗教、那个宗教，但都不是真正的宗教，都不具有完成的形态，包括希腊人也是这样的。希腊人一开始就有伦理，也有各种神话；但是伦理精神的宗教是在一定阶段上才完成的，也就是在希腊古典时代即苏格拉底的时代才完成的。伦理精神的宗教的完成形态就表现为艺术宗教。

因为伦理实体的**现实性**一方面建立在它的静止的**不变性**之上而不同于自我意识的绝对运动，因而建立在这点之上，即自我意识还没有脱离它的静止的伦常和固定的信赖而反省到自身；

我们先看这半句。"因为伦理实体的**现实性**"，"现实性"打了着重号，现实的伦理实体，"一方面建立在它的静止的**不变性**之上而不同于自我意识的绝对运动"，伦理实体的现实性是什么呢？现实的伦理实体是什么呢？当然是它的静止不变了。我们一讲到伦理实体，我们马上想到这是从来如此的，所谓伦常嘛，伦常就是习惯，上千年来的习惯，从来如此的习惯，所以它是建立在它的静止的不变性之上的，"不变性"也打了着重号。而不同于自我意识的绝对运动，伦常里头没有自我意识的绝对的运动，绝对的不安息，它是平静如水的。当然你可以意识到它，但是你不能动，你不能改变，你不能超出这个伦常，你必须受它的约束。"因而建立在这点之上，即自我意识还没有脱离它的静止的伦常和固定的信赖而反省到自身"，伦理实体的现实性建立在不变性之上，这时自我意识还没有脱离它的静止的伦常和对伦常的固定信赖而反省到自身。这个伦常习惯所形成的良风美俗、社会风俗，那是静止的、不能改变的，从来如此的。老一辈人从小就会教导你，你就应该这样，我教你怎么做人，什么叫"做人"？这样才是做人，就是不脱离这个社会的静止的伦常和固定的信赖，相信和依赖这就是伦常，是我们在社会上赖以立足的安身立命之本。你不能怀疑它，你不能标新立异，你想超出、你想破坏这伦常，那是不允许的，你只能固定地信赖它。所以我们从小到大有一些东西被认为是天经地义的，从来就没有想过，认为要是连那个都怀疑，那就不是人了，或者就成美国人或是日本人了，反正不是中国人。这是不许反省的，伦理实体的现实性就是建立在这个之上的，这是一方面。

　　——另一方面，建立在自我意识把权利和义务组织进一个多数性中、以及对各等级及其合作造成整体的那种特殊行为的聚合体都组织为一种分配方式之上；——因而建立在这点之上，即个别人对于他的定在的局限感到满意、还没有把握住他的自由的自我之无限制的思想。

　　这里又有两个"之上"，和前半句共有四个"之上"。前两个是一方面，后两个是另一方面。前两个呢一个是建立在它的静止不变性之上，而不同于自我意识的绝对运动，一个是建立在自我意识还没有脱离它的静止的伦常而反省到自身之上，后一个"之上"不过是对前一个的具体解释。后面这两个"之上"也是这种关系，一个解释另一个。"另一方面，建立在自我意识把权利和义务组织进一个多数性中、以及对各等级及其合作造成整体的那种特殊行为的聚合体都组织为一种分配方式之上"，前面那半句是从客观和主观双方的消极面来讲的，后面这半句呢是从客观和主观双方的积极面来讲的。前面讲消极面，就是它有不变性啊，它有伦常啊，你必须服从啊；那么这里从积极的方面讲，就是自我意识在里面有种组织活动。它建立在自我意识把权利和义务组织进一个多数性之上，各种各样的权利和义务在一个有机体里面被组织起来，Organisation，就是有机地组织进一个多数性中，建立一整套的相互联系的权利和义务。在一个伦理实体里面你要清楚你自己的地位，你上有爸爸妈妈，下有弟弟妹妹，顶上有君臣关系，横向有朋友等各方面的关系，都有一定的权利和义务，你必须要负责。你在这个权利和义务的多数性的体系中有你自己的地位和身份，这是自我意识的一种积极的意识。"以及对各等级及其合作造成整体的那种特殊行为的聚合体都组织为一种分配方式之上"，这也是积极方面。各等级及其行为的聚合体，Massen，一个社会聚合起来，它是分等级的，这些等级合作造成整体的那种特殊行为，与这些等级本身一起，都是一些聚合体，而现在这些聚合体都被组织为一种分配方式了。自我意识不仅组织起了一个权利和义务的多数性，而且组织起了各个聚合体的分配方式，这些聚合体由各等级和它们的特殊行为构成，这些特殊行为合力造成了这个伦理实体的整体。总之是把这些特殊行为和各个等级都组织为一种分配方式，分配得很好，清清楚楚，三纲五常、五伦，这些东西都已经安排好了，谁有什么样的权利和义务都规定得清清楚楚。这还是讲的伦理实体的现实性，它是建立在这个之上的，伦理实体要真正实现出来，在社会上起作用，它必须有这一套伦理的组织方式，是由自我意识来组织的。"因而建立在这点之上，即个别人对于他的定在的局限感到满意、还没有把握住他的自由的自我之无限制的思想"，这也是对前面的补充说明，也就是在这种规定好了的组织中，自我意识已经意识到这是他所认可的，因而个别人对于他的定在的局限感到满意，感到满意就不需要做什么了，所以他还没有把握住他的自由的自我的无限制的思想。伦理实体的现实性最后是建立在个别人对于他的定在的局限感到满意之上，我虽然只是这个伦理实体中的一个阶层，定在于其中的一个位置上面，但是我感到满意，我安守自己的本分，决不逾越，我在这个伦理体系里面有自己的地位，此外我没有更多的要求。但是，他还有没有别的可能性？他为什么就一定要守住他的奴隶的本分呢？他也可以成为主人啊，王侯将相宁有种乎！陈胜、吴广也可以当王啊！当然，只要有这种想法，那就是逾越他的本分了，这在伦理实体中是不允许的。总而言之呢，就是这种自我意识还没有提升到自由的自我, 既定的伦理的组织方式还是令人满意的、各就其位的, 有一定的礼法规范把他们限定在自己的本分之上, 不得逾越一步。伦理实体的现实性本来是建立在这个之上的, 是建立在它的不变性之上的, 它是持存下来的。而真正的伦理精神的宗教那就必须超越这种现实性的状态了, 如果是这种状态, 那是不需要宗教的, 只需要有伦理就够了, 只需要会做人就够了。

<u>但是, 对实体的那种静止的、**直接的**信赖则返回到了**对自身的**信赖, 返回到了**对自己本身的确定性**, 而权利和义务的多数性以及那有局限的行为, 正如诸事物及其诸规定的多数性一样, 乃是伦理东西的同一个辩证运动, ——这种运动只有在自我确定的精神的单纯性里才找到自己的安宁和固定性。</u> [197]

{377}

前面都是讲的伦理实体有它自己固有的持存了, 有它的不变性, 有它的安分, 凡是伦理实体的现实性都是建立在这之上的。而现阶段则已经超出了这种现实性。"但是, 对实体的那种静止的、**直接的**信赖则返回到了**对自身的**信赖","直接的"和"对自身的"都打了着重号, 以示对照。就是说, 现在已经超出了前面讲的这样一种静止的、直接的信赖, 而返回到了对自我意识自身的信赖。最开始我安分守己, 我在这个伦理实体里面, 服从这个伦理实体的各种安排, 对各种组织制度有一种直接的信赖; 现在呢, 我由对实体的那种静止的、直接的信赖返回到了对我自身的信赖。原来我对自身是不相信的, 我要学会做人, 必须克己复礼, 我不能为所欲为, 而要放弃自己的自由意志, 服从既定的秩序, 那个时候我对自己是没有信心的。那么现在呢, 要由那种直接的信赖返回到对自身的信赖。你是个人, 你有无限的可能性, 你有你的自由, 你有你的意志, 为什么要服从既定的东西呢? 即算是服从既定的东西, 你也要建立在对自己的信赖之上, 你要真的相信, 而不是完全被动地服从。"返回到**对自己本身的确定性**","对自己本身的确定性"打了着重号。在伦理实体里面自我意识开始觉醒, 立足于他自己的确定性,"而权利和义务的多数性以及

211

那种有局限的行为"，就是已经安排好了的各种各样的礼数、习惯、传统的规矩、伦常，它是多数性的，它的行为是有局限的。这个与对自身的确定性是不同的，后者是单纯性的，是单一性的，我就是我，我就相信我自己。而多数性就是说，你不光是你啊，你还是父亲，你还是儿子，你还是兄长，你还是朋友，等等。你要服从各种义务，那就有很多有限制的行为，你必须做这个，你不能做那个，你对自己的父亲不能这样做，你对自己的兄弟不能那样做，你对自己的朋友也不能这样做，有种种规定的。而这"正如诸事物及其诸规定的多数性一样，乃是伦理东西的同一个辩证运动"，这些多数性，这样一些有局限性的行为，是伦理东西的同一个辩证运动。所有这些多数性的义务和权利、有局限的行为，实际上是伦理东西的同一个运动，而且是辩证运动。辩证运动就是矛盾运动，走向自身反面的运动。它们都是同一个自我意识所产生出来的，你当然可以去服从你的义务，去行使你的义务，去做你的那些有局限性的行为，但它们都出自于同一个自我意识的辩证运动，也就是一种自我否定、自我分裂的运动。但它们首先是同一个自我意识的自我确信的运动，它要建立在你自己对自己的认可之上，这是从苏格拉底开始的做法。什么东西都首先要认识你自己，你把认识你自己确定了，然后你才确定其他的东西，你是谁，要建立在对自身的确定性之上。遵从孝道也好，朋友之道也好，夫妻之道也好，所有这些都是同一个辩证运动的表现，你要把所有这些义务都纳入到同一个运动中来加以考察，正如诸事物及其诸规定的多数性一样。诸事物和诸规定都是这样，只要是有各种事物和各种规定的多数性，那么它们都会成为一个辩证运动。黑格尔对整个世界的看法都是这样，凡是呈现出多的地方，它里面就有一个一，这个多就是这个一的辩证运动的表现，就是它通过自我否定发展出来的，要这样来看。"这种运动只有在自我确信的精神的单纯性里才找到自己的安宁和固定性"，这样一种辩证运动只有在自我确信的精神的单纯性里面才能安定下来，而对其他的多样化的东西则是不断地否定。前面是多数性了，种种义务、种种有局限的行为，看起来好像五花八门，你从小就得学那么多的东西，知道那样多的礼数，一个亲戚来了，首先要学会"喊人"，喊人就是给人定位，他就是你的什么亲戚，你的舅妈，你的伯伯，你的伯母，你的表兄，什么什么，要喊人，这是很复杂的。但是所有这些多数性最后要落实到自我确信的精神的单纯性，也就是落实到个人内心的道德意识、良心，这些规定就从伦理的现实性提升到了道德理想。前面讲了，自身确定的精神就是道德，它立足于我的单纯性，我就是我，我就是一个自由的主体，具有无限的可能性，其他东西都可以变，而这个东西、这个良心是不变的，以不变应万变。有一个单纯性把所有这些多数性都综合在一场辩证的运动之中。从伦理实体里面已经开始跨出了这一步，从苏格拉底就已经开始了这一提升。

——因此，伦理在自由的自我意识上的完成，以及伦理世界的命运，就是自我反省的个体性，是伦理精神的绝对松弛，这种松弛使得它的持存之一切固定的区别以及它的有机划分的那个聚合体在自身解体了，而且使得精神自己完全无风险地达到了无限制的快乐和最自由的自我享受。

一旦你达到了这样一种精神的单纯性，返回到了这样一种自我确定，情况就大大地改变了。"因此，伦理在自由的自我意识上的完成"，在这样一个自由的自我意识上面，伦理才能够达到完成，这个前面已经讲了，民族的宗教只有当它与这民族的持存相分裂的时候才以其完整性出场，那么伦理的完整形态就是这样一种在自由的自我意识上的完成。"以及伦理世界的命运"，伦理在这里完成了，那么伦理世界遭遇到什么样的命运呢？命运就带有必然性的意思，伦理世界必然会怎么样呢？"就是自我反省的个体性"，它的命运、它的必然性就是如同苏格拉底那样的自我反省的个体性。"是伦理精神的绝对松弛"，个体性达到自我反省，苏格拉底特别强调要认识你自己，那么反过来呢，伦理精神也就没有那么严峻了，就达到了绝对的松弛。"这种松弛使得它的持存之一切固定的区别以及它的有机划分的那个聚合体在自身解体了，而且使得精神自己完全无风险地达到了无限制的快乐和最自由的自我享受"，这就是伦理世界的命运。伦理世界的命运就是必然要走向自我反省的个体性，伦理精神松动了。当然这个松动是要付出代价的，苏格拉底就付出了代价，他上升到自我反省的个体性的时候，就解构了以往建立在神话之上的伦理实体。他被雅典法庭判处死刑就是因为这一点，一个是他另立新神，他要人家相信一个理性的神；同时他"腐蚀青年"，让他们不要服从传统的家庭伦理，要相信理性。当然后来苏格拉底又被平反了，这说明什么呢？说明苏格拉底的这两大罪名恰好是他的功劳，他使得希腊的伦理精神开始松动，给自我意识的独立性留下了地盘。所以这种松弛使得伦理世界的持存之一切固定的区别以及它的有机划分的那个聚合体在自身解体了。本来安排得好好的一个有机体，多少年都是这样，结果他在里面反传统，让整个城邦的伦理实体都解构了，而且使得精神自己完全无风险地达到了无限制的快乐和最自由的自身享受。这是一次思想的大解放。

精神在自身中的这种单纯的确定性具有双重含义，既是静止持存和固定的真理，又是绝对的不安息和伦理的消亡。

"精神在自身中的这种单纯的确定性"，也就是这种自我意识的确定性了，"具有双重含义，既是静止持存和固定的真理"，这种自我意识的觉醒的双重含义是，一方面可以建立起一种静止的持存和固定的真理，什么东西都要从你自己出发，要认识你自己，从自己的固定的基点出发来看待一切。"又是绝对的不安息和伦理的消亡"，就是说另一方面，当你意识到自我的绝对性的时候，那么你同时就导致了绝对的不安息，你总是在跟别人辩论、讨论这些问题，搅动起这个社会对传统的不满，总是不安息的。苏格拉底自称是雅典这头大笨牛的一只牛虻，他要刺激这头牛走得快一些，总是绝对的不安息。但最后伦理要走向消亡，也就是我们通常所讲的礼崩乐坏。西方的礼崩乐坏从苏格拉底开始，他跟孔子走的是完全相反的方向。孔子就是要挽救过去的传统，要把它们从崩坏之中救回来,而苏格拉底就是礼崩乐坏的始祖,他就是一剂毒药,他毒害了传统雅典社会,让传统美德走向了消亡。

<u>但是这种确定性翻转为后一种情况,是因为伦理精神的真理还刚刚只是这种实体性的本质和信赖,在这种信赖中自我不知道他自身是自由的个别性,因而自我在这种内在性中或者在自己成为自由时就走向了毁灭。</u>

"但是这种确定性翻转为后一种情况",它是确定的但它又是不安息的,它有这两方面,但是这种确定性翻转为后一种情况,就是从确定性翻转为不确定性、不安息。认识你自己本来是为自己寻找安身立命之地,因为据苏格拉底说,未经反思的生活是不值得过的;但是安身立命了以后你对传统就形成危害了,对整个社会的旧的伦理、伦常形成危害了。但这本来不应该成为危害的,自我意识的觉醒应该带来一种新的秩序,之所以带来的是不安息和不确定,"是因为伦理精神的真理还刚刚只是实体性的本质和信赖,在这种信赖中自我不知道他自身是自由的个别性"。就是说苏格拉底的这样一种自我意识之所以对古希腊的伦理起了解构的作用,恰好是因为古希腊的这样一种伦理精神还刚刚只是实体性的本质和信赖。就是说古希腊的伦理经不起解构,它还是一种比较低层次的、比较初级的,还刚刚只是实体性的本质和信赖,还没有把主体性融合进来,所以它抵挡不住主体性的攻击。在对实体的这种信赖中,自我还不知道他自身是自由的个别性,只是盲目地服从。希腊神话就是希腊人的教科书,赫西阿德的《神谱》、荷马的史诗就是他们的教科书,他们从小受这种教育,就认为一切都是由神所规定好了的,却不知道他自身是自由的个别性,他还没有把这样一些既定的规范建立在自由的个别性之上。这样一种伦理显然是经不起折腾的,所以你不能怪苏格拉底,只能怪以往的伦理精神太陈旧。现在需要建立的是一种新的伦理精神,是一种能够经得起折腾、经得起自我意识的反思的伦理精神。所以苏格拉底虽然是旧伦理的解构者,但同时又是西方伦理学的重要代表,从他以

后建立起来的伦理学才是经得起反思的伦理学，他把西方伦理带入到了一个新的层次。在这个新的伦理学原则面前，旧的伦理实体就将被解构，因此当时伦理的现实性是容不了苏格拉底的。"因而自我在这种内在性中或者在自己成为自由时就走向了毁灭"，一旦自我意识到自己的自由，他就走向了毁灭。苏格拉底被判死刑，而且他心甘情愿，他知道自己是该到另外一个世界去的时候了。因为他知道，个体的自由的原则还没有立起来，他不能够在这个社会上立足。

所以由于信赖破坏了，民族的实体在自身沦丧了，于是本来是无持存性的两端之中项的精神从现在起就走出来，进入到了把自己作为本质来把握的自我意识那一端。

"所以由于信赖破坏了"，传统伦理人们再不相信了，"民族的实体在自身沦丧了"，我们现在也处在这样一个阶段，民族的伦理实体已经沦丧了，已经没人遵守了，"于是本来是无持存性的两端之中项的精神"，精神本来构成无持存性的两端的中项，这两端在伦理实体之中都是无持存性的，哪两端？一个是个别性，一个是普遍性。个别性不能太任性，要考虑普遍性；普遍性也不能太僵化，要给个别性留下余地，双方都要互相适合，而中间起调和作用的就是伦理精神。所以两端中间有一个中项，就是精神，不管个体适应普遍，还是普遍适应个体，总而言之都要以精神性作为纽带。那么这个中项"从现在起就走出来"，它本来是个中项，现在它不再充当中项，而是走出来，"进入到了把自己作为本质来把握的自我意识那一端"。精神现在走出来，它进入到了其中一端，就是自我意识、个别性这一端，就打破平衡了。或者说个别性、个别的自我意识现在独占了精神性，而原来的普遍性那一端，现在成为了一个空壳，被抽空了，甚至变得虚伪了，现在自我意识代表精神一方。

这种自我意识就是自我确定的精神，它对自己世界的丧失感到悲伤，现在就提升到现实性之上，而从它的自我的纯粹性里把自己的本质创造出来。

"这种自我意识就是自我确定的精神"，这种自我意识它本身就是精神了，而且是自我确定的精神，自我确定的精神就是前面讲的道德。在以往的伦理实体里面自我意识是得不到自我确定的，它是要被牺牲掉的，不具有精神性。在那里你不要有自我意识，你要为全体牺牲自己，你不要反思，有些东西是天经地义的，你生下来就得信，你不信你就是禽兽，本来是这样的。那么现在这种自我意识就是自我确定的精神，"它对自己世界的丧失感到悲伤"，因为当时处在一个礼崩乐坏的时代，孔子对于失去了好世界是极其悲伤的。其实在苏格拉底的时代人们都是这样的，把过去的时代称为黄金时代，黄金时代、青铜时代和黑铁时代，对过去的美好时代非常惋惜。虽然自我意识独立了，确定起来了，但是仍然对自己丧失了的世界感到悲伤。"现在就提升到现实性之上，而从它的自我的纯粹性里把自己的本质产生出来"，对自己过去的世界的丧失感到悲伤，那也没有办法，失去了的已经唤不回来了，那么现在我们唯一能做的就是提升到现实性之上。现实中已经礼崩乐坏、不可收拾了，我们要超出这个世界之上，我们要回到自我的纯粹性里来找回自己的本质，把自己的本质创造出来。之所以是创造，是因为不能从现实中获取材料，而必须超越现实，这个现实已经没有救了，我们应该完全从自己内心中树立起自己的新的理想、新的神，就是苏格拉底的理性神。它跟过去的那种神话大不一样了，它是合乎理性的，合乎思辨的，要在这个领域里去建立自己的本质。但是要注意，建立一种新的神毕竟对失去的世界还是有一种悲伤在里头，这个悲伤的情结在后面一直都要贯穿下来，我们后来多次还要提到。休息一下。

上面的这两段基本上都是在交代艺术宗教所产生的社会历史背景，或者说时代背景，下面就进入到艺术宗教本身了。

<u>在这样的时代里出场的是绝对的艺术；以前艺术是本能式的劳动，</u>

这种劳动沉没在定在之中，出乎定在而又入乎定在地劳动着，它并不以自由的伦理性为自己的实体，因而也不在劳动着的自我身上拥有自由的精神的能动性。

"在这样的时代里出场的是绝对的艺术"，绝对的艺术也就是艺术宗教了，把艺术当宗教，宗教是绝对精神，那这种艺术就是绝对的艺术。以往的艺术都是作为其他目的的附庸，都是附属在其他的目的之上的，比如说住宅、坟墓，或者是生活的其他方面，或者是为了附属于其他宗教，成为宗教的附属品。比如说建一座神庙，建一个金字塔，以前都是这样一种艺术，这些艺术都是附庸的，都是附属的。现在呢成了绝对的艺术，就是以艺术本身为目的来做艺术，不是为了装饰别的东西，不是为了别的目的。"以前艺术是本能式的劳动"，前面的工匠也可以说他们所做的作品都是艺术了，在广义上也可以说是艺术了，但那种艺术是本能式的劳动产品。"这种劳动沉没在定在之中，出乎定在而又入乎定在地劳动着"，沉没在具体的存在之中，沉没在物质之中，沉没在客观事物、自然事物之中。它一方面从定在里面出来，单纯定在也不行，单纯定在就是自然物了，工匠所干的活肯定是对自然物的改造，要把从自然物里面挑出来的东西加以改造，使它变成跟自然物不同的经过加工的定在；但是另一方面又入乎定在，就是说还是没有摆脱自然物，他就只在自然物上下功夫。奴隶的劳动是本能式的劳动，他不把自己的理念灌注在他的作品之中，劳动作品里面的那个理念是奴隶主加给他的，是奴隶主起的意，你要给我做这样一个东西，怎么做你去设计，但是要包我满意。那么工匠就要揣摩主人的意思究竟是什么，他想要做成什么样的，我就给他做成什么样的。所以它是出乎定在而又入乎定在，出入都在定在之上，他总是跟定在打交道。"它并不以自由的伦理性为自己的实体"，这种劳动并不以自由的伦理性为自己的实体。当然这个奴隶本身还是有伦理的，我们前面也讲了，奴隶社会的奴隶也是有他的伦理性的；但他的劳动并不是伦理性的，他劳动是为了谋生，为了糊口，为了活下去，奴隶主养着他,所以他并不以自由的伦理性为自己的实体。"因而也不在劳动着的自我身上拥有自由的精神的能动性",在劳动的时候,这些工匠还不拥有自由精神的能动性。虽然他有一门技能,他懂技术,但他没有把这种技术变成自由的精神活动,用来进行自由的精神创造。这种技术仅仅是他能够为奴隶主所利用的一个条件,因为他有技能,所以奴隶主才用他,才把他买来,用在奴隶主的意图之中。所以他自己身上并没有自由的精神的能动性。

后来,精神超出了这种艺术,以便获得它的更高的呈现,——即它不仅是从自我中诞生出来的**实体**,而且在它作为对象而呈现出来时就是**这个自我**,不仅是从它的概念里诞生出来,而且拥有它的概念本身作为它的形态,以至于这概念和所产生的艺术品相互把对方作为同一个东西来认知。 [198]

"后来,精神超出了这种艺术,以便获得它的更高的呈现",就是说精神从原来的那种艺术里面超出来了,走出来了,从工匠的艺术或者说从前艺术的艺术里面走出来了,为的是获得它更高的呈现。更高的呈现是什么呈现呢?"即它不仅是从自我中诞生出来的**实体**","实体"打了着重号,"而且在它作为对象而呈现出来时就是**这个自我**","这个自我"也打了着重号,这就形成一个对比,一方是普遍实体,另一方是个别自我。不仅是从自我中诞生出来的实体,这是在工匠的阶段上面已经做到了这一点,工匠做出来一个作品,这个作品呢是从工匠的自我中诞生出来的,但它是一个实体,工匠并不理解它,工匠自己做出了自己的作品,但是工匠对自己的作品的意义并不理解,所以自我和实体双方是分离的。这个作品是一个实体,但它还不是主体,它还不是工匠自己,他没有把自己灌注进去。虽然是他自己做出来的,从自我中诞生出来的,就像生下一个孩子,这个作品是工匠所诞生出来的,但却是一个实体。这实体不是由他所决定的,反过来,这个实体是决定他的,他是附属于这个实体的。那么现在呢,精神超出了这样一种艺术,它就不仅仅是从自我中诞生出来的实体，它同时还是别的东西，它是作为对象而呈现出来的这一个自我。艺术家在他的作品里面看到的就是他自己的意图，因为他是艺术家，他要不满意的话，他想怎么改就怎么改，这个地方可以修改得更满意一点，那个地方可以削去一点，那都随他。所以他最后造出来的这个东西就是他自己理想的形象，所呈现出来的就是他的这个自我，这就跟工匠大不一样了。"不仅是从它的概念里诞生出来，而且拥有它的概念本身作为它的形态"，这里的主语是"精神"，精神不仅是从自己的概念里面诞生出来的，而且这个概念本身就是精神的形态。它有一个概念，要产生这么一个对象，但是在工匠阶段呢，按照这概念产生出作品了，但产生出来的这个作品在工匠眼里本身并不是概念，而只是技术的显示；而现在艺术家就不同了，他按照一个概念把这个作品产生出来，产生出来这个对象就赋有概念的形态，它很清楚就是要表现这样一个概念的形象。在工匠那里呢这个对象不具有概念的形态，它的概念是非常模糊、非常晦涩的，像谜一样，它只是一种象征，只是象征型的艺术，它的概念是很不清晰的，与形象是分离的。而在艺术家这里，真正的艺术家的作品概念很清晰，它的作品采取了概念的形态，它就是要表现这样一些概念，表现爱情，表现权威，表现正义，表现智慧，表现文艺，等等。所有这样一些概念都是很清晰的，所表现出来的这样一些对象呢，也都是这些概念的化身。这个我们前面已经讲了，这就是艺术家跟工匠的不同。"以至于这概念和所产生的艺术品相互把对方作为同一个东西来认知"，这概念就是作者所怀抱的这个概念，它所产生的艺术品就是它本身的形态，所以双方都相互把对方作为同一个东西来认知，而不再是分离的了。所以我们在艺术家的作品身上就明显地看到了艺术家本人的概念，它们互相把对方作为同一个东西来认知。作品体现出了艺术家的精神境界，他在创造艺术作品的时候他的创意、他的意图都体现在上面。艺术家所创造的作品就具有这样一种特点，我们通常讲文如其人，其实一切艺术作品都如其人，它都跟那个人一样，它都体现了那个人的精神本质。

所以，由于伦理实体从它的定在里收缩到自己的纯粹自我意识中，所以自我意识就是概念方面或**能动性**方面，而精神就凭借这种**能动性**把自己作为对象创造出来了。

这是作总结了。"所以，由于伦理实体从它的定在里收缩到自己的纯粹自我意识中"，我们刚才讲到精神本来是一个中项，但是它从两端中走出来，把自己理解为自我意识，把自己作为自我意识来把握，所以精神在这个情况下它就收缩到自己的纯粹自我意识中。它原来是两端，有一个外在的定在，另一个方面就是自我意识，外在的定在是五花八门的，自我意识是单纯的。精神从这里走出来，伦理实体从它的定在里面收缩到了自己的纯粹自我意识。"所以自我意识就是概念方面或**能动性**方面"，"能动性"，Tätigkeit，又译作"主动性"、"活动性"。自我意识是精神的概念方面或能动性方面，概念就是能动的。"而精神就凭借这种**能动性**把自己作为对象创造出来了"，精神凭借自我意识的能动性把自己作为对象创造出来，精神现在成为了对象，但这个对象不是既定的，不是天经地义的，而是自我意识凭借它的能动性创造出来的。伦理实体已经礼崩乐坏，已经解体了，但是解体了并不是说完全消失了，它浓缩到自我意识里面，作为自我意识的能动性把精神作为自己的对象产生出来，所以伦理实体在这个意义上面就获得了一次新生，伦理解体不是说大家都变成禽兽了，而是经过洗礼以后，经过了自我意识独立的洗礼以后，它上升到了道德。

这能动性是纯粹的形式，因为个别人在服从和服务于伦理时已经受够了一切无意识的定在和固定的规定，正如伦理实体本身已成为了流动的本质一样。

"这能动性"，就是自我意识的能动性，"是纯粹的形式"，这能动性完全形式化了，它超越了现实性的定在而成为了纯粹的形式，为什么成为了纯粹形式呢？"因为个别人"，自我意识本身是个体，"在服从和服务于伦理时已经受够了（sich abarbeiten）一切无意识的定在和固定的规定"，你说个别自我意识解构了伦理，但实际上它一直在为伦理服务，像苏格拉底他并不认为自己是反伦理的，他认为自己恰好是服从和服务于伦理，他自认为是模范公民。但在服务于伦理的时候，他受够了伦理里面的无意识的东西和固定的规定，他并不认可这些规定。他服务于伦理，但他并不是服务于伦理里面的那些表面仪式啊、那些僵硬的规章啊、那些盲目的做法啊，他对这一套已经受够了，他在一个更高的层次上把这样一些做法扬弃了。"正如伦理实体本身已成为了流动的本质一样"，我服务于伦理时把那些固定的东西扬弃了，而伦理实体本身还在，它已经成为流动的了，已经成了流动的本质。伦理本身已经不固定了，已经要靠人去思考了。在神话里面什么东西都固定在那里，但是你完全按神话去做，现在已经不行了，要动脑子。在《游叙弗伦篇》里讲到，神话里天神乌拉诺斯被他的儿子克洛诺斯打伤了，打入地狱；克洛诺斯又被他的儿子宙斯打伤了，也扔到了地狱里，那么是不是我们就要按照这样来处理父子关系呢？显然是不行的，要动脑子，要经过自己的思考，看它是否符合正义，符合正义的就做，不符合正义就不做，而不能单纯模仿神话中的榜样。神话里面的那些天神之所以父子相残，是因为考虑到一个正义的问题，所以苏格拉底在跟游叙弗伦讨论这个问题的时候，特别强调父子冲突要看是否合乎正义，不能凭盲目的信仰。这样一来，伦理实体本身就成为了流动的本质，必须要经过你的自我意识中的思维的能动性、思维的纯形式才能够把握得住，你凭一些固定的例子，那是做不了榜样的，不同的情况有不同的场合，要灌注你自己的思想，用理性去判断。

这种形式是这样一种黑夜，在其中实体曾被背叛并使自己成为了主体；[①] 从这种纯粹自我确定性的黑夜里出来，伦理精神现在就作为从自然中、从精神的直接定在中解放出来的形态而复活了。

---

① 这里暗示的是犹大的背叛，见《马太福音》26,20—21。——丛书版编者

"这种形式是这样一种黑夜，在其中实体曾被背叛并使自己成为了主体"，这里德文版有个注释，说它是影射了犹大的背叛。犹大背叛了基督，为了30块银元向官方告密，说耶稣在哪里我知道，我带你们去抓他，这个注释说影射了那件事情。其实根据上下文，我看不太像。当然这种说法也有道理，这里讲到背叛，"背叛"这个词，verraten，有泄密、告密的意思，而且它后面讲到"复活"，auferstehen，基督教里面确实用的这个词。一个是背叛、告密，一个是复活，自然就让人联想到了犹大对耶稣基督的背叛，和基督死后的复活。但是这个地方场合好像不是很对路。因为这个地方根本还没有讲到天启宗教，而是讲的艺术宗教；而且复活呢，这里讲的是伦理精神的复活，而基督教、耶稣基督并不仅仅代表伦理精神，它代表绝对精神，伦理精神是客观精神，绝对精神则是主客观的统一。所以这里我不太同意它这个注释。倒是可以联系到下卷一开始讲的"真实的精神：伦理"，第6页就讲到了"民族和家庭，白日的法律和黑夜的法律"，和这里讲到的黑夜联系起来，就比较明白了。"这种形式是这样一种黑夜，在其中实体曾被背叛并使自己成为了主体"，什么意思？实体曾被背叛，也就是白日的法律背叛了黑夜的法律，像《安提戈涅》的悲剧里面，人法背叛了神法，你要遵守国王制定的国家法律，就不得埋葬你的兄弟，而按照黑夜的法律、神的法律呢，你必须埋葬自己的兄弟，那么这两者之间就有冲突，这就造成了悲剧。这一悲剧最初就是由于克瑞翁制定了一个违反神法的国法导致的，神法和人法的关系在这里相当于实体和主体的关系。所以说，在黑夜的法律中，实体曾经被背叛并使自身成为了主体。实体是伦理实体，伦理实体主要是黑夜的法律，当然白日的法律、人法也属于这里头，但那是后来建立的，最开始的伦理的法律就是神法，习惯法，它是黑夜的，自古以来就有，不知从何时出现的。在"自然宗教"前面也讲到它是一块黑石头，是内在的、无运动无形式的形态。[参看第194页] 它是黑夜的法律，实体只有经过了这样一种背叛，才能使自身成为主体。但地下的、黑夜的法律本来就是为个人、为人的个别性、为个别的自我意识所安排的，个人在人世间可以服从或违背人间的国家法律，但死后所有的罪行都不存在，他与国家再无关系，他就必须作为家族的一员得到体面的安葬。所以阴间的法律是保障个体基本权利的，但这个体权利只有在死后才能得到保障。而现在，"从这种纯粹自身确定性的黑夜里出来，伦理精神现在就作为从自然中、从精神的直接定在中解放出来的形态而复活了"，就是说，现在从这个从黑夜的法律里面走出来，进入到人所建立的日常生活的白天的法律状态，个体性就在更高层次上得到了复活，取得了"法权状态"下的个人独立性。这就是前面讲"法权状态"时的情况："凡是在伦理世界里曾被称为隐秘的神的法则的东西，实际上已从它的内在中走进了现实性；当初在伦理世界里，**个别的人**只在他作为**家庭**的普遍**血缘**时才有效准，才是现实的。他作为**这样一种**个别者，曾是**无自我的，孤独的**精神，但是现在他已从他的非现实性中走出来了。"[参看第 33 页] 也就是这种黑夜的伦理精神现在作为从精神的直接定在中解放出来的形态而在白日的法律中复活了，光天化日之下，那些自然的血缘规定现在都不能够束缚我，我有我自己的主见，我有我自己的原则。在这样一种情况之下，人世间的礼崩乐坏并不能阻挡伦理精神的主体能动性的复活，伦理精神的主动性、主体性就从黑夜里走出来，走到地面，把宗教从阴间带到人间；并且从阴间走出来的这种纯粹确定性是摆脱了自然和直接定在的，是超越现实定在的。苏格拉底就有一种主动性，他可以超越现实世界的既定的法规，他所建立起来的是一种新型的伦理精神，所以我们可以看作是一种伦理精神的复活。以往的伦理精神一方面是国家，一方面是家庭，国家和家庭双方组成了当时古希腊的伦理世界；但从白天的法律里面产生出了一种新型的法律形态，就是那种建立在个体人格的能动性上面的法权状态，这是不能由克瑞翁这样的独裁者为所欲为的，而是原先由黑夜神法所保护的个人尊严的复活。于是，超越于一切定在、一切自然事物之上的一种纯粹精神的伦理宗教就生产了，在伦理性的宗教里面复活了伦理精神，而这样一种伦理性的宗教就体现为艺术宗教。当然上面这个话题在后面讲天启宗教时还讲了一次，后面第 255 页跟这里讲的也有点类似。第 255 页讲到上帝已死，不幸的意识感到痛苦，"表达了意识返回到我 = 我的黑夜的深处，这种黑夜在这个深处以外不再区别也不再认知任何东西。因此这种情感实际上意味着丧失了**实体**，也丧失了实体的与意识相对立的东西；但同时这情感就是实体的纯粹**主体性**或者自我本身的纯粹确定性，而这正是实体作为对象，或作为直接的东西、或作为本质所缺少的。"这跟这里讲的也有类似之处，所以德文编者讲跟基督教有关系，黑格尔在这里似乎也从基督教的复活的学说里面拿来了一些东西，我们前面讲到他在宗教哲学中是不分界限的，他经常这里拿一点，那里拿一点，前前后后都无所谓。但毕竟，他在这里的主线还是谈古希腊的伦理世界，以便为艺术宗教提供社会历史背景。艺术宗教跟自我意识有千丝万缕的联系，例如涉及自我意识的自由，不幸的意识，以及精神的痛苦，把个人当作承受精神痛苦的一个容器，这跟基督教有很多类似之处，讲到"悲情"，Pathos，这都是基督教里面经常用到的术语，所以德文版的注释也不是毫无根据。但这只能说是艺术宗教影响了后来的基督教，而不能反过来说艺术宗教中就有基督教的因素作为背景了。而且把后面要讲的扯到这里来讲也为时过早，通常黑格尔不这样做，而是每次都是回顾前面的，把后面的留到后面再讲，这才有历史感。所以我还是觉得从希腊的伦理实体、现实的精神来解释艺术宗教的社会背景比较靠谱。

精神逸出自己的身体而进入到纯粹概念，这概念的**实存**就是精神所挑选出来作为自己的痛苦的容器的一个个体。 {378}

马上讲到痛苦的容器了，这跟基督教有点类似，耶稣基督在人世间本来就是要承受痛苦的，救苦救难嘛，他的一生没过什么好日子，全部都是痛苦。但这里也不一定就是讲的耶稣基督，因为古希腊已经有这种精神了，也就是悲剧精神，古希腊的悲剧精神就是把个体看作是痛苦的容器。"精神逸出自己的身体而进入到纯粹概念"，上升到纯粹概念就有痛苦了，你如果沉溺于自己的身体里面，那你就会为自己的养身和身心和谐作打算了，那就会感觉不到痛苦，而只感到快乐了，所谓"反身而诚乐莫大焉"；但如果你执着于纯粹概念，执着于纯精神的层面，那你肯定会带来痛苦。格里鲍耶陀夫有一个剧本就叫作《智慧的痛苦》，受到别林斯基极高的推崇。"这概念的**实存**就是精神所挑选出来作为自己痛苦的容器的一个个体"，"实存"打了着重号。这概念如果只是空想一下还不要紧，但是如果它要在实际上存在，一个纯粹的概念要在现实中实现出来，那会是什么情况呢？那就会挑选一个个体作为痛苦的容器了。人有智慧就会带来痛苦，所以中国人喜欢讲"难得糊涂"，因为一糊涂就舒服了，什么东西只要你一糊涂，就什么都无所谓了，幸福指数就大幅飙升了，当然大多是在装糊涂，自以为聪明。但是智慧必然带来痛苦，这是西方人的一个共识，你要追求纯粹概念的实存，那么在现实生活中，你就成了精神所挑选出来作为痛苦的容器的一个个体。

精神在这个个体身上是作为它的普遍东西和力量而存在的，个体忍受着这种力量的强制，——作为他的悲情，一旦沉溺于这种悲情，他的自我意识便失去了自由。

"精神在这个个体身上是作为它的普遍东西和力量而存在的"，个体上升到普遍概念，上升到纯粹精神，上升到智慧，那么他就有痛苦了；而精神在个体身上是作为普遍东西和力量而存在的，普遍东西给个体带来痛苦，但同时也给他带来力量。精神在个体身上体现为一种普遍的原则，你要坚守你的纯粹概念，你行为、做事都是有原则的，都是按照这个普遍的原则来做的，所以精神体现为你身上的普遍东西和力量，你有了原则你就有力量。一个人行为处事、在世界上生活如果有原则的话，这个人是有力量的。如果没有原则，那这个人是没有骨头的，他随机应变，是个机会主义者，唯利是图，没有力量；但是如果有原则话，他就有力量，不是他个人的体力，而是在他身上体现出来的普遍精神的力量。"个体忍受着这种力量的强制"，这力量首先要个人去忍受，个人知道这种普遍的东西肯定是有力量的，但首先要他自己承受，他首先要战胜自己。他让自己按照这样普遍的精神来行事，他才会有力量，但要这样做，那个体性中有很多东西就需要克服，你需要战胜自己，需要忍受这种力量的强制。"作为他的悲情"，Pathos 这个词来自希腊语，也可以翻译成"情绪"、"激动"、"情调"，朱光潜翻译黑格尔《美学》的时候把它翻译成"情致"，它不是一般的情绪，它是情致。这本来蛮好的，译成"情致"就把这个情绪提高了，不是肉体上、气质上的激动，而是思想上的趣味和格调。但 Pathos 在希腊文里面也有悲痛的意思，基督教里经常用这个词，就是一种受难的情绪。耶稣基督代全人类受难，所以他有一种悲情。"情致"则表达不出这个"悲"的意思。朱先生当然可能是从中国人的体会来译这个词的，中国人讲到比较高的东西，那就应该是没有悲的，因为中国文化是乐感意识。但西方文化是罪感意识，也可以说是悲情意识、受难意识，人生就是苦难、人生就要受难。佛教里面也讲苦难，人生就是苦，但是佛教一念之间就可以摆脱苦难，佛教主要讲如何逃避苦难；但是基督教更强调的是承担苦难，你不要逃避，苦难是你的命，你必须要承担，承担苦难才显出你的高贵，这跟佛教是不一样的。这里讲的是这种强制肯定会给他带来一种悲情了，个体忍受着这种力量的强制，以他的悲情来承担。"当沉溺于这种悲情时，他的自我意识便失去了自由"，沉浸于这种悲情，当然他的自我意识就失去自由了，因为他感到了这样一种强大的普遍力量的支配，有种强制性，他必须承担起他的悲情。

但普遍性的那种肯定的力量却被作为否定力量的个体的纯粹自我所战胜。

他失去了自由，这是一方面，另一方面，"但普遍性的那种肯定的力量却被作为否定力量的个体的纯粹自我所战胜"，也就是说一方面他失去了自由，另一方面他获得了力量，他获得了一种否定的力量。那些普遍性的肯定的力量，大家都是一样的；但是被作为否定力量的个体的纯粹自我所战胜。这是更高层次的自由，即反抗的自由。大家都这样，我就偏不这样，虽千万人吾往矣，他获得了一种战胜现实持存、战胜既定现实的力量。只有这样的人才是具有艺术气质的人，正如一位诗人说的，哪里有不自由，哪里就是我的家。

这种纯粹的能动性意识到了它自身的不会失去的力，而与那未具形态的本质相拼搏；在成为这方面的行家时，这种能动性就把这悲情变成了自己的材料，并且赋予了自身以自己的内容，而这样一种统一性在普遍的精神被个体化和被表象时，就作为作品而涌现出来。

"这种纯粹的能动性意识到了它自身的不会失去的力"，也就是这种纯粹自我有一种主动性、一种能动性了，它意识到自己永远有种力，这种力永远不会失去。上一句讲的是否定的力量，"力量"他用的是 Macht（又译威力、权力等）；这里的"力"用的是 Kraft，含义更广，我们翻译成"力"。纯粹能动性自身具有不可战胜、不会失去的力，为什么不会失去？就因为它是纯粹的能动性，它任何时候，哪怕失去自由的时候，都不会失去能动性，而会表现出反抗。"而与那未具形态的本质相拼搏"，普遍的本质不具有形态，一具有形态它就成了特殊的了；也就是它是处于黑暗中，处于黑暗中它就有无限的可能性，但是它还没有实现为任何一种可能性，它还未具形态。它要具有形态，但未具形态又是它的本质，使它具有无限的可能性；因为它一旦具有形态，那就把别的形态、别的可能性排除了，它就失去普遍性了。所以这就是它未具形态的本质，它的本质是不具有形态的，但是正因为如此，它的本质可以具有任何形态。但这需要自我意识的能动性去跟它相拼，跟它去搏斗，纯粹能动性要与那未具形态的本质相拼搏。你没有形态，那我一定要赋予你一个形态，赋予它的本质以某种形态，这里头就有一种拼搏，有一种斗争，而且是跟自己的本质相拼搏、相斗争。自己的本质是无所不可能的，但我必须要实现某一种可能性，就要赋予它以某种形态。"在成为这方面的行家时"，行家，Meister，前面讲工匠，工匠是 Werkmeister，工匠是产品的行家、产品的师傅。行家就是他经常这样做，他已经在这方面驾轻就熟了，这时，"这种能动性就把这悲情变成了自己的材料"。它要跟自己的未具形态的本质相拼搏，靠什么来拼搏？就靠这种悲情。它已经受到了普遍性的强制、精神力量的强制，因而产生了悲情，它就把这种悲情作为自己的材料，"并且赋予了自身以自己的内容"。有了悲情，它就把这种悲情变成了自己的材料，并且赋予了自身以内容，这就是俗话说的，"愤怒出诗人"，生活的艰辛和挫折成就了艺术家，因为他的作品里面有丰富的生活内涵。"而这样一种统一性"，这种统一性就是普遍性和它的个体性、主体性的统一性。前面讲了它的普遍的精神，精神作为普遍东西在它身上存在，在它身上表现出来，个体忍受着这样一种力量的强制，这就有一种冲突，有一种悲情；但是这两方面的统一"在普遍的精神被个体化和被表象时"，普遍精神被个体化，就是个体以自己的能动性把普遍和个体统一起来，形成一种富有个性的"典型"；这种典型被表象出来，"就作为作品而涌现出来"。艺术的作品就是这样创造出来的，真正的艺术作品，必须有普遍的精神对于个体性的这样一种强制的力量，让个体来承担、承受自己的悲情，并且用这种悲情作为自己的材料，赋予自己以内容，那么这样一种个别和普遍的统一性呢，就使得作品自然而然地"涌现"出来了。普遍的精神被个体化、被表象出来，在这个时候这种统一性就作为作品而涌现出来，所以这个作品实际上是这两者的统一，一方面是普遍的精神，另一方面是个体的显现。这个是黑格尔在《美学》里面对艺术和美所下的经典定义：美就是理念的感性显现。普遍的理念在感性的个体身上显现出来，理念和感性相互间达成一种统一，普遍的东西、普遍的精神被个体化了，个体身上则表象或显现出了普遍的精神，这就是美，这就是艺术。美的定义就是艺术的定义，艺术就是要把理念通过感性显现出来，这就进入到艺术宗教的主题了。前面都是谈各种各样的背景，然后谈由这种背景所形成的意识形态结构，最后呢才引出了艺术作品的涌现。那么我们看到艺术作品，我们就要从里面分析出这两个方面的统一，一个是普遍的理念，一个是个别的感性，这两方面的统一就是美。好，今天就到这里。

　　　　　*　　　　　　　*　　　　　　　*

　　好，我们再接下来讲。我们差不多胜利在望了，还剩下不多了。上次讲到艺术宗教，前面这一段呢相当于是一个引子，或者说一个概括，特别是强调了艺术宗教的时代或者社会历史背景，也就是它的伦理实体的这样一个背景，伦理实体在"真实的精神，伦理"这一部分已经讲过。那么上次讲到这个地方呢就是，伦理实体曾经被背叛，并且使自己成为了主体，而在这样一个过程中呢，伦理精神作为从自然中、从精神的直接定在中解放出来的形态而得到了复活。下卷一开始就讲到现实的伦理，就是伦理精神在现实中它体现为人们的伦理生活，家庭哪，国家啊，体现为这样一些客观的现实关系；但这样一些关系呢被背叛，突出了人的主体性，人在伦理生活中逐渐意识到了自己的主体性，就像俄狄浦斯猜破了斯芬克斯之谜，于是斯芬克斯就摔下了悬崖，人就从此成了为主体。由这里头就产生了艺术宗教，它不再是以往的那种自然宗教、家神的宗教，而是以人的自由主体为根据的一种艺术宗教。所以在艺术宗教里面呢，伦理精神复活了，伦理精神在艺术宗教里面得到了复活，也就是客观精神在绝对精神里面得到了复活。艺术宗教讲的实际上是伦理精神的事情，但是它是以一种艺术的方式表达出来的，以一种意识形态的方式表达出来，以一种纯粹精神的方式表达出来，而不是现实地去过家庭生活和国家生活。虽然它们都是伦理精神的表现，但它们表现的层次有所不同。所以上次最后一段也讲到，精神逸出它的身体而进入到纯粹概念，那么这个纯粹概念的实存就是担负着绝对精神的痛苦的容器，就是这样一个个人，他失去了自由，但是获得了力量，能够跟黑暗的实体作一番拼搏，把自己塑造为作品，塑造为一种艺术品，这才进入到了绝对精神的一种形态，就是艺术宗教。个体的绝对的能动性把自己塑造成了一种作品，使得这个普遍的精神被表象出来，被个体化了。这前面讲的整个来说就是对艺术宗教的简介，或者说一个导论吧。艺术宗教怎么来的，艺术宗教就是从伦理精神来的，但是它是对伦理精神的超越，它已经超出了伦理精神的自然的、直接的定在、直接的现实生活，超出了现实性，而把自己提升到一种绝对精神的高度。在绝对精神的高度，主观精神跟客观精神是统一的，在伦理精神的高度呢它只是客观精神。那么在这样的背景之下，我们来考察艺术宗教所表现出来的各种艺术品。

a. 抽象的艺术品

首先第一个小标题：a. 抽象的艺术品，这是黑格尔的一个程序，就是首先都是从抽象出发，然后越来越具体，从抽象上升到具体，就更多地有了分化，有了丰富的内容，艺术宗教的发展过程也是这样的，所以第一步呢是抽象的艺术品。

最初的艺术品作为直接性的艺术品，就是抽象的和个别的艺术品。

"最初的艺术品作为直接性的艺术品"，首先是直接性，黑格尔总是这样一个程序，从直接性出发。你不要一开始就设定一些未经证明的前提，一开始我们从直接性出发，这个是我们大家都能够同意的，直接的东西嘛，我没有绕弯子。直接性的艺术品是什么呢？"就是抽象的和个别的艺术品"，既是抽象的又是个别的，这就是直接艺术品的特点。或者说它有两个特点，直接的艺术品一方面它具有抽象性，另一方面它具有个别性。那么我们下面来对这样的艺术品进行分析，它同时具有抽象性和个别性。

就艺术品这方面来说，它必须从直接的和对象性的方式里走出来，针对着自我意识而运动，正如就另一方面来说，自我意识在祭拜中自为地趋向于扬弃它最初针对自己的精神所给出的那种区别，并由此趋向于把那种自身灌注生命的艺术品创造出来。 [199]

直接的艺术品所具有的抽象性和个别性在这句话中就讲出来了。"就

231

艺术品这方面来说"，最初的艺术品是直接的艺术品，那么从艺术品这方面来说，就是说直接的艺术品也有两方面，一个是艺术品这方面，就是表现在外的个别艺术品这一方面，"它必须从直接的和对象性的方式里走出来，针对着自我意识而运动"。艺术品它是一个客观存在，它是最具个别性和独创性的，是独一无二的；那么它必须从这种直接的和对象性的方式里走出来，针对着自我意识而运动，自我意识则相对来说是抽象的一方。直接的和对象性的方式可以看作个别的方式、个别的艺术品、一个定在，它是一个客观的方面；客观的方面需要针对着自我意识而运动，就是必须要主观化或内化，外在的东西必须内化。艺术品客观来说它是一种外在的东西，外在的东西必须走向自我意识，走向主观，走向深入。"正如就另一方面来说，自我意识在祭拜中自为地趋向于扬弃它最初针对自己的精神所给出的那种区别"，也就是从自我意识这一方面来说呢，它必须外化，通过艺术宗教的祭拜仪式而扬弃它最初的那种对精神和现实的划界，从超越一切现实生活的普遍性下降到具体的现实行为和现实作品中来。就是一方面，外在东西必须内化；另一方面呢，内在东西也必须外化，两方面必须接近，这就是艺术品本身固有的内在矛盾性。这两个环节，一个是它的外在方面，一个是它的内在方面，外在方面呢必须从直接的和对象性的方式里面走出来，进入到内心，即针对着自我意识而运动；而内在的方面，自我意识必须走向客观，扬弃它跟艺术品之间的区别。自我意识最初对自己的精神所给出的那种区别，就是我和我的对象那是不同的，这个对象是我创造出来的，但是这对象并不是我，这是从工匠那里遗留下来的分裂，即主观自我和客观自我的区别。那么它的进一步趋势就在于，自我意识在祭拜中自为地趋向于扬弃那种区别，扬弃主观自我和客观自我的分离，这是在工匠那里就已经萌生出来的趋势，但工匠不可能完成这一任务。工匠在制作时并不是祭拜，因为他并不是主人，而只是人手，是工具；而艺术家在工作时本身就是在祭拜，祭拜也就是敬神了，因为这个地方是艺术宗教嘛。艺术家在创造时直接和神相通，他意识到他的工作具有神圣性,所以谈艺术的时候要从宗教的角度来谈,要把艺术品看作一种祭拜。在这种祭拜中,自我意识就自为地、自觉地和能动地趋向于扬弃那种区别,就是扬弃客观的艺术品和主观内在目的的互相对立,"并由此趋向于把那种自身灌注生命的艺术品创造出来"。自身灌注生命的艺术品,这个概念本身已经表示了主观和客观的统一,也就是将主观内在的生命或精神灌注到客观的艺术品之中了,已经不再是抽象的艺术品了,进入到了后面"b.有生命的艺术品"的阶段。最初那个艺术品还不是自身灌注生命的艺术品,它还是一种直接的抽象的艺术品,它跟有生命的艺术家处于对立面;那么如何使它自身灌注生命呢?那是下一步要做的事情。这里实际上提出了抽象艺术品的发展方向,这两句话就是一个导言,涉及到后面。最初是直接的艺术品,在这里艺术品和艺术家是对立的;那么下一步的发展方向呢就是艺术品和艺术家合而为一,艺术家就是艺术品,或者说艺术家把自己的艺术创造活动当作艺术品,那就是后面要讲的赞美歌啊、祭拜的活动啊。然后进入到第二个环节,第208页,"b.有生命的艺术品",艺术品灌注了生命,灌注了生气,那么就成了有生命的艺术品。有生命的艺术品就是那种神秘的祭拜仪式,酒神祭,充满酒神精神,酒神精神不是要造出一个别的什么艺术品在那里,它本身就是艺术品,是有生命的艺术品,从中发展出奥林匹克体育精神,塑造人体艺术。那么由此最后才过渡到精神的艺术品,第213页,"c.精神的艺术品",那就是史诗、悲剧和喜剧。这是艺术宗教这部分的一个总的程序。那么这里一开始就点出了,首先我们讲到抽象的艺术品的时候呢,在这个范围内它要做的,就是使得直接的艺术品内部的两个环节,一个是艺术品本身,一个是创造出艺术品来的那个自我意识,从它们的外在的对立趋向于内在的统一。当然这是他的这么一个总纲,虽然只是一个趋势,不是能够在抽象的艺术品阶段能够完成的,但已经规定了它的起点,它的运动方向。那么沿着这个方向我们就能把握他下面的程序了,"抽象的艺术品"之下有三个小标题:第一个是"神庙和神像",

首先谈到了建筑、神庙，这是和埃及的工匠相接轨的，然后再讲到庙里的神像，就是雕刻；第二个小标题呢就是"赞美歌和神谕"，他不光讲了赞美歌，他还讲了神谕；第三个小标题呢是"祭拜"，"祭拜"（Kultus）不等于"崇拜"，崇拜更多的是一种内心的崇拜，祭拜更多的是讲一种祭拜仪式，这才是艺术啊。单是一种内心的崇拜那还不成为艺术，它必须要体现为一种祭拜的仪式，它才成为艺术，才是艺术宗教。这三个小标题恰好符合他总纲里面讲的这个程序。

[**I. 神庙和神像**]艺术家的精神使自己的形态和自己的能动意识彼此间拉开最远距离的那种最初的方式是直接性的方式，即那个形态作为一般**事物**而**定在着**。

"艺术家的精神使自己的形态和自己的能动意识彼此间拉开最远距离的那种最初的方式是直接性的方式"，缩减一下这个句子，就是拉开距离的最初的方式是直接性的。在这个直接的方式中，艺术家的精神使自己的形态和自己的能动意识彼此间拉开了最远的距离，这也是最初的方式。最初的方式有最远的距离，什么和什么之间有最远的距离呢？就是艺术家所创造的形态和他的能动意识之间有最远的距离。一个是外部形态，就是艺术品这一方面，艺术品就是一个形态；另一方面是能动意识，能动意识就是自我意识这一方面，自我意识是作品的创造者，它当然是能动的了。那么这个艺术品的形态和创造艺术品的能动意识两者在直接的方式中具有最远的距离，它拉得最远。最初的艺术品，你在作品上面几乎看不到艺术家本人，它也不要你看到艺术家本人，他创造出来就是作为一个神的住所，或者神像，作品表现的是神，而不是自己。他是代神创造，他只是神的工具，这点非常像工匠，他只是主人的工具。他就是要做出来一个东西放在那里，让你们大家去崇拜，如果说你在里面表现出艺术家个人的特殊性，那人家就不崇拜了，人家何必要崇拜你呢，我要崇拜的是神，不是艺术家。所以艺术家最初创造那个东西时要把距离拉得远远的,越不像是人做出来的东西越好,越像是一个自然天成的、一个鬼斧神工、一个神造的东西摆在那里,大家就越对它顶礼膜拜。这是艺术家最初的态度,他不是要在自己的作品里面表现自己的情感,表达自己的观念,不用你表达,你就搞出一个东西放在那里,那是全民的崇拜对象,人家崇拜这个对象不是崇拜你这个特殊的艺术家,而是崇拜神,要起到这样一个作用。这才是艺术宗教啊,艺术宗教是崇拜神的,不是崇拜个人。"即那个形态作为一般**事物**而**定在着**","事物"、"定在着"都打了着重号。就是说那个作品它就是一般事物,它摆在那里,有它的体积,有它的实用性,有它的用处,它就是一个事物定在那里。它作为一个物,它跟人的精神、跟艺术家的能动性、意识、创作意图没关系,它本身就是一个事物,这个事物离能动的意识离得最远。最初的艺术品是这样的,当然下一步的发展就是要使它们慢慢接近起来,最后融为一体,但最初不是这样,最初是不能成为一体的,最好是显现为毫无关系。

　　——这形态以这种方式分裂为个体性与普遍性的区别,个别性在这种方式中具有自我的形态,普遍性则在与自我形态相联系时将那无机的本质呈现为自我的环境和住所。

　　"这形态",这形态就是刚才讲的,作为一般事物而定在的那样一个形态,与能动意识有最远距离的形态,"以这种方式分裂为个体性与普遍性的区别"。这个形态、这样一个艺术品,以直接事物的方式分裂为个别性和普遍性,它有这两方面。这个是从艺术品本身的内在矛盾来的,内在矛盾性前面讲了,它既是抽象的又是个别的,那么这里呢就分裂为个别性与普遍性这两方面的区别。而这两方面的区别呢就分别体现在两种艺术品身上,一个是,"个别性在这种方式中具有自我的形态",这就是神像;"普遍性则在与自我形态相联系时将那无机的本质呈现为自我的环境和住所",这就是神庙。一个是神像,一个是神庙,神像住在神庙里面,神像具有自我的形态,因为艺术家去创造这个神像的时候是以自己的形态、以人的形态作为模本来创造的。这个是艺术宗教的特点,它具有了自我意识嘛，它跟自然宗教不同了，自然宗教它可以不按照人的形态，它可以按照一个动物的形态，或者动物跟人相混杂的形态、半人半兽的形态。而现在是按照自我的形态来创造艺术品，所以个别性在这种方式中具有自我的形态，也就是具有人自己的形态，神像就是理想化了的人的形态。而普遍性则在与自我形态相联系时，表现为无机的本质，即神庙。神庙是跟神像相联系的，在黑格尔看来，一个神庙没有神像那是不可思议的，那等于是白白地盖了一个庙。神庙是神住的地方，我们人要住一个房子，那么神呢他也要住一个房子，他住的房子就是神庙，代表普遍性。普遍性则在与自我形态相联系时，将那无机的本质呈现为自我的环境和住所，神就像人一样也需要住房，不然就淋着了、晒着了，这是属于普遍的无机本质方面。当然它跟个别性是相联系的，它是和自我的形态相联系的，它是自我形态的环境和住所。但它是以无机的本质呈现出来的，砖瓦、石头都是无机的本质，挡风挡雨也是无机的本质，这就呈现为自我的环境和住所。大理石雕像也是无机的本质，但它并不呈现为无机本质，而是尽量显得像是有机的肉体；神庙则不回避它的无机本质，它的几何对称和力学关系是它的基础。当然这个环境和住所跟前面讲到的自然宗教里面的建筑不一样，自然宗教里面也讲到建筑，也讲到住所，但那里头讲到的住所是人的住所，国王装饰他自己的房子以及死后的房子，即坟墓。建筑艺术在远古时代就已经有了，在埃及、在印度那些地方都有建筑艺术，但那个建筑艺术是给人住的，是宫殿，是皇宫，都是给人住的，神是不用住的，神就在大自然中。所以在埃及神多半是住在露天的，神像啊、雕刻啊都是露天的，不是专门建一个房子把神像装在里头。要么是给死人住的，如金字塔，金字塔就是死人的宫殿，那么活人的宫殿呢那是不住神的，那是给人住的。而在古希腊建了大量的神庙，专门给神筑一个房子，神也就人化了。神就不再是住在露天，把天空当作他的房子，现在已经不是那种天人合一的情况了，人跟自然界已经不同了，人的神跟自然神也不同了，人的神必须住一个房子。那么这个房子也就是艺术品,艺术品现在分成两个方面,一个是神像,一个是庙宇,神像住在庙里,住在神殿里。我们至今还可以到希腊雅典去参观帕特农神庙,帕特农神庙就是古希腊最著名的、在雅典山上的那个巨大的神庙。那么这样一个分化是个别性和普遍性的分化,个别性就是神像,普遍性就是围绕神像所建起来的这样一个环境和住所,也就是神庙。

这种住所通过把全体提升到纯概念而赢得了自己的属于精神的纯形式。它既不是像死者所居住的或者为外在灵魂所照耀的知性式的晶体,也不是最初从植物中产生出来的自然形式和思想形式的混合物,在其中,思想的能动性还是一种**模仿**。

"这种住所通过把全体提升到纯概念",把全体也就是把它自己和它里面的那个神,这个住所不是一般的住所,不是住房,不是宫殿,不是豪宅,而是神庙,神庙把全体,也就是把自己和里面的神像都提升到纯概念。"而赢得了自己的属于精神的纯形式",这样一个神庙不是用来住人的,它就是用来住神的,人可以进去崇拜神,做礼拜,可以去膜拜,但它不是给人住的,它完全是给精神住的,它完全是属于精神的纯形式。"它既不是像死者所居住的或者为外在灵魂所照耀的知性式的晶体",这是跟埃及的那些建筑相比较了,死者所居住的那就是金字塔,金字塔是一个几何形态的知性式的晶体,不管大还是小,它的款式总是一个款式,总是那么一个三角形。或者为外在灵魂所照耀,也就是露天的,像麦姆农神像树立在外面,等太阳光照射在上面它才发出一种声响。大量的埃及的雕像、浮雕都是在沙漠上或者山上,要么是挖出来的,要么是在一面墙上雕刻出来的,它是必须要跟外面的自然光相互起作用的,它在外在的灵魂照耀下才能够发生作用。你把它放在一个黑屋子里头,照不到自然光,那就不是埃及人的观念了,那就是希腊人的观念了。希腊人的观念就是不要它由外在的灵魂来照耀,而是它自身就会发光,应该是这样的。所以它既不是像死者所居住的或者为外在灵魂所照耀的知性式的晶体,它已经脱离了自然宗教的光明本质,"也不是最初从植物中产生出来的自然形式和思想形式的混合物"，用植物来装饰、来表达某种思想，这是自然形式和思想形式的混合物。自然形式就是从植物中产生出来的那样一种自然形式，花、叶、大树啊这样一些形式，但是它是要用来表达某种思想的，只不过表达不清，是一种混合物。"在其中，思想的能动性还是一种**模仿**"，它还没有能够达到思想的能动性，这种主动的加工还只是一种模仿。用植物来模仿某种思想在古希腊的建筑里有它的痕迹，比如说古希腊神殿中的柱廊，柱子顶上的那个柱托是怎么装饰的，这是很有讲究的。有人把它分成四种柱式，一种是多利亚式，一种是柯林斯式，一种是伊奥尼亚式，还有一种是混合式。其中多利亚式是最朴素的，它就是几何形状，上面几个圆形垛，没有什么装饰，柯林斯式是最繁琐的，上面堆满了毛茛叶，毛茛叶是一种花草，它的装饰是非常繁茂的。伊奥尼亚式就不一样了，它上面也有装饰，不像多利亚式那么朴素，但那个装饰呢不是直接把树叶、把花草堆在上面，不是直接从植物界拿来一些装饰堆在上面，而是经过一些处理，经过什么处理呢？下面马上就要讲到了。

毋宁说，这概念摆脱了那种还以根茎、枝叶紧贴在这些形式之上的东西，并且把这些形式纯化成这样一些形象，在其中，那晶体的直线和平面被提升为不可通约的关系，以致有机体的生气勃勃被吸收进知性的抽象形式，而同时它的本质即对知性的不可通约性也被保持着。

这句话相当于我们刚才讲的伊奥尼亚式圆柱的情况。按照黑格尔的欣赏趣味，希腊的伊奥尼亚式圆柱是最符合美学的。当然柯林斯式的你看起来也很漂亮，但从美学的角度来说过分繁琐、复杂，过分装饰，伊奥尼亚式呢既有装饰，但又不是直接把自然界的东西贴在柱子上。黑格尔讲这段话的时候呢，可能心中就有伊奥尼亚式的圆柱。"毋宁说，这概念摆脱了那种还以根茎、枝叶紧贴在这些形式之上的东西"，这就是柯林斯式的柱托上面的装饰，它上面布满了毛茛叶和花，特别是那些叶子、复杂的图案、那些雕刻都堆在上面。但是伊奥尼亚式把这些都摆脱了，不要那么繁琐。"并且把这些形式纯化成这样一些形象，在其中，那晶体的直线和平面被提升为不可通约的关系"，把那些东西摆脱了以后，还把这些东西纯化成这样一些形象，就是晶体的直线和平面被提升为不可通约的关系。什么不可通约的关系？就是从这样一种可以用几何学来精密计算的关系提升到了一种出乎意外的曲线的关系。曲线当时很难用一个公式来把握，就当时的欧几里得几何学来说，直线和曲线是不可通约的，特别是这个曲线，它往往还不是正规的圆形或椭圆形的曲线，而是一种无规则的曲线，比如说一种漩涡状的曲线。伊奥尼亚式的柱托上面就有几个像耳朵一样的漩涡，它把它变成那样一种东西，它不是一种植物的叶子，当然也有类似于植物叶子的那样一种态势，那就是变成一种漩涡。"以致有机体的生气勃勃被吸收进知性的抽象形式"，那种漩涡式的形式是生气勃勃的，但又还是知性的。它的柱子本身是直线的，上面有树干的刻痕，有凹槽，那个是几何形的；那么在此之上，有机体的生气勃勃的灵魂被吸收进了知性的抽象形式，这样一种漩涡跟柱子的直线结合得非常好、非常融洽、非常自然。柱子就是这样一种直线的抽象形式，当然也不完全是直线，希腊的柱子不管是哪种柱式，它都有一个规范，就是说它不是绝对直线的，你仔细看希腊的那个圆柱，都是中间稍微胖一点。因为它有那么长，它中间如果不稍微胖一点，那么你远远看上去呢，你的眼睛会产生一种错觉，觉得中间比较细。因为它那么长一根柱子，你远看起来越是长的东西，就会觉得它中间要细一点，令人担心这柱子会折断，于是建筑师就把中间稍微鼓出来一点，使它看起来更匀称，更坚挺。有时候不觉得，我们去看一个柱子，觉得这个柱子笔直的，但你仔细去量，你会发现它中间要鼓出来一点，它是适应人的视错觉，所以看起来是直线，其实是曲线。但是要鼓出来多少呢？这个没办法定标准，要凭经验，所以又容纳了直线和曲线的不可通约性。"而同时它的本质即对知性的不可通约性也被保持着"，它一方面体现了一种有机体的灵魂这样一个特点，有机体是赋有灵魂的，这种灵魂被吸收进了知性的抽象形式，它远看它还是知性的，还是一根直线；但同时又保持了它对知性的不可通约性。

所以神庙虽然是前面讲的一种无机的本质，但同时它又具有有机的生命力，具有有机物的灵魂，所以它是在知性的无机的形式和灵魂的有机的生命之间保持了一种平衡。它不像埃及的那些金字塔之类的建筑，那是毫无任何偏差的，金字塔的那个棱角、直线，哪个地方鼓出来一点都是不行的，它是严格按照知性来设计的。但希腊神庙则使知性的形式跟有机性、跟有机的生命力相融洽，它具有这样一种特点，非常平衡，非常亲切，你看上去非常的舒服。严格的几何学形式当然也很美，但让人感觉到有点棱角过于分明，像埃及的金字塔、方尖碑，那都是棱角分明，冷冰冰的，缺乏人性；但古希腊的那些神庙的圆柱看起来就不是那样的刻板，它随时都可以体现出一种有机的形态，好像它也是有生命的，好像它是从自然界长出来的。但它又不是直接把植物界的东西拿过来作为一种装饰，它把它几何化了，变成一种曲线，但还是很有规律的，这是用无思想性的东西对思想的一种模仿。前面讲了光明的本质和植物，但是还没讲动物，下面就讲它跟动物宗教的比较。

但是那居住在内的神乃是从畜栏中搬出来的、为意识之光所浸透的黑石头。

"但是那居住在内的神乃是从畜栏中搬出来的、为意识之光所浸透的黑石头"，这里贺、王译本有个译注："参看上文第194页及注2"。注2讲的是古埃及的麦姆农神像，显然与这里不合，应该是注3，可能是排印错误。注3是指伊斯兰教麦加的那块黑石头。那么这里提到黑石头跟伊斯兰教的黑石头是不是一回事呢？恐怕还不一样，甚至有本质的区别，我们可以看看他怎么说的。在前面第194页说的是："这外壳是对这内在东西的掩盖，而这内在的东西暂时还是单纯的黑暗，是无运动的东西，是黑色的、无形式的石头"。要注意，那里讲到黑石头"暂时还是单纯的黑暗"，而这里讲的是"为意识之光所浸透的黑石头"，所以这个地方提到的这个黑石头，已经走出了暂时的黑暗，已经被意识之光所浸透，已经从畜栏中,从羊圈啊、牛圈啊、马圈啊这样一些动物的栏圈里面搬出来了,已经从动物栏圈的遮蔽之中搬到光天化日之下,为意识所浸透了。它从动物的栏圈中搬出来了,脱除了与动物的相关性,而为意识之光所渗透,可以视为前面那块黑石头的升级版。当然麦加的那块黑石头根据现代的考证,有可能是一块陨石,因为在伊斯兰教的经典里面讲,这块黑石头是在当时的人为真主建一个庙的时候从天上掉下来的,是真主赐给他们的一块黑石头,所以他们拿来为庙宇奠基,把它嵌在庙宇的墙上,至今每年都还有数百万人到麦加去朝拜那块黑石头。它是天上掉下来的,估计是一块陨石。但是黑格尔在这个地方讲的从畜栏中搬出来并且已经为意识之光所浸透的黑石头,已经不靠外在的光明,它本身就有意识之光了,这应该只是打个比方,并不一定是指伊斯兰教的那个黑石头。它已经是"居住在内的神",已经是一尊神像了。前面都是讲庙宇,古希腊的圆柱啊、晶体啊,都是讲神所住的地方,你可以从光明本质或者植物那里拿来一些东西去作为它的装饰。但是现在它已经不同了,这里讲的是居住在内的神,那就是神像了,神像就首先要跟动物撇清关系。以往的神像,像埃及的斯芬克斯像,还是半人半兽,而现在的神像不再是半人半兽了,就是人形。神像也是用石头雕的,但是它已经为意识之光所浸透了,浸透了那就不是黑石头了,那就是白石头了,那就是大理石了。那么为意识之光浸透了,表现在什么地方呢? 就表现在它是人的形态。

那人的形态摆脱了曾经与它混在一起的动物形态;动物只是神的一种偶然的装扮;动物走在神的真实形态的旁边,并且不再独自有效,而是被降低为一种别的东西的含义,降低到仅仅只是符号。　{379}

这里就撇清人和动物的关系了。"那人的形态摆脱了曾经与它混在一起的动物形态",在埃及的时候,神像是半人半兽的,在印度也是,印度的哈努曼是一个猴子的形象,埃及的阿蒙是一个狼头人身,还有狮身人面等等,只有法老、国王和其他人才是完整的人的形象。那么在希腊,神的形态就是人的形态,摆脱了曾经与它混在一起的动物形态。那么动物形态还有没有呢？也有，然而"动物只是神的一种偶然的装扮"。在希腊，动物有时候是神的一种化身，一种偶然的装扮，在希腊人的观念之中呢，神可以化身为任何形象，像宙斯经常化身为各种各样的形象，一会化身为天鹅，一会化身为一头公牛，一会化身为一只鹰，但他的真身就是人的形象。就像《西游记》里面的那些妖魔鬼怪，我们经常说它现出真身，现出真身就是一个动物，一头鹿或者一头狮子，只有真神像观世音，现出真身是一个美丽的女人。希腊的神呢现出真身就是人的样子，它不是一个动物装扮成人形，而是一个人形装扮成一个动物。"动物走在神的真实形态的旁边，并且不再独自有效，而是被降低为一种别的东西的含义，降低到仅仅只是符号"，比如说雅典娜，雅典娜的象征就是猫头鹰，雅典娜的神像经常是肩膀上面停一只猫头鹰，或者脚边站一只猫头鹰。猫头鹰在希腊人心目中是最有智慧的动物，晚上都能看得清清楚楚，那么就用它来作为雅典娜的符号。雅典娜她不是变成一只猫头鹰，她是带有一只猫头鹰，她具有猫头鹰的智慧，她的精神不是猫头鹰的形象可以概括的，但是这个形象可以作为她的符号。所以动物的形态不再独自有效，而是被降低为一种别的东西的含义，降低到仅仅只是符号，雅典娜的符号就是猫头鹰。还有像赫拉的孔雀，猎神狄安娜的赤鹿，也是一种识别的符号。这就有两种情况，一种是偶然的装扮，它可以是神的一种化身、一种变形，再一个就是它伴随着的神的真实形态，或者走在神的真实形态旁边而不再独自有效。

　　正因为这一点，神的形态在自己本身中也摆脱了动物定在的那些自然条件的贫乏性，并暗示有机生命的内部机制融合进了这形态的表面，并且仅仅属于这个表面。

　　前面讲了动物和神的形态的关系，要么是神的一种偶然的装扮，一种化身、一种变形，要么是神的一个符号，动物的形象已经被大大地贬低了。"正因为这一点，神的形态在自己本身中也摆脱了动物定在的那些自然条件的贫乏性"，动物的定在、动物的形态与精神相比是具有贫乏性、片面性的，它被自然条件限制住了。你说雅典娜就是一只猫头鹰，或者宙斯就是一只鹰，那是不完全的，那都是就某个片面来说，并不能完全表达出神的形态的丰富的含义。"并暗示有机生命的内部机制融合进了这形态的表面，并且仅仅属于这个表面"，神的形态一方面摆脱了动物形态的贫乏性，另一方面呢，以暗示或隐喻的方式，把有机生命的内部机制融合进了神的形态的表面，而且仅限于这个表面。就是说还没有完全把动物的形态撇开，它还有暗示作用，还带有这样一些象征符号，这符号就是起一种暗示作用的。暗示什么呢？暗示有机生命的内部机制融合进了神的外表，比如说宙斯的象征的动物是老鹰，雅典娜的象征动物是猫头鹰。那么鹰它有它的生命的内部机制，它能够自由地翱翔于天空，跟宙斯作为天神是相吻合的，因为老鹰就是天空的主宰嘛，那么天神宙斯也就是天庭的主宰、奥林普斯山的主宰，在这点上呢，动物的有机生命的内部机制也融合进了神的外表。所以你在表现神的外表的时候你要考虑到，要把鹰的这样一种形态特征融合进来，你要表现宙斯具有鹰的那样一种形态，居高临下、俯视一切，应该具有这样一种特点。但这也是动物形态的局限性，就是说动物的有机生命的内部机制仅仅属于这个外表，仅仅属于神的外在的形态，而神的内在的本质则是另外一套。

——但是神的**本质**乃是自然界的普遍定在和自我意识到的精神的统一，后者在其现实性里显得是和前者相对立的。　[200]

前面讲动物的有机生命仅仅属于神的外表方面，那么对照而言，"但是神的**本质**"，"本质"打了着重号，"乃是自然界的普遍定在和自我意识到的精神的统一"，在神的本质里面也有自然和自我意识的统一，但是跟前面那种外表的统一已经不太一样了。外表的统一就是外表跟自然界的某一个动物形象相互之间发生一种关系，一种暗示的关系或者象征的符号关系；但神的本质跟自然界的关系呢，是跟自然界的普遍定在打交道的关系。什么是自然界的普遍定在？自然界的普遍定在跟前面讲的动物的形态是不一样的，动物的形态都是个别的，鹰啊、牛啊、鹿啊，这都是个别的定在；而自然界的普遍定在是指的另外一些东西，比如说太阳啊、月亮啊、大海啊，下面讲到天啊、地啊、海洋啊、火山啊等等，这就是自然界的普遍定在，是普遍的自然力，它们具有普遍性。太阳普照万物，大海滋养万物，等等，那么它们又是定在的，这是属于神的本质里面的。神的本质乃是自然界的普遍定在和自我意识到的精神的统一，也就是说这个神在自然界的普遍定在里面是一种什么样的形态，这又有另外的讲究。比如说宙斯虽然在他的个别定在里面可以用老鹰作为他的象征，但是宙斯是天神，他代表天，以及天上的雷霆。阿波罗代表太阳，我们讲太阳神阿波罗，当然阿波罗实际上不是太阳神，他是阳光之神，人们经常把这点搞混了，太阳神另外有一个，阿波罗是光明之神，但总而言之他是跟太阳有关的。还有海神波塞冬，波塞冬是代表海洋，但他的动物形态符号是马，这个是不一样的，马是他的符号，但是海洋就是他的神性。所以神的本质乃是自然界的普遍定在和自我意识到的精神的统一。那么我们现在要考察的是，你要讲动物跟神像之间的关系，那就是讲自然界的个别定在跟神像的精神的关系，那么在神像的本质里面呢，也有跟自然界的关系，但是他是跟自然界的普遍定在相关，不是跟自然界的直接的动物形态相关。个别动物是种很偶然的外在的标志，而内在的本质的关系呢，就是普遍定在跟自我意识到的精神的统一。"后者在其现实性里显得是和前者相对立的"，自然界的普遍定在在现实性中显得是和自我意识到精神相对立的，就是说，虽然双方的本质是统一的，但是在现实性里面自然的普遍定在和自我意识到的精神是对立的，是怎么对立的？下面我们就可以看到。

同时，神的诸种自然元素之一的定在首先是一个**个别的**形态，正如他的自我意识到的现实性是一个个别的民族精神一样。

"同时，神的诸种自然元素之一的定在首先是一个**个别的**形态"，"个别的"打了着重号，自然元素在每个神那里都是一个个别的形态，个别形态是一些什么形态呢？下面讲到了这样一些形态，像天啊、地啊、海洋啊、太阳啊,这都是一些个别的形态。各种自然元素之一,天地、海洋、太阳都是一些自然元素,那么每个神从中占取一个,作为诸种自然元素之一的定在。比如说太阳神就占了太阳,天神就占据了天,地神盖亚占据了大地,每一个占据一个自然元素,占据了自然的一个个别方面。"正如他的自我意识到的现实性是一个个别的民族精神一样",自我意识到的现实性、自我意识到的精神也是个别的,但这是两种个别,一个是自然界的个别,一个是民族精神的个别。每个民族都有它自我意识到的精神的现实性,都有它特定的神,比如说雅典的神就是以雅典娜为代表,大家都崇拜雅典娜,雅典娜就是他们的民族精神,智慧女神嘛,雅典人崇拜智慧,崇拜智慧就是他们的民族精神。那么其他的城邦可能崇拜其他的,比如德尔斐就崇拜阿波罗,还有的崇拜爱神,还有的崇拜海神,各个城邦都有它自己所崇拜的神,都是个别的。所以正如他的自我意识到的现实性是一个个别的民族精神一样,这两方面都是个别的,也就是说这两方面也是对立的,一个是自然的个别形态,一个是民族的个别形态,这两方面并不吻合,虽然它们应该是统一的。

　　<u>不过前者在这个统一体中是被反思到了精神中的那种元素,是被思想神圣化并与自我意识到的生命相统一的自然。</u>

　　"不过前者",前者就是各种自然元素、自然元素的那些定在和个别的形态,"在这个统一体中是被反思到了精神中的那种元素",就是那些个别形态,天啊、地啊、海洋啊、太阳啊、月亮啊等等,所有这样一些个别的形态在这个与精神的统一体中,都是被反思到了精神中的元素,是这样一些元素,这些自然的元素已经被反思到了精神中,或者说已被纳入到精神中来反思了。天神代表什么?天神代表着法律、权利、至高无上的权力、统治,那么地神代表什么呢?孕育万物,所有的东西都是地神所孕育出来、所产生出来的,又是一切灵魂死后的归宿。每个自然的元素都被反思到了精神之中,虽然它跟精神好像是格格不入的,好像是两个不同的个别形态,这个个别跟那个个别相对立,但实际上相互之间又

有关系。就自然的元素来说，"是被思想神圣化并与自我意识到的生命相统一的自然"，它由于思想而神圣化，因为有神而变得神采奕奕，verklären，就是把它神化、把它美化的意思。自然的因素通过思想而神圣化，而变成神了，由于它里面的思想而变成神了，太阳也好，大海也好，天也好，地也好，由于里面有思想，灌注了思想，所以它们成了神圣化的自然。"并与自我意识到的生命相统一的自然"，这样一种被思想所神圣化的自然也是与自我意识到的生命相统一的自然。天地、海洋、日月都有了自我意识到的生命，都具有了人的生命，都被拟人化了。所以它们不单纯是简单地从外部方面来看待的自然，例如大海就是海洋嘛，可以行船嘛，太阳就是照在天上的那个太阳嘛，如果没有思想的话，那它就是一个单纯的自然元素；但现在呢，这个自然元素拟人化了，它不是无思想的大自然，而是有人的形象、因而跟自我意识、跟思想、跟精神相统一了的自然。

　　因此这种神灵形态是把它的自然元素当作在它里面被扬弃了的东西、当作一种黯淡的回忆来拥有的。

　　"因此这种神灵形态"，也可以翻译成"诸神的形态"，各种各样的神的形态，"是把它的自然元素当作在它里面被扬弃了的东西"。这跟前面讲的动物形态有类似之处，动物形态在神的形态那里也是被扬弃了的、被降低了的，降低为一种偶然的装扮，或者是一种随从、一种伴随着的东西。那么在这里呢，这种自然的元素也是一种被扬弃了的东西，"当作一种黯淡的回忆来拥有的"，就是说在希腊的诸神那里，他的形态把自然的元素当作一种黯淡的回忆来拥有。它也有自然的形态，比如说太阳发光，我们看阿波罗背上经常背一个箭囊，手里拿一把弓，他发射出的金箭，那就是光线了，就是太阳光了，太阳神的金箭象征着阳光。但不是直接说它是阳光，而是以一种象征的方式，你从里面可以回想起来，原来是这样的，他是太阳神嘛。天神宙斯具有雷电，雷电也是一种黯淡的回忆，表明他是天神，他掌握了天的力量、这种强力、这种暴力。天的暴力就是从天上降下雷电嘛，天神就掌握了雷电，那么从雷电上呢我们可以回想起来，原来宙斯他就是天神。但这是一种黯淡的回忆，这些神也拥有自然的元素，但这些自然的元素本身不具有独立的意义，只是作为一种被扬弃了的东西为诸神所拥有。

这些元素的自由散漫的定在的荒蛮本质和混乱争斗、即泰坦巨灵们的非伦理的王国被战胜了，并被放逐到了那个自身澄清了的现实性的边缘，放逐到那适应于精神并安驻于精神之中的世界的混浊的边境去了。

"这些元素的自由散漫的定在的荒蛮本质和混乱争斗"，这些元素自由散漫的定在，就是当它们没有受到自我意识的精神的规范的时候，自由散漫地到处泛滥，这样一些元素的本质还是以荒蛮粗野的方式表现出来的，还没有融化在神灵的稳定的秩序之中，其中充满了混乱的争斗。"即泰坦巨灵们的非伦理的王国被战胜了"这些自然元素被神圣化，被赋予了人的形象，就是泰坦神族，又称"巨灵"。巨灵，Titan、Titanen，又译泰坦神族。在希腊神话里面有两个神族，一个是泰坦神族，这是旧神；一个是奥林普斯神族，这是新神。泰坦神族是最早生出来的那一批代表自然力量的神，新神就是以宙斯为代表的奥林普斯之神，住在奥林普斯山上云雾缭绕之处。新神跟旧神之间的区别就在于，旧神是直接代表自然力，代表自然元素，而新神呢代表精神，代表社会性的东西，比如说宙斯代表法律。但宙斯的父亲克洛诺斯和他的爷爷乌拉诺斯都是旧神，他们都大地之神盖亚生出来的，一代一代的天神，乌拉诺斯被克洛诺斯所推翻，克洛诺斯又被宙斯所推翻。前面的那些神代表一种无序的纯粹自然的元素，不讲正义；而宙斯推翻了他的前辈们之后呢，他代表法律和正义，代表秩序。当然他也运用自然力作为暴力，但这个暴力不是随便乱来的，它具有惩罚性，谁要违反了秩序，他就要来惩罚。所以泰坦神族跟新神之间的斗争，这是黑格尔津津乐道的一个话题，在黑格尔的《美学》里面一开始就讲到新神跟旧神的斗争，精神的力量战胜了自然的力量，或者说精神之神、社会之神战胜了自然之神。新神就代表社会之神、精神生活，像文艺啊、智慧啊、正义啊、婚姻啊、交通信息啊，这些东西都是属于人类社会生活、精神生活的，过去那些神呢就纯粹代表自然。例如阿芙罗狄忒代表爱情啊，她和原来那个旧神、生殖之神厄洛斯不一样了，原来那是旧神，阿芙罗狄忒是代表新神了，代表人的精神生活了。当然有的版本说厄洛斯是阿芙罗狄忒的儿子，是一个顽皮的小男孩，专门拿爱情之箭乱射人；而阿芙罗狄忒倒是最原始的生殖之神。总之，最后是新神战胜了旧神，文明战胜了野蛮，伦理王国战胜了非伦理的王国。巨灵们的王国是一个非伦理的王国，是一个无序的王国，像乌拉诺斯，乌拉诺斯被地神盖亚生出来后成为天神，成天就压迫他那些继续生下来的子女，然后迫使子女们起来反抗，把乌拉诺斯推翻了，克洛诺斯坐上了天神的宝座；但克洛诺斯为了怕被他的后辈又推翻，就把他的孩子生一个吃掉一个，完全是野蛮的、无序的。直到最小的孩子宙斯，他的母亲把他藏起来了，用一块石头顶替他，让克洛诺斯把一块石头当宙斯吃掉了，宙斯就勉强活下来了；长大以后呢，就推翻了克洛诺斯，逼着他把他吃下去的子女一个个都吐出来，这就是复仇啊，就是恢复正义啊。所以宙斯代表正义，他所建立起来的就是一个伦理的王国了，而以往呢是非伦理的王国。这个非伦理的王国被战胜了，"并被放逐到了那个自身澄清了的现实性的边缘，放逐到那适应于精神并安驻于精神之中的世界的混浊的边境去了"，现在这个现实世界是朗朗乾坤，很清明的了，奥林普斯神系代表一个有秩序的、合乎正义的现实世界，而在这个现实世界的边缘，就是那些巨灵族所居住的地方，他们都被赶到那里去了，有的被打入了地狱，被排除到这个世界的边缘去了。对于这个适应于精神并安驻于精神之中的世界，那是一个混浊的边境，是一个没有理性、不适合于精神的所在。

这些古老神灵，这些光明本质和黑暗结合所分化出来的最早的产物，天、地、海洋、太阳、大地的狂暴的提丰之火 [①] 等等，就被这样一些形态所

---

① 提丰（Typhon）为希腊神话中大地女神盖亚与冥王塔塔洛斯之子，有一百个头，眼中喷火，与宙斯争战失败，被压在埃特纳火山之下，但随时可能爆发。——中译者

代替，这些形态只有凭借对那些产物的黯淡的回忆，才与那些巨灵们还有点相似，并且已不再是自然的本质，而是自我意识到的诸民族的清澈的伦理精灵了。

这里就把这些自然的元素点出来了。"这些古老神灵，这些光明本质和黑暗结合所分化出来的最早的产物，天、地、海洋、太阳、大地的狂暴的提丰之火等等"，我这里特别要翻译成"提丰之火"，这是直译了。提丰是古希腊神话中的一个怪物，它是由大地女神盖亚与冥王塔塔洛斯生出来的最小的儿子。为什么要生这个最小的儿子呢，就是盖亚不满原来那个最小的儿子宙斯，宙斯把前任天神打入了地狱，当然乌拉诺斯不是他而是克洛诺斯打入地狱的，克洛诺斯是被宙斯打入地狱的，他把这些人都排斥到世界的边缘，不让他们干预现实生活，于是他们就向大地母亲告状啊。大地女神就觉得很愤怒，就说你们兄弟之间、父子之间应该和睦嘛，于是为了给他捣乱，就生了一个怪物提丰来和他作对。据说它有一百个头，有一百双眼睛，一百双眼睛里面每一只眼睛都在喷火，于是就向宙斯发动一场争夺统治权的战争，最后失败了。失败了之后宙斯把它压在埃特纳火山之下，但虽然压在火山之下，每隔一段时候它又爆发一次，可以说提丰就是火山爆发的象征，大地的狂暴的提丰之火，也就是大地的火山爆发。提丰就是火山之神，按英语的读法呢就是 Typhon，按汉语的读法呢就是"台风"，有的人考证中国的"台风"这个词就是从英语的 Typhon 来的，有的人说不是，古代中国就有这个词，就是台湾海峡，从台湾登陆的，那就是台风。我比较同意后一种解释，读音上的巧合并不说明词义相同，提丰不是风神，而是火山神。所以我们这个地方按它本来的意思直译，就是大地上的提丰之火，就是火山，它属于这样一些最早的产物。最早的产物是天、地，本来是混沌嘛，最开始是 Chaos，Chaos 就是混沌了，混沌就是光明和黑暗的混合，然后分化出来，有了地，地神生出天神，才有了天地的分化，天地分化以后才有地上的海洋，才有天上的太阳、月亮啊，才有大地的火山，这都是一些最原始的产物，都是由光明跟黑暗结合所分出来的。前面也说到黑石头浸透了意识之光，光明渗透进黑暗，就产生了最早的一批神，就是那些旧神，那批巨灵。那么这一批巨灵、光明和黑暗结合所产生出来的最早的产物，现在"就被这样一些形态所代替"，也就是说新神战胜了旧神，取得了支配地位，这样一些形态就是新神的形态。"这些形态只有凭借对那些产物的黯淡的回忆才与那些巨灵们还有点相似，并且已不再是自然的本质，而是自我意识到的诸民族的清澈的伦理精灵了"，这些新神的形态跟旧神呢还有点相似，因为在新神里面也有天神哪、海神哪、太阳神哪，有点相似，但新神只是凭借对那些产物的黯淡的回忆才与那些巨灵们有点相似。太阳神我们刚才讲了，他其实不是太阳神，但是我们后来把他称为太阳神，是因为宙斯命令他或者说授权他去驾驭太阳车，每天从东方升起，划过天穹，奔赴西方，那本来是旧神里面的那个太阳神干的事情，但宙斯要阿波罗去做这个事情，因为把原来的旧神推翻了嘛，所以他要重新任命，任命他为太阳神。这是一个传说，但是阿波罗在驾驭太阳车的时候呢，人们有一点黯淡的回忆，就是说原来不是阿波罗在驾驭它，原来是另外一个旧神在驾驭它，在他们的职能方面有一点相似。他也是管太阳的，但他已不再是自然的本质，太阳神已经不仅仅代表一种自然界的太阳，他代表了很多很多东西，文艺啊、理性啊、音乐啊，他还管贸易啊，管畜牧业啊，等等，太阳神管得很宽。宙斯也是这样，我们在宙斯身上可以回忆起原来的天神，他的前任乌拉诺斯和克洛诺斯都是天神，但是他不是自然的本质，而是自我意识到的诸民族的清澈的伦理精灵了。他是一种伦理神，他代表法律，代表正义，他的夫人赫拉代表婚姻，这都是代表一种伦理的精灵。而以往的旧神是不管这些的，像乌拉诺斯他没有婚姻，他被盖亚造出来就跟盖亚成为夫妻，而且跟盖亚生了很多后代，所以他没有一种伦理的规范。新神则成为了民族精神的诸形态，也就是成为了伦理精神的代表。

因此这种单纯的形态在自身内清除了无穷的个别化的不安息——既

清除了作为自然元素的个别化,这种自然元素只有作为普遍的本质才是
必然的,但在它的定在和运动里却是偶然的,又清除了作为民族的个别
化,这民族在分散为行为的特殊聚合体和自我意识的那些个别性的点时,
具有多种多样的感觉和行为的定在——而被概括为安静的个体性。

　　这句话这么长,主要是中间这两个破折号之间的修饰语太长,它的
主要的句子呢是这样一句:"因此这种单纯的形态在自身内清除了无穷
的不安息的个别化……而被概括为安静的个体性。""这种单纯的形态",
单纯的形态就是前面讲的自我意识到的诸民族的清澈的伦理精灵。伦理
神是一种单纯的形态,虽然它也有那些自然的元素,太阳啊、月亮啊、大
地啊、天空啊等等这些东西,但是这些神是代表单纯的形态,因为它代表
的是伦理精灵,清澈的、清晰的伦理精灵,它把自然的元素都降低了,使
它们成了一种黯淡的回忆。它不要这些元素来干扰,这里讲的是道理,
讲的是伦理,所以它成了单纯的形态。它在自身内清除了无穷的个别化
的不安息,就是清除了那些自然的个别形态,如天地、日月、海洋、火山
等等,那些个别形态是无穷无尽的,不安息的,相互之间总是要发生冲突
的,在旧神那里经常要发生一场混战,无穷的争斗,现在都被平息了。"而
被概括为安静的个体性",安静的个体性就是一种精神、伦理实体的个体
性,已经有了秩序,不再是那种野蛮的、粗野的、混乱的争斗。它也是个
体,每一个神都代表一种伦理,比如说代表法律、代表婚姻、代表智慧、
代表爱情,等等,每一个神都代表一种单纯的清晰的精神形态。好,那么
现在我们看看,中间清除了一些什么东西。清除了两个方面,一个是自
然的方面,一个是社会的方面、民族的方面。"既清除了作为自然元素的
个别化,这种自然元素只有作为普遍的本质才是必然的,但在它的定在
和运动里却是偶然的",这是清除了那些个别化的自然元素,自然的元素
只有作为普遍的本质才是必然的。这就是前面说的,这种单纯的形态呢
已经把这些自然的普遍本质扬弃地包含在自身之内了,它们已经被这些
神所掌握了,比如说宙斯就掌握了雷电,阿波罗掌握了太阳光,作为普遍

251

的本质它们是必然的，有自己自然的必然规律；但是作为它们的个别化呢，已经被扬弃掉了，它已经不是作为个别化的自然元素，好像太阳就仅仅是发挥太阳的威力，雷电就只是天上打雷，这些自然事物在它们的定在和运动里都是偶然的，现在都被清除了。这是一个方面，即在自然的元素的方面。另一方面，"又清除了作为民族的个别化"，这个民族当然在今天看来是很小的民族了，它就是一个城邦，每一个城邦都不一样的，都是个别的，每一个城邦都有它自己所崇拜的神，比如说雅典就崇拜雅典娜，德尔斐就崇拜太阳神阿波罗，有的崇拜狄奥尼索斯，有的崇拜波塞冬，等等；但是现在这样一些新神已经清除了作为民族的个别化，就是虽然是你这个城邦在崇拜他，但他不仅仅代表你这个城邦，他是代表一种伦理精神，整个大希腊都有这种伦理精神，他是一种普遍的精神，所以它又清除了作为民族的个别化。"这民族在分散为行为的特殊聚合体和自我意识的那些个别性的点时，具有多种多样的感觉和行为的定在"，这些个别化的民族在分散为行为特殊的聚合体，分散为一个个的群体、等级或家庭，以及自我意识的那些个别性的点时，都显出各不相同的特殊性格。因为每个群体、每个家庭和每个人的个别性，都具有多种多样的感觉和行为的定在，每个人对这个城邦的理解都不一样，都从自己出发，那么他们聚合起来作为特殊的聚合体时，自然就具有各不相同甚至千差万别的感觉（Sinn，也可以译为思想）和行为的定在，所以它们也是偶然的。每一个城邦崇拜某一个神那是偶然的，它也可以放弃，我们这个城邦现在不崇拜这个神了，我们崇拜另外一个，也有这种情况。当然一般来说，每一个城邦都把某一个神视为它的保护神，一般都是这样，但这个保护神的确定是很偶然的。那么这种偶然性、这种个别性也被清除掉了，整个奥林普斯神系不是为某一个城邦而设立的，而是相当于一个万神殿，在每一个城邦里面都必须尊崇的。当然雅典娜在雅典这个城邦得到了崇拜和祭祀，其他每一个城邦各自都祭祀某一个神，但是同时也意识到这个神不是我这个城邦独有的，他是代表一种普遍的伦理本质，凡是希腊地区的这些城邦、这些民族都适用。至于希腊地区以外，其他地方都是野蛮民族，都是混乱的、粗野的本质，那个另当别论；但是只要是提升到了一种伦理精灵，那么各个城邦都崇拜这样一个奥林普斯神系。这样一来，这样一个单纯的形态呢就被概括为安静的个体性了，就安静了，不受那些偶然因素的干扰了。体现在神像上面就是一种单纯的形态，这种单纯的形态一个很重要的特点就是安静。黑格尔在《美学》里面特别分析了古希腊的那些神像，一个最重要的特点叫作静穆，"静穆的哀伤"，这是古希腊神像雕刻的特点，安静里面有点哀伤。为什么会有点哀伤呢？黑格尔的解释就是说，这些神本身是纯精神的，代表普遍的伦理精神，但还是不得不以一种肉体的个别形象体现出来，被束缚于这种肉体形象之中，所以表现出一种哀伤，有一种悲天悯人的意思。我们虽然已经是纯粹精神的精灵了，但还是被束缚在人的形象中，尽管人的形象是自然界最高级的、最美的、最理想的形象，但还是人的形象，还是要用大理石、用青铜做出来，其实神本身是超越这些自然元素的。所以静穆的哀伤表达了一种超越性和无奈，而无奈反过来暗示了它本质上的超越。在这种哀伤里面引人遐想，就是你看到了这么美的形象，但是不要以此为满足，你不要以为神就是这个肉体，就是这个石头，你还要超越这个石头去体会后面的那种安静的个体性、那种纯精神的个体性，那才是真正地对希腊雕刻的欣赏。一种纯正的欣赏态度就是这样，你不要以为这个形体就是这个神了，而应该由这个形体拔高到纯粹精神。希腊神话里面有个皮革马利翁的神话，说皮革马利翁雕刻出了一个美女的雕像，于是就爱上了这个雕像，天天祈祷让神赋予这个雕像以灵魂，后来感动了神，真的赋予了这个雕像以灵魂，于是他就跟这个雕像结婚了。这个就是一种常人的眼光，就是没有超脱这个肉体而向更高的层次升华。古希腊雕刻的特点，温克尔曼概括为"高贵的单纯、静穆的伟大"，它高贵，欣赏者要向更高处去体会，它单纯，单纯到像没有味道的水那样。古希腊的雕刻都是没有表情的，因为真正的神是不受人间喜怒哀乐影响的，它没有眼神，连眼睛珠子都不雕出来。当然有的人说当时眼睛珠子是画出来的，后来颜料掉了。但无论如何它是不雕眼睛珠子的，这说明它是比较忽视人物的表情的。古典时期雕像的表情是非常平静的，到了后期，例如《拉奥孔》那个群雕就有了表情，非常痛苦了，评论家认为那就表明古希腊雕刻走向没落了，已经衰败了，才开始有了表情。它的鼎盛时期的最好的雕刻是没有表情的，神就是神，他怎么会有痛苦呢？他也没有幸福，也没有欢乐，他是永恒的神，是伦理精神，应该是这样。古希腊雕刻的特点就是清除了那些个别化，被概括为一种安静的个体性，古希腊雕刻都是非常具有概括性的，因为它要表达伦理精神嘛，伦理精神是一种普遍的精神，它必须要有概括性。

　　因此与这安静的个体性相对立的就是那不安息的环节，即与这种安静的个体性——**本质**——相对立的是**自我意识**，后者作为这种个体性的诞生地，除了是**纯粹的能动性**外，并没有为自身保留下任何其他东西。

　　"因此与这安静的个体性相对立的就是那不安息的环节"，既然雕像本身是安静的个体性，那么与它相对立的就是不安息的环节，有一种不安息的环节跟它相对立。下面再重复一句，"即与这种安静的个体性——**本质**——相对立的是**自我意识**"，为什么要重复一句呢？就是要强调，一个是本质，一个是自我意识，"本质"打了着重号，"自我意识"也打了着重号，是特意把它们并列、并举来加以对立的。一个是神性的本质，雕像的本质是一种安静的个体性，高贵的单纯、静穆的伟大；但是与之相对立的是人性的自我意识，在那种安静的个体上面是不表现这个自我意识的，它与自我意识是相对立的。你看到这个雕像你绝对不会想到这是我，它太高贵了，拒斥人的亲近。因为这个神像放在那里，不是要你去认同和自居的，而是要你去崇拜的，这是一种艺术宗教。所以在这种安静的个体性上面呢，它跟自我意识是对立的，它拒人于千里之外，你只能远远观赏，你不能走近去跟它亲热，表示你跟它是差不多的。现代雕塑则不同，现代雕塑经常放到街上，让人去摸，让人去拥抱，有些部位被人摸得闪亮发光了，这很正常。古代雕像是神像啊，那是不容亵渎的，它高高在上，有一个高高在上的台子，你爬不上去的。所以与它对立的就是自我意识，这自我意识是什么呢？"后者作为这种个体性的诞生地，除了是**纯粹的能动性**外，并没有为自身保留下任何其他东西"，自我意识不在这个雕像中表现出来，但是它是作为这种个体性的诞生地，自我意识是把这种个体性创造出来的，神的雕像不也是人造出来的吗？人是有自我意识的，所以与这个本质对立的是自我意识。但自我意识虽然是这种个体的诞生地，但它除了纯粹的能动性外并没有为自身保留下任何其他东西。你知道这个神像是有人把它造出来的，菲迪亚斯是雅典娜神像的作者，这个人了不起，你没见过，但是你知道造出这个神像的人了不起，如有神助。但其实他是一锤子、一锤子把它敲出来的，只不过在这个雕刻上面已经看不出来，这个活动的痕迹已经在这个雕像上面荡然无存，不留任何痕迹，这是好的作品。一个好的雕像要看不出人为斧凿的痕迹，不光是雕像，凡艺术品都应该是这样，艺术家应该退出他的作品，只留下一种纯粹的能动性，让人惊叹。如果让人看出你在那里刻意所为，那这个作品就失败了，所以你必须退出来，除了纯粹的能动性之外，人家只知道这是你造出来的，而不知道你是怎么造出来的，这才叫鬼斧神工。

　　凡是属于实体的东西，艺术家完全把它交付给了他的作品，但却没有在自己的作品中给他本人作为一个特定的个体性带来任何现实性；他只有通过出让自己的特殊性，并将自己升华和提高为纯粹行为的抽象时，他才能使他的作品达到完成。 [201]

　　这还是刚才讲的那个意思。"凡是属于实体的东西"，比如说伦理实体、伦理精神，艺术家当然有，本来是艺术家头脑里面就有这种伦理精神，然后呢，"艺术家完全把它交付给了他的作品"，他让他的作品说话，他自己不说话。他在他的作品中表现出来这样一种精神、这样一种伦理实体，"但却没有在自己的作品中给他本人作为一个特定的个体性带来任何现实性"。一个现实的作品做出来了，你不能在里面表达你自己本人的任何一种个体性，你不能有任何这方面的痕迹。这是古希腊艺术的特点，并不表现艺术家本人的激情，这和近现代的艺术是完全不同的。近现代艺术不论哪个流派，都必须表达艺术家的个性，没有个性的艺术品在今天是不被承认的。但古典型艺术就是要隐藏自己的个性，艺术家作为一个特定的个体不能在作品中有任何现实的表现。"他只有通过出让他自己的特殊性"，出让，有时候我们把 entäussern 译作"外化"，是用它的字面意义，而这里是用它的日常意义，即放弃、转让、出让。当然也不是随便地、盲目地抛弃，而是让这个特殊性去做一件事情，让给别的东西，把自己的特殊性赋之于他的创造活动，把它转让出来。但那已经不是你的了，那已经被这个作品拿过去了。你让出了你的特殊性，这个作品是你这个特殊的艺术家所创造的，当然有你的风格，行家一看就知道，这是谁谁的作品，另外一个人的作品跟它不一样，可以看得出来。这是艺术家转让出来的特殊性。"并将自己升华和提高为纯粹行为的抽象时"，把自己升华出来，我有我的特殊性，但是我不能使这个特殊性干扰或者遮蔽纯粹的抽象，而是要把它提升为、升华为纯粹行为的抽象。这种特殊性用来干什么呢？不是用来表现艺术家的个性，而是用来提升，提升到纯粹的行为的抽象，"他才能使他的作品达到完成"。你如果过于强调你自己的特殊性呢，那你的作品就完成不了，因为你不是为了表现你自己的个性，你是为了表现神性来做这个雕像的，这是古希腊雕刻跟现代雕刻不同的地方。后来黑格尔在《美学》里面讲到浪漫主义的时候说，浪漫主义雕刻都是表达人的个性的，表达艺术家自己的个性的，罗丹也好，乌同也好，他们所雕刻出来的那些经典的、不朽的作品都表达了他们自己的人格，表达了他们自己对世界的看法，他们的世界观、他们的精神气质，甚至偏好，都反映在这个雕像里头。古希腊的作品不是这样的，你虽然从技巧上可以分析，这是菲迪亚斯的作品，那个是玻里克利特的作品，但是他们表达的都是神，而不是他们自己的性格，这是一个很大的区别。

　　——在这种最初的、直接的创作里，作品和他的自我意识到的能动性之间的分离还没有重新结合起来；因此那作品就它本身说并不是现实地赋有灵魂的东西，而只有和它的**形成过程**放在一起，它才是一个**整体**。　{380}

"在这种最初的、直接的创作里"，艺术宗教本身也有一个发展过程，它的最初阶段，就是所谓抽象的艺术品阶段，它的最直接的作品就是那些神庙和神像。我们前面讲过，这些神庙和神像是从工匠阶段过渡来的，还带有工匠阶段的特征，那就是主客之间的分离。所以在最初的、直接的创作里，"作品和他的自我意识到的能动性之间的分离还没有重新结合起来"，一方是作品，另一方是自我意识的能动性，一方是艺术家，另一方是艺术家的作品，这两方面的相互分离，正如工匠和他的作品的象征意义的分离一样。不同的是，工匠的作品的象征意义是主人给他的，艺术家的作品的象征意义则是神给他的，虽然作品是艺术家自己创造的，但它并不是要表达艺术家自己的特殊性，它要表达的是一种普遍的观念。这种分离现在还没有重新结合起来，这里头隐含着的意思就是，它下一步的发展就是要重新结合这两方面，艺术家的自我意识跟作品应该结合为一，应该成为一体，但现在还不行。"因此那作品就它本身说并不是现实地赋有灵魂的东西"，既然有这种对立，那么作品就它本身来说并没有现实地赋有灵魂，在现实中赋有灵魂的是艺术家，而艺术作品在现实中就它本身来说是死的，就一块大理石嘛，就一团铜料嘛，那有什么灵魂呢？"而只有和它的**形成过程**放在一起，它才是一个**整体**"，"形成过程"和"整体"都打了着重号。就是作品在这个时候呢，你要说它是赋有灵魂的，那必须从形成过程来看，从它本身看它并没有赋予灵魂。你必须把它和它的创造过程看作一个整体，你考虑到艺术家在创造这个作品的时候是多么富有灵气，这个时候它才是一个整体，才可能被看作是有灵魂的。

艺术作品中的共同之处，即它是在意识中创作出来的并且是由人的双手制造成的，就是那作为概念而实存的概念环节，这概念与艺术品相对立。

257

"艺术作品中的共同之处，即它是在意识中创作出来的并且是由人的双手制造成的"，凡是艺术作品，毫无疑问都是在意识中创作出来的，是由人的双手制造成的，这个是艺术作品的共同之处 (das Gemeine)，就是它作为一件人工制品，是人的有意识的产物，是自我意识到的能动性的产物。因此，在上一句讲的作品和自我意识到的能动性之间的分离中，自我意识到的能动性代表共同性的一方，而这"就是那作为概念而实存的概念环节"。从概念上说，任何一个艺术品都是人的自我意识的能动性的作品，这是艺术品的共性，是艺术品中作为概念而实存的概念环节，或者说，这就是实存着的概念，体现为作品的概念。但"这概念与艺术品相对立"，这样一种实存的概念，它与艺术品相对立，因为每个艺术品都是不同的，没有共同性的，否则就不叫艺术品了，就成了模仿品了。所以每个艺术品本身都是个别的，而它们作为人的有意识的产物却又具有共同性和普遍性，是艺术品中作为概念而实存的环节，这两方面不但是分离的，而且是对立的。

并且如果这一概念作为艺术家或观赏者无私到足以将这艺术品说成是它本身就绝对赋有灵魂，而忘记了自己才是创造者或观看者的话，那么与此相反，精神的概念必须得到坚持，精神是不可能缺少意识到它自身这一环节的。

"并且如果这一概念作为艺术家或观赏者"，这一概念就是刚才讲的作为概念而实存的概念，也就是艺术品作为有意识的产物、作为人的能动性产物的概念，艺术品中的这一概念环节，就是艺术家或观赏者。这里要注意，除了艺术家以外黑格尔还特别提到观赏者，艺术家或观赏者，为什么要把观赏者扯进来呢？实际上在黑格尔看来，观赏者也是艺术家，观赏者和艺术家在作为实存的概念这方面是同一的，他在观赏中是具有能动性的；反之，艺术家也是观赏者，因为作品的意义是人赋予它的，这个人既是艺术家，同时也是观赏者，而且必然是观赏者。艺术品的观赏者绝不是完全被动地观看，而是以自己的能动性在进行创造。由此可以推论出来,艺术家本质上离不了观赏者,艺术品的意义是由艺术家和观赏者共同造成的,黑格尔在这里已经有这个意思了。当然他还没有明确地阐述出来,只是点到为止,现代的解释学和接受美学才把这个意思系统地阐明出来了。他们认为,艺术品的意义是由艺术家和观赏者或者说接受者所共同创造出来的,而且一代一代的接受者不断地为这个作品创造意义,丰富它的意义。这里讲到艺术家或者观赏者,则设想了他们还受到传统的客观主义和模仿论影响的那种片面立场,即"无私到足以将这艺术品说成是它本身就绝对赋有灵魂"。"无私到",这是带有讽刺意味了,就是这些人还是客观主义地坚持模仿论的艺术观,认为自己的精神的能动性对作品没有什么贡献,自己不过是对作品本身所赋有的灵魂加以客观的模仿或从旁欣赏罢了;也就是说,他把自己创造的东西无私地归于艺术品本身,把作品中所体现的精神说成是这个艺术品本身就赋有的灵魂,而不是他能动地灌注到作品中去的灵魂。"而忘记了自己才是创造者和观看者的话",他们放弃了自己在创作和欣赏时的主观能动性,而忘记了作品并不是先于他们而存在于他们之外的现成的物品,而是他们自己创作出来的,离不开他们的创造和欣赏。这是传统模仿论所持的立场。"那么与此相反,精神的概念必须得到坚持,精神是不可能缺少意识到它自身这一环节的",与此相反,与什么相反呢? 就是与艺术家和观赏者宣称这个艺术品本身就绝对赋有灵魂相反,与这种客观主义的艺术观相反,艺术品中的精神的概念必须坚持,也就是其中那作为概念而实存的概念这一环节必须得到坚持。我们不能说,艺术品的创作和欣赏不需要人的自我意识,人只需冷静客观地在旁边观看就够了,不必参与作品的灵魂建构。这是不对的,因为精神的概念必须得到坚持,精神是不可能缺少意识到它自身这一环节的,自我意识是一切精神的本质环节,具有精神的概念的共同性和普遍性。

但是自我意识这一环节是和作品对立的,因为精神在它的这种最初的分裂为二中分别给予两方面以它们的抽象规定,即**行为**和存在的**事物**,

并且它们向它们所由以出发的那个统一体的返回还没有实现出来。

就是说，虽然这个精神的概念必须得到坚持，精神必须要有自我意识的环节，"但是自我意识这一环节是和作品对立的"，在这个抽象艺术品的初级阶段的现状就是如此。所以艺术家和观赏者把艺术品本身看作是绝对赋有灵魂的，而与他们自己的能动性和创造性无关，这种看法是避免不了的，于是自我意识这一环节在此和艺术作品还处于对立中。"因为精神在它的这种最初的分裂为二中分别给予两方面以它们的抽象规定"，精神的分裂为二，这种分裂是从"工匠"阶段继承来的遗产，精神在此给它的两方面，也就是自我意识方面和作品方面，赋予了抽象的规定，因此而被称之为抽象的艺术品。给这两方面什么抽象规定？　"即**行为**和存在的**事物**"，"行为"和"事物"都打了着重号，这是两个抽象规定。为什么叫抽象规定？因为行为虽然在这里指艺术家的创造，但并非只有艺术创造才是行为，行为太抽象、太广泛了，人的任何一种有意识的活动都是行为；同样，存在的事物也不光指艺术品，一切自然事物和人造事物都是存在的事物。用"行为"和"事物"来规定艺术品，等于什么也没说，而且把两者抽象地对立起来了。人家一听，一个是行为，一个是事物，那当然是不同的了，却没有得到两者相互沟通的任何线索。"并且它们向它们所由以出发的那个统一体的返回还没有得到实现"，就是在这样一个阶段上面，由精神的自身分裂而造成的相互对立的两个环节还没有回复到双方的统一，这就是抽象的艺术品在最初阶段、即在神庙和神像阶段的特点。我们休息一下吧。

我们刚才讲到艺术家和作品的对立，这个对立一直到今天我们还可以感受得到，就是艺术家当他创造出一个作品来的时候，不管这作品是一个雕刻，还是一个建筑，还是一个文学作品，一旦创造出来就交给大众了，它就不是作家自己的了，它所有的评价、所有的价值都在于它在读者、观赏者心目中构成一个什么样的形象，这也可以说是艺术的本质的一些东西, 但这个本质的东西并不是说没有办法克服, 在其他的一些艺术作品里面呢这两方面会达到一种统一, 这个是后面要讲到的。我们下面这一段再把对立的方面展开来看一看。

艺术家因而在他的作品里经验到, 他并**没有**创造出一个**和他同样的**本质。虽然从他的作品里有一种意识返还给了他, 即意识到有一大批赞赏者把作品推崇为那作为他们的本质的精神。

艺术家和他的作品是对立的,"艺术家因而在他的作品里经验到", 我们注意这个"经验", 意识的经验科学嘛, 我们要特别强调各种经验, 艺术家的经验呢就是,"他并**没有**创造出一个**和他同样的**本质"。在他的作品里面, 他创造出来的并不是一个和他同样的本质, 他创造出来的是一个神像, 而艺术家作为一个个体的人, 他有他的特殊性, 这些东西都没有表达在他的神像的作品里面。当然他产生的那个作品所代表的神、也就是伦理本质跟他有关, 他也属于这个伦理本质, 但他作为一个艺术家, 他没有创造出和他同样的本质, 他创造出的只是一个代表普遍的伦理本质的个别艺术作品, 这是不能跟他等同的。"虽然从他的作品里有一种意识返还给了他, 即意识到有一大批赞赏者把作品推崇为那作为他们的本质的精神", 这是做了一点让步, 虽然他没有产生出一个和他同样的东西, 但是, 他的作品里有一种意识返还给了他, 就是意识到别人会把他的作品赞赏为普遍的伦理精神, 视为他们的共同本质的代表。他的作品本身是没有自我意识的, 但是他从他的作品中回收了一种意识, 其实是其他人赋予这个作品的意识, 在这个意义上呢似乎他也能在作品上面间接地获得一点他的自我意识。这有点像工匠的情况, 工匠所制作的麦姆农神像是由外在的光明来赋予它灵魂, 而这里的神像则是由大众、由旁人赋予作品以灵魂。在两种情况下, 作者和作品都是分离的, 作品对作者而言并没有灵魂, 只是由于外在的因素, 或是日出的阳光, 或是大众的欣赏, 才使作品间接地显示了精神的本质。在这里, 作品成了民族精神、伦理精神的体现，所以一大批赞赏者在里面看到了作为他们自己的本质的精神，从这个意义上说，这个作品也体现了作者的某种本质，即作为他和大众所共同的普遍本质这样一种精神，但仍然只是间接的体现。

但由于这种赋予灵魂只是把艺术家的自我意识作为一种赞赏而回报给他，所以这种赋予灵魂倒不如说是向艺术家供认了它与作品并不是同一的东西。

虽然有一大批赞赏者把他的作品看作他们共同的精神形象，由此赋予作品以灵魂，好像这里头已经使艺术家有一点自我意识了，"但由于这种赋予灵魂只是把艺术家的自我意识作为一种赞赏而回报给他"，就是说由别人来赞赏他的作品，以这样一种方式来回报给他，使艺术家获得一种自我意识，而不是由这个作品本身给他带来一种自我意识。或者说这个艺术家的自我意识不是在这个作品本身上面获得的，而是在旁人的赞赏中所获得的，别人不赞赏，他就没有自我意识，他要靠别人的谈论、别人的评判才意识到自己。萨特有句话叫作："报上谈到我，故我在"，不是我思故我在，而是人家谈到我，舆论都在议论我，所以我才存在。这种自我意识是在他人与我的关系中获得的，而不是在我与作品的直接关系中获得的。"所以这种赋予灵魂倒不如说是向艺术家供认了它与作品并不是同一的东西"，这种由外部他人赋予作品以灵魂，反倒说明作品和艺术家并不是同一个东西。就是说你在这个作品身上获得的自我意识是通过别人的赞赏，就像麦姆农神像发出的声音并不是它自己发出的，而是由外部的阳光导致的一样。别人的赞赏是别人发出的，并不是这个艺术作品自身有什么出色之处，但艺术家听了就真的以为作品有什么出色之处，否则别人为什么要赞赏这个作品呢？但其实他自己在作品上一点都没有看出来，为什么作品就值得人家那么赞赏。当然客观上作品也许真的表现了一种灵气，但也许恰好相反，别人不过是出于某种目的给你捧场而已；而更重要的是，艺术家自己并没有凭自己的眼睛看出作品赋予了什么样的灵魂。他不过是按照大众的趣味创造出了一个大理石或青铜的产品而已,幸好希腊人的大众趣味是人类有史以来最高的,但如果艺术家完全仰赖于这种大众趣味,就有流于媚俗的危险。

由于作品是作为一般的快乐而返回给艺术家的,所以艺术家便从其中感受不到他在训练和创作时的痛苦,感受不到他在劳动时的艰辛。

就艺术家的直接感受来说,他也很清楚他自己跟这个作品并不是同一个东西。"由于作品是作为一般的快乐而返回给艺术家的",作品在这种情况下是作为一般的快乐,大家都赞赏啊,说他做得好啊,这样返回给了艺术家。作为一般的快乐,受到称赞的快乐,而不是真正欣赏艺术品的快乐,这样来返回给了艺术家。"所以艺术家便从其中感受不到他在训练和创作时的痛苦",这些赞赏的人感受不到他曾经经历过的东西,在训练和创造的时候是多么痛苦啊,这些人家并不知道,只有他自己知道。他也许会对别人说,你们不知道我是多么的艰难啊,我在创造这件作品的时候画了成千的草图,花费了多大的力气、多少心血啊!艺术家就是这样的,看起来好像他很随意,很轻松,实际上他经过多少年的磨炼才能够做到这一步,你去做做看,你就知道这个是功夫,你越要做到轻松自如,就越要花功夫。"感受不到他在劳动时的艰辛",流了多少汗水,台上一分钟、台下十年功,就那一分钟你要花十年工夫去磨炼,你才能做到他那个地步。但这些从这个从作品里面是感受不到的,那个作品很简单,就那么个东西摆在那里,但是为什么会做成那样,他花了多少心血,这个并不表现出来。而且作为艺术作品来说,越是不表现出来越好,越是看不出你花了多少心血,那个作品才是最高档次的,你如果看到这个作品就说,哎呀这个作品这么难做啊,这得花多少力气啊,那这个作品就是失败的。当然现代艺术已经打破了这条法则,有的雕刻家故意把作品做成半成品的样子,好像是做不下去了,搁在那里让人家去看。罗丹的有些作品就是故意不做完,没打算做完,留下一些凿痕,让人看到艺术家的挣扎过程,这是现代艺术。古典艺术不是这样,你能看出这个作品花了多少力气,那这个作品就是不成功的,必须要看不到他在训练和创作时的痛苦，感觉不到他在劳动时的艰辛，才算是成功的。所以古希腊雕刻如果不是损毁的话，个个都是珠圆玉润，毫无瑕疵的。你会以为这个人是个天才，好像他生来就不需要训练，他生来就能做到这样，或者是有神在天上助他，这并不是艺术家自己的真实感受。

那些人尽可以还对作品加以评判，或不论以何种方式向它献祭，将自己的意识置于其中，——当他们以自己的知识凌驾于这作品之上时，则艺术家知道他的**行为业绩**要远远超出他们的理解和议论；而当他们**从下面**仰视这作品，并在其中认识到那个统治着他们自己的**本质**时，则他知道自己就是这个本质的匠师。

[202]

前面是讲的那些人的赞赏了，除了赞赏以外还有别的态度。所以他说，"那些人尽可以还对作品加以评判"，那些人除了赞赏以外，还可以对那个作品加以评判，"或不论以何种方式向它献祭"，献祭就是祭祀啊，因为一座神像有很多人在那里顶礼膜拜啊，奉献各种礼品给神啊。不论以何种方式向它献祭，你可以献一头牛，献一只羊，献一盘水果，或者献一本书，你写了一本书，献给雅典娜，智慧女神，献一种思想也可以，不论以何种方式向它献祭，都是"将自己的意识置于其中"。这是两种方式，一方面是对那作品加以评判，另一方面向它献祭，对它顶礼膜拜。破折号，破折号后面就是分别对两种情况加以讨论，一个是评判，一个是献祭。"——当他们以自己的知识凌驾于这作品之上时"，以自己的知识凌驾于作品之上，那就是评判了，你能够评判这个作品，那就是你借助于某种知识，借助于某种审美标准，借助于某种艺术知识，凌驾于这个作品之上，对它加以品头论足。这个作品是属于顶尖级的，或者属于二流的，甚至于属于不入流的，等等，你都可以进行评判。"则艺术家知道他的**行为业绩**要远远超出他们的理解和议论"，不管你怎么评价，如何居高临下，作品是他创造出来的，是他作为艺术家的行为业绩。你们这些人只知道动嘴，站着说话不腰疼，但作品是我创造的，只有我自己才知道这其中的甘苦，不足为外人道。艺术家知道他的行为业绩要远远超出这些人的理解和议论，你再怎么评判，你的审美的标准，你的规范的标准，你的艺术标准和伦理标准，都是从外面拿来的。你评判的只是这件工作的结果，而远远不是过程，尤其不是艺术家自己内心的过程。所以艺术家知道他的行为业绩要远远超出他们的理解和议论，不管你们怎么理解、怎么议论，我为这个作品所付出的艰辛和心血，包括我的思想、我的创意，都在我心里，只有我知道。你们所看到的只是九牛一毛，只是一点点表面的东西，你们不能深入我的内心。我们今天看菲迪亚斯创造的《雅典娜》，我们可以从各方面去评价它，菲迪亚斯这个人只剩下一个名字，他这个人是个什么人我们根本就不知道，也不必要知道，你是就这个艺术作品来评价它，你不需要知道他是一个什么样的人，他在创作这个作品的时候他付出了什么样的艰辛，这些都属于题外之话。当然有些艺术史家也可能会研究这个东西，但那跟艺术作品本身的评价无关。这是一方面，就是说如果外人对作品进行评判的话，那么他达不到艺术家本身所感到的、经验到的那些东西。另一方面，"而当他们**从下面**仰视这作品，并在其中认识到那个统治着他们自己的本质时，则他知道自己就是这个本质的匠师"，也就是说，如果他们对这个作品献祭，把作品看作神本身，不是居高临下，而是从下而上地仰视作品时，艺术家本人则可以置身事外。对于一般欣赏者而言，这个神像竖立在那里，高大威严，表现出高贵的单纯，静穆的伟大，引起了一种崇敬之心；于是他们在其中认识到那个统治着他们自己的本质，也就是他们的伦理精神。这跟前面那个评判的态度是相对照而言的，那个态度是居高临下的，而这个态度呢是从下往上的，不是评判而是崇拜。那么在这种情况下，艺术家却知道自己就是这个本质的匠师，这个本质就是他造出来的，如果有必要的话，他甚至可以随时修改它，让它显得更完美一些。所以艺术家处于这样一个地位，一方面呢所有的评价对艺术家来说都不够，另一方面呢所有的崇拜对艺术家来说都过分了，这就是我做出来的，你们那么崇拜干什么，他也许会这样想。至少他知道自己就是这个本质的匠师，就是这个本质的工匠，匠师，Meister，也可以翻译成"师傅"。在他自己心目中，他就是一个工匠，懂技术而已，与其他木匠、鞋匠、铁匠没有什么区别。所以他跟那些评判者和欣赏者对作品的感受都不一样。总而言之，他本人置身于他的作品之外，跟这个作品相对立，别人对作品的评论也好，崇拜也好，都和艺术家没关系，艺术家和作品还没有达到一种重新的汇合、重新的统一。怎么样才叫重新统一呢？就是说这个艺术家就是他的作品，你欣赏他的作品就是欣赏他本人，或者他本人就是一个艺术品。这在神庙和神像的阶段是做不到的，主客双方、艺术家和作品注定是对立的。要做到这一点，必须要有的一个中介，这个中介就是语言，因为语言作为一种艺术，语言艺术，它既是我的作品，同时也是我本人，既是客观艺术，也是主观艺术。这就是下面一个小标题所要讲的："赞美歌和神谕"。赞美歌是一种语言，神谕也是一种语言，赞美歌是一种普遍的语言，神谕是一种个别的语言，隐晦的语言。原先德文编者加的小标题只有一个"赞美歌"，没有反映出这一阶段的内部结构，也不能概括本标题下所讨论的内容，其中三分之二以上谈的都是神谕而不是赞美歌。

[II. 赞美歌和神谕] 因此，艺术品要求它的定在有一种别的元素，神要求一种另外的来源，不同于神从他的创造力的黑夜深处堕落到他的对方、堕落到外在性和无自我意识的**物**的规定中的那种来源。

这是从上面直接引出来的，根据我们上面讲的，艺术家和他的作品这两方面是如此外在地对立，"因此，艺术品要求它的定在有一种别的元素"。目前的艺术品的定在只是那些自然的元素，就是那些石料、那些铜料、那些大理石，你把它们雕刻成一个东西，这就是艺术品了，它当然跟艺术家是对立的。那么这两方面要达到统一呢，就必须要有一种别的元素或媒介，不要再局限于石料啊、铜料啊、木料啊这样一些东西，要由别的元素来实现这种统一。或者说，"神要求一种另外的来源"，这些艺术品本来是神像，是为了表现神的，那么这个神也可以对艺术家要求另外一种来源，不是停留于这些自然的外在的来源，而要有一种内在的来源。这些作品都是表现神的，作为一种艺术宗教，现在必须要从另外一个来源来造神或者来表现神。怎样的另外来源呢？"不同于神从他的创造力的黑夜深处堕落到他的对方、堕落到外在性和无自我意识的**物**的规定中的那种来源"，这另外一种来源是不同于物的规定的来源的，不同于物质、事物，即那种大理石、铜料和木料的来源。那种物质性的来源是神从他的创造力的黑夜深处所堕落到的那个对方中取来的，创造力的黑夜深处，我们前面讲到了黑暗的本质，跟自己的无形式的、无形态的黑暗的本质相拼搏嘛，就像一块无形式的黑色石头。在这黑暗的深处神是没有任何形态的，但它又必须有自己的形态，于是就发挥自己的创造力而创造出自己的对方，创造出那种外在性和无自我意识的物的规定来，使自己能够具有现实的形态，能够实现在一个物质对象上。但这种实现其实是一种堕落，它同时是对神的无限创造力的一种限制，神的本质则是与此完全不同的，它仍然躲藏在自己创造力的黑夜深处，它能够在光天化日之下被人看到、被人欣赏，就已经是它的堕落了。所以黑格尔从那些雕像中看出了一种哀伤的情调，就是神如果想要拥有自己的形态就不得不堕落，把自己展示在物质材料之上。那么从这个创造力的黑夜深处堕落到他的对方，一旦创造出来，他就堕落了，他就被固定化了，他就堕落到外在性和无自我意识的物的规定中。前面讲到的艺术品、神像和神庙，都是属于这样一种来源，这种物的规定是没有自我意识的，凡是这样的艺术品，它摆在那个地方，它就是物，是一个死的东西，没有灵魂的。你也可以把灵魂赋予它，你可以欣赏它、评判它、称赞它、膜拜它，但它本身是没有灵魂的，这样一个来源现在必须要改变了，要求有另外一种来源。

这种更高的元素就是**语言**，——这是一种本身是直接自我意识到的实存的定在。

这句话就把它点穿了，一种别的元素或另外的来源是什么呢？"这

267

种更高的元素就是**语言**"，"语言"打了着重号。"这是一种本身是直接自我意识到的实存的定在"，语言是一种本身自我意识到的定在，凡是你在说语言的时候，你肯定是自我意识到了，你知道你在说什么，如果你不知道你在说什么，你在胡言乱语，那就不叫语言。语言又是实存的定在，是说出来的话。我们通常把说出来的话不当一回事，而是当作一股风，当作耳旁风，甚至当作嘴一抹就可以不存在、就可以不承认的东西。其实话说出来，它就是一种定在，西方的语言学的传统或语言学的精神把语言看得很重，你说出来的话是要作数的，是有法律效力的，是要记录在案的。所以语言本身是直接自我意识到的实存的定在，它本身就是自我意识到的实存，不光是自我意识到，而且还有了实存，它已经说出来了，不能反悔的，是这样一种定在。下面就讲这个定在、这个语言的特点了。

　　正如个别的自我意识定在于语言中，同样它也直接作为一种**普遍性的**传播而存在；这种自为存在的完全特殊化同时是众多自我的流动性及被普遍传达的统一性；语言就是作为灵魂而实存着的灵魂。

　　"正如**个别的**自我意识定在于语言中"，"个别的"打了着重号。个别的自我意识定在于语言中，你这个个人、你的自我意识是通过语言而得到定在的，你可以不说话，你可以沉默不语，但是你这个自我意识就得不到定在了，你的自我意识要得到定在，你就必须说出来，你就必须写出来、表达出来，这才定在了。虽然你有自我意识，可以通过在内心里面想一想来认识自己，但是如果没有语言的话，它是得不到定在的。个别自我意识在语言中获得定在，这是一方面。另一方面，"同样它也直接作为一种**普遍性的**传播而存在"，"普遍性的"也打了着重号，这个"普遍性"和刚才的"个别的"是对应的。语言一方面是个别的，它是个别自我意识的表达；另一方面它又是普遍的，从普遍性的方面来说，它直接作为一种普遍性的传播而存在。也就是说，它的普遍性就体现在语言是说给别人听的，语言不是自言自语，即算自言自语，也是把自己当作别人。维特根斯坦认为不存在所谓的私人语言，语言就是说给别人听的，如果不说给别人听，那就不需要语言。语言本质上一说出来，它就是说给别人听的，所以它就是作为普遍性的传播而存在的。语言创造出来就是为了传播，就是为了说给别人听，所以它既有个别性，又有普遍性，它本身就是个别性与普遍性的统一。"这种自为存在的完全特殊化"，语言是一种自为存在，是自己说出来的嘛，语言是个别自我意识的完全定在，那当然是特殊的，是个别自我意识自为的存在。自我意识在语言中得到体现，那它岂不是完全特殊化了吗？这是我的话，这是我说的，这是我的语言，我的个别性在我的语言中特殊化了。但它"同时是众多自我的流动性及被普遍传达的统一性"，一方面它是个别性的存在，它的完全的特殊化；但同时又是众多自我的流动性，是这个自我流动到另一个自我，我的自我流动到你的自我，一句话可以一传十、十传百，这就是流动性了，语言在人与人之间流动。我们今天的微博转发，你说的就是我说的，我就不说了，我就转发，当然不能转发太多，现在被限制了，但是语言就是要转发的，它的本质就是要转发的，它是众多自我的流动性。以及被普遍传达的统一性，之所以能够普遍流动和转发，就因为语言有统一性，大家说的都是同一种语言，哪怕不同语言也可以通过翻译成为同一语言。有统一性就有共同可理解性，才会有传达的普遍有效性。所以一方面它是完全的特殊化，另一方面它是普遍传达的统一性。"语言就是作为灵魂而实存着的灵魂"，语言本身就是这样的，它既有灵魂的内涵，又有作为灵魂的实存，它是实存的灵魂或灵魂的实存。这就跟那个雕刻作品不一样了，雕刻作品是一个物，是一个东西在那里，就是单纯的实存，你可以去看，你看了以后，你有你的感想，他有他的感想，但这个艺术作品本身是没有灵魂的。而语言它说出来就是有灵魂的，它本身灌注着说出来的那个人的灵魂，所以语言是作为灵魂而实存着的灵魂。当然这个语言我们不能仅仅理解为一种声波的振动，或者是一种白纸黑字的痕迹，那只是语言的载体，离开灵魂就毫无意义。语言本身是符号，它可以是英语，可以是希腊语，可以是汉语，都可以不同的，从外在方面是不同的，但是语言灵魂是普遍的，语言的意义是普遍的。所以一方面它是实存的，但另一方面它是作为灵魂而实存的。

　　所以，将语言作为自己的形态之元素来拥有的神，就是自身赋有灵魂的艺术品，这艺术品在自己的定在里所直接拥有的纯粹能动性曾经是和那作为物而实存着的神对立的。

　　"所以，将语言作为自己的形态之元素来拥有的神，就是自身赋有灵魂的艺术品"，把语言作为自己的形态的元素来拥有的那个神，也就是用语言的形态表达出来的神，就是自身赋有灵魂的艺术品。也就是说有一个这样的神，不是通过大理石啊、铜啊这些东西，而是通过语言这种形态来表现自己，这样一种神就是自身赋有灵魂的艺术品，这个艺术品跟前面那种艺术品就不一样了。"赋有灵魂"这个词，beseelen、beseelt，它有"赋有灵魂"的意思，也有"赋有生命"的意思。但是我们这里统一地翻译成"赋有灵魂"，这是它的字面意思，并且是跟这里相对应的，因为他说语言是作为灵魂而实存着的灵魂，所以这样一个将语言作为自己的形态之元素来拥有的神就是自身赋有灵魂的艺术品。因为语言就是自身赋有灵魂的，你把语言当作自己的元素来拥有，那么你就已经是赋有灵魂的艺术品了，这个艺术品本身就是赋有灵魂的了，不再需要外界或别人去赋予它灵魂。雕刻的欣赏者赋予它灵魂，是根据他自己的感悟、感受，欣赏者知道这个作品本身是没有灵魂的，这个雕刻、这个建筑本身是没有灵魂的，所以皮格马利翁要祈求神给他的雕像一个灵魂；但是语言不同，当它激动我们的灵魂时，我们同时就知道这个语言它本身就是有灵魂的，它正在被某人说出来，他的语言有它的语调，有它的情感，有它的信念，将这些发挥到极致的那就是赞美歌了，下面马上要讲到赞美歌。赞美歌当你把它当作歌唱出来的时候，它是作为歌抒发情感的；但它又是一种语言，当然它不是纯粹的语言，它伴有音乐，音乐和诗歌结合在一起就是赞美歌，它带有它的音调。赞美歌（Hymne）也可以译作赞美诗，赞美诗其实也带有歌，因为它有韵律嘛，带有音乐、音调的成分，这个在汉语的《诗经》如雅和颂里面体现得更明显。西语中音调高低的因素不像汉语这么重要，不一定要押韵，但节奏和音步也属于音乐成分。音乐的成分是直接把人的灵魂抒发出来，把人的情绪、情感、精神的东西抒发出来。"这艺术品在自己的定在里所直接拥有的纯粹能动性曾经是和那作为物而实存着的神对立的"，这是和前面的情况相对照了。在前面那种艺术品的神像和神庙的阶段，艺术家的能动性还不是在艺术品中直接拥有的，这种能动性曾经还和艺术品中作为物而实存着的神处于对立中，这里是过去时。当初，一方面是艺术家的能动性，一方面是作为物实存的神，这是那种艺术品的两个环节，但却是对立的两个环节。宗教的初级阶段最初是神像和神庙，是作为物而实存着的神，作为青铜、作为大理石而实存着的神；那么现在呢，这艺术品在自己的定在里直接拥有了纯粹能动性，这就是赞美歌。当你把赞美歌唱出来的时候，这样一个唱的过程就是一个作品，那么这个过程是直接拥有能动性的。原来这个能动性是站在这个作品之外的，艺术家创造出了这个作品，这作品就摆在那里了，我的创作也就完成了，让人家去欣赏，你随时都可以去欣赏，我不参与；但现在不行，赞美诗是要你临场去唱的，你唱完了，这作品也就结束了，如果要再欣赏，你还得再唱，还得再去表演一番。所以它是直接拥有纯粹能动性的，它的这种能动性直接就在艺术品里面，艺术创造跟艺术品是一体的。用雕刻艺术的眼光来看，这是一种"没有艺术品的艺术活动"，其实艺术创造活动本身就是它的艺术品，艺术品跟艺术创造、跟艺术家不再是分裂的，不再是对立的了，这就超出前面那个艺术阶段了。

或者说自我意识在它的本质成为对象性的过程中直接保持着自身。当自我意识如此在它的本质里待在自身中时，它就是纯粹思维或默祷，它的内在性在赞美歌里同时也拥有了定在。

"或者说自我意识在它的本质成为对象性的过程中直接保持着自身"，自我意识在唱赞美歌的时候，他把自己的本质唱出来，直接成为了对象性，但在这个过程中它直接保持着自身，把它的自我意识保持始终，它唱完了，艺术品也就结束了，它并没有留下一个艺术品给别人以后去欣赏。所以它就在这个艺术品中，它一边唱，一边就在这个艺术品中保持着自身，这都是讲的赞美歌。"当自我意识如此在它的本质里待在自身中时，它就是**纯粹思维**或默祷，它的**内在性**在赞美歌里同时也拥有了**定在**"，"纯粹思维"、"内在性"和"定在"都打了着重号。自我意识在它的本质里待在自身，这时候它就是纯粹思维或默祷，就是说它还没有把它的本质变成外在的对象，而仅仅是在把自己的本质变成对象性的过程中，它的自我意识一直都保持着自身。那么这样一种自我意识就是纯粹思维和默祷，它要使自己对象化，但是还没有把自己外化到自身以外去，还跟自己的本质待在一起。前面在上卷讲到"自我意识"部分的时候，第144页，也曾经讲到过纯粹思维或默祷，说那是一种"音乐似的思维"，内心的祈祷还没有表现出来；而表现出来呢，那就是赞美歌。所以讲它的内在性在赞美歌里同时也拥有了定在，这样一种纯粹思维和默祷，当你把它唱出来的时候，在赞美歌里面就同时拥有了它的定在，内在性就变成了定在，定在应该就是外在性了，内在性就表现在外了。当然这个"外"并不超出赞美歌的演唱过程，而是紧紧和这过程结合着的。前面讲到自我意识和不幸的意识时，也讲到那里有一种音乐似的思维，但毕竟还没有表现为音乐，还没有表现为赞美诗、赞美歌，而只是内心默祷，所以在不幸的意识那里自我意识得不到拯救，得不到对象化，不能够像艺术宗教这样，通过一种艺术的过程来表达自己。前面讲的已经是一种宗教的情怀，但是还没有上升到艺术宗教的层次，而艺术宗教的赞美歌才把这样一种以不幸意识出现的自我意识表达出来了，这就使它拥有了自己的定在，从而成为了幸福的意识。

赞美歌在自身内保持着自我意识的个别性，而这种个别性在被听见的同时又作为普遍的东西而定在着；在所有的人中蔓延开来的默祷就是{381}那精神的洪流，这洪流在众多不同的自我意识里被意识到自己是一切人的同一个**行为**，是**单纯的存在**；精神作为一切人的这种普遍自我意识，既有它的纯粹内在性，同样也有那些个别的人在一个统一体里的为他存在和自为存在。

这里讲赞美歌了。"赞美歌在自身内保持着自我意识的个别性"，赞美歌在唱出来的时候，每个人自己唱出来的时候，那是保持着自我意识的个别性的，他在表达自己的自我意识，表达自己的情感和情绪，表达自己的信仰，表达自己对神的崇敬，所以他在自身内，他的个别性被保持着。"而这种个别性在被听见的同时又作为普遍的东西而定在着"，一旦唱出来，它就作为普遍东西而定在着，大家都在听，在听的时候大家都在默祷，都在进行一种纯粹的思维，一种宗教的思维。所以这样一种赞美歌呢一方面它具有个别性，它是由这人唱出来的；而同时呢这种个别性被听见了，被听见的时候同时就作为普遍的东西而定在着了。所有的人、在场的人都听见了，并且都在内心在默祷，所以，"在所有的人中蔓延开来的默祷就是那精神的洪流"。在所有的人中蔓延开来的默祷，当然人家也可以跟着唱，也可以不唱，你在你的内心里面听着这样一种歌唱，赞美歌就你在内心默祷，这样，不管你是跟着唱还是默祷，都形成了一股精神的洪流，我们中国人叫作"气场"。"这洪流在众多不同的自我意识里被意识到自己是一切人的同一个**行为**，是**单纯的存在**"，这样一种在所有人中蔓延开来的默祷形成一股精神的洪流，这洪流在众多不同的自我意识里面起一种融化作用。尽管每个人的自我意识都是不同的，但却被意识到自己在默祷中是一切人的同一个行为，这由赞美歌所引发的这样一种群众性的默祷是同一个行为，是单纯的存在，这种艺术宗教的定在就在这里。精神的洪流在这里不再是虚无缥缈的，不再像一股朦胧的烟雾，而是单纯的存在，它已经在艺术品里面得到存在了，这是在前面上卷的默祷中还没有达到境界。参看前面上卷第 144 页倒数第 5 行起："由于它自身虽然**自在地**是纯粹思维着的个别性，而它的对象正是这种纯粹意识，但**彼此的联系本身**并不是**纯粹思维**，所以可以说，它只是走向思维，只是在**默想**"，默想也就是默祷了。接下来，"它的思维本身停留于无形的钟声的沉响或一种暖融融的烟雾弥漫，一种音乐式的思维，它没有达到概念，而只有概念才会是唯一的、内在的、对象性的方式"，这是上卷讲到"自我意识"部分的结尾的阶段，讲到不幸的意识时，也经过了这样一个过程，没有达到概念，为什么没有达到概念？为什么不是纯粹的思想而只是走向思想？就因为在那个阶段它还没有成为艺术。而现在这个阶段比那个阶段要高，它在更高的层次上面把原来的那样一种默祷拯救了，不再是一种烟雾缭绕的音乐式的思维，而是借助于语言成为了纯粹思维，成为了单纯的存在。这洪流在众多不同的自我意识里被意识到自己是一切人的同一个行为，是单纯的存在，这就是艺术宗教这个更高层次的特点，它创造出一个艺术品来了。他把这样一种音乐式的思维变成了一种影响大众的赞美歌，使得所有的人都激动起来、凝聚起来，把他们的精神变成一股洪流。"精神作为一切人的这种普遍自我意识，既有它的纯粹内在性"，纯粹内在性你可以在默祷中感悟到，在一种音乐式的思维中你可以体验得到，这在赞美歌里面也同样保持着；但"同样也有那些个别的人在一个统一体里的为他存在和自为存在"，"一个"打了着重号并且大写，我用斜体来代表。那些个别人在一个统一体里为他存在和自为存在，这个只有通过艺术宗教中的赞美歌才能够做到，就是不光是每个自我意识的纯粹内在性，同时也是所有那些个别的人、个别的自我意识，他们在一个统一体里面表现出自己的为他存在和自为存在。为他存在就是所有人互相都能感应到别人，都能被别人所激发，听到赞美诗，你得到感应，你就会跟着唱起来，或者你也随着赞美诗在默祷，这就是为他存在。你意识到自己的为他存在，你受到这个赞美诗的感动；同时也有自为存在，你并不以为赞美歌是别人强迫你接受的，你可以在自己的内心跟着唱，或者你自己也可以加入，也可以跟着大家一起唱，全场一起唱。每个人都是自为的，都是发自内心的，但又是在一个统一体里，凝聚为一体，这就是赞美诗的作用。这种情景在胡发云的中篇小说《死于合唱》中得到了淋漓尽致的表现，大家不妨去读一下。这种艺术品跟前面讲的艺术品就不一样了，赞美歌作为一个艺术品，诗歌作为一个艺术品，跟前面讲的雕刻就不一样了，它是一种表演艺术。我们通常讲音乐、舞蹈、戏剧都属于表演艺术，表演艺术跟造型艺术的不同就在这里，造型艺术他造出一个东西放在那里，艺术家跟他的作品是脱离的，而表演艺术它本身就是作品。唱赞美歌，这个唱的人他所发出的声音、他的语言本身就是作品，他不是说另外做出一个作品来，而是他在那里表现，这就是作品，创作和创作出来的作品是一个东西。这个层次就比前面的高了，因为它把前面形成一种外在对立的东西的两方面统一起来了。赞美歌所达到的这个层次是一种更高的抽象艺术，它还是属于"抽象的艺术品"，但是它已经比雕刻、神庙和神像的艺术品要高了一个层次。当然更高一个层次并不见得就更美，那是另外一回事情，因为他这里不是谈美学和艺术，他这里谈的是宗教、艺术宗教，艺术宗教里面的层次安排是按照它跟宗教概念的关系来安排的。如果按照后来黑格尔美学的体系来安排呢，那么古希腊的雕刻显然在黑格尔看来是不可企及的，那是最理想的、最高层次的，一直到现代艺术没有超过它的，后来的艺术简直就是一个艺术衰落的过程。但是从宗教哲学、从艺术宗教这个角度来看呢，赞美歌的层次要比前面那个神庙和神像的层次要高，这是从宗教概念的层次来划分的。好，今天就到这里。

＊　　　　　＊　　　　　＊

我们上次讲到了赞美歌，作为艺术宗教表现的一种形式。赞美歌其实也就是赞美诗了，但是它以歌唱的方式唱出来，它里面是一种语言，是一种新的艺术的元素。前面的艺术宗教，它的艺术品的元素就是一些固体的东西，一些物，像大理石啊、木头啊、金属啊这样一些材料，是做出来的，像建筑和雕刻，做出来的神庙和神像。而现在，语言同样也是神的一种表达方式、一种神的表现，这种语言本身虽然是由个别人创作出来的，但是具有普遍性，赞美歌在唱出来的时候引发的那种群体的默祷、

275

群体的沟通、人与人心气相通那样一种状况使得它具有一种普遍性。或者说它既是个别的又是普遍的，是个别和普遍的统一，具有一种社会性。那么今天讲的这一段，主要是另外一种语言，它完全是个别性的，没有普遍性，没有社会性，那就是所谓的神谕。

　　这种语言与神的另一种语言即那种并非普遍自我意识的语言相区别。艺术宗教的神的、以及前此各种宗教的神的**神谕**，是神的必然的、最初的语言；因为神的**概念**中同样也包含有这个意思，即神同时既是自然的本质又是精神的本质，因而神不仅拥有自然的定在，而且拥有精神的定在。

　　"这种语言与神的另一种语言即那种并非普遍自我意识的语言相区别"，这种语言就是上面那种语言，就是赞美诗、赞美歌里面的一种带有鼓动性的、带有煽动性的语言。它是普遍自我意识的，每个人都在那种和别人的表现的共鸣中感受到自己，觉得自己被放大了，形成了一种普遍的精神的洪流，这是一种。但是现在我们要考察的语言是另外一种语言，是神的语言，它来源于神，但是它不是那种普遍自我意识的语言，它是那种并非普遍自我意识的语言，这种语言要跟普遍自我意识的语言相区别，那就是一种个别的语言。"艺术宗教的神的、以及前此各种宗教的神的**神谕**，是神的必然的、最初的语言"，这就讲到了神谕。另外一种语言是什么语言呢？就是神谕，是艺术宗教的神和以前各种宗教的神的神谕。艺术宗教也好，自然宗教也好，它们的神都有某种神谕，这些神谕是神的必然的、最初的语言。神谕是非常古老的，凡是有宗教的地方就会有神谕，这些神谕是必然要有的，也是最古老的语言，神告诉你怎么样做，神暗示你如何处理麻烦事，这些都属于神谕。神谕不仅仅是艺术宗教包含的，它是所有宗教都包含的，那么说起来神谕就不该放到这里讲了，因为这里现在是讲艺术宗教嘛，你讲到艺术宗教以前的那些神谕，那跟艺术就没关系了。而且艺术宗教里面的神的神谕也不一定就跟艺术有关，艺术宗教里面有很多神,阿波罗神啊、海神啊、宙斯啊,他们都会有神谕,但是这些神谕呢作为神谕来说不一定是艺术的,例如苏格拉底到德尔斐神庙里求得的神谕就是:苏格拉底是最有智慧的人。它也不一定是诗歌,你说赞美歌是诗歌,但神谕是什么呢? 它不是艺术品,但是他也要放到这里讲,跟赞美歌放到一起。我们前面讲的这个标题要加一个"神谕",是"赞美歌和神谕",他要把神谕放到这里面来讲。因为神谕跟艺术宗教的赞美歌有相通之处,一个是通过语言,再一个是有一种类似的结构,它是从赞美歌里面分析出来的。在艺术宗教阶段的神谕跟以往宗教的那些神谕还有所不同,虽然它不是艺术品,但是它有助于我们了解古希腊人的艺术宗教的精神,因为它们都是语言,是从语言里面生长出来的。所以我们要把当时的神的语言作一番彻底的分析,神的必然的、最初的语言都是神谕,只要有宗教的崇拜,有神,那么它必然最初体现为语言,这是在艺术宗教中涉及语言时必须要搞清楚的。"因为神的**概念**中同样也包含有这个意思,即神同时既是自然的本质又是精神的本质",神的概念中,不管是什么神、什么宗教,自然宗教也好,艺术宗教也好,天启宗教也好,反正只要是神的概念,它就包含有这样一个意思,讲到神,神就有这个意思,即神同时既是自然的本质又是精神的本质。它是自然的本质,整个大自然它的本质就是神,它是由神所产生的、由神所控制的;又是精神的本质,就是神本身既然是神嘛,他当然是精神的本质,我们人的精神、我们的灵魂、我们的思想,包括我们做梦,所有这些东西里面都有个神在起作用。我们对于神的概念呢就把我们自己的精神加进去了,人有精神,所以人也就有神的概念,神的概念就是人的精神的概念,就是灵魂的概念。既然神的概念中包含有神同时既是自然本质又是精神本质的意思,这就可以用来解释前面讲的,神谕是神的必然的、最初的语言。为什么是必然的语言? 因为在它的概念里面就包含有既是自然的本质又是精神的本质,而语言恰好就是这样,语言恰好既是自然的又是精神的,所以神的最初的语言必然是神谕。"因而神不仅拥有自然的定在,而且拥有精神的定在"，神具有双重的定在，一方面它是自然的定在，他会显现出来，要显身，神要显示，如果不显示，那这个神就没有意义了。语言就是神显身的自然的定在，当然还有其他的，光明的本质、动物和植物，这些都是自然的定在；但同时神又拥有精神的定在，这就显出语言比其他自然定在更强的地方了，因为语言也是精神的定在，而其他自然定在却不是，所以精神、神就在语言中得到了确定。这和前面讲到的一句话是对应的，前面一段的第二句话说："这种更高的元素就是**语言**，——这是一种本身直接自我意识到的实存的定在。"语言就是这样一种定在，一方面是直接自我意识到了的，所以它是精神的，另一方面它是实存的定在，所以它具有自然性，它可以影响人。因为语言说出来就会影响人，就会打动人，就会使他人有所感应，没有自然的定在它是做不到这一点的。所以前面讲的这个语言是赞美歌的语言，这里讲的是神谕的语言，但它们的性质是相通的，不管是赞美歌的语言，还是神谕的语言，都具有这样一种特点，既具有自然的定在又具有精神的定在。这就把神谕引出来了。

只要精神这一环节才刚刚包含在神的**概念**中，还没有在宗教里实现出来，那么这语言对宗教的自我意识来说就是一种**异己的**自我意识的语言。

"只要精神这一环节才刚刚包含在神的**概念**中"，"概念"打了着重号。精神的环节当然应该包含在神之中，但是，这里说是才刚刚包含在神的概念中，只是在概念中。虽然在概念中就有精神了，但是，"还没有在宗教里实现出来"，在概念中有，但是在宗教里面精神还没有实现出来。怎么实现出来？就是通过它的自然定在表现出来。神的概念中已经有了精神，但是还没得到现实的表现。"那么这语言对宗教的自我意识来说就是一种**异己的**自我意识的语言"，还没完全表现出来的这种语言，对宗教的自我意识来说就是另外一种自我意识的语言，它来自另外一种陌生的自我意识，也就是神的自我意识。意识到宗教的这些人都具有一种宗教的自我意识，但是他们还不知道怎么用语言在宗教里面自己把精神表达出来，他们只能听凭神谕说什么就是什么，这种神谕的语言就只能是一种异己的自我意识的语言。他们知道这种语言是自我意识的，因为凡语言都是出自于自我意识的，但是这种语言对于他们来说是陌生的，它的意思不明确，像打哑谜。所以这个意思需要解释，需要破解，我们求神、去拜菩萨的时候降下神谕来，神签上写着一句话，什么意思？那需要解释。那个和尚或道士啊就跟你解释，这句话是什么什么意思，那是他解释的，是不是神的真正的意思，那个还难说，要看你说得对不对。如果说得不对，每次都对不上，那你这个庙就失去香火了，人家就不信你了，人家就到别的庙里面去求更加可信的神谕了。所以神谕本身是需要解释的，而解释往往是不可靠的，它是异己的、陌生的。

那对自我意识的团契还是陌生的自我意识还并没有像它的概念所要　[203]
求的那样**定在着**。

"那对自我意识的团契还是陌生的自我意识"，"团契"前面我们也多次遇到过，但黑格尔的拼法有所不同，有时是 die Gemeine，有时却是 die Gemeinde，意思不变。而当它的冠词不是阴性而是中性，写作 das Gemeine 时，则是"共同之处"的意思，如前面第 201 页讲："艺术作品中的共同之处 (das Gemeine)，即它是在意识中创作出来的并且是由人的双手制造成的，就是那作为概念而实存的概念环节"，这里"共同之处"来自词根 gemein（普通的、平庸的、通俗的、共同的），虽然与团契同词根，但还不一定形成了团契。但在黑格尔时代的旧德语中，常常用阴性的 die Gemeine 表达 die Gemeinde（团契）的意思，现代德语则区分得严格些了。当然共同之处和团契这两个意思也有相互重叠之处，所以这里是说，对于大家已达成团契的自我意识来说，那个神谕中的自我意识还是陌生的，还未进入到那种人人共同的、普通的自我意识而被理解。这样一种异己的自我意识，它"还并没有像它的概念所要求的那样**定在着**"，"定在着"打了着重号，就是这个神谕它表现出一种对我们异己的自我意识，那么它就还不是像它的概念所要求的那样定在着。它的概念要求它要有精神

279

的定在，而这只有在自我意识的团契中才能做到；但是现在它是一种异己的自我意识，所以它还不像它的概念所要求的那样定在着，它还是非常动摇不定的，意思含含糊糊，抓不住的，它还没有得到自己的定在。

　　自我是单纯的，因而也是全然**普遍的**自为存在；但是那从团契的自我意识分离开的自我，则只不过是一个**个别的**自我。

　　这是一般而言了，就是一般来讲，"自我是单纯的，因而也是全然**普遍的**自为存在"，首先自我是单纯的自为存在，这个大家都容易理解，自我嘛，自我就是单纯的，你要说到底，每个人的自我那是很单纯的，他把一切其他的内容都排除了以后，最后剩下的就是这个自我，就是他自己的创造性。每个人的自我都是在他的心中、在他的灵魂中最后剩下的那个东西，把所有的复杂的东西去掉了以后还有个东西，那就是自我。但正因此也是全然普遍的自我存在，单纯的东西是人人一样的，不是因人而异的，因而也是全然普遍的。所有人都有一个我，你有一个单纯的我，人家也有一个单纯的我，并没有特殊的不同在中间阻隔，所以是完全普遍的。当你说出一个"我"字来的时候，这个"我"具有普遍的含义，任何人都可以说"我"，它本身是单纯的，同时又是普遍的。对个人来说它是单纯性，对于所有人来说它具有普遍性，它是单纯的和普遍的自为存在，每个人都自行其是，自己决定自己。这是一般而言，凡是自我都应该是这样的。"但是那从团契的自我意识分离开的自我，则只不过是一个**个别的**自我"，前面讲普遍的自我存在，"普遍的"打了着重号，这里的"个别的"也打了着重号，这是对照起来的，一个普遍，一个个别。就是自我本来应该是普遍的自为存在，但是，那从团契的自我意识分离开的自我则只不过是一个个别的自我，就是你从所有的普通人的自我意识分离开来，你说的话谁也不懂，那就是你的个别的自我，你就是讲的私人语言了。所谓私人语言，我们知道其实是不存在的，凡是语言，都是普遍的，都是社会性的，因为你要说给别人听，要让别人理解。但是神谕就不是这样，神谕有时候好像是故意说得不让人理解的，要把话说得模棱两可，让你去解释,解释错了不是它的责任,所以它只不是一个个别的自我。因为它跟所有的团契的自我意识都是分离的,它不是为了在所有人中间得到一种共识,达到一个共鸣,而是从神的高度,以唯我独尊的神的口气说出来的个别的自我。所以这种神谕是个别的,那么传达神谕的那个别的人,比如神庙里面的祭司,也好像是一种个别的自我,神只住在他的心里面,但是没有住在别人的心里面,神只眷顾了他个人,他代表神说出神谕来。最著名的是德尔斐的太阳神庙里面的女祭师,她是专门传达神谕的,神附体在她身上,她所说出来的话就是神说的话。但是她也不是随口就能说出来的,她要经过一整套的仪式,使自己处于一种神魂颠倒的状态,不代表她自己了,才能够代神说话。那她说出来的话就是一种个别的自我,她代表神,只有她代表神。所以这样一种神谕呢,它只代表一个个别的自我,像苏格拉底的灵异也属于这种状态。苏格拉底觉得经常在他的内心有个声音在对他发出警告,那个声音就是他的个人的守护神,叫作灵异、灵感,他听从自己内心的灵感,为什么要听从,他也不知道,反正他内心总有一个声音在喊,苏格拉底你不能这么做,于是他就不这么做了。那个声音在他的内心里是别人听不到的,别人看他在那里发呆,以为他发了神经病。所以这是跟团契的自我意识分离开来的自我,包括女祭师,包括苏格拉底的灵异,这都是跟团契的自我意识分离开来的,那么作为神谕来说它只不过是一个个别的自我,这个别的自我其实就是神的自我意识。

这种特有的和个别的语言的内容是从这样一种普遍的规定性里产生出来的,凭借这普遍规定性,一般绝对精神就在自己的宗教里被建立起来了。

"这种特有的和个别的语言的内容",它的内容当然是神谕的内容了,"是从这样一种普遍的规定性里产生出来的",它虽然是个别的、特有的,对团契的自我意识来说是异己的,跟他人不相通,但是它的根基却是普遍的。这种个别神谕,它的形式是个别的,而它的内容是仍然是从一

种普遍的规定性里产生出来的，就是说它有它产生的土壤，而这个土壤
是普遍的规定性。"凭借这规定性，一般绝对精神就在自己的宗教里被建
立起来了"，也就是说，一般绝对精神在自己的宗教里建立起来，就是靠
的这种普遍的规定性，也就是团契的普遍性。一般谈到宗教的绝对精神，
那它就是一种普遍的精神，团契中大家都有一种普遍的共识，我们都是
信徒，我们都信仰某一个保护神，我们都有一些戒律、一些普遍的规定性，
于是就组成了团契，就成了宗教，或者成为了一种宗教派别，等等。于是，
一般绝对精神就在我们的宗教里建立起来了。本来是在一种普遍的规定
性里面产生出来的，那种特有的、个别的语言，那种神谕，它的基础就是
这种普遍精神、普遍的规定性，它被解释出来，它的谜底仍然是世俗生活
中的关系和活动。那么下面破折号就是讲这种普遍精神的来由了，讲这
种绝对精神是如何在自己的宗教中被建立起来的，以破解神谕的基础。

　　——因此，那还未特殊化其定在的日出时的普遍精神，就说出了一
些同样单纯而又普遍的有关本质的命题，这些命题的实体性内容在其单
纯的真理性中是崇高的，但是由于这种普遍性之故，对那进一步继续教
养自己的自我意识来说，它同时又显得陈腐了。

　　就是说，宗教最开始得以产生出来就是靠这种普遍性，就是靠这样
一种普遍的规定，这是所有的神谕、所有的个别的语言得以产生的基础。
那么我们现在来考察一切宗教得以立足的最开始的基础。"因此，那还未
特殊化其定在的日出时的普遍精神，就说出了一些同样单纯而又普遍的
有关本质的命题"，就是说那种特殊的、个别的语言是从这个还未特殊化
的普遍精神里头产生出来的，那么当这样一种普遍的规定还没有特殊化
的时候，还没有变成一种特殊的语言的时候，它是一种日出时的普遍精
神。日出时的，aufgegen、Aufgang 这个词在黑格尔这里就相当于"东方"，
东方是日出之地；但他这里就要用日出时，它是一种哲学隐喻，它隐喻的
是东方，但他用的词是日出的时候。所以我们还是把这个隐喻保留下来，
不直接翻译成"东方的宗教"，否则这个隐喻就没意思了。黑格尔是有一

套隐喻的，当然这也不是他个人的，当时在西方人的语言里面已经有这样一种习惯说法，讲到日出时，大家就习惯想到东方的国家，东方的宗教。日出时的普遍精神呢，它也有语言，它说出来的是一些同样单纯而又普遍的有关本质的命题，既是单纯的，又是普遍的，这跟刚才讲的"自我是单纯的，因而也是全然普遍的自为存在"就对应起来了。早期的东方宗教、日出时的宗教、日出时的普遍精神，它是单纯的，又是普遍的，这跟刚才讲的那个自我是同样的结构，自我就既是单纯的又是普遍的。那么这样一种早期宗教的普遍精神呢，它所说出来的也是一些既单纯又普遍的有关本质的命题，有关神的命题，"这些命题的实体性内容在其单纯的真理性中是崇高的"。这些命题的实体性内容，神作为一种实体，围绕这样一个神的实体所说出的命题，它们的内容在其单纯的真理性中是崇高的，因为它要说明的是神，是神的单纯性。"但是由于这种普遍性之故，对那进一步继续教养自己的自我意识来说，它同时又显得陈腐了"，就是说，这种东方的宗教或者说旧式的宗教，虽然它的单纯性就我们今天来看仍然是很崇高的，我们甚至于还可以欣赏，但是由于这种普遍性之故，由于这样一种宗教只有普遍性，只强调普遍性，个别性发展不起来，所以后来变得陈腐了。东方的宗教总是强调普遍性，强调集体主义精神，强调为普遍的东西牺牲个人的东西。由于这种普遍性之故呢，对那进一步继续教养自己的自我意识来说，它同时又显得陈腐了。它老是要求个人要抹掉自己个别的东西，要抹掉自己的特殊性，要服从普遍性，早期的东方的宗教就是这样的，它的普遍性就是这样的，不管是波斯教，还是埃及的宗教，印度的宗教，它里头是没有个体、没有个人的，它是抹杀个别性的。它有单纯性，但这个单纯性只体现为一种崇高，因为它是神的单纯性，不是每一个自我的单纯性。每一个自我他必须体现为一种个别性，但是在早期的宗教里面没有，所以在艺术宗教里面呢，它就开始有这种个别性特点了，它就要强调这种特有的、个别的语言。虽然它的内容是从早期的宗教里面的那种普遍性中产生出来的，但是，为了进一步继续教养自己，在艺术宗教里面的这样一种自我意识呢，就把早期的这样一种普遍性的宗教加以扬弃了，超越了。就是说那种东方的宗教、埃及宗教、波斯宗教，乃至希腊早期的宗教，对希腊人来说就显得陈腐了，你讲的那些东西我们都没有否认啊，但是那都讲了几百年、几千年了还在讲，那就太陈腐了。我们现在要求进一步的教养，进一步要提高自己，不能老停留在那上面。艺术宗教里面的神谕对于这种普遍的单纯性来说，是必须要超出的，要超越的；但是尽管超越，它还是吸收了传统宗教里面的精神，它还是表达神的个别性，而不是人的个别性。

这个进一步得到教养并把自身提高到**自为存在**的自我，在实体的纯粹悲情方面、在日出的光明本质的对象性方面是行家，他将真理的那种单纯性作为**自在地存在着的东西**来认知，这种东西不是通过一种异己的语言来拥有那偶然定在的形式，而是把这形式**作为可靠的、不成文的神灵法则来拥有，这法则永恒地活着，谁也不知道它从何时开始出现。**①

对于进一步提高自己的自我意识来说，东方的那一套普遍的法则已经显得陈旧了；但是尽管显得陈旧了，它并没有把它抛弃，而是在此基础上前进。"这个进一步得到教养并把自身提高到自为存在的自我"，"自为存在"打了着重号，是为了跟下面的"自在存在"相对应的，下面的"自在存在"也打了着重号，这两个着重号之间有一种响应关系。就是自我的进一步的继续教养表现在什么地方，就表现在这样一种提高，就是从东方宗教的那种自在的普遍法则提高为自为的存在。东方宗教的那种普遍法则是自在的，它还没有自为，我们前面讲了，它强调普遍性，强调个人要为这个普遍性牺牲自我，那么自我在进一步得到教养的时候呢就把

①　参看前面第286页黑格尔原注。——丛书版编者注 [中译者按：这里指上卷贺王译本第289页黑格尔所引索福克勒斯的悲剧《安提戈涅》第456、457两句，黑格尔自己所译的译文与这里稍有出入，那里译作："可以说，它不是今天和昨天，而是从来和永远/生活在那里，没人知道，它从何时开始出现。"]

自我提高到自为存在的自我了,就是说不是那么随随便便牺牲就完事了,你还要有自为存在,你要有自己的主见,你要自己拿主意。这是经过进一步教养以后的自我意识才能达到的高度,没有经过这样一个教养,这种自我意识就是自在的,那就是没有自我,什么东西都要神来给他安排,他照着去做就行了,也不用负责。一切命运临到他头上,他只有感谢的份,那就是没有自为存在了。现在呢,这个进一步得到教养的自我把自身提高到自为存在了,但它"在实体的纯粹悲情方面、在日出的光明本质的对象性方面是行家"。它意识到这个实体的陈旧过时,有种惋惜,有种悲情,但对东方这种光明本质非常了解,它不能凭空提高自己,而是有扎实的传统文化功底。所谓实体的纯粹悲情我们前面已经遇到了,就是在艺术宗教的伦理基础中自我意识要提升自己,不得不背叛那种静止不变的实体,以苏格拉底的坦然面对自己悲剧性的命运,为新的伦理精神的开拓和复活而殉道。所以艺术家的那种悲情是由于神把使命加在他身上所导致的,他必须牺牲自己的自我来完成他的使命,但正因此他的自我才获得了巨大的精神力量,使他能够完成神的事业,但是这个自我本身由于他的自我牺牲而有一种悲情,有一种悲壮。经过了古希腊的伦理实体遭到背叛而又复活的教养,自我意识不但在实体的这种纯粹悲情方面已经成了行家,在日出的光明本质的对象性方面也成了行家;前一个"行家"是伦理性的,后一个"行家"是宗教性的。行家,Meister,也就是师傅、匠师了,自我意识对自己的伦理基础和前此的宗教传统都驾轻就熟了,但是他自己在这之上已经更上层楼,能够用一种超越的眼光来审视这些传统了,因为他已经是一种自为存在的自我了。"他将真理的那种单纯性作为**自在地存在着的东西**来认知",真理的那种单纯性在前面讲的古希腊伦理实体性的悲情和此前的光明本质的宗教对象那里都存在着,但是这个自我本身已经不单纯了,已经提高到自为存在的高度了,所以他才可以把那种单纯性作为自在地存在着的东西来认知,因为那些单纯性本身对他来说是自在存在着的,而他本身是自为存在着的。在这样一种眼光之下，"这种东西不是通过一种异己的语言来拥有那偶然定在的形式"，这种东西，也就是自在存在的东西，伦理的和宗教的传统，并不像神谕那样通过一种异己的语言来拥有那偶然定在的形式，"而是把这形式**作为可靠的、不成文的神灵法则来拥有，这法则永恒地活着，谁也不知道它从何时开始出现**"。后面一句话这几个词组都打了着重号，是引的《安提戈涅》里面的两句诗，这两句前面谈伦理实体的时候引用过一次，上册的第289页，也就是几乎上册要结束的时候，他引了这两句话，并且说："所以这些区别在索福克勒斯的《安提戈涅》中被当作诸神的**不成文的**也**毋庸置疑**的法权。"这也就是所谓神的法则，它与人的法则相对立，是作为可靠的、不成文的神灵法则出现的，这法则永恒地活着，不允许置疑，不知道从何而来。这也正是苏格拉底的新伦理学所要背叛的那种静止僵化的实体，也是对神谕的认知所要摧毁的传统信仰。俄狄浦斯神话中的神谕表明，单凭对传统伦理的信仰和严格遵守是不可靠的，不但不能依赖，甚至有可能误导人走向反面，因为神的意思在神谕中是一种异己的语言，采取了偶然定在的形式，需要人自己的自由意志来决断和承担，而不能高枕无忧地信赖。苏格拉底深知这一点，所以他在为自己申辩时说："分手的时候到了，我去死，你们去活，谁的去路好，唯有神知道。"[1] 真正的伦理和宗教信仰只有在这种自为的自我意识的崭新基地上才能建立起来，才能恢复它的权威。

——正如由光明本质已启示出来的普遍真理在这里返回到了内部或底层，因而免除了偶然现象的形式那样，那么与此相反，在艺术宗教里，由于神的形态已假定了意识、因而假定了一般个体性，所以那本身是伦理民族之精神的神所特有的语言就是这样一种神谕，它知道这民族的特殊事件，并且宣示了对这些事件有用的话。

"正如由光明本质启示出来的普遍真理在这里返回到内部或底层，

---

[1] 《游叙弗伦·苏格拉底的申辩·克力同》，严群译，商务印书馆 2003 年版，第 81 页。

因而免除了偶然现象的形式那样",由光明本质启示出来的普遍真理也就是过去的、旧的宗教,东方的宗教,它们所启示出来的普遍真理,在自我意识这里返回到内部或底层,成为了新伦理的自在存在的环节,也就是返回到了内部的那种可靠的神灵法则,它免除了那种偶然定在的形式,实际上是往回走的。这就是刚才讲的,从光明本质启示出来的普遍真理返回到内部或底层,它的根基最后说到底就是那种认命的思想,就是相信这样一种偶然形式底下有一种可靠的神灵法则,虽然不成文,但是一种永恒的法则,它造成了自我的必然命运。在传统宗教里面,由于返回到了自在的内部和底层,所以免除了偶然现象的形式,而归结到了神的规定的必然命运。"那么与此相反,在艺术宗教里,由于神的形态已假定了意识、因而假定了一般个体性",现在在艺术宗教里则完全不同了,进入到了希腊古典时代,艺术宗教的精神已在神的形态中假定了意识的一般个体性,神的形态已经不再是像以往的那种自然形态了,神必须有意识,必须有个体性,必须具有人的形象。在艺术宗教里面,神人同形同性,神具有了人的个体性的形象,人的形态是有意识的,所以神的形态也具有了意识和一般个体性,神不再是那种普遍的光明本质,而是成为了一个个体,成为了一个人,一个超人。"所以那本身是伦理民族之精神的神所特有的语言就是这样一种神谕,它知道这民族的特殊事件并且宣示了对这些事件有用的话",神成了一个有意识的个体,神就开始说话了,说出来的是他自己特有的语言,也就是神谕。但这些神谕虽然不为一般人所了解,虽然超越于一般自我意识的团契之上,令人感到陌生,但却是针对着人间事务而发的。它并非不食人间烟火的,而是对现实生活中的民族事务了如指掌,所提供的神谕其实就是针对这些事务的建议,只要有人能够破解,其实是很有用的。所以发出这样一个神谕的神就是一个伦理民族的精神,它不再是靠传统习惯的信仰来对付一切问题,以不变应万变,而是对具体事务随时提供指导。在希腊的史诗和悲剧里面我们看到,很多具体问题都需要通过请示神谕来解决,神谕已经跟这个民族的特殊事件息息相关。比如说航行海上遇到风浪，要沉船了怎么办，连忙求神，神就告诉你该怎么怎么办，于是你按他说的那样去处理一番，于是就风平浪静了，这都是对于这个事件有用的话。这个神就是民族的保护神，好像是你的一个朋友，你在遇到困难的时候就求助于他，他就给你作出具体的指导。当然如果你误解了神谕，也会发生悲剧，但神是不会错的，错在你的理解。这样一个民族精神的特有的语言就是这样一种神谕，它具有即时性、偶然性，但往往说得很含糊，需要你的理性判断和谨慎从事。所以这跟原来的那个光明的本质的普遍真理就完全两样了，普遍的真理是从来如此的，深入人心，没有任何模棱两可的余地，也不可动摇、不分场合，不是建议你接受，而是命令你服从。所以新神给人的自由决断留下了很大的空间，甚至激励人去选择改变自己的命运，例如俄狄浦斯为逃避杀父娶母的神谕选择离家出走，他与命运抗争的失败不在于自由意志的选择，而只是由于知识的不足。这与传统宗教的自然之神、光明之神的必然命运观形成了鲜明的对照。

　　但是，那些普遍的真理由于它们被认作**自在存在着的东西**，所以**认知着的思维**要求将它们归还给自己，这些真理的语言对于这思维就不再是异己的语言，而是自己特有的语言了。

　　这就是艺术宗教的神谕，艺术宗教的神谕呢它有两个方面，一个是个别的方面，已经体现出来了，它的神谕已经是一种个体性的神谕，我们今天叫作人格神，已经具有了人格，他可以像一个好朋友一样帮助你，但是也可以像一个君王一样惩罚你，他有他的意志。这是神的个别的方面，他有了个体性，这个神是拟人化了的，古希腊的神都是拟人化了的，一个一个的神都是有情感、有意志、有兴趣、有想法的。还有另一方面呢，就是普遍性的方面，神不仅仅具有个别性这方面，仅仅有这一方面，那神跟人就没有区别了，但他还有另一方面。"但是，那些普遍的真理由于它们被认作**自在存在着的东西**"，那些普遍的真理在神那里也有，神既有个别性也有普遍性。那么前面讲个别性，他是可以发出这样一种神谕的，但他的普遍的方面、那些普遍的真理呢，则被认作自在存在着的东西。"所以**认知着的思维**要求将它们归还给自己"，"认知着的思维"和前面"自在存在着的东西"都打了着重号，这是相对的，一个主体一个客体。认知着的思维就是主体，我们前面提到过，就是这样一种自为的、经过教养的自我，这种自为存在的自我，把那种普遍的真理作为自为存在的东西来认知。自为的自我具有一种认知的冲动，它是一种认知着的思维，不管是偶然性也好，神也好，他都想要加以把握，要加以认知。这就是主体性出现的标志，什么东西我都要搞清楚，为什么这样啊？为什么要我服从？你说是我的命运，那我还是要想一想，为什么我会有这样一种命运？这种命运是谁规定的？能否改变？来龙去脉如何？我要通盘地考虑一番，这就是主体性觉醒的一个标志。认知着的思维在这种情况下呢，要求将这些自在存在着的东西归还给自己，自在存在着的东西是从外部逼迫我接受的，灌输给我的，那还不是我的东西，那么认知着的思维就要求把这些自在存在着的东西归还给自己，所谓归还给自己就是据为己有，要把客观存在透彻地、原原本本地加以把握。所以这个艺术宗教里面的个体的精神已经独立出来了，已经有了一定的独立性了，那么普遍的方面作为自在存在的东西呢，我们要对它加以认知，要加以把握。"这些真理的语言对于这思维就不再是异己的语言，而是自己特有的语言了"，这些普遍真理在宗教里面本来是普遍真理，现在认知着的思维要对它们加以把握，那么它们对于这个思维来说就不再是异己的语言，因为它们本身具有普遍性，你要用思维去把握这种普遍性，那么这种把握就不是异己的，不是陌生的，而是思维自己特有的语言。因为思维这个东西具有普遍性，每个人都知道，你用思想的语言把它表述出来了，那就不是异己的，你一说出来大家都懂，因为它是思想的语言啊，它是认知着的思维所说出来的语言，它是一种认知，它就具有普遍性。如果不是认知，你就只好接受那种命运，那种没有认知的语言就是异己的语言；但是如果你运用自己的思维去认知，把它当作一种知识说出来，那这种语言就不再是异己的语言,而是思维自己特有的语言了。下面举了一个例子。

{382}
[204]

　　正如古希腊的那位哲人在他自己特有的思维中探求什么是善和美,反之,对于认知的那些全然偶然的内容,如和这个人或那个人交往对他是不是好,或者作这样一次旅行对一个熟人是不是好,诸如此类没有什么重大意义的事,他都交给那个灵异去认知,^① 同样,普通人的意识是从飞鸟或者从树木或者从蒸腾的土地那里——它的蒸汽使自我意识失去清醒——截取关于偶然之事的认知;因为偶然的东西是未加审慎的、异己的,因而伦理的意识也像掷骰子那样可以凭借一种未经审慎的、异己的方式对此做出决定。

　　"正如古希腊的那位哲人",那位哲人就是苏格拉底了,"在他自己特有的思维中探求什么是善和美",这就是承接刚才讲的,认知着的思维要对那些普遍的真理加以把握,要使它们归还给自己,把它们据为己有。那些真理是自在存在着的东西,是客观存在着的东西,我的思维对它把握了,这种语言就不是异己的语言了。对于所有人来说,对于这个团契的人来说,那都是大家能够理解的,都是自我意识本身的语言,是一个大家的自我意识的语言,大家都能懂,它不再是异己的语言,而是思维自身特有的语言。人是理性的动物,凡是有思维的人、凡是理性的动物能懂的语言就是这个思维的语言,它是思维所特有的,它不再是一个异己的自我意识的语言,比如说神秘莫测的神谕,它已经不是神谕了,已经超出神谕而成了一种普遍的语言了。所以苏格拉底在他自己特有的思维里探求什么是善和美,也就是在探求什么是普遍的真理,每个人都知道,但是每个人都没有用脑子啊,就苏格拉底用了脑子。他的思维是他自己特有的,在那个时代所有人都不用脑子,什么是善,什么是美,大家都说,都不知道自己说的是什么。苏格拉底就要问什么是善和美,什么是美本身,

---

① 黑格尔这里参考的似乎是柏拉图后期对话录《泰阿泰德篇》,参看柏拉图:《泰阿泰德篇》186a. 而关于苏格拉底的灵异,则参看 151a.——丛书版编者

要辨析一番,要用思维,这是苏格拉底独特的,在整个希腊没有人像他那样想问题。但是他所想的问题恰好是大家都关心的事情,而且是说出来大家都能理解的东西,是普遍的真理,只要你跟着他去,你就会发现这些普遍真理恰好就在你的内心。你本来就知道,但是你没有反思,苏格拉底只不过是用一种精神的接生术,把你脑子里面本身已经孕育着的那个思维的婴儿接生出来,这是苏格拉底特有的。这就是为什么说自己特有的是普遍的真理,这普遍真理是他自己特有的一种语言。"反之,对于认知的那些全然偶然的内容",全然偶然的内容就很不同了,很一般了,"如和这个人或那个人交往对他是不是好,或者作这一次旅行对一个熟人是不是好,诸如此类没有什么重大意义的事,他都交给那个灵异去认知"。苏格拉底他有两面,他有完全理性主义的一方面,他在探求一般的原理,追求概念,追求定义和严格的推理,严格到人家都受不了。他老是指出人家的矛盾,指出人家的不谨慎的地方,把人家推到绝境,然后再想办法走出来,这都是非常理性的;但另一方面他又是非理性的,在有些问题上面,苏格拉底诉之于非理性,也就是他内心的灵异,Dämon 在希腊语里面呢就是一种灵感,或者一种神灵、一种守护神、一种"魔",我们说他着了魔,有那么个意思。苏格拉底自己说心里有一种灵异,它老是在我要做什么东西的时候就说你不能这样做,但它从来不教我应该怎么做,这是他的灵异,也就是他的守护神。他的理性的方面就是探讨这样一些理性的普遍真理,而他的非理性的方面呢,让他对付日常生活。苏格拉底把日常生活交给非理性去处理,而且只作消极处理而不作积极的谋划。那都是一些小事,与什么人交往啊,或者是旅行怎么样啊诸如此类没有什么重大意义的事情,他都交给那个灵异去认知,当然这个认知就不是前面那个认知了,前面那种认知是思维,这种认知呢就相当于神谕了。"同样,普通人的意识是从飞鸟或者从树木或者从蒸腾的土地那里——它的蒸汽使自我意识失去清醒——截取关于偶然之事的认知",这个"同样"就是说,前面讲苏格拉底相信灵异,而普通人也相信占卜和巫祝,从飞鸟的姿势啊、从树叶的沙沙声啊，或者从土地蒸腾的湿气那里啊，截取有关偶然事物的认知。这个"截取"(halten)形象地说明了这种知识的偶然性，就像视频截图一样，是片断的。在地中海那个潮湿、炎热的地方，土地在阳光下冒蒸汽，这种蒸汽大概是一种瘴气，它使自我意识失去清醒，人们认为反而能够对事物有种认知。在黑格尔的《美学》第二卷谈"神谕"的地方特别提到过，①说德尔斐神庙的皮提亚，也就是女巫，经常利用地下这种蒸汽使自己的自我意识失去清醒，那个时候才能够说出神谕来，头脑清醒的时候反而说不出来，昏迷状态、半醉半醒状态说出来的无意识的话语就是神谕。黑格尔还提到过飞鸟占卜，巫师预测事情经常利用飞鸟向左边飞还是向右边飞，或者是对鸟进行解剖，看它的内脏是怎么安排的，用这些方法来预测命运的凶吉，树木则是看它的落叶啊，看它的生长状态啊，等等，都可以用来预测，当时在古希腊流行很多这类预测的方法。偶然的事本来是没办法认知的，如果能认知那就是必然的了，但当时的希腊人认为可以用这类方法来取得某种认知，获得某种预兆，掌握自己的命运。"因为偶然的东西是未加审慎的"，它容不得你去思考，容不得你推理和求证，你必须抓住机遇，当机立断。偶然的东西是"异己的"，来了就来了，你赶紧抓住，稍纵即逝。"因而伦理的意识也像掷骰子那样"，也像赌博那样，瞅准机会赶快掷下去，赶快赌一把。把这种方式用在伦理意识上，于是就"可以凭借一种未经审慎的、异己的方式对此做出决定"，反正偶然的东西你没法把握嘛，那你就只有碰运气了，连伦理意识也变成了赌博。这就是神谕的特点，神谕就是一种未经审慎的、异己的语言，让人以一种异己的方式来作出决定，你不要去考虑它这个话说得有没有道理，反正是神庙里求来的，你就按它去做，这都是以一种偶然的、异己的方式来处理日常事务。苏格拉底在这方面也未能免俗，他有伦理意识，但他在日常生活中靠的是灵感和神谕。

---

① 参看 [德] 黑格尔:《美学》第二卷，朱光潜译，商务印书馆 1979 年版，第 194 页。

　　如果个别人通过他的知性来决定自己,通过深思熟虑来选择什么是对他有用的东西,那么这种自我决定是以他的特殊个性为规定性根据的;这种规定性本身就是偶然的东西,而知性对于什么东西有利于这个个别的人的认知因此也正是和那神谕或是抽签的认知一样的认知;只不过那求神谕或者求签的人因而对偶然的东西表现出一种漠不关心的伦理意向,反之,知性认知则把自在的、偶然的东西当作自己思维和认知的主要兴趣来对待。

　　"如果个别人通过他的知性来决定自己",苏格拉底的性格里面有这两方面,一方面他有知性,要思维,要动脑子,要想清问题,想清这些概念,要把普遍的知识搞清楚;另一方面呢,苏格拉底又诉之于非理性和内心的灵异,来决定世俗生活的一些选择。但这两方面恰好是紧密相联的,当他"通过深思熟虑来选择什么是对他有用的东西,那么这种自我决定是以他的特殊个性为规定性根据的"。一方面,什么东西都要通过深思熟虑,苏格拉底曾经讲过,"未经反思的生活是不值得过的",你在生活中必须要反思,要运用自己的知性去深思熟虑,选择对他有用的东西;但这种选择的根据呢恰好是自己特殊个性的规定性。为什么只有苏格拉底靠自己的知性来决定自己,别人都没有这样,因为他就是这么一个人,苏格拉底正好是一个非常理性化的人。所以他的这种自我决定恰好是以他的特殊个性的规定性为根据的,苏格拉底是很有个性的,我们在古希腊人那里几乎找不到比苏格拉底更有个性的形象了。所以他的这种自我决定虽然是通过知性来决定,通过深思熟虑、通过普遍的真理来决定什么是对他有用的,但是这种自我决定恰好体现了他的特殊个性的规定性。"这种规定性本身就是偶然的东西,而知性对于什么东西有利于这个个别的人的认知因此也正是和那神谕或是抽签的认知一样的认知",特殊个性那是很偶然的了,古希腊出了苏格拉底这么一个人那是很偶然的,没有第二个,这是一种偶然性了,所以这种特殊个性的规定性是偶然的东西,是天才。而知性对于什么东西有利于这个个别人的认知,也正是和神谕或抽签的认知一样的认知。苏格拉底探讨什么是真、什么是善、什么是美等等，他认为探讨清楚了这些概念以后，对于指导他自己的人生具有根本的意义，这是一种最高级的认知；但是，这种认知正是和神谕或抽签的认知一样的，因为他的个性的偶然性嘛。苏格拉底的确到德尔斐神庙求过神谕，神谕说他是世界上最有智慧的人，独一无二。所以苏格拉底自己把他的推论和辩论都看作是遵从神谕，他是代神说话，他赋有神圣的使命，而这并不是知性推出来的。他成天跟人家探讨什么是美德、什么是美等等，他认为这是他的神圣的使命，是对神的一种奉献、一种侍奉，他以这种方式来侍奉神，有如神在人间的一个祭师。阿波罗神庙里面有女祭师，他也是神在世俗生活中的祭师。所以他把他这样一种知性的思维看作跟那个神谕或者求签是差不多的，是一样的认知，因为他本身是一个偶然现象，是神派到雅典来的一只大牛虻，为了刺激雅典这只大笨牛能够行走得快一点。他是这样来给自己定位的，所以他对自己的这样一种理性本身具有一种神圣感。"只不过那求神谕或者求签的人因而对偶然的东西表现出一种漠不关心的伦理意向"，与苏格拉底不同的是，求神谕或者求签的人对偶然的东西表现出一种漠不关心的伦理意向，就是说他们实际上对于求签结果那种偶然的东西在伦理上漠不关心，也就是说该不该做这样的事对他们没有意义，神已经帮他们决定了，现在他们要做的只是按照神的意志做这件事，他们不负有伦理责任。这是信仰的问题，不是伦理的问题，神叫他这样干，他就这样干，神决不会叫他干坏事的，所以在伦理上他已经放弃了自己的意向。"反之，知性认知则把自在的、偶然的东西当作自己思维和认知的主要兴趣来对待"，反之，用知性去进行认知，这样一种认知把自在的、偶然的东西当作自己思维和认知的主要兴趣。比如说在希腊出了苏格拉底这么一个人，这是很偶然的，苏格拉底也认为这是他的命运，但是他把这种命运当作自己思维和认知的主要兴趣来对待，我为什么被神派到雅典来，为什么神谕说他是最有智慧的人。苏格拉底很奇怪：我是最有智慧的人？我觉得自己一点智慧都没有,但是既然神这么说了,那么我就要去验证一番,我到底是不是像神所说的那样有智慧? 于是苏格拉底就去找所有有智慧的人谈话,看看他们到底是不是比我更有智慧,他想要破解这个神谕。结果发现所有人都不如他有智慧,他已经是很没有智慧的了,但是他之所以比所有人都有智慧,就在于他知道自己没有智慧,自知其无知,这才是他最有智慧的地方。由此他明白了阿波罗神庙的那个神谕是什么意思,自知其无知才是最高的智慧,就是这么个意思。但这是他通过自己的思考得出来的,所以神谕也好,抽签也好,这些东西是偶然的东西,一般的人就接受了,漠不关心,你说我是最有智慧的,那我就把自己当作最有智慧的人,就看不起所有人了,苏格拉底不是这样,他是低姿态的,非常谦虚,他跟人家谈话都是请教人家问题,然后不断地提问。苏格拉底所有的兴趣都集中在要验证阿波罗神庙的那句话,这是跟一般服从神谕和求签完全不一样的,虽然它也是偶然的,但是他要对偶然的事情进行一种必然的探讨,要把偶然变成必然,使它成为不再是偶然的东西,在这方面他远远超出那些迷信者。

　　但是比这两者更高的是,虽然要对关于偶然行为的神谕加以深思熟虑,但却因为这行动在自己这方面和特殊的东西相联系以及对自己的有用性,而把这种深思熟虑的行动本身作为某种偶然的东西来认知。

　　这就是更高的态度了。"但是比这两者更高的是",比哪两者呢? 一种是神谕或者求签者的态度,一般的求神谕或求签的大众,求到了什么就是什么,就认了,有种听天由命的态度,这是一方面;另一种态度呢就是苏格拉底的态度,我不满足于求得神谕,我还要去验证神谕,用自己的智慧、用自己的认知去探讨它,这是第二方面。但是还有比这两者更高的第三种态度,第三种态度是什么呢? "虽然要对关于偶然行为的神谕加以深思熟虑,但却因为这行动在自己这方面和特殊的东西相联系以及对自己的有用性,而把这种深思熟虑的行动本身作为某种偶然的东西来认知",这是更高的态度了,也就是既然神谕给他的知识是和特殊的东西相联系的，偶然的知识跟他的特殊性相联系，以及对他自己有用，所以就把这种深思熟虑的行动看作是自己的一种偶然选择的行动，自由意志的行动。这个认识行动和特殊的东西相联系，是具有功利性的，而有用性前面说了，是启蒙的基本概念［参看前面第97页］，所以苏格拉底也可以看作是古代的启蒙思想家了。他的思想工作说到底，都是为了对人生有用，为了让自己不白白地度过一生，这里面有其价值维度，这才是比听天由命的态度和求知的态度两者更高的态度。他的行动都和特殊的东西相联系，与有用性相关，他不断地去思考、不断地去探讨什么是真？什么是美？什么是善？这样一些探讨并非仅仅是一种认知的好奇心，而本身就是一种美德，知识就是美德，也是神赋予他个人的一种偶然的使命。这个没有什么道理可讲了，我为什么这样？我为什么不能像别人一样发财？我为什么不能像别人一样过得舒服一点？他每天打着赤脚站在大街上，找这个人、那个人辩论，人家以为他是叫花子、神经病，最后还说他亵渎神明、腐蚀青年，把他处死，但他毫不逃避自己的命运，而是乐在其中，因为这是他的自由意志的选择，他就愿意这样。这样一种宗教意识比前面那两种都要高，前面两种一种是盲目相信神谕，第二种是用自己的思维和认知去探讨神谕，但是这种认知性的探讨也有它的不足之处，就是容易变成骄傲。但第三种比前两种更高，它打消了人的骄傲，使苏格拉底认识到你再有智慧，你都不能跟神相比，所以苏格拉底认为人不可以自称为"智者"，只有神才是真正的有智慧者，人只能够自称为"爱智者"。"爱智"就是更高的姿态，爱智是对智慧的自由的追求，爱智者就是哲学家了，因为它表达的是人的自由的主体性和绝对能动性。这就为真正的宗教意识留下了广阔的余地，乃至于影响到后来的基督教，人对上帝的这种位置的摆放都是从苏格拉底这里来的，基督教里面的人和上帝的关系从苏格拉底开始就从大体模式上定下来了。休息一下。

　　我们再看下面一段。前面整个这两大段都是讲的神谕，其实要从艺术宗教的角度来看呢,神谕并不是艺术品。赞美诗、赞美歌你还可以说它是艺术品,但神谕呢不是艺术品,没有人把神谕来当作艺术品来欣赏,它只是有用的东西,你拿它可以来指导我们的日常生活,遇到难办的问题你可以去求一卦。但是它是语言,也是语言的作品,所以把神谕放在这里来讲呢主要是探讨神的语言,一个是作为艺术品,一个是作为神谕,它是怎么样的状态。所以最后这一段呢,是总结作为艺术宗教的语言,神谕跟艺术宗教并不是没有关系,像刚才讲的苏格拉底,你当然不能说他是个艺术家,虽然他是学雕刻的,但是他的作品并不出色,他并没有以他的雕刻作品闻名于世。但在黑格尔的描述里面呢,苏格拉底本人就是一个艺术品,苏格拉底的一生就是一个艺术品,或者说他把他的一生当作一个艺术品来打造。所以在《哲学史讲演录》里面他曾经讲到,苏格拉底是"一件完美的古典艺术品"。① 黑格尔对苏格拉底是非常推崇的,把苏格拉底看作一件完美的艺术品,但是他毕竟不是,我们不能把苏格拉底仅仅当作一个艺术品来看,主要还是他的思想、他的知性的方面。下面这一段是对作为语言的艺术宗教作一个总结。

　　精神在语言里——这语言不是异己者的语言,因而不是偶然的、非普遍自我意识的语言——所获得的真正自我意识到的定在,就是我们刚才看到的那种艺术品。这种艺术品和雕像的那种物性的东西相对立。

　　"精神在语言里",后面有两个破折号,两个破折号中间是一个从句,就是限定这个语言的,什么样的语言呢? "这语言不是异己者的语言,因而不是偶然的、非普遍自我意识的语言",这种语言指的不是异己者的语言,不是偶然的、没有普遍性的那种自我意识的语言。那就是说,不是指神谕了,因为神谕恰好是一种异己的自我意识,前面讲了,神谕这种语

---

① [德] 黑格尔:《哲学史讲演录》第二卷,贺麟、王太庆译,商务印书馆 1981 年版,第48 页。

言对宗教团契的自我意识来说是一种异己的自我意识的语言；而且神谕又是偶然的，是非普遍性的自我意识的语言。所以这句话就是讲，精神在这样一种非神谕的语言里，"所获得的真正自我意识到的定在，就是我们刚才看到的那种艺术品"。精神在这样一种不是神谕的语言里面获得了真正自我意识到的定在，前面的那种神谕还没有获得真正自我意识到的定在，它还是一种异己的自我意识，没有普遍性和必然性。而在语言里所获得的真正的自我意识到的定在呢，就是我们刚才看到的艺术品，也就是赞美诗或者赞美歌。所以这里说"我们刚才看到的"，神谕不是刚才看到的艺术品，而只是中间插入进来的一段讨论，而现在这个地方又和前面接上来了，又接上了赞美歌，这样一种艺术品就是刚才见到的赞美歌的艺术品。"这种艺术品和雕像的那种物性的东西相对立"，赞美歌的这种艺术品和雕像是相对立的，因为雕像是那种物性的东西，而赞美歌是语言性的东西。物性就是事物性，包括神庙，包括神像，那都是事物性的，都是由大理石、木材、金属、有重量的东西构成的实实在在的物的东西；而赞美歌跟那种物性的东西相对立，它不需要有那种事物的东西，只要有语言，你说出来，你唱出来，这就是的了，不需要你再去把它变成一种有重量的东西放在那里。

雕像是静止的定在，刚才那种艺术品则是消失着的定在；在雕像里，对象性得到自由的释放，欠缺的是自己的直接的自我，反之，在刚才这种艺术品里，则对象性过于被封闭在自我中而太少获得构形，而且就像时间一样，当它在那里时立刻就不再在那里了。

这是一个比较，前面讲了神庙和神像，接下来讲赞美歌，那么赞美歌和神庙神像相互对比一下，有什么样的区别？这句话就讲这个区别。"雕像是静止的定在"，雕像你把它放在那里，它就静止在那里了，神庙也是这样，它就坐落在那里，不会动了的。"刚才那种艺术品"，就是赞美歌，"则是消失着的定在"，它的定在是一边唱一边消失了的。两种定在，一种是静态的，一种是动态的，动态的是就是消失着的，一首歌唱完了也就唱完了，唱完了就没有了，那个艺术品就结束了，不是说还摆在那里。如果你还想听的话，只能再唱一遍，那又是另一个艺术品了。它不像雕像，一旦造出来就摆在那里，永远摆在那里，几千年了现在还可以把它从土里挖出来，还可以摆在那里，供人欣赏。赞美歌消失了也就不存在了，会唱的人死去了，又没有传下来，那它就失传了，今天就不存在了。所以它是消失着的定在。"在雕像里，对象性得到自由的释放"，在雕像里面，对象性、客观性为主，它得到了自由的释放。对象性它自己被放在对象的位置，被摆在那里，让它去，它一旦造出来，你就不得干预它了，它就独立了，它就有它的自由了，你就只能摆在那里供人欣赏，再也不能对它怎么样了。所以它的对象性得到了自由的释放，雕像是一个对象，而且是一个自由的、独立的对象，"欠缺的是自己的直接的自我"。雕像虽然是一个对象，但它没有自我，它跟艺术家处于对立之中。主观的东西都在艺术家这里，雕像只是客观的东西，艺术家把这个雕像创造出来以后，把它摆在那里以后，他的直接的自我还在他自己这里，在雕像那里是没有的，雕像那里欠缺的是自己的直接的自我。"反之，在刚才这种艺术品里，则对象性过于被封闭在自我中"，在赞美诗里面，它也有对象性，你把它唱出来了，不是对象性吗？但这种对象性过于被封闭在自我中，那是我唱出来的，我不唱那就没有，只有当我唱的时候它才有，所以这个对象性呢是封闭在自我中、封闭在自我的声音里面，封闭在自我的嗓音里面，出不来的，我一不唱它就没有了。"而太少获得构形"，构形 Gestaltung，Gestalt 就是形状，就是形态，那么 Gestaltung 呢是作为动词的名词化，我们把它翻译成"构形"。太少获得构形，就是它里面没有造型，我们今天讲造型艺术，雕塑是造型艺术，建筑也是造型艺术，而诗歌、音乐这些都不是造型艺术，而是表演艺术，它没有构形，太少获得构形。"而且就像时间一样，当它在那里时立刻就不再在那里了"，它像时间一样，我们今天把它称为时间艺术，诗歌和音乐都是时间艺术。造型艺术是属于空间艺术，雕塑、建筑都属于空间艺术，包括绘画也是，你可以把它摆在那里，它就在那里，它占据一定的空间。而时间艺术呢它是动态的，当它在那里时立刻就不再在那里了，它瞬间就消失了，它一旦唱出来就消失了，你要维持它不消失，你就要不断地唱，不断地消失。这是对于抽象的艺术品的第二个层次的总结，精神在语言里面所获得的真正自我意识到的定在，就是我们刚才看到的艺术品，就是赞美歌，第二个阶段就在这里结束了。抽象的艺术品是三个阶段，第一个阶段是神庙和神像，第二个阶段是赞美歌，或者加上神谕，其实神谕这一部分不是作为艺术品放在这里的，但是作为神的语言，你要不讲这部分呢，那么宗教发展到语言呢就不完整，所以它已经超出了艺术宗教的范围，已经涉及到一般宗教了。你可以把它当作艺术宗教的语言前提或者艺术宗教的语言背景来看待，但它本身不是艺术，不是艺术品，它只是体现了宗教里面的语言的主观性。神谕是一种主观性，这跟赞美歌是一致的，赞美歌也具有主观性，它把那种客观性、对象性封闭在自我之中，那岂不是主观的吗？当然它也有主观的普遍性，赞美歌可以激发大多数人，有同感，形成一股精神的洪流，而神谕呢不能激发大多数人，它是怪怪的，只和少数祭师相通，其他人不理解，神谕比赞美歌更主观，它是个别的。总的来说，语言的艺术或语言的神谕都带有主观性，跟雕像、神庙相比，后者是客观的，而赞美诗是主观的。

下面第三个层次就是祭拜，Kultus，翻译成"崇拜"当然也可以，但崇拜没有表现出它的动态，它实际上是一种活动，它不光是一种崇拜、崇敬，我们说我们崇拜某个人，但是我们不一定在祭拜某个人，祭拜就有一种活动性在里面，所以祭拜这一部分呢主要是讲的一种行动、一种主客观的统一。雕像、第一个层次呢是客观的，第二个层次赞美歌是主观的，那么祭拜呢是主客观统一，它是一种行动，我们来看这一段。

　　[**III.祭拜**]**祭拜**所构成的是两方面的运动，在这种运动中，在自我意识的纯感觉元素里**被激动起的**那个神的形态以及在物性元素中**静止的**神的形态，都相互放弃它们的不同的规定，并使统一性作为它们的本质

之概念得到定在。

　　"**祭拜**所构成的是两方面的运动"，祭拜打了着重号，就是对神的祭拜是一种活动，它构成了两方面的运动，祭拜是由这两方面的对立统一所构成的。哪两方面的运动？"在这种运动中，在自我意识的纯感觉元**素里被激动起**的那个神的形态"，这是一方面，在自我意识的纯感觉元素里，也就是在主观中被激动起来的那个神的形态，这些纯感觉元素、主观感觉，包括情感，包括情绪，包括悲情，包括那种慷慨激昂，那种激动，它们所激动起来的那个神的形态，这是一方面。那个神的形态是在自我意识的感觉元素里面被激动起来的，我们感觉到这个神。"以及在物性元**素中静止的**神的形态"，这是另一方面，是客观方面、静止的方面，"静止的"和前面"被激动起的"都打了着重号，作为对照。前一个是动态的方面，后一个是静态的方面，前一个是主观的方面，后一个是客观的方面，这就是前两种艺术宗教所代表的。我们刚才讲了，前面两种艺术宗教，一种是客观的，即雕刻、雕像，一种是主观的，是赞美诗；那么在祭拜里面是这两方面的统一，因为这两方面"都相互放弃它们的不同的规定，并使统一性作为它们的本质之概念得到定在"。一方面呢是在自我意识的纯感觉元素里被激动起的那个神的形态，那就像赞美诗一样，在祭拜的时候也要唱赞美诗，也有这一方面，一边祭拜，一边要唱赞美歌。如果没有赞美歌，那祭拜成了什么样子，那就是默默地在那里祈祷，一般来说，在家里可以，但在公共场合那是不可能的，所有人都参与的场合，不可能默默地祭拜，一定要有某些仪式。这些仪式就是自我意识的纯感觉元素中被激动起的那个神的形态，要有这个形态，要有在赞美诗、赞美歌里面所呈现出来的主观的神的形态；以及另一方面，在物性元素中静止的神的形态，你祭拜什么？神像啊，到神庙里去拜神啊，你必须要面对一个神像、一个静止的雕像去祭拜。于是这两者都相互放弃它们的不同的规定，而把统一性作为它们的本质之概念，这样得到的定在就是祭拜。所以在一场祭拜的定在中，一方面在主观感觉里被激动起来的那个神的形态必须放弃它的主观规定，而符合某种客观仪式或既定程序；另方面那静止的神的形态也必须放弃它的客观静止的规定，而加入到祭拜的洪流中，比如祭拜仪式中经常会有抬着圣像游行的规定节目。所以双方都相互放弃它们的不同的规定，动态的要固定起来，静止的要流动起来，这样协调一致，使两者的统一性作为它们的本质之概念而得到定在。静态的和动态的，自我意识的纯感觉元素以及物性的元素，这两方面的统一才是祭拜的本质概念。

在祭拜中，自我使得自己意识到神圣本质从其彼岸性降临到了自身，这样一来，神圣本质从前是非现实的东西以及只是对象性的东西，现在就获得了自我意识所特有的现实性。

"在祭拜中，自我使得自己意识到神圣本质从其彼岸性降临到了自身"，我们在进行祭拜、举行一个祭拜仪式的时候，自我使得自己意识到，每个参与祭拜的人都意识到，神圣本质从其彼岸性降临到了自身，我们已经沐浴到了神恩，每个参加祭拜人都感觉到神就在我们身上，而这正是祭拜所要达到的目的。"这样一来，神圣本质从前是非现实的东西以及只是对象性的东西，现在就获得了自我意识所特有的现实性"，这样一来，神圣本质从前是非现实的东西，这是就其主观性而言，在祭拜仪式以前，神只在赞美歌中作为主观感觉而存在，还只是非现实的东西。或者只是对象性的东西，比如说一个神的雕像摆在那里，信不信由你，它就代表神，但它只是对象性的东西，还没有进入到我们的内心。而在祭拜中，通过祭拜，这两方面就统一了。我们到神庙里面去祭拜，我们是祭拜那个对象，我们坐在家里，那是没法祭拜的，我们必须要到庙里面去才能祭拜，要不远千里甚至于不远万里跑到某个地方去祭某一个神，所以说明他是对象性的东西，必须承认这一点。但是我们去祭拜必须带着虔诚的心，带着由赞美歌所激动起来的内心情感，让这种非现实的东西进入到祭拜仪式中获得定在。而由于这两方面的这种结合，神圣本质"现在就获得了自我意识所特有的现实性"，也就是在祭拜的时候，在祭拜中，神圣本质就在每个人的自我意识里获得了现实性,这个现实性是每个人的自我意识所特有的,我觉得他是什么样子他就是什么样子,神在我这里获得了现实性,我感觉到神了。在没有祭拜的时候,我知道有神,但是我感觉不到神,而在祭拜的时候呢我就获得了对神的现实性的感觉。这一主客观统一在这种祭拜中、在这种行为中、在这种实践的活动中实现了,神变成了现实,主观的东西变成了客观的,客观的东西进入到我的主观中。这第一段就讲到,祭拜的这两方面的相对运动,使两者的统一性作为它们的本质之概念得到定在,这是一个最初的概念上的规定。

　　<u>祭拜这一概念已经自在地并现成在手地包含在赞美诗的歌唱的洪流里了。这种虔诚默祷是自我通过自身并且在自身内所得到的直接的纯粹满足。</u>　{383}

　　"祭拜这一概念",就是上面讲的这样一个主客观统一的概念,它"已经自在地并现成在手地包含在赞美诗的歌唱的洪流里了",赞美诗的歌唱的洪流,就是大家一起唱,或者由某一个人领唱,大家在附和,或者是甚至于不要附和,就是双手合十,虔诚默祷,潜心默祷,这都是一种精神的洪流,前面讲到了,默祷是一种精神的洪流。那么在这个精神的洪流里面其实已经包含着祭拜了,我们刚才讲了,凡是祭拜都要唱赞美诗,在赞美诗里面已经有这样一种祭拜的概念。为什么要唱赞美诗?不是说闲得无聊,而是心怀虔诚地唱赞美诗,唱赞美诗本身就是祭拜的一个内容,而反过来祭拜的这样一个内容已经自在地包含在赞美诗的歌唱的洪流里面,自在地,就是还没有意识到,客观上已经是了,并且是现成在手地包含着祭拜的概念了。我们可以设想,一个宗教的活动大家在一起唱赞美诗,光这个唱赞美诗就已经是祭拜了。并不是正式的祭拜,你们什么也不做,就在一起唱诗,这就是祭拜了。基督教里面有唱诗班,那是少不了的,神父的传道、讲经当然也重要,但唱诗班是最重要的,它形成一种气氛,形成一种宗教的氛围,所以祭拜这一概念已经包含在赞美诗的歌

唱的洪流里面。"这种虔诚默祷是自我通过自身并且在自身内所得到的直接的纯粹满足",这种虔诚默祷,赞美歌响起来了,那么所有的教徒都在那里虔诚默祷,这种虔诚默祷是自我通过自身并且在自身内所得到的直接的纯粹满足,这带有一种纯粹主观性。当然也已经有一定的客观性了,大家为什么要站在一起,站在教堂里面听赞美诗,这本身有一种祭拜的客观性,但是每个人的默祷是纯粹主观的,它是包含在赞美诗的洪流里面,作为一种主观的成分包含在里面,那么我们先来看看这个主观的成分。

这自我是净化了的灵魂,这灵魂在这种纯洁性中直接地仅仅是本质并与本质为一。它由于其抽象性之故,并不是那种把自己的对象从自身区别开的意识,因而只是自己定在的黑夜,只是为自己的形态所**准备的场所**。因此**抽象的祭拜**把自我提高到成为这种纯粹的**神圣元素**。

"这自我是净化了的灵魂",在默祷的时候我们在净化自己的灵魂,我们在净化自己的自我。"这灵魂在这种纯洁性中直接地仅仅是本质并与本质为一",我们净化自己的灵魂,我们一进教堂就觉得自己的灵魂被净化了,在唱赞美诗的时候,在听赞美诗的时候,我们意识到我们的灵魂被净化了,净化到什么程度呢?我们觉得我们的灵魂直接地仅仅就是本质,它就是神,基督教叫作圣灵,它就是本质,其他的一切都置之度外了。你在生活中的烦恼,你的赚钱的烦恼、亏损的烦恼,跟邻里吵架的烦恼,在教堂里面全都不存在了。在这种纯洁性中这灵魂直接地仅仅是本质并与本质为一,你就与上帝合一,你就融入到了圣灵的歌声之中。"它由于其抽象性之故,并不是那种把自己的对象从自身区别开的意识","它",就是这个灵魂了,这灵魂由于其抽象性之故,因为它是主观的嘛,它净化了自己的灵魂,使自己成为了圣灵,把一切具体的烦恼都排除了,把一切杂乱的生活的内容、生活的艰辛,所有这些痛苦全部都排除掉了,所以它具有抽象性。因此它并不是那种把自己的对象从自身区别开的意识,这种灵魂由于它太抽象了,所以它失去了自己的对象与自己本身的区别,它自己就是自己的对象，因为它跟本质合一了，跟神合一了，所以它的对象就是它自己，上帝就是它自己，它跟上帝认同，我就是圣灵了，在祭拜的时候我已经融入了圣灵了。所以它没有一种自己和自己祭拜的对象之间的区别，它实际上已经失去了任何现实对象。"因而只是自己定在的黑夜，只是为自己的形态所**准备的场所**"，因而这种灵魂只是自己定在的黑夜，它把自己的繁琐的内容、日常生活的内容全部驱走了，全部抽象掉了，所以它自己呢成为了一种定在的黑夜。我还在这里唱歌，我还在这里祈祷，在默祷，那么这个默祷跟外界的阳光都无关，我沉入到了自己的内心。在教堂里面每一个教徒都沉入到了自己内心的黑暗之中，这种黑暗只是为自己的形态所准备的场所。我的灵魂只是一个场所，它的本质是黑夜，它期待着光明，它只是一个承受光明的场所，它本身什么也没有。它已经把一切私心杂念都清除掉了，清除掉以后它就成了一个抽象的本质，一个接受圣灵、接受神的场所。它准备接受圣灵，我已经准备好了，准备接受上帝的光照，但这种准备呢恰好是说把内心的灵魂打扫干净，一切能够区别开来的东西都把它清除掉，那岂不是成了一个黑夜吗？黑夜就是为了承受光明嘛。如果心里还有东西的话，它就会把光明挡住，只有把所有东西都清除掉了以后，那就没有什么东西挡住光明了，那就是纯粹的黑夜，纯粹的黑夜就不再阻挡光明了。这有点像禅宗里面的神秀，慧能的师兄，神秀讲，"身是菩提树，心如明镜台，时时勤拂拭，莫使惹尘埃"，把你的内心的镜子打扫得干干净净，不要使它惹上尘埃，那么你就是为自己的形态所准备的场所，你自己的形态这个时候才会接纳佛的形态，接纳神的形态，那才是你真正的自我。你自己的形态在这个时候才能跟神、本质合一，但是你的这个灵魂呢它只是一个场所，只是一个明镜台。当然慧能不满意神秀的这个说法了，就反驳说，哪有什么明镜台，"本来无一物，何处惹尘埃"，就把他这个观点推翻了，以后禅宗就走向了另外一个极端，就非宗教化了，本来无一物，连你的灵魂都没有，你在灵魂里面打扫什么？但这里讲的有点类似神秀的那种打扫灵魂的思想，在这里准备一个场地，使自己成为一个定在的黑夜，准备接受神降下的光明，准备沐浴神光。"因此**抽象的祭拜**把自我提高到成为这种纯粹的**神圣元素**"，抽象的祭拜就是在赞美歌里的那种默祷，它已经是一种祭拜了，但它还仅仅是一种抽象的祭拜，只是把一切具体的内容先把它抽掉，进入一种内心虔诚的默祷。这种默祷把自我提高到成为这种纯粹的神圣元素，"神圣元素"打了着重号，前面"抽象的祭拜"也打了着重号，它只在神圣的元素里面转来转去，而远离了世俗生活。当在唱赞美歌的时候，灵魂跟世俗生活是绝缘的，它只是在自己的内心里面得到一种直接的、纯粹的满足，有一种虔诚的心，但是还没有真正开始祭拜，它是一种抽象的祭拜，一种在内心里面的祭拜。在内心里面我已经祭拜了，但是我还没有作出真正祭拜的行为，所以这种抽象的祭拜只是把自我提高到纯粹的神圣元素，在这方面它已经做到位了，准备好了，准备好了祭拜的场地了，祭拜就是要在这样一个灵魂的场地上开始，但是真正的祭拜还没有开始。

　　灵魂有意识地完成了这种纯洁化；但灵魂毕竟还不是在下降到自己的深处时知道自身是恶的那种自我，相反，它是一个**存在者**，是这样一个灵魂，它用水洗来净化自己的外在性，并且给这外在性穿上洁白的外衣，而它的内在性却经历了一条被表象为劳动、惩罚和报偿的道路，一条外化自己的特殊性的一般教化之路，灵魂通过这条道路去达到极乐家园和极乐共同体。

　　"灵魂有意识地完成了这种纯洁化"，在赞美诗里面呢已经开始做这样一种纯洁化，这是有意识地完成的。"但灵魂毕竟还不是在下降到自己的深处时知道自身是恶的那种自我"，灵魂还没有达到这样一种程度，就是从自我纯洁化更下降一个层次，在自己的最深处认知到自己的性本恶。你到了教堂里面你知道自己纯洁化了，但是你还没有下降到自己的深处并且知道自身是恶，这是更深一个层次了。你进教堂让自己排开一切世俗的杂念，这是第一步，让自己纯洁化；第二步，要在这种纯洁化里面进一步下降到自己的深处，发现自己、认识到自己是恶，在赞美诗里面还没有达到这一点，还没有达到基督教的那种罪感意识和那种忏悔意识。在唱赞美歌的洪流里面的默祷还仅仅是一种自我纯洁化的工夫，这是一切宗教都做得到的；但是毕竟还没有达到这样一个深度，就是在下降到自己的深处时知道自身是恶的那种自我，这是基督教的层次，只有天启宗教才能达到这样一个层次，在希腊的宗教里面还没有达到这个层次。罪感意识和忏悔意识希腊人当然也不是说完全没有，但是在宗教意识里面还没有把它纳入进来。希腊人也有忏悔，像俄狄浦斯的神话里面也有罪感，有忏悔等等，但真正成为一种宗教意识那还是在基督教里面，认识到自己的本性就是恶的。这看起来好像是矛盾的，一进教堂你就觉得自己纯洁了，但一听牧师的讲道你又觉得自己浑身都是恶，那就不纯洁了。其实这是两个层次，你要先把自己纯洁化，你才能知道自己不是纯洁的，你才能知道自己的本性是恶，你才能有忏悔意识。真正的纯洁的工夫不是说你听了一首赞美诗就能够做到的，而要忏悔，要通过忏悔来洗净自己内心的恶。一般的宗教则顶多是外在的忏悔、外在的清洗，就是使自己纯洁化，排开一切私心杂念。所以他讲灵魂在这个阶段还不是在下降到自己的深处时知道自身是恶的那种自我，"相反，它是一个**存在者**"，"存在者"打了着重号。它是一个存在者，它还没有到灵魂的深处。存在者就是定在了，必须有它的外在性了。"是这样一个灵魂，它用水洗来净化自己的外在性，并且给这外在性穿上洁白的外衣"，用水洗来净化自己的外在性，印度人要到恒河去洗净自己的罪孽，基督教也有洗礼，婴儿生出来，神父要给他举行一次洗礼，当然成年以后还要再洗礼，基督教里面有"再洗礼派"，主张没有经过再洗礼的不算基督徒。总而言之就是用水来净化自己的外在性，并且给这外在性穿上洁白的外衣，其实这都是做表面工夫，一种外在的仪式。"而它的内在性却经历了一条被表象为劳动、惩罚和报偿的道路，一条外化自己的特殊性的一般教化之路"，灵魂的内在本质却没有那么简单，它必须在外化自己的过程中经受苦难，经受教化。在"自身异化了的精神，教化"那一章中所讲的国家和财富、善与恶等等现实的矛盾冲突，其实都体现了这种灵魂特殊性的外化，体现了劳动、惩罚和报偿的历史过程。主要在基督教里，这一过程被表象为劳动、惩罚和报偿的道路，首先你必须要劳动，上帝说，你必须汗流满面来挣得自己的面包，这就是对你的惩罚，因为你犯了原罪，违反禁令摘取了知识之树的果子，这就要受到惩罚，但最后呢你会得到报偿，将能得救。这样一条道路就是灵魂的内在本质所经历的，这是灵魂的内在的道路，但现在还没有达到这样一个层次，那是后面讲基督教时要涉及到的。外化，entäußern，可以翻译成"出让"，也可以翻译成"放弃"或者"外化"，这里根据上文讲到外在性和内在性，所以译作内在性的"外化"，就是不能停留在抽象的纯洁性之中，而要把自己的特殊性表现在外，在罪过中赎罪。这些特殊性是有罪的，人的罪过就在于他的特殊性，你要外化自己的特殊性，使自己在罪过中得到教化。"灵魂通过这条道路去达到极乐家园和极乐共同体"，极乐，Seligkeit，也可以翻译成"幸福"，但它不是一般的幸福，它是最高的幸福，有时可译作"至福"，我们把它译成"极乐"，它是神福、圣福。极乐家园和极乐共同体，那就是天堂了，这条道路是基督教的道路。但现在在一般的祭拜这里呢，还没有达到这一步，这是只有在天启宗教里才会发生的情况。

这种祭拜最初只是一种**秘密的**实行，亦即只是一种被表象出来的、非现实性的实行；祭拜必须要是**现实的**行动，一个非现实的行动是自相矛盾的。**本来的意识**借此才提高到自身的**纯粹**自我意识。

"这种祭拜最初只是一种**秘密的**实行"，也就是一种秘仪、宗教秘仪，最开始的宗教总是这样的，秘密进行的秘仪是只有少数人参加的，排斥一般的大众，它是一种宗教的小团体。我们佛教里面有密宗，其实其他的教派最开始都是密宗，只是一小群人在那里祭拜，他们有内部的规矩，而且他们的祭拜仪式是不能泄露的，它的过程是不能偷看的。"亦即只是一种被表象出来的、非现实性的实行"，它是被表象出来的，就是说我在观念中把它设想出来，我们在一起做一件事情，这件事情在我们的观念中它是一种祭拜，但它不是一种现实的实行，它是一种非现实性的实行，只是象征性的行为。在秘密行动之中，他们所做的那些事情都是怪怪的，猜不透他们在干什么。当然这也是一种实行，已经是一种行动了，但它主要是着眼于每一个参与者内心的表象和内心的感受，而不在于那些做的事情，做的那些事情你几乎看不出来，甚至于什么也没做，比如说在一起打坐或者默祷，在一起默想，没有神庙，没有神像，没有任何道具或音响，就是这样一种秘密的实行，不能外传。他们在一起讲了什么话、做了什么事，都不能把它变成一种现实的东西让别人知道。但是，"祭拜必须要是**现实的**行动，一个非现实的行动是自相矛盾的"，宗教的秘仪想要把这种行动变成一种非现实的行动，但实际上是不可能的，你一定要把它做出来，心灵的交流必须要体现在现实上。他们其实还是做了一些事情，但是他们认为这些事情是不重要的，重要的是他们的观念、他们的表象、他们共同的崇拜。所以祭拜最初是一种秘密的实行，这是有道理的。**本来的意识**借此才提高到自身的纯粹**自我**意识"，"本来的意识"打了着重号。最初的那种意识还不是纯粹的自我意识，就是通过这种秘密的非现实的行动，通过这一自相矛盾的行为，才提高到自身的纯粹自我意识。祭拜最初只是一种秘密的实行，但是通过这种似乎是非现实的行动，它才能够从本来的意识提升到自身的纯粹自我意识，意识才能提升到纯粹自我意识，如果你什么也不做，或者你以为自己什么也没做，没有现实的行动，也就是没有本来的意识、真正的意识，那是提升不到纯粹的自我意识的。纯粹自我意识必须要做出来，必须要有一个现实的行动，才能够达到，你靠沉思默想、一天到晚打坐、冥想，那个是达不到自我意识的，那只是放弃你的意识。所以本来的意识只有借这样一种行动才能够提升到纯粹的自我意识。这个是跟我们东方的宗教不太一样的，东方的宗教不太讲究你现实在做什么，它只讲究你的意念，要排除干扰，意守，冥想，瑜伽打坐，等等，这些都不需要你去做什么，你就自己进入到那种境界，就够了。即使有外部行动，静功，动功，都只是辅助性的，入了门就不用了。但是西方的宗教就讲究你在宗教意识里面必须要从本来的意识提升到自我意识，你必须要对自己的行为有意识，有对象，有你做出来的东西，应该是主客观统一的。你完全逃到主观中去，那就没有了，包括宗教意识都会消失了。中国的禅宗就是不讲那些东西，什么礼节都不要，甚至于连打坐都不用了，居士认为自己是最高的。中国的基督教徒有不少成了"文化基督教"，我不需要那些外在的形式，我内心相信就够了。西方人的宗教观念就是这些东西都是不够的，光是苦思冥想是不够的，必须要有对象意识，要有针对这个本来的意识的行动。

本质在这种自我意识里具有一个自由对象的含义，通过现实的祭拜，这一对象才返回到自我，——而一旦这个对象在纯粹意识中具有纯粹的、住在现实性彼岸的本质的含义，这个本质就通过这一中介活动从它的普遍性下降到个别性，并且这样就和现实性结合在一起了。

"本质"，本质在这里就是神了，"在这种自我意识里具有一个自由对象的含义"，纯粹自我意识是什么呢？纯粹自我意识必须要有个对象啊。本质在这种自我意识里就具有一个自由对象的含义，神在你的自我意识里面它就是自由对象，这个自由对象是不受任何东西所限制，甚至也不受你的自我意识所限制的，它是绝对自由的。你之所以要摆脱你的日常的私心杂念，就是因为你想要进入到这样一个摆脱了一切私心杂念、摆脱了一切世俗生活的对象，你把这样一个自由的对象当作你的对象，当作你的神。这就是刚才讲的，提高到了自身的纯粹自我意识，就是把那些不纯粹的东西都排除了以后，你的纯粹的自我就是这个神，但它的本质是一个自由对象。"通过现实的祭拜，这一对象才返回到自我"，它是一个自由对象，它是自由的，但它又是一个对象；既然它是一个对象，你就必须要经过现实的祭拜，才能使这一对象返回到自我，完成你的纯粹自我意识。神是一个对象啊，他虽然在你心中，但他又是一个对象，他在彼岸，他不是你想怎么就怎么的，你光是通过冥想是不行的，你必须要祭拜，而且要到教堂去，要拜那个神像，通过这样一个现实的祭拜，这一对象才能返回到自我，返回到你的内心。你要把它对象化出去，从那里才能够真正返回到自我，因为自我意识具有这样一种结构，它在对象上看到自己。"而一旦这个对象在纯粹意识中具有纯粹的、住在现实性彼岸的本质的含义"，这个对象，也就是神，这样一个自由的对象，在你的纯粹意识里面具有一个纯粹的、住在现实性彼岸的本质的含义。神是住在彼岸的，彼岸什么意思？彼岸就是超现实的、纯粹精神的，住在现实性的彼岸就是超越世俗。一旦这个对象具有这样一种含义，具有超越现实的、住在彼岸的纯粹的本质的含义，那么"这个本质就通过这一中介活动从它的普遍性下降到个别性"，通过这个作为中介的祭拜的活动，祭拜就是一个中介，就是把彼岸的这个超现实的、超世俗的神请到现实中来，这就使这个本质从它的普遍性下降到了个别性。从神的普遍性下降到具体的、个别的人，你就沐浴到了圣灵，"并且这样就和现实性结合在一起了"。你是一个现实的人，你生活在世俗生活中，那么神下降到个别性，就和你的现实性结合在一起了，而这是只有通过祭拜的活动才能够实现的。这里面有对象的自由，也有人的个体性的自由，在通过自己的这样一种主动的祭拜活动时有你的自己的自由意志，有你个体的意志在里面，而不是像最初的秘密的行动那样，不通过现实的祭拜只凭冥想就达到那个神，那是达不到的。祭拜必须要有现实的行动。那么这个现实行动呢就有具体的规定了，这就是下面讲的。

　　<u>至于这两个方面如何进入到行动中，这是这样规定的：即对自我意识到的这方面来说，只要这方面是**现实的**意识，本质就呈现为**现实的自然**；</u> [206]

　　我们先看这分号前面一半。"至于这两个方面如何进入到行动中"，这两方面也就是本质一方和现实性一方，或者说普遍性一方和个别性一

方,自我和自然一方。自我属于本质一方,属于精神这一方面,自然属于现实性方面,也就是刚才讲的,祭拜是这两方面的统一,主观和客观的统一。那么这两个方面如何进入到行动?如何在行动中统一起来?"这是这样规定的:即对自我意识到的这方面来说,只要这方面是**现实的**意识,本质就呈现为**现实的自然**",自我意识到的这方面,如果它是现实的意识,那它的本质就呈现为现实的自然,就是强调自我意识的这个本质在祭拜中呈现为现实的自然,双方是这样来结合着进入到这样一个祭拜的行动中的。上帝、神已不再是一个冥想之中不可捉摸的东西,而是必然要呈现为现实的自然,比如说,必须要用现实的祭品去祭拜。你祭拜神必须要拿着祭品去祭拜啊,你两手空空去祭拜什么?你到庙里去祭拜你必须要带东西的,你带一只鸡啊,或者带一个猪头啊,或者带一些钱啊,带几根香啊,这也是要钱买的。本质呈现为现实的自然,就必须要有东西,那么这个现实的东西这里打了一个分号,下面就讲本质呈现为现实自然的两个方面。

　　一方面,现实的自然作为财产和所有物属于本质,并被当作一种并非**自在**存在着的定在;另一方面,自然是本质**自己特有的**、直接的现实性和个别性,而这种现实性和个别性也同样被它看作非本质并遭到扬弃。

　　本质要呈现为现实的自然有两方面,"一方面,现实的自然作为财产和所有物属于本质",这个现实的自然、这些东西作为财产,作为所有物,它是献给神的,所以它属于本质。祭品你一般人不能随便去动的,这是献给神的,你怎么能动呢?所以这个自然作为财产和所有物,它属于本质。"并被当作一种并非**自在**存在着的定在","自在"打了个着重号,就是这个东西它是属于神的,它不是一个自在的定在,好像鸡就只是一只鸡,猪头就只是一个猪头,谁都可以享用,它不是那种自在在那里谁都可以去享用的东西,它已经有主了,它是准备献给神的,这是一个方面。"另一方面,自然是本质**自己特有的**、直接的现实性和个别性",就是说你要去祭拜一个神,通常你带的这个东西、这个自然物是本质自己特有的、直接的现实性和个别性,就是这个神他自己特有的,"自己特有的"打了着重号。它强调是这个本质自己特有的、直接的现实性和个别性,就是说你带去的这个祭品呢必须是这个神自己特有的,比如说你去敬一个牛神,那你就必须带一个牛头,你是祭某一个神,你就必须带某一种东西,这样一个东西是这个神自己特有的一种直接性和个别性。所以祭品是有讲究的,我们中国人祭品不太有讲究,什么东西都可以乱带,但是在古希腊的神庙里面是有讲究的,人对什么样的神就要带什么样的祭品,这个祭品就是这个神的代表,就是这个神自己特有的、直接的现实性和个别性。"而这种现实性和个别性也同样被它看作非本质并遭到扬弃",这个现实性和个别性是它自己特有的,但是又被它看作非本质并遭到扬弃,就是你把它献祭,你把它献给这个神,那么这个东西它就是非本质的,因为你把它献祭掉了,它是被扬弃的。比如说仪式完了之后,你把它的肉吃了,这并不是对这个神的不敬,恰好是对他的尊敬,因为这个神就是要给你来吃的。但是你要把动物的头献祭给他,所以这个动物本身的现实性和个别性是被当作非本质的而遭到了扬弃,但它又是这个神的代码、符号。基督教的圣餐也是如此,一方面它是基督的肉和血,另一方面它又不过是面包和葡萄酒,被人吃掉、喝掉了。所以祭拜的两方面就是,自然物既是祭拜的圣物,同时又是供人享用的消费品,一身而兼二任。

　　不过同时对这非本质的**纯粹**意识来说,那个外部的自然又具有**相反的**含义,即它是**自在存在着的**本质这种含义,对于这一本质,自我牺牲了自己的非本质性,正如这本质反过来自己牺牲了自然的非本质性方面那样。

　　"不过同时对这非本质的**纯粹**意识来说",就是这种现实性和个别性又被看成是非本质的了,并且是遭到扬弃的了。你去献祭,这个祭品本身是被扬弃了的,被消费掉了,或者被浪费掉了,那都算是献祭给神了,它是非本质的东西,这个东西并不是神,它只是神的符号。不过同时,你把这个非本质的东西用纯粹意识的眼光来看,"那个外部的自然又具有

313

相反的含义"。"相反的"打了着重号，就是说献祭的这个东西虽然对于神来说是非本质的，但是对于人来说、在人的纯粹意识的眼光里面，它又的确是本质的，它的自在存在被看作本质性的，比如面包和葡萄酒被看作耶稣基督的肉和血。上面讲一身兼二任，这里讲这二任又是恰好相反的，我献的这些东西对于神来说是非本质的，对于人来说却具有神圣的意义，"即它是**自在存在着的**本质这种含义"。当然这必须是用纯粹意识的眼光才能看出来的，也就是我们通常说的，心要诚，献祭才会有效，如果你老想着这些祭品花了多少钱，在那里心疼不已，那就看不到它们的自在存在着的本质的含义了。"对于这一本质，自我牺牲了自己的非本质性"，就是说我牺牲了自己的非本质的、世俗的东西，我为了自己的真正的本质而牺牲了自己的非本质性，钱财这些东西对我来说都是非本质的，我愿意献给神，我愿意花钱买祭品去献给神，所以自我牺牲了自己的非本质性。由于我认为这个东西本身具有自在存在着的本质这种神圣的含义，虽然它是要花钱买的，但是对于我来说钱是非本质的东西，我把它牺牲掉，我把这些祭品当作牺牲奉献给神。"正如这本质反过来自己牺牲了自然的非本质性方面那样"，这就是前面讲的那个意思了，前面讲，"另一方面，自然是本质**自己特有的**、直接的现实性和个别性，而这种现实性和个别性也同样被它看作非本质并遭到扬弃"。一方面，自我牺牲了自己的非本质方面，这个自然的东西我把它当作非本质的东西牺牲掉了；另一方面，这个本质反过来也牺牲了自然的非本质方面，神也把自己的自然的、非本质的方面牺牲掉了，他让你们把这些祭品吃掉了，其实正好提升了自己。这个自然虽然也是神的一种直接现实性和个别性，是神的一种符号，但是通过神对这种自然符号的牺牲，神把自己提升了。你说神是一种动物神，意味着他不是动物，而是超越于动物之上的神，所以作为动物的个别自然物被他当作非本质的东西牺牲掉了。通过献祭，你把动物杀了，吃掉了，然后把剩下的这个头、不能吃的部分献祭给神，这是神本身的一种牺牲，神本身通过这种牺牲把自己提升到他的动物形象之上，那才是真正的神啊，否则的话你就把神贬低了。这是两个方面，一个是自我作了牺牲，另外一个是神也作了牺牲。在祭拜中，自我的牺牲就是神的牺牲，自我把自己的祭品牺牲了，就把自己提升到神的层次了，就牺牲了自己的非本质的方面，纯洁化了自身而与神合一；那么同一个过程也就是神把自己提升到这些祭品之上，虽然这些祭品就是神特有的、直接的个别性和现实性，但他把这些东西作为非本质的东西来扬弃掉、牺牲掉了。在这个祭拜过程中，双方面，自我和神都作了牺牲，同时也都得到了提升，达到了自我跟神之间的一种直接沟通；而这个牺牲就是一个中介，就是一个把双方都提升起来的一种手段，神不再是自然物，而人也不再是自然人，人和神在纯粹精神上达到了沟通。

这行动之所以是精神的运动，是因为它是这样一种双方面的东西，一方面扬弃**本质**的如同默祷规定对象那样的抽象性，并使得这本质成为现实的东西，另一方面把如同行动者规定对象和规定自身那样的**现实的东西**提高到普遍性之上和之中。

这一句话是对前面的这种关系的一个总结。"这行动之所以是精神的运动"，祭拜本来是献出你的财物，可以是很俗气的，你花了钱、花了力气和时间赚到的东西，结果你把它献祭给神，有时候会成为很俗气的。像底层的一些老百姓，他们去庙里面献祭就是一种交易，我给你这么多礼物，你就得给我那么些回报，或者我曾经给你许过一个愿，你实现了我的愿望，现在我就来还愿，付给你多少报酬，这就是一种贿赂了。但其实后面还是有精神含义的，所以他说，这行动之所以是精神的运动，"是因为它是这样一种双方面的东西，一方面扬弃**本质**的如同默祷规定对象那样的抽象性，并使得这本质成为现实的东西"。一方面，扬弃本质的抽象性，使它不再像默祷一个对象那样停留于内心的抽象观念中，"本质"打了着重号。就是在本质方面，也就是在神这一方面，扬弃了他的抽象性，这抽象性正如默祷规定对象那样，那是很抽象的，但是现在已经超出了那个层次，超出了默祷的抽象性。默祷你也可以把它看作一种内心的祭拜，它的对象在内心，很抽象，但它没有自己现实的祭品，没有牺牲，它不费一分钱。默祷是最不费钱的，只要你在那里沉思默想，只要你有那个心，你在那里默想，那就是一种默祷，这是一种抽象性。但是祭拜是要有现实的东西的，要有祭品，所以它扬弃了本质的抽象性，并使得这本质成为现实的东西，使得神的本质成为现实的东西，具有了现实的定在。你为这个神献出了神所最喜欢的东西，也是你自己最宝贵的东西，这就使这个神成为了最现实的东西。"另一方面把如同行动者规定对象和规定自身那样的**现实的东西**提高到普遍性之上和之中"，如果是仅仅成为了现实的东西，那还不足以成为精神的运动，它有两方面。一方面它献出了现实的东西，所以它是一场运动；但是另一方面呢，把现实的东西提高到普遍性，所以它才是精神的运动。一方面它借助于行动者规定对象和规定自身而成为了现实的运动，它是一种实行，它是一种行为，所以具有现实性；但另一方面，它又是一种纯精神的运动，就是说它把这个现实的东西、这个构成祭拜活动的现实运动，包括对现实的自然物、财产、所有物这些东西的规定，提高到了普遍性之上和之中，所以具有精神性。行动者在祭拜中对现实的东西作了一种规定，规定他的对象是要献给神的；也规定了他自身，成为了一个信徒，自身通过这种祭拜而神圣化了，也成为具有神圣性的了，这就把对象和自身都提高到了一种普遍性。这个现实的东西不是这个东西，而是具有普遍的神性的；这个人也不再是世俗的人，而是虔诚的教徒，所以这样一种祭拜的活动才真正是精神的运动。不是说你献出一个现实的东西就是为了得到另外一个现实的东西，那就提升不到普遍性了，那就仅仅是一种交换了，那这种祭拜就不是精神的运动，而是一种物质交换，而献祭者也没有任何神圣感，还是一个世俗之人。它之所以是精神的运动，不但在于它是一种祭拜、一种奉献，而且在于它把这种献祭提升到了普遍性，在祭拜的行动中对对象的规定和对自身的规定都提升到了普遍性之上或之中，这才使这样一场运动成为了精神的运动。好，我们今天就到这里。

＊　　　　　＊　　　　　＊

好，我们上次讲到了艺术宗教里面的祭拜这个环节。祭拜这个环节呢看起来好像跟艺术没什么关系，但后面他讲到其实还是有一定的关系。上次讲的最后一句话呢要再琢磨一下："这行动之所以是精神的运动，是因为它是这样一种双方面的东西，一方面扬弃**本质**的如同默祷规定对象那样的抽象性，并使得这本质成为现实的东西，另一方面把如同行动者规定对象和规定自身那样的**现实的东西**提高到普遍性之上和之中。"也就是在祭拜的行动中，行动者、举行祭拜的人一方面规定他的对象，用他献祭的东西、祭品使本质摆脱了默祷的抽象性而成了很现实的东西；另一方面规定他自身，我把这个祭品奉献出去，这样就把自己规定为高于这个对象的东西，也就是把祭拜的现实的行动提高到了普遍性。这是两个方面的相对的运动，一方面呢把本质变成现实的东西，不再是像在默祷时那样仅仅在心里面想一想，在心里面祝愿，而是要把它变成现实的东西；另一方面呢现实的行为呢不仅仅是像行动者在进行规定时那样的一种外在的现实行为，而是要把它提高到普遍性，不是这个特殊的行动，而是具有普遍性的意义。上次最后这一句话规定的这两个方面对后面有很大影响，实际上后面就是按这两个方面来论述的。

　　所以祭拜行动本身开始于纯粹**奉献出**某种财物，这财物的所有者似乎对自己完全没有用处地把它泼洒在地，或者让它化作一缕青烟。 {384}

"所以祭拜行动本身开始于纯粹**奉献出**某种财物"，祭拜从什么开始？就是作奉献啊！"奉献出"打了着重号。你首先要奉献，不仅仅要默祷，不仅仅在心里面祝愿，而是要做实际的行动，要把你心中的默祷变成实践行动，要奉献出某种财物。财物是很现实的，要把很现实的东西奉献出来。"这财物的所有者似乎对自己完全没有用处地把它泼洒在地"，把财物泼洒在地，这个财物指的是酒了。你要祭拜酒神，祭拜酒神

317

你就必须要买酒，或者你自己储备有酒，这是你的财物；然后呢你把它泼洒在地，似乎对自己完全没有用处。泼洒在地有什么用呢？没有任何用处，你把它浪费了，从功利的眼光来看，你在祭拜的时候，你把酒泼在地上，浪费了，对自己没用，不能够获得什么现实的补偿。这物的所有者似乎完全不考虑对自己的用处，把它泼洒在地，这指的酒。"或者让它化作一缕青烟"，这也是没有用处的，最后你把祭品烧掉了，让它化作一缕青烟。一个是向下，渗透到大地，一个是向上，升上天空，这两种行为表达出两个方向，这就是双向的运动。祭拜的行为一方面是向下的，另一方面是向上的。

在这种行动中，在他的纯粹意识的本质面前，他对于占有这财物以及享受这财物的权利、对于自己的人格性和这行为向自我的回归都作了放弃，宁可把这行动反思到共相或本质，而不是反思到自身。

"在这种行动中，在他的纯粹意识的本质面前"，在祭拜行动中，财物所有者面对的是纯粹意识的本质，那就是神了，因为他是在敬神嘛，在神面前，在他的纯粹意识的本质面前，这些东西、这些财物都不在话下了。他主要是通过这种行动跟神直接打交道，他直接面对的是神。"他对于占有这财物以及享受这财物的权利、对于自己的人格性和这行为向自我的回归都作了放弃"，一个是他放弃了对财物的占有，一个是放弃了享受这财物的权利。本来这财物是我的，我有权享受它，但是我不享受，我把它用来献祭。再就是放弃了自己的人格性，放弃对财物的权利不仅仅是放弃了这些东西，而且是放弃了自己的人格性，是在人格上屈服于神，因为财物是人格性的代表。在私有制的前提之下，人格是以财物为代表的，这是人格权的第一要义。而这也就是放弃了使这行为向自我的回归，这个行为是不是最后还是要回归到自我呢？是不是只是维护自我的一种手段呢？如果是这样的话，那就不虔诚了。如果他最后想到的还是自我，他在献祭给神的时候心里想着的还是自己得到回报，那他就不虔诚了。所以他对这行为向自我的回归也作了放弃。"宁可把这行动反思到共相或本质，而不是反思到自身"，这行动要反思到共相和本质，就是说我做的这个行动就是为了神，我没有任何私心，不是为了得到什么回报，也不是为了我自己的生活的别的想法，我就是全心全意地奉献给神。我用我的财物的牺牲表达我的这样一种态度，我的财物都可以献给神，连我的人格都是全心全意臣服于神，这就是反思到共相或本质。共相就是普遍的东西，神就是普遍的东西，神不是单单为你一个人的神，神是一种普遍的实体或本质。这是一方面，我在献祭的时候我放弃了某种财物，这个财物是很实在的，在我放弃这个财物的时候我没有任何私心，我就是为了奉献给神。这个就跟那种默祷不一样了，默祷是不用放弃的，我在心中默祷一下，我不用作出任何具体的行动，不用放弃任何现实的东西，但在祭拜里面呢不能那样，你必须要把这种默祷变成一种现实的行动，这是一个方面。

　　——但是回过头来，在这个过程中那**存在着的本质**也同样消灭了。

　　一方面，你把你自己奉献给神了，"但是回过头来，在这个过程中那**存在着的本质**也同样消灭了"，"存在着的本质"打了着重号，他强调的是存在着的本质。你把它泼洒在地上，那酒不就是消灭了吗？你把祭品最后烧掉了，祭品不也就消灭了吗？这个酒和这个祭品本来是当作一种存在着的本质，本质高高在上，看不见，摸不着，神你看不见，但是神以这样一种方式存在，酒和祭品、鱼和肉、水果这样一些东西，我们把它看作一种存在着的本质。我们用酒来祭拜酒神，我们用牛的牺牲来祭拜宙斯，因为宙斯的动物象征除了鹰之外就是牛，我把这样一些祭品当作本来就是存在着的本质，但是我们把它烧掉了、泼掉了，给帮忙的人吃掉了。在这个过程中呢，存在着的本质也同样消灭了。一方面这祭品是我的财物，我把它消灭了；反过来看呢，它是神的象征啊，它是神的代表啊，它是存在着的本质，它不是抽象的本质，而是现实的本质，或者是本质在现实中的代表，在这个过程中也同样消灭了。

　　用作牺牲的动物就是神的**符号**；被吃掉的那些水果就是**活着的**谷神

和酒神**本身**；——在动物中具有血性和现实生命的上界法权的权力死去了；而在这些水果中死去的是无血性的而占有着隐秘诡诈的力量的下界法权的权力。

这是对前面一句话的解释了，为什么说存在着的本质也消灭了呢？"用作牺牲的动物就是神的**符号**；被吃掉的那些水果就是**活着的**谷神和酒神**本身**"，这两个短句是并列的。动物呢是神的象征，公牛象征着宙斯；那么植物也是，水果象征着谷神（Ceres 赛利斯），谷神是万物生长的植物之神，粮食啊，水果啊；从大麦和水果里面酿酒，就象征着酒神（Bacchus 巴库斯）。西方古代的酒大都是果酒，水果、葡萄就是用来酿酒的，酒就是水果的精华，所以它们代表谷神和酒神。而用作牺牲的动物就是神的符号，被吃掉的那些水果就是活着的谷神和酒神本身，"活着的"和"本身"打了着重号。活生生的谷神和酒神，那就是那些酒和水果，那些水果就是活着的谷神和酒神本身，酒你把它泼在地上了，水果呢也把它吃掉了，总而言之你把它们消灭了，就是把它的本质消灭了，这些本质就代表谷神和酒神本身。这与动物牺牲仅仅是上界神的符号还不同，它们是下界活着的神本身，因为动物是献给天神的，植物水果则是地上的生命，如前面讲的，一个是向上升华，一个是向下渗透。向上升华不涉及天神本身的死活，向下渗透则象征着大地之神本身的死亡和死而复活，谷神和酒神都是春天复苏，秋天被祭奠、被吃掉并回归于地下。但总之，两种情况下神作为存在着的本质都同样消灭了。所以一方面，"在动物中具有血性和现实生命的上界法权的权力死去了"，你杀一头牛来祭奠宙斯，这是具有血性的、现实生命的上界法权的权力，宙斯是上界法权的权力，上界就是天上的权力，在希腊宗教里面没有天堂一说，最高的上界就是奥林普斯山，那些神住在山顶上，它没有说住在天上，但却掌管天上的事，日月雷电，这跟基督教不一样。希腊神话里面虽然是天神，但是他是对地上进行统治的，是统治地上的事物的，所以是具有血性的和现实生命的上界法权的权力，是体现为人间现实生活中的上界法权的权力，它随着献祭而死去了，它的权力撇下血性和现实生命而返回天上去了。"而在这些水果中死去的是无血性的而占有着隐秘诡诈的力量的下界法权的权力"，上界法权的权力就是宙斯的权力，宙斯统治着上界；下界呢那是另外一回事情，地狱是另外一群神在统治，主要是巨灵族、泰坦神族在统治地下，地下法权的拥有者包括冥王塔塔洛斯，包括复仇女神，还有谷神和酒神也包括在内，谷神是大地万物的丰产之神，酒神也是，但主要管酿酒，据说能够使酒从地下涌出，并象征着植物界一年一度的死而复生。那么在水果中死去的是无血性的、拥有隐秘诡诈的力量的下界法权的权力，酒神祭仪通常是隐秘举行的，据说酒神巴库斯或者狄俄尼索斯（两者常被等同）的追随者是一群狂女，她们以狂欢秘仪来祭奠酒神，这种祭拜具有某种阴柔的非理性的气氛。乐神俄耳甫斯原来是狄俄尼索斯的崇拜者，后转向阿波罗而拒绝参加酒神秘仪，被狂女们撕成碎片投入大海，可见上界和下界的神的对立，尼采后来归结为阿波罗精神和狄俄尼索斯精神的对立。但在祭拜活动中，这两方面作为在现实生活中的存在着的本质都消灭了。你把祭品献祭给神，你是放弃自我；但在你放弃自我的同时呢，神也把自己的存在着的本质放弃了，它们对人的权力，如公牛的血性和力量，谷物和水果的营养，都被人杀死了、消费掉了。我们上次讲到自然虽然是神的符号，但是神本身把自然的现实性和个别性也看作是非本质的，要加以扬弃。虽然这些东西代表神，但是它不是本质的，它只是一种象征，只是一种符号，所以它具有非本质性。像水果代表谷神或酒神，但是谷神酒神可以把它放弃，并且是把它作为一种非本质的东西放弃的，因为像水果啊、酒啊这些东西，谷神酒神多的是，他是丰产之神嘛，他盛产这些东西，他把这些东西不当数。你献祭是把你的财产奉献出来，那他是会感激的，但是他并不把这些东西看得很重，他让它们消灭。所以这个是双方互相牺牲的过程，一方面个体在祭拜中、在献祭的过程中把自己的所有物献出去了，包括自己的人格性；另一方面神也把自己牺牲了。在你献祭的时候，你杀死一头牛，这牛本来就是宙斯的象征，但宙斯把这个东西让你去杀死；水果你把它吃掉，谷神也不在乎这些东西，他把这些东西当作自己非本质的东西加以放弃。所以双方都作了互相牺牲，互相牺牲就互相接近了，一方面祭拜就不再是像默祷那样地一毛不拔，另一方面献祭也不再是仅仅表面的行动，这个行动本身具有更深的含义，它是一种双方的牺牲。你牺牲自己的财产，那么神也牺牲自己的表面的东西、非本质的现实性和个别性。放弃了呢不是说他就没有了，而是他把你提升到了一个更高的普遍性的层次，水果啊、牛肉啊这些东西都是具体的，你把它当作供品牺牲，实际上你真正使自己提升到了一个更高的层次，或者说神把你在行动中的意识提升到了一个更高的层次。

[207] ——神圣实体的牺牲，就这种牺牲是**行为**来说，是属于自我意识到的这一方的；这种现实的行为要是可能的，必须那本质自己已经**自在地**把自己牺牲掉了。它正是在赋予了自己以**定在**并使自己成为了**个别动物**和**水果**时作出这种牺牲的。

"神圣实体的牺牲"，这样一个祭拜过程，一方面是我个人的牺牲，另一方面呢也是神圣实体的牺牲，神圣实体让人把自己的身体当作祭品，把它消耗掉了，这是神圣实体的一种牺牲。"就这种牺牲是**行为**来说"，"行为"打了着重号，这种牺牲要在行为中做出来的，神必须主动去做，这是一件行为。就这种牺牲是行为来说，它"是属于自我意识到的这一方的"，或者说它是自我意识这一方的行为，神在这个行为中是意识到自己的自我的，他有清楚的自我意识。所以这个行为是一件主体行为，神是有意识地、有目的地让这样一个东西作为牺牲奉献出来。"这种现实的行为要是可能的"，"要是可能的"，这里是虚拟式了，就是说，如果要想这种现实的行为可能的话，"必须那本质自己已经**自在地**把自己牺牲掉了"，"自在地"打了着重号。也就是说，这种现实的行为如果要是可能的话，它有个前提，有个什么前提呢？就是必须是那个本质，也就是那个神，自己已经自在地把自己牺牲掉了，那个神客观上他自己已经把自己牺牲掉了，所以你才能够采取这样一种现实的行为，这样一种牺牲、献祭、奉上供品的行为。你的这样一种献祭行为是以神的自我牺牲作为前提的，那本质自己已经自在地把自己牺牲掉了，也就是说那个本质、那个神他是自我牺牲的。你在献祭的时候别以为就是你在牺牲，它同时是神在牺牲，神把这些供品当作自己的非本质的东西牺牲掉了，让你来奉献，让你来献祭。所以这是一个双向的过程，这过程一方面从主观来说呢它不再是默祷，不再是在心里面祝愿，而是一种现实的奉献；从神那一方面来说呢，客观上自在地是神有意识地作出了这种自我牺牲，这才使这种主观的奉献成为可能。借此神把这样一种献祭的现实性提升到了普遍性，他把自己的现实性、把自己的祭品加以放弃，是为了在这种行为中意识到神自己。"它正是在赋予了自己以**定在**并使自己成为了**个别动物和水果**时作出这种牺牲的"，神赋予自己以定在，也就是神通过自己的定在表现出来的时候，神通过动物或者水果把自己表现出来的时候，他就已经作出了这种牺牲。因为神他是一种精神的东西，他怎么能够屈尊或者下降为动物和水果呢？这本身就已经是一种牺牲了，他屈尊和下降为个别的动物和水果的时候，下降为定在的时候，他就是要用这些东西来养人的，他从高高在上的地位下降为个别的动物和水果，就是为了维持人的生存的。人从神那里获得了每天的食物，所以人呢作为一种感谢，我们在祭拜神的时候，就用这些食物来祭拜神，这些个别的动物和水果除了给人来吃以外，在神那里是没有别的用处的，神并不靠它们来维持生存，它们就是给人吃的，这是神所作出的牺牲。

因而，这本质已经**自在地**完成了的这种放弃就将这行动着的自我在定在中、并向自己的意识呈现出来了，而且以更高的、亦即以**它自身**的现实性去代替本质的那种**直接的**现实性。

"因而"，就是说由于神作出了这种牺牲，那么因此呢，"这本质已经**自在地**完成了的这种放弃"，它是自在地已经完成了，"自在地"打了着重号，前面讲，那本质自己已经自在地把自己牺牲掉了，那个"自在地"也打了着重号。这里强调自在地，就是神自己已经作了牺牲，已经自在地完成了这种放弃，这不是你的自为地去做的事情，而是自在地、客观上神已经做了这件事情。因而这本质已经自在地完成了的这种放弃"就将这行动着的自我在定在中、并向自己的意识呈现出来了"，在神的这样一种牺牲中，他已经把行动着的自我在定在中呈现出来，神的这个自我已经是行动着的自我，而不再是那种神秘莫测、捉摸不透的本质，并且他在定在中向他自己的意识呈现出来，使神获得了自我意识。神通过这样一个自我牺牲的行为把自己的行动着的自我在定在中呈现出来，由于这个行动本身是神的自我做出来的，所以在献祭的过程中、在祭拜的过程中神并不只是被动的受拜者，而且是主动的行动者，他的自我由此而凸显出来，并且是向他自己的意识呈现出来了。"而且以更高的、亦即以**它自身**的现实性去代替本质的那种**直接的**现实性"，"它自身"打了着重号，"直接的"也打了着重号。以更高的现实性，什么是更高的现实性？就是神自身的现实性，而不是那些祭品的现实性。神的行动着的自我在定在中呈现了自己的能动的现实性，这样一种现实性现在取代了本质的那种直接的现实性，取代了水果啊、动物啊那样一些东西的直接现实性，那些东西是死的，已经被杀死了，已经被吃掉、被牺牲掉了，但是这个过程、这个行动中的神的自我实现出来了，这才是神自身的现实性，它要比那个被烧掉的、被泼掉的、被吃掉的现实性更高，这是现实性本身的提升，提升到了神自身的现实性。

因为作为这种被扬弃的个别性和被扬弃的双方分离的结果而产生的统一性并不只是消极的命运，而且具有积极的含义。

"因为作为这种被扬弃的个别性和被扬弃的双方分离的结果而产生的统一性"，这种统一性，也就是举行祭拜活动的人和被祭拜的神的统一，人的自为的自我和神的自在的自我的统一，是出自这样一个结果，什么结果呢？被扬弃的个别性的结果，就是在这个行动中双方的个别性都被扬弃了，提升到普遍性了。一方面，献祭的人的自我在行动中把自己的个别性放弃了，把自己的财物和人格都奉献在神的面前了；另一方面，那些祭品、那些个别现实的供品也被神放弃了,而呈现了自身的能动的现实性。我的个别性被我放弃了,神的个别性、现实性被神作为非本质的定在也放弃了,在这种双方的个别性都被扬弃的过程中,人与神达到了统一。而这也正是对双方分离的扬弃,祭拜行动的个别性,包括祭品作为个人财物的个别性和祭拜活动作为神的自我牺牲的个别性,通过自我扬弃而成了人和神相联系的纽带,它表明人和神在个别性中本来是分离的,而通过这个纽带双方的分离也被扬弃了。随着祭品的被消耗掉、扬弃掉,人被提升到普遍性,神则扬弃了自身的直接现实性,于是人和神合为了一体。人和神的这种统一,"并不只是消极的命运,而且具有积极的含义",这种统一并不只是消极的命运,并不是说我被迫把自己的财物放弃,这是我被规定了的消极的命运。我放弃我的自我,这些祭品呢也被消灭掉了,好像是消极的,我单方面地服从神,好像没有什么积极的意义;其实是具有积极的含义的,因为它把人和神双方都提升到了一个更高的层次,把双方的这个统一体提升到了一个更高的层次,这就具有积极的含义了。当然从低层次来看它具有消极的含义,但通过这种消极的含义,它提升到了具有积极性的含义,这是我主动去做的,是自我意识本身决定要去做的事情,不是服从命运。我到庙里面去献祭不是被迫的,不是有一种命运支配着我,而是我自己决定要去做的,我想要把自己提高到神的层次。不然的话,丰收了,我们就皆大欢喜了,我们享用就是了,为什么还要去祭神呢? 那是一个更高层次上的要求。我们有所失,必有所得,这个所得是精神层次上的。

只有对于抽象的阴间的本质,为它所做的献祭才是完全奉献出来的,因而标志着把财物和自为存在反思到了和自我本身有区别的共相中。

他这里区别了祭拜的两种情况,我们刚才讲了,就是在献祭中,一个是向下的,一个是向上的,向下的就是祭拜谷神和酒神,它们是从地下长出来的东西,那么我们就返回给地下,我们把酒泼到地上;一个是向上的,那就是祭拜天神,我们就把它们烧成一缕青烟,让它们升到天上去,回报给天神。那么现在我们分别来看。"只有对于抽象的阴间的本质，为它所做的献祭才是完全奉献出来的，因而标志着把财物和自为存在反思到了和自我本身有区别的共相中"，就是对于抽象的阴间的本质、对于地下的本质、对于地下的神所做的献祭是完全献出来了的。酒是水果的精华，你把酒泼到地上去，那就完全损失掉了，你再享受不到了，它对你没有任何用处嘛；因而它标志着把财物和自为存在反思到了和自我本身有区别的共相中，就是这个地神、谷神和酒神，他和自我本身是有区别的，他是跟你的个别性不同的一种普遍的共相，你必须把你的个别的财产完全放弃，完全献给他，必须对他作一种无条件的牺牲，没有报偿的牺牲。对地下的神，对阴间的神，是这样一种情况，你必须把自己无条件地奉献出去。

　　但同时这财物只是很微小的一部分，而别的献祭活动只是毁掉一些无用的东西，还不如说是把祭品用来准备宴席，而这场盛宴从这个行动中骗取了它的消极的含义。献祭者在那种最初的牺牲里留下了大部分，从中留下了有用的部分供**自己享受**。

　　"但同时这财物只是很微小的**一部分**"，就是说你并不是把所有的财物都献祭了，虽然你献祭的那个财物都是完全献出去了的，并没有回收什么，但是它只是很小的一部分财物，大部分你还得留着生活啊，要过日子啊。你把其中的一小部分象征性地献给了谷神和酒神，这是不影响你的生活的一部分。"而别的献祭活动"，别的献祭活动就是对于上界的神的献祭活动，对于奥林普斯诸神的献祭活动。地下神那些都是旧神，而上界的神、奥林普斯诸神则是新神，他们代表社会性的和精神性的东西。对这些新神的献祭活动，"只是毁掉一些无用的东西"，比如说牛的头、牛的脚、牛的蹄子，这是吃不了的东西，人不能享受的东西。你把牛头、牛脚、牛皮、牛蹄子献祭给神，献给宙斯，然后烧掉。"还不如说是把祭品用来准备宴席"，把牛头、牛脚、牛皮、牛蹄子烧掉了以后，剩下的就是人享用的了，那你就开一个大型的宴会，每一次献祭，杀牛来献祭，大家都很兴奋，又有好东西吃了。献祭在俗人看来，叫作"打牙祭"，就是为宴会做准备。"而这场盛宴从这个行动中骗取了它的消极的含义"，为什么这个地方用"骗取了"？这里头有个典故，就是说在希腊神话里面讲到，宙斯要普罗米修斯通知人类向天神献祭，普罗米修斯就教人类杀一头牛给来献祭，同时站在人类的立场上，为了维护人类的利益，他教给人一个欺骗的办法。就是把牛杀了以后呢，分成两堆，一堆放着一些不能吃的东西，就是一些牛蹄子、牛脚、牛头骨等等，上面盖上一堆白花花的板油；另外一堆就是用牛皮包着牛肉，黑乎乎的，让宙斯去选择。宙斯看到那个白花花的板油很抢眼，他就选择了那一堆板油，结果那里面都是一些蹄子啊、脚啊这些东西，剩下的就给人了。这是希腊神话里面的一个典故，带有欺骗性的，就是说你看，我都献给你了，由你挑，主动权在你，其实暗中埋伏着机关，骗宙斯上了当。这也体现了前面所说的，下界的神的隐秘诡诈的法权力量，因为普罗米修斯是属于泰坦神族。所以献祭者是从这个行动中骗取了它的消极的含义，表面上好像很消极，很被动，实际上是很积极的，经过谋划和策划的。"献祭者在那种最初的牺牲里留下了大部分，从中留下了有用的部分供**自己享受**"，这就是那个典故了，就是从最初的牺牲里，也就是人类第一次向宙斯献祭时，在杀一头牛的时候就算计好了预留部分，也就是从这个牺牲里面留下有用的部分、可吃的部分供自己享用，那些不能吃的部分呢就献给宙斯了，那只是象征性的。当然宙斯也不需要吃牛肉，他只要有这种象征就够了，而在这次最初的牺牲里，人就给自己保留了最大的部分，就是牛肉、牛排等最好吃的部分，供自己享受。

　　这种享受是扬弃**本质**同样也扬弃**个别性**的消极的权力，同时它也是积极的现实性，在其中，本质的**对象性的**定在被转变为**自我意识到的**定在，而自我也就具有了它和本质相统一的意识。

　　"这种享受是扬弃**本质**"，扬弃本质就是说这牛肉被我们吃掉了，这牛肉本来是本质的一种体现嘛，我们把它吃掉了。"同样也扬弃**个别性**

的消极的权力",这种享受是消极的权力,一方面它扬弃本质,另一方面它也扬弃个别性,就是我们把牛献给了宙斯,这是我们的财物,我们向宙斯奉献出我们的心意,表示对于神的无条件的服从。所以它对神来说扬弃了神的本质,对人来说扬弃了人的个别性,从这方面来说呢它是一种否定的力量或者消极的力量、消极的权力,Macht 可译作权力,也可译作力量。这种享受是消极的,当然这种消极带有欺骗性,每个参加宴会的人最主要还是一种积极的心态,满怀高兴和欢乐,但是有一种消极的形式,表面是一种消极的权力。"同时它也是积极的现实性",这种积极的现实性不光是有牛肉吃了,而且是更高层次的。"在其中,本质的**对象性的**定在被转变为**自我意识到的**定在",本质的对象性的定在,我们讲它扬弃了本质,也就是扬弃了本质的对象性的定在,因为本质化身为牛这样一个定在被扬弃了,被否定了;但是它又转变为自我意识到的定在,牛的被消费掉转变为自我意识到的定在。我们吃了牛肉,我们就跟神性统一了,我们吃了神的东西,神的东西本来就是要给我们吃的,宙斯化身为牛本来就是要给人吃的,所以对象意识的定在就成了自我意识到的定在。"而自我也就具有了它和本质相统一的意识",我吃了牛肉,那么我就维持了我的身体,维持了我的生命,那么我的生命呢就跟这本质相统一了。我们都是宙斯的子民,宙斯养活着我们,宙斯保护着我们,我们用公牛向宙斯献祭,我们吃了公牛的肉,我们也就成了宙斯的神性的所有者,我们就具有了宙斯的神性,我们就属于宙斯的了。这是在这样一个过程中的双向的渗透,或者双向的统一,这种统一是以否定的形式出现的,但是它具有积极的意义。以否定的形式就是人和神双方都放弃了自己的东西,但是所得到的结果就是这样一个自我意识到的定在,它本身就是人和神的统一了,达到了人和神的合为一体,神的定在被转化为了我的定在,我就具有了神性,这是祭祀的一个很重要的意义。

　　此外,这种祭拜虽然是一种现实的行动,然而它的含义却更多地只包含在默祷里；那属于默祷的东西并没有对象性地被创造出来，正如**享受**中的结果本身也被剥夺了它的定在一样。

"此外，这种祭拜虽然是一种现实的行动"，虽然祭拜我要放弃自己的财物，要把那些东西耗费掉、烧掉或者泼洒掉，这是很实际的，这是一种实际的行动，"然而它的含义却更多地只包含在默祷里"，它的含义在这个现实的行动里面呢当然已经有了，但这只是在我的意识中我赋予了它这种意义，所以它的含义更多地只包含在默祷里。我们在献祭的时候可以在内心里面虔诚祝祷，全心默祷，有时还可以念念有词，向神祈求什么东西，或者向神赞美什么东西，或者唱赞美歌，等等，以表示默祷的意义。"那属于默祷的东西并没有对象性地被创造出来，正如**享受**中的结果本身也被剥夺了它的定在一样"，那属于默祷的东西，就是我赋予它的那种意义，并没有对象性地被创造出来，就是说还没有外化为一种可见的、可以触摸的对象，它的含义还是在默祷里面，从外部你看不出来。如果不考虑默祷的话，这整个祭拜活动看上去都像是一种浪费，或者顶多是以物易物的交易。正如享受中的结果本身也被剥夺了它的定在一样，"享受"打了着重号。享受中的结果也被剥夺了它的定在，也不存在了，享受最后享受完了，该吃的吃掉了，该烧的烧掉了，该泼的泼掉了，什么也没留下来，留下的只是记忆，只是默祷。

所以祭拜就更前进一步，首先这样来弥补这种缺陷，它以这种方式赋予自己的默祷以一种**对象性的持存**，即它就是那共同的、对每个人都可行的个别劳动，这种劳动为了神的荣耀而创造了神的住所和神的装饰。

默祷的那些内容呢并没有在祭拜中留下来，只留在记忆中，没有留下它现实的痕迹，一旦祭拜过后，打扫干净祭拜的场所，一切都恢复了原样。那么就需要有一种东西把它变成一种永久性的纪念，一看到它你就想起来了，想起你默祷中的东西，必须要有一种弥补。"所以祭拜就更前进一步，首先这样来弥补这种缺陷"，祭拜就要更进一步了，每次祭拜比如说都在一个林中空地举行，有时在这个空地上，有时在那个空地上面，这个时候就有一种需要了，我们得限定一个地方专门来做这样一种祭拜。我们选一个地方，而且选中这个地方来树立一种标志，比如说我们建一个庙，建一个庙就得大家都来做啊。"它以这种方式赋予自己的默祷以一种**对象性的持存**"，必须要有一种纪念性的标志放在那里，持久地存在在那个地方，我们就不用每次到处去找地方了，我们每次都自觉了，不用通知了，到了一定的日子，我们就到那个地方去，大家都聚集在一起。这就必须要有个对象性的持存。"即它就是那共同的、对每个人都可行的个别劳动"，要赋予这样一种对象性的持存，那么它，也就是祭拜，那么这种祭拜就是那共同的、对每个人都可行的个别劳动，每个人都可以参加，每个人都做得到，不需要专门的艺术家来做。你也可以参加一份，力气大小有别，那不管，你的能力有限那都不管，反正有力出力，有多少力出多少力，我们都来参加。这种祭拜就成了一种共同的劳动，每个人都要参加的，所以它是个别劳动，但是又是共同的个别劳动，所有的个别的人都在一起参加这样一个劳动。"这种劳动为了神的荣耀而创造了神的住所和神的装饰"，为了神的荣耀，我们建一个神庙，这个神庙呢就是为了神的荣耀了，那就要建得漂亮了，那就不像我们住家随便搭个茅棚就可以了，我们要用石头，要搞得漂亮，要给它装饰，这都是要花劳力的。这种劳动为了神的荣耀而创造了神的住所和神的装饰，不光是住所，还要装饰起来，而且要有神像，要在神庙里面树一个神像。

——这样一来，一方面雕像的对象性就被扬弃了，因为通过他的礼物和他的劳动的这种奉献，劳动者使得神对自己有好感，并且把自己看成是属于神的；另一方面这种行为也不是艺术家个别的劳动，相反，这种特殊性已消融在普遍性之中了。

[208]
{385}

"这样一来"，就是说在这样一种劳动中，我们去建一所神庙，去做一个神像，加以装饰，这样一来，"一方面雕像的对象性就被扬弃了"。前面讲了神庙和雕像，我们回到前面讲的神庙和雕像，但层次和眼光已经不同了。前面讲神庙和雕像是把它当作艺术品，当作艺术家的个别作品树立在那个地方，大家都夸奖这个艺术家做得真好啊；但现在呢我们重新再提到这个神庙和神像，我们不是把它当成艺术品，我们是把它当作劳动的产品，当作大家都参与进来的一件盛事。我们大家都去搬砖，大家都去敲石头，有能力的、懂得雕刻的就去雕刻，石匠木匠、懂得盖房子的就去盖房子，当然艺术家也参与其中，进行总体设计。这就是一件盛事，这不是说哪一个人的产品，即算是哪一个人的，比如说一个艺术家盖了一个神庙，也不是他一个人完成的，一个人怎么能完成？他要动员大家去劳动嘛。所以这一次谈到神庙和雕像的时候，其实是否定之否定了，我们从另外一个更高的角度，把它当成一场全民盛事来看待，不是艺术家个人的产品。所以这里讲，一方面雕像的对象性就被扬弃了，雕像还在那里，但是它已经不再仅仅看成是艺术家的对象，而是一场集体活动的产物。雕像的对象性被扬弃了，在艺术家那里它是有对象性的，这个对象一旦打造出来，一旦雕刻出来，摆在那里，那就不是他的了，他在这个对象里面看不到自己的艰辛，看不到自己的长期的训练，他只看到那个对象在那里，那个对象由别人去观赏。所以艺术家跟他的对象、跟他的雕像、跟他的神庙是对立的、相分裂的，这个雕像并不表现艺术家的个性，并不表现他的精神或者他的自我意识，它是表现一个普遍的东西，那个普遍的东西跟艺术家可以是分离的。那么现在呢，这种分离已经被扬弃了，雕像的对象性已经被扬弃了，"因为通过他的礼物和他的劳动的这种奉献，劳动者使得神对自己有好感，并且把自己看成是属于神的"。因为他把这个东西做出来是向神献祭，里面灌注了他的虔诚，通过这种奉献，劳动者使得神对自己有好感。所以我在我的奉献里面、在这个神庙和神像里面看到的是神的恩典、神对自己的好感，并且把自己看成是属于神的，我就属于这个雕像，我就属于这个神庙。这跟艺术家不一样了，艺术家从来没有说我就属于我的雕像，这个雕像不是我的了，我一做出来它就是大众的了，由大家去欣赏；而劳动者不一样，这是我们大家劳动的产品，我们大家都奉献了我们的心意，神就住在这个里头，神能够住在这个里头是因为我们奉献了，所以神对我们肯定会有好感。一方面雕像的对象性被扬弃了，对象和劳动者相互之间不存在与一个外在对象的关系；"另一方面这种行为也不是艺术家个别的劳动，相反，这种特殊性已消融在普遍性之中了"。这种行为不是艺术家个别的劳动，这是大家一起造成的，大家合伙建起来的，包括这个雕像，艺术家只是作为其中的一个劳动者，他出主意，这个雕像应该怎么怎么做，大家齐心合力把这个雕像打造出来，包括运石头，包括把它树立起来、树立在什么地方等等，这些东西都是大家劳动的成果。所以这种特殊性已消融在普遍性之中，虽然也有艺术家，但是艺术家已经不是作为一种特殊性，而是作为大家中的一分子在做这件事情。一方面，雕像和艺术家不再是对立的了，另一方面，艺术家、主体也已经不是个别的了，他已经作为普遍中的一分子了，对立的双方都融合在一起了。

但是这里所成就的不只是神的荣耀，而神的好感的幸临也不只是在**表象**中滋润着那些劳动者，相反，这种劳动与前面那种外化的和异己荣耀的含义相比甚至具有颠倒的含义。

"但是这里所成就的"，这里讲到的是最后的结果了，前面是过程，这个过程已经是这样的，劳动者和劳动的产品之间已经融为一体。那么最后得出来的结果呢，"不只是神的荣耀，而神的好感的幸临也不只是在**表象**中滋润着那些劳动者"。这里最后所得出的不仅仅是神的荣耀，我们要为神建一个庙，为神立一个像，这并不仅仅是标榜神的光荣、神的荣耀，它还有用啊。我们建一个庙在那里，是为了我们自己在祭拜的时候方便，并不仅仅是神的光荣。如果仅仅是为了神的荣耀，那我们何必去建一个庙呢？我们去祭拜就行了，我们崇拜他就行了，在哪里都行。但是我们现在要盖一个庙、建一个像，不仅仅是为了神的荣耀；而神的好感的幸临也不只是在表象中滋润着那些劳动者，"表象"打了着重号。在表象中就像在默祷中那样，默祷的时候，我在表象中、在头脑中知道这一点就够了；但是神的好感的降临如果仅仅在表象中滋润着那些劳动者，仅仅在内心里面体会到了或者感受到了神灵已经附体了，神灵已经到我身上来了，却没有任何外在的证据，那就是默祷。你自己神魂颠倒、心醉神迷，陶醉于赞美诗、赞美歌里面，那是你的事情，但是你没有体现在外啊。而我们这样一种建造神庙的活动最后所成就的不仅仅是这样一种主观内心的感觉、表象，不仅仅是在表象中滋润着那些劳动者，"相反，这种劳动与前面那种外化的和异己荣耀的含义相比甚至具有颠倒的含义"，外化，Entäußerung，可以理解为出让、放弃，也可以理解为异化、外化，我把自己的特殊性出让给神，也就是把自己的个别性放弃了，我使自己提升到一种普遍性，我臣服于这个普遍性之下，这就是我的个别性、特殊性的异化，或者外化。这正是前面讲的那种艺术家的劳动所具有的含义，艺术家把自己的特殊创意外化为作品之后，他获得的是一种异己的荣耀，不是他自己的荣耀，而是神的荣耀。而现在，这种劳动与艺术家的创造的那种外化的含义或异己荣耀的含义相比，具有了颠倒的含义，什么颠倒的含义？就是神的荣耀变成了人的荣耀，变成了世俗国家或城邦的荣耀。下面就讲了。

　　神的住所和殿堂是供人使用的，而且在其中所保存着的宝藏在需要的时候也是属于人的；在神的装饰中，神所享有的荣耀就是富于艺术气质和宏伟气概的民族的荣耀。

　　这跟艺术家的那种个人的劳动就不一样了。"神的住所和殿堂是供人使用的"，就神本身来说他是不需要的，他住在奥林普斯山上，你何必给他建一个住所呢？你给他建一个住所是希望他到这个住所里面来，我们可以在这里面对他顶礼膜拜，给他献祭，所以实际上它是供人使用的，我们可以用它。我们可以不必每次都去找地方祭拜神，我们每到一定的日子就聚集到这个殿堂里面来，大家来共同祭拜，那是为了人的方便。"而且在其中所保存着的宝藏在需要的时候也是属于人的"，神庙、神像和信徒们为之捐献的财宝，这些东西看起来好像都是奉献给神的，但实际上是人所使用的，实际上是对人有用的。我们把城邦里最好的东西、宝藏都聚集在这个神庙里头，由专人看管，那么在必要的时候，比如说我们的城邦面临着危机的时候，面临着存亡、战争的时候，我们可以名正言顺地拿出来应付急需。这是宙斯赋予我们这么多宝藏，就是为了让我们在紧急的时候可以拿来用的，在需要的时候是属于人的，以宙斯的名义，实际上是人在用它，属于城邦的国库。"在神的装饰中，神所享有的荣耀就是富于艺术气质和宏伟气概的民族的荣耀"，你把这个神庙装饰得那样富丽堂皇，你把雅典娜的雕像用黄金贴满全身，用宝石装饰她的双眼，用最贵重的东西来装饰她，你给神享有的荣耀就是你们民族的荣耀，它体现出这个民族的艺术气质和宏伟气概。艺术气质就是雕得那么样的有气势，有美感，这不仅仅是菲迪亚斯的天才，而且是这个民族的天才，只有一个天才的民族才能产生天才的艺术家。宏伟气概就是说他们能把最贵重的东西，黄金啊、宝石啊都用在这样一尊神像上面，用在这样一种精神的崇拜上面，这是这个民族的光荣。雅典人不仅富甲天下，而且引导着当时世界文明的方向，他们决不是一群暴发户或土豪，而是连它的征服者如马其顿和罗马都争相仿效的文雅生活的典范。

同样，在节日庆典里，这个民族也装饰他们自己的住所和衣装，以及用精美的器具装饰他们的日常生活。

"同样，在节日庆典里，这个民族也装饰他们自己的住所和衣装"，到了这一天，家家户户都要装饰自己的住所，插上鲜花啊，悬挂吉祥物和旗帜啊，同时也穿上节日的盛装，要把自己最好的衣服穿出来，到外面去跟人交往，大家在一起唱歌跳舞，举行露天宴会，都要穿上礼服，打扮得漂漂亮亮的。"以及用精美的器具装饰他们的日常生活"，比如宴会的时候我们把精心收藏的、平时不用的餐具拿出来，把银盘、银勺、金杯拿出来，款待客人。日常生活是平淡无奇的，但到了节日的时候，把日常生活变成了一种艺术生活，变成了一种经过装饰、经过打扮的生活，这样一种生活在节日中就成为了民族的一种神圣的节日。我们今天为什么要打扮得这么漂亮，因为今天是某某节日，祭奠某某神的诞生，使得我们的日常生

334

活变成了一种艺术生活。所以为什么祭拜属于艺术宗教？祭拜在今天看起来也属于日常生活，节日庆典要用到一些艺术品，但是它本身跟艺术没什么关系；但这里讲到祭拜时认为它还是一种艺术宗教，就因为他们这个时候把生活变成了艺术品，虽然不再是摆在那里的一个艺术品、一个神像、一个神庙，那是建筑艺术、雕刻艺术，那么我们的祭拜是什么艺术呢？祭拜是生活艺术，它跟赞美歌有类似之处，它是在时间中，每到一定的日期，我们就来过一次艺术生活。这个艺术生活就像一支歌曲，我们来唱一支歌曲，这是一个艺术品，这个艺术品跟那个摆在那里的艺术品不一样，它是时间性的，它是流逝的，但它还是艺术。就像赞美诗、赞美歌是一件艺术品一样，那么这样一种艺术的生活也是一件艺术品，在这个意义上它属于艺术宗教。

他们以这种方式为自己的奉献从那值得感恩的神那里接受了回报和神的好感的证明，在这一证明中，这民族通过劳动使自己与神相结合，不是在期望中，在以后的现实性中相结合，而是就在这荣耀的证实中和呈上献礼时，直接就有对该民族自己的财富和饰品的享用。

这是最后一句，总结了。"他们以这种方式为自己的奉献从那值得感恩的神那里接受了回报"，从神那里接受了回报，也就是说在这样一种祭祀的过程中就接受了回报，他们一边祭神，一边享受着自己。祭神就是享受自己，一场盛宴嘛，大家都穿着盛装在那里祭神，这是祭神，但是同时也是神的回报。同时就是回报，不是说要等到以后神才给他们什么回报，在这样一个庆典过程中他们感到欢乐，他们感到享受，这就是神的回报了。"和神的好感的证明"，神对他们的好感的证明，不是说你奉献给神了，然后神再给你一个什么样的好感的证明，而是就在这个祭祀过程中，在这个庆典中，就获得了神的好感的证明。你打扮得这么漂亮，你享受着精美的食物，享受着精美的餐具，这本身就是神的好感的证明。"在这一证明中，这民族通过劳动使自己与神相结合"，在这一证明中，这民族的劳动对自己生活的这种雕琢、这种装饰、这种刻意地追求华美、这种庄严的场景、这种盛大的仪式，这都是通过劳动造成的，通过劳动使自己与神相结合，跟神相联系。并且他的享受就是神的享受，他献给神的东西就是献给他自己的东西。"不是在期望中，在今后的现实性中相结合，而是就在这荣耀的证实中和呈上献礼时，直接就有对该民族自己的财富和饰品的享用"，就是他们在这种庆典的过程中，他们就在享用该民族自己的财富和饰品，享用自己的艺术品和装饰品，这个是很直接的，人神合一、天人合一，是这样一种状况。这个艺术品跟前面的艺术品就不一样了，前面的艺术品作为雕刻和神庙来说它是与作者对立的，一个艺术家和他的艺术作品互相处于对立之中；在赞美歌那里虽然个人融入了神性，但那主要是在内心，在默祷中，在表象中，还没有做出来啊，没有现实性啊。当然你把赞美歌唱出来它就有一定的现实性，它是空气的振动嘛，它也是语言嘛，但它没有留下东西啊，它唱过了就唱过了。而在祭拜中它留下了东西，就是这个神庙、这个神像，然后我们平时都准备了一套行头，盛装啊、精美的餐具啊、餐桌啊，都是为祭神所准备的，这些东西就是我的财产，也是我的装饰，是我自己享用的，我名义上是祭神，实际上是在自己享用。每年到了这个时候小孩子就在盼着这一天到来，那时我们就可以吃好的了，就可以跳舞了，就可以穿得漂漂亮亮了，平时那些衣服是锁在柜子里不让穿的。实际上这是自己的一种享受，一种艺术的生活，这种艺术跟前面的雕刻、神像和赞美诗都不一样，它既有客观性也有主观性，是主客观的统一，人和神的统一。人的生活就是神的生活，这个就是更高的艺术品了。

这个是前面的标题"a. 抽象的艺术品"的内容，它有三个环节，一个是神庙和神像，一个是赞美歌和神谕，一个是祭拜，体现出正—反—合的节奏。正题就是客观性，神庙和神像是客观的；反题是主观性，赞美歌那是主观的，它的精神是默祷，只能在心里面的；合题呢就是祭拜，祭拜在它的艺术生活这个方面，既有客观性又有主观性，它又回到了神庙和神像，但是它的意义已经不一样了，回到了它的起点，它的意义已经高了一个层次,而且它体现出来的虽然还是神庙和神像,但是它已经变成了一种全民的生活,把人的主观性完全渗透进去了。前面所讲的这些东西呢,作为艺术品来说,它都是抽象的,神庙啊,神像啊,包括最后讲的盛装啊,礼服啊,餐具啊,这些东西都还是抽象的,当然它的意义你可以解释得很丰富,但是就这些艺术品本身而言呢它还是抽象的,它还不是有生命的艺术品,什么是有生命的艺术品?

b. 有生命的艺术品

第二个标题就是"b. 有生命的艺术品",我们可以看到从前面的艺术式的生活里面引申出来的另外一种艺术品,就是有生命的艺术品,这个艺术品就是人的日常生活和人体。前面讲的一个是雕像啊,一个是赞美歌啊,再一个是在节日中所用的那样一些生活器具、用具、装饰、摆设,但是那些艺术品本身是没有生命的,只在节日拿出来用一次并不能融入人的日常生活。那么有生命的艺术品是什么呢? 那就是人的日常生活和人本身了,就是把人本身打造成艺术品。

一个通过艺术宗教的祭拜去接近自己的神的民族是一个伦理的民族,它把它的国家和国家的行动都作为它自己本身的意志和成就来认知。

"一个通过艺术宗教的祭拜去接近自己的神的民族是一个伦理的民族",前面讲到了祭拜,祭拜走了三个阶段,尤其是到了最后这个阶段,就是下面这个"有生命的艺术品"的出发点了,"正—反—合"的合题成了我们现在的出发点、正题。通过艺术宗教的祭拜去接近自己的神,就是用一种艺术的方式来祭拜神,把祭神变成自己的艺术化了的生活,这样一个民族是一个伦理的民族,它具有伦理精神。《精神现象学》下卷一开始就讲到现实的伦理,现实的伦理涉及到国家,其实就是古希腊的城邦了。这个伦理的民族,"它把它的国家和国家的行动都作为它自己本身的意志和成就来认知",它的国家和国家的行动都被看作这个民族本身的意志和成就，都是它所造成的，甚至于可以说都是它的艺术创造的结果，都是它的艺术化的生存的结果，都是它的艺术品。而这才是一个伦理的民族，因为在黑格尔那里，伦理的意思是一种精神的现实状态，伦理已经上升到了一个精神的平台，但还是一个客观精神的平台；在这个平台上，精神通过艺术宗教的祭拜去接近自己的神，去自觉地凝聚自己的伦理精神，这就不单纯是一个作为客观精神的伦理精神，而且是一个作为绝对精神的伦理精神了；所以这种主客观统一的伦理精神就不只是在一个民族中的伦理精神，而且这个民族本身成了一个伦理的民族。所谓伦理的民族就是一个在伦理精神上已经达到自觉、已经着力于用自己的意志去塑造自己民族的伦理精神，并且把这种塑造出来的形态看作自己的成就的民族。所以它的国家和国家的行动跟自己的意志是分不开的，我们不是把国家看作一个既定的东西，必须要服从的对象，而是看作我们的意志和成就。古希腊民族就是这样，国家是人所建立的，雅典的民主制是一系列智者如梭伦等人设计出来的，而且可以由人民不断地改进，我们的国家要怎么做，每个雅典公民都有发表自己意见的权利，我们的国家是人造的国家，并且是按照自己认可的伦理原则造就的国家，这就是一个伦理的民族。

因此，站在这个自我意识到的民族对面的精神不是光明本质，后者没有自我，在自身不包含个别者的确定性，而只是这些个别者的普遍本质和个别者消失于其中的统治力量。

"因此，站在这个自我意识到的民族对面的精神不是光明本质"，伦理民族跟其他民族的区别就在这里，就是它已经不是以光明本质为自己的精神对象了。光明本质是在起点上，在自然宗教的一开始讲到的，在188页一开始就讲光明本质。但是艺术宗教里面，这样一个伦理民族，它的精神、它的神已经不是光明本质了，它已经超出光明本质了。在艺术宗教中进行祭拜的这样一个民族，最后发现他们每一个人都是具有神性的，因为这国家本身就是他们的意志和成就，都是他们造成的，所以人和神在伦理民族里面已经融为一体了,每个人都有神性,这神性跟光明本质是不同的。站在这个自我意识到的民族对面也有一个精神,也有一个神,但这个神呢已经不是以前与个人对立的自然宗教的光明本质了,已经降临到每个人身上了。那么光明本质是怎么样的呢?"后者没有自我,在自身不包含个别者的确定性,而只是这些个别者的普遍本质和个别者消失于其中的统治力量",在光明本质那里是这种情况,就是没有自我,不包含个别者的确定性,个别的人在里面没有地位,没有个别性的位置。光明本质是这些个别者的普遍本质,每个个别者都要放弃自己,放弃自己的个别性,你才能融入到光明本质,艺术宗教就不一样了,艺术宗教还是强调个别者的位置,个别者是有位置的,但光明本质是个别者消失于其中的统治力量,统治的,herrisch,是形容词了,前面在"自我意识"的"主奴关系"部分,"主人"这个词是 Herrschaft,也是"统治"的意思,Herr 就是"主人","统治"直译就是"主人性"。所以光明本质实际上它的文化背景就是主奴关系,当然这个主奴关系不是说现实中的主人和奴隶,而是把光明之神看作它的主人,所有的人民都是光明之神的奴隶,光明之神是一种统治的力量,也就是一种主人的力量。光明之神是每个人的主人,你必须服服帖帖的,你没有自己的意志,你必须按他的意志来办事。光明之神那里自由意志还没有觉醒,还是主奴关系。

因此,这种单纯而无形态的本质的宗教祭拜一般对于它的信奉者只给予这样的酬答,即他们是他们所信奉的神的民族;神为他们挣得的只是他们的一般的持存和单纯实体,但并不是他们现实的自我,现实的自我毋宁被抛弃了。 [209]

"因此,这种单纯而无形态的本质的宗教祭拜",这个前面已经讲了,光明本质是无形态的形态,光明本身是无形态的,黑格尔曾经讲过"在纯粹的光明中跟在纯粹的黑暗中一样,什么也看不见",所以纯粹的光明是无形态的。当然在人的眼睛里面这种无形态的光明是一种无形态的形态,每个人都根据自己的眼光去认识、去接受这个光明本质，但是这种光明本质本身是一种单纯的、无形态的本质。这样一种宗教祭拜"一般对于它的信奉者只给予这样的酬答，即他们是他们所信奉的神的民族"，就是信徒们从那里得到的报答仅仅是这一点，就是说我信奉它，它就保佑我，我就是属于它的了。我信奉光明之神，我们就是属于光明之神的，就像奴隶属于他的主人一样，奴隶是没有自我的，他属于他的主人，主人要他干嘛他就干嘛。主人给予他的报酬就是这样：你是属于我的，我把你吸收进来，我承认你，仅仅是这一点；至于个体从中得到什么好处那是不讲的。所以光明本质，像古代波斯宗教、拜火教，包括早期的犹太教都是这样，犹太教无非就是神的选民嘛。不过犹太教里面神还许诺他们迦南之地，许诺给他们一些好处，跟他们立约，《旧约》嘛，神跟人立约，那当然就不一样了；但在波斯宗教里面呢连这个都没有，它就是说他们是由光明之神所认可的，那就行了，至于得到什么好处是不讲的，你要讲得到什么好处，你就不虔诚了，你就是不是神的子民。"神为他们挣得的只是他们的一般的持存和单纯实体，但并不是他们现实的自我，现实的自我毋宁被抛弃了"，就是你来献祭、来祭拜神，挣得了什么呢？获得了什么呢？"只是一般的持存和单纯实体"，一般的持存，你活着，就像奴隶一样，奴隶也活着，主人不会把他们怎么样，因为他们是主人的财产，主人对自己的财产当然是爱惜的，是要让他活下去，让他持存下去的，承认他的"生存权"；和单纯实体，他属于这个主人，这些人民都属于光明本质、光明之神，他们是一个实体，里面没有任何个人的东西。如果有个人的东西，就不是单纯的了，就把实体破坏了，就是离心离德了，没有任何个人的东西才能够成为单纯的实体啊，没有任何复杂性了。"但并不是他们现实的自我，现实的自我毋宁被抛弃了"，这样一种光明本质并没有为他们挣得现实的自我，他们的现实自我都奉献掉了，在现实中他没有任何自我了。在现实中你必须抛弃你的自我，无条件地放弃你的自我，这跟艺术宗教的祭拜就不一样了。艺术宗教在祭神的时候实际上是在享受自己，实际上是自己在那里享受，自己在开 party，开宴会，名义上是在祭神；而在光明宗教里面这一点就没有，他的自我被抛弃了。他们去献祭，绝对不会是去宰一头牛让大家享用，他就是献一颗心，没有那些供人享受的东西，没有那些在神面前把自己的东西假装献祭给神，然后自己吃掉，不是那样的。自我是被抛弃了的，没有自我的，这是讲的光明宗教。

　　因为他们只是把自己的神推崇为空洞的深邃性，而不是作为精神来推崇。

　　"因为他们只是把自己的神推崇为空洞的深邃性"，很深邃，很神秘，但是也很空洞，没有内容，所有内容都觉得太浅，都被抛弃了，自我能够理解的内容都被清除了。伊斯兰教也有这种特点，清真寺你可以看到里面干干净净，它的特点就是干干净净，穆斯林特别讲究干净，他们不吃猪肉就是觉得猪肉不干净，猪是不干净的东西，你要把他们的清真寺玷污了的话，那他们可不答应。他们不搞什么血祭，你要杀牛宰羊那就有血啊，他们不搞这些东西，他们要宰羊就在自己家里做，不会搞到清真寺里去做的。但又是一种空洞的深邃性，个人的那些特殊的生活内容在里面都被排除掉了，那些现实的内容都是不深刻的，都是肤浅的，甚至很多东西都是不洁净的、不干净的，所以他们要强调纯洁性，干净到没有任何世俗的内容。他们只推崇这种空洞的深邃性，"而不是作为精神来推崇"。张承志有个概念叫作"清洁的精神"，张承志写《心灵史》，讲到穆斯林的时候就强调他们的清洁的精神，他们爱干净，有洁癖，但是这个精神呢它没有发展，没有内容，"万物非主，唯有真主"，他们入教的仪式非常简单，你只要承认这句话，你把这句话念一遍，你就是穆斯林了，没有任何别的仪式。我曾经写过一篇文章评论张承志的《心灵史》，就是说它有心灵而无史，它没有历史，它自古以来就是这样的，它没有心灵的发展，没有从低级到高级、超越自身的这样一个过程。那也就是没有真正的精神了，它有一种空洞的深邃，但并不是作为精神内容来推崇的。

　　但是另一方面，艺术宗教的祭拜却缺乏本质的那种抽象的**单纯性**，因而也缺乏本质的**深邃性**。但是，那**与自我直接地结合为一了的本质，自在地**就是精神和**认知着的真理**，虽说还不是被认知了的或在自己的深邃处自己认知自身的真理。

这是一个对比了，前面讲的都是光明宗教，我们刚才举了伊斯兰教，其实伊斯兰教跟波斯宗教已经不太一样了，有某些方面类似，在我们刚才讲的空洞的深邃性这方面类似，但是已经不一样了。因为它是从《可兰经》推出来的。犹太人的圣经就是《旧约》，犹太教、基督教和伊斯兰教都是从《旧约》里面推出来的，所以它已经不太一样了。"但是另一方面，艺术宗教的祭拜却缺乏本质的那种抽象的**单纯性**"，艺术宗教的祭拜，当然在层次安排上它比光明宗教要高，但是这个高呢同时也带来了损失，并不是绝对地说艺术宗教在任何方面都比光明宗教要高。你要前进你就必然有损失，必须要有所抛弃，必须要有所扬弃。所以说这里缺乏本质的那种抽象的单纯性，"单纯性"打了着重号，这是艺术宗教的祭拜的缺点，它不是什么方面都比光明宗教强，在这一方面呢它缺乏一点东西，它的祭拜已经失去了光明宗教的那种单纯性，显得比较世俗化和多样化。艺术宗教发展到最后，还会要恢复的这种本质的单纯性，在它发展到天启宗教的时候，还可以再次返回到单纯性，在更高的层次上回到原点；但现在不行，在艺术宗教这个阶段上它是缺乏的，它已经离开了本质的单纯性了。"因而也缺乏本质的**深邃性**"，它还有点肤浅，还有点过于人性化，或者说它神性不足，缺乏本质的深邃性，这也是要等到天启宗教才能恢复的。"但是，那**与自我直接地结合为一了的本质，自在地**就是精神和**认知着的真理**"，注意这里打了着重号的地方，"与自我直接地结合为一了的本质"、"自在地"，这都打了着重号，"认知着的真理"也打了着重号。就是艺术宗教虽然缺乏本质的单纯性，但是它在本质里面把自我结合进来了，把自我结合进来那它当然就缺乏本质单纯性了。在光明宗教中本质的单纯是由于排除自我造成的，神性的单纯性是排斥人性的，你要把自己的人性夹杂在里头、用你的人性去理解神，那肯定是复杂的，各有各的理解，而神是单一的。但是艺术宗教的祭拜在这个方面呢又是它的优势，就是说与自我直接地结合为一，这样一个本质自在地就是精神和认知着的真理。自在地，也就是说客观上，不管你主观上怎么看，主观上这个人那个人对神可能都有不同的看法，但是客观上来说呢，这就是精神和认知着的真理，正在认知的真理。精神是一个能动地认知的过程，而精神和认知着的真理肯定是复杂的，是少不了认知着的自我的。"虽说还不是被认知了的或在自己的深邃处自己认知自身的真理"，这个补充很有意思，就是说它是"认知着的真理"，打了着重号了，但是还不是"被认知了的真理"。认知着的真理和被认知了的真理，一个是正在进行时，一个是过去时、完成时，已经认知了，那就是绝对认知了，我们《精神现象学》的终点就是绝对认知，艺术宗教呢是认知着的真理，正在认知过程中，它还没有达到绝对认知，还不是被认知了的真理，或在自己的深邃处自己认知自身的真理。也就是说，这种艺术宗教的祭拜呢还不深刻，它是认知着的真理，但是这个认知着的真理还很肤浅，还不是在自己的深刻处自我认知的真理。在自己的深邃处自我认知，也就是返回到前面讲的那种抽象而单纯的深邃处，但是这种返回已经不再抽象了，而是在具体的层面上回到那种深邃性和本质的单纯性。不过现在还没有做到，要做到这一点，那还有待于天启宗教，后面的天启宗教就是在自己的深邃处自我认知着的真理，它仍然还在认知着，当然还没有完成，但是它已经很深刻了。天启宗教已经很深刻了，虽然它还没有达到绝对认知，但是它的层次已经是在自己的深邃处自己认知着自身的真理了。所以这一句话"虽说还不是……"，这是对后面的预示，预示着后面更高的层次，就是比艺术宗教更高的两个层次，一个是被认知了的真理，一个是在自己的深邃处自己认知着自身的真理，就是说，一个是绝对认知，一个是天启宗教的认知。

因此，**由于本质在这里就在自身具有自我，所以它的显现对意识说来是亲切的，在祭拜中意识不仅获得了它的持存的普遍资格，而且还获**

{386} <u>得了它在这持存中自我意识到的定在；</u>

我们先看这半句。"因此，由于本质在这里就在自身具有自我"，因为自我跟本质直接结合为一嘛，人们既是在祭神，同时又是在享受自我，本质和自我结合为一，"所以它的显现对意识说来是亲切的"。本质具有自我，或者自我具有本质，那么本质显现出来、神显现出来，对自我来说当然就是亲切的，而不像光明宗教里那样，充满着对主人恐惧和臣服。主人对奴隶那就是很威严的了，那就谈不上亲切了；现在呢这个神对意识来说变得很亲切了。在艺术宗教里面神是为人着想的，而在光明宗教里面神是不为人着想的，人要放弃自己的一切去服从他。"在祭拜中意识不仅获得了它的持存的普遍资格，而且还获得了它在这持存中自我意识到的定在"，前面讲了在艺术宗教中祭拜的过程，意识一方面在祭拜中获得了它的持存的普遍资格，意识的持存过程由于是祭拜神，所以获得了普遍的资格，而不再像光明宗教中那样被取消这种资格了。我在祭拜中，作为神的崇拜者，我有资格保持我的在全过程中的持存。不仅如此，意识还获得了它在这持存中自我意识的定在，在祭拜的时候我还获得了我的定在、我的享乐、我的装饰，我在美化自己的生活这方面肯定了我自己，我自我意识到了自己的定在。我为什么要穿盛装，为什么要摆出精美的餐具，为什么要吃最好的东西，就是因为今天是神的好日子，也是我的好日子，我甚至要选择这一天结婚。我要把我最珍贵的东西奉献给神，奉献给我心中的本质，由此而获得了我自己的定在，获得了我的特殊的生活、艺术化了的生活。

<u>正如反过来说，本质并不在一个卑贱的民族、一个仅仅被承认其实体的民族里具有无自我的现实性，而是在其**自我**也在民族实体内得到承认的民族里具有现实性。</u>

"正如反过来说"，前面是说神的显现对意识来说是友好的，在祭拜中意识不仅获得了它的持存的普遍资格而且还获得了它的定在，这是从意识的角度来说，意识从祭拜里面获得这些东西。那么反过来说，神又

是什么态度呢？反过来说，"本质并不在一个卑贱的民族、一个仅仅被承认其实体的民族里具有无自我的现实性"，本质、神不在一个卑贱的民族里具有现实性，卑贱的民族就是奴隶民族了，民族成为了神的奴隶，神成为了整个民族的主人，我们刚才讲的主奴关系，本质现在已经不是这样一种关系了。一个卑贱的民族是一个仅仅被承认其实体的民族，神在这里的现实性只是无自我的现实性，或者说，神并不在它里面具有自我的现实性。一个奴隶民族，或者一个具有奴性的民族，它当然也是一个实体，只要它的人数足够多，它甚至还以这个实体为自豪。但是神并不在它里面具有自己的现实性，神高高凌驾于它之上，不承认它里面的任何一个自我有什么价值。光明宗教也搞祭拜，在这种祭拜中必须要把自我完全放弃，所以光明本质的祭拜中并没有这个光明本质的现实性，祭拜者只有把眼光投向虚无缥缈的天空，他们的眼光是无神的。"而是在其**自我**也在民族实体内得到承认的民族里具有现实性"，而是在这样一个民族里面有其现实性，这样一个民族它的各个自我是在民族实体内得到承认的，是鼓励每个自我的自由独立性的，"自我"打了着重号。神、本质现在不是在一个奴隶民族里面具有现实性，而是在一个自由的民族里面、在一个承认每个自我的独立性的民族里面具有现实性了。我们休息一下。

好，我们再接下来。前面这一段是把艺术宗教的祭拜跟前面的光明本质或者光明的宗教作了一个对比，作对比的意思呢，就是要把艺术宗教的祭拜里面的个别自我凸显出来。在光明本质里面自我是被放弃了的，是要被取消、被抹杀的；而在艺术宗教的祭拜里面呢，虽然也讲神的至高无上，也讲个人对神的奉献，但是自我和神是直接地结合为一体的本质。同时顺便也谈到了艺术宗教的局限性，虽然它已经是认知着的真理，但是还不是认知了的真理，也不是在自己的深邃处自我认知着的真理，它还是比较肤浅的，但它已经是自我和神融为一体的这样一种宗教了。我们看下面这一段。

于是，从祭拜里走出来的是在祭拜的本质中得到满足的那个自我意识，以及那个降临到自我意识就好像降临到自己的驻地的神。

"于是，从祭拜里走出来的是在祭拜的本质中得到满足的那个自我意识"，自我意识在祭拜的本质中、在祭拜的神里面得到了满足，当它走出祭拜，它已经是一个具有神性本质的自我意识了，它不需要再到外面去求神了，它就在自己的活动、在自己的行动中就可以得到满足，它就可以和本质合为一体，和神合为一体。这是一方面，另一方面，"以及那个降临到自我意识就好像降临到自己的驻地的神"，另外一个方面就是走出了一个这样的神，它把人的自我意识当作自己的驻地。它在没有祭拜的时候固然好像也是高高在上，好像并不依赖于人的祭拜；但当它降临到祭拜中时，它就把祭拜时的自我意识当作自己的驻地，它就住在人的自我意识里面。从自我意识这方面看，它是在祭拜中就得到满足了，它所渴求的神已经在它心中了；从神那一方面看，它降临到自我意识就好像降临到自己的驻地，也就是说自我意识对神来说是神的圣地，是神本身的地盘，神本身就住在自我意识中。那就是把自我意识本身神圣化了，自我意识提升到了神的高度，每一个人的自我里面都有一个神，而且是神本身应该住的地方。在祭拜中我们把他供在庙里，实际上是供在我们自己心里，那个庙是为了我们自己能够去祭拜而建造起来的，所以神实际上是我们内心的一个神灵。这是神和自我两方面的互相满足，自我满足于神，神也满足于自我，互相满足。

这个**驻地**自为地是实体的黑夜或者实体的纯粹个体性，但已不再是艺术家的紧张的个体性，不是还没有同它那成为**对象性的**本质达成和解的个体性，而是被满足了的黑夜，这黑夜自足地拥有自己的悲情，因为它是从直观里、从扬弃了的对象性里返回来的。

"这个**驻地**自为地是实体的黑夜或者实体的纯粹个体性"，"驻地"打了着重号，这个神的地盘，也就是自我意识，它自为地是实体的黑夜。自我意识本身是一个自为的存在，是一个能动的存在，但是它自为地是实体的黑夜，自我意识的内部是一个黑夜，它是实体的黑夜。它是神的驻地，那它已经是实体了，但它是实体的黑夜，所谓黑夜就是说它还没有表现出来，还没有被光明所充满，还没有表现出来它要干什么，但是它可以干一切事情，它有一切可能性。它具体要干什么事情还没有显现出来，在黑夜中什么都有可能发生，所以它是一种纯粹的可能性，我们也可以把这黑夜理解为一种纯粹的可能性。或者是实体的纯粹个体性，它是实体的黑夜，因而也就是实体的纯粹个体性，纯粹个体性也就是它的意志了，意志在没有实现出来之前是不可预料的，你是看不清楚的。这个人他有自由意志，那你就不能够预测他了，他的自由意志里面是一片黑夜，他到底会做什么你不可预料，所以它是有一切可能性的，是实体的纯粹个体性。这个自我意识是这么一个东西，神住在里面，神要干什么这个还不知道，但它有个体性在里头，这个实体已经就是主体了，已经具有主体性了，但这个主体性还看不清，还在黑夜中。"但已不再是艺术家的紧张的个体性，不是还没有同它那成为**对象性的**本质达成和解的个体性"，它已经不再是艺术家的紧张的个体性了，艺术家的个体性是很紧张的，他跟他的产品、作品之间有一种紧张的关系，有一种张力的关系，拉开了距离。虽然拉开了距离，但是又牵扯在一起，所以它就具有一种紧张性，艺术家的个体性是这样的。祭拜的个体性跟艺术家的个体性已经不一样了，艺术家他面对的作品和神像、面对的那个神跟他是完全不一样的，是他的外化或者异化，所以艺术家的个体性跟他的作品之间是一种紧张关系，不是还没有同它那成为对象性的本质达成和解，"对象性的"打了着重号，也就是他的作品了。艺术家把自己的个别性异化出去，把自己的特殊性异化出去，把它变成一个对象，变成一个雕像摆在那里，艺术家跟这个雕像的本质还没有达到和解，艺术家雕的雕像并不是他自己的雕像，而是一个异己的神的雕像。它一旦造出来，那个神的雕像摆在那里，就把艺术家排除在外了，你不要以为在这个上面可以看到艺术家，你在上面看到的是神。相反，艺术宗教的祭拜不是这样，"而是被满足了的黑

347

夜,这黑夜自足地拥有自己的悲情,因为它是从直观里、从扬弃了的对象性里返回来的"。它也是个体性,但是是被满足了的黑夜,这黑夜已经被满足了,已经不再外求,不再去造成一个外部对象,不再在对象那里和自己之间形成一种紧张的关系,它已经不是那样了。它这个黑夜、这种无限的可能性已经被满足了,所谓被满足了就是说他所造出来的艺术品就是他自己,就是一种艺术化的生活,这生活随便你怎么发挥,你要怎么做、你要怎么装饰、你要怎么创造都可以,但是你不是单纯奉献给神的,也是奉献给自己的,也是自己的表现。你在节日宴会上面盛装出场,人家就来品头论足了,你的盛装表现了你的品味,表现了你的个性,你的享受的方式都表现了你的个性,那是随便你愿意怎么样就怎么样的,你的可能性都可以实现出来。这黑夜自足地拥有自己的悲情,它是自足的,不需要另外来对它加以解释,它自己就能够把自己的悲情体现出来。Pathos,我们前面已经翻译成"悲情",为什么自足地拥有自己的悲情呢? 因为它是从直观里、从扬弃了的对象性里返回到自身的,从直观里就是说从我所看到的、我所创造出来供我观赏的东西里,我可以返回自身,现在它们并不是和我对立的,而是由我自己来享用的。我们装饰神实际上是装饰我们自己,我们装饰神庙实际上是装饰我们这个民族,我们为此而自豪,它体现了我们这个民族里面人才辈出,具有艺术气质,有很高的欣赏水平。我们在这个里头自得其乐,我们享受自身。但为什么是"悲情"? 前面讲了希腊艺术精神中的"静穆的哀伤",就是神在意识到自己被束缚于直观对象上的时候有种哀伤,而这种哀伤恰好是自我意识从直观对象上返回到自身内部无直观的黑夜时才会得到的。个别自我意识这个时候在祭拜里面已经体现为人们的日常生活了,把日常生活变成了一种艺术生活,人人参与其中,他才会从那些艺术品、那些雕像中看出某种悲情。因为他知道,这种享乐生活尽管艺术化了,但毕竟与一般日常生活不一样,而是具有超出每天的日常生活之上的神圣含义,这种神圣含义由于不能不体现为有限的日常生活而透现出某种哀伤,隐含着某种悲情。正是这种悲情使他不至于沉溺于日常生活的享乐中，而只是把这种享乐看作返回到自身内部无直观的黑暗的途径。在节日的庆典中神像也好，各种设施和道具也好，都是为了使自己返回到内心的普遍的神性，不是仅仅为了顶礼膜拜，而是通过一边观赏一边享受而返回到自身的纯粹个体性，在其中，这样一种实体的黑夜是达到了自我满足的。

——这**悲情**自为地是**日出**时的本质，但这个本质现在已到**日落**了，并且拥有自己的下沉、自我意识，因而也在自己本身拥有定在和现实性。

"这**悲情**自为地是**日出**时的本质"，从自为地来说它是日出时的本质，"日出时"我们前面讲到，就是东方的宗教的那样一种光明之神，日出的时候光芒四射，普照大地，也就是光明本质。本来这个悲情自为地是光明的本质，是普照大地的，是一种普遍性的情调，因为它自从升起就注定要落下，要返回到黑暗内心，所以一开始就呈现出悲情。"但这个本质现在已到**日落**了"，悲情自为地是日出的本质，它不是自在的，它是自为的，是日出本质的一种进行状态。这悲情是日出的本质自为的状态，它不是静止的，不像在光明宗教那里那样被看作一个既定的主人、一个统治的力量。在光明宗教、在自然宗教那里是那样看待的，但现在这个光明的本质是自为的、运动的、有为的，那么它走了一圈，现在这个本质已经到日落了。日出、日落在黑格尔那里相当于是一种东方、西方的隐喻，现在已到西方了，东方出来的光明本质现在已经到西方，到日落了，那么日落它有什么特点呢？我们东方人一谈到落日好像就是贬义词，但是在黑格尔那里它不是，它是中性词，甚至于带有一种褒义。日出代表着一种幼稚、不成熟，日落才代表着成熟，才落到实处了，智慧的猫头鹰黄昏才起飞。日出的时候高高在上，普照大地，大家都拜服在阳光之下，都成为了阳光的奴隶；到了日落西山，已经落实到每个人的自我意识，回到了内心的黑暗，说明人的个体性已经开始为所欲为，已经具有了自由意志，所以才进入到了黑夜"并且拥有自己的下沉、自我意识"，下沉也就是日落了，落日沉沉，太阳落到地平线底下去了，这是日出时的本质它本身拥有的下沉，太阳出来肯定要下沉，肯定要走到日落的，只有在日落时才拥有自我意识。"因而也在自己本身拥有定在和现实性"，现在本质或神才拥有自己的定在和现实性，而不再是抽象的本质了。下沉就是拥有自己的自我意识，因为自我意识就是下沉，就是气沉丹田，就是回到自己的内心。你不要光是盯着外面的光明，你要回到自己内心的黑夜，要向内反思，回到自我意识的时候才拥有自己本身的定在和现实性。这个本质、这个神只有在自我意识那里才拥有自己的本质和现实性，而在日出的时候呢，它只拥有自己的普遍性和抽象性，还不具有自己的现实性，还不拥有自己的定在，Dasein，就是具体的存在。神的具体存在是要在自我意识里才会拥有的，在艺术宗教里的节日庆典、祭拜仪式才使神这个本质拥有了它自我意识和现实性，这个现实性已经不再是像以前的跟本质相割裂的现实性，现在它就是本质的现实性，是在现实生活中就可以看到本质，在祭拜仪式中、在宴会中、在享乐中我们就看到了本质。

　　——在这里所经历的是本质实现的运动。它从自己的纯本质性里下降到对象性的自然力及其表现时，就是一个为他的定在，一个为了那使它遭到消耗的自我的定在。

　　"在这里"，也就是在艺术宗教的崇拜这里，"所经历的是本质实现的运动"，它所经历的正是本质实现的运动，我们在祭拜的时候就是这个神在实现他自己，我们把它实现出来就是神在我们的祭拜过程中实现出来，他用各种华丽的形式、艺术的形式自己表现出来。"它从自己的纯本质性里下降到对象性的自然力及其表现时，就是一个为他的定在"，它从自己的纯本质性里，最开始的本质是光明本质，那就是最纯粹的本质、单纯的本质，从这个单纯的本质性里，它下降为对象性的自然力及其表现，自然界的力和力的表现。在自然界中，各种关系都是从纯本质性下降而来的，它们成为了自然力，成为了水果，成为了酒，成为了动物，这些都是自然力及其表现；而当纯本质成为这样一些表现的时候，就是一个为他的定在，它表现出来是为了人能够利用它、利用这些自然力和力

的表现,比如说人利用水果来酿酒、来使自己获得能量,利用动物的肉
来维持自己的生存,纯本质性下降为一个自然物,就是一个为他的定在,
它就是为了人的。否则的话,神创造这么多的动物、植物是为了什么呢?
它之所以创造出来,就是为了人能够拿来为我所用,这些定在都是为他
的,也就是为人的。"一个为了那使它遭到消耗的自我的定在",为他的
定在,为谁呢? 一个为自我的定在,这个自我是使它遭到消耗的自我,它
被自我所消耗,自我把它吃掉,自然力是神的化身,我们把这个神的化身
吃掉。而神之所以化身为自然力,也就是为了让人把它吃掉,所以它是
为了这个自我的定在,哪怕这个自我是要把它吃掉的,把它消费掉的,但
是神就是为了人,为了人能够把它消费掉,而变身为这样一个定在,神在
这样一个吃喝、消费的过程里面使自己成为了定在,这个定在是为了人
的自我的。

那无自我的自然之沉静的本质就在自己的果实中抵达了这一阶段,
在这阶段里,自然自身以将自身烹调好并加以消化的方式向有自我性的
生命提供出来;自然在其可以被吃和被喝的有用性中达到了它的最高完
满性;因为自然在这里面具有一种更高实存的可能性,并触及到了精神
的定在;　　　　　　　　　　　　　　　　　　　　　　　　　　　　　[210]

我们先看这半句。"那无自我的自然",无自我的自然也就是客观的
自然了,神化身为自然,那个自然呢是无自我的自然,自然界的植物啊、
动物啊这些东西都是无自我的自然,"之沉静的本质",它们那种安安静
静的本质,"就在自己的果实中抵达了这一阶段",它们本来是一种安静
的本质,这个安静的本质呢在自然之中还是沉静的,是安安静静的,但在
自己的果实中抵达了一个新的阶段。自然界长出了植物,长出了果实,
结出了很多果子,丰产女神使得自然界、大地能够产出这么多的果子,而
在这些果实中则抵达了这样的阶段。"在这阶段里,自然自身以将自身
烹调好并加以消化的方式向有自我性的生命提供出来",在这个阶段,如
果自然的果子长出来没人去吃它,自生自灭,掉地上腐烂了,那就没有任

何意义了，那就是自然的阶段；但自然的阶段现在提升了，提升到一个新的阶段，在这个阶段里面，自然自身以将自身烹调好并加以消化的方式提供给人。这就是从自然阶段进入到了文化的阶段，谷物我们把它煮熟了，煮成了饭，并且加以消化，这种方式就是文化。自然相当于一个餐桌，它提供出来的东西都是烹调好、能够加以消化的，它以这种方式向有自我性的生命提供出来，也就是向人提供出来。"自然在其可以被吃和被喝的有用性中达到了它的最高完满性"，这是自然所达到的一个新阶段，就是向人提供出来，使得它成为了有用的东西，成为了可以被吃和被喝的有用性，这是自然的最高完满性。如果谷物长出来没人去收割，烂在地里，那就不完满了，那就很可惜；如果自然生长出来，而人把它收割了，人把它烹调出来，并且吃它们，喝它们，加以消化，这就达到了自然的最高完满性。所以自然界在没有人之前是不完满的，这是黑格尔的一个很重要的观点，自然界在没有人之前，它的自然性是不完满的，只有为人所用，它才能达到它的最高完满性的新阶段。而这些自然物是神所化身的，神所化身的这些东西在没有被人享用之前也是不完满的，或者说没有完成它们的使命。"因为自然在这里面具有一种更高实存的可能性，并触及到了精神的定在"，自然在这里面，在这样一种有用性、在这样一种被享用的过程中，具有一种更高实存的可能性，具有一种把自身提升到更高实存的可能性。这个更高的阶段就是有用，有用比纯粹单纯的自然阶段要更高；但是在这个有用里，它又具有一种更高实存的可能性。更高实存的可能性是什么呢？就是触及到了精神的定在。它能够被人吃、喝，这当然已经是一个很高的阶段了，但是更高实存的可能性呢就是它触及到了精神的定在，吃完了、喝完了干什么呢？从事精神的活动，或者说吃喝本身也被提升到了一种精神的活动，就是祭拜神，祭拜神的活动就是一种精神的活动。所以在有用性里面已经触及到了精神的定在，当然它本身还不是，但它已经接触到了人的精神活动了，与精神发生关系了。下面进一步解释怎么样跟精神发生关系。

——地祇^①在他的变形中一方面发育为沉静有力的实体,另一方面则发育为精神的骚动,前者变形为女性养育原则,后者变形为自我意识到的定在的自我推动力的男性原则。

"地祇"在西方也是多变的,在歌德的《浮士德》里面,浮士德利用法术把地祇从地下调出来,跟他讨论问题。地祇可以变得很丑、很怪、很吓人,各种各样的样子都可以变化出来。"在他的变形中",奥维德有一部《变形记》,就是专门讲这些神怎么样变形的,那么地祇呢是多变的,可以归结为两个方面的变化。"一方面发育为沉静有力的实体",沉静有力的实体,地祇他是沉静有力的,他是安静的,他本身在地下,在黑暗的世界里面,他有一切可能性。一方面沉静有力,他管地上生长出来的万物,所以他有一种生命力。"另一方面则发育为精神的骚动",就是生长出来的这些东西它发展出一种精神的骚动,这就是更高的过程了,就是一种动态的精神了。前面讲到自然在这个里面呢已经触及到了精神的定在,那么怎么样触及到精神的定在呢?就是说地祇作为一种自然的实体,它是一个基层的东西、基本的保证,保证人们有充足的食物,这是他的功劳;但另一方面呢则发育为精神的骚动,"骚动"一词(Gärung)也可以译作发酵过程、精神的酵素。光是吃饱肚子还不行,还必须有精神,精神的冲动来自发酵过程,就是粮食也好,水果也好,通过发酵过程把它酿成酒,有了酒就开始有精神了,喝了酒就开始有酒神精神了,就神采飞扬了,就有精神的骚动了。"前者变形为女性养育原则",女性原则就是养育、生育,生育万物这是女性的原则,作为沉静有力的实体,自然界要保证人类的食物,要保证大地的丰产,产出足够的食物来养育万物,这相当于女性的原则,女性是养育万物的。"后者变形为自我意识到的定在的自我推动力的男性原则",自我意识到的定在有一种自我推动

---

① 地祇就是地神,在德文词典里面,Erdgeist 是地妖、地神,有点接近于我们中国的土地神、土地公公,地神实际上就是丰产之神。——中译者

之力,这就是男性原则。这里提到女性原则和男性原则,不但和前面讲的伦理世界中的男人和女人有关,而且跟后面讲的两种有生命的艺术品也相关。

所以在这种享受里,那个日出时的光明本质就透露出来它是什么了;这享受就是光明本质的神秘仪式。

"所以在这种享受里",我们在祭拜的时候一边祭拜一边享受,我们的祭品其实主要部分是供我们自己享受的,我们在祭拜仪式的过程中在过一种艺术化的生活。但艺术化的生活前面讲了它还有一种缺陷需要补足,就是它的这些艺术品还不是人自身,不是有生命的,还只是被人拿来所用的一些器具、一些装饰。如何能够把人自身变成艺术品? 这就是下面要讲的。前面讲祭拜仪式被当作一种艺术生活来享受,那么在这种享受里,"那个日出时的光明本质就透露出来它是什么了",日出时的光明本质在最初作为光明之神、光明宗教出现的时候呢,它是神秘的,它没有透露出它的本质是什么;只有在这种艺术宗教的祭拜里面,那个光明本质才透露出来它到底是什么了,或者说我们已经知道了光明之神的秘密,已经解密了。是什么呢? "这享受就是光明本质的神秘仪式",光明本质其实就在这种享受中被我们体会到了。光明本质在最初的时候是没有享受的,它是剥夺人的一切享受的,你只有无条件的崇拜,你是它的奴隶,你要把自己的一切都抛弃,都奉献给光明本质。而现在在艺术宗教里面呢,光明本质变成了一种享受的仪式,享受的仪式是一种神秘仪式,Mysterium,这个词有"神秘"的意思,也有"神秘仪式"的意思,它既是"神秘"也是"神秘仪式"。那么享受成为了一种神秘,成为了一种宗教秘仪,那实际上就是解密了,就是说你不知道它是什么秘密,那么你去享受一下就知道了,你去吃,你去喝,你去跳舞,你去观赏,在这样一个过程中,你就知道神秘仪式是怎么一回事了。所以享受就是这种神秘仪式,就是谷神和酒神的秘仪,我们在《精神现象学》的"感性确定性"里面就遇到这个概念，神秘仪式，吃和喝的秘密。黑格尔批评那些固执于感性确定性的真理性的人，就是说你们还先得去学习吃和喝的秘密，在谷神和酒神的祭拜之中，我们就能够体会到那样一种秘密了，连动物都知道面对它的食物不是在那里苦思冥想，而是直接地扑过去把它吃掉。[参看上册第71—72页] 那么在这种享受里面人也是这样，人通过他的享受、通过他的吃喝就揭示了光明之神的秘密，当然这本身是一种神秘仪式，虽然吃喝本身很简单，就是日常的吃喝，但是带上了神秘仪式的意味。

　　因为神秘的东西并不是对一个秘密的隐藏，或者是无知，而在于自我知道自己与本质为一，因而本质就被启示出来了。只不过自我是向自己启示出来，或者说所启示出来的只是在自我的直接确定性里的东西。

　　"因为神秘的东西并不是对一个秘密的隐藏，或者是无知"，我们通常认为神秘的东西就是后面有秘密，隐藏在后面，那是不可知的，是无知；但神秘的东西既不是隐藏一个秘密，也不是无知，神秘的东西是可知的。黑格尔在《小逻辑》里面也提到过，就是神秘的东西并不是不可知的，理性的法则在知性的眼光看来是神秘的，在这个意义上黑格尔承认自己的思想是神秘的，但并不是神奇奥妙的。所以思辨的真理"其意义颇与宗教意识和宗教学说里所谓**神秘主义**相近。……因此一切理性的真理均可以同时称为神秘的，但这只是说，这种真理是超出知性范围的，但这决不是说，理性真理是完全非思维所能接近和掌握。"[①] 神秘是一种辩证的原理，通过单纯的形式逻辑是推不出来的，所以被视为神秘的。但它并不在于把真实的情况隐藏起来，"而在于自我知道自己与本质为一"。自我之所以知道自己与神为一，与光明本质为一，是因为神或者光明本质本来就在人心中，但需要人自己去悉心体会，那就是他自己的本质，并不是什么不可知的秘密。"因而本质就被启示出来了"，对神秘的体验其实就

---

① 　参看 [德] 黑格尔：《小逻辑》，贺麟译，商务印书馆 1981 年版，第 184 页。

是启示,有些东西你不能通过概念很清晰地说出来,但是通过行动和享受你就有了经验,知道是怎么回事,神的本质就要靠这种启示。注意这里提出了"启示"(offenbaren)的概念,而且下面一再强调,表明这里面已经包含有向启示宗教、天启宗教过渡的契机了。当自我知道自己与本质为一时,那么本质就启示出来了,这是一个神秘的体验,这是用形式逻辑解释不了的,黑格尔认为这是一种启示,同时也是一种认知方式,是思辨的真理。"只不过自我是向自己启示出来,或者说所启示出来的只是在自我的直接确定性里的东西",这是现阶段启示的特点,就是自我自己向自己启示,他不需要外求,还没有经过外在的对象作为中介。我们在祭拜的过程中,一切都是我们自己设计的,我们今天对节日有个安排,我们有个主持人,我们大家都知道在这样一个节日里面应该怎么做,这都是我们自己的事情,都不需要去请教别人,引用外来的智慧,我们是自己给自己启示出来的。所以启示出来的只是在自我的直接确定性里的东西,那就是吃、喝,这是自我的最直接的确定性,可见这里所讲的这样一种自我的直接确定性的启示是有局限的,自我只不过是向自己启示出来、只是在自我的直接确定性里的东西,还不是启示宗教中那种超越自我的直接确定性之上的启示。要达到那种由间接性回复到直接性的启示,需要有一个耶稣基督作为另一个自我的示范,并经过一个三位一体的中介过程,当然这是后话了。

　　但是在这种直接确定性里,通过祭拜所建立起来的是单纯的本质;这种本质不仅把被看见、被摸到、被闻到、被尝到的定在作为有用的事物来拥有,而且也是欲望的对象,并且通过现实的享受而与自我合而为一,这样本质就完完全全透露给自我并启示给自我了。

　　"但是在这种直接确定性里,通过祭拜所建立起来的是单纯的本质",上述祭拜中的启示虽然是一种自我意识中的直接的确定性,吃啊,喝啊,但它所建立起来的是单纯的本质,是单纯的神,这个神并没有什么复杂的内涵。我通过在祭拜的仪式上、在宴会上大吃大喝,在酩酊大醉中就把单纯的神的本质建立起来了，[①] 这里头有一种统一性。也就是说这种大吃大喝跟平时的大吃大喝，跟暴饮暴食不一样，它是在祭神的仪式上作为对神的一种感谢而大吃大喝，它具有神性，它是一种神圣化了的艺术生活，所以跟前面感性确定性讲的吃喝还不太一样。感性确定性里面要人家回到古代的谷神和酒神的祭祀的仪式，在吃和喝里面去了解一下感性确定性的秘密，那是提前说的，并不是感性确定性所能完成的任务；但正式提出这个任务呢应该就是在这里了，就是说这种感性确定性不仅仅是感性确定性，它是感性确定性的秘密，它后面有神性。所以它所建立起来的是单纯的本质，"这种本质不仅把被看见、被摸到、被闻到、被尝到的定在作为有用的事物来拥有，而且也是欲望的对象"，这本质拥有那些被看见、被摸到等等的定在，不仅仅是作为有用的事物，就是说不仅仅是工具、道具，而且是人的欲望的对象，也就是说，同时是目的。既然是我的欲望的目的，那它就不只是有用的东西，它就是我自己，而本质拥有它也就是拥有了我自己，于是这本质"并且通过现实的享受而与自我合而为一"。本质作为被吃的牛肉通过我的享受而与自我合而为一，我通过吃牛肉，我就跟神合为一体了，通过喝酒我就跟酒神合为一体了。"这样本质就完完全全透露给自我并启示给自我了"，这样本质或神就完全在自我中启示出来了。你可以说这是神秘的仪式，但是它是完全通透的，它没有隐藏，我在吃牛肉、喝酒的时候，我就知道宙斯和狄奥尼索斯神就在我身上，我吃了他的肉，我喝了他的血，我喝了他的酒，那么他就启示给我了，在这方面我有一种对神、对本质的切身体会。它是一种神秘仪式，但神秘仪式并不是说还有什么不可知，或者说还有什么秘密没有揭示，它的秘密全都对我揭示出来了，就在我的活动过程中、在我亲身

---

① 　参看中译本上册第 30 页："真理就是所有的参加者都为之酩酊大醉的一席豪饮，而因为每个参加者一离席就直接消解掉了，所以这场豪饮也同样是透明的和单纯的静止。"并参看我对这句话所做的句读，载《黑格尔〈精神现象学〉句读》第一卷，人民出版社 2014 年版，第 388—391 页。

体验中启示给我了。

——当那个本质被说成是向理性、向本心启示出来了时，实际上它还是秘密的，因为它还缺乏直接定在的现实确定性，它既缺乏对象性的确定性，又缺乏享受性的确定性，但后一种确定性在宗教里不仅是无思想性的直接的确定性，而且同时是自我的纯粹认知着的确定性。

"当那个本质被说成是向理性、向本心启示出来了时"，当那个本质，也就是那个神，被说成是向理性和本心启示出来了，好像那个本质只能通过理性来认知，通过本心来认知。什么是本心（Herz）？前面上册谈"本心的规律和自大狂"时将它规定为"作为必然的东西而存在"的自我意识，这种自我意识"知道它在自身中直接拥有共相或规律，这一规律由于它是直接存在于意识的自为存在中这一规定性之故，就称为本心的规律。"［参看上册第244页］本心的规律这样一种自我意识的必然性其实也就是人的理性，只不过是内在于主观内心的理性；而神则被说成是既向人的外在的理性、又向人的内在的理性启示出来了，向自我意识启示出来了。"实际上它还是秘密的"，通常的对神的启示的理解都是从理性来理解，要么是外在的理性，要么是内在的理性，通过内外双重理性，你把那个本质把握到了，那就是一种启示了；但是黑格尔认为这样理解的启示实际上还是秘密的，并没有真正启示出来，外在理性也好，内在理性也好，都不能够真正揭示神的秘密。"因为它还缺乏直接定在的现实确定性"，你把神、本质摆在彼岸，然后你站在此岸用你的理性和本心去跟他交会，但他还在彼岸，还没有把他的秘密全部展示给你，你看到的只是你站在你的这个立场上、你站在此岸这一边所看到的那个形象，但是他的彼岸的形象你看不见，还是被遮蔽了的。你从你这个角度去看他，还缺乏直接定在的现实确定性。这种直接定在的确定性有两方面，都是它缺乏的，即"它既缺乏对象性的确定性"，就是说你看到了它的这一面，但它的那一面呢，还对你隐藏着。你只看到了对你显示出来的这一面，这其实是你自己的这一面，还是它向你内心显示出来的这一面，那它另外一面、它的对象性的确定性，你就看不到了，被遮蔽了，所以还是秘密。"又缺乏享受性的确定性"，这后面一点是更根本的，或者说前面那个缺乏是由于后面这个缺乏，你还没有享受它，你还没有把它消化掉，你还没有把它吃掉、喝掉，那么你就只看到它外表的那一方面。所以它既缺乏对象性的确定性，又缺乏享受性的确定性，或者说正因为它缺乏享受性方面的确定性，所以连对象性方面的确定性它也缺乏。你如果仅仅从理性出发，仅仅站在一个此岸的片面的立场去分析、去理解彼岸的神，那么肯定是片面的，你永远也确定不了，用理性去把握神永远也确定不了。怎么样才能真正把握神呢？必须像艺术宗教的这种祭拜活动中那样，吃掉他，享受他，这才有享受性的确定性。"但后一种确定性在宗教里不仅是无思想性的直接的确定性，而且同时是自我的纯粹认知着的确定性"，无思想性的直接的确定性也就是一种客观的确定性、客观对象的确定性，你还没有把自己的思想贯注到里面去，它是它，你是你，你的思想在这里，它在那边，你用你的思想直接地去确定一个无思想的它、无思想的对象，那就是一种客观的确定性。但在宗教里不仅仅是这样，不仅仅是无思想性的直接的确定性；而且它同时是自我的纯粹认知着的确定性，这后一方面更重要。自我的纯粹认知着的确定性就是在一种吃、喝的活动中，达到自我和对象的统一，自我的纯粹认知着的确定性就是自我和对象统一的确定性。在无思想的直接确定性那里自我和对象始终是不统一的，始终是对立的，对方是无思想的，你的思想到不了它，你的思想只能够直接地把它向你显现出来的那一面显现出来；但是同时，这种自我的纯粹认知着的确定性则是通过一种祭拜的活动、通过一种实践活动来认知的。这是一种能动地认知的确定性，这才是主客观统一的确定性，是在宗教祭拜中的享受性的确定性。那么后一种确定性同时是自我的纯粹认知着的确定性，只有通过享受才能够达到自我的纯粹认知，通过前面的那种外部理性也好、内部理性的本心也好，都达不到这一点。所以黑格尔在这里强调的就是在祭拜过程里，享受、吃喝、实践、行动，这种行动深入到人的最深刻的部分，就是人的生存活动、人的吃喝这样一种享受的活动，这里面才能达到艺术宗教的主观和客观的完全统一。那么这种完全统一有两个方面，前面讲到，一个是女性的原则，一个是男性的原则。后面则讲到，女性的原则体现为酒神精神，一种狂热的崇拜，一种狂欢的活动，狂欢的活动也可以看作是一种艺术活动，但是这个艺术活动的作品呢不是外在的装饰啊、神庙啊、餐具啊、衣服啊，不是这些东西，就是这些人，就是这些崇拜酒神的人，把自己变成了一场狂欢的艺术品；男性的原则则体现在体育活动中，体现为奥林匹克精神。奥林匹克运动会的那些形象就是男性的形象，奥林匹克在希腊主要是男性在那里竞赛，在竞技，当然女性也有，但不是正式的，正式的比赛都是男性，比体力，比耐力，比爆发力。赫拉克勒斯就是体育之神，掷铁饼也好，掷标枪也好，赛跑也好，竞走也好，都是男人在做，体现出男性的健美。这是两个方面，所以我们要特别注意前面的这个女性的原则和男性的原则，它跟后面都有关系的。我们今天就讲到这里。

*　　　　　　*　　　　　　*

好，我们上次讲到"有生命的艺术品"。有生命的艺术品要注意的一点是，它一开始就谈到，有生命的艺术品达到了这样一个阶段，它已经跟光明的本质不同了，像第 208 页的倒数第 5 行讲的："因此站在这个自我意识到的民族对面的精神不是光明本质，后者没有自我，在自身不包含个别者的确定性，而只是这些个别者的普遍本质和个别者消失于其中的统治力量。"这是说，有生命的艺术品已经进入到了自我意识的状态，跟古老的光明本质、对光明的崇拜已经大不一样了。但是，虽然大不一样，它还是揭示了光明本质的秘密，这就是我们上次读到的最后一段，他说："所以，在这种享受里那个日出时的光明本质就透露出它是什么了"，"透露出"也可以翻译为"泄露出"，就是泄露出它的秘密，就是这样一种神秘仪式，在吃喝、享受的过程中作为一种神秘的仪式透露了光明本质的

360

秘密。我们上次讲到实际上就是这样一种神秘的活动、享受的活动、享受方面的确定性，它就是自我的纯粹认知的确定性。就是说，光明本质原来是高高在上的，是人类的、宇宙的统治者，光明作为宇宙的统治者，它的本质是不可追究的，那是太一；但是这样一种抽象的光明本质在经过前面讲的祭拜、祭拜的仪式，包括对谷神和酒神的祭拜，包括对宙斯的献祭，通过这样一些过程，就进入到了"有生命的艺术品"。这个时候光明本质就透露出、泄露出了它的秘密，它就是从那里发展出来的，并由此启示出了它的秘密。当然已经开启的这个秘密脱离了光明本质的那个抽象性和深邃性，它已经是一种非常具体的享受的活动、吃喝的活动，每个个人都可以在内心自我中得到纯粹的确定性。我自己吃了、自己喝了，这跟我看到了或者理性观察到了是完全不一样的，实践的活动是辩证法的秘密。我们上次也讲到，神秘这个词 Mysterium 黑格尔也经常用在他的辩证法方面，他认为辩证法对知性来说就是神秘的，但是这种神秘并不是那种奥秘、不可知的意思，它恰好是可知的，每一个人都可以知道，辩证的秘密在每个人的日常生活中都可以体会得到的，它不是被遮蔽了的东西，而是被敞开了的东西。光明本质是自然宗教的内容，自然宗教的第一阶段就是"光明的本质"，然后才到了"动物和植物"，然后才到"工匠"，最后才进入到"艺术宗教"，这是我们前面讲过的。但是，在艺术宗教的这个阶段呢，我们又回到了光明本质的秘密，因为我们在这个阶段已经揭示了最开始的自然宗教的光明本质实际上到底是什么，现在已经显露出来了，它已经不是什么秘密了。所以，在这个有生命的艺术品的部分呢，我们要联系到前面讲的自然宗教来读它，要联系到前面讲的光明本质来读它。我们下面就来看一看，它实际上是在一个更高的层次上把光明本质走过的历程重新加以揭示。我们上次也讲到了，有生命的艺术品在它的生命之中，在它的吃和喝的秘密之中，已经发展出来了、已经孕育出来了两种原则，一种是女性的原则，一种是男性的原则，我们预先作了一个提醒。那么下面他就开始展开对这两大原则的讨论。首先是女性的原则。

{387}　　因此，凡是通过祭拜在自我意识到的精神自身内向这精神启示出来的东西就是**单纯的**本质，这种本质是这样的运动，一方面从它的黑夜的隐秘处上升到意识，成为默默养育着意识的实体，但另一方面同样又迷失在阴间的黑夜里，沉迷于自我中，而在上界只是带着对母亲默默的眷恋而逗留在那里。

[211]

　　这话说得很有诗意了，实际上它就是前面一开始展开的女性的原则，一方面和另一方面，这两个方面都属于女性的原则。在地祇的变形过程中，首先变形为沉默的、养育万物的女性的原则。"因此，凡是通过祭拜在自我意识到的精神自身内向这精神启示出来的东西就是**单纯的**本质"，通过祭拜，通过吃和喝，我们在吃和喝的过程中，就会启示出一种秘密，就是说这些面包和酒是谁给我们提供出来的呢？当然是大地了，所以我们要祭拜大地。这就是前面讲的，当我们在吃和喝的时候，光明的本质就泄露出它到底是什么了，光明的本质透露出来，它的本质实际上是来自于大地的孕育，我通过吃和喝这样一种享受的体验，我已经得到了这样一种确定性，得到了一种毫无问题、毫无怀疑的内心的确定性。因此，凡是通过祭拜在自我意识到的精神自身内向这精神启示出来的东西，就是单纯的本质，"单纯的"打了着重号，也就是前面讲的光明的本质。光明本质是从黑夜里出来的，"这种本质是这样的运动，一方面从它的黑夜的隐秘处上升到意识，成为默默养育着意识的实体"，这种本质从它的黑夜的隐秘处，从大地的深处，从地祇的隐秘处，上升到了意识。在地下本来是无意识的，本来是预料不到的，现在被我们意识到了，它上升到了意识，成为默默养育着意识的实体。它具有一种养育的功能，有一种女性的原则，它养育着意识，我们在意识中的那些光明都是由它来的。所以这样一种本质从它的黑夜的隐秘处升上来，它就成了默默养育着意识的实体、大地的实体，这是一方面，它从底下升上来。"但另一方面同样又迷失在阴间的黑夜里，沉迷于自我中"，一方面是上升，升到了意识里面，我意识到我们的吃的东西、喝的东西都是从那里来的，它是我们的大地母亲；但另一方面呢同样又迷失在阴间的黑夜里，因为大地母亲在阴间的黑夜里面，并且沉迷于自我中。这阴间的黑夜实际上是一种自我的可能性，我们前面也讲到了，黑格尔用黑夜往往表示一种自我的无限可能性，自我会怎么样、能怎么样，这个我不知道，我们不能够用一种清晰的理性对它加以界定、加以规范，那么它对我们就是一片黑夜。但这黑夜恰好就是自我，就是自我的自由，在黑夜里面我有一种自发的，甚至于带有本能性的冲动，那么这个冲动究竟是怎么回事，这对我们来说是一片黑暗。我们只知道它是从那里面来的，从那里上升出来的，但是它的本质对我们是一片黑暗。它是一片圣地，神圣的驻地，"那个降临到自我意识就好像降临到自己的驻地的神"，神就通过自我意识这片黑暗的圣地降临到自我身上来，我们不知道它是什么，在我们看来它是黑夜，于是我们就把它叫作神。我们说，这个事情我不知道我怎么做出来的，这简直神了，这就是一种阴间的黑夜。迷失在阴间的黑夜的是那样一种创造力、大地的原始创造力，这个是没有办法去抓住它、没有办法对它进行明晰的分析的，所以它沉迷于自我中。我知道我自己是从哪里来的，我的吃喝都是从那里来的，这肯定是自我的根源，光明的发源地是黑暗；但是我沉迷于其中，沉迷于其中就是沉迷于自我的黑暗之中。"而在上界"，而在地上的世界，在沐浴光明的这个世界里，"只是带着对母亲默默的眷恋而逗留在那里"。我在日常生活中、在平常的阳光之下生活，但是我内心里面想着的是大地母亲，带着对大地母亲的眷恋而逗留在人世间，才生活在这样一个日常的世界里面。上界和阴间是对立的，阴间就是下界，我在上界生活，但是我的心里面是在下界，那里是养育我的母体，我尽力地去体会大地母亲对于整个世界的养育。那么这个时候我就处于一种在上下两界之间神魂颠倒的状态，这就是宗教祭拜在这个时候所造成的状态，就是对大地母亲的祭拜，具体来说就是对谷神和酒神的祭拜所造成的状态。我们当然是在大地上、在上界生活，但是我们吃的和喝的都来自于下界，我们忘不了它们是从哪里孕育出来的。那么这样一种上下两界的来回恰好是有自我意识的，它跟光明之神不同的地方就在于它已经有自我意识，因为它在它的吃和喝里面确切地体会到了自我意识的那种确定性、自我确定性，我在这个世界上生活，那我的生活的来源都是来自大地。

　　——但这纯净的冲动是日出时的多名称的光明本质，是这本质的令人晕眩的生命，这生命在同样放弃了自己的抽象存在之后，最初使自己纳入到水果的对象性定在中，然后献身于自我意识并在其中达到真正的现实性，——现在它像一大群狂热的妇女横扫四方，它是在自我意识到的形态中自然本性的放纵狂欢。

　　"但这纯净的冲动"，纯净的冲动就是吃和喝的冲动，就是前面讲的那样一种欲望，我们的那些有用的对象、那些事物不仅仅是被看见的、被摸到的、被闻到的、被尝到的，而且它也是欲望的对象，我要追求它，我饿了要吃，渴了要喝，这样一种欲望、这样一种冲动。它是从大地来的，它来自于大地的黑暗的黑夜，大地母亲养育了我，使得我们能够在这个世界上生活，这是我的自我意识在吃和喝的活动中直接带给我们的一种确定性。确定了这一点，那么这样一种冲动就是纯净的冲动，它不仅仅是动物式的吃和喝，而是在吃和喝的过程中追求神，它这个活动是一种祭拜的活动，所以它是一种纯净的冲动。这种纯净的冲动"是日出时的多名称的光明本质"，这样一种冲动实际上是光明本质的一种体现，我们刚才讲到祭拜泄露了光明本质是什么，在这样一种享受里面那个日出时的光明本质就透露出来它是什么了。纯净的冲动，就是在这种享受的冲动里面，它就是日出时的多名称的光明本质，"多名称的"，vielnamig，我们前面已经见到过这种说法，在第190页上面这一段讲光明本质，他说："这个实体的诸规定只是一些定语，这些定语并未成长为独立性，而仍然只是具有多名的太一的各种名字，这个太一穿上定在的多样性之力和现实性诸形态的衣装，就像戴着一个无自我的头饰一样"。太一也就是光明本质，光明本质是一，是整个宇宙的统一，那么这个一有许多名称，所有那些实体的诸规定只是具有多名的太一的各种名字。既然它是整个宇宙的统一主宰，那么所有的万事万物都可以借着太一、光明本质的名义，都以自己的名称给光明本质命名，以自己的方式来称呼这个光明本质。但这纯净的冲动是日出时的多名称的光明本质，它有那么多名称，但是它的秘密、真正的光明本质就在这样一种纯粹的冲动中、在这种享受中透露出来。所以它、这种纯净的冲动才是日出时的多名称的光明本质，光明本质在这个时候才透露出来了。虽然我们前面讲到，这样一种艺术宗教、有生命的艺术品所面对的精神不是光明本质，"站在这个自我意识到的民族对面的精神不是光明本质"，光明本质是没有自我的，等等等等；但是现在呢，在自我意识这样一个层次上面有了自我，它已经泄露出来了原来那种没有自我的光明本质的秘密何在，所以在这个意义上来说呢，我们说它就是日出时的多名称的光明本质，它就是光明本质的真正的奥秘所在。"是这本质的令人晕眩的生命"，"令人晕眩的"，taumelnd，在前面第 190 页也用了这个词："但是，这种令人晕眩的生活必须规定自身为自为存在，并且给予这些消失着的形态以持存"。所谓"令人晕眩的生活"，就是光明本质它在万物中都体现出来，但是万物中没有任何一物可以真正代表光明本质，那就使人晕眩了。光明本质无所不在，你在任何事物里面都可以看到光明本质，但是它本身你看不到，你看到的不是它本身；那么现在我们看到了，就是这种纯净的冲动才是日出时的多名称的光明本质，是这本质的令人晕眩的生命。我们在这样一种享受的活动中才看到这个本质的令人晕眩的生命，它到底是什么呢？我们现在看出来了，以前是看不出来的。在光明本质的发展过程中它一会儿是植物，一会儿是动物，一会儿是工匠，然后进入到艺术宗教，整个历程中它都是对我们隐藏着的，一直到现在，艺术宗教里面的有生命的艺术品，在吃和喝的享受过程中，才体现出了这个本质的令人晕眩的生命，taumelnd

这个词也可以翻译成"令人陶醉的"，就是它可以在任何东西上体现出来，但任何东西都不是它，这就令人发晕了，一会儿这个是，一会儿那个是，一会儿这个不是，一会儿那个也不是，那到底哪个才是？现在已经泄露出来，就在这种享受里才是日出时的光明本质，这个时候它才泄露出它是什么。只有处于酩酊大醉的状态，多名的一才是一切，万物都是同一个本质。所以我们说，这种纯净的冲动是这本质的令人晕眩的生命。"这生命在同样放弃了自己的抽象存在之后，最初使自己纳入到水果的对象性定在中"，这是追溯光明本质的历史、它的发展过程，这生命就是这个本质的令人晕眩的生命，就是光明本质的令人晕眩的生命，那么这生命在同样放弃了自己的抽象存在之后，也就是离开了它最初出现时的那种抽象性。最初它是以抽象的形态出现的，光明本质无所不在，但是任何东西里面你又看不到它，你又抓不到它，任何东西都是它的体现，但是它是高高在上的，它主宰一切，它本身却又没有任何内容。最初出现的时候它是一种抽象的存在，但是随后呢它就离开了，它就放弃了自己的抽象存在，就沉没到那些具体的事物中，比如说植物啊、动物啊、工匠啊，然后是艺术宗教里面的雕像啊、神庙啊等等，这是离开了、放弃了这种抽象存在。在这之后，最初是使自己纳入到水果的对象性定在中，在水果上面体现出了光明本质，就是说光明在跟大地起作用，大地上的果树沐浴着阳光，然后呢长出了水果，那么这个光明本质呢就纳入到水果的对象性定在，它就凝聚为水果了。这个时候我们在水果上就可以把它看作是光明本质的成果，我们对它进行祭拜，这个祭拜呢当然也就是对地祇的祭拜、对大地母亲的祭拜。也就是说光明本质跟大地母亲结合，白天和黑夜结合，产生了水果，水果就是一个植物性的定在，就表明了光明本质现在已经凝聚在里头了，最初是这样的，纳入到水果的对象性定在中。"然后献身于自我意识并在其中达到真正的现实性"，献身于自我意识就是被人所祭拜，水果，还有谷物，以及谷物所酿出的酒，我们对酒神进行祭拜的时候，在祭酒神的仪式的过程中，光明本质是献身于自我意识了。光明本质在水果里面嘛，水果被献身于自我，当然自我是用它来祭奠谷神和酒神，但实际上我把它吃掉了，实际上是献给了自我意识。所以光明本质献身于自我意识，并在其中达到了真正的现实性，因为在这种祭拜的过程中，通过献祭、祭拜的过程，这种光明本质才达到了它真正的现实性，才现实地体现出来了。这是前面已经讲到了光明本质，然后是植物和动物，首先是植物，植物呢就体现为水果，水果呢就体现为大地母亲的产物，大地母亲的产物是我们祭拜的对象，我们在献祭的过程中使光明本质在这种形式下具有了现实性。"现在它像一大群狂热的妇女横扫四方，它是在自我意识到的形态中自然本性的放纵狂欢"，就是这样一种有生命的艺术品处在女性原则的形式之下，在这样一种祭拜的过程中主要体现为酒神祭，酒神祭就是一种女性的原则、母性的原则。上述纯净的冲动，就像一大群狂热的妇女横扫四方，"横扫四方"这个词是 umherschweifen，前面第 189 页也用了这个词，我们在那个地方翻译为"到处漫游"，189 页最后几行说，这个光明本质"其思维的本质上的单纯性却不停地和无法理喻地在这些形式中到处漫游，毫无限度地扩展着自己的边界，并以其崇高性消融了这些形式的直达壮丽的美"。在酒神祭里面，说四处漫游还太轻了一点，它就是横扫一切，schweifen 这个词根原来的意思就是"扫地"，umher 就是"四面八方"，所以我们可以翻译成"横扫四方"。在酒神祭里面有种冲动，它不是那种毫无目的的四处漫游，而是一大群妇女在原野上横扫一切，作出种种疯狂的举动，沉醉于狂欢，这种狂欢有一种横扫四方的气势，这就是酒神祭。当然也不光是妇女们在那里祭拜，但主要是妇女，所体现的那样一种精神是酒神精神、非理性的精神。古希腊人认为男性是理性的，而女性呢是非理性的，在酒神祭里面呢要体现一种非理性的精神、一种狂热。"它是在自我意识到的形态中自然本性的放纵狂欢"，狂欢，Taumel 我们把它翻译成"狂欢"，它跟前面 taumelnd，我们翻译成"令人晕眩的"，是一个词根，再前面 bacchanische Taumel［酒神的狂欢］，曾翻译成"酩酊大醉的一席豪饮"［见上册第 30 页]。令人晕眩也是这个意思，在所有东西里面我们都可以把它们认作光明本质，但是又不是，所以我们就得一个一个地把所有东西都尽收眼底，它们全都混在一起，没有界限了，那就导致一种晕眩。这个狂欢也是的，无论什么东西，在这样一个场合之下，都是我拿来放纵的对象，陶醉于其中，那就是纵酒狂欢，喝醉了。在酒神祭上那么一大群狂热的妇女为什么横扫四方？就是因为喝了酒嘛，一大群喝醉了的妇女到处寻衅滋事，打破界限，这是酒神祭上出现的状况，代表一种女性的原则。虽然是狂欢，但是仍然是在自我意识的形式里面，它是在自我意识到的形态中自然本性的狂欢，它的狂欢是根据它自身的来源对大地母亲的一种祭拜、一种眷恋，希望回到大地母亲的怀抱，是这样一种情绪导致了她们的放纵狂欢。上界的一切规范这个时候都不能束缚我了，那是上界的规范，妇女应该怎么怎么样啊，我们中国人讲三从四德啊，应该守妇道啊，这是地上的规范；我现在要回到阴间的黑夜里面，没有这些规范。这样一种阴间的黑夜的原则在侵入到阳间的生活中时，那就体现为一种狂欢了，所谓女人疯魔起来比男人更厉害。所以它又是有自我意识的，它是在自我意识到的形态中自然本性的放纵狂欢，兴之所至，纵情狂饮，放纵自己的自然本能、自然情感，这是酒神祭上面所出现的现象。这是这一段，讲到了女性原则的体现。前面已经作了预告了：一方面发育为沉静有力的实体，变形为养育万物的女性原则，女性原则也可以理解为母性原则，一大群妇女的母性原则，摒弃我们世俗生活的一切束缚、一切规范，回到孕育我们的大地母亲的实体性的力量。下面就是对这一段的评述。

　　但是这里透露给意识的还只是作为这种单纯本质而存在的绝对精神，而不是作为在自己本身中存在的精神的绝对精神，或者说它还只是**直接的**精神、自然的精神。

　　这是对酒神精神的一种评价。"但是这里透露给意识的"，前面讲了日出的光明本质透露出它是什么了，已经泄露了它的秘密，那么光明本质在这种享受里面，在这种吃喝里面，泄露出来它是什么呢？"还只是作为这种单纯本质而存在的绝对精神，而不是作为在自己本身中存在的精神的绝对精神"。这有两个概念，一个是作为这种单纯本质而存在的绝对精神，作为单纯本质也就是上面讲的这种纯净的冲动，光明本质最初是单纯的，还没有分化出来的时候它是纯净的。这个时候透露给意识的就是这种作为单纯本质而存在的绝对精神，它已经是绝对精神了，宗教嘛，宗教就属于绝对精神了。但是这个绝对精神是作为单纯本质而存在的，就是作为一种无所不在的单纯的冲动、纯净的冲动，它通过享受已经透露出来了。那么另外一个概念呢就是，这种通过单纯的享受而透露出的光明本质呢，它还不是在自己本身中存在的精神。它已经是绝对精神了，但还不是作为精神而存在于自身的绝对精神，而只是作为单纯本质而存在的绝对精神。那么这个单纯本质是什么呢？还没有展开，只知道它是本质，它是各种现象底下、现象后面的那个一，那个东西是什么呢还不知道。当然是精神了，但现在还不是以精神的方式出现的，还仅仅是一种单纯本质、一种纯净的冲动，它构成一种抽象的统一性。也就是说，这种单纯本质要归结到地下、地母，阴间的黑暗深处的冲动，我把那个没有任何规定的东西作为我的本质，作为自我意识的本质，但是还没有把自我意识本身作为自己的本质，没有把在自己本身中存在的精神当作绝对精神。或者说，它还是把自我意识的某个不可知的对象当作绝对精神，还没有把自我意识本身当作绝对精神。这个自我意识的对象在阴间，虽然我通过吃和喝知道那就是我的本质，但是那个东西是什么东西，那还是一片黑暗，我只要知道它是我的本质就够了，但是那一片黑夜还没有作为在自己本身中存在的精神向我显现出来，还不是这样一种精神。"或者说它还只是**直接的**精神、自然的精神"，在酒神祭里面，在酒神精神里面，体现出来的还只是直接的精神，"直接的"打了着重号，是自然的精神。在酒神祭里面人们诉之于本能，吃喝都是本能；当然这个本能呢它是有自我意识的，它意识到这个本能的根源在地下，在孕育万物的大地，这是我的本能的根源。所以我那么肆无忌惮，我在原野上狂歌乱舞的时候肆无忌惮，是因为我意识到这些东西都来自于大地的力量。酒神精神就是这样，它的那种狂欢，那么胡乱宣泄的狂热，都来自大地的力量。后来尼采讲到酒神精神也是强调这一点，我们看到尼采讲酒神精神和日神精神我们觉得很新鲜，其实黑格尔早就讲了。当然黑格尔也不是第一个讲的，最早要追溯到柏拉图，柏拉图已经讲到了酒神和日神的区别，不是尼采第一个发明的。那么黑格尔这里就讲到了，酒神精神所体现出来的只是直接的精神、自然的精神，自然万物都是大地所孕育的，在阳光的照耀之下，大地孕育出了自然万物，所以这是一种直接的精神和自然的精神。而这种绝对精神呢，应该说它还是一种单纯的本质，但是还不是作为精神的精神本身，或者说还不是以精神本身的方式出现，而是以一种单纯本质的方式出现。虽然它已经是绝对精神了，但是还没有采取绝对精神的形式，还是采取自然冲动的单纯本质的形式。

　　因此这精神的自我意识到的生命只是面包和酒的神秘仪式，只是谷神和酒神的神秘仪式，而不是其他的那些真正上界的神灵的神秘仪式，上界神灵的个体性是把自我意识本身作为本质环节包含于自身中的。

　　这就讲到了酒神和上界的那些神在神秘仪式上的不同之处，上界的神包括宙斯，包括雅典娜，包括阿波罗，当然还有一大批奥林普斯诸神，而下界的神呢就是谷神和酒神，也包括阴间的一大批旧神。"因此这精神的自我意识到的生命只是面包和酒的神秘仪式，只是谷神和酒神的神秘仪式"，这种绝对精神的自我意识到的生命在这里只是在面包和酒的神秘仪式中体现出来。这已经是一种有生命的艺术品，一大群狂热的妇女在原野上面放纵狂欢，也可以看作一种艺术品，一种狂热的艺术品，类似于我们的中国书法里面的草书、狂草，中国的国画里面相当于泼墨，那是完全狂热的，不讲清晰的规范的，但是你又不能说它是胡乱来的，它是有它的力量的根据的，这就是酒神的艺术品。这是一种自我意识到的生命，它首先体现在这样一种酒神祭仪上，这种生命的发泄、生命力的狂欢，在面包和酒的神秘仪式上，以面包和酒祭奠大地母亲、祭奠谷神和酒神。这在后来基督教的圣餐礼中也继承下来了，当然意义已截然不同，不是祭奠大地母亲，而是祭奠人子耶稣。"而不是其他的那些真正上界的神灵的神秘仪式"，而不是其他的上界神灵的神秘仪式，比如说以阿波罗为代表的日神精神，光明之神的精神。对阿波罗的祭拜那就不是这样的狂欢了，那是非常理性、非常冷静的，你要到阿波罗的神庙里面去求一个神谕，那么女祭师就会告诉你一些哲理，阿波罗神庙两边的题词就是"认识你自己"、"勿过度"，这两条都是阿波罗的神谕。不要过度，你酒神狂欢那就过度了，打破了地上世俗的一切规范了，所以阿波罗神叫你不要过度。你要认识你自己，要让理性的光芒照亮你的内心，酒神祭中当然也有你自己，但是参与者并不认识，内心是一片黑暗，只有那种本能冲动的发泄，当然是自我发泄，但是那个自我是不自知的。所以这个是不一样的，酒神和日神的祭拜是不一样的。"上界神灵的个体性是把自我意识本身作为本质环节包含于自身中的"，阿波罗神的个体性已经把自我意识本身作为本质环节包含于自身中了。自我意识这样一个环节在酒神祭仪里面也有，但它不是包含于自身中的，它是在自身底下起作用，它是一种底层的力量在鼓动，它自身并没有把自身作为一个环节来加以掌握。而上界神灵的个体性就已经把自我意识本身作为本质环节包含于自身中，它的个体性要体现出来，要做一件什么事情，那么肯定是有意识地去做的，肯定是有自我意识这个环节的，肯定要掌控自己的一举一动，它是有自己的规范的。

　　所以精神还没有作为**自我意识到的**精神把自身献祭给那种神秘仪式，而那面包和酒的神秘仪式还不是肉和血的神秘仪式。

　　"所以精神还没有作为**自我意识到的**精神把自身献祭给那种神秘仪式"，精神有自我意识，但是还没有作为自我意识到的精神把自身在谷神和酒神的神秘仪式上奉献出来。精神由这种自我意识所鼓动，但是还没有把这种自我意识献给它所要祭奠的神，这只有在阿波罗神的祭拜仪式中才能够做到。我把我的自我意识献给阿波罗神,献祭给他,让他来确定我的自我意识,我究竟是谁。就像苏格拉底到阿波罗神庙里面去求神谕,阿波罗的神谕告诉他,苏格拉底你是全希腊最有智慧的人,苏格拉底由此就具有了自我意识:我是全希腊最具有智慧的吗？他就到处去求证这一神谕,要证明自己,他把整个这一求证过程都看作是对神的侍奉,也就是对阿波罗神的祭拜仪式。在这个求证过程中他就显出他的自我意识,他的一切发问,跟这个、那个谈话,都是为了证明他的自我意识,我是不是全希腊最有智慧的人。他说,我知道我没有智慧,我只是爱智慧者,而不是有智慧者;但是正因为我知道自己没有智慧,所以我才是最有智慧的,因为其他人都没有意识到自己没有智慧,我意识到了。这就是苏格拉底的自我意识在阿波罗神庙里面所得到的启示,但在酒神祭里面是没有的,在酒神祭里面精神还没有作为自我意识到的精神把自身献给那神秘仪式。"而那面包和酒的神秘仪式还不是肉和血的神秘仪式",面包和酒,那是地下的产物,那是大地母亲的产物,这种神秘仪式呢还不是肉和血的神秘仪式,还不是有血有肉的神秘仪式。也就是说它是对面包和酒的崇拜,但是还不是对人体的崇拜,只有对人体的崇拜才是有血有肉的崇拜。当然后来基督教把面包和酒当作基督的肉和血来崇拜,里面包含的不仅仅是对基督的人体的崇拜,而且含有对圣体和圣灵的崇拜,那个层次就更高了。但这里首先要把对大地母亲的自然崇拜收回到人自身中来,首先是收回到人体上来。所以他讲面包和酒的神秘仪式还不是血和肉的神秘仪式,就是还不是把人体本身当作崇拜的对象,而只是把维持人体生存的面包和酒当作崇拜的对象。这里讲了两个层次,一个是要把自我意识到的精神作为祭拜仪式,一个是要把人体的血肉作为祭拜仪式,后者是达到前者的一个中介或手段,也就是说,只有先经过对人体的崇拜,我们才真正能够把作为自我意识到的精神奉献给神秘仪式,这个下面我们马上要讲到。但这两者都是超出酒神崇拜的女性原则的,首先是要从女性原则转入到男性原则,男性的原则就是人体崇拜,这个是在古希腊的体育精神里面、在奥林匹克精神里面体现出来的。

　　这种对神的没有固定性的狂欢必须安定在**对象**上，而那没有达到意识的满怀豪情必须创造出一个作品来，这作品面对着满怀豪情，虽然就像雕像面对着上述艺术家的满怀豪情那样，是作为一个同样完成了的作品，但却不是作为一个本身无生命的东西，而是作为一个**有生命的**自我。

　　这是从酒神祭仪里面引申出来的。"这种对神的没有固定性的狂欢必须安定在**对象**上"，"对象"打了着重号。没有固定性的狂欢，是指在酒神祭仪中，一大群妇女在原野上面的纵酒狂舞，那是没有形式、没有对象的，她们一心想着的是回到大地母亲的怀抱，所以在世俗生活、日常生活中的一切固定规则她们都置之度外，甚至故意摧毁，可以说在世俗生活、日常生活中没有了固定的对象，一切规范都被她们所打破，现在叫作"三观毁尽"。但是这种狂欢必须安定在对象上，它必须要有个对象安定下来，为什么必须要有个对象呢？因为它必须要把自己的自我意识作为对象来加以观照。自我意识在酒神祭里面是作为一种内在的鼓动、一种内在的动力，但是它还没有作为对象，没有摆出来。这种狂欢有一种纯净的冲动、一种欲望的冲动、一种吃和喝的冲动，要吃面包，要喝酒，要吃食物，这都是从它的底层的自我意识里面来的，它意识到自己的自我意识在底层，在地下，在大地母亲那里，但在现实生活中它并没有一个固定的对象。但必须要有一个固定的对象，才能够达到现实世界的自我意识，这个自我意识不再是那种深埋在地下黑暗处的自我意识，不再只是纯粹作为动力、作为力量的自我意识，而且是作为对象的自我意识，那才是清晰的自我意识。那就是日神精神了，要摆到阳光下来，显示出一个表象或形象来，那样一个对象就是日神精神的对象，酒神精神它是不追求这个的。"而那没有达到意识的满怀豪情（Begeisterung）必须创造出一个作品来"，安定在一个对象上，自我意识就达到意识了，自我意识在酒神祭那里它作为一种无对象的本能冲动，没有对象呢就没有达到意识，而纯粹只是一种豪情；现在这种豪情必须创造出一个作品来，也就是产生出一个对象来，你才能够在这个对象上面意识到自己、把握到自己是谁，才能有清醒的自我意识。自我意识离不了对象意识，离开了对象意识，那自我意识就成了一种本能的冲动，顶多是一种豪情，必须要有个对象摆在那里作为它的对象来加以认知，来加以观照，自我意识才得以成形。所以这是自我意识本身的要求，并不是外加的。本来在酒神祭仪中已经有自我意识了，那么自我意识本身就要求有一个对象、有一个作品产生出来，摆在面前让自己观照。"这作品面对着满怀豪情，虽然就像雕像面对着上述艺术家的满怀豪情那样，是作为一个同样完成了的作品"，这作品面对着满怀豪情，就像雕像面对着前面讲的艺术家的满怀豪情那样，它同样是一个完成了的作品。虽然如此，"但却不是作为一个本身无生命的东西，而是作为一个**有生命的**自我"，"有生命的"打了着重号。就是说，现在我们在祭仪中要追求一个作品，一定要创造出一个作品来，那么这个作品呢它面对着酒神精神所带来的满怀豪情，就像雕像面对着艺术家的豪情一样，成为一个完成了的作品，一个独立完整的作品，但却不像雕像那样是无生命的，而是有生命的，那就是健美的人体了。尼采也讲到，阿波罗作为文艺之神，主要体现为在造型艺术上创造梦幻表象，但是在这些艺术品底下激荡着它的内在精神的是酒神精神，这两者是不可分的。酒神精神激荡起来的豪情产生出了日神的造型艺术，酒神精神是一种醉，喝醉了就激发起原始生命力；日神精神就是一种梦、梦幻，产生出一个雕刻作品来，就在梦幻中我看到自己的对象形象了，所以这两者要结合起来才能创作出好的艺术作品，而其中最本原的就是酒神精神，这是尼采特别推崇的。日神精神是副产品，酒神精神才是本原。但艺术家的豪情和他创作出来的作品之间，一旦创造出来就脱离关系了，艺术家和他的作品对立，艺术家的豪情留在他心里，而做出来的那个作品反而是平静的，高贵的单纯、静穆的伟大，这就是他的作品；那么这里讲到的有生命的艺术品有类似的情况，就是打造自己的身体，打造自己的体格，打造出来之后那个过程就消失了，我们就看到一个健美的人体出来了，怎么得来的、他在健身房里面干了什么，我们都不必知道，我们就是欣赏就得了。但唯一的不同是，这个作品不是作为一个本身无生命的东西，而是作为一个有生命的自我。人体跟雕像有一点不同，人体虽然也是一种作品，运动员打造自己的身体，健美运动员特别雕琢自己的身体，把它看作一件艺术品，但是它不是无生命的，而是一个有生命的自我，它不是一个冷冰冰的雕像，它就是他鲜活的肉体。这就是体育运动所展示出来的人的身体，人体美，而这种血和肉的神秘仪式就是奥林匹克运动会，在这一祭拜仪式中，我们对这样一种雕琢得如此美的身体是顶礼膜拜的，就像敬神一样，怀着一种崇敬的心情去赞美它。

　　——一个这样的祭拜是人为了他自己特有的光荣所举行的庆祝仪式，不过还没有在这种祭拜中放进绝对本质的含义；因为最初启示给人的才刚刚是**本质**，还不是精神；还不是这样一种采取了**本质上**是人的形态的本质。

　　"一个这样的祭拜"，这仍然是祭拜，也就是说奥林匹克运动会就是一场祭拜，在古希腊一开始就是这样。公元前776年，第一次奥林匹克运动会就是一个祭拜仪式，祭拜谁呢？祭拜宙斯。有的说法不同，有的说是祭拜阿波罗，有的说是祭拜其他的神，但总而言之是上界奥林普斯的神。一个这样的祭拜"是人为了他自己特有的光荣所举行的庆祝仪式"，在奥林匹克运动会上它是一种祭拜的仪式，它是搞得很神圣的，比如说从太阳取得圣火，通过从太阳聚光取得太阳圣火，然后搞火炬的传递，这是古希腊的运动会经常举行的。但是在奥林匹克运动会上其实还没有火炬传递，只在雅典运动会上搞过火炬传递，但是奥林匹克运动会上也有取圣火和点燃圣火的仪式，就是赛跑得了第一名的就有权从祭师的手里面接过火炬去点燃圣火。总之这都是一种非常严肃的、非常神秘的庆祝仪式，但庆祝仪式的正式内容呢就是一种体育竞技，在这种体育竞技中人们所欣赏的是运动员，人们所崇拜的也是运动员，所以这种祭拜是人为了他自己特有的光荣所举行的庆祝仪式。人能够达到何等的极限，更高、更快、更强，更接近于超人或神，这就是奥林匹克精神。就是考验人能够达到一种什么样的极限，达到了最高极限，打破了纪录，那么我们就庆祝。"不过还没有在这种祭拜中放进绝对本质的含义"，对人自身的崇拜、对人体的崇拜当然不是绝对的，没有放进绝对本质的含义。"因为最初启示给人的才刚刚是**本质**，还不是精神；还不是这样一种采取了**本质上**是人的形态的本质"，这种祭拜还没有在人里面放进绝对本质的含义，没有放进绝对本质也就是没有放进精神本身的含义，它是肉体崇拜，是对人的更高、更快、更强的一种自然能力、体力的崇拜，它是对这样一种自然性的崇拜。当然人的自然性已经是本质了，才刚刚是本质，所以最初启示给人的才刚刚是本质，我们崇拜的虽然只是人的肉体，但人的肉体已经是人的本质的象征。我们不再用植物啊、动物啊来象征本质的东西，我们用人体来象征本质的东西，这个已经大大进了一步，比酒神祭都进了一步，酒神祭还是用水果啊、酒啊、面包啊来象征神，象征本质，现在我们用人体象征着本质，那不是大大提高了一步吗？我们不再崇拜吃的东西，不再崇拜食物，而是崇拜食物所造就的人体；不光是食物造就的，而且是人自己造就的，人通过体育锻炼造就的，并且是按照美、健美的标准来打造的。同时，每次奥林匹克运动会都要把那些运动员集中起来集训，你如果没有拿到集训的证明，那你就没有资格参加比赛，这就是要使每个运动员都熟悉公平竞争的规则，培养"费厄泼赖"的精神，灌输一种人人平等的观念。但是这样一种崇拜才刚刚只是本质，刚刚够格，可以说是本质了，因为你在表现人的本质嘛，但是在这方面还是浅层次的、形式上的，还不是真正的精神，不是这样一种采取了本质上是人的形态的本质。什么叫本质上是人的形态？人的形态本来已经是本质了，但是它还并非"本质上"是人的形态，本质上是人的形态应该是人内在的精神形态，那才是人的本质的本质，人的本质的本质就是人的精神。人的肉体呢才刚刚只是本质，跟动物和植物、跟光明本质相比而言，它已经是人的本质了。所以用人的肉体形态来取代动物的形态的时候，我们可以看作是向人的形态跨进了一大步，我们已经用人的形态来表现人的精神，用人体来表达人的精神。比如说米罗的维纳斯、屠格涅夫曾经讲过，米罗的维纳斯胜过法国大革命的《人权宣言》，它表达的就是人的独立人格和人性，用一种人的肉体形象来表达人的人性尊严。但它毕竟呢还不是直接对人性的表达，直接对人性的表达还是《人权宣言》，人的权利、人性这样一些内容都是精神内容，只有用文字、语言才能够表达出来。而在人的肉体形象方面，还只是以一种象征的方式表达着人的精神，所以体育精神刚刚才是本质，还不是精神，还不是这样一种采取了本质上是人的形态的本质。要进入到一种本质上是人的形态的本质，那就要更进一步，不是仅仅诉之于外在的体格、形态，而且要诉之于语言。这只有在艺术宗教的最后阶段即"精神的艺术品"阶段才能实现出来［见后面第 213 页以下］。

　　但这种祭拜为这样一种启示奠定了基础，并且把这种启示的诸环节个别地彼此分开。所以，在这里是本质的活生生的**身体性**之**抽象**环节，正如前面在无意识的狂热中是两个环节的统一一样。　[212]

　　"但这种祭拜为这样一种启示奠定了基础"，刚才讲了，最初启示给人的才刚刚是本质，还不是精神，还不是这样一种采取了本质上是人的形态的本质；但是这种祭拜为这样一种启示奠定了基础，为一种什么样的启示呢？就是为一种采取了本质上是人的形态的本质奠定了基础，为这种对人的本质的本质的启示奠定了基础。现在这种本质呢还是刚刚够了本质，但还不是本质中的本质，已经启示出人的形态了，已经是本质了，但是还不是人的精神。虽然还不是本质中的本质，但它已经奠定了基础。就是说这种体育精神，我们今天为什么还要强调奥林匹克精神？还要争办奥运会？就是因为它不仅仅是一种肉体的展示，它里面有精神，它有一种精神的启示，奥林匹克精神为这样一种启示奠定了基础。"并且把这种启示的诸环节个别地彼此分开"，就是这种启示对于人的精神的启示有各个环节，在这样一种祭拜仪式里面，在奥林匹克精神里面，它把这种启示的各个环节分开了。或者说它抽取了其中一个环节，那就是人的肉体形象这样一个环节，它把它分开了。原来是混在一起的，在酒神祭里面它是没有分开的，那些狂欢的妇女是不顾忌自己的形象的，她的形象跟内在的本质的东西是混在一起的，那么现在呢它把它们分开了，分开了就是一个进步，我们就可以想办法建立一个更高层次上的统一性。"所以，在这里是本质的活生生的**身体性**之**抽象**环节，正如前面在无意识的狂热中是两个环节的统一一样"，"身体性"打了着重号，"抽象"也打了着重号。就是它把两个环节分开了，一个是身体性的环节，一个是精神的环节，身体的环节当然是代表了、象征了精神的环节，但是它毕竟被分开来表达，拉开了距离，身体性和精神性两者之间拉开了距离，成了抽象的环节。拉开了距离有利于我们看得更清楚，如果精神的东西混在身体里面混淆不清，那身体的东西呢也就被搞模糊了，就像在酒神祭里面一样。所以前面在酒神祭的无意识的狂热中，这两个环节是统一的，肉体和精神是统一的，但是也是模糊的、交织在一起的。现在呢奥林匹克精神把这样一种身体性单独抽出来，并且用这样一种单独抽出来的纯粹化了的身体性来代表它后面的精神性，但并不混在一起。精神的东西是精神的东西，身体性还是身体性，但身体性呢它是精神的东西的象征，米罗的维纳斯是《人权宣言》的象征。《人权宣言》当然是精神的东西了，虽然并没有在米罗的维纳斯身上写着，但是它是那个宣言的象征，让人看得很清晰，比你在读《人权宣言》的时候更加清晰。你在读《人权宣言》的时候那都是文字，那都是思想，那要费脑力，没有那么强烈的直接的视觉冲击力；而在米罗的维纳斯雕像身上有一种视觉冲击力，在奥林匹克的那些运动员的身体上也有一种视觉的冲击力。这种视觉冲击力后面有精神，但是把双方区分开来了，分得很清楚，而在前一阶段、在酒神的这种狂热祭仪中这两个环节是统一的，但是也是模糊不清的。这个"身体性"，这个打了着重号的概念，也是现代哲学像梅洛-庞蒂这些

378

人非常重视的，不过梅洛-庞蒂所强调的是肉身性 Leiblichkeit 或肉体性 Fleischlichkeit，而不是这里所说的身体性 Körperlichkeit，黑格尔则比较关注后者，它也可以译作"物体性"。梅洛-庞蒂可能更强调自然性的这一方面，而黑格尔的身体性更强调的是精神的方面，虽然有血有肉，但是不光是肉，它是身体性，有形的东西。这里所要说明的是，奥林匹克的祭仪跟酒神的祭仪之间已经有了一个层次上的不同。

　　于是人就把他自身作为被教育和塑造成完全自由的**运动**的形态来代替雕像，就像雕像是完全自由的**静止**那样。

　　"于是人就把他自身作为被教育和塑造成完全自由的**运动**的形态来代替雕像，就像雕像是完全自由的**静止**那样"，"运动"和"静止"都打了着重号，作一个对比，一个是运动的，一个是静止的。雕像是静止的，我们前面讲到静穆的哀伤、高贵的单纯、静穆的伟大，都是讲的静止，朱光潜先生把它翻译成"静穆"、"肃穆"，更具有一种崇拜的含义。但是运动员呢是运动的形态，这种运动形态是人把他自身教育和塑造成的形态，正如静止的雕像是艺术家所塑造成的形态那样。雕像摆在那里，很多雕像本来也都是运动员的雕像，像《掷铁饼者》、《掷标枪者》，这都是一些运动员的雕像；但是真正的运动员、有血有肉的运动员当然比雕像更具有一种生命的艺术品的含义，他是活生生的，他处在动作的过程中。雕像呢虽然是运动员的雕像，但是它是不动的，它是那一瞬间定格在那里；而运动员呢他是活动的，完全自由的运动的形态，而且他这个形态是他自己打造出来的，如果他不去训练的话，他塑造不出这样的体型。这么健美的体型只有通过有意识的、有目的的健美训练的教育和塑造才能造成。当然有的人天生体型就好，他从事着体力劳动，也许他的体型就非常不错了，但你真正参加体育竞赛，那还得塑造，哪一个地方总还有些不足啊，哪一块肌肉还不明显啊，你都必须要经过雕琢。古希腊没有专门的健美运动员，但古希腊的那些运动员都很讲究身体的各部分的完美匀称，虽然不同的运动员他对体型的要求也不一样，跳高的啊、赛跑的啊、举重的啊、掷铁饼的啊，他们的要求都不一样，但是总体上要体现出一种和谐匀称。这是跟雕像不同的，它是人自己把它塑造成的，而且是运动的形态，而雕像呢，艺术家把它做出来，就放在那里了，不是说在运动中时时刻刻训练自己、打造自己。那么这样一种运动员呢就是男性的原则，奥林匹克运动会最开始的时候是没有女子项目的，据说到了多少届才开始有了女子的项目，就是竞走有一个女子项目，其他都没有，而且是关在一个大厅里面来比赛，全身裸体。男运动员也是全身裸体，一丝不挂的，所以不准妇女去观看，搞得很神秘的。这是对肉体的一种崇拜，它是男性的原则，它表现的是力量。妇女呢虽然也可以参与，但是它表现的不是力量，女性的原则主要表现的是一种生育能力，男性的原则主要表现的是一种力的原则。

当每一个个别人至少作为火炬手都懂得呈现自身时，有一个人就会从他们中脱颖而出，这个人就是那个造型运动，就是对各个肢体的精心塑造和它们的流动之力；

先看这半句。"当每一个个别人至少作为火炬手都懂得呈现自身时"，每一个个别人作为火炬手在传递火炬的时候都懂得呈现他自身，都懂得他所举的火炬是要点燃圣火，在圣火的照耀之下来呈现他自己运动员的体格。每个火炬手都要挑选那些有名的运动员、曾经获过奖的运动员，我们今天的奥林匹克传递火炬也是这样，当然古代奥林匹克运动会上还没有传递火炬，但在其他的运动会，像雅典的运动会上就传递火炬，在奥林匹克运动会里面只有一个火炬手，就是那个第一名，他可以直接从祭师的手里面接过火炬去点燃圣火。还有就是举着火炬去赛跑的，不一定是奥林匹克运动会，在雅典的运动会、在其他的运动会上，比如在德尔斐的运动会上，就有选手举着火炬赛跑，争夺第一名。那么，"有一个人就会从他们中脱颖而出"，就是那个第一名，冠军，"这个人就是那个造型运动，就是对各个肢体的精心塑造和它们的流动之力"。这个人就代表着这样一个造型运动，因为他对他的肢体精心塑造，体现肢体的流动中的力量。因为他在运动中不像雕像那样静止地摆在那里，而是在肢体的流动中，你看他在跑步和跳跃的时候每一块肌肉怎么样地协调、发力、起作用，每一块肌肉都是他精心塑造出来的，每一个肢体，上肢、下肢、大腿、小腿、腹肌和背肌，都是精心塑造出来的，这个人就是那个造型的运动。

　　——他就是一个赋有灵魂的、活生生的艺术品，这个艺术品以其美与强健相匹配，这样一个人就领受到了雕像曾经荣获的那种装饰，作为对他的力的赞扬，并且领受到了这样的荣誉，即他在他的民族中取代了 {388}
石头打造的神，成为他们的本质之最高肉体呈现。

　　"他就是一个赋有灵魂的、活生生的艺术品"，这样一个运动员就是一个艺术品了，但它赋有灵魂，并且是活生生的艺术品，这就远胜过冰冷的雕像了。"这个艺术品以其美与强健相匹配"，这个艺术品用它的美和强健相匹配，美和健，这就是健美了，我们今天叫作健美。他的美不是一般的美，是一种健美，他的强健也不是粗野，而有美感，美和强健相匹配。"这样一个人就领受到了雕像曾经荣获的那种装饰"，"装饰"Schmuck，也可以翻译成"美化"，雕像曾经荣获的那种美化，比如菲狄亚斯的雅典娜女神像，在全身镶嵌着象牙、宝石和黄金。而奥林匹克竞技的第一名也领受到了自己的荣誉，他的装饰就是戴上冠军的桂冠，他要站在高台上面领奖，奖品很少，价值不多，但是荣誉很高。他的装饰就是用橄榄枝编成的花冠，后来是月桂枝，所以叫作桂冠，最开始是橄榄枝，奥林匹克运动会就是橄榄枝，用来对他加以装饰。"作为对他的力的赞扬"，赞美的是他的力、男性的力量。"并且领受到了这样的荣誉"，一个是领受到了那种装饰美化，一个是领受到了那种荣誉，什么荣誉呢？"即他在他的民族中取代了石头打造的神，成为他们的本质之最高肉体呈现"，他在他的民族中，取代了石头打造的神，原来是由神像来代表民族精神，现在是由奥林匹克冠军代表民族精神了。神庙和神像都是石头打造的，石头打造的神像当然可以代表他的民族，但现在奥林匹克精神的象征就是人的健美的形体，它取代了石头的神像来代表他们的民族，这一完美的形体就是这个民族的本质之最高肉体呈现，或者说，这个民族的本质现在就集中体现在这样一种体育精神上了。奥林匹克精神是以他们神话中的大力神、体育之神赫拉克勒斯为代表，有时候运动会就是祭拜赫拉克勒斯的仪式，这是体育崇拜，确切地说是体育精神的崇拜。赫拉克勒斯作为体育精神，就是希腊民族精神的最高肉体表现，对于一个冠军获得者，他们把在神庙里面赋予赫拉克勒斯的那种荣誉赋予他。赫拉克勒斯作为希腊神话里面的一个人物，他已经成了天上的一颗星宿，但他照耀着这个民族，使得这些体育健儿们能够领受他的体育精神去进行竞争，而冠军获得者就是赫拉克勒斯精神的一种体现。希腊民族崇尚体育精神，它是一个尚武的民族，不管是雅典还是斯巴达或是其他城邦，它们经常要遇到战争，遇到战争就要有好的战士和好的体格，他们的奥林匹克精神就是从这里面升华出来的。但它又超越了战争的需要，成了对人的自然形体的宗教崇拜，比如说正在打仗的时候遇到要开奥运会的日子了，于是双方宣布休战，双方派出他们最好的运动员去参加奥运会比赛，比赛完了以后我们再开打，这叫奥林匹克休战。希腊人有这样高度文明的传统，是其他民族罕见的，这是非常朴素的、非常天真的一种观念，也是非常崇高的一种观念，就是有一个东西是高于一切的，甚至于高于一场战争。国家之间的战争是你死我活了，但是有个东西比这个更高，那就是体育精神，而且这是全民族所崇拜的，不管哪个城邦，大希腊地区，甚至于包括意大利，包括地中海沿岸那些小城邦、小国家，它们都崇拜，不管你发生了什么冲突、什么纠纷，都要以这个为重，有什么事情奥运会开完了再说。他们有这样一种精神，这是超越性的，不能简单地把它看作肉体崇拜或力量崇拜，看哪个更强一点我们就让他去带兵打仗，不是那么简单的一回事情，它是一种超越性的普遍人性的体现。

在刚才所看到的这两种呈现里，现成在手的是自我意识和精神本质的统一，不过两者都还缺乏它们的平衡。

"在刚才所看到的这两种呈现里"，这两种呈现一种是酒神精神，一种是日神精神或体育精神。"现成在手的是自我意识和精神本质的统一"，这两种呈现里面都有这种统一，一个是自我意识，一个是精神本质，都是这两者的统一。不仅日神精神是这样，酒神精神也是，包括那些妇女们的狂热，在酒神祭上面的发酒疯，都是自我意识和精神本质的统一。它是有理念的，它不是因为好酒贪杯，而是一种崇拜、一种对大地母亲的祭拜、一种祭仪和献身精神，所以它是自我意识和精神本质的统一。在体育精神、奥林匹克精神中，它也不是简单的对于肉体的崇拜，而是通过肉体崇拜来崇拜人性，崇拜一种更高的东西。"不过两者都还缺乏它们的平衡"，不管是酒神精神也好，还是奥林匹克精神也好，都缺乏自我意识和精神本质的相互间的平衡，它们虽然是统一的，但是这种统一并不平衡，怎么不平衡？

在酒神的豪情里自我是在自身之外，而在美的身体性里却是精神本质在自身之外。

一个是自我，一个是精神本质，两者虽然统一，但"在酒神的豪情里自我是在自身之外"，这个自我在酒神精神的自身之外，它是鼓动酒神精神的，但它本身不出现在酒神精神之中，它只在底下拼命鼓动。因为自我处在黑暗之中，处在大地母亲的怀抱之中，它不出场，但它在底下鼓动。所以自我是在酒神精神之外的，虽然它是统一的，它的一举一动后面都有自我在鼓动，但是它本身是在这种豪情之外的，是在酒神精神之外进行鼓动的，自我在这里不属于显性的一方。"而在美的身体性里却是精神本质在自身之外"，在美的身体性里面，我们崇拜身体，我们看到一个奥林匹克的冠军展示他的肌肉，展示他的身体，我们大家都感到惊叹，当然这个后面是有精神性的东西，有人性的本质；但是我们这个时候还没有想到去探索它的本质，精神在这里不属于显性，而是让给了肉体。我们在观看米罗的维纳斯的时候谁想到过法国大革命的《人权宣言》呢？

当我们看到一个《掷标枪者》或者《掷铁饼者》或者赛跑冠军的时候，我们谁想到他后面蕴藏的更深的本质呢？所以精神本质又在这个身体自身之外，它只是从中抽出了一个片面的环节，也就是身体性的环节来加以表现。虽然这个身体性的环节它已经跟精神不可分了，它不仅仅是崇拜身体，它是崇拜超越的东西，甚至可以超越人类的战争，它有种精神的力量普及到整个大希腊地区，但这种精神呢还是在身体自身之外。你不要简单地在身体性上面去发现这样一种精神，那是看不到的，它就是身体，它就是健美，给人以美的欣赏，一种惊叹，如此而已。但是大家为什么都要惊叹？都要欣赏？这个就有人性的普遍性在里头，就有精神的本质在里头。所以这两种崇拜的结构是不一样的，它们虽然都有自我意识和精神本质的统一，但是结构是不一样的，一个是自我在精神之外，一个是精神本质、普遍的东西在身体之外，有隐性和显性的不同。酒神的自我在自身之外，这就是属于一种海德格尔讲的"绽出"，Extase，萨特也讲"绽出"，我们翻译成"出神"或者"狂喜"，就是超出自身。Extase 本来的含义呢是狂喜、狂热，在酒神精神里面，自我不知道自己是谁了，自我在自身之外了，当然它是从自我来的，但是它已经忘记了自我了，达到一种忘我、狂热的状态。而美的形体性呢，它是一种精神的物化状态，虽然它不是那种死的物，而是有生命的肉体，但它毕竟是一种物化状态、一种客观化的状态，它所体现的精神本质在它之外。这是两种不同的结构，各自都有它的不平衡。那么这两者必须要有一种互补，必须要有一种互相交融来恢复平衡。

前者的意识暗昧及其混乱的含糊不清必须纳入后者的清澈的定在，而后者的无精神的清澈也必须纳入前者的内在性。

它们各有利弊，各有长短，那么这两者，酒神祭和奥林匹克体育精神，要各自吸收对方的长处，来克服自己的短处。"前者的意识暗昧"，前者也就是酒神祭了，它已经忘我了，它已经陷入到狂热了，所以它的意识是暗昧的，"及其混乱的含糊不清"，它喝醉了嘛，在祭奠酒神的仪式上喝多了酒,它的意识已经混乱、它的语言也含糊不清了。这种意识暗昧及其混乱的含糊不清"必须纳入后者的清澈的定在",后者就是奥林匹克精神,这种对健美身躯的崇拜、这种身体性的崇拜必须用作酒神祭的补充,就像尼采所讲的,酒神精神必须要用日神精神来中和、来表现,如果没有日神精神的补充,它就会成为一种原始的本能、原始的狂乱,它就没有结果。它冲一阵子,冲完了就没了,酒醒了啥事也没有,所以那个是没有结果的。它必须纳入后者的清澈的定在,后者就是体育精神,它的清澈的定在就是这么一个对象,你可以慢慢地欣赏,它的形体、它的流动的力、各个肢体的协调、匀称,体形的优美,这才是我们人应有的样子。那就不仅仅是狂欢了,不仅仅是为所欲为、横扫四方,到处去捣乱了,所以必须要有日神精神来给它以定在,把它清晰地固定下来。"而后者的无精神的清澈",奥林匹克运动所体现的清澈是一种无精神的清澈,因为它的精神在它之外嘛,光是崇拜肉体了,那么它的精神是隐藏在后面了,这个肉体本身是无精神的清澈,虽然可以看得清清楚楚,但是并不直接体现出精神。"也必须纳入前者的内在性",不光是你在身体上要赢、要拼搏、要夺冠、要比别人强,这只是一方面,只是外在表面的。当然这个方面是很清澈的,谁是冠军、谁是亚军清清楚楚,有定量的标准,你比人家快百分之一秒,你就是冠军,他比你慢百分之一秒,他就只能屈居亚军,这个是非常严格、非常精确的;但这是无精神的,它必须要纳入后者的内在性,要纳入酒神精神的内在性,内在性在酒神精神那里是它的强项。所以这两者要互补。这两者的距离还是蛮远的,日神精神和酒神精神看起来是对立的,那么如何才能够把双方结合起来呢?

在那完善的元素中,内在性同样是外在的,外在性同样是内在的,这元素再次是语言,但它既不是在其内容中完全是偶然的和个别的神谕式的语言,也不是那情感性的、只是歌颂个别神灵的赞美歌,也还不是那酒神狂飙之无内容的含糊不清。

这里又谈到语言了,就是这两者相距如此之明显、如此之遥远,如何能够把两者统一起来？"在那完善的元素中"，有个元素是两者的基础。两方面虽然相距很远，但是两方面有个共同的元素，在其中，"内在性同样是外在的，外在性同样是内在的，这元素再次是语言"。就是有一个双方共同的元素，Element，就是最基本的元素，是作为两者的基础的东西，在这个元素里头，内在性同样是外在的，外在性同样是内在的，内外已经统一起来了，已经融为一体了。那么这是什么呢？这元素再次是语言。这讲到"再次"，就是前面已经讲到语言了，比如说赞美歌、神谕，这都是语言，但现在我们又回到了语言，我们再次提到语言。当然这次的语言起的作用跟前面都不太一样，所以他接下来马上讲，"但它既不是在其内容中完全是偶然的和个别的神谕式的语言"，它跟神谕的语言不一样，神谕的语言的内容完全是偶然的和个别的。神谕的语言讲出来的那些东西很难理解，很难具有普遍性，是一种具体场合下偶然的指示，并且非常晦涩。而这里的语言应该是明明白白的，而且是有逻辑性、有清晰性的语言。"也不是那情感性的、只是歌颂个别神灵的赞美歌"，赞美歌也是一种语言了，前面提到的另一种语言就是赞美歌，但它是情感性的。赞美歌当然是要真情赞美了，歌颂个别神灵了，一个是出于情感，一个是只歌颂个别神灵，这就使它带上了局限性。而现在的语言不是歌颂个别神灵，它里面要讲述一系列的故事，它也不是出于一种情感，而是出于叙述、描述的意图。这里头实际上是为后面要讲的史诗作铺垫了，向后面讲的"精神的艺术品"过渡了，"精神的艺术品"中第一个就是史诗。史诗的语言既不是情感性的，也不是歌颂个别神灵的，不是赞美歌。"也还不是那酒神狂飙之无内容的含糊不清"，酒神的狂飙，它的语言是含糊不清的，喝醉了酒，哪有什么清晰的语言呢？所以那是一种狂飙，一种狂热，一种出神状态，没有清楚的内容，喝醉了酒的话是不可信的，它是没有内容的。我们讲酒后吐直言，但是在黑格尔那里他是不相信这个的，喝醉了酒说出来的东西那是不能当真的，即算说出了什么东西也不能当作内容来看待，它是无内容的含糊不清。

相反，这种语言获得了自己清澈而普遍的内容；它这种**清澈的**内容是因为艺术家已经从前一种完全实体性的豪情中把自己制作成这样的形态，这形态是他自己独有的、在他的一切动作中都为自我意识到的灵魂所浸透并在一起共生的定在；

我们先看这半句。"相反，这种语言获得了自己清澈而普遍的内容"，这句话里面有两个要素，一个是清澈，一个是普遍。这种语言获得了自己清澈而普遍的内容，既是清澈的又是普遍的内容，那么如何理解这个清澈和普遍？下面就解释了，"它这种**清澈的**内容"，"清澈的"打了着重号，"是因为艺术家已经从前一种完全实体性的豪情中把自己制作成这样的形态"，这是解释清澈的，为什么是清澈的呢？是因为艺术家已经从前一种完全实体性的豪情中把自己制作成这样的形态，也就是从酒神精神的那种实体性的豪情中，现在把自己制作成了这样一种确定的形态。注意这个"制作"，arbeiten，也译作"劳动"，前面我们已经讲到过，"制作"是在"工匠"那里出现的，劳动是工匠的活，它已经不再是那种完全实体性的豪情鼓舞，已经从前一种完全实体性的豪情中，也就是从那种酒神精神里面，把自己制作成了这样的形态，已经造成了它的一个对象。前面也讲了，"这种对神的没有固定性的狂欢必须安定在**对象**上"[第 211 页]，那么现在，从这样的狂欢中我们已经把自己制作成了这样的形态。这种制作呢相当于"自然宗教"的最后一个阶段，就是"工匠"。前面"光明本质"接下来是"植物和动物"，第三个环节是"工匠"；那么植物就体现在酒神崇拜上面，动物呢就体现在奥林匹克精神所崇拜的人体上面，人当然也是一种动物，所崇拜的是人体这样一种动物形象。那么到了这里讲的制作，就进入到了史诗，进入到了"精神的艺术品"，相当于前面的工匠的阶段，但是层次更高了，跟自然宗教相比当然层次不可相比了，但是重复了这样一个程序，从光明本质到植物，到动物，到工匠。要制作的是这样的形态，"这形态是他自己独有的、在他的一切动作中都为自我意识到的灵魂所浸透并在一起共生的定在"，这就解释了它为什么它有清澈的内容，因为艺术家已经走出了酒神精神的那种狂热，而把自己制作成了这种形态，这种形态是他自己独有的定在，这定在在他的一切动作中都为自我意识到的灵魂所浸透，并在一起共生。那就是体育家、体育精神，在体育冠军身上所体现出来的那种清澈的形态，现在被吸收进这种新型的语言中来了。这形态是艺术家自己独有的，一个运动员就是一个艺术家，他打造自己的身体，他自己独有这形态，他是冠军嘛，冠军只能有一个啊；在他的一切动作中都为自我意识到的灵魂所浸透，他的所有的形体的打造都浸透着他的灵魂，并且在一起共生，一个是肉体，一个是灵魂，两者共生。他的每一块肌肉里面都体现着他的灵魂，自我意识到的灵魂浸透了他全身，所以一个体育冠军站在领奖台上，他体现的不单纯是他的肉体，而是通过他的肉体所焕发出来的他的体育精神，他的身体的每一部分都为自我意识到的灵魂所浸透，打造出了这样一个形态，所以它有清澈的内容，这是解释这种语言的清澈性的来由。

　　它的**普遍的**内容则是因为，在这样一种本身就是人的荣耀的庆典里，那些只包含一个民族精神、只含有神性的一种特定性格的雕像的片面性消失了。

　　这就解释了这种语言的普遍性。"它的**普遍的**内容"，"普遍的"打了着重号，前面是"清澈的"打了着重号，它们合起来构成这种语言的清澈而普遍的内容。"则是因为，在这样一种本身就是人的荣耀的庆典里"，奥林匹克是一个庆典，庆祝什么呢？庆祝人的荣耀，人可以达到如此的完美，人的这种完美已经接近于神了。希腊人心目中的神的形象就是完美的人的形象，我们看希腊雕刻中的那些神，太阳神、雅典娜、阿芙罗狄忒、宙斯，这些神的形象就是人的形象、完美的人的形象；而现在我们在领奖台上居然就看见了，这是我们自己经过刻苦的训练打造出来的人的形象。所以在这样一种本身就是人的荣耀的庆典中展示人的荣耀，人就是神了，冠军就相当于神了，所以要庆祝了。但是在这样一个庆典里，"那些只包含一个民族精神、只含有神性的一种特定性格的雕像的片面性消失了"，在这个庆典里面，那种雕像的片面性消失了，人体已经克服了雕像的片面性，为什么呢？因为雕像、就是神像，你雕的是哪一个神，你雕的是阿波罗还是雅典娜，还是宙斯，还是波塞冬，这些都是每个城邦它自己固有的守护神，是它自己固定祭拜的神，雅典就崇拜雅典娜，德尔斐就崇拜阿波罗，这都是很固定的；但是在这样一种奥林匹克的庆典里面，那些只包含一个民族精神、只含有神性的一种特定性格的雕像的片面性消失了。奥林匹克的庆典不是哪一个城邦的庆典，是全希腊的庆典，是大希腊地区的庆典，外邦人，甚至于其他国家的人到后期都有资格参加。早期必须要是希腊血统，必须父母要是希腊人才有资格参加，但是后来慢慢就扩展了，就是很多外邦人都可以参加，它打破了城邦的限制。而且人体就是人体，不是哪个神或哪个城邦的人的身体，人的身体能力是通过定量化或比赛来确定的，不是以哪个民族或特殊的神灵来标志的，在运动会上来自各个城邦的人都在一起进行公平竞争、公平比赛，所以这时候它就把这样一些片面性扬弃掉了。在奥林匹克竞技上已经打破了这样一种城邦的或民族的片面性，原来是每个城邦的民族崇拜一个神，体现在某个神的雕像上，现在呢是所有的神都在一起，但却以人、以各位英雄的动作为中心，这就是为后面讲的史诗作准备了。在奥林匹克精神里面已经为后面的史诗作了准备，后面讲到史诗是一个万神殿，所有的神在史诗里面都出场了，但主角其实是人。

　　那位美的战士诚然是他这个特殊民族的荣耀，但他是一个身体化的 [213]
个别性，在其中丰富、严肃的意义和精神的内在性格都沉没了，这性格承载着他的民族的特殊生活、关切、需要和伦常。

　　就是在体育竞技中，"那位美的战士诚然是他这个特殊民族的荣耀"，那位优胜者，那就是美的战士了。奥林匹克运动会是起源于我们要培养出强有力的战士，我们来进行竞技，从里面选拔战士，使得全民族都来关注，来锻炼身体、保卫祖国，起源于这样一种精神。但是一旦进行公平竞争、进入到体育精神，那这些东西都被扬弃了。那位美的战士虽然是这个民族的荣耀，"但他是一个身体化的个别性，在其中丰富、严肃的意义和精神的内在性格都沉没了，这性格承载着他的民族的特殊生活、关切、需要和伦常"。他是一位奥运冠军，至于他是从哪个民族来的，他当初是为了什么来训练，这些东西在他走进赛场的那一刻都沉没了，他不是代表某一个城邦，他是代表人，代表全人类。当然他也给他本民族带来荣耀，但是那是归来后的庆祝，在奥林匹克赛场上这些东西都不考虑的。古代奥林匹克运动主要不是这个，为国争光那是次要的，主要是为个人争光，也就是为人类争光，挑战人类的极限，在奥林匹克精神里面包含这种更高的追求。所以在体育竞技中表现的是一个身体化的个别性，没有那些世俗政治的严肃意义，人们抱有一种超越性的游戏态度，不管是哪国人，你欣赏一下，你看他是不是健美，你看他的动作是不是激动人心。在其中，丰富、严肃的意义，为国争光的意义，精神的内在性格，由他个人特殊的民族生活习惯所带来的特点，全都沉没了，只剩下普遍性，他代表的只是普遍性，是人类所能达到的极限。

在这样外化为完全的身体性时，精神把他作为民族的现实精神包含在自身内的自然本性的那些特殊痕迹和相似之处撇在一边。因此他的民族在这精神里所意识到的不再是他的特殊性，而毋宁是对特殊性的抛弃，是他的人性定在的普遍性。

"在这样外化为完全的身体性时"，你就只看他的身体，你不要管他是哪来的、哪个城邦的、哪个国家的，承载着谁的重托，你就欣赏他的身体。"精神把他作为民族的现实精神包含在自身内的自然本性的那些特殊痕迹和相似之处撇在一边"，奥林匹克精神把运动员的那些民族的特殊痕迹和相似之处撇开了，比如说这是一个阿拉伯人，这是一个日耳曼人，这是一个中国人，这是一个非洲人，他们都带有自己的种族的痕迹，皮肤、头发的颜色、眼睛的颜色，以及习惯性动作，都有这民族的相似之处和共同点，这些都把它撇在一边，我们只关注他的身体动作是否做得漂亮，是否做得矫健和完美。这就是奥林匹克精神所关注的。这种对个人的形体、身体性的欣赏里面包含有一种人类的普遍性在里面，不要以他有没有这样一种为国争光、争脸面的想法来判断他的精神层次，其实在某种意义上他的层次更高，他的境界更高。为国争光还带有功利性，比为了赚钱要稍微高一点，但还是功利的；只有为了表现人类体能的极限，为了表现人体的健美和无穷潜力，那才是更高的境界。"因此他的民族在这精神里所意识到的不再是他的特殊性，而毋宁是对特殊性的抛弃，是他的人性定在的普遍性"，这就是我们刚才讲的那个意思了，就是他表现的不再是他的特殊性，在这种身体性里辉煌展示的，是超越了特殊性之上的人性定在的普遍性。虽然他是个别的，甚至是世上唯一的，但在这种唯一的个别里面恰好体现出一种人类的普遍性，全人类都为他而自豪，他就是我们人类的典型形象，展示了个别和普遍的统一，而他的那些特殊的、复杂的内容在这个时候都被放在了一边。休息一下吧。

c. 精神的艺术品

刚才已经作了一个铺垫，就是怎么样从奥林匹克精神里面生发出来，形成一种普遍的精神内容，以便能够用一种普遍的语言加以表现。奥林匹克精神本身带有普遍性，已经带有大希腊地区以及当时的眼界所及的世界的普遍的精神，当然在我们今天看起来它那个世界很小，但我们不能因此就说它那个精神就局限在希腊地区，它那个精神原则上已经扩展到全人类，这个已经从奥林匹克精神的原则里面展示出来了。但是它还没有说出来，真正说出来、陈述出来，必须通过一种语言的表达，因为上面讲了，体育精神有一种内在的矛盾，就是在这样一种身体化的表达之中，它的精神的本质在自身之外，身体的展示不能直接说出这种本质，而只是象征着精神的本质，这是它的局限性。酒神精神呢是自我在自身之外，而奥林匹克精神呢是精神的本质在自身之外，它可以展示这种精神，但是我们在欣赏战士的健美的身体的时候呢，我们是就他的身体和体能来加以评判的，我们把那些内在的含义都撇开了，我们只看他的身体。所以普遍性的精神不能直接体现在他的身体上面，仍然在身体之外，作为一种象征。真正要把这种精神表达出来还得通过语言，这样一来就进入到精神的艺术品了，这就扬弃了身体性，而专门来表达精神了，现在我们进入到语言，就不需要那种外在的形体了。我们可以在语言里面描绘外在的形体，描绘一个人的健美、一个人的神力、一个人的建功立业的光荣，包括体育竞技得了冠军，而不需要在领奖台上去展示他，我们通过语言来描绘他。这就通过语言又更加上升到一个新的层次了，这就是精神的艺术品。前面从身体性里面已经影射了、已经象征了一种精神的艺术品，这个时候呢，这样一种语言的作品就呼之欲出，只有语言的作品才能够克服以往的酒神精神和奥林匹克精神它们各自的限制和相互的内在的矛盾性、它们的不统一性。精神的艺术品是艺术宗教的第三个环节了，第一个环节是抽象的艺术品，抽象的艺术品就是神像和神庙，然后是赞美歌，然后是祭拜；第二个环节是有生命的艺术品，里面主要是两个方面，一个是女性的原则，一个是男性的原则，女性的原则体现为酒神精神，男性的原则体现为奥林匹克精神。那么从奥林匹克精神里面就已经预示了第三环节即精神的艺术品的产生。

　　那些在一个特殊动物中意识到自己的本质形态的民族神灵汇集为一个民族精神；于是那些特殊的美的民族神灵联合成一个万神殿，这万神的元素和居所便是语言。

{389}

　　"那些在一个特殊动物中意识到自己的本质形态的民族神灵汇集为一个民族精神"，这个特殊动物也就是人的形体了，人的形体、人的身体性当然也是作为动物，人也是一种特殊动物。这里不说人体、人的身体，而说特殊动物，是要突出体育中的精神在自身以外，并没有展现在人体之中，所以人们还是以看待一个特殊动物的眼光在看待健美的人体。但在这个特殊动物中人们已经意识到自己的本质形态的民族神灵了，就是说民族神灵、每个城邦的神都在人的形态中意识到自己的本质形态，它不再是像原始民族或者旧神的那样一些精神，要在一个非人的形态里，在其他的动物、在马或羊的形态或在半人半兽的形态里，意识到自己本质。这样一种民族神灵他们都意识到自己是人的本质，他以人的形象出现，古希腊的那些神都是神人同形同性，神和人是同形的，神具有人的形体并且具有人的性格，这样的民族神灵就是在一个特殊动物中、在人的形体中意识到自己的本质形态了。这样一些神灵主要是奥林普斯诸神，就是上界的神，地下的神就不管了，有人形的，也有半人半兽的，像酒神的随从萨提儿，森林之神，就是半人半兽的形象，羊人，上半身是人、下半身是羊，而且头上还有两个角。现在，在一个特殊动物的形态中，也就是在人的形态中，那些民族神灵就汇集为一个民族精神了，"一个"标为斜体，原文是大写。这样一些民族的神灵汇集为一个民族精神，在奥林匹克运动会上面已经体现出这一点了，各个民族都在奥林匹克运动会上面汇集成了一个整体的民族精神。其他的民族就没有这种竞技会，像埃及啊、波斯啊它们都不搞，希腊人才搞。在奥林匹克运动会上大家意识到有一个共同的民族精神。"于是那些特殊的美的民族神灵联合成一个万神殿"，"一个"又标了斜体，就是奥林匹克运动会、奥运精神它具有这样一种作用，就是把所有民族的神灵统一起来，使他们构成一个民族精神，联合成一个万神殿，所有的神都在这里。"这万神的元素和居所便是语言"，奥林匹克运动会其实已经是万神殿了，来自各个城邦的、各个民族的那些运动员，他们都代表自己的城邦参加运动会，这就把自己民族的神灵加入到万神之中，成为其中一员，已经是这样了；但是这样一种精神还没有它的元素和它的居所，它的元素和居所是住在语言里面。你要用语言把这样一个万神殿展示出来，才能够使得这样的奥林匹克的泛希腊的精神或者是人类的普遍精神得到表达，否则的话运动会开完就没有了，下次再来就定不了形了，就是居无定所了。他说这万神的元素和居所便是语言，语言在这里是起了这样一个作用，就是万神殿的住所，我们要为它写一首诗，写一部史诗，把这些东西都装进去。

对民族精神自身作为**普遍人性**所做的纯粹直观，在民族精神的现实性上具有这样的形式，即一个民族精神由于自然性而同其他民族精神构成一个国族（Nation），并和其他民族在一个共同的事业上联合起来，为了这件工作而形成了全体民众，因而形成了一个全天下。

我把这些概念写一下，[板书：Volksgeist 民族精神；Nation 国族；Gesamtvolk 全体民众；Gesamthimmel 全天下；Staat 国家]，这几个概念如何把它们区分开来，很麻烦的。"对民族精神自身作为**普遍人性**所做的纯粹直观"，"普遍人性"打了着重号。民族精神，前面讲到汇合为一个民族精神了，这个民族精神已经是普遍人性了，它是多民族的神灵，Volksgeister 是复数，作为复数的话我们就把它翻译成"民族神灵"，如果作为单数的话我们就把它翻译成"民族精神"，Volksgeist，民族精神是许多民族神灵汇合在一起所造成的，构成了一个民族精神。对民族精神自身作为普遍人性，我们加以纯粹直观，这个民族精神就成了万神殿了，所有的神都聚集在这里形成了一个统一的民族精神，所以它被看作是普遍人性，是全希腊人的共性。你有其他的人、其他神灵也可以加入进来，它是开放的，万神殿是敞开的，只要你加入进来，那么我们就是一个民族，我们就有一个民族精神。在奥林匹克运动会里面他们已经聚集起来了，凡是参加奥林匹克运动会的都属于一个民族，虽然你我有不同的民族神灵。而对民族精神自身作为普遍人性所做的纯粹直观，"在民族精神的现实性上具有这样的形式"，直观地来看待一个民族精神，它就具有这样的形式，有什么样的形式呢？"即一个民族精神由于自然性而同其他民族精神构成一个国族"，Nation，其实也可以翻译成"民族"，它跟 Volk 都含有"民族"的意思。Volk 也是"民族"，但还含有民众、大众、群众的意思，而 Nation 除了"民族"外，还含有"国家"的意思。所以我们把后者译作"国族"，前者有时译"民族"，有时译"民众"。其实 Volk 这个词是从拉丁语来的，从 volgus（人民、平民）来的，它没有"族"、"种族"的意思，Nation 是从拉丁文 natio（出身、种族、自然）来的，有"族"的意思。所以纳粹即"国家社会主义"就是"民族社会主义"，它就是用的这个 Nation，它有"种族"的意思，所以纳粹是一种种族主义。而 Volk 就是一个人群的聚合体，许多人聚集在一起，形成的这样一个群体，翻译成中文的"民族"其实不是很恰当，因为它没有"族"的意思，没有血缘关系的意思。但是也没有别的词可以代替它，所以我们还得翻译成"民族"，有时候翻译成"民众"、"人民"、"大众"，像德国的"大众汽车"就是它。这些人就是一些聚合体，他们不一定有血缘关系、种族关系；但是 Nation 强调他们有种族关系，有血缘的含义，所以我们把它翻译成"国族"。"一个民族精神由于自然性而同其他民族精神构成一个国族"，民族跟国族之间的区别就在这里，国族是由于自然性而结合成的，自然性主要指血缘，当然还有地域，或者贸易来往，但强调自然性。Nation 与 Nature 也同字根，Nature 在拉丁语里面是"自然"的意思，最初是"生育"、"孕育"的意思。一个民族精神由于自然性而同其他民族精神构成一个国族，"而在一个共同的事业上联合起来，并且为了这件工作而形成了全体民众"，Gesamtvolk，gesamt 就是"全体"，全体民众，"因而形成了一个全天下"，Gesamthimmel，Himmel 就是"天"，整个天，怎么翻译？想了半天，最后找出来，翻译成"全天下"大概差不多，全天下，普天之下莫非王土，这个"全天下"可以表达 Gesamthimmel 的含义，全体的天空、整个天，因而形成一个天下。它的意思还是很明白的，就是一个一个的民族精神由于自然性而同其他民族精神构成一个国族，"一个"打了斜体，原文是大写。"而在一个共同的事业上联合起来"，一个共同的事业，这共同的事业可以理解为贸易，但是更重要的是战争。贸易当然可以联合起来做，我经常跟某某城邦做生意，我们形成了契约，我们经常来往，我们定期地从某某地方进口粮食，希腊地区粮食是不够的，全靠贸易，希腊才得以生存，粮食、蔬菜、木材等一系列的生活必需品，它都要从外面进口。再就是面临战争，面临战争的时候，在一个共同的事业上面我们联合起来，比如说特洛伊战争、希波战争。全希腊地区由于他们的自然性，他们经常在一起做生意啊、交往啊，在血缘上也有关系啊，都是希腊人啊，都说希腊语啊，那么我们就联合起来去对抗波斯入侵。或者去攻打特洛伊，虽然特洛伊也属于大希腊地区，但是它跟这边呢还是生疏一点，关系远一点。说是他们的王子拐跑了我们的斯巴达王后海伦，那么我们全体联合起来去攻打它，特洛伊战争是典型的在一个共同的事业上联合起来，并且为了这件工作而形成全体人民，因而形成一个全天下。我们就是一个天下，我们在共同的奥林普斯大神宙斯的护佑之下去攻打另外一个城邦，从而构成一个国族。

然而，精神在它的定在中所达到的普遍性还只是最初的普遍性，这种普遍性才刚刚从伦理的个体性中走出来，还没有克服它的直接性，还没有从这些多民族性里面构造出一个国家来。

这"国家"就是 Staat。从这里就可以看出国家和国族的区别了。一个民族由于自然性而同其他民族精神构成一个国族，在一个共同的事业上联合起来构成了一个全天下，"然而，精神在它的定在中所达到的普遍性还只是最初的普遍性"。大家为了希腊地区共同的利益共同去干一件事情，这样一种联系、这样一种普遍性还是最初级的。"这种普遍性才刚刚从伦理的个体性中走出来"，伦理的个体性，不再是一个一个的城邦的伦理实体，而是全体人民的，克服了原先那种各自为政的孤立的个体性，但是"还没有克服它的直接性"。为了我们一家一族的利益我本来可以不去参战，但是为了全希腊的利益我必须要参加，必须要去攻打特洛伊。当时有些人想不去，像著名的英雄阿喀琉斯就不去，跟我没关系我去打它干啥？为了逃避兵役，他的母亲忒提斯把他装扮成一个女孩，混在宫女之中，俄底修斯去动员他的时候认不出来，于是俄底修斯诡计多端，想了个办法，就在旁边大喊"敌人来了"，所有宫女都吓得拼命地跑，只有阿喀琉斯拿起了武器，这就把自己暴露了。于是就对他动之以情、晓之以义啊，说你躲在这里像什么样子，你这个英雄啊应该跟我们一起去，于是阿喀琉斯就参战了。但这是刚刚从个体性中走出来，还没有克服它的直接性，"还没有从这些多民族性里面构造出一个国家来"。它还不是一个国家，希腊地区很多很多的城邦联合起来，它们是一个联盟，雅典啊、斯巴达啊、科林斯啊，各个城邦联合起来去做一件事情，临时性的。它并没有一个国家、一个政府机构，一套法律，也没有一个统一的国家和政府，所以还没有构造出一个国家来。像阿喀琉斯想参加就参加，不想参加了就可以罢战，准备打道回府，谁也拦不住他。所以这里的个（Staat）我们翻译成"国家"，是指一个法律意义上的政府，Nation 也可以翻译成"国家"，但它其实不是法律意义上的国家，它是国族。真正的国家是 Staat，那就是一个统一的合法政府，在古希腊还没有，古希腊只有城邦，有它一个小小的议事的地方，有一个殿堂，有时候在神庙里面决定它们城邦的大事，但是还没有国家。柏拉图的《国家篇》、《理想国》，其实翻译得都不太恰当，polis 本来的意思就是城邦，城邦还不是国家。当然它是后来的国家的雏形，城邦民主制，后来的国家也采用了民主制，是从那里来的，但是当时它还是一个由民众聚合起来的城邦。所以说这只是最初的普遍性，每个城邦的人都会意识到我们是希腊人，但希腊有很多城邦啊，我只是其中一个城邦，为了大希腊地区的利益，我们可以临时联合起来，我们可以参战，比如说攻打特洛伊，比如说后来的希波战争，动员全体希腊人都去参战，抵抗波斯帝国的入侵，不然的话大家都活不了。打完仗又回到自己的城邦，各自过自己的日子。所以这是非常直接的一种普遍性，没有克服它的直接性。

现实民族精神的伦理性一方面建立在那些个别人对自己民族整体的直接信赖之上，一方面基于所有的人不管等级上有何区别都直接参加到政府的决策和行动之中。

"现实民族精神的伦理性一方面建立在那些个别人对自己民族整体的直接信赖之上"，在当时希腊地区的现实的民族精神的伦理性，有一种我是希腊人的身份意识，对于民族整体有一种直接的信赖，我为希腊打仗虽死犹荣。第二次希波战争的时候斯巴达派出的三百勇士扼守温泉关，为抗击波斯的入侵全体牺牲，所有希腊人都纪念他们，成为美谈，觉得很了不起。以三百人抵抗了波斯的数十万大军，靠的是对整体的直接的信赖，或者说爱国主义吧，这是一方面。"一方面基于所有的人不管等级上有何区别都直接参加到政府的决策和行动之中"，在决策城邦是不是参战的时候，每个人都可以发表意见，不管等级地位上有何区别，这就是希腊民主制所形成的伦理原则。希腊人当时也是分等级的，有多少财产的人属于贵族等级，其他属于平民等级，共分为四等；但每个自由民都直接参加到决策和行动之中，不管你属于哪个等级，由我们大家投票决定。这是直接投票，它的直接性也体现在这方面。一方面是从内心里直接地对于整体、对于民族有个信赖，有一种献身精神，另一方面呢，我们的行动都是大家直接投票决定的。

这种联合首先不是要建立一个永久性的秩序，而只是为了采取一个共同的行动，在这种联合里，所有的人和每一个人那种参与的自由都**暂时**放在一边了。

"这种联合首先不是要建立一个永久性的秩序"，这种联合不是要建立一个国家，希腊人从来没想过建立一个囊括大希腊地区的国家，他们有自己的城邦，那就够了，为什么要建立一个国家呢？雅典后来想搞一个国家，利用希波战争建立起来的提洛同盟，把所有财富集中在雅典城，对其他城邦进行控制，后来引起了大家的不满，导致了和斯巴达的长期的战争，这就是伯罗奔尼撒战争。他们都不赞成形成一个国家，最后是由马其顿这股外来势力把希腊征服了，才形成了一个国家，在希腊地区是不兴搞这个的。不是建立一个永久性的秩序，"而只是为了采取一个共同的行动，在这种联合里，所有的人和每一个人那种参与的自由都**暂时**放在一边了"，这是一个共同行动，所以在这种联合里面，每一个人那种参与的自由都暂时放在一边，"暂时"打了着重号。既然你同意了，参与了，那么你就暂时失去自由了，行动完成过后你要退出或留在同盟中可以听便，但至少目前你不能退出，你属于这个整体，你就要听从调配，服从安排，叫你干什么就干什么。但这个服从是临时性的，我们平常都很自由，但是我们一旦决定了要战争，那么我们就要参与，你的那个自由呢就要放在一边，在行动结束了以后你还是回归你的自由，但是现在呢在这个过程中我们还是必须服从。所以这种联合只是为了一次性的行动而临时组合起来的。

　　因此这种最初的公共性更多地是那些个体性的集合，而不是抽象思想的统治，否则抽象思想就会把那些个别人对全体的意志和行为业绩的自我意识到的参与都剥夺掉了。

　　"因此这种最初的公共性"，最初的公共性就是这样，大家共同去干一件事情，哪怕是共同去参加一次抢劫。特洛伊战争就带有一点抢劫的性质，当然后来谁也没有得到好处，但是带有这种性质。这种最初的公共性"更多地是那些个体性的集合"，是一些个体性的集合，这些个体谁也不服谁的，但为了一个共同的目标大家聚集在一起了。"而不是抽象思想的统治"，抽象思想的统治，比如说爱国主义，你要是违反爱国主义，那你在伦理上就被人看不起了，它没有这种抽象思想。像阿喀琉斯就没有这种抽象思想，他甚至于在战争中途退出，由于统帅阿伽门农把他的战利品、一个女俘虏抢走了，他愤而退出战场，我不打了，你们去打去。当然到最后他又参战了，但也不是出于顾全大局，而是他最好的朋友战死了，他要报仇。他一个人保持自由，那是他的特立独行，所以尽管他也可以暂时把自己的自由放在一边，全力以赴地参加集体远征，但是他并不是服从抽象思想的统治，而完全是出于个人荣誉和利益的考虑。"否则抽象思想就会把那些个别人对全体的意志和行为业绩的自我意识到的参与都剥夺掉了"，这是虚拟式，就是说，假如人们服从那种抽象思想的统治的话，那就不单纯是把自己的自由暂时放在一边，而是自己对于全体意志的那种自我意识到的参与都会失去了，人们就会完全是被迫服从某种意识形态了。但现在还没有，古希腊的爱国主义跟我们今天讲的爱国主义还不太一样，不存在道德绑架，而只是为了联合起来去做一件自已认可的事情而服从指挥，是对于希腊作为一个集体、一个整体，他们表达自己个人的一种信赖。我是希腊人，我不能在希腊人面前丢份，我必须得参与。这一段是一个引子，这引子就是讲精神的艺术品产生的社会历史文化的背景，当时希腊地区是那样的一种状况，那样一些人，那么由这样一种背景基础之上产生出来的精神的艺术品就具有了与此相应的一些特点。

[214]　　[I.史诗][1.史诗的结构]民族精灵的集合构成各种形态的一个圈子，这个圈子现在包括整个自然以及整个伦理世界在内。

　　"史诗"是"精神的艺术品"下面的第一个标题，其中首先讨论的是"1.史诗的结构"。拉松版标为"1.它的伦理世界"，我觉得这个标题不太恰当，它的伦理世界前面已经讲过了，前面那个引子就是讲的伦理世界，民族精神、国族、全民、天下、国家这些概念在当时是怎么产生出来的，这都属于史诗的伦理世界。而现在我们已经进入到史诗的内部结构了，当然与伦理世界也是有关的，处处都要用这样一种大希腊地区的伦理关系来加以解释。史诗为什么是这样一种结构，这是从前面延续下来的，要讲它的伦理世界、伦理的背景、现实生活的背景。所以我这里把这个小标题调整为"1.史诗的结构"。"民族精灵的集合构成各种形态的一个圈子"，民族精灵有很多，它是复数了；它们集合起来构成一个各种形态的圈子，每个民族精灵有他的一种形态，那么这些形态呢，我们前面讲到，构成一个万神殿，万神殿就是各种各样的形态，它们构成一个圈子。"这个圈子现在包括整个自然以及整个伦理世界在内"，整个自然，当然是希腊地区的自然，在今天看来是很小范围的一个地区，地中海沿岸地区，当时在他们心目中就是整个自然了。以及整个伦理世界，整个伦理世界都有共同的伦理标准，所以它们构成一个这样的圈子。这个圈子我们可以理解为就是大希腊地区、地中海沿岸地区，地中海沿岸这一圈，构成了一个圈子，这就是整个自然。这个自然当然也不能简单地理解为地理上的自然，也可以理解为自然的生活，包括经济活动，包括人物的性格，这些都属于自然，整个自然以及整个伦理世界，包括他们的经济生活、精神生活在内。

就连这两个世界，所服从的更多地也是那个"一"的**最高指挥权**，而不是服从它的**最高统治权**。它们自为地就是那**自我意识到的**本质**自在地**所是及所造成的东西的两个普遍的实体。

"就连这两个世界所服从的"，这两个世界就是整个自然世界和整个伦理世界，就连这两个世界，虽然它们都已经成了整体的世界，但它们所服从的"更多地也是那个'一'的**最高指挥权**"，那个一，das Eine，我们这里翻译成"一"，在前面我们翻译成"太一"，就是说光明之神是太一，它具有各种各样的多名称，多名的太一。我们翻译成"太一"，是为了体现它的宗教的含义，但这里这个"一"是一个统一性的含义。这两个世界所服从的更多地是那个"一"的最高指挥权，"而不是服从它的**最高统治权**"，就是说我可以听从你的命令，但我并不是你的奴隶。"最高指挥权"和"最高统治权"都打了着重号，一个是 Oberbefehl，一个是 Oberherrschaft，后者也可译为"最高主人"，含有主奴关系的意思。在这样一个大希腊地区有两个世界，一个是自然的世界，一个是伦理的世界，它们都服从那个"一"，在它们干一件事情的时候它们必须要统一步调，成为一个国族，成为整个天下，那么这个全天下既然是全体人民，那就要有个一了，要有个统一的号令了，这个一是这两个世界必须服从的。但是怎么服从呢？是服从它的最高指挥权，而不是服从它的最高统治权。这就是前面讲的，他们结合在一起不是要形成一种秩序，而是要去干一件事，干一件事那就只需要服从指挥权，服从命令就够了，但是并不需要服从统治权，不需要人身依附。你服从他并不是因为你是受他统治的，你完全可以不受他统治，你是自由人，但是你聚集在他的麾下跟他一起去干一件事情，你就必须服从他的指挥权。这里讲"就连这两个"，auch，也怎样，意思是，不但前面讲的各个民族精灵结合为一个国族，但还不是一个国家，而且就连整体的自然世界和整体的伦理世界呢也是这样的，它服从的也是"一"的最高指挥权，而不是服从"一"的最高统治权。就是说包括这两个世界都是这样的，都不是为了建立一种秩序，而仅仅是为了干一件事情而暂时服从这个"一"，这个"一"实际上就是处于一个盟主的地位，它不是统治者，而是同盟的盟主，大家宣誓去干一件事情，那么推举某人为统帅，比如说阿伽门农。阿伽门农就是这个"一"，他就代表统一性，他命令干什么就干什么，但他没有统治权，我不是你的奴隶，我只是跟着你去干事的，所以我可以服从，原则上也可以不服从。阿喀琉斯就没有服从，他跟阿伽门农起了纠纷的时候他就拂袖而去。所以这里不存在主奴关系，他只是服从命令，服从指挥权，但是他不是服从一种最高统治权。我们前面讲到，这是在更高层次上重复了前面自然宗教的几个阶段，一个是光明本质，一个是植物和动物，一个是工匠，分别对应于抽象的艺术品、有生命的艺术品和精神的艺术品；而我们现在讲的精神的艺术品，是重新站在工匠的制作者这样一个位置上，但是它已经不是主奴关系了，它的层次已经更高了。前面讲的酒神精神相当于自然宗教的植物，奥林匹克精神相当于自然宗教进到了动物，那么讲到精神的艺术品则相当于进展到了工匠，但是层次不一样了，它已经有自我意识了。就是说史诗的创作它类似于一种工匠，但是它已经不是一种为了某个太一而无条件地服从统治权，在这样一种关系下面我们才能够解释史诗的产生，史诗里面就是这样一种关系。"它们自为地就是那**自我意识到的**本质**自在地**所是及所造成的东西的两个普遍的实体"，"它们"，也就是这两个世界了，自然世界和伦理世界，自为地就是两个普遍的实体，而这两个普遍实体原先是那自我意识到的本质自在地所是的，以及自在地所造成的。自我意识到的本质、也就是神，它自在地所是的就是自然界，而自在地所造成的就是伦理世界；但由于它们是自我意识到的本质，具有了自我意识的自觉性，现在在它们都已经是自为的普遍实体了。自为的普遍实体，就是说在自然的世界和伦理的世界中，它们已经是由自我意识到的本质、由民族精神和国族精神的自觉行动所造成的普遍实体了，希腊人开始有意识地采取政治手段控制全天下，把自己的价值观和贸易往来扩展到地中海沿岸的各个城邦，弘扬了一种希腊精神。原先在那种本质那里自在地所是和所造成的东西，现在呢变成自为的了，现在是自觉的了。这就是希腊史诗产生的社会历史背景。

但是这个自我意识到的本质所构成的是力，并且首先至少构成这个中心点，这中心点是那些普遍本质努力追求的，它最初好像只是以偶然的方式才把它们的工作结合起来。

"但是这个自我意识到的本质所构成的是力"，这个自我意识到的本质，也就是这个造成两个普遍实体的精神，实际上是一种领导的力了，是一种最高的指挥权，它所构成的是力。阿伽门农作为希腊联军的统帅，他构成一种力量，他能够领导这些英雄、领导这样一些体力超群的人去攻打特洛伊。"并且首先至少构成这个中心点，这中心点是那些普遍本质努力追求的"，这样一个中心点，这样一个核心，是那些普遍本质努力追求的，是那两个普遍实体努力凝聚的，自然也好伦理也好，它们围绕在这样一个中心点周围，向这个中心点聚集。"它最初好像只是以偶然的方式才把它们的工作结合起来"，这个中心点最初好像只是以偶然的方式，就是说一个一个地把那些城邦的英雄们动员起来，以偶然的方式把他们的工作结合起来，你干这个，他干那个，我们齐心协力、分工合作，好像是以偶然的方式，没有规定的，碰到谁就是谁，谁有能耐就拿出来。在这样一件工作里面我们把所有普遍本质、各民族的精神结合起来，把它们的工作结合起来，这是在一个有力的领导之下完成的。这个力代表了希腊精神、尚武精神，这种尚武精神把所有这些力聚集起来。

但是神圣本质之返回到自我意识，这已经包含着一种根据，使得自我意识构成了那些神圣之力的中心点，并且在两个世界之友好的外部联系形式底下隐藏着本质的统一性。

就是说，自我意识到的本质这个中心点好像是以偶然的方式聚集起来的，"但是神圣本质之返回到自我意识，这已经包含着一种根据，使得自我意识构成了那些神圣之力的中心点"，就是说好像各种神灵的力量是偶然碰到一起的，各城邦的民族精神是偶然聚集成一个万神殿的，但是实际上它是有根据的，它的根据何在？就是神圣本质之返回到自我意识。神圣本质，大家都有一个神在心中，大家都有一个民族精神在心中，这个民族精神返回到了自我意识，它不再是高高在上的一，而是成为了每个人的自我意识。这里面就已经包含着一个根据，在此基础上，自我意识就构成了那些神圣之力的中心点。正是由于有神圣本质在每个人心中，所以以此为根据，自我意识才形成了那些神圣之力的中心点，那些神圣之力聚集拢来并不是偶然的，而是希腊人自我意识觉醒的体现。为什么大家都能聚集在一起、聚集在一个核心周围，就是由于这种神圣本质、这种民族精神植根于每个人的自我意识中。"并且在两个世界之友好的外部联系形式底下隐藏着本质的统一性"，两个世界，一个是自然世界，一个是伦理世界，友好的外部联系，就是说每个人的自然的方面和他的伦理观念相互融洽。自然方面包括他投入的财产、那些武器装备，希腊人投入战斗的武器装备都是自备的，以及你投入的精力、你付出的劳动、你付出的生命和牺牲，这些都属于自然世界；而另一个世界是伦理世界，即希腊人的民族精神、城邦的自豪感和荣誉，做人的伦常：这两个世界是友好的外部联系。我把我的自然的东西投入到我在精神上所认可的那个伦理目标，这中间没有冲突，我是自愿的。虽然这两个世界之友好的外部联系之形式是外部的，一个是自然的、物质的，一个是伦理的、精神的，联系在一起；但在这种联系的外部形式之下，却隐藏着内在本质的统一性。什么是这种本质上的统一性？就是这种返回到自我意识的神圣本质，它使得我们心甘情愿地把我们的财富、财产、天赋、体力甚至生命，把我们的一切自然力投入到这样一个全希腊共同的神圣目标里面。当然这个神圣目标在今天看来也许不怎么神圣，就是为了斯巴达的王后被拐走了，损害了我们希腊的荣誉，于是所有那些曾经追求过海伦的英雄们都聚集起来了，要去讨个说法。实际上当然没有那么高尚，带有某种抢劫冒险的目的，但是为什么要以这种名义他们才觉得自己的行为是神圣的，就是因为希腊人的宗教是美的宗教，他们崇尚美，美对他们来说就是宗教。这和他们的伦理世界是自然吻合的，你把我们希腊最美的女人抢走了，那还了得，所以他们就要出征，哪怕为之付出生命。这是这一段。今天就到这里。

＊　　　　　＊　　　　　＊

　　好，上次我们已经讲到"精神的艺术品"。"精神的艺术品"是艺术宗教的第三个阶段了，也是它的最后一个阶段。我们首先看到了"史诗"。上次读了"史诗"的第一小段，这第一小段呢就是交代史诗产生的社会历史文化背景，就是两个世界，一个自然的世界，一个伦理的世界，它们的这样一个关系，以及它们在这样一个基础之上所形成的当时的历史文化状况。它已经不是像原来的主奴关系那样，而是已经有了个体的选择，服从最高指挥权，但不是服从最高统治权，由此就产生出史诗的时代背景。我们知道古希腊的史诗的时代主要是英雄时代，在《荷马史诗》里面特别表现出对英雄时代的各种各样的回忆啊、传说啊、神和人的关系啊、人和人的关系啊，它的基础呢就是古希腊的社会历史，包括它的伦理基础。上次讲到神圣本质，神圣本质就是神了，至高无上的神，多神，各种神；神圣本质返回到自我意识，使得自我意识成为了那些神圣力量得以构成中心的根据，也就是那些神圣的力量互相之间斗来斗去、打来打去，包括那些英雄和神之间的战争，它们都有个中心的根据，就是神圣本质返回到自我意识，而在自我意识里面则渗透了神圣本质，英雄也好、神也好，他们都自觉地代表一种神圣本质。那么这就形成一个中心点，这个中心点就集中在某一个领袖人物身上，但他并没有统治权，而只是各个独立自我意识凝聚的中心。所以在这样一个过程中，"在两个世界之友好的外部联系底下隐藏着本质上的统一性"，因为是神圣本质返回到了自我意识，所以这个神圣本质呢是所有的人物、所有的形象的自我意识后面的本质上的统一性，每一个行为它都追溯到神，它不是说仅仅是为了争地盘，或者是抢劫财物，它后面都有个神在支撑着它，所以在这样一个形式底下隐藏着一种本质上的统一性。这是上次讲到过的，史诗后面有这样一种统一的精神，才能够形成史诗，否则的话这个史诗是出不来的。

应归于该内容的这同一个普遍性，也必然具有这个内容在其中出场的那种意识形式。

"应归于该内容的这同一个普遍性"，就是这样一种普遍性，这种普遍性也就是前面讲的，贯穿所有这一切内容底下的那个神圣本质的本质上的统一性。这普遍性是应该归于这个内容的，这个内容也就是两个世界即自然世界和伦理世界的这样一种交织、这样一种外部的联系。有了普遍的伦理精神，然后把它表现在自然界，表现为一种现实的生活、一种斗争和冲突的内容，应该归于这内容的就是这个普遍性。那么这同一个普遍性，"也必然具有这个内容在其中出场的那种意识形式"，这种普遍性有一种意识形式，在这样一种意识形式里面展现出这个内容来，所以它必须要有一种展示这个内容的意识形式，这个内容才能够出场。那么这是什么样的意识形式呢？

这意识不再是祭拜的现实行为，而是这样一种行为，它虽然还没有提高到概念，而是刚刚提高到了**表象**，它就已经提升为对自我意识到的定在与外部定在的综合性的联结了。

这样一种意识形式是什么样一种形式呢？"这意识不再是祭拜的现实行为"，前面讲了那些祭拜仪式，通过祭拜酒神啊，通过奥林匹克运动会啊，奥林匹克运动会也是一种祭拜仪式，祭拜宙斯，祭拜阿波罗，祭拜雅典娜，祭拜赫拉克勒斯，都是一种祭拜的现实行为。那些运动员、那些狂热的妇女们，都是以自己的现实的行为使自己成为一件有生命的艺术品，尤其是运动员打造自己的身体，展示自己的身体，展示自己的力量和美, 这就是一种艺术品了。祭拜仪式的现实行为是前面这个阶段的意识形式, 但现在它已经不再是这样一种现实的行为了, "而是这样一种行为, 它虽然还没有提高到概念, 而是刚刚提高到了**表象**", 这种行为还没有提高到概念, 它还不是一种概念, 而仅仅是一种表象, "表象"打了着重号。表象是艺术宗教和整个宗教哲学阶段的意识形式, 但这种意识形式直到艺术宗教的最后阶段即精神的艺术品阶段, 才摆脱祭拜的现实行为而提升为宗教内容得以出场的唯一意识形式。当然, 这种意识形式仍然局限于表象之中, 没有提升到概念, 它刚刚提高到了表象; 但提高到了表象就已经是一种进步了, 在以往呢它还是一种现实的行为、现实的行动。现实的行动当然也有表象, 就是观赏者他有他的表象, 但是艺术家和观赏者这时还仅仅关注现实的行动本身, 比如说运动员的体格、运动员的动作, 没有单拿表象来说事, 来做游戏。而现在呢, 这种意识的形式已经提高到了表象, 就是说艺术家不需要再去做动作了, 我告诉你, 我讲给你听就行了。那么单凭这种表象, "它就已经提升为对自我意识到的定在与外部定在的综合性的联结了", 这样一种表象已经提升到了对意识到的定在, 也就是自我内心的那个定在, 与外部的定在, 外部定在就体现为对象世界的定在, 它们之间的一种综合的联结。这就是表象的特点, 表象就是既是自我内心的定在, 同时又指向一个外部的定在。当然这里主观和客观联结的纽带就是语言了, 语言本身就是意识到的定在与外部定在的综合性的联结, 我说出来的每一句话、每一个字都具有这样一个特点, 一方面它是自我意识到的内部的定在, 另一方面它又是外部的定在。它很确定, 一个语词说出来是很确定的, 它是客观的, 你可以听见, 你可以揣摩, 你可以去体现, 它就是一个外部定在了。由此导致这两个定在有一种综合性的联结, 所谓综合性的联结就是表象式的联结, 它还没有达到概念, 概念的联结是更加内在的、更加融合为一、更加具有内在的统一性了, 但是表象式的联结呢就是一种外在的综合。这个综合可以从康德的意义上来理解, 所谓综合判断就是把两个不相干的东西联系在一起。

语言最初也是这样的，语言最初具有象征性，一个语词对应着一个对象，这样一种联结就是表象式的联结，我们今天的语言分析哲学仍然是以这样一种表象式的联结来理解语言的，一个词对应一个对象，否则的话那就是空的，那就没有意义。这就是表象性的、综合性的联结，它不是概念性的联结，概念的联结就不一样了，它是一种运动的、有生命的、活的自我分化和自我联结，它自己可以创造意义。语言作为一种概念，它就有一种能动的把握，那就是另外一回事了。表象式的联结则是把两边看作静止的东西，然后把它们捆在一起。

这种表象的定在即**语言**是最初的语言，这就是**史诗**，作为这样一种史诗，它包含有普遍性的内容，至少是作为世界的**完整性**的内容，虽然还不是作为**思想**的**普遍性**的内容。

这句话就点出来了。"这种表象的定在即**语言**是最初的语言，这就是**史诗**"，"语言"和"史诗"都打了着重号。这样一种语言是最初的语言，什么叫最初的语言？最初的语言就是语言的起源，最初的语言就是从史诗产生出来的。维科的《新科学》里面就讲到这一点，就是语言最初是出于一种诗性，起源于一种诗性，最早的语言就是打比方，原始人的语言都是通过比方来说话的，通过比喻、通过隐喻来说话的。黑格尔这里也有这个意思，黑格尔在《美学》中也有这样的说法："比起艺术发展成熟的散文语言来，**诗**是较为古老的，诗是原始的对真实事物的观念，是一种还没有把一般和体现一般的个别具体事物割裂开来的认识……"，这里讲到诗是比较古老的。他后面讲到史诗的时候呢也举了一些例子，在谈到"史诗的一般性质"时首先讲到的是"箴铭、格言和教科诗"，他认为，"研究这种表现方式可以从**箴铭**这第一种开始。箴铭实际是写或刻在石柱、器具、纪念碑、礼品等等上面的"。[①] 最早的文字不就是青铜器上铭刻的、

---

① 以上见 [德] 黑格尔：《美学》第三卷（下），朱光潜译，商务印书馆 1979 年版，第 20、103 页。

或者刻在石柱上面的一些符号吗？这就是文字的起源嘛，他把这样一些也归于史诗。最初的史诗当然经过了很多阶段，最早的阶段就是箴铭啊、格言啊这样一些东西，箴铭就是刻在最早的一些器具上面的铭刻、铭文。我们商周时期的青铜器上面的那些铭文，金文、甲骨文，不就是这样一些箴铭吗？这在黑格尔看来就是史诗的最早的萌芽，他把这个归于史诗。当然这个归法是不是对，可以考虑，但他的意思就是这样一种史诗就是最初的语言。"作为这样一种史诗，它包含有普遍性的内容，至少是作为世界的**完整性**的内容，虽然还不是作为**思想**的**普遍性**的内容"，"完整性"和"思想的普遍性"都打了着重号，作为对照。这样一种史诗，它已经包含有普遍性的内容，但是这个普遍内容他这里作了一个限定，就是它不是那种思想的普遍性的内容，不是概念的普遍性的内容，它是一种表象的普遍性的内容。表象的普遍性跟思想的普遍性有什么区别？表象的普遍性就仅仅在于无所不包，所有的东西都包含在里面，它只是世界的完整性，但还不是思想的普遍性；思想的普遍性就是更高层次的，共相、抽象，要提高到思辨的层次。这样来考察它的普遍性，那就是一种本质的普遍性了。所以他这里讲了史诗包含有普遍的内容，至少是作为世界的完整性的内容，世界的完备性，无所不包。在任何一个民族的史诗里面都是天下、地下无所不包的，它展示了当时的那样一种世界观，自然界中它所熟悉的每一种重要现象它都有解释，地怎么样，日月怎么样，山川、河流、大海都要在史诗里面表现，要命名，或者归于某种神，或者做出某种解释。史诗就是这样，它至少是作为世界的完整性的内容，这个世界的完整性的内容就是它所包含的普遍性的内容，但仅仅是完整性，那这个普遍性是很外在的，仅仅是无所不包。那么思想的普遍性呢就要更深一层次了，你这个普遍性是在什么意义上面可以把所有的现象概括起来，整个世界你不说无所不包，而是要去探讨它是凭什么能够统一起来的，那就进入到了一种思想的普遍性，这个是只有在哲学里面才能够做得到的。在宗教里面它只是一种表象，所以它只能停留于这样一种表象的普遍性。史诗的内容是一种表象的完整性，所以它是全景式的，我们谈史诗，我们说这是一部史诗，某某人的书、某某人的小说我们说它是一部史诗，什么意思呢？就是全景式的。比如说以抗日战争写一部小说，如果说它是全景式的，我们就说它具有史诗的性质。这是一方面，它具有一种普遍性，无论是什么样的普遍性，但是它是具有普遍性的，这是史诗的特点。那么史诗另外还有一个特点。

史诗的**歌者**是个别的和现实的人，而史诗也就是从作为这个世界的主体的歌者那里生产出来和孕育出来的。

"史诗的**歌者**是个别的和现实的人，而史诗也就是从作为这个世界的主体的歌者那里生产出来和孕育出来的"，这是另外一方面。史诗一方面必须是全景式的，具有表象的无所不包的普遍性；但是另一方面又必须由个别的人所唱出来。史诗它肯定是某个歌者传下来的，在古代就是行吟诗人，荷马这样的歌者就是行吟诗人、盲诗人。荷马的眼睛都瞎了，他就靠一个村子一个村子地去卖唱来维持生活，一边弹琴一边歌唱，把他所记得的按照他的艺术标准唱出来，那么这种史诗就具有个别性。我们讲荷马的史诗，或者赫西俄德的史诗，以歌者命名，表明它具有个别性。作为这个世界的主体的歌者，荷马是一个人，但是他代表这个世界的主体，他代表了当时的时代精神。为什么那么多人都喜欢听他、都请他去唱？在盛大的祭奠仪式上也必定要把他请去，要他去唱，就是因为他代表这个世界的主体，他唱出来的能够得到大家的共鸣。史诗是从作为这个世界的主体的歌者那里生产出来和孕育出来的，就他能够唱，他唱得真好，他具有这方面的天赋，人家都不如他，都要学他，都要背诵他，他是代表。那么他的史诗呢当然是依赖于他的天才了，荷马是天才的行吟诗人，所以史诗要依赖他的个别的生产和孕育，这是另一方面。史诗有两方面，一方面它具有普遍的内容，另一方面它是由个别的人、主体所唱出来的。

他的悲情不是那令人震撼的自然力量，而是对于前述直接本质的记

忆、回想、已形成的内在性和纪念。　　　　　　　　　　　　　　{390}

"他的悲情"，"他"就是那位歌者，歌者在歌唱的时候生产和孕育出这样一部史诗出来，他是有悲情的。行吟诗人是有一种悲情的，就像罗贯中写《三国演义》，一开始就是："滚滚长江东逝水，浪花淘尽英雄。是非成败转头空，青山依旧在，几度夕阳红"，虽然"古今多少事，都付笑谈中"，但却益发显出一种回望历史的悲情。那么他的悲情"不是那令人震撼的自然力量"，这悲情从哪来的呢？不是从自然力量来的，"而是对于前述直接本质的记忆、回想、已形成的内在性和纪念"，前述直接本质，前面已经讲了直接本质，什么是直接本质呢？就是当时的人对于整个民族的整体有一种直接的信赖，由此所形成的民族精神。我们前面已经讲了，这个民族的整体还没有成为一个政府，还没有成为一个国家，还只是一个族群，还只是一个国族，还没有形成像今天的严密的政府机构啊、体制啊，它还没有。大希腊是一个松散的同盟，而且是临时的，你可以以某个城邦为核心，比如说雅典，提洛同盟是以雅典为核心来主持，有点像我们春秋时代，某个国家它是霸主，其他都是诸侯。古希腊是一些城邦，但是也是以一个城邦为主，它最强，它主持希腊地区这些城邦相互之间的协调关系啊，以及遇到外敌的时候宣战啊，这些都由它来组织。但是这种组织不是建立在一种常设的操作机构之上，而是建立在一种整体的直接信赖之上。前面讲了，城邦中所有的人不管地位上有何差别，都直接地参加到政府的决策和行动之中，城邦之间也是如此，靠每个城邦投票来决定大事，这是一种直接性，具有一种直接的本质。荷马史诗的时代是英雄时代，但当荷马唱出来的时候已经不是那个时代了，那个时代已经过去了，它是一种回忆。荷马要歌唱特洛伊战争，但特洛伊战争在荷马的时代已经过去好几百年了，所以它是对那个英雄时代的记忆、回想，是已形成的内在性，这种悲情是一种纪念，纪念特洛伊战争。它纪念的不是外在的自然力量，不是单纯的事件过程，而是在希腊世界中那直接本质所表现出来的一种民族精神，一种内在性，他在歌唱的时候就沉浸于这样一种悲情之中。

　　他是一个消失在自己歌唱的内容中的工具，起作用的并非他自己的自我，而是他的缪斯、他的普遍的歌唱。

　　就是说，他是一个个别者、现实的人，但是，他作为现实的人并不体现他自己的特殊的某种思想感情，"他是一个消失在自己歌唱的内容中的工具"。《荷马史诗》具有这样的特点，就是他消失在他歌唱的内容里面。荷马自己很少出面的，偶尔讲两句：我现在要歌唱某个伟大的事件了，但是一旦唱起来，作者自己是不出面的，都是通过人物的对话啊、动作啊，或者顶多是通过某个人的转述啊、某个人的回忆啊，来展示内容的情节。所以他具有一种置身事外的姿态，当然实际上完全是他自己发挥想象力创造出来的作品，但是他消失在他自己所歌唱的内容中，他把自己看作是这个内容的工具。"起作用的并非他自己的自我，而是他的缪斯、他的普遍的歌唱"，不是我要唱，是这个缪斯女神，也就是诗神、文艺之神、音乐之神，她要我唱，所以我是代神说话，是神让我说话。经常会遇到这种情况，就是神来之笔，突然一下来了灵感，就有了这样一句，当然在我们看来就是荷马的创造性天才的爆发了，但就荷马自己而言呢，他不认为这是他的天才，他认为是神灵附体，是神借他的口说出这一句来，所以他只是一个工具。既然如此，那么我在歌唱的时候是一种普遍的歌唱，是神在歌唱，不是我在歌唱，唱的不是我个人的情感，而是神的普遍性，在这种伟大的普遍性面前，渺小的歌者只能抒发自己的悲情。柏拉图也讲到过这一点，就是诗人由于神灵附体，陷入到一种诗的迷狂，这个时候创造出来的诗才是最好的，如果没有这种迷狂，仅仅是凭借自己的理智，觉得应该这么写、应该那么写，那样的诗是不能够感人的。荷马自己也是这样看的，他把自己看作一种工具，当然了，他是一个个体，这个是没法否认的，不管你自己怎么看，这个话是从你嘴里说出来的，别人为什么说不出来，还是代表了你的个性，即使你是神灵附体，也是神灵看中了你。为什么不看中别人，就只附在你身上，说明你还是有天才嘛。所以大家还是很佩服他，大家佩服的不是缪斯，还是荷马。

　　但实际上现成在手的东西是一个推论，在其中普遍性的一端、神灵世界通过特殊性这个中项，就与个别性、歌者联结起来了。 [215]

　　"但实际上现成在手的东西是一个推论"，我们前面讲到这个小标题要把它改成"1. 史诗的结构"，就是这个意思。它这一段最重要的核心内容就是这里讲的这个推论，它形成了一个结构，这个结构就是史诗的结构，前面都是铺垫。史诗的结构当然是基于伦理世界的，但在这样一个社会历史背景之上产生了史诗，它作为最初的语言，包含有普遍性的内容，同时又是由个别人唱出来的；那么个别人和他的普遍性的内容就构成了一个结构。我们前面讲的两端、两个环节，一个是普遍性的环节，那就是神圣的东西、神圣的力量、神圣的本质，另一个呢就是歌者，他是个别的；一个普遍，一个个别，中间有一个中项或者中介，这三者构成一个推论，这就是史诗的结构了。史诗的结构就是这样，三者构成一个推论，这是现成在手的一个推论，我们现在已经有一个推论了。什么推论呢？"在其中普遍性的一端、神灵世界通过特殊性这个中项，就与个别性、歌者联结起来了"，普遍性一端是神，是民族精神，个别性一端是歌者，那么通过一个中项，中项是特殊，而结合起来构成一个推论。普遍—特殊—个别，这就是史诗的结构了。那么什么是中项？或者说，是什么东西把这两者结合起来的呢？

　　这个中项就是民族的英雄，这些英雄也同歌者一样都是个别的人，但只是**被表象出来的**、因而同时是**普遍的**人，就像普遍性的自由一端、即神灵那样。

　　在这里就把特殊性这个中项点出来了。"这个中项就是民族的英雄"，民族的英雄，他这里直译应作"民族在其英雄之中"，或者"在其英雄之中的民族"（das Volk in seinen Helden），也就是民族的英雄的意思，民族在它的英雄之中，或者是民族以它的英雄表现出来，那就是民族中的英雄了，这就是中项。如何成为中项？"这些英雄也同歌者一样都是个别的人，但只是**被表象出来的**、因而同时是**普遍的人**"，它是中项嘛，中项必须要跟两端都有联系，中项既带有前面的特性，也带有后面的特性，它才能成为中项，才能把双方联结起来。那么这里讲的民族的英雄，他就既具有个别的特点，又具有普遍的特点。一方面他同歌者一样都是个别的人，具有个别的特点，所以能够与歌者起共鸣；但又只是被表象出来的、因而同时是普遍的人，"被表象出来的"、"普遍的"打了着重号。英雄他是个别的人，但是这个个别的人只是被表象出来的、被理想化了的，因而是具有典型性、代表性的普遍的人，这跟歌者就不一样了，而是跟普遍性相通。歌者他只是个别人，是个别性这一端，并不具有典型性和代表性；而他所歌唱的那些英雄，每一个都被表象为人性中的某种理想，所以英雄既是一个个别的人，同时又是一个普遍的人，因为他被淋漓尽致地表象出来了。而荷马没有这方面，我们对荷马的生平知道得很少，我们几乎不知道他的为人，就是传说有这么个人，反正荷马的史诗是他唱出来的，我们就知道这个，但荷马这个人没有被表象出来，在他的史诗里面他没有表现他自己。而英雄是被表现出来的，因而尽人皆知，所有人都知道阿喀琉斯、俄底修斯这样一些著名的英雄。我们在日常生活中也会说，这个人像阿喀琉斯一样，我们在读了《红楼梦》以后，也会说某某女孩像林黛玉一样，这就是一个典型了。英雄就是一个典型，一方面他是个别人，另一方面正因为他是个别的、独特的形象，所以他具有普遍性，他是一个典型形象，典型形象就是普遍和个别的统一。而就他的普遍性这方面来说呢，"就像普遍性的自由一端、即神灵那样"，他跟普遍性的神灵有相通之处，虽然他是个别的人，但他跟神性相通，他身上带有普遍的神性，所以他能感动每一个人。他为什么能够打动每一个人，因为每一个人心里面都有一个神，这就是普遍性的自由一端。神灵是普遍性的自由那一端，个别的人都陷在日常生活中，陷在他的个别性中，都是不自由的，而英雄呢他具有神性，所以英雄表现出来他具有自由的普遍性，他为所欲为。英雄时代，我们觉得那时的人真自由啊，那些英雄甚至已经达到了具有神性，他们都是些半神，而且死后有的直接就成了天上的星宿。这就构成一个三段式：普遍—特殊—个别，它就是史诗的结构。那么下面就来分析这个史诗结构了，首先是人与神的关系。

[2. 人与神] 于是在这种史诗里**呈现**给意识的，一般是在祭拜中**自在地**实现出来的东西，是神性的东西与人性的东西的联系。

首先考察的是人和神的关系，这是从前面推出来的，既然有这么一个三段式嘛，那么我们就来分析了。"于是在这种史诗里**呈现**给意识的，一般是在祭拜中**自在地**实现出来的东西"，在这种史诗里呈现在意识面前的、被我们的意识所表象出来的，一般都是在前面的祭拜中已经自在地实现出来的东西，"自在地"打了着重号。就是说它在前面的祭拜中已经自在地实现出来了，并不是什么新的东西，而是一般在前面已经存在了的东西，但是还没有把它表象出来，还没有通过一个盲诗人把它唱出来。什么东西呢？"是神性的东西与人性的东西的联系"，神性的东西与人性的东西是有联系的，比如说在酒神祭的仪式里面，每个人都处于一种癫狂状态，觉得自己跟神相通了；在奥林匹克运动会上面那些运动员、那些冠军也被看作跟神一样，神性的东西跟人性的东西自在地已经有一种联系了。但这种联系呢还没有以一种表象的方式、语言的方式呈现在意识的面前，而在史诗里面则把这种东西呈现给意识了，把一般在祭拜中自在地实现着的东西、也就是神性的东西与人性的东西的联系唱出来了，这就是神与人的关系。

这内容是一个自己意识到自己的本质的**行动**。这**行动**扰乱了实体的宁静，并且激发了本质，从而使得这本质的单纯性被分割而展现为各种自然之力和伦理之力的多样纷呈的世界。

"这内容"，就是史诗的内容，"是一个自己意识到自己的本质的**行动**"，我所说出来、所唱出来的这样一个内容是一个自己意识到自己的本质的行动，"行动"打了着重号。这内容是由诗人的演唱这样一个行动带出来的，这不仅是一个行动，而且是一个自己意识到自己的本质的行动。

前面在祭拜中自在地实现出来的也是行动，酒神祭和运动会不都是行动吗？但是在史诗里，盲诗人所做的是一个自己意识到自己的本质的行动，它是一个自觉地表现出来的行动。虽然他不是直接去做他所唱的那些行动，比如荷马在唱的时候他自己没有做他唱出来的那些英雄的行动，他只是把它们唱出来，把它们表象出来，但是他的这种表象也是一个行动。"这**行动**扰乱了实体的宁静，并且激发了本质"，这行动，"行动"又打了着重号，它扰乱了实体的宁静。还是举《荷马史诗》为例，黑格尔心目中想到的就是《荷马史诗》，他后来在《美学》中讲到史诗的时候，最典型的标本就是《荷马史诗》，虽然也顺带地提到其他的，中世纪的史诗啊，也包括现代的史诗啊，都提到了，但他心目中《荷马史诗》是最高的，最有代表性。那么这样一个行动扰乱了实体的宁静，就是希腊的伦理世界一直是安安静静的，就像雕刻中所体现的那种静穆，尽管在酒神祭和奥林匹克运动会上呈现一派骚乱和动感，但其中的伦理实体并未受到打扰，米隆的《掷铁饼者》等运动员雕像的面部表情仍然是宁静安详的。但是荷马的史诗则不然，他的行动扰乱了实体的安宁并且激发了本质，他通过描写一场战争，把最本质的东西都激发出来了。"从而使得这本质的单纯性被分割而展现为各种自然之力和伦理之力的多样纷呈的世界"，本质本来是一个单纯的东西，希腊人的那种直接性，对于他们的整体的直接的信赖、对于他们的神的直接的崇拜，这都是很单纯的。但是通过史诗的表象和描绘的行动，扰乱了实体的这种安宁，使得这本质的单纯性被分割开来，分割成一些冲突的东西、一些互相矛盾的东西，展现为各种自然之力和伦理之力的多样纷呈的世界。一潭死水被搅动起来了，各种各样的力量本来在里面是和谐相处，停留在不自觉的状态，现在呢都开始要争取自己的权利，互相之间展开争斗，开始了冲突。自然之力和伦理之力本来是两个世界，前面已经讲了，本来是很友好的一种联系，因为在它们底下潜藏着它们共同的本质，本来是这样的；但现在通过一个事件呢，把这些力量都搅翻了，引发了它们的冲突，所以各种自然之力和伦理之力就呈现出一个多样纷呈的世界了。

这行动是对宁静大地的破坏，是一座由鲜血赋予灵魂的墓穴，它召唤着那些死去的亡灵，它们渴望生命，而在自我意识的行为中获得了生命。①

"这行动是对宁静大地的破坏"，前面讲荷马的史诗扰乱了实体的宁静，这里讲对宁静大地的破坏，跟前面讲的是类似的意思。宁静的大地本来是安安静静的，是黑夜的法则和神的法则，但是通过这个行动呢，对这个大地产生了破坏。"是一座由鲜血赋予灵魂的墓穴"。对宁静大地的破坏，墓穴就是对大地的破坏了，你在这里挖一个墓穴，那岂不是对大地的破坏吗？还要由鲜血赋予它灵魂。这里头有一个典故，就是《荷马史诗》里面的典故。就是在《奥德赛》里面，俄底修斯在特洛伊战争之后返回希腊的途中，被狂风吹到一个无人知道的岛上面去了，然后就展开了漫长的漫游，有这样一个细节，就是他想要跟死去的亡灵对话。死去的亡灵，阿喀琉斯，还有很多，那些他的战友都死去了，怎么对话呢？他就在地上挖一个洞，然后把羊血灌进去，召唤地下的亡灵。古希腊的传说就是说，地下死去了的亡灵喝了血以后呢就可以恢复生气，如果没有血的话，你把他召唤起来，他也说不出话，他没有力气，但是如果你把血灌进去呢，他就可以恢复力气。俄底修斯就是采取这种办法，在地上挖一个洞，然后把血灌进去，把死去的亡灵召唤上来，赋予它以生气，那么就可以跟它谈话了。谈了什么话呢？他就问啦：阿喀琉斯，你在阴间怎么样啊？过得好不好啊？阿喀琉斯就回答说，我做了阴间的王，但是我宁可在阳世上做帮工，也不愿在阴间为王。这是《荷马史诗》里面一个很有名的段子。那么还有许多其他的亡灵，把血灌进去，其他的亡灵都出来

---

① 在黑格尔的《美学》第三卷的下册146页上面讲道："荷马并不是让俄底修斯下到一个现成的阴曹地府，而是让他本人在地下挖一个洞，宰了一头羊，把血灌到洞里去召唤亡魂，于是亡魂才不得不跑到他身边来，他叫一些亡魂喝了恢复元气的血，以便能够和他交谈，向他报告一些消息，至于其他挤上来要喝血的亡魂却被他用剑驱走。"——中译者

了，都想要喝这个血，俄底修斯就用剑把它们挡开了，他只让阿喀琉斯的灵魂跟他说话，这是一个典故。那么在这里就是讲的这样一个故事，荷马的行动被比喻为俄底修斯对宁静大地的破坏，好比在地下挖一个墓穴，然后把血灌进去，使那些死去的灵魂获得了生气。"它召唤着那些死去的亡灵，它们渴望生命，而在自我意识的行为中获得了生命"，这里当然是一种比喻的说法，就是在荷马的史诗里实际上是在召唤亡灵。特洛伊战争中死去的那些人已经死去好几百年了，要把它们召回来，你就必须要对宁静的大地作出某种破坏，然后把你的心血都灌注进去，让那些死去的亡灵、那些渴望生命的亡灵在自我意识的行为中获得生命。这指的是荷马，借助于俄底修斯的这样一个典故，说明史诗的内容是这样的焕发生命的，我们看起来栩栩如生，那是灌注了荷马的心血啊。

这种普遍的努力活动所涉及到的事务形成了两个方面，**自我性的**这方面是由全体现实民族和其中出类拔萃的那些个体所完成的，而**普遍性的**那方面则是为各民族的实体性的力量所完成的。

"这种普遍的努力活动所涉及到的事务形成了两个方面"，这种普遍的努力活动，也就是荷马史诗的描写活动，它涉及到的事务就是史诗的那个中项，即英雄人物和他们的事业。这个事业涉及到了两个方面，一个是个别性的环节，一个是普遍性的环节。现在这里的个别性已经不是指歌者，不是指荷马了，而是指荷马所创造出来的中介所包含的个别性环节，这个中介是个别性和普遍性的统一，其中的个别性是一个方面。**"自我性的**这方面是由全体现实民族和其中出类拔萃的那些个体所完成的"，那就是那些英雄，每个现实民族都由它的英雄所代表，这些英雄各自率领自己的城邦投身于共同的事业，从而完成了各位英雄的自我性。"自我性的"（selbstische）打了着重号，这些英雄都是非常具有自我性的，他们代表了史诗中的个别性方面。比如说希腊人的各城邦，以及特洛伊人，亚玛宗部落，所有牵涉到的民族，以及其中出类拔萃的那些个体、那些英雄、那些领袖人物，他们代表自己的民族完成了这一个别性的方面。

而这里的普遍性也不是作为整个普遍环节的神灵一端，而是指个别人物身上所体现的普遍的典型形象。"而**普遍性的**那方面则是为各民族的实体性的力量所完成的"，那就是由各民族的个别性所完成的。"普遍性的"也打了着重号，和前面的"自我性的"相对照。普遍性的方面就是为各民族的实体性的力量所完成的方面，而不是抽象空洞的神灵概念，各个民族的实体性的力量就是那些伦理性的力量，它们将每个民族都凝聚为一个实体来实现神的要求。每个城邦都是崇拜某个神的，以某个神作为它的实体性的力量，这就是现实中介的普遍性的方面。这里展示的实际上是人和神的两个方面，人和神的关系，人性的东西和神性的东西的联系，那么在荷马的史诗里面呢，通过他的中项而完成了这两个方面的联合，一个是自我性的方面，一个是普遍性的方面，它们在英雄们身上就结合为一了。

　　但是两个方面的**联系**刚才是这样规定的，即它是共相与个别东西的**综合的**结合，或者说它是**表象**。依赖于这种规定性而产生出对于这个世界的评判。

　　"但是两个方面的**联系**刚才是这样规定的"，"联系"打了着重号。两个方面，一个是自我性的方面，一个是普遍性的方面，或者说一个是个别性，一个是普遍性。这两个方面的联系呢刚才是这样规定的，怎么规定的呢？"即它是共相与个别东西的**综合的**结合"，"综合的"打了着重号。在今天讲的开头部分，我们讲到史诗的表象"已经提升为对自我意识到的定在与外部定在的综合性的联结了"[第 214 页]，我们特别点出来这种综合性的联结是共相与个别东西的综合的结合，这种"综合"是一种外在的结合，就是康德所说的综合判断，主词不包含在谓词里面的判断。主词既然不包含在谓词里面，那就是一种外在的联结，黑格尔曾经批评康德，说这就像是把一块木头绑在腿上一样，这样一种综合，这样一种联结。那么这种联结呢是一种表象层次的联结，所以他讲，"或者说它是**表象**"，"表象"打了着重号，这种联系就是表象。就是说，这种联系作为一种综合的联系，它仅仅是表象的联结，只是在表象层次上的联结，而不是在概念层次上的联结，它没有内在的生命，它是一种外在的联结。"依赖于这种规定性而产生出对于这个世界的评判"，这种规定性，也就是这种表象的综合所建立的规定性了，依赖于这样一种表象的综合所造成的规定性，从荷马史诗中产生出了对于这个世界的评判。当然，这样的评判肯定是充满矛盾冲突的，而这正是史诗的看点。

　　——因此这两方面的关系乃是一种混合，这种混合把行为的统一性作了不一贯的划分，并且就把这行动不必要地从这一方面抛给另一方面。

　　前面讲对于这个世界的评判是依赖于这种表象的规定性、这种外在的综合。"因此这两方面的关系乃是一种混合"，也就是人和神的关系是一种混合。在荷马史诗里面到处都是人神杂处，一会儿人和人的斗争，中间又插进一个神来，一会儿又是神和人的斗争，神和人的斗争呢有时候又是神和神的斗争，而神和神的斗争呢又好像是人和人的斗争一样，这个神一点尊严都没有，神也发脾气，也心胸狭隘，也嫉妒，也跟人吵架。所以完全是一种神人杂处的混合，这是在《荷马史诗》里面所出现的情况。"这种混合把行为的统一性作了不一贯的划分"，行为有统一性啊，你是人你就跟人打交道嘛，你要是神你就跟神打交道啊，即算你神要跟人打交道，你也是高高在上的，你不能下降到人间来跟人打斗啊。可是在《荷马史诗》里面就有阿喀琉斯跟河神搏斗，阿喀琉斯很勇敢啊，面对敌方的人当然不在话下，可是面对河神，对方是神，他也一点都不害怕。当然他打不赢了，但他还是要打，打了半天，最后昏过去了，是这样一种乱七八糟的情况混在一起。把行为的统一性作了不一贯的划分，它不一贯，你打来打去，特洛伊战争还是人在那里打嘛。"并且就把这行动不必要地从这一方面抛给另一方面"，一个行动本来是这一方面的，不必要抛给另一方面，本来是人作出来的行动，何必非要归功于神。比如说射箭射得很准，那么射箭的人呢就感谢雅典娜使我箭不虚发、一箭中的，明明他自己的手法很准，自己武艺高强，他却要归功于神，这是不必要的。

　　这些普遍的力量都具有个体性的形态,因而在自身就拥有行动的原则;因此它们的工作就显得是一种和人的行为一样自由的、完全由自身出发的行为。所以这些神灵就和人一样作出了同一件事。

　　"这些普遍的力量",普遍的力量就是神了,这些神"都具有个体性的形态",古希腊神人同形同性,神和人呢是同形的,而且是同性质,神性就是人性。这些普遍的力量"都具有个体性的形态",都具有人的形态、拟人化的形态,"因而在自身就拥有行动的原则",普遍的力量如果没有个体性的形态,如果不是以个体性的形态出现,那他就只是一个抽象的概念,怎么会具有行动的力量呢? 他怎么发挥他的效用呢? 所以普遍的力量都有个体性的形态。他们本来是高高在上的普遍性的力量,跟英雄是对立的,那些英雄人物都是一个一个的,都是个体性的,神则是普遍的原则,本来是这样;但这些普遍力量屈尊下降为人的个体性的形态,再怎么有力量,再怎么超越凡人,毕竟还是以人的形态在起作用。所以他们具有个体性的形态,因而在自身就拥有行动的原则,不是在高处无形之中操纵局面,而是介入到行动之中,参加这个行动。本来希腊人攻打特洛伊是由阿伽门农所统帅的一批英雄去干的事情,但是诸神冥冥之中也加入进来,这里插一杠子那里插一杠子。"因此它们的工作就显得是一种和人的行为一样自由的、完全由自身出发的行为",神的工作显得和人的行为一样的,怎么一样呢? 是一样自由的、完全由自身出发的行为,为所欲为的行动,想怎么样就怎么样的行为,不受任何限制。神本来不应该是这样的,神你就做你的神,你高高在上就是了,但是他非要加入到、介入到人的行为之中来,和人去对打,所以个别性和普遍性就混杂在一起了。"所以这些神灵就和人一样作出了同一件事",本来是人作出来的一件事情,但是在《荷马史诗》里面把它描绘为是人和神共同作出来的事情。是神引导人的手使他的箭射中了对方的某一处,这都是由神在操控的,但同时又是人作出来的,所以是神和人作出同一件事情,任何一件事情里面都有神的功劳。

[216]　那些力量的严肃态度是一种可笑的多余，因为实际上它们就是个体的行动之力；——而个体的辛勤劳动同样是白费力气，因为毋宁说是那些力量在操纵一切。

　　就是说同一件事情，你又说是神作出来的，又说是人作出来的，这就说不清楚了，到底是谁作出来的？到底是谁的功劳？到底谁在起支配作用？"那些力量的严肃态度是一种可笑的多余"，那些力量就是那些神的力量，他们的严肃态度是一种可笑的多余。就是神的力量好像是很严肃地去做一件事情，去帮人干一件事情，其实是可笑的多余，因为实际上根本用不着用神来解释。你就说他武艺高强、武功了得，就像中国的武侠小说一样，你就归结为他修炼多年，或者是读了一本真经，于是就得道了、大悟了，就能凭借自己的武功成就他的事业，就行了；你还非要引出一个神来帮他，那这个英雄就不是英雄了，是个饭桶有神的帮助也可以成功啊，那不是多余的吗？你要歌颂这些英雄，你歌颂他什么呢？如果英雄都有神助，那他就不是英雄了。所以那些力量的严肃态度是一种可笑的多余，"因为实际上它们就是个体的行动之力"，实际上这些神力只是一个旗号，你把它安一个神的名字，实际上他就是人的个体之力，所谓的个体没有什么神，他就是个体的行动力量。你把这些个体的力量叫作神力，但是他还是个体之力。所以实际上是个体在那里行动，神并没有起什么作用，他成功了，你就把它称之为神力之助，万一失败了呢，你就不把它归之于神，就是他本身的失误。实际上都是人在做事，而神只不过安上了一个空名。"而个体的辛勤劳动同样是白费力气，因为毋宁说是那些力量在操纵一切"，从另一方面讲，如果你真认为是那些神在操纵一切，那么个体的辛勤劳动岂不是白费力气了，个体什么也没干，都是神在干。这是一个矛盾，要么你就把它解释为就是这些个体在干活，神没有用；要么你就说个体所干的活都是白费力气，其实是神在操控一切，可以作两种解释。这两种解释都是毫无趣味的，也是互相矛盾的。你说个体到底有没有用？你说他有用，那就用不着神，你说他没用，那神就操控一切, 那你干嘛还要描写英雄呢? 你就描写神就够了。分别用这两种眼光来写史诗的话, 都会使作品变得干瘪乏味; 但荷马是把两种观点混合在一起来描写, 这就有意思了, 人们就急于想知道, 人什么时候会得到神助, 而神力离开人的努力也会有无奈的时候, 说明在荷马的史诗里面人和神是互相依赖的, 而神人混杂是故意的, 不混杂就没意思了。

——那些每天度日的、本身微不足道的有死者们, 同时都是坚强有力的**自我**, 他使那普遍的本质服从自身, 冒犯那些神灵并且给这些神灵一般地带来现实性和行为的兴趣;

我们先看这半句。"那些每天度日的、本身微不足道的有死者们", 有死者就是凡人了, 有死的人是跟神区别的, 神是不会死的, 有死的都是人。有死者是每天度日的、本身微不足道的, 生命短暂, 你再英勇, 也是有死的, 所以跟神相比是微不足道的。那些有死者们"同时都是坚强有力的**自我**", 虽然看起来他每天过日子、等死, 人一生下来就是等死, 本身微不足道, 但是同时是坚强有力的自我, 在《荷马史诗》里面特别表现这一点。那些英雄虽然是有死的, 但他坚强有力, 他是一个自我。"他使那普遍的本质服从自身", 为什么一定要把那些神拉扯进来呢? 恰好是要使那普遍的本质服从自身, 使那些神服从自己的行为。"冒犯那些神灵", 一方面让那些神服从自己, 另一方面他还冒犯那些神, 他甚至于明明知道这是神定的, 他也要去冒犯, 神的意志他也要去冒犯。我们刚才讲了阿喀琉斯跟河神搏斗, 他知道打不赢, 但他还是要去冒犯。"并且给这些神灵一般地带来现实性和行为的兴趣", 如果神灵总是高高在上, 他跟凡人没有关系, 或者凡人对他百依百顺, 没有反抗, 那神灵就是抽象的, 就是不现实的, 对希腊人来说, 一个没有现实的东西有什么值得关注的呢? 人才给这些神灵一般地带来了现实性和行为的兴趣, 神灵的行为它有兴趣, 它有目的, 这目的是什么呢? 就是人了。神灵的兴趣在于人, 如果没有人的话, 神灵的兴趣是空的, 那是苍白的, 没有现实内容的。只有有了人, 一方面呢他让这些神服从自己, 另一方面呢他还冒犯神灵, 这个时候呢神才有了作用，神的作用才能够有声有色，才能够体现出来，否则的话他是没有生气的。

正如反过来说，那些没有力量的普遍性要依靠人的奉献来养活自己，并且要通过人才得以有事可做，它们是一切事变的自然本质和材料，同样也是行为的伦理质料和悲情。

前面是从人来说的，就是那些有死者每天度日，好像微不足道，但是同时他又是坚强有力的自我，他跟神打交道，要么呢是神服从他，要么呢是他冒犯那些神灵，使得神灵具有了活泼的生气，有事情做，带来了现实性和行为的兴趣。那么，"正如反过来说"，反过来说就是从神的这一方面来说，意思是一样的，但是从两个不同的角度来说。"那些没有力量的普遍性"，神本身体现不出力量来，如果是抽象的神，如果没有人的话，那么神的力量何以体现出来呢？神的力量要体现出来，它就必须通过人。"要依靠人的奉献来养活自己"，人的奉献，比如说人去冒犯那些神灵，实际上是人把自己当作牺牲了，而神在人的这样一种不听话的冒犯之中他就有事情做了，他就可以去惩罚，可以去控制啊，可以去压制啊，等等，他要靠人的奉献和牺牲来养活自己。"并且要通过人才得以有事可做，它们是一切事变的自然本质和材料"，这些神是一切事变的自然本质，一切事变后面的本质就是神，所谓自然本质，就是不受人支配的自然界的本质，天地日月雷电风雨等等；虽然不受人支配，但却可以被人当作造成事变的材料。希腊联军出征特洛伊，启航时一直等不来顺风，于是就必须向风神献祭，阿伽门农甚至牺牲了自己的女儿当人祭，后来女儿被神救走。"同样也是行为的伦理质料和悲情"，除了自然世界的背景之外，就是伦理世界的背景，这是上面已经作出的划分，所以神力不但代表自然本质和材料，而且代表行为的伦理质料和悲情。行为的伦理质料，每一方都有它的伦理的理由，都是在它自身既定的伦理质料的基础上来做出自己的行为，这些行为的形式可以是各不相同的，但里面的伦理质料是固定的。这种伦理质料必然带来它的悲情，就是单独看这种伦理质料是单纯的、抽象的,是理想化的和一尘不染的;但一旦我们为了这种伦理原则去奋斗、去牺牲,想将它赋予现实的形式,它就要么受到践踏、遭到玷污,要么和其他伦理质料陷入冲突矛盾之中,令人悲从中来。

如果它们的那些始基性的自然本性要通过个体的自由的自我才被带入现实性和操控关系之中的话,那么在同样程度上它们也是这样的共相,这共相摆脱了这种结合,在自己的规定性中仍然是不受限制的,而且由于其统一性的不可克服的伸缩性,它消除了活动者的点截性及活动者的那些造型,它纯粹地维持着自身,并在自己的流动性里使一切个别的东西都化解掉了。 {391}

这一句就是强调神的这种普遍性了,神的普遍性要由个别的人把它带入现实之中,但是神的普遍性仍然是高高在上的,这个长句子要表达的就是这个意思。"如果它们的那些始基性的自然本性",它们,这些要靠人的力量来养活自己的普遍性,也就是神,如果这些神的那些始基性的自然本性,始基性的,elementarisch,前面我们遇到过这个词①,它的词根是"元素"Element,也就是原始要素。什么叫始基性的自然本性? 就是神本来是高高在上的,他的本性是超自然的,但是他又要在自然中发挥作用,所以他又带有一些始基性的自然本性,他在这种元素里面才能够现实地发挥作用。他不能老是处在虚无缥缈的抽象之中,他必须下降到始基性的自然本性里面来,表现于水火土气或日月天地风雷等等元素之中。前面已经讲到,它们的这些元素的自然本性要靠人的奉献来养活自己,那么,如果这些自然本性"要通过个体的自由的自我才被带入现实性和操控关系之中的话",也就是要通过那些有死者的坚强有力的自我把神性带入到现实性之中,使得那些神有事可做。如果是这样的话,"那么在同样程度上它们也是这样的共相,这共相摆脱了这种结合,在自己

---

① 参看贺、王译本下册第 16 页第 6 行:"兄弟抛弃了家庭的这种**直接的、始基性的**因而真正说来是**否定性的**伦理性,以便取得和创造出它的自我意识到的现实的伦理性。"[译文有改动]

的规定性中仍然是不受限制的”，这是反过来说了。前面是讲，这些普遍性如果要被带入现实性和操作关系之中的话，它们就必须通过个体的自由的自我，通过这些英雄的行动，才能够现实地发挥作用去干预人世间的事务；那么在同样程度上，我们也可以看到它们也是这样的共相，它并不因为要把自己化身为个别性去跟个别的英雄作斗争，就完全把自己降低了，而是在同样的程度上它们也是这样的共相、这样的普遍性，它自身可以摆脱这种结合，共相还是共相；并且在自己的规定性中仍然是不受限制的，还是永恒的、无限的。虽然它化身为个体的形态去跟人打交道，但它自身仍然在自己的规定性中不受限制，它还是神。“而且由于其统一性的不可克服的伸缩性，它消除了活动者的点截性及活动者的那些造型”，由于其统一性的不可克服的伸缩性，它具有伸缩性，伸缩性也可以翻译为“弹性”，它有很大的弹性，就是说你有多大的能量我都可以把你包容进来，就像如来佛的手掌，你孙悟空再有能耐也跳不出如来佛的手掌，你一个跟头十万八千里，他的手掌就可以伸展到十万八千里，你不跳那么远，那么它也就是一个手掌大，它可以容纳你，可以包容你，这是一种不可克服的伸缩性。既然神的这样一种统一性具有不可克服的伸缩性，它就消除了活动者的点截性，点截性我们前面也已经遇到过这个词了，Punktualität，就是说活动者、行动者是一个一个的，互不相关，就像原子一样一个点和另一点无关。活动者个体是一个个体，跟其他个体是相互独立的。但是这种统一性呢凭借它的不可克服的伸缩性，就把这些一个点一个点的点截性消除了，你们最后都消失在我的这种伸缩性之中。再就是活动者的那些造型，那些定型。造型，Figurationen，造出来的一种形态，好像是不可入的一个一个的造型，一个英雄保持他的造型，保持他的形态，另外一个英雄保持另外一个形态，这也是点截性的体现。每个英雄他都有不同的形态，他们都处在一种点截性中，但是都被这样一种统一性消除了。“它纯粹地维持着自身，并在自己的流动性里使一切个别的东西都化解掉了”，这一句就是一个总结性的。就是说这样一种神性的普遍性，虽然它要由个别人把它带入到现实，它自身要化身为个别的形象，但它仍然高高在上，就像滚滚长江东逝水，浪花淘尽英雄，你再英雄，再有能耐，你都是要过去的，而神是永恒的，神是高高在上的，在它的流动性里面，它把一切个别的东西都化解掉了。你阿喀琉斯再英勇无敌，你也是年纪轻轻就死去了，你死后还发生了很多很多事情，这个是神性的优势，就体现在这里。休息一下吧。

　　[3. 诸神自身间的关系] 正如那些神灵与那对立着的、自我性的自然本性处于这样一种矛盾着的联系中一样，他们的普遍性也同样与他们自己特有的规定、与这种规定与其他神灵的关系陷入了冲突。

　　好，我们现在来看第三个小标题："3. 诸神自身间的关系"。前面讲了神和人的关系、人和神的关系，那么这里开始讲神和神的关系。正是因为刚才讲到，诸神下降到人间，变身为个体性来参与人间的事务，那么这就有了诸神之间自身的关系，如果诸神不参与人间的事务，那他们就可以高高在上，互不相干，他们各自代表一种精神，那有什么关系？那就不存在相互关系，反正每一种精神力量都是人们所向往的，都是崇高的，都是好东西，是绝对价值、核心价值，你把它们供在那里就是了。但是由于诸神或神灵他们下降到了人间，体现为人的个体性的形象，于是就发生了一系列的关系，除了前面讲的神和人的冲突以外，现在呢我们开始考察一下神和神的冲突，这是必然要发生的。每个神各支持斗争的一方，搞到后来他们之间也一定会斗起来。"正如那些神灵与那对立着的、自我性的自然本性处于这样一种矛盾着的联系中一样，他们的普遍性也同样与他们自己特有的规定、与这种规定与其他神灵的关系陷入了冲突"，这句子是排比句了：正如那……一样，也同样……这是前面讲的，那些神灵与那对立着的自我性的自然本性处于矛盾的关系中，自我性的自然本性也就是个别性的自然本性，代表个别性的那一方。按照史诗的结构，一方面是普遍性，一方面是个别性，那么普遍性这一方、神灵这一方呢与那对立着的自我性的自然本性、与个别性的一方处在这样一种矛盾着的联系中。神和人的冲突，神代表普遍性的一方，人代表自我性的自然本性一方，而在这种冲突中，神本身也染上了这种自我性的自然本性，也采取了人的形象、化身为人的形象，化身为人的个别性的自然本性来跟人的这种自然本性、这种自我性相冲突、相矛盾。那么另一方面，这些神灵，他们的普遍性也同样与他们自己特有的规定、与这种规定与其他神灵的关系陷入了冲突，也就是这些神的普遍性，也与前面的那个矛盾一样，陷入了与他们自己特有的规定的冲突中，因此也就陷入了每个神灵的规定与其他神灵的冲突关系中。每个神灵的普遍性都有它特有的规定，你是哪一种普遍性？比如说，阿波罗是文艺之神，雅典娜是理性之神，宙斯是正义之神，他们都有他们自己的特有的规定性。当然每一个神都是普遍性的，但每一个神的普遍性呢都有它自己特有的规定，这些规定不付诸实现的话，那就没有什么关系了，每个神都可以在自己的庙里静静地打坐；但一旦投身于现实冲突，它们相互之间也就免不了要冲突起来。你的这样一种规定与其他的神灵处在冲突中，本来这些普遍性是没有什么冲突的，你讲你的知识，他讲他的文艺，他讲他的公正，这个有什么冲突呢？但是一旦涉及到现实，要在同一个现实冲突中进行选择，那他们就发生冲突了。除非他们都跳出三界外，不在五行中，不食人间烟火，才能够保持自身的高贵的单纯、静穆的伟大。

　　他们是永恒优美的个体，这些个体静守在自身特有的定在中，已摆脱了暂时性和异己的强制。

　　这是就这些神灵自身而言的。"他们是永恒优美的个体"，这些神灵，他们住在奥林普斯山顶上，是永恒不变的，而且是优美的，每一个神在希腊雕刻里面、在希腊神话里面都表现为优美的个体。"这些个体静守在自身特有的定在中"，在自己特有的定在中，也就是在自己的规定性中，每一个个体都守住自己特有的一种规定性，那是他们的一种永恒的绝对价值。"已摆脱了暂时性和异己的强制"，他是永恒的，跟暂时性没有关

系，你要是投入到现实的活动、现实的冲突中，那就会有暂时性，每一个
行动都是有头有尾的，一旦开始它总是要结束的；但是如果他只是停留
在自己这种优美的个体中，安守着自身特有的定在，他就不会屈服于暂
时性和异己的强制，他不受任何其他东西的强制。每一个神都是普遍的，
都是永恒的，都是摆脱了暂时性的，而且都是保持着自己的优美的形态，
只要不投入斗争。投入斗争就被破坏了，就不是最美的形态了。

　　——但是他们同时是些**特定的**元素、**特殊的**神灵，因而这些神灵就
和其他神灵发生关系。但这种按其对立就是与其他神灵相争执的关系，
却是对自己的永恒本性之滑稽可笑的 ① 自我遗忘。

　　前面是一个方面，这些神灵静止地来看都是优美的、永恒的个体，摆
脱了暂时性和异己的强制。"但是他们同时是些**特定的**元素、**特殊的**神
灵"，特定的元素，元素这个词我们刚才讲了，就是一种起根本作用的要
素，一种特殊的起作用的要素。普遍的神灵同时又有其特殊的规定，各
有其职司，从这方面看又是特殊的神灵。由于他们各自的职能不同，所
以一旦处在特殊情况下，这些职能就发生交错。"因而这些神灵就和其
他神灵发生关系"。一旦要干事情，那么你作为一种特殊的神灵，那就和
其他神灵发生关系了，你是特殊的，他也是特殊的，你们每一个的特殊性
都不同，那么你的特殊性跟他的那种特殊性之间就发生了关系，或者说
发生了冲突。"但这种按其对立就是与其他神灵相争执的关系，却是对
自己的永恒本性之滑稽可笑的自我遗忘"，就是这样一种关系，即按照他
们的对立的情况，每个神灵都和其他神灵相互争执。例如俄瑞斯忒斯杀
母为父报仇的案子，代表理性、智慧的雅典娜主持审判，为俄瑞斯忒斯辩
护的阿波罗和代表控方的复仇女神哀伦妮在法庭上争执不下，最终要通
过投票来作出裁决，而投票的审判员居然都是凡人。12 位雅典元老投票

---

① "滑稽可笑的"（komische）在袖珍版的一个注中按照第三版（C 版，即黑格尔去世后
　　由 J.Schulze 于 1841 年出的修订本）改为"批评性的"（kritische）。——中译者

的结果是 6∶6，最后由雅典娜作为审判长投了无罪票。这个案子的滑稽之处在于，人间命案由神来追究，而神的意见分歧却由凡人来裁决，裁决不下最后又再由神以自己的一票来定案。在这种神人杂处的一团混乱中，神灵们体现出对自己的永恒本性之滑稽可笑的自我遗忘，神完全忘记了自己的身份，忘记了自己是神。类似的例子在《荷马史诗》里面有很多描述，黑格尔《美学》里面谈到史诗的时候也提道："荷马的神们用不着旁人改写成为滑稽可笑，他自己的描写就已经够滑稽可笑了。在他的作品里，像跛腿的火神，战神和女爱神睡在一张精巧的网里，她 [即女爱神——引者注] 挨到了耳光，而他 [即战神——引者注] 跌落下去时放声号叫之类形状，神们自己看到也会哂笑取乐。"[1] 也就是说，本来神都是些永恒的个体，他具有一种实体性的力量，但是由于这样一种关系而与其他神灵相互争执，这是对他自己的永恒本性之滑稽可笑的自我遗忘。神在这里已经跌落到一种凡人水平的可笑的相互冲突中。按照希腊神话的说法，爱神阿芙罗狄忒长得很漂亮，宙斯就去追求她，但阿芙罗狄忒不理他，她心里已经有自己的意中人了，她喜欢战神，爱神总是喜欢战神的嘛。于是宙斯就惩罚她，把她嫁给了跛腿的火神赫淮斯托斯，阿芙罗狄忒当然不满意了，就经常去跟战神偷情。火神呢是工艺之神哪，技术精湛，他就制造了一张精致的金网，趁他们偷情的时候一网撒过去，把两个人都捉住了，就打阿芙罗狄忒的耳光，这是老公打自己的老婆嘛。战神呢就从这个网里面掉下去了，一边掉下去一边大声号叫，一点都不像个男子汉。这都是引起奥林普斯诸神哄堂大笑的，"诸神的哄笑"就成了一个成语。这是一种滑稽可笑的自我遗忘，忘记了神的身份，忘记了自己永恒的本性，搞成了一件邻里丑闻。

——这规定性植根于神圣的持存中，并在这持存的界限内拥有整个个体性的独立；而由于这种自我遗忘，他们的性格同时就失掉了突出的

---

[1]　[德] 黑格尔:《美学》第三卷 (下)，朱光潜译，商务印书馆 1979 年版，第 145—146 页。

独特性,并在其多义性中混合起来了。

　　"这规定性",这规定性就是神的规定性、神的自身特有的定在,每一个神他都有自己特有的规定性,雅典娜是智慧女神,阿波罗是文艺之神,阿芙罗狄忒是爱神,等等,都有自己特定的规定性。这规定性"植根于神圣的持存中",他们一直就是作为这样一种规定性而持存的,而永恒存在的,每一个神都是永恒的存在,智慧永恒存在,文艺永恒存在,爱永恒存在,等等。"并在这持存的界限内拥有整个个体性的独立性",这个持存的界限中,每个神持存于哪个领域,持存于智慧的领域,还是持存于爱情的领域,他都在这个领域里面拥有整个个体的独立性,所以每个神都表现为一个独立的个体,都把自己的领域看作这是我的领域,这是我所管的,这是我特有的权力。"而由于这种自我遗忘",由于前面讲的那些神忘记了自己的身份,他投入到人间世俗的事务中去了,什么偷情啊、捉奸啊这样一些事情,他忘记了身份,"他们的性格同时就失掉了突出的独特性",他们的性格就把这样一些突出的特性丢失了。本来是他跟其他神不相混合的那种特殊性,代表知识啊,代表爱情啊,代表工艺啊,等等,这样一些独特性变得模糊了,"并在其多义性中混合起来了"。每一个神当他不是作为他所代表的那个领域出来显示自己,而是作为一个普通的凡人,每个神都变得凡人化了,具有凡人的多重性和弱点,那么他们所代表的特殊的理念呢就被模糊了,并在其多义性中混合起来了。一个神跟另外一个神就像一个人跟另外一个人一样,失去了神性的专门职能,而且每一个神都变得多义性起来,他不是单纯地守住他那一块,而是彼此雷同了。你在他们的那些行动中偶尔也可以想起来,原来他是战神,原来她呢是爱神,原来他是工艺之神,原来他是正义之神,但是一般的时候你把他当人看。这些东西也许偶尔会体现出来,但是一般来说呢是混在一起的,你用人情去衡量他,他的专门职能就成了他诸多性格特征中的一项。这就是神人同形同性,把神性模糊掉了。

　　——这些神灵活动的目的和他们的活动性本身,既然是针对着一个他者，因而针对着一个不可战胜的神力，就只是一种偶然的虚张声势，这种虚张声势同样也流散掉了，并将行动的表面上的严肃性转变为毫无危险的、自身安全的游戏了，这游戏既无结果也无成效。

"这些神灵活动的目的和他们的活动性本身"，这些神在世俗生活中以世俗的形象出现，他们有自己的目的，有自己的活动性，有自己的主动性。这种活动性"既然是针对着一个他者"，这些神灵的活动是针对另外一个神灵的，"因而针对着一个不可战胜的神力"，因为他者也是神啊，所以他的神的力量实际上是不可战胜的，就是说你跟他斗，其实你们谁也赢不了谁，你们都是神，在神的层次上你们谈不上输赢。那么这样一场无所谓输赢的战斗是什么呢？"就只是一种偶然的虚张声势"。既然你明明知道你赢不了他，他是神啊，他也赢不了你，你也是神，只是你的神的原则跟他的神的原则不一样，你的神的原则赢不了他的神的原则，他的神的原则当然也赢不了你的神的原则。那么既然都赢不了，你们斗什么呢？所以就只是一种偶然的虚张声势。好像由于某种事情产生了某种气氛，所以扬言要灭掉你，我要把你灭掉，实际上是虚张声势，谁也灭不了谁。"这种虚张声势同样也流散掉了"，这种虚张声势没什么用嘛，而且在事件的进程过程中这虚张声势本身也流散掉了，也化解掉了。"并将行动的表面上的严肃性转变为毫无危险的、自身安全的游戏了"，表面上的严肃性，看起来好像很严重，实际上是一种表面上的严肃性，很容易就转变为毫无危险的、自身安全的游戏了。神和神的斗争是没有危险的，绝对不可能说这个神把那个神灭掉了，那是不可能的，神又不会死，既然双方都不会死，那打来打去不是做游戏吗？没有生死斗争，那就是游戏啊，我们这个竞赛啊、体育比赛啊、下棋啊都没有生死斗争，所以都是游戏，拳击运动是很危险的，但是有个原则，你不能把人打死，裁判会及时制止的，所以拳击运动也是游戏，就是因为它没有生死斗争。表面上是很严肃的，好像我要置你于死地，实际上没有这危险。"这游戏既无结果也无成效"，斗了半天，最后回复到原状，还是你是你、我是我，你们还是神，你们都很伟大，所以这个表面上的严肃性呢只是一种安全的游戏。

但是如果在神灵的神圣性的自然本性里，那否定的东西或它们的规 [217] 定性只是作为它们的活动的不一贯性或者目的与成效的矛盾而显现出来，并且如果那独立的自身安全性对被规定的东西保持着优势，那么正由于这样，那**否定的东西**的**纯粹之力**就会站到这一自然本性的对面，也就是作为诸神灵不可超越的最终力量与之对立。

就是说，这样打来打去是没有结果的，也是没有成效的，都是一种表面的游戏，不涉及到根本，你们斗来斗去只能引起哄堂大笑。"但是如果在神灵的神圣性的自然本性里"，这些神灵的神圣性如果是体现为一种自然本性的话，也就是体现在自然中，体现在风雨雷电日月的自然力量中，神灵凭借这样一种自然力而介入人类的事务，同时也与其他神灵打交道。"那否定的东西或它们的规定性只是作为它们的活动的不一贯性或者目的与成效的矛盾而显现出来"，那否定的东西或它们的规定性，也就是它们的规定性实际上是否定的东西，我是这种规定性，我不是你那种规定性，一切规定都是否定嘛，我是这种规定我就不是你那种规定。如果这些规定不体现在自然本性里面，这就无所谓，你讲你的我讲我的；但是如果是在神灵的自然本性里面，以一种自然之力的方式表现出来，那就有问题了。这时，这种否定的东西、这种规定性就只是作为这种活动性的不一贯性，或者作为目的与效果的矛盾性而显现出来。诸神的行动发生了断裂，例如上面讲火神赫淮斯托斯捉奸，战神阿瑞斯为什么不使出他的绝世武功来抵抗，而是像个懦夫一样大声号叫？哪里像个战神？他的神性的自然力到哪里去了？在这里，目的与效果呈现出矛盾。当然如果不是在自然本性里面，这种矛盾显现不出来，神灵高高在上，停留在概念里，一个神的理想和另外一个神的理想都是很崇高的，都是永恒的，相互之间没有什么冲突；但是一旦在自然本性里面表现出来呢，就会显出矛盾来了，神的原则应该是永恒的、普遍的，但是你跟其他的神的原则却不能够相容，也不能够用你的神的原则来吞并其他的神的原则，保持自身的一贯性。所以你在遇到其他的神的时候就有一种不一贯性，或者目的与成效的矛盾，一个神就必须放弃自己的自然力而屈服于另一个神的自然力之下。"并且如果那独立的自身安全性对被规定的东西保持着优势"，独立的自身安全性前面已经讲了，神是自身安全的，是没有危险的，仅仅是游戏而已，任何冲突都并不会损害到自身的安全，每一个神还是神，每一个神还是永恒、独立、优美、高高在上的。那么，既然神具有这种安全性的担保，他还有什么害怕的呢？有什么自然力能够侵害到神呢？所以，只要这种安全性对自然力的规定保持着优势，知道自己不会受到自然力的伤害，"那么正由于这样，那否定的东西的**纯粹之力**就会站到这一自然本性的对面"，那否定的东西也就是他的规定性了，他的与其他神的不同的规定性，现在它不再作为自然之力，而是作为纯粹之力，就会站到自然本性的对面，就会超越自然之力之上而不受干扰。我们现在提升到了一个更高的层次，要对那被规定的东西保持优势，于是那否定的东西的纯粹之力，"否定的东西"打了着重号，"纯粹之力"也打了着重号，现在是作为纯粹之力的否定的东西，就会与自然本性相对立了。就是说否定的东西在现实中是否定的，否定其他的神，这样一种不纯粹的自然之力那个是没有多少意义的，那只是一场游戏而已；但是如果把这种否定的东西提升起来，把它的力量依照它的纯粹之力来看待，这种纯粹之力就会站到这一自然本性的对面，它不再陷入到这种自然本性里面的具体的力量，而是被提升起来了。"也就是作为诸神灵不可超越的最终力量与之对立"，也就是说这种否定的东西不再陷入现实生活的矛盾冲突，它是永恒的，它是诸神灵不可超越的最终力量，这也就是命运的力量。如果它投入到自然本性里面，它就会跟其他的神灵的自然本性相对立，陷入到一种纠缠之中，当然这种纠缠没有什么意义，是一种可笑的游戏、一场喜剧，你看了可以哈哈一笑，但实际上一切恢复原样，丝毫无损于诸神的安全性。但是正是经过这种现实的斗争呢，从里面可以看出一种纯粹之力，这是一切人和一切神最终都不可超越、都不得不服从的，这就是命运。在《荷马史诗》中，命运是一切人和神都无法逃避的终极力量，就连掌握最强大自然力量的宙斯也逃脱不了，他的自然本性对此无能为力。这种否定的东西有一种纯粹的力量，一种无形的力量，它并不显示在他们的自然本性里面，而是恰好站在这种自然本性的彼岸或对面，诸神灵在自然本性中游戏一番之后，不得不回到自己的永恒本性上，不管现实怎么样搞得乱七八糟、混乱不堪，但是这种命运不为所动，它并没有搅乱自身，而是作为一种纯粹的力量、一种强大逻各斯，自上而下地支配着整个过程。这就是从头至尾笼罩在《荷马史诗》里面的、超越于一切矛盾冲突之上的命运的力量，带来一种巨大的悲情。但这是史诗中正在投身于自然本性的剧烈冲突中的人和神都无法意识到的，只有当他们抽身出来，当这幕戏剧谢幕的时候，当游戏终结的时候，才会看到并且承认这一不可抗拒的终极力量，由此而将自己的境界提升到真正的神的层次上来。

这些神灵与那些经受不住他们的力量的有死者的**个别自我**相比，是共相和肯定的东西；但是那**普遍的自我**因此就作为**无概念的**、**空虚的必然性**而悬浮于他们之上，也悬浮于全部内容所属的这整个表象世界之上，——这必然性是一个事件，对于这一事件，他们的态度是无自我的、悲哀的，因为这些**特定的**自然本性并不发生在这种纯粹性里。

"这些神灵"，这些神灵已经经过了他们之间的那种斗争了，游戏一场，又回归到他们的那种居高临下、不可超越也不可抗拒的最终力量去了。他们"与那些经受不住他们的力量的有死者的**个别自我**相比，是共相和肯定的东西"，这些神灵与那些在矛盾冲突中经受不住他们的力量的个别人、个别英雄相比，是共相和肯定的东西。浪花淘尽千古英雄，只有这些神灵还在奥林普斯山上谈笑风生，他们的相互冲突并没有阻止他们最后回复到他们的终极力量，认同这种凌驾于个别性和否定性之上的共相和肯定的东西。前面讲了这些神灵的规定性是否定的东西，但是他们同时又是共相和肯定的东西，规定性从个别性来看就是否定，从共相来看则是肯定。前面讲的是他们的否定的力量，现在我们可以看出来，跟人相比他们仍然是共相和肯定的东西，他们具有否定的纯粹的力量，否定了一切个别性，但他们自身，跟人相比是肯定的东西。"但是那**普遍的自我**因此就作为**无概念的**、**空虚的必然性**而悬浮于他们之上"，那普遍的自我，也就是说这样一些普遍的力量、命运的力量也有自己普遍的自我，每个神都意识到自己有自己的命运，他必须服从命运，因为那就是他冥冥中的自我。但这自我由于回到了那种共相和肯定的东西，回到了那种脱离现实生活并且跟现实的自然本性相对立的高度，那么它就作为无概念的、空虚的必然性而悬浮于诸神之上。无概念的、空虚的必然性，命运不是概念，而是空洞的必然性，即使是神，也意识到自身冥冥中不可抗拒的必然性，神的这样一种自我意识就成为一种空洞的必然性而悬在他们之上，这种空洞的必然性就是神的命运。希腊神话里面所有的神都要服从命运，命运女神才是最高的神，表面上宙斯好像是最高的主神，但是宙斯也要服从命运，也要受命运支配。宙斯把普罗米修斯绑在悬崖上面，想要迫使普罗米修斯说出他命运的秘密：究竟是谁会来推翻我？折磨了三万年，最后他们达成妥协，普罗米修斯告诉他：如果你娶了海中神女忒提斯，那么你们的一个孩子将要来推翻你。宙斯知道这个秘密以后就释放了普罗米修斯，并且没有娶他和海神波塞冬都在追求的忒提斯，从而避免了被推翻的命运，但这正说明宙斯也要服从命运，他们对命运都是非常害怕的。但是命运是什么呢？命运是一种无概念的、空虚的必然性，它没有道理可讲，谁会被推翻？谁会被谁推翻？这些东西都是没有逻辑、也没有事实根据的，都是分析不出来的。某些个别的人掌握了这个命运，或者是谁也不掌握命运，谁也不知道命运会如何。所以希腊的神和人都受命运的支配，而神的普遍的自我因此就作为无概念的、空虚的必然性而悬浮于他们之上。"也悬浮于全部内容所属的这整个表象世界之上"，也悬在这整个史诗里面所描写的这样一场波澜壮阔的战争之上，整个表象世界上面都悬着一个命运，都是由命运女神所支配的。但是命运女神是不出面的，她只在暗中起作用，所以每一个神虽然为所欲为，觉得自己了不起，但是他的普遍的自我里面有一个必然性的命运意识，他知道自己不是无所不能的，自己的能耐是有限的，要受到命运的支配。连神都要受到命运的支配，那整个世界就更加如此了，人啊、英雄啊就更加不在话下了，所以命运是悬浮于全部内容所属的这整个表象世界之上的。这个世界整个都是表象世界，各种英雄来来往往，各种事件发生了，又结束了，这都是一些表象世界，它不是一个概念的世界。"这必然性是一个事件"，事件 Geschehen，就是发生的事情，通常是指有历史意义的事件，不是那些小事。所以必然性是一个事件，必然性管大事件，管整体的发展方向的。"对于这一事件，他们的态度是无自我的、悲哀的，因为这些**特定的**自然本性并不能出现在这种纯粹性里"，对于这个事件，这个必然性发生了，这样一个必然性的事件发生了，诸神都受到必然性的支配，那么这些神灵呢就只能抱一种无自我的、悲哀的态度，无可奈何的态度。他不知道这个事情是从哪来的，不知道我做错了什么导致了这样一个事件，也无法控制。所以他们表现出这样一种悲哀的、无奈的态度，这就是前面讲的在雕塑那里所看到的那种静穆的哀伤。为什么哀伤？就是说我本来是一个神，但是我不得不采取这样一种人的形象来体现自己，这实际上是把我自己限制住了，限制在特定的自然本性中，把我自己降低了；但是我的灵魂还是向往着高处的神性，但是又摆脱不了肉体，所以有一种哀伤。那么在这里诸神也有一种哀伤，就是这些神本来是神，但是在他们的自然本性中，他们像凡人一样也摆脱不了命运，在命运方面他们是无自我的，没有自己的独立性的，无可奈何听天由命的，因此是一种无自我的哀伤。因为这些特定的自然本性并不发生在这种纯粹性里，神们的那种特定的本性、那种特定的自然性，他们的脾气、他们的能耐、他们的各种各样的形态，都不出现在这种纯粹性里，在命运的纯粹力量里面只有纯粹的共相，没有这些特定的自然本性。神的这些特定的自然本性都是古代希腊人和荷马想出来的，每一个神都有他的一种个性，但是这种个性在这种纯粹性里面消失了。所以《荷马史诗》里面带有一种悲情、一种哀伤，或者说史诗本质上具有一种哀伤的情调。黑格尔在《美学》里面也讲道："因此，史诗在整体上总不免荡漾着一种悲哀的音调。我们看到最美好的人死得很早；阿喀琉斯还在活着就为他的死而哀叹"。① 当然这里讲的是史诗里面的英雄，其实史诗里面的神也具有这样一种悲哀，就是人也好、神也好，他们都要受到命运的支配。这是讲诸神之间的关系、神和神的关系，当然也涉及到神和人的关系，因为神和神的关系如果不是和人打交道的话，是没有关系的，神和神本来是没有关系的，但是由于他们介入到人间的事务、人间的事件，所以他们才发生了他们之间的关系。他们具有了自然本性的形态，我们可以描绘他，可以歌颂他，可以了解他们的情绪、他们的愤怒、他们相互之间的争斗。这都是由于把他们摆在了世俗生活中来加以考察，把他们看作现实的人来加以考察，这才能够分析他们之间的关系。所以神和神的关系与神和人的关系，这两者之间是密不可分的。

那么下面一段就是讨论这样一种密不可分的情况了，这种情况只有在悲剧中才能达到。这中间在我们这个版本（丛书版和考订版）里面空了一行，跟前面是脱开的，实际上是对上面的一种总结，以及朝下面一部分的过渡，下面一部分就是讲悲剧了，史诗接下来是悲剧，那么向悲剧过渡就必须在史诗里面找到过渡的契机。下面这一段就是讲这个过渡的契机，也是对史诗的一个总结。

＊　　　　　＊　　　　　＊

但这种必然性是概念的统一性，而那些个别环节的矛盾着的实体性是服从于这个统一性的，在其中，它们行为的不一贯性和偶然性得到了整理，而这些个别环节的诸行动的游戏便在它们自己那里获得了这游戏的严肃性和价值。

---

① ［德］黑格尔：《美学》第三卷（下），朱光潜译，商务印书馆 1979 年版，第 141 页。

　　"但这种必然性是概念的统一性","概念的统一性"打了着重号,这种必然性就是前面讲的那种事件的必然性,也就是命运的必然性。这种必然性是概念的统一性,概念统一性我们可以联系前面讲的那个三段式,三段式所构成的史诗的结构就是概念的统一性,就是体现为普遍—特殊—个别这三者统一的概念统一性。它是一种无自我的必然性,是一种命运,当事人对这个命运是不能掌握的,但我们旁观者可以分析出来,命运其实就是概念的统一性,就是这种三段式。从普遍性经过特殊性的中介,特殊性就是英雄人物的动作,然后是歌者的个别性,这个别性创造了众多英雄的个别性,而每个个别英雄又肩负着自己的普遍性使命,这就构成了一个三段式的统一性。"而那些个别环节的矛盾着的实体性是服从于这个统一性的",那些个别环节也就是那些英雄,每一个英雄都体现出一种实体性,但他们相互之间是矛盾的,互相之间处于争斗中,包括化身为人的那些神也是这样,他们跟英雄掺杂在一起,也变成了一种个别的环节。这些个别环节的矛盾着的实体性是服从于这个统一性的,服从这个三段式的。"在其中,它们行为的不一贯性和偶然性得到了整理",不一贯性前面讲到了,这些神的活动它们表现为不一贯性,表现为目的和成效的矛盾,时而作为神、时而又作为人而行动;但在这个统一性里,它们的行为的不一贯性和偶然性得到了整理。虽然就它们自身来说,它们是不一贯的,是偶然的行为,但是在命运中得到了整理,在命运中,用命运的眼光来看,这一切都是顺理成章的,因为你就是那个命,你必须服从你的命运。所以在这个统一性里面这些不一贯性和偶然性都是有理由的,都得到了整理,都被赋予了秩序。当然这个秩序本身是不讲理的,命运嘛,命运讲什么道理呢? 当我们说"这是命",那就什么都不用说了。但是有了命运以后,一切都得到了解释,你为什么这个地方老过不去呢? 因为那是命运规定了的,于是它们的不一贯性和偶然性得到了命运的整理。"而这些个别环节的诸行动的游戏便在它们自己那里获得了这游戏的严肃性和价值",前面讲了游戏,诸神的这样一些行为对他们来说实际上没有危险,是很安全的,都是一种游戏而已。但是这种游戏在这种统一性里面、在它们自己那里就得到了严肃性和价值,也不完全是游戏啊,这游戏也还是有严肃性的,还是有自己的价值的,如果你把它归结到最高的命运,你就会发现,连神都要听从命运的安排,这才使得它们的这些行动的游戏获得了严肃性和价值。那么要把这种严肃性和价值体现出来,这就是另外一种艺术形式,也就是悲剧的使命了,这在史诗里面不用,史诗里面你从命运的角度来看,这些神的行为都是很可笑的,他们在那里争来斗去,争啥啊？谁也赢不了谁,都是没有什么价值的。但是在悲剧里面,赋予了它以严肃性和价值,这个是从史诗的结构里面引申出来的,马上要讲到。

{392}　　那表象世界的内容自为而毫无约束地在**中介**里上演着自己的运动,并聚集在一位英雄的个体性周围,但这个英雄却在自己的力和美中感到自己的生命遭受了破坏,因预见自己的早死而感到悲伤。①

　　"那表象世界的内容",也就是现实世界了,包括自然界,也包括伦理世界,它们的内容"自为而毫无约束地在**中介**里上演着自己的运动",中介就是英雄了,前面讲了三段式,三段式里面的特殊性就是中项,这个中项就是民族的英雄,包括他们的英雄事迹。自然世界和伦理世界的内容在英雄身上自为而毫无约束地上演着自己的运动,英雄之所以是英雄,就是因为他要表现什么都是自为而毫无约束的,那个时代不是一个法制的时代,那个时代是一个无法无天的时代,但那个时代是英雄的时代。英雄时代的特点就是英雄是不受约束的、为所欲为的,他想怎么样就怎么样,没有法律约束他,这个世界借助于他自为而毫无约束地在中介里上演着自己的运动。前面讲了神的活动,这里我们下降到人的活动,从第一个普遍性环节下降到第二个特殊性环节。神的活动要受到命运的支

---

①　指阿喀琉斯参战前在平庸的长寿和英雄的早死之间所做的选择,参看 [德] 黑格尔:《美学》第三卷 (下),朱光潜译,商务印书馆 1979 年,第 141 页。——中译者

配，受到概念统一性的支配，那么这个概念统一性也涉及到全部的整个表象世界，包括英雄和他们的业绩在内。上一段结尾的时候我们就讲到了，这样一种必然性悬浮于这些神之上，也悬浮于全部内容所属的这整个表象世界之上；而这一段的一开始讲的是命运悬浮于神之上，接着就讲那表象世界的内容自为而毫无约束地在中介里上演着自己的运动，"并聚集在一位英雄的个体性周围"。《荷马史诗》里面就是各种事件都聚集在一位英雄的周围，比如说聚集在阿喀琉斯周围，整个《伊利亚特》都是以阿喀琉斯为核心而展开的，而整个《奥德赛》就是以俄底修斯为中心来展开的，总而言之是聚集在一位英雄的个体性周围。"但这个英雄却在自己的力和美中感到自己的生命遭受了破坏"，这就是命运了，命运一方面使得那些神感到一种悲哀，另一方面在表象世界中也使得英雄感到悲哀，使这个英雄在自己的力和美中感到自己的生命遭受了破坏，"因预见自己的早死而感到悲伤"。这里我加了个注：就是指阿喀琉斯在平庸的长寿和英雄的早死之间所做的选择。阿喀琉斯决定加入到特洛伊战争之前，他是有自己的自由选择的，俄底修斯动员他参战时问他，你看你究竟选哪个？要么你就庸庸碌碌地过一生，长寿，但是你一事无成；要么干出一番辉煌的事业，但是早死，这两者你可以选一个。阿喀琉斯选择了英雄的轰轰烈烈的一生，早死没关系，但是我要干事情，庸庸碌碌没意思。当然他死了以后又反悔了，他的亡灵对俄底修斯说，与其在地狱里面做一个冥王，还不如在阳间做一个帮工。但是在人世间的生活他最初是经过选择的，这种选择带有悲凉，他知道自己要早死，因为命运女神已经预定了，神谕也已经告诉他了，特洛伊战争只有阿喀琉斯参战才能赢，但是阿喀琉斯一旦参战他也必定要死。他通过神谕已经知道了自己的命运，所以他有一种悲伤。在黑格尔的《美学》中讲道："在史诗里，**命运**在统治着，并不像人们所常说的只有在戏剧里才是如此。"① 就是史诗里面

———————————

① 　参看 [德] 黑格尔：《美学》第三卷 (下)，朱光潜译，商务印书馆 1979 年，第 141 页。

它也是由命运在统治着。通常认为希腊的悲剧都是命运悲剧，人物都要受命运的支配，所以带来一种悲伤，但实际上在史诗里面已经是这样了。像阿喀琉斯预见自己早死而感到的悲伤，实际上已经带有悲剧性了，但是还没有把这样一种悲伤特别提取出来作为它表达的主题，只是一种笼罩全篇之上的氛围。这是悲剧和史诗的区别，同时也表现出悲剧是从史诗里面引申出来、推导出来的，因为史诗本已经带有悲情，为人物的命运感到悲伤。为什么感到悲伤？

因为那自身固定的和现实的个别性被排斥到两头去了，并被分裂成了两个还没有相遇、还没有结合起来的环节。

这句话只有通过我们前面讲的三段式才能理解。"因为那**自身固定的和现实的个别性**"，就是英雄的个别性，英雄的个别性就是自身固定的和现实的个别性，"自身固定的和现实的个别性"都打了着重号，表明这种个别性在现实中的坚定不移的性格。"被排斥到两头去了"，两头是哪两头？一头是神，另外一头是歌者。自身固定的和现实的个别性被拉开了距离，被拉到两端，也就是三段式的两端。英雄的自身固定的和现实的个别性本来是一个中介，本来是把两端拉到一起来的，但是在史诗里面反而被两方面拉开了。一方面是神，神就代表命运，阿喀琉斯必须服从他的命运，这是他的固定性的来源；另一方面是歌者，阿喀琉斯的性格完全是荷马发挥他的想象力描绘出来的，描绘得栩栩如生，这是他的现实性的来源。自身固定的和现实的个别性是一个矛盾的统一，但这个统一的双方在行动中被拉成两半，被排斥到两头去了。Extremität，我把它翻译成"两头"，Extrem 我把它翻译成"端"，它们都是指一个三段式的两头，在这个三段式里面，它的两头一个是普遍、一个是个别，中间是一个中介、中项。这个中项现在被排斥到两头去了，中项被解体了。阿喀琉斯虽然英雄了得，但他自己知道他是注定要被解体的，他的英勇只是停留在荷马的描写之中，他本身是一个有死者，他的命运已经由命运女神所规定好了，只是命运女神的普遍意志的一种体现。他选择了参战，但实际上他是选择了充当命运女神的工具,所以他那种个别性实际上是被拆解为两端了,但在荷马的描述中他还是很有英雄气概的。"并被分裂成了两个还没有相遇和结合起来的环节",神的那一端和荷马、歌者这一端还没有相遇和结合起来,还是分属于两端,它们的拉扯使得阿喀琉斯的个性被分解了,显出一种悲伤的气氛。既然两端还没有相遇和结合起来,那么,它们如何相遇和结合起来呢?这马上要讲到了,正是这种结合形成了悲剧的结构。

其中一个是那**抽象的**、非现实的个别者,它就是那并不参与到中介生命之中的必然性,正如那另一个环节即**现实的**个别者、歌者,它同样也置身于这个中介的生命之外并沉没在它的表象中。

这两端、这两个环节还没有相遇和结合起来,那是一种什么状况呢?"其中一个是那**抽象的**、非现实的个别者,它就是那并不参与到中介生命之中的必然性",它就是那必然性,它并不参与到中介的生命活动中,必然性只在背后冥冥之中起作用。阿喀琉斯加入到特洛伊战争,赢了,但是同时他也牺牲了,为什么?后面没有道理,这是命,是命运女神规定了它。但命运女神又不站出来说为什么会有这种必然性,所以命运女神并不参加到中介的生活之中,但却决定了他的生活的命运。她并没有用一种有形的方式参加到英雄的生活之中,她只是一种抽象的、非现实的个别者,只是在冥冥之中起作用的必然性。"正如那另一个环节即**现实的**个别者、歌者",另一个环节就是现实的个别性,也就是歌者、荷马本人。前面一个环节是普遍性了,是阿喀琉斯的普遍性,是他自己的命运,它也是个别者,不过是非现实的个别者,即不露面的命运女神。这里则是现实的个别者,"现实的"打了着重号,和前面"抽象的"相对照。荷马就是一个现实的个别者、歌者,整个史诗都是他唱出来的,都是他使之成为现实性,这是史诗结构的另一端。但是,"它同样也置身于这个中介的生命之外并沉没在它的表象中",荷马并不介入其中,他在史诗中自我隐身,他只从旁边描述、歌唱,但自己并不出现。我们在《荷马史诗》里面看不

443

到荷马自己现身，我们看到的都是他所描写的、他所唱出来的那些英雄在做什么，但荷马在做什么？荷马什么也不做，他只吟唱，他只从旁边描述，所以他也置身于这个中介的生命活动之外，并沉没在它的表象之中。他是制造表象，但是他自己并不加入表象，他制造了一整个表象世界，但他自己置身事外，是一种完全客观的描述。

[218]　　这两端都必须向内容靠近；一方面必然性必须用内容来充实自身，另一方面歌者的语言必须参与这内容；而那前此被放任自流的内容则必须在自身中保持住否定的东西的确定性和固定的规定。

　　"这两端都必须向内容靠近"，这两端一端是神圣的东西，是命运，那是在现实的中介性的生活之外的，它并不参与到中介生活之中，它在背后起作用；另一端就是歌者，荷马在歌唱的时候，在创造这个表象世界的时候，他自己不现身。但现在这两端必须都向内容靠近，这两端都必须向中介靠近。中介本来是把两端结合起来的，这是史诗的结构，但史诗的结构仅仅是保持这两端不要太散，但是它们的关系还是很松散的，离得很远的，唱歌的人不介入其中，他所描写的命运也只是在背后起作用，而不现身，听任中介、这个英雄在表象世界中来来去去，展现他们的故事，暗中操纵他们而已。所以这是非常松散的一种结合、一种三段式。但现在这两端都必须向内容靠拢，"一方面必然性必须用内容来充实自身"，这个必然性原来是在背后起作用的，本身是空虚的，现在它要用内容来充实自身了，也就是说这个必然性的命运必须由英雄自己来造成，要由英雄自己造成他的必然性，这才有了内容啊，才是一种因果必然性啊。因果也就是果报，你做了这个事情，那么你就要受到报应，这就是你的命运，但是这个命运是你造成的。你当初不做那个事情，你就不会有那个命运，于是这个命运现在就用内容来充实了自身。"另一方面歌者的语言必须参与这内容"，歌者原来是在背后，他自己不现身，他用他的语言来描述这个内容，但是他用语言所描述的这个内容并不表现歌者。而现在歌者的语言必须参与进来，就是这个歌者必须作为其中的一个人物来说自己的话，来干预和参与事情的进程。这就是戏剧的结构了。戏剧的歌者都是演员，他不是躲在背后，当然背后有个脚本，写脚本的人可能不出场，但是真正说话的人他是要出场的，他是要上台的，他既是歌者又是英雄，英雄就是歌者，英雄自己歌唱，不是靠荷马在后面歌唱。所以歌者必须进入到角色，成为其中的角色，这就是悲剧的结构了，悲剧的结构跟史诗的结构的区别就在这里。"而那前此被放任自流的内容则必须在自身中保持住否定的东西的确定性和固定的规定"，前此被放任自流的内容，我们刚才讲史诗的内容是很松散的，虽然严格来说它是符合一个三段式的，但是两端都不出场，只有中间的内容放任自流、无拘无束。前面讲它是表象世界的内容自为而毫无约束地在中介里上演着自己的运动，自为而毫无约束地，那就是放任自流的内容了。原先在史诗里面是放任自流的内容，而现在必须在自身中保持住否定的东西的确定性和固定的规定。命运是一种否定的东西，刚才讲了它是一种纯粹之力，这种否定之力不是不确定的，不是躲在后面谁也猜不出来的，它是有确定性、有固定的规定的，它必须由中介本身来保持住这种确定性和规定性。这就形成了一种独立的个性、一种性格或角色，这就是戏剧或者悲剧所要求的，就是要有角色。阿喀琉斯也好，阿伽门农也好，俄底修斯也好，都不仅仅是一些被诗人所描述的英雄人物，而是本身就是描述者，他们用自己的语言描述自己，要作为角色在台上把自己扮演出来，把这个内容的两端都凝聚在自己身上。一方面通过英雄自己在台上的表演，展示出他们自己所造成的必然的命运；另一方面通过他们的嘴把他们的语言表述出来，他们就既是歌者，同时也是歌者所歌唱的角色，这就进入到"悲剧"了。我们下面看看这个"悲剧"。

[**Ⅱ.悲剧**]于是这种更高的语言，即**悲剧**，就把本质的和行动着的世界中分散了的诸环节更密切地结合在一起；神圣东西的**实体，按照概念的本性**分化成它的各个形态，而这些形态的**运动**也同样是依照概念进

行的。

第二个罗马数字的标题就是"悲剧"了。前一个罗马数字是"史诗"，"史诗"接下来就是"悲剧"，"悲剧"接下来后面要讲"喜剧"，这三个环节构成了艺术宗教的所谓"精神的艺术品"。精神的艺术品都是以诗的方式出现的，以语言的方式出现的，而最初的语言就是史诗，然后较高的语言就是悲剧了。"于是这种更高的语言，即**悲剧**"，悲剧跟史诗相比它是一种更高的语言，史诗是最初的语言，是语言的起源，原始民族的史诗、神话、传说，那都是最初的语言。而悲剧是更高的语言，高在什么地方呢？"就把本质的和行动着的世界中分散了的诸环节更密切地结合在一起"，这个世界是本质的世界，不是日常琐事，而是本质的和行动着的世界，在史诗中，这个世界的诸环节是分散了的，而现在到了悲剧里面，就把这些环节更紧密地结合在了一起。这个就跟史诗不同了，史诗中是一些松散的、放任自流的环节。"神圣东西的**实体**，**按照概念的本性**分化成它的各个形态"，神圣东西的实体，这就是神了，神的实体按照概念的本性，按照概念的本性也就是前面讲的三段式了，普遍—特殊—个别，这样来分化成它的各个形态。"而这些形态的**运动**也同样是依照概念进行的"，分化成各个形态，也就是分化成它的各个角色，分化成它的各个个别性，而这些形态的运动，"运动"打了着重号，也是依照概念进行的。在悲剧中，这些形态的运动，这样一些角色的动作，都是依照概念进行的，它不是乱来的，都是依照神的实体的分化来进行的。

就形式来看，语言不再是讲述性的了，因为它已进入了内容，正如内容也不再是一种表象出来的内容一样。

"就形式来看，语言不再是讲述性的了"，"讲述性的"也可以翻译成"叙述性的"，在史诗那里语言就是讲述性的，但是在悲剧那里语言就不再是讲述性的了，不仅仅是讲故事了。我们去听悲剧的时候就不仅仅是听故事了，我们要看人物了，要看角色了。"因为它已进入了内容"，语言已经进入到了内容，语言不是从旁边来描述，语言本身就是内容，我们要看角色，我们要看他说的话，我们要看他说得好不好。"正如内容也不再是一种表象出来的内容一样"，内容不再是一种表象出来的内容，那是什么内容呢？那是在台上表演出来的内容，那是行动做出来的内容。通过行动，在台上做动作，内容要看角色、演员的动作，包括他的语言，要听他的语言的音调、节奏、铿锵、表情，高兴还是悲伤，激情昂扬还是沮丧消沉，要听这些。所以它不再是表象出来的内容，由歌者从旁边去展示它、描绘它、叙述它，然后由我们去想象当时的场景，不仅仅是这样；而是演员直接把行动加入进来，包括表情、动作、姿态，中国戏曲讲究唱、念、做、打，这些都加入进来了。或者说它是一种立体的内容，已经不再是一种线性的或平面的内容了，这就是悲剧的语言。

英雄本人就是言说者，而表象向那同时又是观看者的倾听者显示出来的是**自我意识到的人**，这些人**知道**自己的权利和目的，以及他们的规定性的力量和意志，并且懂得把这些东西**说出来**。

"英雄本人就是言说者"，这个是悲剧跟史诗的一个重要区别，也就是说，悲剧里面的语言就是对话，已经没有一个言说者站在旁边来介绍出场的这个人是什么人，然后那个人又是什么人，没有。情节、人物都是大家熟悉的，出来一个人，戴着一个面具，自报家门，要说他也是自己说，我是谁谁谁，然后通过对话，你一句、我一句，或者有时候插入一段独白，来表现情节。情节是由英雄本人说出来的，这是悲剧跟史诗的区别，在史诗里面很少对话，史诗都是从旁边描述，有时候有大段的回忆，那是借助于某个人的叙述，那也不是对话，那只不过是代替荷马本人、言说者、歌者本人，借他的口来说荷马自己的话，从旁边描述。而在悲剧里面，英雄上场，他直接通过他自己的口把情节说出来，这就是戏剧，包括悲剧、喜剧、正剧都在内，戏剧本身跟史诗不同的地方就在这里。英雄本人就是言说者，"而表象向那同时又是观看者的倾听者显示出来的是**自我意识到的人**"，观众既是观看者，同时又是倾听者，一边看一边听，不光听还要看。史诗只要听就可以了，你哪怕眼睛瞎了，你也可以听得津津有味。荷马本人就是一个瞎子，他不需要看，只要别人听他唱。但是戏剧肯定是要看的，我们讲看戏，同时也讲听戏，但是在西方戏剧主要是看的，中国人的戏曲主要是听的，特别是老票友讲究听戏，甚至是闭着眼睛按板击节。但是西方人主要是看戏，当然也听了，但还要看，所以西方的戏剧是比较注重眼睛、注重观看的。表象向那些观看者兼倾听者显示出来的是什么？显示出来的是一些自我意识到的人，有自我意识的人，也就是角色，这些人不是在史诗里面被唱出来的那些人，而是自己直接上场。我看见他了，我不是听到荷马唱出来的阿喀琉斯是什么样子，我在舞台上活生生地看到一个阿喀琉斯出来了。这是一些自我意识到的人，"这些人知道他们的权利和目的"，演员嘛，他当然知道了，他上场时心里就有数的了，他要表演什么东西，他不像阿喀琉斯在《荷马史诗》里面完全听从命运支配，不知道自己将要扮演的是什么角色。他一怒之下就可以退出，我不跟你干了，他不知道自己的权利和目的，而只是兴之所至，但我的目的是什么，他不管。而在台上的这些角色知道他们的权利和目的，"以及他们的规定性的力量和意志"，他们的规定性也就是他们所表演的角色，这个角色的力量和意志，他要干什么，他们都清清楚楚，上台就知道我要表现这些东西。这就不是在历史中沉浮的那些英雄，那是些不知道自己要干什么、结局将是怎么样都不知道的人物形象，要由荷马去给他们安排，他们自己只是在冒险。而在戏剧里面每个人一上台就知道自己的结局是怎么样的，我将要怎么样下场，我在台上要做什么动作，说什么话，预先都很清楚。"并且懂得把这些东西**说出来**"，"说出来"打了着重号。他们的权利啊、目的啊、规定性啊都是靠他们说出来的，都是靠演员的台词说出来的。

他们是艺术家，他们不像那种伴随着现实生活里的日常行为的语言那样无意识地、自然地、朴素地说出他们决定和着手做的**表面东西**，而是要表现出内在的本质，证明自己行动的权利，并主张对他们所属的悲情不受偶然的情况和各种人格性的特殊性的拘束，而在其普遍的个体性中加以深思熟虑，作出确定的表述。

　　"他们是艺术家"，这个是很明确的，就是说，荷马的史诗里面的那些人物都不是艺术家，阿喀琉斯也好，阿伽门农也好，俄底修斯也好，他们都不是艺术家，只有荷马才是艺术家；但在戏剧里面，台上的人都是艺术家，每个演员既是英雄同时又是艺术家，是角色。"他们不像那种伴随着现实生活里的日常行为的语言那样无意识地、自然地、朴素地说出他们决定和着手做的**表面东西**"，艺术家不能像日常语言那样说出表面的东西，"表面东西"打了着重号。在日常生活中，我们通常是无意识地、自然地、朴素地说出一些表面的东西，涉及我们决定和着手做的事情，没有用脑子仔细想。但现在不是这样，他们是艺术家，他们不像那些日常语言一样说出表面的东西。"而是要表现出内在的本质，证明自己行动的权利"，这些艺术家要表现出内在的本质，要表现出人物的内心世界，他在想什么，要证明自己行动的权利，我这样表现有我的道理，我有权这样做，这是合乎人物性格的。如果偏离了人物性格，那我就无权这样表现了。"并主张对他们所属的悲情不受偶然的情况和各种人格性的特殊性的拘束，而在其普遍的个体性中加以深思熟虑，做出确定的表述"，这是更高的要求了，就是要表现出内在的本质，我不光是有权这样表现，而且必须这样表现，只有这样才能深入到人物的本质。这就是对他们所属的悲情加以深思熟虑，展示其普遍的个体性也就是典型性，而把那些表面的特征和偶然的细节加以精炼和提纯，不拘泥于表面的真实，以便做出确定的表述。悲剧就是要表达悲情，Pathos，朱光潜先生翻译成"情致"，其实也很好，只是在这里有点一般化，不是一般的情致，而是悲情，要把人物的悲情深刻地、鲜明地、确定地表达出来，这就是悲剧演员的任务。在这里不能完全陷入细节，而要加以深思熟虑，表现出个体中的普遍性，这就是塑造典型了。刚才我们已经讲了，所谓典型就是个别和普遍的统一，是普遍的个体性，这就是一个提炼和塑造典型的过程，悲剧特别讲究要提炼典型，典型人物的典型性格。偶然的情况不典型，偶然的情况谁都会有；

各种人格的特殊性也要撇开,那也不典型,你这个人是个怪人,不可理喻,那你就不能打动别人了。要让别人能够感同身受,要让别人能够入戏,要让别人觉得自己就是里面的这个角色,那你就要形成典型,你的思想和情感、你的普遍性和个别性就要融为一体,既是你的鲜明的个性,同时又有普遍性,能够为人家所同情地理解,能够打动所有在场者。这一句话这么长的句子就是提炼典型,就是要表现出内在的本质,证明自己行动的权利,并对他们所属的悲情加以典型化,这是一个加工提炼的过程,最后要达到典型人物的典型性格。这是悲剧所提出的要求,这跟史诗就不一样了,史诗当然也有典型,但是它不强调这个东西,它不锤炼这个东西,它是比较松散的。

最后,这些人物性格的**定在**是**现实的**人,这些人赋有英雄的人格,并在现实的、非叙述性的、而是自己特有的语言中,将这些英雄人格呈现出来。

"最后",前面讲了一个是英雄本身是言说者;再一个是这种言说的内容不是自然的、朴素的、日常的语言,而是要表达出内在的本质,要提炼出典型的性格,这是第二点。最后这就是第三点和史诗不同的地方了。第一点是英雄本身上场,这跟史诗是不一样了,第二点就是语言本身要提升到典型,第三点"这些人物性格的**定在**是**现实的**人,这些人赋有英雄的人格"。最后就讲到了这些现实的人,艺术家是现实的人,"现实的"打了着重号,就是说这些人必须是艺术家,他们上场,他们必须凭自己的天赋来创造角色,要扮演人物角色,这是一种艺术的功夫,这是一种艺术的技巧。人物性格的定在,"定在"和"现实的"打了着重号,他们是现实的人,不再只是想象中的人了,而是活生生地在台上行动和发言的人,这些人扮演英雄,也就赋予了自己英雄的人格,人格就是面具了,Person 在拉丁语里就是面具的意思,在古代希腊罗马的戏剧舞台上,每一个上场人物都戴一个面具,我们一看面具就知道这个代表的是谁,就像我们中国人的脸谱,谁一上台,我们一看脸谱就知道这个是曹操,那个是张飞,一上场就知道了。戴上谁的面具就赋有了谁的人格,"并在现实的、非叙述性的、而是自己特有的语言中将这些英雄人格呈现出来",在现实的非叙述性的自己特有的语言中,也就是说你上场你的语言是你创造的。古希腊、罗马的剧本是很简单的,具体的人上场要说什么话,都要由演员临时去创造。这跟我们今天的戏剧不太一样,今天有详细的脚本、固定的台词,还有导演来指导你,当时没有。你要说什么话,表演同一个角色,不同的演员说出来的话可能是不一样的,表现了他自己的特色、他对人物的理解以及他自己的表演风格、气质和他自己的感悟。

正如对雕像来说由人的双手将它做出来是本质性的,同样演员对于他的面具来说也是本质性的,——演员并不是艺术欣赏必须将其抽掉的外在条件,显然一旦在艺术欣赏中可以把演员抽掉,那么就凭这一点即已说明,这艺术还没有在自身中包含自己本来的真实的自我。

这是进一步说明这个演员的作用、人物角色扮演的作用了。"正如对雕像来说由人的双手将它做出来是本质性的",雕像是人的产物啊,前面已经讲了,但是雕像的艺术家是站在雕像之外的,我们看雕像,我们欣赏雕像,但是雕像的本质是艺术品,它是艺术家所创造出来的,这个过程我们看不到,但实际上是人的双手、艺术家的双手把这个雕像做出来,这是本质性的,这是雕像的本质。只不过这个本质是分裂的,一方面是他的作品,另一方面是艺术家,两方面好像是外在的关系。你欣赏雕像的时候你没有欣赏艺术家,也没有欣赏他的创作过程,但是我们知道,作品本质上是艺术家的辛苦的产物,这是它的本质。"同样演员对于他的面具来说也是本质性的",演员对他的面具来说,Mask 就是面具,Person 也是面具,演员对他的面具、也就是对于他所扮演的人物来说,对于他所扮演的人格来说,也是本质性的,这个跟前面雕像由人的双手做出来是本质性的具有同样的性质,但是显然表现是不一样的。雕像可以撇开雕刻者专门来欣赏这个雕像,而演员你不能只看到那个面具,面具可放在那里展览,但那并不是表演,表演还没有开始。你要看的是这个演员怎么说、怎么表现，演员对于他的面具来说也是本质性的，他戴着的是面具，他做动作、做姿态，他说话，他使这个面具活起来了，他使这个人物的人格活起来了。所以演员对这个面具来说，这个本质性就比雕像的那个本质性更直接了，它是直接体现出来的一种本质性。"——演员并不是艺术欣赏必须将其抽掉的外在条件"，这个是跟雕像的区别，在雕像那里，艺术欣赏必须把艺术家和他的创作过程抽掉，不露人工痕迹。我们欣赏雕像，我们不是要去看人家是怎样做成的，如果我们在雕像身上还看到艺术家塑造的痕迹，那这个雕像就是不成功的，我们就说这个雕像还有人为的痕迹。最好是看不出艺术家是怎么做成的，但是它又栩栩如生，不留斧凿的痕迹，如同天然长成的，这是最好的雕像。但是演员就不一样，戏剧就不一样，演员并不是艺术欣赏必须将其抽掉的外在条件，他就是艺术欣赏必须要欣赏的对象，他不是外在条件，他就是你要欣赏的对象。"显然一旦在艺术欣赏中可以把演员抽掉，那么就凭这一点即已说明，这艺术还没有在自身中包含自己本来的真实的自我"，雕像我们可以在艺术欣赏中把艺术家抽掉，我们在雕像上看不到艺术家的真实自我，我们被雕像所感动，但是我们不是被艺术家所感动，艺术家在外面，我们不必去考察这个艺术家是怎么样的，我们欣赏这个作品就够了。他在打造雕像的时候所付出的劳动，这是我们不需要考虑的，这说明这种艺术还是一种比较初级的艺术品，属于前面所讲的雕像这个阶段。而到悲剧这个阶段呢，显然我们已经提高到一个新的高度了，在这里，艺术必须在自身中包含有艺术家、演员的真实自我，我们欣赏演员的作品，就是欣赏演员本身。

*　　　　　*　　　　　*

今天我们看悲剧这一部分。上次我们已经读了第一段，第一段是总体介绍悲剧大体的结构，它有三个环节：一个是实体，实体本身它分化成了它的各个形态；再一个就是角色，就是舞台上表演出来的角色，他们通过自己的语言把他们的英雄形象表达出来，这个是跟史诗不太一样的，史诗它是客观的描述，它不是靠演员说出来，而是靠另外一个行吟诗人把情节介绍出来，从旁边讲出来，而悲剧是由演员在舞台上自己把它说出来，这是第二个环节；第三个环节呢就是演员本身作为艺术家。演员本身作为艺术家跟荷马史诗里面的那个歌者是不同的，他不再像《荷马史诗》那样由荷马这个行吟诗人站在一旁把事件和人物说出来，而是直接地用自己的身体创造他的角色，所以演员是艺术家，他的角色就是他所创造的作品，他本身就在他的作品之中。这是悲剧的三个环节，演员这个环节不是可以从艺术品里面抽掉的。我们可以把荷马的形象从他的《伊利亚特》里面抽掉，即使我们不知道是谁写的，但它仍然是一个很美的作品；但是如果一个悲剧把演员抽掉了，那就没有悲剧了，这个是跟史诗不太一样的。那么今天我们来看悲剧的第一个小标题。

［1.合唱队和悲剧英雄的中介作用］

这是第一个小标题，经我修改过的。贺、王译本沿用拉松版编者加的标题原来是"1.合唱队的、悲剧英雄的、神圣力量的不同个体性"，但是我觉得这个小标题不太恰当，等于是这之下的三个自然段分别地归之于这三个内容，一个是合唱队，一个是英雄的形象或角色，再一个是实体的神圣力量，这三者各有自己不同的个体性。这种归纳是很表面的，把后面三个自然段都归到这第一个小标题之下很勉强，而且这里重心并不在讨论个体性，这个等下我再来跟大家解释，整个"悲剧"之下的小标题都要大动。这里我先把这个小标题改一下，实际上它只能概括后面的两个自然段，那就是"合唱队和悲剧英雄的中介作用"，就是讲这两者在悲剧中所起的作用。前面讲到演员是悲剧和史诗的根本区别，那么在悲剧舞台上有两种演员，一种是合唱队，另一种是悲剧英雄、悲剧中的角色，前者是为辅的，是群众演员，后者是为主的，是主角。但合唱队并不是无关紧要的，他们代表台下观众的观感，把神话和历史人物拉到现实的民众生活中来评价，使艺术品和观赏者形成一个整体。主角的表演就是表演给他们看的，并且在他们中产生悲剧效应。史诗没有听众的参与它还是史诗，悲剧没有合唱队简直就上演不成了，合唱队代表观众加入到了演出中。而合唱队和他们所代表的观众正是悲剧之所以"悲"的源头和根据。另一方面，英雄则是伦理精神的代表。

这些从概念产生出来的形态的运动所由以发生的**普遍地基**，就是对那最初表象式的语言和它的无自我性的、互相放任的内容的意识。①

"这些从概念产生出来的形态的运动"，什么叫"从概念产生出来的形态的运动"呢？就是三段式的运动，三段式就是一个概念里面分化出来的一个推论，推论的三个环节都是统一在一个概念之下的。所以这些形态、这三个环节都是从一个概念的运动所产生出来的，黑格尔的《逻辑学》里面特别讲到这个，就是概念、判断、推理，到了三段论的推理就回复到了概念，使概念成为了具体的概念。那么这些形态的运动它们都是从概念产生出来的，包括前面讲的三个环节：实体、角色、艺术家，演员就是艺术家。这些形态的运动"所由以发生的**普遍地基**"，这样一个运动由以发生的地基是普遍的，悲剧舞台上所演出的事情都是具体的，都是个别的，都是特殊的，但是它有个基础、地基，那是普遍的，这个地基是什么呢？"就是对那最初表象式的语言和它的无自我性的、互相放任的内容的意识"，首先是对史诗里面最初的语言的意识，它是表象式的。我们前面已经讲到了，史诗是最初的语言，这种最初的语言是比喻式的、象征式的、形象化的，是一种表象式的语言。再就是对这种语言的无自我性的、互相放任的内容的意识，在史诗里面，那些语言的内容是无自我性的、互相放任的，也就是比较松散的。这就是英雄时代的特点，从那些英雄们的语言就可以看出，那些英雄很少反思到自己的自我性，而是为所欲为、一意孤行的，没有什么互相的束缚，也没有国家权力和固定的道德

① 可参看 [德] 黑格尔：《美学》第三卷（下），朱光潜译，商务印书馆 1979 年版，第 301 页："悲剧动作情节的一般基础，也和在史诗里一样，是由当时世界情况提供的。"——中译者

戒律的束缚。而荷马史诗考虑的是世界事件的全景，如果仅仅是几个人物、他们的内心生活、他们个人的故事，那还不叫史诗，史诗一定是全景式的，一大批人物，有代表性的。但是这些人物呢，由于他们的英雄性格，他们被分别各自表述，不一定要凝聚在一个核心人物周边，或者是两个人物的矛盾冲突，从头贯到底，不是这样的。所以它们的那些内容上的相互关系是互相放任的，你讲你的故事，我讲我的。中国古代的所谓"章回小说"也是比较松散、比较互相放任的结构，讲到这一回这个故事，和其他故事可以毫不相干，只是由一点点表面的线索把它们连起来，但是就故事本身来说是无自我性的、互相放任的内容。无自我性也就是没有一个统一的自我把这些东西统起来，特洛伊战争阿伽门农是统帅，但他也不是统一的自我意识，人家都跟他并非完全同心同德的，大家齐心合力去办一件事，但是又各有自己的目的，这个是史诗的特点。那么对这样一些互相放任的内容的意识现在成了悲剧的普遍地基。一个是表象式的语言，一个是语言里面的互相放任的内容，这个时候就有一种意识把它们作为对象，把这些内容、这些语言看作一个普遍的地基，而这个普遍地基是由悲剧舞台上的合唱队所表现出来，所以下面就讲到了。

普通民众一般来说其智慧是在**老年人**的**合唱队**中表达为语言的；普通民众以此软弱无力的合唱队为其代表，因为普通民众本身只构成与他们相对立的那统治着的个体性之实证的和被动的质料。 {393} [219]

"普通民众"，民众 Volk，前面都是翻译成"民族"，这个字非常难翻，我们前面讲到翻译成"民族"其实也不对的，这个词其实没有"族"的意思，没有血缘关系的意思，它就是大众、民众。翻译成"民众"其实更贴切一些，它就是很多人嘛，它的词根在拉丁文里面就是很多人，viel，德语里面也是 viel（很多人），即 Volk 的词根，就是"很多很多"，所以翻译成"民众、大众"比较好。普通民众也就是我们通常讲的一般老百姓了，他们"一般来说其智慧是在**老年人**的**合唱队**中表达为语言的"，"老年人"、"合唱队"都打了着重号。合唱队所表达的就是普通民众、老百姓的意见。

老百姓的意见为什么要由老年人来表达？因为老年人有智慧啊，他经历了世事沧桑，他知道这个世界上的事情通常是怎样的，所以合唱队要由这些老年人组成，在一旁伴唱。一幕戏结束了，然后合唱队把他们的感叹啊，把他们的评价啊，把他们的智慧啊，都唱出来，而这个唱出来就是普遍民众的智慧、一般老百姓的智慧，这是由老年人说出来的，小孩子是说不出来的。老年人他看多了以后呢，他就能说出普通大众想说而又没说出来的话，合唱队就是起这个作用的，就是表达普通民众的智慧，表达为语言，用歌声表达出来。这就是前面讲的普遍地基，普遍地基现在是普通民众，他们在合唱队中表达为语言。"普通民众以此软弱无力的合唱队为其代表"，普通民众以这个合唱队为其代表，为什么是软弱无力的呢？普通民众当然是软弱无力的，我们通常讲老百姓是"草民"，甚至于"屁民"，那就是说不如一个屁了，就是比较没有能力、任人宰割的。但是他们是民众，他们是大众，普通民众以此软弱无力的合唱队为其代表。"因为普通民众本身只构成与他们相对立的那统治着的个体性之实证的和被动的质料"，这句也说得很明确，普通民众他们本身没有什么力量，他们本身是散的，你要一个一个的来，你是根本不能跟这些统治着的个体性、这些英雄相对抗的。他们本身只是那统治着他们的个体性之实证的和被动的质料，一个是实证的，就是那些个体性高高在上，那么他们的功劳、业绩、文治武功要表现出来，表现在哪里呢？不能表现在他们自己身上，就表现在老百姓身上，而老百姓只是一些被动的质料，他们没有形式，也就是我们通常讲的"乌合之众"。老百姓聚在一起都是乌合之众，没有组织，没有形式，没有统一的意识形态观念，所以是被动的质料。①

①　黑格尔在这里说得非常消极了，但他在《美学》中对民众或人民的作用有更加积极的说法："合唱队所代表的就是带有伦理性的英雄们的生活和动作中的真正实体性；和个别英雄们不同，合唱队代表人民，人民就是丰收的大地，英雄们像是从大地里长出来的花朵和树干，他们的整个生存是要受这土壤制约的。"见［德］黑格尔：《美学》第三卷（下），朱光潜译，商务印书馆1979年版，第304页。

　　缺乏否定的力量，普通民众就不能够把神圣生活的财富和丰富多彩集合起来并捆在一起，而会让它们相互离散，在普通民众所献上的赞美诗里对每一个个别环节都当作一个独立的神来赞颂，时而是这个神，时而又是那个神。

　　"缺乏否定的力量"，就是普通民众他们就是实证的，实证的（positive）也可以翻译成"肯定的"，肯定的它就缺乏否定的力量，他们就是过自己的日常生活，他们不能做决定否定某些东西，老百姓没有这个力量，他只能逆来顺受，上面说什么他就只能肯定：是，威武，有希望了，而不能够说不。"普通民众就不能够把神圣生活的财富和丰富多彩集合起来并捆在一起"，它缺乏凝聚力，逆来顺受、一盘散沙，当然就不能够把神圣生活的丰富多彩的财富集结在一起，只有那个统治着的个体性、英雄才具有这种力量。"而会让它们相互离散"，在老百姓那里这些力量就会相互离散了，没有人来限定它们，没有人来否定它们，那它们就会各行其是而相互分散。老百姓的生活不是神圣生活，而是日常的生活，日常生活是散漫的，没有目标，当然每个人的目标就是要活下去，要活得好，但是神圣生活在他们那里没有目标，没有理想。"在普通民众所献上的赞美诗里对每一个个别环节都当作一个独立的神来赞颂，时而是这个神，时而又是那个神"，普通民众他们自己处在低层，他们的生活都是日常生活，不能够把神圣的生活凝聚起来，所以他们只有赞美的份，他们只有唱赞歌、表现正能量的份。那么他们所献上的赞美诗里面对每一个个别环节都当作一个独立的神来赞颂，在悲剧舞台上，那些英雄一出场都受到赞美，合唱队对于每一个英雄都无条件地加以赞美，因为他们是英雄。这些英雄也就是半神了，都各自代表一种精神，这些精神都是有价值的，都是核心价值。所以他们把每一个都当作一个独立的神来赞颂，时而是这个神，时而又是那个神，出来一个神他们就赞颂一番，却没有意识到这些神、这些伦理精神借助于英雄人物而必然陷入相互冲突和斗争。所以对这场斗争，老百姓没有批评的能力，只有赞美的资格，而当他们看到舞台上两败俱伤，主人公同归于尽时，也只有哀叹不已，这就形成了悲剧的基调。

但是当普通民众觉察到概念的严肃性是如何破坏这些形态而越过它们阔步前进，当他们眼睁睁地看到他们所赞颂的神灵胆敢进入到为概念所统治的地基就会有多么糟糕的处境，这时他们自身并不是用行动进行干预的否定的力量，而是把自己保持在对那力量的无自我性的思想里，保持在对**异己命运**的意识里，并且带来一种要求安宁的空洞愿望和软弱无力的安慰话语。

这句话比较长。"但是当普通民众觉察到概念的严肃性是如何破坏这些形态而越过它们阔步前进"，当他们觉察到概念的严肃性，或者概念的严厉性，就是那种逻辑三段论的严肃性或严格性，体现出命运的残酷无情，一种命运的必然性，这必然性的背后是一种逻辑的规律，你没办法抗拒。虽然一个个独立的神出来都受到了赞颂，都是一些了不起的形象，但是这形象都被概念的严肃性无情地破坏了，遭到了命运的解构，而概念的命运则越过它们毫不犹豫地阔步前进，走向必然性的命运规定好了的道路。比如说普罗米修斯跟宙斯的斗争，两个都是了不起的神了，在埃斯库罗斯的《被缚的普罗米修斯》中，每个神出来都受到一番赞颂；但是有命运在背后起作用，这个命运连宙斯都不能抗拒。普罗米修斯知道宙斯的统治将来会被什么人推翻，但他不说，他保守秘密，那么宙斯就把他锁在悬崖上，派神鹰每天来啄食他的肝脏，逼他把秘密交代出来。两个都是神，但是两个神的形态都遭到了命运的破坏，他们的神性都打了折扣。神本来是自由自在、无所不能的，但是为什么受到破坏呢？这就是命运，按照黑格尔的说法是背后有逻辑。当然悲剧不是要表现逻辑，它使用的是表象；但是古希腊的悲剧多是命运悲剧，有种不得不然的必然性，不同于近代的悲剧多是性格悲剧。在古希腊悲剧中表现的是命运，你没办法跟命运相抗衡，连最高的神都做不到，连宙斯都要受命运女神的摆布，命运破坏这些形态，越过它们阔步前进，这就是逻辑的必然性了。"当他们眼睁睁地看到他们所赞颂的神灵胆敢进入到为概念所统治的地基就会有多么糟糕的处境"，他们眼睁睁地看到他们所赞颂的神灵，他们歌颂的神灵，进入到了为概念所统治的地基，为概念所统治的地基也就是触及到了命运了，普遍的命运是由概念的三段式所统治的，不可以违抗的。这时这些神的形态就遭遇到了糟糕的处境，他们不是受到某一个神的统治，而是受到一个更高的、冥冥之中的必然性的统治。"这时他们自身并不是用行动进行干预的否定的力量，而是把自己保持在对那力量的无自我性的思想里"，这时他们，也就是那些普通民众，他们深感自己的无能为力，他们所崇拜、所赞颂的神受到了命运的伤害，他们只能眼睁睁地看到出现这种糟糕的情况，却并不把自身看作用行动进行干预的否定的力量。普通民众又有什么办法呢？看到自己所喜欢的神、所崇拜的神受难，他们一点办法都没有，他们不能够说不。他们看到普罗米修斯被锁在悬崖上，那么样地痛苦无助，让人同情，他们也没有办法，尽管普罗米修斯被他们看作造人的始祖，为人类利益而盗天火、而出谋划策的神，是人类最有好感的神，但他们却无法伸出援手。他们只能把自己保持在对那力量的无自我性的思想里，也就是停留在对那种否定力量的抽象思想里，这思想是无自我性的。就是说他们心里还是想说不的，普罗米修斯那么样值得同情，要是不这样就好了，但是这个"不这样就好了"是太软弱了，这种否定没有力量，它只是对这种力量的无自我性的思想。我想到了应该有种否定的力量来解救普罗米修斯，但决不是我，我是没有这种力量的，只能寄希望于有一个神来解除他们所喜欢的神的痛苦。但既然有这样一种想法，那也就是把自己"保持在对**异己命运**的意识里"，"异己命运"打了着重号。所谓的概念的统治就是异己命运的统治，这一点民众倒是意识到了，有种异己感，就是陌生命运的统治，不知道为何要这样。这个命运是不知从何而来的，是冥冥之中不可认识的，但是有。宙斯对他自己的命运是不知道的，普罗米修斯掌握了秘密，但是他不说，所以对于宙斯来说这个命运是异己的命运。凡是命运都是在背后起作用的,不是表面上摆在桌面上的东西,如果是摆在桌面上,我们就可以想办法克服它,那就不叫命运了,那就是一种现实的条件、一种现实的境遇。之所以是命运,就是它是异己的,你不知道它是什么、怎么来的。"并且带来一种要求安宁的空洞愿望和软弱无力的安慰话语",带来一种空洞的愿望,要求安宁,要求息事宁人,一切都要和谐,一切不平的事情都要平复;平复不了,那就只好寻求一点安慰了。软弱无力的安慰话语,比如说不要这么痛苦,总有一天你会解脱的,这是暂时的,忍一忍,这都是安慰话语,一点用处都没有的。这是普通民众、老百姓他只能做到这一点,由此而悲从中来。

由于在那些作为实体之直接武力的更高力量面前、在这些力量的相互斗争面前以及在必然性的那个单纯自我、那个不仅粉碎那些依赖于更高力量的活生生的人甚至也粉碎那些更高力量本身的单纯自我面前感到**恐惧**,——又由于对这些活生生的人、这些被普通民众同时作为和自己一样的来认知的人的**同情**,[①] 所以对普通民众来说,这时就只有对这一运动的毫无作为的恐怖,然后是无可奈何的怜悯,最后是空虚的、屈服于必然性的平静,这种必然性的工作既不被理解为人物性格的必然行动,也不被理解为绝对本质在自己本身中的行为。

这又是一个更长的句子。"由于在那些作为实体之直接武力的更高力量面前、在这些力量的相互斗争面前以及在必然性的那个单纯自我、那个不仅粉碎那些依赖于更高力量的活生生的人甚至也粉碎那些更高力量本身的单纯自我面前感到**恐惧**",在那种更高力量面前,后来还有两个在……面前、在……面前,落实到最后,在这些面前感到了恐惧,"恐惧"

---

① 黑格尔在此暗指亚里士多德的悲剧理论,即把 ελεος(同情)和 φοβος(恐惧)称之为悲剧的真正的效果质(Wirkungsqualitäten),参看亚里士多德:《诗学》第 9 卷。黑格尔追随莱辛,把 ελεος 和 φοβος 译作"同情"(Mitleid)和"恐惧"(Furcht);而"同情"(Mitleid)和"恐怖"(Schreken)这一译法被莱辛拒绝了。参看《汉堡剧评》第 2 卷。——丛书版编者

打了着重号。首先是在那种更高力量面前感到了恐惧，在那些作为实体的直接武力的更高力量面前的恐惧，实体也可以理解为神了，作为神的直接的武力，它是一种更高的力量，超越于人之上的力量。像宙斯把普罗米修斯钉上悬崖的时候是派谁去钉的呢？是派暴力神和强力神，那是宙斯直接的帮手，是直接的武力，这是一个更高的力量，在那些直接武力的更高力量面前的恐惧。在这些力量的相互斗争面前的恐惧，这些力量、这些武力相互斗争，暴力神啊、老鹰啊这都是一些武力了，他们之间相互有斗争，在希腊神话里面神和神的斗争都是一些武力的斗争，普罗米修斯打不过宙斯，所以被他制服了，他们都是通过武力相互斗争。不光是神与神之间，英雄之间也是这样的相互斗争，而普通民众都感到恐惧。再就是，在必然性的那个单纯自我面前，在那个不仅粉碎那些依赖于更高力量的活生生的人、甚至也粉碎那些更高力量本身的单纯自我面前，感到恐惧，也就是在这样一个必然性的单纯自我面前感到恐惧，这个单纯自我不但粉碎那些英雄，那些依赖于更高力量的凡人，而且也粉碎那些更高力量本身，比如说连宙斯大神都面临被推翻的危险。这样一个必然性的自我，就是命运。必然性本身也是一个自我，它的命令是不可违抗的，它表现为一种单纯自我，在希腊神话里面表现为命运女神，或者复仇女神，这都是冥冥之中的神，她们都有她们的单纯自我。你的力量再强大，也抗不过命运，连宙斯那么强有力，他也抗不过命运，命运不但粉碎英雄的生命，也粉碎那些更高力量本身。所以这里有三重恐惧，一是对于那些武力、暴力感到恐惧，因为它们是更高的力量，是超人的力量，人的力量不能跟它相抗衡；二是在这些力量的相互斗争面前感到恐惧，这些斗争是高级别的斗争，那是天摇地动的，对于他们的斗争普通老百姓也感到恐惧，稍微触及一下，你就得死，所以最好是躲得远远的；三是在必然性的那个单纯自我、那个命运面前感到恐惧，它不仅让英雄粉身碎骨，而且也威胁那些更高力量本身，所以在命运女神面前感到恐惧。希腊的悲剧是命运悲剧，命运女神实际上是支配性的，是更高的，连宙斯

461

她都能支配。由于在这三种力量面前感到恐惧,"又由于对这些活生生的人、这些被普通民众同时作为和自己一样的来认知的人的**同情**","同情"打了着重号,一个是恐惧,一个是同情,这两个都打了着重号。① 相对比而言,一个是对上面的东西感到恐惧,对神力、对神圣的东西、对于更高的东西感到恐惧,一个是对于下面的东西、对于和他们一样、和他们平起平坐的活生生的人,那就是那些凡人、那些英雄,则是感到同情。英雄虽然有时候被看作神,但是他们也知道自己不是神,而是人,所以这些活生生的人被普通民众同时作为和自己一样的来认知。既然和自己一样,那么就有同情,每个人都有可能落到他们那样的命运,即算不落到他们那种命运,也对他们有一种同情。悲剧舞台上有时候上演的是神,有时候上演的是英雄,是凡人中的杰出者,是他们的故事,所以观众、合唱队一方面感到恐惧,一方面同时又感到同情。既然感到恐惧又感到同情,所以普遍民众就把神和人连接起来了,这就是中介作用,通过合唱队,普通民众的这样一种作用就体现出来了,就是把神和人相互连接起来。合唱队所唱出来的就是普通老百姓的心情,那么在这种歌唱里面呢,一方面表现出上面的三重恐惧,多么可怕,另一方面表现出对于这些受害者的同情,多么可怜。"所以对普通民众来说,这时就只有对这一运动的毫无作为的恐怖,然后是无可奈何的怜悯,最后是空虚的、屈服于必然性的平静",这是接着上面两个"由于"来的,由于以上原因,所以,普通民众就表现出三种态度。一种态度是无所作为的恐怖,那就是恐惧了,如此强大的力量谁能够与它抗衡呢? 在这种力量面前,我只有感到恐怖,而

---

① "亚里士多德曾认为悲剧的真正作用在于引起**哀怜**和**恐惧**而加以净化。他所指的并不是对自我主体性格协调或不协调的那种单纯的愉快或不愉快的情感,即好感或反感。……对于亚里士多德的说法,我们必不能死守着恐惧和哀怜这两种单纯的情感,而是要站在**内容**原则的立场上,要注意内容的艺术表现才能净化这些情感。""因此在单纯的恐惧和悲剧的同情之上还有**调解**的感觉。这是悲剧通过揭示永恒正义引起的"。参看 [德] 黑格尔:《美学》第三卷 (下),朱光潜译,商务印书馆 1979 年,第287—288、289 页。

无所作为、一筹莫展，这是对于那种强力而言的。然后是无可奈何的怜悯，这就是同情，是对于受害者、对于受难者而言的，表示同情、怜悯，但是又无可奈何。最后是空虚的、屈服于必然性的平静，那就是对最高的命运女神、对命运的必然性而言的，只能逆来顺受，接受命运的摆布。你只是一个人，你怎么能够跟命运相抗衡呢？所以你就只能够平静了。"这种必然性的工作既不被理解为人物性格的必然行动，也不被理解为绝对本质在自己本身中的行为"，命运女神所做的这样一种工作，它并不被理解为人物性格的必然性，人物性格是受摆布的，他本来不是一定要这样做的，但是他没办法，受到命运的捉弄，所以它不是人物性格的必然行动。既然如此，你就只有平静了，你就只有淡定和听天由命了，命运已经临到你头上来了，你怎么办呢？你就接受吧。它不是你的必然行动，它是必然性，它是命运所交下来的、加给你的一件工作，你只能服从命运。也不被理解为绝对本质在自己本身中的行为，就是命运这种必然性，它一方面不是世俗的人物的一种行动，另方面也不是绝对本质在自己本身中的行为，没有被理解为神灵根据自己的绝对本质做出的行为，比如根据公正、理性或者其他精神标准来衡量的行为，而是毫无道理可讲的行为。你不必去追究它是什么理由，它没有理由，所以你必须无条件服从，这是你的命。命运的必然性一方面跟世俗的人的目的没有关系，另一方面跟神的本质也没有关系，它就是这样不可抗拒地发生了，支配着人世间的各种人的行动和神的行动，这就是命运的必然性的工作。这样一种工作不是人物性格的必然行动，也不是绝对本质在自己本身中的行为，它是绝对本质降落到人间的一种行动，只有合唱队能够全盘接受它，这就体现出合唱队的中介作用。合唱队就是代表普通民众的智慧，他们所唱出来的实际上一方面是对于神的崇敬和恐惧，一方面是对于人间的不幸、受难的一种悲哀，同时把两方面都结合起来了。下面一段呢就是讲这个悲剧英雄的中介作用了，英雄角色和合唱队在舞台上把演员分别与天上的神和地下的人连接起来。

　　在这种观看的意识里，亦即在表象活动的漠不关心的地基上，精神并不在它的分散的多样性中出场，① 而是在概念的单纯的分裂为二中出场。因此精神的实体只呈现为撕裂成它的两端的力量。

　　"在这种观看的意识里"，观看的意识也就是观众了，普通民众在看戏的时候他是抱着一种观看的意识，普通民众并不参与其中，他只是去看戏，看了戏以后有所感受，他的感受就通过合唱队表达出来。所以合唱队也表明一种观看的意识，在古希腊的剧场上，前排是舞台，是人物角色表演的场所，后面一排是合唱队，合唱队不能进入前场的，不能直接干预角色，他们只是旁观者，但同时也是歌唱演员，在每一幕结束或开始的时候就唱出他们的一段感想或感慨，这是一种观看的意识。"亦即在表象活动的漠不关心的地基上"，观看就是表象活动，表象也是从旁边看，在观看中我们形成了一种表象，这是一个漠不关心的地基，它对于剧情逆来顺受。前面讲它是一种实证的、被动的质料嘛，所以它不能采取否定的举动加入到剧情中来，它只是一个旁观者，只是一个地基，对于剧情它是漠不关心的。当然这个漠不关心并不是说完全不关心，它只是不参与剧情，但是剧情每到一个场景它都要关心，它都要唱出来，它都要发表自己的感想。所以这个漠不关心只是不参与的意思，它只是在一旁进行表象活动，进行一种旁观的活动。在这个地基上，"精神并不在它的分散的多样性中出场"，在这个地基上面，精神出场了，它并不是在它分散的多样性中出场，如果仅仅是在分散的多样性中出场，那就是史诗。在史诗中精神就是分散的多样性，一系列的英雄人物与各个不同的神灵发生偶然的联系，比如特洛伊战争中，同是奥林普斯山的众神，有的支持这一方，有的支持那一方，宙斯、雅典娜、赫拉支持希腊人，爱神、战神、阿波罗支持特洛伊人，各自都有自己的目的，宙斯则力图在双方之间保持平衡，碍

---

①　丛书版为："精神在其并不分散的多样性中出场"，意思不明，兹据袖珍版。——中译者

于赫拉的情面又时常偏袒希腊人。这场战争的起因是由于一个金苹果引起的纠纷，雅典娜、赫拉和阿芙罗狄忒都认为自己是最美的女神，各位女神根本不像神，而像是几个争风吃醋的妒妇，她们在分散的多样性中出场。但在悲剧中则不是这样，"而是在概念的单纯的分裂为二中出场"，也就是说经过了概念的整理，矛盾冲突不再呈现出偶然的分散性，而是把这些精神凝聚成了一种概念的单纯性，也就是分裂为二的单纯性。凡是概念都有这个特点，你对它一分析，你就会发现它是一分为二的，它就不再是一大堆偶然规定，而是每个概念都包含有两面，都有正面和反面，你把正面、反面都理出来，这概念就清晰了。那么精神在这样一个旁观者的地基上呢，它不再以分散的多样性出场，而是以概念的单纯的分裂为二的形式出场，也就是说在悲剧里面出场的精神都是二分的，二分的才有矛盾啊，悲剧不是要表现矛盾吗？那么在悲剧里精神是采取这样一种矛盾的方式出场的。有两种精神在矛盾，你有你的道理，它有它的道理，本来两个道理是统一的，不冲突的，但是一旦在现实人物身上表现出来就是两个，各持己见，于是就发生冲突，就有了动作，就产生了情节。这是悲剧的特点，它跟史诗就不一样了，史诗当然里面也有矛盾，但是它主要不是突出这个矛盾，它是分散在现实中的，体现为差异和对立，有许许多多的现实冲突，却没有表现出一个精神上的集中的矛盾，它的矛盾不纯粹。而悲剧中精神以这样的方式出场，它的这些角色、它的这些人物集中于两种精神的矛盾冲突，这是它的特点。"因此精神的实体只呈现为撕裂成它的两端的力量"，精神的实体，也就是各种神灵所代表的精神实体，悲剧角色都是秉承着某种精神实体来行动的一些人物，所以叫英雄啊。之所以是英雄，就是说他们的精神方面是崇高的，虽然他们斗来斗去，但是他们每一方在精神方面都是崇高的，都是有实体性的。但是这个精神的实体呈现为撕裂成两端的力量，撕裂成这个实体的两端，这个时候这实体就被看成概念了，概念就包含两端。实体的概念就有两端，但是英雄人物每个角色在里面各自抓住它的一端，各自表现它的一端。

所以精神的实体只是这样呈现出来，就是撕裂成它两端的力量，每一端
有一个英雄在代表它，在替它说话。

这些始基性的**普遍的**本质同时是一些自我意识到的**个体性**——英
雄，这些英雄把他们的意识置于这两个力量中的一个，在这个力量中拥
有自己的性格的规定性，并构成自己的操控作用和现实性。

"这些始基性的**普遍的**本质"，elementarisch，我们已在前面翻译成
"始基性的"，也就是基本元素的、根本性的、基础性的普遍本质，"普遍的"
打了着重号。普遍本质也就是实体，精神实体是一种普遍的本质，精神
实体作为一种普遍的本质，在悲剧里头是当作一种基地，当作一种基础，
在这个基地上面上演了有声有色的剧情。如何上演的呢？就是每一个角
色抓住这个地基中的一个要素、一个始基来展示他的英雄的性格。所以，
这些始基性的普遍的本质"同时是一些自我意识到的**个体性**——英雄"，
"个体性"打了着重号，跟刚才的"普遍的"相对照。普遍的本质现在成
了个体性，从普遍性进入到了个别，也就进入到了矛盾。从普遍性下降
到个别性就是体现为那些个别的英雄，他们互相之间必然发生矛盾。"这
些英雄把他们的意识置于这两个力量中的一个"，普遍的本质分裂成了
两个力量，那么这些英雄每一个都把自己的意识置于这两个力量中的一
个，代表它而行动。"在这个力量中拥有自己的性格的规定性"，英雄要
体现自己的性格，每个英雄都有自己不同的性格、不同的个性，但是这种
个性不是完全个别的，而是有它的普遍的本质的规定性，这就是我们上
次讲到的典型形象了。典型性格就是在他的个别性里面同时又有普遍的
规定性，每个英雄在自己的性格里面抓住了一个普遍的规定性，用自己
的性格来表现这个普遍的规定性，当然这个普遍的规定性只是一方，只
是片面的，但是对他的性格、对他的个性来说仍然是普遍的。他的个性
并不是毫无道理的，而是有根据的，在这个力量中拥有自己的性格的规
定性。"并构成自己的操控作用和现实性"，在这个力量中构成自己的操
控作用（Betätigung）和现实性。英雄当然有他的性格，有他的个性，有

他的能力，有他的天赋，他能够操控，他能够实现他的愿望；但是他是在这个普遍的力量中构成自己的操控作用和现实性的，他不是胡来的，他是有理由的，所以叫英雄。如果没有这个东西，那就不叫英雄了，那就是流氓恶霸了，正因为有这个东西，他才有他的道义上的根据，有他的精神实体，哪怕是一方面，那么他就是英雄。在这个地基上面他构成了自己的操控作用和现实性，英雄的能耐体现在他能够操控，他具有很大的能量，同时能够把他的理想、目的付之于实现。于是个体和普遍就通过英雄联系起来了。

　　——这种普遍的个体化正如已提到的那样，还要下降到特有定在的　[220]
直接现实性，并且在一大群观众面前表演，而这些观众在合唱队中拥有了自己的反映，或者不如说拥有了自己特有的自我表达的表象。

　　"这种普遍的个体化"，这种普遍在英雄身上个体化了，已经下降到个体性了嘛，所以它相当于普遍的个体化，普遍和个体统一起来，在英雄里面达到了一种典型性格。这种典型性格"正如已提到的那样，还要下降到特有定在的直接现实性"，还要再下降，典型性格在舞台上表演出来了，表演出来了还要下降到观众，还要被观众观看，下降到特有定在的直接现实性，那就是下降到观众。"并且在一大群观众面前表演"，观众是真正现实的对象，英雄在舞台上的表演还不是直接现实的，你知道那只是表演出来的，你不会愚蠢到以为舞台上的坏人就是真正的坏人，英雄就是现实的英雄，那只是扮演的。所以还要下降到特有定在的直接现实性，特有定在就是具体的那些观众。你在舞台上表演的性格尽管是个别的，但还是普遍的个体化，你每场表演都演同一个角色，表达同一个理念；但这是要给大家看的，那么最后看的这个反映是如何呢？那就是特定的直接现实性了，这一场戏表演得好不好、成不成功，最后要由每个观众来评价。"而这些观众在合唱队中拥有了自己的反映"，合唱队就是表达他们的心声的。"或者不如说拥有了自己特有的自我表达的表象"，下降到这个基地了，就是合唱队，实际上通过合唱队就下降到观众了，因为合唱队是表现观众自己特有的自我表达的表象。合唱队所唱出来的就是那些观众的心声，就是那些观众的评价。以上就是前面两个自然段，讲合唱队和悲剧英雄作为两个层次上的演员，合起来构成悲剧的中介，而把人和神、观众的直接现实性和伦理精神的普遍性结合成了一体。

[2. 个体性对实体的三重限定]

　　下面我打算把第二个小标题插入进来，而且把它改一下。贺、王译本根据拉松本把第二个小标题加在更下面的一段前面，标为"2. 个体意识的双重含义"，我在这里把第二个小标题提到这一段前面，并且改为："2. 个体性对实体的三重限定"；不是什么双重含义，而是个体性对实体的三重限定，因为后面第 222 页第二段一开始就总结前面的说："合唱队的神灵世界就被那行动着的个体性限定在这三个本质上面。"三个本质的限定就是指前面的这三段，也就是我们接下来要讲的三段，每一段讲一重限定。就是说实体在史诗那里它的分化是漫无边际的，史诗里面也要以个体性来表达实体，表达伦理，表达希腊社会的伦理观念等等，但是在那个地方是很分散的，是不集中的，是离散的。在悲剧里面一个很大的特点，就是要把实体的这些规定密切地连接起来，把它们捏在一起，捏成一种个体性的典型。就像标题"悲剧"下面的第一句话就是这样讲的，第 218 页："于是这种更高的语言，即悲剧，就把本质的行动着的世界中分散了的诸环节更密切地联接在一起"，就是把史诗那里的散漫环节凝聚起来，把它压缩为一体，把它塑造为一个完整的戏剧情节。就像我们中国戏曲有的本子很长，于是就把它拆开，叫作折子戏，每个折子戏都给它安一个名字，我们今天看什么戏啊？看《游园惊梦》还是《打金枝》啊，或者《贵妃醉酒》还是《霸王别姬》？都有一个标题，这个标题就是一场戏。史诗也是这样，你把其中的一个情节典型化，把它当作一个戏剧情节，把它凝聚起来，把它在史诗里面表达的那个精神、那种伦理实体凝聚为一个情节，把它突出出来。要达到这一点，就必须用个体性对实体加以限定，加以浓缩，加以压缩，把它提纯，不能太散漫。每场戏剧都是经过精心构思的，当然荷马的史诗也很精心构思，但它总体上是比较散漫的，戏剧在形式上面就特别讲究。像亚里士多德提出来动作的整一性，后来的戏剧理论把它发展为"三一律"，戏剧的时间、地点和动作的统一，它很讲究形式的。但在史诗那里没有，史诗没有什么"律"，反正一路讲过去，怎么讲得精彩怎么讲。所以个体性必须对实体加以限定，这个限定在三个层次上展开，下面第一段就是讲第一重限定。第一重限定就是对伦理实体、对精神要加以限定，我给它加一个微型标题："(1) 实体被个体限定为两种单纯的力量"。

　　这里精神就是自身的对象，它的内容和运动已经被看成伦理实体的本性和实现了。

　　"这里精神就是自身的对象"，上面一段讲到了英雄把普遍的力量跟他的性格结合在一起，用他自己的性格来体现普遍的力量，也就是建立起了典型性，并且最后还下降到定在的直接现实性，下降到观众，在合唱队里面反映了观众的情绪和他们的自我表达。那么在这种情况下，精神就是自身的对象，精神把自己作为对象来观赏，那些观众、普通民众，他们看戏看到的是什么呢？看到的就是精神，精神就是自身的对象。"它的内容和运动已经被看成伦理实体的本性和实现了"，精神的内容和运动，已经被看成伦理实体的本性和实现了，就是说舞台上的表演，这个上场，那个下场，对白和独白，来来去去的这样一些内容和运动，情节的发展，都被看成是伦理实体的本性和实现。我们在看戏时，看的都是伦理实体，我们看一个人上场，老百姓马上就可以判断，这是一个奸臣，另外一个人上场，这个是一个好人，这就是在作一种伦理的评价。所以我们在看戏的时候是在看伦理，对象已经被看成伦理实体的本性和实现，伦理实体就在舞台上体现出来，就在这些演员身上体现出来。看戏的时候我们观赏的对象主要就是实体，那么这个实体，我们就要来看一看它是怎么样受到个体性的限定的。

精神在自己的宗教里达到了对自身的意识，或者说它在自己更纯粹的形式或更单纯的形态中把自己呈现给自己的意识。

"精神在自己的宗教里达到了对自身的意识"，我们现在讲的是精神的宗教阶段，在宗教里面的精神达到了对自身的意识，宗教就是精神对精神自身的意识，这个我们前面也讲到了。宗教是绝对精神，所谓绝对精神就是主客观统一的精神，主客观不再分裂，我的对象也是精神，我的主体也是精神，精神对精神的意识那就是宗教。当然哲学也是，艺术也是，而在《精神现象学》里面首先是宗教，首先宗教达到了精神对于自身的意识。精神作为主体，它所观看到的那个对象同样是精神，这就是宗教的特点。"或者说它在自己更纯粹的形式或更单纯的形态中把自己呈现给自己的意识"，它，也就是精神，在自己更纯粹的形式或更单纯的形态中把自己呈现给意识，就是精神对精神加以观看、加以意识、加以认知，这个被认知的精神呢，它具有的是更纯粹的形式或更单纯的形态。前面所讲的客观精神还没有达到这一步，还不是那么单纯的形态，不是那么纯粹的形式，而现在所呈现给意识的那个精神才是比前面讲的伦理精神更加纯粹、更加单纯的精神。这是与前面第六章所讲的"精神"对比而言的，结合下面一段可以看得更清楚。

{394}　　因此，如果说伦理的实体曾经通过自己的概念按照它的**内容**把它自身分裂为两个力量，这两个力量曾经被规定为**神的**法权和**人的**法权，或者下界法权和上界法权，——前者是**家庭**，后者是**国家权力**，——并且对两者来说，前者是**女性的性格**，后者是**男性的性格**，那么，那前此有多种形式并在自己的诸多规定中摇摆不定的神灵圈子就把自己限定在这样两种力量之上，这两种力量通过这种规定是更接近真正的个体性的。

这句话是关键性的。"因此，如果说伦理的实体曾经通过自己的概念按照它的**内容**把它自身分裂为两个力量"，曾经通过，这是用的过去时了，这过去时实际上是指的《精神现象学》下卷一开始所讲到的伦理世界，我们曾经在那里是这样做的。"这两个力量曾经被规定为**神的**法权

470

和**人的法权**", 我们前面第 6 页的标题就是: "伦理世界; 人的法则和神的法则, 男人和女人", 我们前面已经做过这个工作了, 这就是把伦理实体按照它的内容划分为两种力量, 即神的法权和人的法权, 这个地方用的是法权 (Recht), 不是法则 (Gesetz), 其实这两个词是非常相近的, "法则"也可以翻译成"法律", "法权"也可以翻译成"法", 所以我们可以把它们打通来看。伦理实体曾经被规定为神法和人法, "或者下界法权和上界法权", 或者阴间法和阳间法, 伦理实体它本身的结构就是这样构成的。伦理实体肯定有这两方面, 一个是人法, 一个是神法, 神法是下界的, 是地下的、阴间的, 人法是上界的, 是世俗生活的、阳间的。"前者是**家庭**, 后者是**国家权力**", 家庭是按照阴间的法、祖宗的法、死人的法, 家庭是由祖宗所支配的, 我们中国人历来也是这样讲的, 在家庭里面要对得起列祖列宗, 列祖列宗都是已经过去了的, 所以它是地下的法、下界的法。上界的法就是国家的法律、国家权力、国法, 由国家所制定的。这是前面已经讲过了的, 通过《安提戈涅》的悲剧作为例子已经说过了的; 但是那个时候《安提戈涅》的悲剧只是作为一个例子, 来说明古希腊的伦理实体的两个方面。而现在我们重提, 就不是作为例子了, 现在就是把它引入到悲剧里面来, 作为艺术宗教正式讨论了。把在前面讲伦理实体的时候已经分析过的伦理实体的双重力量引入到现在所讲的悲剧的结构中来, 悲剧就不再作为伦理实体的一个例子, 而是要展示它的内部结构。在悲剧里面, 它就是由这两个方面所构成的。"——并且对两者来说, 前者是**女性的性格**, 后者是**男性的性格**", 前面也讲了"女人和男人", 女人是执着于家庭的, 而男人是执着于国家的, 这两方面有一种对立, 经常会发生冲突。在古希腊的时候集中体现了这样一个冲突, 因为古希腊正好处于这样一个阶段, 就是从家族血缘的氏族公社解体以后, 要进入到、过渡到市民社会, 过渡到国家。这个时候发生了一种断裂, 一方面是家庭、家法, 一方面是国法, 双方断裂了。我们今天也讲家有家法、国有国法, 但是我们今天讲的国法基本上还是家法, 是国"家"的法、公"家"的法，而家法不过是小家的法。所以我们中国的国法实际上还是皇帝的家法、王法，整个国家是一个大家庭嘛，跟古希腊相比我们没有经过这样一个大断裂，就是恩格斯讲的原始氏族血缘公社在进入到文明社会的时候是否有一个断裂，我们中国没有，而是一直延续下来的。所有的东西我们要追溯东西方文化差别的话，我们都可以追溯到这方面来，这跟我们中国的特殊的、作为农业民族的大环境有关，这个就不详细说了。总而言之，在希腊那个时候已经有了这样一种断裂，女性的家庭原则和男性的国家原则分裂开来了，这是用的过去时，曾经是这样的。如果说伦理的实体曾经通过自己的概念按照它的内容把它自身分裂为上述两个力量，"那么，那前此有多种形式并在自己的诸多规定中摇摆不定的神灵圈子就把自己限定在这样两种力量之上"，这个"前此"呢，就是说在讨论悲剧之前我们讨论的是史诗，在史诗那里神灵圈子有多种形式，并在自己的诸多规定中摇摆不定。这是一个松散的圈子，神灵大致上有一个圈子，奥林普斯诸神是一个圈子，还有就是地下的泰坦族神，那么天上、地下构成一个更大的圈子。在史诗里面这样一个圈子它具有多种形式，并在自己的诸多规定中摇摆不定，它们的界限是模糊的。这些规定大体上有一个界限，比如说宙斯是主持正义的法律之神，雅典娜是智慧之神，阿波罗是文艺之神，等等，各司其职；但是经常摇摆不定，他们的职能互相重叠、模糊。现在，这个神灵圈子就把自己限定在这样两种力量上了，限定 einschränken，把自己限定、压缩在这样两种力量之上。"这两种力量通过这种规定是更接近真正的个体性的"，这两种力量通过这种规定，就接近于真正的个体性了，否则只会是散漫的，凝聚不成个体。当然在史诗里面的人物已经有个体性了，像阿喀琉斯啊、俄底修斯啊这些人都是非常有个性的，有多方面的规定性的；但是在悲剧里面那些人物具有更加真正的个体性，因为他在两种截然对立的力量之间选择了一边，于是跟另一边发生冲突，那么这种个体性就更加扎实、更加丰富了，因为它受到了限定。这种散漫的关系在悲剧里面受到了限定，得到了凝聚，压缩为这两种力量的冲突,这种伦理力量上的冲突便塑造出了真正的个体性。像《安提戈涅》这个悲剧,安提戈涅就是代表家神的原则,克瑞翁就代表国家的、法律的原则,每个人物主要代表一种力量跟另一种力量相抗衡,突出他的真正的个体性,这是一种压缩,就是个体性对实体的一种压缩。实体你不要搞得太分散了,在各个方面你都可以表现实体,在《荷马史诗》里面每个英雄都表现了实体的不同方面,对家庭怎么样,对国家怎么样,对朋友怎么样,对爱人或敌人怎么样,都是散的。现在你把它集中起来,在一个悲剧里面来体现它,那你就得压缩,要表现出实体里面主要是哪两种力量在斗争,比如男人和女人、国家和家庭在这里斗争。

　　因为早先全体分散成了多方面的、被抽象出来的、显得是实体化了的力,这种分散是**主体**的**瓦解**,而主体只是把这些抽象出来的力作为它自身内的**诸环节**来理解,因此个体性只是那些本质的表面形式。

　　上面讲它更接近于个体性了,为什么更接近个体性呢? "因为早先全体分散成了多方面的、被抽象出来的、显得是实体化了的力",这就是要跟前面相比了,你说它更接近于真正的个体性了,那么不太具有个体性的就是前面讲的史诗了。在史诗那里,全体分散成了多方面的、被抽象出来的、显得是实体化了的力,例如特洛伊战争,各路人马各有一段自己的故事,分散开来讲;他们的力都是被抽象出来的力,比如说有的人,像阿喀琉斯,突出的就是他的勇敢、他的武力,或者像俄底修斯他突出的是他的智慧和计谋,远征特洛伊的希腊军中各类人才都有;但是这样一些人才的力量都是被实体化了的,都有他的伦理实体中的根基,都是为了某个正当的理由而贡献力量。但是,"这种分散是主体的瓦解","主体"、"瓦解"都打了着重号。整个特洛伊战争没有一个完整的主体,每个人都被这场战争的需要分散了。"而主体只是把这些抽象出来的力作为它自身内的**诸环节**来理解",特洛伊战争中的每一个英雄所贡献出来的力都只是他自身的一个环节,"诸环节"也打了着重号,它本身只是一个环节,阿喀琉斯只贡献了一个环节,俄底修斯也只贡献了一个环节,没有阿喀琉斯这场战争赢不了，所以他必须参与进去，但他投入进去的也只是他自身的一些环节，比如说勇敢、友谊、正义等等。"因此个体性只是那些本质的表面形式"，他有个体性，但是这只是一种表面形式的个体性，他表现了那些本质，但是只表现了本质的表面形式，他没有表现出这个本质自身的内在冲突，只是表面形式的冲突。阿喀琉斯武艺高强，打败了赫克托尔，打败了特洛伊最强的主将，于是就把特洛伊征服了，就是在这样一些表面形式上打来打去，本质是不动的，本质并没有发生矛盾，双方的冲突并不是本质的冲突。在悲剧中已经不是这样了，如前面一页所讲的："在这种观看的意识里，亦即在表象活动的漠不关心的地基上，精神并不在它的分散的多样性中出场，而是在概念的单纯的分裂为二中出场。"

相反，对**性格**的比上述区别更进一步的区别则必须归于偶然的和自在的外在人格性。

"相反"，也就是与前面讲的在伦理实体里面所划分的那样一种情况相反。"对**性格**的比上述那些区别更进一步的区别则必须归于偶然的和自在的外在人格性"，性格打了着重号。也就是说谈到性格的区别，在悲剧里面对性格要加以更进一步的区别，要比伦理实体里面单纯区分为男人的性格和女人的性格作更进一步的区别，要表明男人是什么样的男人，女人又是什么样的女人。史诗里面的人物也是有性格的，但那些性格只是本质的表面形式，比如说阿喀琉斯的特别勇敢，俄底修斯的超群的智慧，这些必须归于偶然的和自在的外在人格性，也就是具有个别性的。在悲剧里面则把这种偶然和自在的外在人格性加在了伦理实体中的那种性格区别上，这一方面比史诗里面的人物性格更具有本质的实体化的力量，而不再是本质的表面形式，另一方面又在伦理实体中抽象的男人和女人的区别上添加了偶然自在的人格性和独一无二性。悲剧的典型性就表现在一方面它有普遍性，这种普遍性跟史诗相比不再停留于表面形式，而且深入到了内容的对立面的矛盾冲突；另一方面这个普遍性得到了一种个别的进一步的限定，必须归于偶然的和自在地外在的人格性。比如说在《安提戈涅》的这样一个悲剧里面，安提戈涅的这样一个人格性有时候我们觉得简直就是一种偏执，安提戈涅这个女孩就是具有这样一种偏执的人格，而且她是偶然的，就她是这样，她的妹妹都不像她这样，她妹妹都比她要缓和一些。她就是一条道走到黑，那是偶然遇到的这样一个情况，特定的人物才会这样做。克瑞翁也是一个偏执性人格，一意孤行，不见棺材不落泪，所以必须归于偶然的和自在地外在的人格性。因此在悲剧里面的这些人物更具有个别性，也就更具有典型性了，更加典型化了；而在史诗里面虽然也有个别性，但是还不像悲剧里面这么集中。悲剧里面的很多情节就是从史诗里面来的，但是经过了进一步的提炼，把它凝练起来，把它集中起来，把那些枝枝节节的东西都去掉了，特别要突出人物的个性，这就更加感人了。这是第一段，第一段就是讲的实体被个体性所限定了，限定为什么呢？限定为两种单纯的力量，一种是家庭，一种是国家，或者说一种是女性的性格，一种是男性的性格，下界的法则和上界的法则，神的法则和人的法则，但又带有个体人格的偶然性和外在性，这都是个体对实体的第一重限定。在《荷马史诗》里面还没有这样限定，在《荷马史诗》里面还是分散的。休息一下吧。

　　好，我们再看下面一段啊。刚才我们讲了，实体在进入到悲剧这个阶段的时候被个体作了一种限定，不再是散漫的了，实体已经被压缩为两个方面，一个方面就是家庭的、阴间的、下界的法则，另一个方面就是地上的国家权力的法则，这两方面都代表实体，于是就起了悲剧冲突。那么接下来，除了实体受到这种分裂为二的限定以外，再就是对实体的认知也被分解为两个方面，实体作为我们认知的对象本身已经分化了，那么对实体的认知也分化了。这就是个体对实体的第二重限定，就是说，凡是个体对实体的认识总是带有片面性的，这也是悲剧里面所表现的一个重要的悲剧因素。下面一段就是讲这个认知了，我给它加的微型标题是"（2）个体对实体的认知是片面的"。

同时这本质是按照其**形式**或者按照**认知**来划分的。那**行动的**精神作为意识，与它所活动的对象、因而与被规定为这认知者的**否定的**对象相对立；这行动者由此便处于认知和无知的对立中。

"同时这本质是按照其**形式**或者按照**认知**来划分的"，我们前面把实体划分为这两种力量，其实都是根据我们的认知的内容来划分的，个体对认知者的第一重限定就是把内容限定为两个方面的本质，家庭和国家，神的法则和人的法则等等。但同时，这第二重限定是根据认知的形式，这个"形式"和"认知"都打了着重号。按照其形式或者按照认知来划分，就是我们在划分本质或实体的时候，不但按照内容划分，而且按照我们的认知方式来划分，即我们把实体看作是这样两个方面，有一方面是已知的，另一方面是未知的。当然这只是对我们的认知而言的。"那**行动的**精神作为意识，与它所活动的对象、因而与被规定为这认知者的**否定的**对象相对立"，那行动的精神，"行动的"打了着重号，前面讲实体的限定与划分的时候不是着眼于行动的精神，而是着眼于实体的概念，实体包含两种分裂的力量，一种是地上的，一种是地下的，一种是男人的，一种是女人的，一种是国家的，一种是家庭的，我们这样来划分，在这样来划分的时候我们是把它当作一个静止不变的精神本质。而现在我们是着眼于行动的意识来划分，那行动的精神作为意识，与它的活动的对象、因而与被规定为这认知者的否定的对象相对立，"否定"打了着重号。行动的精神意识到它的对象对它的认知是否定性的，它在行动中与这个对象相对立，也就是它并不认知这个对象，因而它的行动也不能掌握这个对象，反而要被这对象所否定。我意识到有个对象在我面前，但它对我的认知是拒绝的、否定的，我想要把握它，以便采取正确的行动；但是我又没有办法完全把握它，甚至完全没有办法把握它。"这行动者由此便处于认知和无知的对立中"，既然对象对于认知者是否定者，所以我们在行动的时候就处在了认知和无知的对立之中，我要认知，但是我又不能全知，甚至被欺骗，我的对象只是就我所知的这个对象，这个对象后面还有很多东西是我所不知的，我的认识对象是一个自在之物，我们可以认识的只是现象，甚至只能是假象，这就陷入到认知和无知的对立。

他出于自己的性格而选取自己的目的，并且将这目的作为伦理的本质性来认知；但是由于这性格的规定性，他只知道实体的一个力量，而另一个力量对他是隐藏着的。

这个就说得更清楚了。"他出于自己的性格而选取自己的目的"，我面前有一个对象，但是我出于自己的性格，我把这个东西当作我的对象，当作我的目的，我要认知这个东西，是出于我的性格，是出于我自己的主观主义而选取自己的目的。"并且将这目的作为伦理的本质性来认知"，我认为什么样的伦理才是最本质的，我就执着于这样一个本质，但是我之所以选择这样一个本质呢，是跟我自己的性格有关，我是什么人，我就选择什么样的本质性。比如说安提戈涅她就只能选择家庭的原则，因为她是个女人；克瑞翁作为国王他就只能选择国家法律、国法，这都是跟他们自己的人物性格有关。出于自己的性格而选取自己的目的，这个目的实际上也就是伦理的对象了，是地上的法则还是地下的法则，但却着眼于认知，将自己所选择的目的作为伦理的本质性来认知。每个人坚持自己所选择的目的，是把它认作一种伦理的本质性，在伦理上我认为这个是最本质的，其他的都不重要的。"但是由于这性格的规定性，他只知道实体的一个力量，而另一个力量对他是隐藏着的"，由于这性格的规定性，这规定性也就是局限性了，他被规定了是这样一种性格，所以他就只能认知这样一种目的，只能选择这个对象，而对于另一个对象或者对象中的另一方面，他是看不见也认识不到的，他只知道实体的一个力量，"一个"标了斜体，而另一个力量对他是隐藏着的。在安提戈涅的眼睛里面，国法她不懂，她也不需要，她心目中就只有家法，只有祖宗之法；而克瑞翁作为国王来说他管那么多的家庭，所以哪个家庭的家法他是没有看在眼里的,他看到的是全局,他认为要顾全大局,他其实也只看到一方面的力量。

> **因此那当下的现实性自在地是另一种东西,并且对意识而言是另一种东西;那上界的法权和下界的法权在这种联系里就意味着那认知的、向意识启示出来的力量,以及那自身隐藏着的、在后面潜伏着的力量。**

[221]

"因此那当下的现实性",当下的一个现实性,大家都看到的,比如说安提戈涅的兄弟违反了国法被处死了且不得埋葬,这样一个现实性,"**自在地是另一种东西**","自在地"打了着重号。我所看到的当下的现实性是我所看到的,但是它自在地是另一种东西。克瑞翁和安提戈涅都看到了同一个现实性,但是他们没有意识到这个现实性自在地是另一个东西,安提戈涅没有看到这个现实性是自在地违反了国法,而克瑞翁也没有看到这个现实性自在地违反了家法,他不许任何人埋葬他,违背了家神。"自在地"是对于认知者而言的,对认知者而言自在地是另一种东西,"并且对意识而言是另一种东西",也就是不但自在地是另一种东西,而且对意识而言也是另一种东西,是跟他所意识到的不同的东西。"那上界的法权和下界的法权在这种联系里就意味着那认知的、向意识启示出来的力量,以及那自身隐藏着的、在后面潜伏着的力量",就是上界的法权和下界的法权在这种联系里面呢,同一个现实它体现出两种力量,一种是那认知着的、向意识启示出来的力量,这就是上界的法权,上界的法权就是明摆着的,法律已经明文规定了,凡是叛国者都要处死,而且不准收尸、不准埋葬,这个就是认知着的、向意识启示出来的力量。以及那自身隐藏着的、在后面潜伏着的力量,这就是下界的法权,下界的法权是自身隐藏着的、在后面潜伏着的力量。它躲在后面,你看不到,你以为没有,你以为你发布命令,你想怎么规定就怎么规定,你不许他埋葬,这个没问题,但是马上就会出现问题。它有一股力量在后面潜伏着,蓄势待发,等你一旦做出来,这个力量就会起作用。所以同一个事实、同一个现实性里面包含着一明一暗两种力量,明的就是地上的法权,明文规定的,暗的就是隐藏着的、地下的，虽然没有明文规定，但是只可意会、不可言传，大家都知道，是暗中起作用的一种力量。所以对双方来说，当下的现实自在地是另一种东西，对于双方的意识来说都是另外一种东西。那么我们就来分析这两个方面了，对实体的认知分为两个方面，笼而统之就是一个是认知，一个是无知，但是具体来说就是下面讲的。

一个力量是**光明面**，是宣示神谕的神，这神按照其自然的环节而从普照一切的太阳中被产生出来时就知道一切并启示一切，——即**福玻斯和宙斯**，后者是前者的父亲。①

"一个力量是**光明面**"，一明一暗嘛，他这里用了光明面，光明就是阿波罗神了，阿波罗就是光明之神，"是宣示神谕的神"。阿波罗的神庙在德尔斐，德尔斐神庙是古希腊有名的宣示神谕的神庙，它是最有口碑、最可信的，凡是你到那里去求神谕的话那是要兑现的，其他的还有一些宣示神谕的神庙都不如阿波罗神庙，因为阿波罗是光明之神啊，他代表光明，什么东西都明明白白的。"这神按照其自然的环节而从普照一切的太阳中被产生出来时就知道一切并启示一切"，阿波罗神我们把他叫作太阳神，其实他还不是太阳神，他是光明之神，光明按照自然的环节是由太阳产生出来的，阿波罗神他的自然的环节就是光明，它是从太阳产生出来的。而他被产生出来的时候就知道一切并启示一切，正由于他是光明，所以他知道一切并启示一切。"即**福玻斯**和**宙斯**，后者是前者的父亲"，福玻斯就是阿波罗的别名，意思是光辉灿烂的，经常叫作福玻斯·阿波罗，有时候就直接说福玻斯或阿波罗。和宙斯，按照希腊神话，阿波罗是宙斯和女神勒托的儿子，在赫西俄德的《神谱》里面是这样讲的，宙斯是阿波罗的父亲。

不过，这个预言之神的指示和他对**存在的**东西的昭示不如说是欺骗

---

① 根据希腊神话，福玻斯是阿波罗的别名，即光明之神，是宙斯和女神勒托的儿子。——中译者

性的。这是因为，这种认知在其概念中直接就是无知，因为**意识**在行动中自在地本身就是这种对立。

这句话就很关键了。阿波罗神既然是光明之神，那么一切启示、一切预言、一切神谕就都是从他这里发出来，那应该是可信的，但是并非如此。"不过，这个预言之神的指示和他对**存在的**东西的昭示"，"存在的"打了着重号，也就是对现实的一种昭示，"不如说是欺骗性的"。其实这些预言是欺骗性的，好像他能预言一切，他说的就是真理，他能预言真实存在的东西，预言之神嘛，预言也可以翻译成"说出真理"，但这种说出真理呢，其实是欺骗性的。为什么说出真理反而是欺骗性的呢？"这是因为，这种认知在其概念中直接就是无知，因为**意识**在行动中自在地本身就是这种对立"，"意识"打了着重号。这就是意识本质中的认知和无知的对立，意识只要一发动，它自在地本身就是这种对立，也就是意识本身就包含认知和无知。因为所谓意识就是有一个主体，有一个对象，意识就是对象意识，而对象意识里面肯定包含着无知。如果不包含无知的话，那就不是对象意识了，那就是自我意识了，自我意识里面就是自己对自己的意识，那就是纯知了，那就不包含无知。但是一旦讲到意识，那里面就必然包含有无知，就有一个还没有被认知的对象，这才有意识可言，所以"意识"在这里打了着重号。意识在行动中自在地本身就是这种对立，常常表现为矛盾。比如说苏格拉底在德尔斐得到的神谕：世界上最有智慧的人是谁？神谕说是苏格拉底，这是个事实，苏格拉底确实是雅典最聪明的人。那么苏格拉底要去求证了，求证来求证去，他发现这里头有一个悖论，苏格拉底是全希腊最有智慧的人，就体现在他知道自己是最没有智慧的，正是因为这一点，所以他是最有智慧的。这是一个双关语，到底是有智慧还是没有智慧？从存在的事实看，实际上苏格拉底是最有智慧的，但是他的话你只能听一半，你不要以为自己有智慧自己就是神了，就趾高气扬了，苏格拉底不相信，不相信表面的东西，他要考察究竟背后有什么意思，最后就发现：我之所以是最有智慧的，是因为我知道自己是没有智慧的, 只有神才是有智慧的。这是他得出的结论, 他这个结论没有上当受骗的, 但是一般人都会受骗, 如果神庙里面说你有智慧, 那你就会趾高气扬了, 你就会骄傲得不得了。但是恰好苏格拉底是非常谦虚的, 是古希腊最谦虚的哲人, 只有他才当得起最有智慧的。所以不如说神谕是欺骗性的, 因为这种认知在其概念中直接就是无知, 就是说恰好是因为无知, 所以才要认知啊, 如果他不是意识到无知的话, 那他就不需要认知了, 正因为他无知, 所以他要认知, 而正因为他要认知, 所以说明他无知。这种认知在概念里面直接就是无知, 光明本身就有黑暗的一面, 后来海德格尔也讲, 去掉遮蔽本身就是一种遮蔽, 去蔽就是遮蔽。

因此那有能力解开斯芬克斯之谜的人和那抱有天真信赖的人[①]都由于神所启示给他们的话而陷入毁灭。

"因此那有能力解开斯芬克斯之谜的人", 这就是讲的俄狄浦斯了。"和那抱有天真信赖的人", 这个是泛指, 包括俄狄浦斯在内, 他也是抱有天真信赖的人, 相信神谕, 但他对神谕的理解呢恰好相反, 跟神谕的意思背道而驰, 这是没有办法的事情。他将会杀父娶母, 这是神谕里面早就讲了的, 他就是为了回避杀父娶母这个神谕规定的命运而走了另外一条路, 结果这条路恰好就导致他杀父娶母, 这是对人的一种欺骗。"都由于神所启示给他们的话而陷入毁灭", 有能力解开斯芬克斯之谜的人, 这是很聪明的人啊, 连斯芬克斯之谜他都能够解释, 都能够破解, 但是对于神谕他没法破解, 你要天真地信赖神谕, 那就会由此导致毁灭, 就陷入到毁灭。

那位为美丽的神代言的女祭师[②]无异于那些用双关的话预言命运的女巫,[③] 这些女巫用她们的预言致人犯罪, 并在对于她们夸口有可靠性的

---

① 　前者指俄狄浦斯, 后者为泛指。——中译者
② 　指德尔斐神庙的女祭司。——中译者
③ 　黑格尔这里涉及莎士比亚的《麦克白》, 三位女巫的意义含糊的预言促使麦克白犯下谋杀罪, 她们自称为"命运的姐妹"(Schiksalschwestern)。——丛书版编者

事的一语双关中欺骗了那个信赖显性意义的人。

"那位为美丽的神代言的女祭师"，那就是阿波罗神庙的女祭师皮提亚，阿波罗在古希腊的男神里面是最俊美、最英俊的，所以叫作美丽的神。那位为美丽的神代言的女祭师"无异于那些用双关的话预言命运的女巫"，这里"女巫"用的是 Schiksalschwestern，直译为"命运姐妹"。就是说，阿波罗神庙的女祭师为神代言，这跟用双关的话预言命运的女巫没什么区别，古希腊神话中阿波罗的女祭师和后来莎士比亚的《麦克白》里面的女巫实际上没有什么区别。当然我们一般认为阿波罗神庙的女祭师不会说假话，都是一些真理的预言，你听不懂是你的错；而那些女巫则是故意忽悠人，《麦克白》里面讲到的那些女巫都是心怀恶意的。所以讲，"这些女巫用她们的预言致人犯罪，并在对于她们夸口有可靠性的事的一语双关中欺骗了那个信赖显性意义的人"，比如在《麦克白》里面讲到，麦克白遇到了三个女巫，这三个女巫用一些双关的话来预言他的命运，表面上好像是鼓励他去篡夺王位。当然他本身也有这个意思，想篡夺他的主子的王位。于是在女巫的暗示下，他把国王杀了，夺取了国王的位置。在做这件事之前他受到那些女巫的蛊惑，说你做这件事情是没问题的，你是杀不死的，除非有一天邓西嫩高山的森林都走到你的城堡里来了，——这就留了一个尾巴。听起来，高山上的森林都走到你的城堡里来了，那怎么可能呢？山上的森林怎么会走到城里面来呢？那是不可能的，用这样一句话来说明，你是不可能失败的。结果恰好复仇的人带着一队军队，把山上的树枝每一个人砍一根下来顶在头上作为掩护，遮蔽他们的人数，远远看上去就是山上的树林走进来了。麦克白大惊：果然山上的树都下来了，他才知道自己要失败了，于是诅咒那些女巫故意害人。开始的时候他不相信，这个预言完全是把一种不可能的东西作为条件，但是实际上他是上了当。那些女巫还预言说，任何一个母亲所生的人都不能把你杀死，但麦克白最后遇到的那个敌手恰好不是母亲所生的，而是难产从母亲的肚子里面剖出来的。这样两可的谜语是防不胜防的，

而这些女巫用她们的预言致人犯罪，使麦克白杀害了他的主人，并在对
于她们夸口有可靠性的事的一语双关中，欺骗了那个信赖显性意义的人。
你要是只从表面上来看那些话呢，那些话都很美好，但是底下的那个意
义一旦暴露出来，你就会发现那是导致你失败的，是一种害人的话。这
里把希腊悲剧和近代悲剧联系起来了。

　　__因此，比后面这种相信巫女的意识更为纯洁、而比前面那种信赖女__
__祭师和美丽的神的意识更为审慎、更为彻底的那种意识，在面向父亲自__
__身的鬼魂有关谋杀他的罪行的启示时，延宕着报仇行动，并且还去搜集__ {395}
__另外的证据，——其理由是因为这个发启示的鬼魂也有可能是魔鬼。__①

　　这个讲到莎士比亚的《哈姆雷特》了。"因此，比后面这种相信巫女
的意识更为纯洁、而比前面那种信赖女祭师和美丽的神的意识更为审慎、
更为彻底的那种意识"，就是有一种意识比相信巫婆的意识，像麦克白相
信巫女的预言，那个意识是不纯洁的了，麦克白是想当国王、想篡位，但
是，有一种意识比这种意识更加纯洁；而比前面那种信赖女祭师和美丽
的神的意识更为审慎、更为彻底，你不要立马相信，你要审慎，你要动脑
子，你要深思熟虑，要想到底，可能有什么你不知道的情况。那样一种意
识"在面向父亲自身的鬼魂有关谋杀他的罪行的启示时"，哈姆雷特的父
亲被他的叔叔谋杀了，哈姆雷特在一天晚上见到父亲的鬼魂现身，把这
件事告诉了他。而在有关谋杀父亲的罪行的这一启示面前，哈姆雷特"延
宕着报仇行动，并且还去搜集另外的证据"，他不是马上去报仇，他延宕。
为什么要延宕？哈姆雷特的延宕是文学史上的一个公案、一个话题，很
多人都写文章来研究，哈姆雷特为什么要延宕？他为什么不马上就去杀
掉仇人？他要经过很多很多的手续，装疯啊，各种各样的设局啊，去套人
家的话啊，把自己的未婚妻都牺牲了，等等等等，挖空心思做了很多动作，

----

① 　黑格尔这里是指莎士比亚的《哈姆雷特》中由父亲的鬼魂所作的启示，见第1幕第5
　　场。启示的鬼魂也有可能是魔鬼，这是哈姆雷特在第2幕第2场结尾时说的。——
　　丛书版编者注

最后结果是大家都同归于尽，这是一个很复杂的课题。那么这里黑格尔提出了他的解释，就是说，之所以延宕报仇行动，是因为还要搜集另外的证据，因为证据不足。他觉得单凭他父亲的鬼魂告诉他这件事情，那是不够的，还需要有别的证据，为什么要有别的证据？"其理由是因为这个发启示的鬼魂也有可能是魔鬼"，那很有可能的。为什么你见到一个鬼魂那肯定就是你的父亲呢？哪怕你心里知道这是我父亲，但是也可能是魔鬼装作你父亲的样子，诱使你去犯罪啊。这是黑格尔的解释，黑格尔的这种解释是一种认知上的解释，就是我们的无知，那么当你估计到自己有可能无知，有可能我获得的知识只是我的一厢情愿的东西，很可能客观上另有隐情，那么我就必须要把证据搜集完备，除了听鬼魂的启示，我还要搜集一些客观的证据。所以哈姆雷特不断地延迟自己的报仇行动，有时候明明非常方便了，马上就可以结束仇人的生命了，但是他还是不下手。这是一种解释，当然黑格尔的这种解释也算一说，但是这一说好像不太站得住脚，不是知识论的问题。哈姆雷特的证据早就收集全了，但他还在延宕。根据我的研究呢，哈姆雷特的延宕是因为他要找到一个最恰当的方式来伸张正义，如果是你的仇人，你趁其不备偷偷把他暗杀了，那你不跟你的仇人一样了吗？所以他要找到一种最光明正大的方式，要昭告世人：这个事情就是这样的，我是正义的，他是邪恶的。所以他后来在宫廷里要上演一场戏剧，在戏剧中把这个事情公之于众，最后才直接采取报仇行动，这中间经过了很多策划，伤害了很多的人。当然最后也不能证明他就是绝对的正义，因为他伤害的人比他叔叔伤害的人更多，他也做了很多坏事、恶事，实际上还是以恶抗恶。你真能够光明正大地报仇？除非你是上帝，但人不是上帝，人的力量是很有限的。当然黑格尔这个也是一说，可以这样来考虑。总而言之，这一段就是讲对实体的认知总是片面的，甚至于是受骗的，这就是悲剧矛盾产生的一个很重要的根据。前面一个是实体被个体限定为两种单纯的力量，这是产生悲剧冲突的一个根本的基点；其次就是说，我们对实体的认知有片面性,甚至于有受骗的可能,这也是产生悲剧冲突的一个很重要的因素,这是第二个方面,就是从对实体的认知方面来看。下面一段就是第三个方面了,也就是个体性对实体的第三重限定,我标为:"(3)个体的行动将认知颠覆为对实体的表象"。

　　这种不信赖之所以是有理由的,是因为那认知的意识把本身建立在对自身的确定性和对于对象性本质的确定性的对立之中。

　　"这种不信赖",就是哈姆雷特的那种不信赖,他不相信自己的认知,本来父亲的鬼魂向他现身,真相已经大白了,按照我们通常的理解呢应该是真相大白了,但是哈姆雷特不相信,他很审慎,他知道人的认知的片面性和有限性,知道这有可能是个骗局,他要确证到底是不是一个骗局。这种不信赖"之所以是有理由的,是因为那认知的意识本身建立在对自身的确定性和对于对象性本质的确定性的对立之中",因为认知的意识本身是建立在主客二分之中,你主体能够完完全全地把握客体吗?你凭你父亲的鬼魂现身,也许是一个梦,你就能够断定这个对象、客观事实是这样的吗?认知的意识本身建立在对自身的确定性上,自身的确定性我有了,我的父亲的鬼魂已经向我现身了,我相信它是父亲的鬼魂,我感到它是我父亲的鬼魂,这个是有确定性的;但是对于对象性本质的确定性,这个我就不见得有把握了,也许我的那种确信的感觉只是做了一个梦而已。所以对于对象性本质的确定性这个没办法把握,正因为没有办法把握,所以我们才要去认知嘛。所以这种不信赖是有理由的,就是说你总是有不知道的东西,你的意识总是有一个意识的对象,而这个意识的对象总是不能被你完完全全把握住的。

　　伦理的法权认为,现实性在与绝对法则的对立中**自在地**是虚无,这法权经验到的是,对伦理的认知是片面的,它的法则只是它的性格的法则,它只是抓住了实体的一个力量。　[222]

　　"伦理的法权认为,现实性在与绝对法则的对立中**自在地**是虚无",

485

如果你站在伦理的法则的立场上来看一切事情的话,那么现实性在与绝对法则的对立中自在地是虚无,或者说现实性本身是虚无,现实性是微不足道的,或者说现实性只是你所把握到的现实性、你所认知到的现实性。伦理的东西是绝对法则,那么现实性在与绝对法则的对立中是没有意义的,因为你所意识到的、你觉得自身是有确定性的,那只是你的一种确定性,而客观的对象性的法则你还没有把握得到。在这样一种对立中,一个是自身确定性,一个是对象本质的确定性,在这两者的对立之中,自身确定性和绝对性法则相比它本身是虚无,客观对象是不认它的,它是不能完全相信的。"这法权经验到的是,对伦理的认知是片面的",在伦理上你以为你的认知就是现实性了,但是实际上它是片面的,这是伦理法权的经验。"它的法则只是它的性格的法则",你之所以选择这样一个法则,只是从你的性格出发来选择的,它并不能当作绝对的法则,它只是你的主观现实性的一种表现。所以对伦理的认知是片面的,它的法则只是它的性格的法则。"它只是抓住了实体的一个力量",你的法则根据你的性格来选择,比如男人选择人的法权,女人选择神的法权,你根据自己的性格选择了实体中的一个力量,你按照这个力量去行事,而对于实体的其他的力量你是茫然的,你是看不见的,你只看到片面的、你所认定的这个法则。

行动本身就是把**所认知的东西**颠倒为它的**对方**,颠倒为**存在**,而把性格和认知的法权翻转为在实体的本质中与这种法权相联接的相反东西的法权,——翻转为另外一个从敌对方被激发起来的力量和性格即复仇女神 (Erinnye)。

"行动本身就是把**所认知的东西**颠倒为它的**对方**","所认知的东西"和"对方"都打了着重号,这里涉及的是知和行的关系。所认知的东西是你主观的确定性,你主观的确定性是根据你的性格来选定的,你认为这是确定的,但其实是主观的;那么行动本身就是要把你主观认知的东西、你主观中当作自己确定性的东西颠倒为它的对方,你要把它实现出来,你要把它变成一个现实，所以是"颠倒为**存在**"，"存在"也打了着重号。思维和存在不同，存在就不是你主观的东西了，那就是一种客观的东西了，你把你主观认知的东西实现出来，就是要把它变成客观，但是一旦变成客观，它就是你的对方，而这个对方实际上就是转化了，就已经不是你主观的确定性了。"而把性格和认知的法权翻转为在实体的本质中与这种法权相联接的相反东西的法权"，这讲得很拗口，性格和认知的法权，由你的性格所认知的这个法权，由你的认知所确定下来的法权，但在行动中你把它翻转过来，颠倒过来，翻转为什么呢？翻转为在实体的本质中与这种法权相联接的相反东西的法权。你所认定的法权，当你把它实现出来的时候，它就反过来变成了在实体的本质中与你这种法权相联接的相反东西的法权。你抓住了一个实体的力量，你把它实现出来，但是一旦实现出来，它就变成了你没有认知到的、你没有抓到的那样一个相反实体的力量，相反的法权。像这个《俄瑞斯忒斯》的神话里面，俄瑞斯忒斯把他的母亲杀了，因为他的母亲和别人通奸，把他的父亲杀了。他的母亲把他的父亲杀了，那么儿子就要报仇，就把母亲杀了。俄瑞斯忒斯把母亲杀了是有道理的，因为母亲对他来说有杀父之仇，他要把母亲杀掉，他就看到了这个杀父之仇；但是他没有看到杀母也是一种犯罪，他一心要报仇。结果事情做出来了，他就受到了复仇女神的追究，复仇女神就是哀伦妮了，哀伦妮就说你杀母是更大的罪孽，因为你是母亲生的，与你有血缘关系啊，是直系亲属；母亲杀父亲那还在其次，因为母亲跟父亲是没有血缘关系的，你杀你的母亲，你跟你母亲是有血缘关系的，你杀了跟你有血缘关系的，这个罪更大，至于你母亲和你父亲没有血缘关系，这个罪要小一点。所以复仇女神要追究他的责任，就把他追到阿波罗神庙里面，阿波罗就庇护他。案子告到了雅典娜那里，雅典娜就主持审判，这是大家都知道的故事，最后审判的结果，十二个陪审官投票表决是六比六，最后是雅典娜作为主审官投了俄瑞斯忒斯一票，因为她代表理性，婚姻上代表合法夫妻关系，而不是血缘亲情。这样俄瑞斯忒斯就免罪了，但是复仇女不甘心，还在那里追究，最后达成妥协，就是为哀伦妮女神在雅典建一个庙，终于平息了这一场纷争，这就是最后达到的最好结果。这个是一个故事，可以用来解释这里讲的，就是说行动者只看到了实体里面的一个力量，就是母亲杀了他父亲，他就看到了这一面，但他自己杀了他母亲这一面他没看到，而他一旦做出来呢，它的后果就显出来了，性格和认知的法权就翻转为在实体的本质中与这种法权相联接的相反东西的法权，这两种相反的法权在实体的本质中是相联接的，杀父也好，杀母也好，在实体的本质中都是有罪的，但是它们在现实中又是相反的。所以他讲，"翻转为另外一个从敌对方被激发起来的力量和性格即复仇女神"，复仇女神的原文就是 Erinnye，就是哀伦妮，根据不同的读音也译作"伊里逆斯"。复仇女神也是很有性格的，也是很有力量的，她是从敌对方被激发起来的。阿波罗是地上的神，哀伦妮是地下的神，一个是上界的神，一个是下界的神，这两方面形成了敌对方。阿波罗要维护俄瑞斯忒斯在人间的法律中的秩序，而哀伦妮要维护阴间的女性的权利，这就造成了冲突和审判。

这种下界的法权同宙斯一起坐在宝座上，并且同启示的法权 [①] **和认知的神享受同样的尊荣。** [②]

"这种下界的法权同宙斯一起"，"下界的"打了着重号，"宙斯"也打了着重号，宙斯代表上界，宙斯是上界的最高主神了；但是下界的神有复仇女神，还有命运女神。下界的法权同宙斯一起"坐在宝座上"，他们都得到了同等的尊荣。"并且同启示的法权和认知的神享受同样的尊荣"，启示的法权就是上界的法权，与下界的法权相对照；认知的神就是阿波罗，神谕启示就是一种认知嘛，也可以指雅典娜，雅典娜是智慧女神、理

---

① "启示的法权"在袖珍版中缺"法权"一词，兹据丛书版和考证版补上。——中译者注

② 黑格尔在此以及在后面多处均指埃斯库罗斯的俄瑞斯忒斯悲剧中的结论，参看《欧墨尼德斯》[译者按：复仇女神的别名，意为善心女神] 第198行以下，第752—807行，第892行以下。——丛书版编者

性的神。上界和下界的神都在一起，在宝座上面享受同样的尊荣，这里主要是指复仇女神和宙斯、阿波罗这些上界的神平起平坐，这两方面你一方都得罪不起，连雅典娜都只好把他们供在一起。你只抓住一方面，那就是悲剧的根子，你抓住这方面，人家抓住那方面，那就是一个悲剧的起因。这是从另外一个高度来讲的，前面一段是从认知的角度，是从对实体的认知的这个角度，来表现主体对实体的限定；那么这一段是讲主体的行动把认知颠覆为一种对实体的表象，就是说最后变成了对实体的表象，就是变成了表象中的神和神的关系，复仇女神和宙斯、下界的神和上界的神的关系，这双方只有在你的表象中、在你的想象中才能够并列，在人世间是势不两立的。在人世间你犯了杀母罪，或者杀夫罪，这些罪行都是互相冲突、不能并存的，只有在上界和下界的神这样一个层面上，你把它转化为一种表象的力量、这样一些诸神的法权，它们才能够并存。所以这样一种并存关系不是在舞台上能够表现出来的，它只在一种表象中，通过一种言说、通过一种想象来表象的。这就是个别行动把实体的认知颠覆为对实体的表象，是第三个环节、第三种限定性，就是把实体限定为对实体的表象。三个层次的限定，一个是限定实体本身为两种对立的力量；一个是把对实体的认知限定为主观片面的；再一个是把这种认知颠覆为对实体的表象，在表象中达到对立双方以及主观和客观的和解。你把实体表象为这样一个更高层次的神的关系，而在人间的这两种现实的力量，你把它们看作是虚无，看作是没有价值、没有意义的，只有提升到伦理实体的更高的表象，才能够调和在现实世界中的冲突。在悲剧中的冲突最后要得到调和，怎么调和？只有你放弃现实的生命，牺牲主人公的生命，只剩下神的表象，你把人的牺牲看作是对神的两种表象的一种调和、一种和解，双方同享尊荣。同享尊荣就表现在有限的人牺牲自己的生命来成全这些神本身之间的和谐，为了协调，为了最后达到和谐，主人公必须牺牲自己；或者最后达成一种和解，人只是一个道具，人跟人已经没有什么关系了，这是神跟神之间的关系，神和神的关系是通过想

489

象、通过表象、通过象征而表达出来的。这样，下面一段谈到三个限定才能够得到解释，为什么要把这两个小节的标题调整一下呢？如果不调整的话，下面这一段没法解释，因为下面这段就是对以上三段的回顾和总结。

合唱队的神灵世界就被那行动着的个体性限定在这三个本质上面。

"合唱队的神灵世界"，合唱队作为一个基地，它已经把这个神灵世界都展示出来了，这个神灵世界就是伦理实体。合唱队就代表那让英雄在上面纵横驰骋的伦理实体的地基。那么他们所歌唱的神灵世界这个地基"就被那行动着的个体性限定在这三个本质上面"，这三个本质，哪三个本质呢？接下来就一个一个地数了，也是对上面三段内容的概括。

一个就是**实体**，它既是凝聚家庭的力量和家庭内互相尊重的精神，又是国家和政府的普遍的力量。

限定在三个本质上面，"一个就是**实体**"，"实体"打了着重号。这实体本身包含两种力量。"它既是凝聚家庭的力量"，我把它翻译成"凝聚家庭的"，实际上原文是 Herd，Herd 本身的意思是炉灶，引申为家或者家庭，一个家庭都是围炉向火啊，哪怕是夏天你也要在炉灶旁边做饭啊、烧水啊，做这些家务事嘛。所以一个家庭的灶台是中心，这在古人是这样的，我们现在当然不一定是这样的了，现在有专门的厨房。而古人他们的生活比较简陋，一个家庭就是以灶为中心，我们现在乡下有的地方还是以灶台为中心，我老家就是这样的，一个家里面的中心就是一个烧煤的火坛，平时吃饭的时候也在火坛旁边。两家吵架吵得最厉害的时候，就跑到人家家里用一大盆水把人家的灶火泼灭，或者甚至于拿锄头去把人家的灶头挖掉，这是最彻底的。一个灶台就是一个家庭的中心，所以我把它翻译成"凝聚家庭的力量"。"和家庭内互相尊重的精神"，Familien-pietät，Pietät 我们前面遇到过这个词，Familien 是家庭了，Pietät 是我们前面讲伦理实体的时候已经讲到的词。那里在同一段话里黑格尔用了三次这个词,一次是描述夫妻之间的关系,夫妻之间相互要 Pietät,这个词本来的意思就是"虔诚、恭敬",一般用在宗教上,就是对上帝的虔诚啊、虔敬啊。夫妻之间要这样,相当于我们讲的相敬如宾,贺先生他们译作"怜爱"是不对的。第二次,儿女对父母也要这样,这种情况可以翻译成"孝敬",只有这里可以说得过去。但第三次,黑格尔说父母对儿女也要这样,那怎么翻?贺先生他们又译作"慈爱",但这并不是这个词里面包含的意思。所以贺先生他们对同一个词在同一段话里面作了三个不同的译法,所谓"怜爱"、"慈爱"、"孝敬",先刚还译作"恩爱",都乱得很。前面我一律把它翻译成"尊重",就顺了,这是西方的家庭观念,夫妻之间要互相尊重,儿女对父母要尊重,父母对儿女也要尊重,要尊重小孩子,因为他们将来是社会的人。特别对于男孩子,他们将来要走向社会,所以你从小要尊重他,这个是西方人特有的。你同一段话里面把它翻译成三个词,那是不行的,它是一个词,说明你没有揣摩到它的意思,还是用中国人的家庭观念去解读它,你没把它翻译出来。翻译成"尊重"是比较好的,这三个方面都能够容纳,而且也不离它的本意。所以这个词实际上讲的就是家庭内部各成员的互相尊重,是西方人所理解的家庭关系。当然也有怜爱啊,慈爱啊,孝顺啊,恩爱啊,但尊重是最基本的。这是讲的前面第一段的内容,就是实体,它一方面是凝聚家庭的力量和家庭内互相尊重的精神,"又是国家和政府的普遍的力量"。实体本身在悲剧里面就由个体分化成这两种单纯的形式,它不再是杂乱的,而是凝聚为这两方面,一个是家庭的,一个是国家的。这是个体性对于泛泛的实体所作的限定,einschränken,这是第一种限定,就是实体既是凝聚家庭的力量,又是国家和政府的普遍的力量。

由于这种区别属于实体本身,它并没有在表象里个体化成两个区别开来的形态,而是在现实性里拥有其诸性格的两种角色。

"由于这种区别属于实体本身",一个是地上的法权,一个是地下的法权,或者上界的法权和下界的法权,它们属于实体本身的区别,实体本身就包含有这两个法权，它们都是实体，都是同一个伦理实体的两个方面，伦理实体就是这样建构起来的，既要有国家，又要有家庭。所以，"它并没有在表象里个体化成两个区别开来的形态"，在实体的表象里面并没有个体化成两个区别开来的形态。我们讲到地上的和地下的两个不同的法权，但是在伦理实体里面并没有代表这两个不同法权的表象，并没有代表这两个不同法权的形态，它是抽象的。"而是在现实里拥有其诸性格的两种角色"，拥有以两个性格表现出来的两种角色，在现实里面是这样表现出来的。在实体里面，实体的概念并没有这两方面的分歧，国家和家庭是不可分的，光有家庭或者光有国家，都成不了一个实体，你不能把国家看成是一个表象，把家庭看成是另外一个表象。但在现实里面双方是分开的，它有两个性格为代表，一个性格代表国家，比如说克瑞翁，一个性格代表家庭的原则，比如说安提戈涅，他们扮演着两种角色。这两种角色在现实中代表这两种实体的原则，所以在现实里拥有其诸性格的两种角色。这还是讲第一方面的本质，就是实体它是这样表现出来的，你用现实的个体性对实体作限制，把它限定在这两个力量之上，它就不再是泛泛的了，在现实里面你就可以把它体现为两种人格、两种角色，在舞台上面你可以用两个不同的人、戴上两副不同的面具来表演它。但它本身并没有在表象里面变成两种不同的形态，是你把它表演出来，它才成了两个不同的形态。这是一方面，这三个本质，首先第一方面就是实体。下面是第二方面的本质。

反之，那认知与无知的区别是属于**每一个现实的自我意识**的——只有在抽象里、在普遍性的元素里，这区别才划分为两个个体形态。

"反之"，就是说这第二方面的本质跟上述对实体的限定相反，"那认知与无知的区别"，在认知方面，认知与无知的区别是一种相反的关系，它"是属于**每一个现实的自我意识**的"，"**每一个现实的自我意识**"打了着重号。就是说，前面讲实体的划分在表象中并没有分开，只在现实中由两个不同的角色形态扮演；而这里讲认知和无知的区别在每一个现实的自我意识身上都有，同一个人既是有知的又是无知的，而"只有在抽象里、在普遍性的元素里，这区别才划分为两个个体形态"。就是说你相信神谕，这是属于你的认知，但是同时就有你的无知，你知道这个神谕是怎么说的，但你的理解是不全面的，还有另一个对立的神在那里等着你，你不知道。这是在每一个现实的自我意识身上不可分地拥有的两方面。它们的分离只有在抽象里、在普遍性元素里才划分为两个个体形态。比如说俄瑞斯忒斯得知了阿波罗的神谕，为父报仇杀了自己的母亲；但他并不知道自己会受到哀伦妮的追究。所以他的认知和无知就在抽象的普遍性元素里体现为阿波罗和哀伦妮两个神的互相斗争的形态，但这是在抽象里啊，在同一个现实的人身上并没有表现出这种划分，现实的自我意识中这两方面是在同一个个体身上同时具备的，他体现出来既是有知又是无知的，或者说，知道一点，但有所不知。这是跟前面恰好相反的，前面就是说在实体本身里面并没有分化成两个形态，而只是在现实里面它由两种角色来代表；而在认知里面呢，认知和无知的区别是在同一个角色身上，它没有两个角色；只有在抽象里面、在神那里他才受到两个神的追究。两个神打来打去，变成神在打官司了，他自己没什么官司可打，是阿波罗和哀伦妮双方在雅典娜的法庭上争执，一个要控诉，另外一个要辩护，是他们的事，没你什么事情。

因为英雄的自我只拥有作为整体意识的定在，因而本质上就是那隶属于这一形式的**整体**区别；但是他的实体是规定了的，隶属于他的只是内容的区别之一个方面。

这是继续解释这个方面了。"因为英雄的自我只拥有作为整体意识的定在"，英雄他一个人拥有这两个方面，但是他是一个整体，他是不可分的，他这两个方面就是一个东西，他对一个神谕的得知和对其他神的无知都内在于他这个人身上，他是拥有作为整体意识的定在，他的意识里面是一个整体意识。"因而本质上就是那隶属于这一形式的**整体**区别"，他有区别，但是这个区别是整体中的区别，也就是说是他作为一个英雄和别的整体、别的英雄有区别，但并没有从自己内部意识到自己的区别，他觉得自己无所不知，他所知道的就是全部知识。当然他本质上是有整体区别的，整体打了着重号。"但是他的实体是规定了的，隶属于他的只是内容的区别之一个方面"，他的实体是被规定了的，他就是冲着某一个实体力量而行动的，这个实体的内容隶属于他，但只是内容的区别之一个方面。实体的内容当然是有区别的，他只是属于其中一个方面，他只是占有了其中一个方面。这一方面的道理就形成了他和其他英雄之间的区别了，他代表一方面的实体，这是第一方面的本质已经表明的；但这只是在内容上。而在形式上他的认知和无知的区别仍然是作为一个整体的内在区别。下面就是第三个方面了。

于是，意识的在现实性中并不具有分离开的各自特有的个体性的这两个方面，在**表象**中则获得了每一方特殊的形态，——一个是发出启示的神的形态，另一个是保持在隐藏状态中的复仇女神的形态。

"于是，意识的在现实性中并不具有分离开的各自特有的个体性的这两个方面"，意识的这两个方面，哪两个方面呢？在现实性中并不具有分离开的各自特有的个体性的两个方面，在现实性中并没有分开的个体性，他是一个整体嘛，刚才讲了，他是作为整体的意识而定在的嘛，所以意识在现实性中并不具有分离开的各自特有的个体性的两个方面，在现实中并没有两个方面，在现实中他就是一个整体。"在**表象**中则获得了每一方特殊的形态"，"表象"打了着重号。我们要特别注意这个着重号，这里三个着重号，一个是前面的"实体"，一个是"每一个现实的自我意识"，再一个是这里的"表象"，这是分别跟上面讲的这三个本质相对应的。现在这个本质在表象中获得了每一方特殊的形态，在现实中他没有两个形态，意识在现实中的这两个方面并不具有它特有的个体性，一个是认知到的方面，一个是无知的方面，并不是在现实中体现在两个人身上，并没有分别代表这样两种个体性的人，这两个方面是在同一个人身上同时所具有的。但是它们在表象中则获得了每一方特殊的形态，一方面代表启示者、知识，另一方面代表隐藏者、无知，在这里双方就有它们的特殊形态了。虽然在舞台上并没有由两个不同的人物表现出来，但在我们的观念中，在合唱队那里，在观众心里有这样一种对立的表象，就是说知识、认知的这一方面是阿波罗带来的，阿波罗的光明所到之处普照天下，一切都真相大白，所以它以阿波罗的这种特殊的形态为代表；而另一方面是阴曹地府中的哀伦妮女神，在做出行动之前她是不露面的。阿波罗也好，哀伦妮也好，这都只是我们的表象，我们把它们想象成这样的形态，一个男神一个女神。"一个是发出启示的神的形态"，这就是阿波罗，发出启示、发出神谕；"另一个是保持在隐藏状态中的复仇女神的形态"，这就是哀伦妮女神，她是隐藏的，保持在隐藏状态之中，她是行动者所不知道的。行动者预计不到做了这件事情以后会有什么样的后果，一旦你做出来，就会有人来找你算账。你做的时候也许自以为自己是光明正大的，但是做出来以后，就有另一方面的道理来纠缠你，控告你犯了罪。那么这两方面在表象中都获得了特殊的形态，这就是阴阳两面的形态。这就是前面三段中第三段所讲的："行动本身就是把**所认知的东西**颠倒为它的**对方**，颠倒为**存在**，而把性格和认知的法权翻转为在实体的本质中与这种法权相联接的相反东西的法权，——翻转为另外一个从敌对方被激发起来的力量和性格即复仇女神"。所以下界的法权和上界的法权可以一起坐在宝座上面享受同等的尊荣，就是经过表象，把所知的和无知的都表象为两个高高在上的神，一个是阿波罗，那是启示的神，一个是隐藏着的复仇女神，他们都是神圣不可侵犯的。

一方面两者都享受同等的荣耀，另一方面那**实体**的**形态**宙斯则是两者相互联系的必然性。

"一方面两者都享受同等的荣耀"，阿波罗和哀伦妮享受同等的荣耀，这是雅典娜最后在法庭上作出的裁决，即把哀伦妮的神像隆重安置在雅典神庙里阿波罗的旁边。"另一方面那**实体**的**形态**宙斯则是两者相互联系的必然性"，宙斯就是实体的形态，宙斯是最高的神，代表整个实体。雅典娜的裁决当然也是代表宙斯作出的，因为雅典娜本身就是从宙斯的头部生出来的。所以，如果说雅典娜的裁决还带有某种偶然性的话，宙斯对双方的联系则体现了一种必然性，他代表两者相互联系的必然性。宙斯是阿波罗和哀伦妮之间的一个综合、一个调和，他是主神嘛，雅典娜是代表宙斯在审判、在主持公道。宙斯是法律之神，是正义之神，所以最后是宙斯在起一种调解作用。

实体就是这样的联系①，即认知是自为的，但却把单纯的东西当作自己的真理，那使现实的意识得以存在的区别却把要消灭这区别的内在本质当作自己的根据，对**确定性**的明白**担保**则把**遗忘**当作自己的证实。

"实体就是这样的联系"，这种联系大体上可以看作是对上面三种限定的概括。第一个是，"认知是自为的，但却把单纯的东西当作自己的真理"，认知本身是个别行动，本来是可以有很多方面的认知的，但却把单纯的东西当作自己的真理。本来在史诗里面认知可以把实体看作很多东西，在各个英雄身上都可以看出实体的痕迹，但是在悲剧里面却把单纯的东西当作自己的真理，就把自己限定在单纯的东西、限定在两种力量上，这两种力量是最单纯的，一个是地下的法则，一个是地上的法则，或者说一个是家庭的法则，一个是国家的力量，一个是女人的法权，一个是男人的法权，把这些单纯的东西当作自己的真理，要符合这个真理，符合这个对象，这是一个方面的联系。第二个方面的联系，"那使现实的意识得以存在的区别"，就是认知和无知了，现实的意识要存在它就必定有这样一种区别，"却把要消灭这区别的内在本质当作自己的根据"，要消灭认知和无知的区别，这是一个内在的本质。要消灭有知和无知的区别，像哈姆雷特，哈姆雷特有知，鬼魂已经向他启示出来了，他的父亲是谁杀的，他已经知道了，但是还有无知的东西，所以他要消灭这种区别，要把所有无知的东西都变成有知，使有知和无知的区别被克服掉，把这

---

① 下面有三个分句，贺、王译本标为 1、2、3。——中译者

样一种内在的本质当作自己的根据或理由。前面讲了他这样做是有理由的：其理由是因为这个发启示的鬼魂也可能是魔鬼，所以这种不信赖之所以是有理由的，是因为认知的意识就建立在这样一种对立之中，建立在自身的确定性和对象的确定性的对立之中。要消灭这样一种区别，才能把自己的本质当作自己的理由，有些东西我不知，但是我要全知，这是我的理由，这是第二个方面。最后，"对**确定性**的明白**担保**则把**遗忘**当作自己的证实"，本来是每个现实的自我意识在自己身上都有确定性，他有他的认知和确定性，那么这种确定性的明白的担保则把遗忘当作自己的证实。就是说你要把你在现实中的这种确定性遗忘掉，要上升到一个更高的层次，那就是我们刚才讲的，用表象来展现出神和神的关系。神和神的关系就要把这些现实的确定性都忘掉，本来是为了你的事情在打官司，但是打来打去，变成了阿波罗和哀伦妮相互之间的一种官司，而把你忘在一边了，现在成了两大原则究竟谁占上风的关系，成了神和神之间的关系，究竟是地上的原则还是地下的原则占上风，由他们去决定。你所做的事情在这个官司中只成了一个影子，实际上把它都忘掉了。这个明白的担保把遗忘当作自己的证实，把现实中的这样一种冲突忘掉，然后才得到了自己的证实，双方的冲突在共享神庙中得到了调和，各自都获得了自己的确定性。后面一大段也讲到了忘记之川、忘川，人死后在下界和在人世间、在上界有两道忘川，就是你到了下界就要把上界的事情忘掉，你到了上界也要把下界的事情忘掉，双方之间都是忘掉的。我们中国人的传说也讲，到阴间你要过奈何桥，你要喝一碗孟婆汤，你就把人间的事情都忘掉了，你再次投胎，你就把你前世的东西都忘掉了。有个别天才忘不掉，他就知道我前世是谁谁谁，但是一般来说在地狱呢，你就要把阳间的事情都忘掉，你在阳间就要把地狱的情况都忘掉。这里也是，就是说现实的东西打官司打到了天上，把地上的东西忘掉了，现在感兴趣的就是神和神的表象他们是怎么样的一种关系。上演一场悲剧下来以后，我们心目中得到的表象就是这两个神之间的关系，尽管主人公受到了伤害，甚至于牺牲了生命，这个都没有关系，一场悲剧以后这些东西都要被忘掉的，最后你获得的是心灵的净化。那就是这些表象在你的心里面，你知道这些伦理的力量本身并不冲突，它们是一个都少不了的，尽管它们在现实世界中有冲突，冲突还很残忍，还很残酷，引得世人都为之流泪，但是过后你要把这些都忘掉，你的心灵就得到了净化了，你就进入到了神的世界。神的确定性就这样在遗忘中、忘怀中得到了自己的证实，不是说这些角色他本身有什么确定性，这些角色斗来斗去，相互冲突，最后得到的一种确定性是更高的确定性，这就必须在表象中把这样一些神的关系表现出来。这就是对上面的一个总结，即神灵世界被个体性限定在三个本质上面，一个是实体，它包含家神和国家法律，并且以两个角色来体现它们的对立；一个是包含有对神的认知和无知的现实的自我意识，英雄的完整性格的自身矛盾凝聚在一个现实的角色身上，这是悲剧所要做的；第三个就是要把它提升起来，悲剧不光是表现这个角色，而且是表现这个角色身上所体现出来的神性啊，这就需要想象、需要表象了，而这两方面的神性，一个是阴间的神性，一个是阳间的，不再像在第一重本质上那样相互冲突，而是最后要达到对立统一，地下的神和地上的神最后要在宙斯那里达到和解。这是悲剧所要表现的三重限定作用。所以从这里我们也可以看出这些小标题非改不可，不然的话没办法理清楚它们之间的关系。今天就到这里。

＊　　　　＊　　　　＊

我们上次讲到了悲剧的三个方面的限制，或者三个方面的限定，这是跟史诗相比而言，史诗是漫无边际的、比较散漫的，但是悲剧呢是比较集中的，因为它要在一个舞台上面表现出它的故事情节，就像亚里士多德所讲的动作的整一性，后来有人扩展为"三一律"，时间、地点和动作的整一性，但动作的整一性是核心，所以必须要把各种动作压缩到一起。这个压缩有三个方面，一个是伦理实体，包括国家和家庭，各种各样的伦理的法规最后都要归结到一个是家庭,一个是国家,要么是国家的伦理,要么是家庭的伦理,这就把问题浓缩了。其实《荷马史诗》里面也是讲的这些,但是它没有把它们凝练起来,把它们作为一种对立、特别是作为两个角色的对立而形成一种戏剧性,而悲剧里面就把这个伦理实体凝练为这样一个矛盾,一个是国家,一个是家庭。第二方面是认知和无知,在同一个角色身上同时具有两个方面,一个方面他有知,他知道自己在干什么,另一方面他所知道的东西底下还有他不知道的东西,这是他的一个分裂,一个角色作为一个英雄人物他本身具有这两个方面的矛盾。第三方面,就是所表现出来的神的形态,在悲剧里面所表现出来的神的形态是对立统一的,最后是在表象中达成了和解。这些形态已经超越了现实的英雄人物形象而进入了自身的表象游戏,把现实的个别性遗忘了,当然这也是这种个别性本身所导致的,个别性牺牲自己无非就是要弘扬各自的神灵嘛,所以个别性在限定和规定自己的伦理本质时走向了一种自我否定。矛盾双方的个别性都同归于尽,而他们各自所代表的伦理实体却都得到了保全,而且不再有矛盾,这就是悲剧的"净化"作用,提高人的精神境界的作用。这就是上次讲的这三个方面的悲剧特点,悲剧的特点跟史诗相比,它凝聚为三个集中的话题。而第三个话题所谈到的个别性的自我否定,则已经向下面一个小标题过渡了,下面一个小标题就是:"个体性的没落",个体性的没落就是悲剧英雄的没落,也可以理解为悲剧的没落或者悲剧的解体,实际上是向喜剧过渡了。那么个体性是如何没落的,我们刚才讲了,在悲剧里面的个体性每个角色都有两个方面,一个是认知,一个是无知,认知是地上的明明白白的法则,无知是地下的冥冥之中的法则。当你从神庙里面求神谕的时候,神谕告诉你的话都有双重含义,字面上的含义和背后的含义,背后的含义你是猜不透的,你只能把握它字面上的含义,女祭师的解释总是模棱两可的。所以当个体自以为自己是自己的行动的支配者而陶醉于自己的主体性时,其实早已经成为了由神在背后操纵的玩偶。而当主人公最后意识到自己被神谕所忽悠之后，他要么放弃自己的主体性，心甘情愿地牺牲自己而成全实体，这就是悲剧；要么他的主体性躲进后台，采取游戏人生的态度，把整个戏剧看作一场骗局，这就成了喜剧。

[223] 　　[3.个体性的没落]意识通过行动揭开了这一对立；在按照启示出来的认知而行动时，意识经验到这种认知的欺骗性，并且意识在按照对实体的一个定语忠实于内在东西① 时却损害了实体的另一个定语，从而给予了后者以反对它自身的权利。

　　这就是我们刚才讲的这个矛盾，认知和无知的矛盾，看起来好像很简单，但从这里头就展示了个体性的解体。"意识通过行动揭开了这一对立"，这一对立就是上面讲的认知和无知这两方面，也许他不是完全无知，但是他忘记了，那么这一方面也可以说是无知，他没有提防可能后面有欺骗或有陷阱，他忘记了小心谨慎。而意识通过行动揭开了这一对立，他的行动一步步把他所忽视的那方面的力量展示出来了，悲剧人物在行动中展示出了自己的这个对立面，使他意识到了这样一个对立，就是认知和无知的对立。"按照启示出来的认知而行动时"，悲剧人物都是这样的，他是按照他得到的启示、所启示出来的认知来行动的，当他不知道怎么办的时候他就到神庙里面去求神谕，神谕就启示他你该怎么怎么做。但当他按照这样一个认知来行动的时候，"意识经验到这种认知的欺骗性"。希腊神话里面有大量的这种欺骗性，最典型的是俄狄浦斯神话，他受了自己的认知的欺骗，是受了自以为的认知、其实是无知的欺骗。他是根据自己现有的知识去理解神谕，但神谕的语境恰好是他所不了解的。俄狄浦斯生下来本来是要被丢弃的，因为他的父母得知神谕说他将来会杀父娶母；但是派去丢弃他的奴隶不忍心，把他送给另外一对父母收养

---

① 丛书版"内在的东西"（das Innere）作"内容"（der Inhalt），此处依袖珍版。——中译者

了，但这些情况他都不知道，还自以为自己是另外一个家庭亲生的儿子。长大以后他得知了那个神谕，为了避免杀父娶母的命运而从家里出走，但是恰好从家里出走使他陷入到了杀父娶母的命运。他是为了避免这个命运而陷入到这个命运中的，这是由他的知识和无知决定的，因为他不知道自己的亲生父母是谁，而他自以为知道，所以在这个前提之下他对神谕的理解完全是错的。当然他如果不行动也没事，不从家里出走也没事，恰好由于他从家里出走，所以中了命运的圈套，所以在行动时意识经验到了这种认知的欺骗性。"并且意识在按照对实体的一个定语忠实于内在东西时却损害了实体的另一个定语"，定语 Atrribut 这个词我们前面遇到过，我们把它翻译成"定语"，它本来可以翻译成"属性"，但是翻译成"属性"我们已经有一个词了，Eigenschaft 我们翻译成"属性"。"一个"是大写，以斜体表示，实体有两个定语，我采用其中的一个定语是因为要忠实于内在的东西，忠实于我自己的内心，因为我已经献身于这一方面了，但这样做的时候却损害了实体的另一个定语。人生在世你只能做一件事情，有时候两件事情是矛盾的，你只能二者择一，那么选择一方面的时候你就损害了实体的另一方面、另一个定语。"从而给予了后者以反对它自身的权利"，既然你损害了另一方面，那另一方面就要反对你，而你由自己的行动而赋予了对方反对你的权利。既然你损害了人家，人家当然要报复，要报仇，这是没有办法的。这两个方面一个是有知，按照你自身的认知来行动，另一方面是你无知的或者是你忘记了的、你忽视了的、你没有注意到的那一方面，这两个方面都属于实体性的本质，都是不能违背的。

　　<u>它追随那认知的神，但所抓住的毋宁是那并未启示出来的东西，并为自己相信了这种认知而受到惩罚，这种认知的模棱两可性由于是这种认知的本性，即使**对它来说**也必定已经现成在手，并且现成地是对它的一个**警告**了。</u>{396}

　　"它追随那认知的神，但所抓住的其实是那并未启示出来的东西"，

阿波罗神代表认知的神，意识追随那认知的神，认知的神告诉它应该怎么做，于是它就言听计从，它就去做了，但它所抓住的其实是那并未启示出来的东西。认知的神通过神谕已经启示了应该怎么做，你在行动中造成了一个事件，但你触动的是那还没有启示出来的东西，你把那背后隐藏着的东西激发起来了，一个烫手的山芋你把它抓住了，它会咬人的。但是你要行动你就必须去做，你必须把它抓住。阿波罗在启示的时候并没有说到这一点，说你做了这件事情以后复仇女神会来找你麻烦的，他没有说出这个来。当然俄瑞斯忒斯应该可以想到，但他把这一点忘了，你杀了自己的母亲，难道不受追究？他把这个忘了，心里面只想到母亲杀了我父亲，与我有杀父之仇，所以他做了这件事情。"并为自己相信了这种认知而受到惩罚"，相信了阿波罗启示给它的认知，但是按照这种认知做了以后就受到惩罚。"这种认知的模棱两可性由于是这种认知的本性"，认知的模棱两可性是认知的本性，意识的本性我们前面讲到了，所谓意识就是对象意识，就是有个对象在面前，你想要符合这个对象，那么既然它还是个对象，就意味着它还不是你所能完全把握的。意识跟自我意识的区别就在这里，意识的对象跟意识本身是不同的，不是一回事，所以这个对象始终都有你未认知的部分，或者你认知了一部分，但更深的东西你认识不到，这个时候它就是对象。如果说你完完全全把它认识了，那它就不是对象了，那这个意识就上升到自我意识了，对象就是自我，我就是对象，那就是自我意识了。一般来说意识就是这样一个结构，用在这里呢，就是说这种认知的模棱两可性就是这种认知的本性，由阿波罗这种认知的神所启示给你的这样一种认知，它的本性就是模棱两可性。比如波斯王薛西斯想要攻打希腊，战前求到一条神谕，说"一个伟大的王国将要陨落"，他据此相信自己肯定能打垮希腊人，赢得战争；没想到最后遭到惨败的是自己，强大的波斯帝国从此一蹶不振。有些神谕，你可以把它的表面的意思抓住加以理解，但它后面还有意思，后面那个意思是你无法一下子加以把握的只有当你做出来以后，你回过头来一想，原来如此。神谕这样一种认知，它的本性就是这样，这是因为它出自意识本身的本性，意识本身就包含着这样一种对立。我们这一段一开始就讲到，意识通过行动揭开了这一对立，这一对立就是认知和无知、不知之间的对立。"即使**对它来说**也必定已经现成在手"，这种认知的模棱两可性由于是这种认知的本性，即使对这种认知本身来说也已经现成在手了，就是对这种认知来说，它也现成地早已经知道自己的认知包含着这样一种模棱两可的本性，知道自己有可能是误解，有可能被忽悠、被欺骗，如同哈姆雷特那样对自己的认知保持某种犹疑和谨慎。"并且现成地是对它的一个**警告**了"，既然它经知道认知有这种模棱两可性，那么现成在手地也就已经有对它的一个警告。就是神庙里面的神谕你可以相信，但是遇到这种一语双关，你就必须小心，它里面可能有陷阱，可能有欺骗，并不是这个神有意要欺骗你，而是话本身包含着模棱两可。你要是过于相信自己的理解，你就会陷入一种欺骗，这种欺骗是你自己造成的，也可以说是你的自欺，你从这种模棱两可性中一厢情愿地认定了某一方面的理解，就像薛西斯所做的那样。所以凡是这种语焉不详的神谕都含有某种警告。

　　女祭师的走火入魔、女巫的非人形态、树声和鸟语、梦境等等，并不是真理显现出来的方式，而是对欺骗、对不谨慎以及认知的个别性和偶然性加以警告的征兆。

　　就是说，这种模棱两可性已经是一种警告了，警告体现在什么地方呢？"女祭师的走火入魔"，走火入魔（Raserei，直译为暴怒、发飙）就是女祭师的出神状态。我们在乡下也可以看到，一些师公或者做法事的人，他要跟地下的死去的人对话，他就必须使自己进入到一种迷狂的状态，这种迷狂状态往往表现得凶神恶煞，突然一下爆发了、发怒了。其实不是女祭师在发怒，而是鬼魂附体，是她身上所代表的那个死去了的鬼魂在那里发怒。"女巫的非人形态"，女巫的非人形态我们前面也讲到了，像《麦克白》里面的那三个女巫，都是非人的形态，一个是蛤蟆精，一个是狸猫精，一个是怪鸟，都是非人的形态。就像我们这个《封神演义》里面，千年狐狸精、九头雉鸡精、玉石琵琶精，都是以非人的形态出现的，妲己就是狐狸精，她的两个姐妹也是非人的形态。女巫跟女祭师不一样，女祭师是正统的，是天神的助手，而女巫是代表下界的鬼魂；但是她们所做的预言都有这样一种诱人上当的性质。"树声和鸟语、梦境等等"，刮风的时候树叶的沙沙声，鸟鸣的声音，古希腊人常常以此预测凶吉，还有梦境更是被看作某种预兆，现在有时还听人说某位死去的人托梦给某人，这些东西都被视为带有某种启示。但它们"并不是真理显现出来的方式"，真理要显现出来不会以这样一种方式，真理应该是很明白很清晰的，应该是概念的方式，而这样一些暗示的方式并不是真理显现出来的方式。"而是对欺骗、对不谨慎以及认知的个别性和偶然性加以警告的征兆"，就是说表明这里面可能包含有欺骗，因为这些东西都不是直接显示出来的，需要你去解释，你可以作多种解释；你要作哪一种解释，就看你的知识储备，你原来有一些什么样的知识，这就限制了你对这样一些征兆所做的解释。所以你在对这样一种隐晦不明的征兆作解释的时候你就要保持警惕，它的隐晦不明正是一种警示，你可以去猜，但是它警告你：这里头可是有陷阱的哦！女巫也好，女祭师也好，或者各种各样的自然现象也好，你要对它们做出解释，你就要防止受到欺骗。它们都是以这种反常的方式对不谨慎以及认知的个别性和偶然性加以警告的征兆，你要把它当作真理显现的方式的话，那就是不谨慎了，在最好的情况下，你也是把认知的个别性和偶然性当成了普遍的真理，它们其实取决于你的知识储备，取决于你在当下那一刻的内心感受，那是很偶然的，你不能凭这些东西作出可信的解释。

　　或者换句话说，被这意识所伤害的对立的力量作为已宣布的法则和有效的公正是现成在手的，不论它是家法还是国法；与此相反，意识所追随的曾经是它自己固有的认知，而那启示出来的东西则是把自己遮蔽了的。

　　"或者换句话说"，这是对前面讲的继续加以解释，用另外一句话来说，说得更清楚一些。"那被这意识所伤害的对立的力量作为已宣布的法则和有效的公正是现成在手的，不论它是家法还是国法"，被这种意识所伤害的对立的力量，就是意识凭借这样模棱两可的认知去行动，所以肯定要伤害对立的力量，不是伤害这一方，就是伤害另一方。你在行动中维护一种力量，肯定就会伤害另一种力量，二者不可得兼。但是这种对立的力量是作为已宣布的法则和有效的公正而现成在手的，就是说这些对立的力量呢，并不是说你完全不知道，你就是作为一个国法的颁布者，像克瑞翁，他也是有家庭的，他最后搞得自己家破人亡，妻子、儿子都死了，剩下他孤零零一个人，那是很悲惨的。所以他其实也是有家庭观念的，这股力量对于他也是现成在手的。克瑞翁知道有家法，另一方面，安提戈涅也知道有国法，这对于他们都是现成在手的，他们并不是因为愚蠢而违反了对方的法则，而只是为了维护自己所站立的这一方的立场而违背了另一方的法则。"与此相反，意识所追随的曾经是它自己固有的认知，而那启示出来的东西则是把自己遮蔽了的"，就是说，既然反对的力量对于他们也是现成在手的，那么意识为什么又要去反对对立一方呢？就是因为意识所追随的曾经是它自己固有的认知，这里用的是过去时。意识一开始已经立足于自己固有的认知这个立场上了，这是它的先入之见，或者至少它认为自己所立足的这一方是最根本的，其他的都不在话下，甚至于把其他的都忘记了。克瑞翁忘记了他还有一个家庭，安提戈涅忘记了她还属于一个国家，她必须服从国家的法律，双方都忘记了对方。所以意识只追随它自己固有的认知，而那启示出来的东西则把自己遮蔽住了，它只呈现给它启示出来的那一面，而把自己隐藏的那一面遮蔽住了。去蔽就是遮蔽，后来海德格尔特别强调这一点，你要认知，你要去掉遮蔽，但这本身就是遮蔽，你认知了一方，你就遮蔽了另外一方。这也是用的过去时，原来就已经把自己遮蔽住了，就是说在认知的本性中、在意识的本性中一开始就是这样的，意识的本性就是对象意识，而对象意识的本性就是它是模棱两可的，是有遮蔽性的，它既是认知，也有所不知，知和无知的统一才构成对象意识。

　　但是内容与意识的这两种互相出场对抗的力量，其真理性结果是这样的，即两者是同样地公正，并且正因此而在由行动所产生的两者对立中，它们也同样不公正。

　　"但是内容与意识的这两种互相出场对抗的力量"，一个是内容，一个是意识，在意识中是启示出来的认知在支配着它的行动，而内容是被遮蔽了的。内容与意识在出场时是相互对抗的力量，"其真理性结果是这样的"，它们的真理性，也就是说这两种对抗的力量，按照客观真实的情况来说，就导致这样的结果。"即两者是同样地公正"，两方面都有道理，都是公正的，都是正当的，家庭的权利和国家的国法这两者是缺一不可的，没有家庭哪来的国家？没有国家又怎么能够保护家庭呢？这两者本身都有它们正当的理由，每一方都是不能够损害的，双方都是公正的。"并且正因此而在由行动所产生的两者对立中，它们也同样不公正"，它们都是公正的，它们又同样不公正，如果它们陷入到由行动所产生的两者对立中的话。它们本来是公正的，你要抽象地讲，国法也是公正的，家庭权利也是公正的，都是应该坚守的，抽象地讲都很容易，每个人都会承认；但是一旦你投身于行动中，它就会产生对立了，并且正由于两者都是公正的，所以在由行动所产生的两者对立中，它们又都是不公正的，因为每一方都否定了另一方的公正。我们中国人讲忠孝不能两全，你不行动就没有问题，那是很容易懂得的道理，小孩子都知道，一个人既要忠也要孝；但是你一旦做一件事情，你就会发现你要忠呢你就不孝，你要孝呢你就很难做到忠，这两者在行动中就会产生对立了。而在对立中它们就同样也不公正，用忠取消孝和用孝取消忠都是不对的。忠孝不能两全就意味着两方面都不公正，你怎么做都是不公正的，都是不对的，都是该指责的。抽象来讲两方面都是对的，但是具体一实行，你就会发现怎么做都不对。

行为的运动证明了在两种力量和两个自我意识到的性格之相互毁灭中它们的统一性。

"行为的运动证明了在两种力量和两个自我意识到的性格之相互毁灭中它们的统一性"，两种力量和两个自我意识到的性格，这个性格也可以理解为人物，人物性格之相互毁灭，在相互毁灭中它们才有统一性。两种力量和两个自我意识到的性格在行动中是相对抗的，只有在相互毁灭中，在毁灭了以后它们才有统一性。这是黑格尔对悲剧的一个著名的定义、或者说一个核心的规定，最典型的悲剧的模式应该是这样的，就是说剧中有两个核心人物，有两个主人公，或者有两个英雄，他们分别代表自己一方的合理的原则，例如《安提戈涅》里面克瑞翁和安提戈涅分别代表了国家的法律和家庭的法权，两个同样合理的原则；这两个原则抽象来说都是正当的，但是在行动中会发生冲突、发生矛盾。所以他对悲剧作了这样一种界定，就是最典型的悲剧应该是两个同样合理的伦理力量在它们的代表人物的冲突中，通过这些角色的牺牲或同归于尽而得到保全、得到成全。冲突得不可开交了，那怎么办呢？那只有主人公的毁灭，你不能把原则废掉，原则是不能废掉的，但是原则在现实中又发生冲突，那怎么办呢？那只有牺牲主人公，牺牲了主人公才能证明这两个原则都是至高无上的，你要用生命去换，它高于生命。这是他对于典型悲剧的一个规定，当然还有其他模式，这个模式是他最推崇的，是最经典的悲剧模式，两个同等合理的伦理力量通过主人公的牺牲而得到成全。这就是这句话所表达的意思，行为的运动证明了在两种力量和两个自我意识到的性格之相互毁灭中它们的统一性，在这个过程中，整个过程它们都是相互冲突的，都是相互矛盾的，但是一旦它们相互毁灭了，它们就统一了。家和国都是不可废弃的、不可或缺的，它们的相互对立的消除是以主人公的毁灭为代价的。下面就讲到忘川了。

对立与自身的和解就是死后在**下界**的**忘川**，——或者是**上界**的**忘川**，并不是作为对罪责的开脱，因为意识由于它已有的行动而不能否认罪责，而是为它的罪行开脱，是意识的赎罪性的安慰。

"对立与自身的和解"，两个对立面相互冲突了，但是它们与自身和解，怎么和解呢？就是互相毁灭嘛，"就是死后在**下界**的**忘川**"，死了以后到了阴间了，你就要忘记阳间的事情。我们前面说了，中国也有这个说法，过了奈何桥，喝了孟婆汤，你就把上界的整个事情忘记了，前世的事情你都忘记了，你就一门心思想着怎么去投胎了。古希腊也有这样的说法，你喝了忘川之水，那么你就把世界上的事情都忘记了，这就是下界中的忘川，"下界"打了着重号，"忘川"也打了着重号。跨过了生死的界限，阴阳两隔，这个时候呢你就要喝那个忘川之水。"或者是**上界**的**忘川**"，你到了上界，你也要把下界的事情忘掉，你不能说投胎为人了还记得在阴间的事情，那不行的，你就有神经病了。所以忘川是一条界线，是一条界河，你过这个界都要喝那个水，你就必须把前面的东西都忘掉。忘川当然是一个形象的比喻了，这里进一步解释。"并不是作为对罪责的开脱"，你死了以后到下界去把上界的东西忘掉，但是这不是对罪责的开脱。你在上界，你在人世间犯了很多罪，有罪责，那么你忘记了，是不是就对罪责开脱了呢？不是的，你做过的事情是要负责的，是不能开脱的。"因为意识由于它已有的行动而不能否认罪责"，做过的事情，罪责是不能否认的，人是有罪的。所以忘川并不是说把你的罪责一笔勾销，而是什么呢？"而是为它的罪行开脱"，罪行（Verbrechen）跟罪责（Schuld）是不一样的，忘川是忘记你的罪行，但是不能洗刷你的罪责，什么意思呢？罪责是一个共相，罪责是抽象的，你活在阳间就是有罪，凡是行动就有罪；而罪行呢是殊相，是具体的，你到底做了哪些行动，这个可以不计，可以忘掉，因为人已经死了，死了就不必追究了。这种遗忘"是意识的赎罪性的安慰"，你以自己的一死为自己在人间的一切罪行赎罪，由此而获得一种赎罪性的安慰。黑格尔在《美学》中专门谈到过悲剧中的罪责问题："悲剧英雄们既是无罪的，也是有罪的"，之所以无罪，是因为他们坚持自己所代表的伦理原则，"推动他们去行动的正是他们自己在伦理上有辩护理由的情致";"但是另一方面,这种孕育冲突的情致却仍把悲剧人物推向破坏性的有罪的行动。对于这种罪行,他们并不愿推卸责任。反之,他们做了他们实际上不得不做的事,这对他们还是一种光荣,……对自己的罪行负责正是伟大人物的光荣。"① 所以后来在基督教中,罪责就是人的原罪,倒不一定是指你具体做了哪些罪行;而具体的罪行则可以通过临终忏悔而得到赎罪的安慰。当然古希腊还没有原罪的思想,但是黑格尔从悲剧里看到了后来由基督教发展出来的一些东西。就是说你到了阴间,对阳间的事情都忘记了,阳世间的恩怨啊、爱恨情仇啊都淡化了,都没有了,然后你认罪。安提戈涅就是这样,她在临死之前也作了某种忏悔,她说如果神认为我错了的话,那错在我自己,那我确实有罪,这是她面对死亡、马上要去死的时候才想到的。② 至于人世间所做的那些各种各样的举动,那些罪行,到了阴间就全部开脱了,到了阴间以后她只知道一点,就是说我在阳间犯了罪,我要承担罪责,你怎么处罚我都是对的。但是她在阳间她是不承认的,克瑞翁多次要她认罪,她都坚持宁可去死,只有到临死的时候,她知道自己在阳间做的事情是有罪责的。这样一种罪责和罪行的区分其实是基督教里面才区分出来的,特别在基督教新教那里是区分得很清楚的,在古希腊不一定有这么清楚。主人公当然是有罪的,但它也是有它合理的地方啊,这些纠缠不清的地方,这些恩恩怨怨,死了以后都会忘掉,只有通过一死才能获得意识的赎罪性的安慰。所以忘川是意识的赎罪性的安慰,忘记了以后心里就得到平静了,灵魂就得到安慰了。但这种安慰并不是说心满意足,并不是说死而无憾,我们中国人讲死要无愧于天地,不是这样一种安慰;而是一种赎罪性的安慰,赎罪,知道自己是罪人,但是我以一死来赎罪,把所作所为的具体

① ［德］黑格尔:《美学》第三卷（下）,朱光潜译,商务印书馆 1979 年版,第 308、309 页。
② 见前面第 26 页黑格尔引安提戈涅的话:"因为我们遭受苦难,所以我们承认我们犯了过错",据此处的丛书版编者注,这两句原文应译作:"但毕竟诸神同意这一点, / 所以我不得不难过地承认:我有罪。"

事情都忘记了，只知道自己是个罪人，所以是意识赎罪性的安慰，认罪、主动承担罪责，才是心灵的安慰。

　　两者都是**遗忘**，是实体的各种力量的现实性和行为的消失，是这些力量的个体性的消失，以及善和恶的抽象思想的诸力量的消失，因为它们中没有一个自为地就是本质，相反，本质是全体在自身内的静止，是命运的无运动的统一，是家庭和政府的静止的定在，因而是它们的无能动性和无生命性，是阿波罗和复仇女神的同等荣耀，因而是他们漠不相干的非现实性，以及它们的激活作用与能动性向单纯宙斯的返回。

[224]

　　这个排比句太长了。"两者都是**遗忘**"，两道忘川，其实是一道，就是一条界河，阴阳两界从这一方到另一方都要喝忘川之水，所以两者都是遗忘，不管是到阴间去，还是到阳间来，两者都是忘记。"是实体的各种力量的现实性和行为的消失"，你到阴间去或者到阳间来，通过这种遗忘，实体的各种力量的现实性和行为都消失了，实体的各种力量，不管是阿波罗的力量还是哀伦妮的力量，不管是认知的力量还是无知的力量，它们的现实表现和行为作用都消失了，都被忘记了。"是这些力量的个体性的消失"，这些力量在现实中是由那些个体性来承担的，在舞台上是由角色表现出来的，现在这些角色最后都牺牲了。本来个体性是用来限定实体，使它具有现实性的，而现在代表实体的某种力量的个体性本身却消失了，其实个体性在它的第三重限定中就已经没落了。"以及善和恶的抽象思想的诸力量的消失"，这些个体性、这些演员所扮演的角色都是善和恶的抽象思想的诸力量，善和恶本来的思想是抽象的，但是它在这些演员身上获得了诸力量，随着这些演员、这些角色的消失，这些力量也消失了，没有了个体性，这些抽象思想就只能停留在无力的抽象中。"因为它们之中没有一个自为地就是本质"，所有这些个体性啊，所有这些现实性啊，这些行为啊，这些力量啊，它们没有一个自为地就是本质，因为它们都处在冲突中，互相矛盾，最后都同归于尽。包括悲剧人物、悲剧角色，克瑞翁和安提戈法涅、俄瑞斯忒斯和俄狄浦斯，这些英雄形象他们本身并不自为地是本质，他们只是神圣力量的道具，他们在表演神话剧，表演某种伦理实体，只是某种伦理实体的代表人物、某种伦理本质的传声筒，所以它们没有一个自为地就是本质。"相反，本质是全体在自身内的静止"，本质，也就是这些神、这些伦理精神是静止的。本质并没有加入这个运动，没有加入这样一场矛盾冲突，这场矛盾冲突最后回到本质就被扬弃了，就安静了，就平静下来得到安慰了，矛盾双方所代表的伦理力量因此也都得到了发扬光大。英雄人物则牺牲了，当然英雄人物牺牲了我们也觉得他很伟大，他能够为了一个崇高的目标来牺牲自己，这很伟大；但是伟大不是因为他自己，还是因为那个崇高的目标，他的牺牲更加衬托出那个目标的伟大。而崇高的目标本身跟它的对立面是没有冲突的，只是表现在现实中它们才会有冲突，而超越于现实性之上，抽象来说都是对的，都是公正的，所以最后又回到了没有冲突的状态，双方的全体在自身之内获得了一种宁静。这种静止的状态"是命运的无运动的统一"，整个过程是由命运所支配的，命运本身则毫无运动，毫不动摇，最后回复到了一种无运动的统一。这些伦理本质相互之间是静止的，它们没有运动，没有冲突，是整个城邦的公民每一个人都认可的，所有这些都要受命运支配，命运把你引向了这样一种无运动的统一，你所有那些行为、那些动作、那些冲突、那些暴力举动都要被忘掉，最后达到无运动的统一。"是家庭和政府的静止的定在，因而是它们的无能动性和无生命性"，家和国、孝和忠，它们的静止的定在，它们当然还有定在，它们是有区别的，家和国之间是有区别的，但是这个区别是静止的，家是家，国是国，它们互相不冲突，它们同时共存、和谐相处，只要它们不投入现实生活。作为一种伦理的抽象本质，它们是没有冲突的，但是只要一投入到现实生活中，它们就会发生冲突，冲突最后甚至只有通过牺牲主人公才得到调和，才回复到这样一种静止的定在。在这种定在中它们不具有能动性和生命性，它们是一些抽象的共相。"是阿波罗和复仇女神的同等荣耀"，我们上次讲到这个故事了，阿波罗和哀伦妮在雅典打官司，阿波罗胜了，哀伦妮仍然不依不饶，于是雅典娜就出来打圆场，就说这样吧，我们在雅典帮你建一个庙，复仇女神也是主持正义嘛，这也是值得弘扬的，在这方面她可以和阿波罗平起平坐。复仇女神这才平静下来，不再追究了，矛盾最终得到了和解。所以他们的冲突是两个同等合理的伦理力量的冲突，通常是要牺牲主人公的，当然在俄瑞斯忒斯这个悲剧里面他没有牺牲，他被保护下来了，因为双方达到了协调；如果双方得不到协调，那恐怕就要牺牲主人公了，经常会发生这样的情况。"因而是他们漠不相干的非现实性，以及它们的激活作用与能动性向单纯宙斯的返回"，他们现在高高在上，不接触现实了，跟现实漠不相干了，所以他们已经不受现实干扰了。相反，如果他们在现实中发生冲突，那么该毁灭的是现实的这些冲突中的人物，这些现实人物在这些高高在上的伦理力量面前只是一些道具，是可以牺牲的，而这些伦理原则正因为是非现实性，所以毫发无损。而它们的激活作用与能动性现在就向单纯宙斯返回了，或者说，就退回到宙斯的单纯性去了。它们的激活作用和能动性本来体现在现实中，体现在现实的人物中，在现实的主人公身上，现实的这些英雄人物都是由于坚持某一方的原则而行动的，而被激发出这样一种能动性的；但是现在不管你有多少激活作用、有多少能动性，最后都复归于单纯宙斯的一统天下。宙斯是单纯的，阿波罗和哀伦妮从现实的冲突中脱身出来，最后都归于一，归于宙斯，宙斯把他们统一起来了。宙斯就不再分了，就是唯一的宙斯，他底下有阿波罗，有哀伦妮，他们互相之间有区别，他们的冲突表现在现实中，从概念上来说他们本身是抽象的，但是他们还是不同的，还有各自的规定性；那么最后呢到了单纯的宙斯，就被统一起来了。这是悲剧的一个总体倾向，就是越来越往高处走，悲剧要表现崇高嘛，怎么样崇高？一个是现实人物，现实人物里面的那些精神是崇高的，不崇高你是进不了悲剧的，所以悲剧里面表现的那些人物、那些英雄、那些角色都有一种崇高的倾向；他们都是由神所派定的角色，这些神可以归结为两个，一个是阿波罗，一个是哀伦妮，一个是地上的原则，一个是地下的原则；但是地上的原则和地下的原则、阿波罗和哀伦妮，他们本身又归结到一个更高的、唯一的神，宙斯。阿波罗和哀伦妮还可以说是多神，希腊多神教嘛，在这里已经减少很多了，本来还有更多的神，爱神啊、战神啊、智慧女神啊、商业之神啊、交通信息之神啊、工艺之神啊，等等，有很多很多；现在归结为两个了，一个是知，就是阿波罗，一个是无知，就是哀伦妮；但这两个还可以化归，最后归结到宙斯，宙斯是唯一的主神。这是希腊悲剧里面向崇高方向走，越走越高，最后要走到宙斯，最崇高的那就是唯一的宙斯。所以悲剧发展的方向是向崇高走的，而向崇高走就必然最后归结到唯一的神。

这种命运最终使得天界成员越来越少，使得个体性与本质之无思想的混合的成员越来越少——这种混合使得那本质的行为显得是不一贯的、偶然的、配不上它的；因为对这个仅从表面附着上去的本质而言，个体性是非本质的东西。

"这种命运最终使得天界成员越来越少"，我们在悲剧里面所看到的这种命运，它的方向是什么呢？这命运把人导致何方呢？那些英雄人物都死了，都牺牲了，而阿波罗和哀伦妮呢是永恒的，是上界神和下界神的代表；但是他们还是一些定在，他们有同等的荣耀，但是这同等的荣耀最后还要归于宙斯的最高统治，没有宙斯，以及代表宙斯的雅典娜，阿波罗和哀伦妮的冲突还是无法调解。正因为他们都是从宙斯来的，所以最后回归到单纯的宙斯是他们的命运。所以悲剧里面的命运所导致的方向，就是最终使得天界的成员越来越少，天界减员了，奥林普斯神减员了，本来是一大堆，十几个，现在天上的神灵越来越少。天上的神灵就代表统治的神灵了，地下的神灵是受天上的神灵所统治的，最后是由天神所统治的，所以最后天界的神灵越来越少。"使得个体性与本质之无思想的混合的成员越来越少"，天界的成员越来越少，为什么呢？是因为在天界有很多成员是一种混合物，是个体性与本质的一种混合物，本质代表伦

理的力量、普遍性的力量,个体性是以一种人的形态出现的。我们前面
讲到,古希腊的神话里面神人同形同性,神和人同形,体现为神的个体性,
每一个神都有他的个体性。我们在希腊雕刻上面可以看出来,每个神一
眼看上去他是有特点、有标志的,我们知道这个是宙斯,那个是海神波塞
顿,这个是美神、爱神阿芙罗狄忒,这个是阿波罗,他们都有个性的,是
按照人的个体性来设计、来表象神的形态的。所以这些神都是一种个体
性和本质的无思想的混合的成员,无思想的,也就是说他是表象,他是形
象,或者我们今天讲的形象思维,他是没有经过概念、没有经过思想的,
个体性和本质在其中是无思想地混合在一起的。神人同形同性,也就是
神人混合,一个神以他的形象出现的时候,你有时候搞不清楚他到底是
神还是人。希腊神话里面有这样的情节,两个人碰在一起了,不认得,然
后说话,说着说着突然发现对方是个神。他们的形态是一样的,只不过
神的形态比人的形态要完美一些、高大一些、漂亮一些,神是完美的人嘛,
所以实际上是一种神人的混杂状态。而这种混合的成员越来越少,不是
完全没有,就是到了宙斯,他也还是一种人的形态。我们从希腊的考古
发掘里面挖出一个神像,这个神像是谁啊? 内行一看就知道,这是宙斯,
只有宙斯才是这样一种形象,他认得这是宙斯。所以这是一种神和人的
混合的成员,但是越来越少,越来越少呢人的形态就不重要了,到了一神
论就不具有人的形态了。因为之所以还需要人的形态,就是因为要把各
个神区分开来,神的个性要从表象上区分开来,那就必须要引进人的形
象,赋予他人的形象。"这种混合使得那本质的行为显得是不一贯的、偶
然的、配不上它的",这种混合就是人和神的混合、个体性与本质的混合。
每个神都有他的本质,他代表什么,雅典娜代表智慧,宙斯代表公正,阿
波罗代表文艺,等等;但把人的个别形态混合进来,这种混合就使得他的
本质的行为显得很不一贯了。你就讲宙斯代表公正,代表正义,但他做
的很多事情都是不公正、不正义的,他跟人间的女子偷情,为了不让老婆
赫拉知道,做了不少小动作。他做的很多事情都是凭借他的暴力,凭借

他的威力，他把普罗米修斯锁在悬崖上面就是为了一己之私嘛，为了巩固他的权力嘛。所以这些行为都显出他是一个凡人，都显得不像一个神做的事。他的本质是行使公正，但这种本质在他的行为中显得是不一贯的，是偶然的，因此不配成为本质。你号称是正义之神，你做出这么多的不义的事情，你配得上吗？"因为对这个仅从表面附着上去的本质而言，个体性是非本质的东西"，比如对于公正、正义而言，正义应该是普遍性的，一视同仁，个体性肯定是非本质的，把正义变成你的家法，变成你一个人怎么说法律就怎么定，那就违背了公正的本质了。对这个本质而言，个体性是非本质的东西，本质是普遍性的，是共相，它是容不得个体性的，你把个体性加入进来就把这共相破坏了。当然希腊人必须要用神人同形同性的观念来理解神，但是我们要知道这种理解是非本质的，不能当真，你不要以为神就真的是这样一个男人或女人的形象了，那是非本质的，这个本质是从表面附着上去的，附在个体性的形象上面是很表面的，只是贴一个标签而已。你给他贴一个标签，说他是代表什么本质，实际上这个本质还是外在的，这个体性就成了非本质的东西。所以希腊悲剧在命运的发展趋势中一步步走向了个体性的没落，开始向一神教靠拢了。

所以，当古希腊哲学家要求把这样一些无本质的表象排除掉时，[1]这种排除工作一般讲来在悲剧里已经开始了，因为实体的划分是受概念支配的，因而个体性就是本质性的个体性，而各种规定都是一些绝对的性格。

"所以，当古希腊哲学家要求把这样一些无本质的表象排除掉时"，这里指的古希腊哲学家是谁呢？就是塞诺芬尼。塞诺芬尼是爱利亚派的著名哲学家，他对于当时古希腊的那些宗教、那些神的形象提出了可以说是一种非常极端的批评。他的主张就是：神是一，凡是多于一的都不

---

[1]　黑格尔这里暗指塞诺芬尼和柏拉图对荷马和赫西阿德的神话故事的批判。——丛书版编者

是神，神是唯一的，凡是多于唯一的都不是神。所以他非常反对这种对偶然形象的崇拜，他的名言就是：如果狮子和马也有意识的话，它们就会把它们的神雕成狮子或者马的形象了。人们把神雕成一个人的形象，这个是很不着调的，如果狮子和马也信神的话，它就会把自己的神雕成狮子或马的形象，这在我们人看起来是很愚蠢的，但是我们人跟狮子和马相比也一样的愚蠢。我们把人的形象附会到神的身上去，其实神是没有形象的，神是纯一，凡是你想象神是什么样子，那都是错的。所以后来基督教里面讲到"否定神学"，其实在塞诺芬尼那里就已经开始了，就是神你只能说他不是什么，你不能说他是什么，你不能说他有任何一种属性，你一说就不对了。唯一的神既没有眼睛，也没有嘴巴，也没有鼻子，也不会说话，他就是一个抽象的一的概念。所以塞诺芬尼要求把这样一些无本质或非本质的表象排除掉，这些表象包括人的表象，你把神雕成一个美男子，而且是希腊的美男子，其他的民族像埃及人啊、黑人啊、波斯人、东方人啊都不算；女神必须是希腊的美女，具有希腊式的鼻子，你为什么不雕成一个非洲人的形象呢？这些东西都要排除掉，这些东西都不能够配得上神，这是塞诺芬尼的主张。"这种排除工作一般讲来在悲剧里已经开始了"，在哲学上塞诺芬尼是这样讲的，但是实际上在悲剧里面已经在做这个工作了，已经在排除这些个体的形象，至少是淡化这些形象，把这些形象看作是要牺牲掉的，只强调这些形象里面所表现出来的崇高的概念，这就已经是悲剧的衰颓了。悲剧追求崇高，追求到最后走向概念化，跟哲学搭上钩了，它做了哲学想做的事情。所以这种排除工作一般讲来是在悲剧里就已经开始了，怎样开始了呢？"因为实体的划分是受概念支配的，因而个体性就是本质性的个体性，而各种规定都是一些绝对的性格"，实体的划分是受概念支配的，实体怎么划分，国家和家庭，阿波罗和复仇女神、地上的神和地下的神，这样一些伦理本质在悲剧里面已经是按照概念来划分了，就是把地上和地下划分出来、家和国划分出来，这样一些实体是凭概念支配的，这些概念是抽象的。当然你可以把它表现出来，但是表现出来的这个个体只是一个传声筒，只是一个道具，它的目标指向概念。所以悲剧尽管激动人心，但是它有这样一个问题，就是容易变成一种概念化的东西。不光是古希腊的悲剧，一直到后来的像雨果的《悲惨世界》啊、《九三年》哪，都是概念性的，很多悲剧都是概念性的，表现人道、革命、正义、公正等等这些东西，都是一些概念。莎士比亚的悲剧比较复杂一些，性格悲剧比较复杂一些，而古典主义的悲剧都有概念化倾向。这种悲剧把个体性看作是本质性的，就是一个个体的形象在舞台上是代表一种本质，代表一种概念，一个人物出场，他就代表一种概念。在中国戏曲舞台上就是画上脸谱，红脸和白脸，红脸是好人，白脸肯定是坏蛋，而且各种规定都是一些绝对的性格，从头至尾不变的，必须严格符合它的概念，是根据它的概念推出来的性格，必定是这样，不可能是别样。"文革样板戏"也继承了这一传统，这实际上就是悲剧的穷途末路了。

因此，在个体性里所表象出来的自我意识只认识和只承认一个最高的力量，并且把这个宙斯仅仅作为支配国家或凝聚家庭的力量、而在认知的对立中仅仅作为正在成形的、关于**特殊东西**的认知之父来认识和承认，——以及作为宣誓和复仇的宙斯、**共相**和居于隐秘之所的内在东西的宙斯来认识和承认。

"因此，在个体性里所表象出来的自我意识只认识和只承认一个最高的力量"，"一个"为斜体字，就是说最后要归结为一嘛，有两个都不行，上界的神和下界的神、阿波罗和哀伦妮两个都不行，最后要统一为一。因为悲剧要追求崇高，最崇高的就是唯一的，至高无上的，所以它只认识和只承认一个最高的力量。一个是认识，一个是承认，认识就是在认知方面，你必须要认识到有一个最高的力量；承认就是在实践方面、在行动方面你只承认它的力量是至高无上的。"并且把这个宙斯仅仅作为支配国家或凝聚家庭的力量、而在认知的对立中仅仅作为正在成形的、关于**特殊东西**的认知之父来认识和承认"，把这个最高力量、这个宙斯仅仅作为支配国家或凝聚家庭的力量来认识和承认。这个"认识和承认"一直要管到这句最后，只认识并且只承认一个最高的力量，如何认识和承认呢？把这个宙斯仅仅作为支配国家或凝聚家庭的力量来认识和承认，他是支配国家的，同时又是凝聚家庭的，一方面他支配国家，另一方面他凝聚家庭，他是这样一种力量。国家和家庭代表认知和无知，代表地上的原则和地下的原则、人的法则和神的法则，但是它们都归于宙斯，宙斯既管国家的事情，也管家庭的事情，既管天上的事情，也管地下的事情，他是最高主神嘛，天地都归他管，所以他是把一切都统一了。前面阿波罗也好，哀伦妮也好，都还没有达到这种统一，各自只管一方面，而宙斯全管，管国家也管家庭，管地上也管地下，必须把宙斯作为这样一种力量来认识和承认。这就把个体性对实体的第一重限定给扬弃了，实体不再被个体性区分为两个对立的本质，而是归于一统了。其次，在认知的对立中仅仅作为正在成形的、关于特殊东西的认知之父来认识和承认，这就把在认知的对立中个体性对实体的第二重限定扬弃了，也就是把认知和无知的对立扬弃了。个体在对实体的认知中有一个对立，什么对立呢？一方面是关于特殊的东西我们是有知的，但对它后面的命运我们是无知的。现在宙斯是作为正在成形的有关特殊东西的认知之父，它不只是这个那个特殊认知，而是对整个特殊东西的现实形态的形成过程的认知之父，一切现实的或可能的特殊认知都在他掌握中，他无所不知，他本身是一切认知的可能性，是形成一切可能认知的源泉。把宙斯当作这样一种认知的父亲来认识和承认，你对特殊东西的认知在这个形成过程中是由宙斯所赋予的；当然直接来说是由阿波罗所赋予的，是阿波罗的神谕，但是阿波罗是宙斯的儿子啊，所以归根结底是由宙斯所赋予的。第二重限定中的有知和无知的对立就这样被扬弃了，对宙斯来说没有什么是无知的东西。这里"特殊东西"打了着重号，是为了要跟下面讲的"共相"对照而言的，那个"共相"也打了着重号。"以及作为宣誓和复仇的宙斯、**共相**和居于隐秘之所的内在东西的宙斯来认识和承认"，这后面是跟前面对照的，不光是作为特殊东西的认知之父来认知和承认，而且也作为宣誓和复仇的宙斯。宣誓和复仇本来是由哀伦妮来管的，哀伦妮首先是管公平，要讲究公平，要讲究正义，她是复仇女神嘛；但是也管宣誓，宣誓就是说你宣誓了的东西，你在神面前保证了的事情，你就要做的，你不做的话她就会找上门来，这也是一种公平正义的契约精神。你对什么宣誓，你最后要是不履行你的誓约，那么这个就是由复仇女神来管的。但是复仇女神来管呢最后其实还是由宙斯来管，因为复仇女神所讲的公平正义最后也是宙斯的主要职责，她是隶属于宙斯之下的。所以讲宙斯也是宣誓和复仇的宙斯，是共相和居于隐秘之所的内在东西的宙斯。共相就是普遍的命运，前面讲特殊的东西，这里讲共相，特殊东西是你可以认知的，而普遍的共相、命运是居于隐秘之所的内在东西，那个是你无知的，这样一种普遍的共相隐藏在内在东西之中，但它最后还是由宙斯所支配。所以你除了把宙斯当作特殊东西的认知之父来认识和承认以外，也要把它当作冥冥之中的共相和居于隐秘之所的内在东西的宙斯来认识和承认，这就是对前面讲的个体性对实体的第三重限定的解构了。第三重限定是说，既然你对那个背后隐藏的命运认识不了，那就只有把这种认识颠倒为实体的表象，遗忘你的认知的现实性，牺牲你的个体性而保留伦理本质的合理性，从神圣的崇高性中找回你的牺牲的价值。而现在，宙斯本身就是这个共相，就是命运的普遍性本身，他无所不知，他就是最终的个体性，是太一。认识和承认一直要管到这里，也就是都是对宙斯的认识和承认，作为什么东西来认识和承认呢？首先是一般来说就是支配国家和家庭的力量、地上的法则和地下的法则，这两方面都由宙斯管；其次就是在认知的对立中，在知和无知对立的时候，两方面都在宙斯的认知中，他是一切知和不知的认识之父；第三，作为宣誓和复仇的宙斯、共相和居于隐秘之所的内在东西的宙斯来认识和承认，他已经不在戏剧舞台上了，而是成为看不见的隐秘力量了。对宙斯的这种至高无上的地位的认识和承认终结了悲剧精神，乃至于终结了艺术宗教，而向天启宗教过渡了，这样理解的宙斯其实已经相当于犹太教的耶和华和基督教的上帝、天主了，希腊多神教就开始过渡到基督一神教了。但艺术宗教在衰亡过程中还发展出了最后一种形态，这就是喜剧，它是从悲剧的解体中生长出来的。

{397}　　<u>反之，那些从概念中进一步分散到诸表象里去的、各个相继为合唱队所认可的环节，却并不是英雄的悲情，而是从悲情陷落为了激情，——陷落为偶然的非本质的环节，这些环节被无自我的合唱队大加赞扬，但它们却并不能构成英雄们的性格，而且也不被英雄们当作自己的本质来诉说、来看重。</u>

　　"反之"，这是从相反的一面看，前面是说悲剧要往崇高走，一直追求崇高，追求到最后是唯一的宙斯，宙斯是唯一的神，几乎就要走向一神教了。塞诺芬尼的否定神学就开始有了基督教一神教的萌芽，就是上帝你不能说他是什么样子，上帝是无形无相的，你只能说上帝是一，其余什么都不能说了，你一说就不是的了。悲剧所走的崇高方向是朝着这个方向走的。但另一方面呢，它毕竟还是戏剧，它还要由人、由演员表演出来，那么这一方面处于什么样的情况呢？"那些从概念中进一步分散到诸表象里去的、各个相继为合唱队所认可的环节，却并不是英雄的悲情"，前面讲了实体的划分受概念支配，越来越走向概念化；但是另一方面呢，这概念也不能赤裸裸地走到舞台上来啊，你必须把概念分散为诸表象的形态。所以舞台上的人物形象都是从概念分出来的；而从概念进一步分散到诸表象中去的、各个相继为合唱队所认可的环节，每出来一个角色登台，合唱队都要咏叹一番，歌颂一番。合唱队它就是干这个的，就是为每个英雄人物形象点赞，合唱就类似于和声嘛，在合唱的时候有的人唱有的人和，那这种合唱队就相当于在里面起一种和声的作用，对于每一个出台的形象都要加以赞颂，甚至他们的某个动作都构成为合唱队所认可的环节。但这环节怎么样呢？已经不是英雄的悲情了。悲情 Pathos，我们前面已经讲了，就是代表悲剧里面的精神，也可以翻译为"情致"，它比一般的情感要高，它是一种伦理性的情感，由于伦理理想太高、与现实生活距离太远而有种悲怆的情愫。凡是到了伦理性的情感，它都带有某种悲哀，前面讲了，雕刻和史诗本质上都带有某种哀伤，为什么哀伤呢？因为人不是神，当我们的情感上升到神的时候我们就有一种悲哀，就是我们是有限的，为这种有限性而悲哀。所以这种情致呢我们可以翻译成"悲情"，这种悲情不是为琐事而悲哀，不是说你遇到什么悲伤事了，而是一种本质上的可悲，就是人的有限性跟神相比而引起的哀伤。人毕竟上升不到神的地位，人毕竟是有死者，总有一天要死的，是这样一种悲情。这种悲情是非常崇高的了，只有达到了神的崇高性你才会有这种悲情，你没有神的崇高性你就没有悲情，你就只有快乐，你就只有乐感。所以李泽厚讲中国文化是"乐感意识"，就是因为没有神，即算有天子，但谁都可以做天子啊，王侯将相宁有种乎？我也可以取而代之嘛，之所以没有取代是因为运气不好嘛。那么英雄的悲情这是一种很高的 Pathos。但是现在这样一些由概念分散到表象中的环节呢，并不是英雄的悲情，"而是从悲情陷落为了激情"，激情 Leidenschaft，也可以翻译为"情欲"，这个悲情已经陷落为激情或情欲了。悲情陷落为激情或情欲，那就降低它的层次了，一旦把概念分散到各个表象中，分散到各个角色上面表象出来，那么这些表象呢它就不再表现悲情了，而是降为了激情。① "陷落为偶然的非本质的环节，这些环节被无自我的合唱队大加赞扬，但它们却不能构成英雄们的性格"，也就是下降为一种偶然的、非本质的环节。每一个具体的英雄人物根据他的出身、根据他的经历、根据他天生的气

---

① 黑格尔在《美学》中也谈到过悲剧中的悲情和情欲的层次区别，他说："在对话的表现中可以区分出主观情致和客观情致。主观情致较多地属于偶然性的特殊情欲，有些是隐而未发的，很简略地暗示出来的，有些是尽情倾吐出来的。要用动人的场面来激发情感的诗人特别爱利用这种主观情致。但是不管诗人多么费力尽量描绘私人的痛苦和粗野的情欲或是未经调解的内心斗争，他的真正打动人类情感的力量却远不如通过同时揭示出客观内容意蕴的那种客观情致。"《美学》第三卷（下），朱光潜译，商务印书馆 1979 年版，第 259 页。这里的"客观情致"指悲情，"主观情致"则指激情或情欲。

质，他都有一种特殊的激情，某某人易怒，或者某某人很谨慎，某人很稳重，等等，这些东西都是一些具体的、偶然的、非本质的环节。每个这样的人出来，合唱队都要为他这样歌颂一番，包括他的激情，包括他的那种偶然的气质、性格，出来阿喀琉斯，就要歌颂他的勇敢，出来俄底修斯，就要歌颂他的智慧，出来美狄亚，就歌颂她的猛烈的爱情。但是这些被无自我的合唱队大加赞扬的环节却不能构成英雄们的性格，所有这些偶然的气质都不能构成英雄的性格，这是黑格尔的《美学》里面的一个说法。我们通常讲一个人的性格就包括这些偶然性，但是黑格尔认为"性格"Charakter 这个词应该表达一种坚定一贯的东西，应该表达一种具有实体性的东西。当然它也有偶然性，性格就是典型，恩格斯给他归纳为"典型环境中的典型性格"，什么是典型环境中的典型性格？一方面它当然有偶然性，它是不可取代的唯一的"这一个"；但是另一方面它又有普遍性，带有伦理实体的普遍原则。而这些英雄的个人悲情现在下降变成了激情，下降为完全偶然的、非本质的环节，成为了一种自然流露的气质，那就失去普遍性了，它只有个别性、偶然性。这偶然性被合唱队大加赞扬，却再也不能构成英雄的典型性格，就是它已经跟普遍性脱节了。普遍性已经升到天上，成为唯一宙斯的抽象规定，而在悲剧舞台上剩下的就只是英雄们分散开来的个人气质或特定的偶然倾向，虽然被合唱队所赞扬，但是并不能构成英雄们的坚强性格。或者说，在悲剧英雄的性格上那个普遍性的概念和英雄们的个别性已经脱节了，你要表现这样一种普遍的力量为什么一定要用这样一种偶然的性格来表现呢？这没有必然性，也没有一贯性，所以这种典型性格就解体了。"而且也不被英雄们当作自己的本质来诉说、来看重"，英雄们自己也不把这样一些性格当作自己的本质来表现了，英雄们在表述的时候、在说话的时候、在念台词的时候，他说出来的那些内容采取什么特殊的形态其实无关紧要，这都只是概念的传声筒，只是伦理力量的图解，所以他失去了性格本身的坚强性和坚固的基础，成了一种漂浮在表面的东西。当然它本身是有概念性的，但这概念跟性格之间有一种脱节，悲剧作为个人来说，它表现的只是悲剧人物的情欲、他的激情、他的个别性，但是这种个别性没有坚实的伦理的力量来支撑它，这就是悲剧将要走向衰亡的标志。休息一下吧。

好，我们继续讲悲剧。悲剧解体的过程这一段讲得比较细了，刚才讲的首先是天界的成员、天上的神越来越少，最后凝聚为一个，就是只有一个神，有一个主神，然后底下两个副神，这就比较容易概念化了。原来《荷马史诗》里面一大堆的神没法给它概念化，神之间的职能互相交叉，现在用一个神来统摄两个副神，一个是地上的，一个是地下的，两种力量，国家和家庭这两种力量统一在唯一的神之下，这就很明确很系统了，但是带来的另一方面问题就是，英雄形象本身的性格已经开始失去，已经把这样一种抽象的本质当作他的标签。

<u>然而，就连神圣本质自身的那些角色以及它的实体的各种性格也都压缩为无意识东西的单纯性了。</u>

刚才讲的是英雄的那些偶然的性格、非本质的环节，每个英雄在舞台上所表现出来的那样一种个性，来自于他的偶然的气质、个别的激情等等的自然流露，这些东西不能够构成英雄们的坚强性格，也不被英雄们当作自己的本质来表现、来重视。不但如此，"然而，就连神圣本质自身的那些角色"，刚才是讲的英雄的那些气质，这里讲就连神圣本质自身的角色，如太阳神、复仇女神等等。"以及它的实体的各种性格"，神圣本质的实体也有各种性格啊，神人同性嘛。刚才讲的英雄的角色他的偶然的气质，这个我们先放下，这些气质肯定不能构成英雄的性格；那么这些英雄身上所体现神圣本质自身的角色是否能够体现某种性格呢？神圣本质作为伦理实体是否还具有某种性格呢？一开始是有的，如《被缚的普罗米修斯》中各路神都表现出不同的个性，有的粗暴，有的奸猾，有的谄媚，有的伟岸。但由于悲剧本身的矛盾性的必然进展，这些性格"也都压

缩为无意识东西的单纯性了"。无意识东西的单纯性也就是命运的不可捉摸而只能服从，前面讲了天神已经减员了，天神的数目越来越少了，最后只剩下一个宙斯，他相当于和命运女神合一的一个绝对本质。但各种神的性格在宙斯的性格里面已经压缩为一个很单纯的东西，他不再是具体可把握、可认知的了。如前面讲的，宙斯作为对特殊东西的认知的父亲，又作为普遍东西居于隐秘之所的内在东西，这些东西都是很单纯的。对特殊东西的认知是很复杂的，但作为这些认知的共同的"父亲"，那就很单纯了；作为共相的居于隐秘之所的内在东西的宙斯也是很单纯的，宙斯的那些外在表现的性格，比如宙斯经常发脾气啊，易怒啊，暴力倾向啊，喜欢拈花惹草啊，那些东西现在都已经被扬弃了。那些东西已经不成为他的本质的一种代表了，已经为一种单纯的东西所取代，而这种单纯的东西是无意识的，宙斯就是这样决定的，没什么道理可讲。宙斯的那样一些以人的性格的形象所体现出来的东西都被压缩掉了，都挤掉了，也就是说各种角色、各种性格要表现神圣的本质，最后都被模式化了。悲剧本来是丰富多彩的，各种性格的形象在舞台上面纠缠啊、斗争啊，引人入胜，现在变成了干巴巴的东西、模式化了的东西，都被压缩为无意识东西的单纯性，引不起共鸣了。

这种必然性针对自我意识具有的规定，就是要成为对所有出场的各个形态的否定的力量，不是在这个力量里认识自己，毋宁说是在其中毁灭自己。这个自我只是在被分配给**各个性格**时才出场，而不是作为运动的中介出场。

这就是否定神学的作用就已经显现出来了。"这种必然性针对自我意识具有的规定"，这种必然性，它是无意识的单纯性了，宙斯必然是这样的，他的意志不可违抗，这是你的命运，你必须认命。这样一种必然性针对着自我意识呢，它具有一个规定，规定 Bestimmung 也可以译作"使命"，具有什么使命呢？"就是要成为对所有出场的各个形态的否定的力量"，所有出场的各个形态都必然被它否定，是这样一种必然性的否定力量。这种必然性是唯一主神宙斯所规定的命运，它体现为对所有出场的那些人物形象、那些角色的形象都要加以否定，这才体现出他的高高在上啊，如果不否定，怎么能体现他的统治呢？所以他具有这样一种规定性或使命，要对所有出场的各个形态都加以否定。"不是在这个力量里认识自己，毋宁说是在其中毁灭自己"，所有出场的人物都被这个力量所否定，不是在这个力量里面认识到自己，而是明确地承认自己太渺小，他所要表现的那个神圣的本质太崇高，所以渺小和崇高之间没有可沟通之处。"这个自我只是在被分配给**各个性格**时才出场，而不是作为运动的中介出场"，就是这种必然性既然针对自我意识具有了这样一种否定的力量，那么这个自我就只是被分配给各个性格，在每一个性格身上我们都可以意识到自我，但这个自我并不具有运动的中介作用，并不是推动悲剧进行过程的积极力量。在各个英雄人物出场的时候，因为他是以人的形象出场，具有人的性格，所以悲剧中的自我在这些性格身上有一个分配，我们的自我被分给了这些人物，我们对他们产生同情，出来一个英雄人物我们就把他当自我看，这叫"入戏"，也就是把自己的自我分配给了角色。但这个自我只是在被分配给各个性格时才出场，而不是作为运动的中介出场，就是这个自我被分配给了每个英雄人物的性格，但是在这个运动中却不起推动作用，这个运动不是我能够决定的，不是我能够中介的，它是由至高无上的宙斯在控制一切，在操纵一切，最后要毁灭一切。所以自我在被分配给各个英雄人物的时候，这个自我意识本身注定也要随之遭到毁灭，自我出场的结果是对自我的否定。这是没有道理可讲的，原先自我还可以认同于阿波罗，或者认同于复仇女神，或者两者都能够认同，因为他们都是有道理的，代表某种伦理价值；但现在你没法认同于宙斯，你在悲剧中失去了自我意识的对象，不再能够体现精神对精神的自我意识了。这就导致悲剧精神的解体。

　　但是自我意识、自我的单纯**确定性**实际上就是那否定的力量，是宙斯、**实体性**本质和**抽象**必然性的统一，这就是一切事物所要返回的精神　[225]

统一。

虽然自我在无意识的必然性身上遭到了毁灭，"但是自我意识、自我的单纯**确定性**"，"确定性"打了着重号，"实际上就是那否定的力量"。我的自我对每一个毁灭了的英雄人物都感到一种深切的同情，我把自己比作那个英雄人物，那个英雄人物毁灭了，我觉得好像是自己毁灭了一样，这个当然是我的一种被否定；但是自我意识、自我的单纯确定性本身就是否定的力量，实际上它的这种被否定就是它自己的自否定。自我在这种被否定中有一种单纯确定性，不是说我被否定了就完全什么也说不上来了，恰好在这样一种否定中就体现出来，自我的单纯确定性实际上就是那否定的力量。我的被否定其实也就是我的自我否定，我把自己分散到每个英雄身上去的时候，我已经把自己否定了，我已经开启了这样一个自我否定的进程，所以我在我的自我否定中恰好得到了我的单纯确定性。我是什么？我就是那个被否定的东西，那么我也就是那个自我否定的东西，我意识到我的被否定实际上也就是我的这样一种确定性，这就是我的命运、我的使命。这时我也就把这样一种确定性理解为一种自我否定的力量，它是一种力量，这种力量是从上面来的、从宙斯来的，这个时候我从更高的层次上面可以跟宙斯认同。我原来是跟那些被宙斯所毁灭了的英雄人物认同，但是随着这些英雄人物的被否定和我的被否定，我就和更高的宙斯相认同，认为我的这种单纯确定性实际上就是那否定的力量。"是宙斯、**实体性**本质和**抽象**必然性的统一"，"实体性"打了着重号，"抽象"也打了着重号。也就是说我把我的必然性提高了一个层次，提高到了一个实体性的层次、一个抽象的层次，不再是停留在舞台上的角色的现实的、有限的角色，而是通过我的自我否定而把自己提升到了一个更高的肯定的层次，那就是宙斯的实体性本质和抽象必然性的统一。一个是实体性的本质，就是宙斯的伦理实体的那种本质，宙斯代表一种伦理实体，代表一种最高的正义；但是他又是抽象的必然性，他又是命运。这种实体性本质和抽象必然性的统一，也就是他的伦理性和他的作为命运的统一,他不再是舞台上的那些具体的英雄、那些活生生的、有血有肉的英雄形象了,而是提高到一个抽象的层次、一个实体性的层次。"这就是一切事物所要返回的精神的统一",一切事物最后都要返回到宙斯那里去,宙斯他体现出一个是实体性,即正义,一个是抽象的必然性,即命运。实体性也好,抽象必然性也好,都是在精神的层次上面来展示的。所以通过这样一种悲剧的过程,我把自己提升到了一切事物所要返回到的精神统一的层次。这正如古希腊哲学家阿那克西曼德说的:"万物由之产生的东西,万物又消灭而复归于它,这是命运规定了的。因为万物在时间的秩序中不公正,所以受到惩罚,并且彼此互相补足。"[①] 宙斯作为这样一个命运和公正的抽象统一,已经超出悲剧本身的范围了,而悲剧由于这样一种超出,所以它自身也解体了。

由于现实的自我意识仍然与实体和命运有区别,所以它一方面就是合唱队,或者不如说是观看的群众,他们使这种神圣生活的运动作为陌生的事而充满着恐惧,或者在心里把这个运动作为亲切的事而只产生一种无所行动的同情的感动。

这句话说明悲剧中的现实和精神的距离已经拉开了。"由于现实的自我意识仍然与实体和命运有区别",实体和命运刚才讲了,就是以宙斯为代表的实体性的本质和抽象必然性的统一,这样一个精神的高度与现实的自我意识拉开了距离。虽然上面讲自我意识的单纯确定性本身就是那否定的力量,但是由于"现实的自我意识"仍然与实体和命运有区别,所以自我意识分裂为上、下两层。自我意识的单纯确定性是可以和宙斯认同的,而现实的自我意识是我在看戏的时候、或者我在演戏的时候的那种现实的自我意识,它只能跟舞台上的角色认同,所以它是与实体和命运有区别的,与那种跟宙斯认同的抽象自我意识也是有区别的。而作为现实的自我意识,我既然对那些悲剧人物感到同情,那么同时也就对

---

① 北京大学哲学系编:《古希腊罗马哲学》,商务印书馆 1961 年版,第 7 页。

那种命运感到恐惧，是什么东西毁灭了这么美好的人物呢？那是一个高高在上的命运，那是不可违抗的实体，是宙斯的绝对意志。"所以它一**方面就是合唱队，或者不如说是观看的群众**"，所以现实的自我意识就是合唱队，合唱队对每一个出场的英雄都加以赞扬，都加以赞赏，并对每个出场人物的毁灭感到悲哀。合唱队实际上代表的是观众的情绪，它起一种沟通台上、台下的作用，现实的自我意识在观看的群众那里体现出来。"他们使这种神圣生活的运动作为**陌生的事**而充满着恐惧"，神圣生活，也就是悲剧中所上演的伦理生活，按照宙斯规定的命运而运动，但宙斯的不可违抗的意志对于现实的自我意识来说是"陌生的事"，也可以译成"异己的事"。这个最高实体的力量可以毁灭任何一个在舞台上强有力的英雄，不管你多么有力你都抗拒不了命运，这种命运是令人恐惧的，这是一方面。"**或者在心里把这个运动作为亲切的事而只产生一种无所行动的同情的感动**"，或者呢，这些观看的群众在心里把这个运动作为亲切的事，而产生一种同情。一方面是对舞台外的陌生力量感到恐惧，另方面对舞台上的亲切的事感到同情，这是相对照的，也是合唱队和观众同时具有的两种情绪。一方面命运是很陌生的，另一方面舞台上的英雄是很亲切的，每个人都把自己的自我寄托在他们里面、分配在他们里面。陌生的事情是没有办法进行移情、没办法同情的，但是另一方面呢，群众的自我又把这个运动作为亲切的事，而产生一种无所行动的同情的感动。这种感动是无所行动的，不需要什么行动，你救不了他，你什么行动都是枉然，都是没有结果的，你只有同情。悲剧的特点本来就是令人悲哀，同时又令人恐惧，但现在这两极已经在同一个现实的自我意识中拉开了距离。一个是合唱队对于现实的人物产生一种同情，产生一种感动，这是在舞台上的这一极；那么在超出舞台的那一极，要更往上去追溯，那种陌生的命运是令人恐惧的。一方面是恐惧，另一方面是同情，这就把现实的自我意识强行撕裂开来，你没有办法沟通，你只能无所作为。由此悲剧精神便沉沦为一种世俗化的激情，对一切崇高的悲情都加以躲避；而躲避崇高,这是转向喜剧精神的第一步。

另一方面,只要意识参加行动并隶属于那些性格,那么这种联合就是外在的,是一种**伪装**,因为真正的联合即自我、命运和实体的联合还不是现成在手的;那在观众面前出场的英雄就分裂为他的面具和演员、分裂为角色和现实的自我了。

前面一方面呢是讲的现实的自我意识,现实的自我意识的一个方面就是合唱队和观众,这是一方面的现实的自我意识,但是现在我们讲另一方面。"另一方面,只要意识参加行动并隶属于那些性格",这个也是现实的自我意识,但是这个现实的自我意识是在舞台上的行动者。前面讲的那个现实的自我意识是在舞台后面的合唱队和舞台下的观众,当然在希腊不见得是在舞台下了,希腊的演戏不像中国的演戏搭戏台,而是一个圆形的剧场,观众都坐在周围高处,从上往下看戏,我们是从下往上看戏。但是无论如何观众是在剧场之外,和剧场中的演员是不一样的,合唱队也是作为旁观的。那么另一方面呢,参与那个行动的意识,那就是演员,意识参加行动并隶属于那些性格,也就是扮演那些性格,戴着那些性格的面具,被分配去扮演那些性格的角色,这是另外一方面,这就不一样了。前面是讲观众,这里讲的是演员、是演出的主体了。"那么这种联合就是外在的,是一种**伪装**","伪装"打了着重号。这种联合就是意识和性格之间的那种联合,就是演员的意识和他所扮演的角色之间的联合,它隶属于那些性格,它要把那些性格扮演出来;但演员的表演意识在参加行动的时候它跟它的角色的联合是外在的,是一种伪装。就是它的扮演是一种假装,它已经不是里面的人物了,它只是假装是里面的一个人物,所以它没有那种情感也要装出那种情感,所以这个里头已经开始有一种伪装,开始有一种分化了。这种伪装其实是躲避崇高的一种方式,认真扮演崇高会带来一种沉重感和恐惧感,活得太累,于是走向玩世不恭。前面第一方面是讲的现实的自我意识、观众与命运拉开距离,一方面是恐惧,一方面是同情,这两者是分化的,那么演员也自我分化了,演员和他所扮演的人物也分化了，他在扮演人物，但是他很清醒地知道我不是那个人物，我只是在装出那个人物。"因为真正的联合即自我、命运和实体的联合还不是现成在手的"，真正的联合就是自我、命运和实体的那种联合，现在还不是真正在手，什么时候才能够真正在手呢？要到天启宗教，到天启宗教才能达到自我、命运和实体的真正的联合，而在悲剧这里还没有，在喜剧那里也没有。演员的自我意识现在试图作为单纯确定性去和英雄所代表的实体认同，试图去和宙斯规定的命运认同，但他又明明意识到这只是一种伪装，这个命运是一种陌生的命运，他无法认同这个命运，他只能表演出这个命运。同样，这个实体也不是他的实体，而是他所表演的人物代表的实体，他扮演了这个实体的力量的牺牲品，但是他其实也并不是这个实体力量的牺牲品，而只是扮演了这样一个过程。所以在悲剧里面的这种联合是外在的，是一种伪装，演员也知道这是一种伪装，是装出来的，而且他不需要自己真正去认同他的角色他也可以扮演。我们今天也讲到有两种演员，一种是性格演员，一种是本色演员，演员在悲剧开始的时候更接近于本色演员，悲剧发展到它的分化的时候呢更接近于性格演员，就是我可以扮演各种性格，我不是那样的人我也可以演出那样的人来，但是你千万别把我当成就是那样的人。我演一个英雄如何了得，但在现实生活中你不要寄希望于我，好像我就什么事情都可以化解，我没有那个能耐，在戏剧里面表现出我好像有那个能耐，那是表演嘛。电影演员施瓦辛格后来成为美国纽约州的州长，就是靠这种效应，大家以为他真的蛮有本事，他扮演超人嘛，但是实际上他并不是超人，他没有那样一种本事。悲剧发展到后来就开始显示出这样一种裂痕了，最开始的时候人们还不太注意，演员呢也尽量把自己当成是那样一个人，很投入；但到后来演疲了，他知道这是例行公事，反正你要我扮演这个角色，我就扮演，这是一种技术活，演得像不像，你们再评价，反正我不是那个人。后来就成了这样一种情况，没有真正的联合，没有自我、命运和实体的联合。"那在观众面前出场的英雄就分裂为他的面具和演员、分裂为角色和现实的自我了",一个是面具,就是他应该扮演的角色;一个是演员,明明对角色高攀不上,还要假装去演;再一个是现实的自我,演员就是演员,逢场作戏,并不是他扮演的英雄角色,而是一个很普通很世俗的凡人。面具和演员分裂了以后,它的那种崇高性就表现不出来了,现实的自我一旦意识到这一点,而观众也意识到了这一点,那这里就开始发生裂痕了,那就意味着悲剧开始解体了,这种扮演就显得滑稽了。这种倾向发展下去,那就会成为喜剧,一个悲剧演员如果他意识到他自己跟自己的面具是完全不同的,剧中人物和现实的自我也是完全不同的,而且如果观众也意识到这种不同,那悲剧就变成喜剧了。这是很自然的,你不是那个人,你扮演这个人,你越演得像,就越具有喜剧性,你越模仿得像,人家知道你是模仿,就越有喜剧性。这就造成了向喜剧的过渡。

这些英雄的自我意识必须从它的面具里显露出来并呈现自身,表明它知道自己既是合唱队的神灵的命运、又是诸绝对力量自身的命运,并且不再同合唱队、同普遍意识相分离。

"这些英雄的自我意识必须从它的面具里显露出来",在舞台上的这些英雄必须从他的面具里面显露出来,就是说原来在悲剧里面的那些面具呢是不能够显露演员的自我意识的,是遮蔽性的,演员的自我意识必须在后面隐藏起来,你要把自己当作不是你自己,而是当作你的角色。悲剧本来是要求这样,这是严肃的悲剧嘛,这又不是搞笑,你要是严肃的话,你就得认真地把自己当作是你的角色来上演,这才能演出悲剧,这个悲剧人物死了,就像你自己死了一样,观众也这样认同,观众也赋予你深切的同情,似乎演员就是这个角色,这是悲剧本来应该是这样的。但是现在,这些英雄的自我意识必须从它的面具里显露出来,我跟这个面具不一样啊,这个面具只是我扮演的角色,我只是逗你们玩的啊,所以我必须从这个面具里面显露出来。"并呈现自身",呈现它自身,既然实际上已经分裂了，那何不把自己露出来呢？现在要呈现自身，"表明它知道自己既是合唱队的神灵的命运、又是诸绝对力量自身的命运"，表明合唱队的这些神灵的命运和各个绝对力量自身的命运都是它演出来的，都是它装出来的，它知道其实它自己就是合唱队的那些神灵的命运，合唱队唱啊，悲叹啊，它在一旁窃笑：这就是我所造成的演出效果。"并且不再同合唱队、同普遍意识相分离"，也就是观众的情绪跟演员的自我意识是相通的，甚至是一样的。合唱队所表达的那种普遍的意识、那种实体的力量，那种命运，都是演员制造出来的，至于它实际上有没有呢，这个没人管它了，由演员去编了，由欧里庇得斯、阿里斯托芬这些人去编了。那么合唱队、观众就跟演员的意识相通了，演员在表现他编造出来的这些命运的时候，大众也跟着在编，也从中感到娱乐：我也可以编啊，我有跟喜剧演员、跟喜剧作者同样的意识，我们用这样一些看起来是悲剧的命运来娱乐自身。悲剧原来的作用不是娱乐，而是净化，按照亚里士多德的"净化说"，Katharsis，就是净化，就是通过观看悲剧，我们流眼泪，我们受到感动，然后我们把自己提升到那个静止的层面、那个安静的层面、那个更高的精神的层面，这个时候我们的心就得到了平复，我们的灵魂得到了净化，我们的道德境界得到了提升，本来悲剧是起这个作用的。而现在起的作用就是娱乐大众，喜剧演员、喜剧作家跟喜剧的观众处于同一水平，我们谁都不要装，所有这些装都是为了不装，装出这样一些悲剧的命运是为了大家同乐。我们从这里就过渡到喜剧了。

[**III. 喜剧**]于是**喜剧**首先就具有这一面，即现实的自我意识把自己呈现为神灵的命运。这些始基性的本质作为**普遍的**环节不是自我，也不是现实的。

"于是**喜剧**首先就具有这一面，即现实的自我意识把自己呈现为神灵的命运"，就是在现场的自我意识，比如说那些演员的自我意识，还有合唱队的自我意识，这都是很现实的自我意识，他们把自己呈现为神灵的命运。我在舞台上我把我自己表现为、呈现为神灵的命运，我就是舞台上的宙斯，所以这个神灵的命运是现实的自我意识自己呈现出来的，不是说有一个命运、有一个神的力量高高在上，委派现实的演员去演它。原来在悲剧中是这样的，演员变成了神的命运的一个道具，我们前面讲，演员和角色都是命运的一个道具。现在不同了，现在是现实的自我意识把自己呈现为神灵的命运，现在是倒过来了，现实的自我意识演出神的命运，它安排、它设计、它创作神的命运，神灵的命运现在反倒成了现实自我意识表现自身的道具。"这些始基性的本质作为**普遍的**环节不是自我，也不是现实的"，这些始基性的本质，也就是那些神灵的命运，那些实体性的力量，作为普遍的环节，神的命运、实体的力量当然是普遍的环节，它不是自我，也不是现实的。我已经跳出来了，这些普遍的环节它不是自我，也不是现实的，它们高高在上，但是与我无关。现在我把它们不是作为普遍的环节，而是作为我自己的特殊创意创造出来了，创造出来并不是要把它们作为普遍的环节加以弘扬和崇拜，而是把它作为我这个现实的人、现实的演员的作品，是我任意塑造和把玩的角色。作为普遍的环节它们在这里不再是现实的，这个演员的现实的自我意识并不把这些普遍的环节当真，所以这些普遍的环节不能通过他来体现自己的现实性，而恰好呈现出非现实性，是演员表演出来、假装出来的，我们前面也看到，这是一种伪装，意识与它所扮演的性格之间的联合是一种伪装，所以它们既不是自我也不是现实的。

　　它们虽然配备有个体性的形式，但是这种形式对于它们只是想象出来的，并不自在自为地适合它们本身；那现实的自我并不以一个这样的抽象的环节作为自己的实体和内容。

　　"它们"，也就是这些始基性的本质了，这些始基性的本质作为普遍的环节，"虽然配备有个体性的形式"，我也可以给它们配上一个个体性的形式，把它表演为一个人物、一个人物的形象，它有它的标志，比如说宙斯是一个大胡子，戴一个什么头盔，雅典娜又是穿一身什么样的盔甲，这都有一种个体性的形式，我把它表演出来，配上一种个体性的形式。"但是这种形式对于它们只是想象出来的"，我并不当真，我配给它们一种个体性的形式，但是对于我来说这只是我想出来的，是我给它配上的，"并不自在自为地适合它们本身"。在喜剧里面所演出的那样一些人物形象并不适合于这些人物形象所表达、所承载的那种实体性的力量，都带有调侃性。我演出一个人物，包括他的装扮、他的配饰、他的发型，甚至于他的动作、姿态，等等，都不是适合于这些严肃的伦理实体本身的，带有我自己的随意性和任意性。"那现实的自我并不以一个这样的抽象的环节作为自己的实体和内容"，现实的自我并不把这样的抽象环节当作自己的实体和内容，这些崇高的、普遍的环节对于演员来说、对于自我来说，并不是他们真正所信仰、所信奉的，不是他们真正想要忠实地表现的，他们在舞台上扮演雅典娜、宙斯、阿波罗等等，但是这些神的形象现在已经不是他们自己的实体和内容，这些个体形象只是本质的一种想象出来的表象，并不具有实体的内容。

因此它、这个主体，就被提升到超出这样一个抽象环节之上，如同它被提升到超出一个个别属性之上那样，并且通过戴上这样一种面具就表现了对这面具想要独自成为某种东西的反讽。

既然你并不把那种实体性的力量当作自己的内容和本质，当作实体和内容，"因此它、这个主体"，就是舞台上的这个现实的自我，这个演员，"就被提升到超出这样一个抽象环节之上"，这个抽象的环节只是他的一个工具。在悲剧里面，演员是这个抽象环节的道具，现在到了喜剧里面就颠倒过来了，这个抽象的环节只是演员的一个工具，所以主体被提升到超出这样一个抽象环节之上，演员才真正成为了主体。"如同它被提升到超出一个个别属性之上那样"，这样一个抽象的环节就好像是主体的一个个别的属性，好像是主体的一个个别的道具，主体可以用它来表现某种东西，可以随意地支配它。自我意识作为主体，本来是超出它的一切属性之上的，那么现在这个抽象的环节，尽管它本来是一个普遍的环节，现在也像主体的一种属性那样被超越了，主体把这种抽象的环节当作自己的一种个别的属性来加以玩弄、加以耍弄。我的属性我当然可以支配它，想把它怎么样就把它怎么样，现在这样一个普遍的环节也被当作属性来玩弄了。"并且通过戴上这样一种面具"，这个面具就是特定的某种普遍力量的人物，好像是代表某种普遍力量的人物，比如说复仇女神，或者是宙斯，演员戴上那个面具，它"就表现了对这个面具想要独自成为某种东西的反讽"，反讽，Ironie，又译讽刺。我戴上这个面具，那么这就是一种反讽，一种什么反讽呢？就是这个面具它想要独自成为某种东西，它想要人们把它所标志的那种普遍本质当真，但它其实是我手中的一个玩物。但是那个面具本身表现出一副神圣不可侵犯的样子，仿佛它才是整个剧情的主宰，这就显得很可笑了。这个面具显得好像是独立的，这在悲剧里面不足为奇，悲剧就是要把它表现得好像是凌驾于演员之上的，在悲剧里面演员的确要受他的面具支配，面具是一个独立的东西，代表神圣的力量，而演员必须把自己隐藏起来，必须要服从面具对他的角色要求；而现在呢颠倒过来了，现在这个面具想要独自成为某种主宰已经很可笑了，演员已经从面具底下露出脸来，甚至在做鬼脸了。这时演员把它作为面具戴在自己的脸上，实际上是对这个面具的一种反讽：你只是我的一个道具，但我装作你是我的主宰。面具是演员的一个道具，它怎么能成为某种独立的东西呢？它只是一个面具而已，它什么也不是，但它又想成为某种独立的东西，于是在被戴在演员脸上时就形成一种反讽，一种讽刺。Ironie 这个词在黑格尔这里是一个很重要的概念，也是苏格拉底的一个很重要的概念，黑格尔在评价苏格拉底的时候就是用的这个概念。有人甚至认为，整个黑格尔的哲学可以说都是一种反讽，都是在逗你玩，先让你相信他是认真的，接着就对你的信心加以摧毁，这种分析达到了相当的深刻性。反讽这个概念在黑格尔这里几乎可以形成一个核心范畴，就是什么东西都会走向自己的反面，走向自己的自我否定。

　　普遍本质性的这种装腔作势在自我的身上就暴露出来了；正是由于　　{398}

535

这种装腔作势、想要成为某种正气凛然的东西，它才表明自己落入了某种现实性的陷阱并摘下了面具。

"普遍本质性的这种装腔作势"，就是你把它戴在头上作为面具，它又想要成为某种独立的东西，当然本来它什么也不是，于是就显得是装腔作势了。那是一种伪装，而且这种伪装是公开的，不是说你演得不好，演悲剧的时候如果你装腔作势，人家就会说你演得不好，但在演喜剧的时候你越装腔作势，你就越演得好，就是要你装腔作势，就是要你把那个面具的装腔作势淋漓尽致地演出来。所以普遍本质性的这种装腔作势"在自我的身上就暴露出来了"，而且它是有意要暴露的，就是要暴露这种装腔作势，就是要亵渎这假崇高，揭穿这种假面具。我们今天讲渴望堕落，喜剧就是这样，渴望堕落，因为它已经看穿了，所有这些崇高的东西都是装腔作势。"正是由于这种装腔作势、想要成为某种正气凛然的东西，它才表明自己落入了某种现实性的陷阱并摘下了面具"，正是由于面具的这种装腔作势，想要成为某种正气凛然的东西，想要占领道德上的至高点，显得那么样的神圣和清高，这个时候恰好表明它落入了某种现实性的陷阱。某种现实性那就是演员的现实性，演员现在很实在了，他把自身的嘴脸露出来了，他摘下了面具，显示这个面具一钱不值。这个是很有意思的，就是说演员摘下了面具，我们可以想象古希腊喜剧的最后一个场景就是演员把面具摘下来，以演员的真面目面对观众，当然这是我想象的了。在中国的京剧里面是摘不下来的，它是画上去的，那是脸谱。但是中国的京剧里面也有类似的，比如说旁白、插科打诨，旁白就是对观众说话了，就是台上跟台下交流了。布莱希特的表演理论就讲到要拆掉"第四堵墙"，剧场好像是四堵墙，封闭在四堵墙之间，假装外面的人看不到里面，其实外面的人看得到里面，但里面的人要装作外面的人看不到里面，这是西方传统的戏剧要求是这样，要身临其境，不受外面观众的干扰。而布莱希特提出新的艺术理念，主张要拆掉面向观众的第四堵墙，跟观众交流。他这个思想从哪来的呢？从梅兰芳来的。他受中国戏剧的启发，因为中国戏剧里面有很多台上跟台下的交流，比如说演员演到半道中间突然旁白，直接对观众说：你看你看他怎么怎么样，评论一番，跟观众直接交流，甚至于还可以对话。这个是布莱希特非常欣赏的，他认为西方戏剧也应该这样，但是他没有追溯到古希腊，说明古希腊还没有这样的。中国戏剧是这样的，在古希腊还没有这样一种拆墙，但是也有台上跟台下认同的这样一种倾向，就是把面具摘了，观众看到了演员本人，看到演员就更容易认同了，就不是神了，不同于他的面具了，一个活生生的人在台上了。所以这就相当于摘下了面具，显示出这面具落入了某种现实性的陷阱，它的装腔作势正表明它是后面的演员装出来的，装出来的就很可笑了，就构成了笑料，构成了反讽。

<u>自我在这里是以自己作为现实的含义出场的，它戴着面具表演，这面具它一旦戴上，它就要充当自己的角色，——但是它同样马上又从这种假象中以自己的固有的赤裸和粗俗脱颖而出，并表明这种赤裸粗俗与真正的自我、与演员以及观众都是没有区别的。</u>

这就是实际上拆掉了第四堵墙。"自我在这里是以自己作为现实的含义出场的"，演员直接出场了，他把自己的面具摘了。"它戴着面具表演"，它戴着面具是为了表演哪，是为了游戏啊，"表演"spielen 也可翻译成"游戏"，戴着面具是一种戏谑、一种游戏。"这面具它一旦戴上，它就要充当自己的角色"，他是演员嘛，戴上这个面具就要充当自己的角色。"但是它同样马上又从这种假象中以自己的固有的赤裸和粗俗脱颖而出"，我们可以想象在扮演某个崇高的形象、某个神的形象的时候突然把面具脱掉骂一句脏话，以自己的赤裸和粗俗脱颖而出。王朔最喜欢搞这一套，王朔在他的《动物凶猛》里面写着写着，写到激情的时候，突然不写下去了，说：我现在打住，我告诉大家我现在要骗人了，我下面再继续骗下去，你们再看。这就相当于戏剧里面的旁白了，从旁边来审视一下，从旁边来调侃两句，把整个原来营造的所有的那些紧张气氛都破坏掉了，点出来这一切都是假的，是我扮演出来的。"并表明这种赤裸粗俗与真

正的自我、与演员以及观众都是没有区别的"，演员并不高高在上，演员跟他的真正的自我、演员跟底下的观众没有区别，演员跟底下的观众可以直接交流，即算不是直接的、现实的交流，也是在情感上面的交流。也就是说主体跳出了这个圈子之外，跟底下的观众有了一种交流。现在的有些综艺节目就是演员直接走下舞台，到观众中去和他们对话、握手，营造一种轻松的氛围。阿里斯托芬的喜剧《云》上演时，剧中所讽刺的著名哲学家苏格拉底在台下坐不住了，直接走到舞台前面向观众展示他的尊容，台上台下真正打成了一片。

　　下面就开始讲喜剧的具体的划分了。前面一段是一个导引，接下来就是对"III. 喜剧"的内容进行划分，共有三个自然段，每个自然段设一个小标题。原来贺先生他们的译本多分出来一个自然段，也就是把第一段前面两句话单独作一段，这个是不符合德文原来的段落的；并且他们把第一个小标题放在这两句话后面，标为"1. 自然存在的本质"，也不对。我把这个小标题提到 226 页的一开头，并把这个小标题改成："1. 神圣实体的双重本质性"，把下面第二个小标题"2. 神的抽象个体性之无本质性"改成："2. 神圣本质性被架空成偶然个体性的游戏"；最后一段的小标题仍旧。我们先看第一个小标题。

[226]　　[1. 神圣实体的双重本质性] 已成形的本质性一般说在其个体性中的这种普遍的解体，在它的内容上越是严肃，并且正是就这内容越是具有严肃和必然性的含义而言，这种解体因此也就越是戏弄人、越是尖刻。

　　这第一句话就点出了喜剧的内在矛盾性。"已成形的本质性一般说在其个体性中的这种普遍的解体"，已成形的本质性，也就是经过史诗和悲剧已经具有了形态的本质性，包括伦理的力量、伦理的本质，一般说在其个体性中遭到了普遍的解体。这种本质本来在舞台上是要表现的主题，悲剧就是要表现这种本质性嘛，表现崇高嘛，但是在其个体性中普遍地被解体了。也就是经过个体性对实体的上述三重限定，最终这种本质性被变成了一种道具，崇高已经堕入凡尘，已经被变成一个笑料，在个体性中已经普遍解体了，它跟演员、跟观众已经不再能直接沟通了，能够直接沟通的是演员本身的自我意识，这种本质性已经从角色身上、演员身上分离了。"在它的内容上越是严肃"，解体了以后它还保持一种严肃，但这个时候的严肃呢已经不再是为了正面地表达自己了。"并且正是就这内容越是具有严肃和必然性的含义而言，这种解体因此也就越是戏弄人、越是尖刻"，你越做得严肃、正儿八经的，那么这种解体就越是具有喜剧性，越是戏弄人，讽刺也就越是尖刻。而这正好表明，神圣实体的本质性已经被撕裂了。

神圣的实体在自身内结合有自然的本质性和伦理的本质性的含义。

"神圣的实体在自身内结合有自然的本质性和伦理的本质性的含义"，本来自然的本质性和伦理的本质性这两方面的含义是紧密结合在一起的，而在喜剧中这两种本质性就分裂了。这里为下面的分析提供了一个前提，就是神圣实体本身就有这两方面，那么下面我们就要分别从这两个方面来分析神圣的实体它的双重本质性是怎么样形成喜剧性的，所以这两句和下面讲的是紧密相关的。贺先生他们的译本从这下面另起了一段，其实这个地方在原文里面没有另起一段，是接下来的，丛书版、考订版和袖珍版都没有分段，都是连着的。

就自然物来看，现实的自我意识在使用自然物来装饰自身、来修建住宅等等，并用自己的祭品大摆宴席的时候，就已经表明自己是这样一种命运，这命运的奥秘、即自然的自我本质性是怎么一回事的奥秘已泄露出来了；在面包和酒的神秘仪式里，自我意识将自然连同内在本质的含义一起据为己有，而在喜剧里，它就意识到这种含义的一般的反讽性了。

"就自然物来看"，刚才讲了，神圣的实体在自身内包含有自然的和伦理的双重本质性的含义，那么首先从自然方面来看。"现实的自我意识在使用自然物来装饰自身、来修建住宅等等，并用自己的祭品大摆宴席的时候"，这个前面已经讲了，前面第 208 页讲到对神的祭拜最后变成了对人的住宅和日常生活的装饰，祭拜的行为变成了供人享乐的盛宴，节日庆典就是大摆宴席、大吃大喝。"就已经表明自己是这样一种命运，这命运的奥秘即自然的自我本质性是怎么一回事的奥秘已泄露出来了"，在神秘的仪式里面已经泄露出来了，我们在用这些供品、用这些牺牲去祭神的时候，实际上是供我们自己享乐，我们献给宙斯的只是一张皮，只是一些不能吃的东西，那些能吃的肉我们留给自己吃，实际上这里头已经包含有反讽了。前面讲到用自然物来装饰自身、来修建住宅，等等，这个时候你表面上好像在敬神，但实际上你是为自己的享乐，为了美化自己的生活，而这就已经泄露出来了自然本身的本质性究竟是怎么一回事。"在面包和酒的神秘仪式里，自我意识将自然连同内在本质的含义一起据为己有"，我们把面包和酒献给神，但最后我们自己吃了、喝了，这是前面在自然的本质性里面已经显露出来的反讽，但当时没有把它当成反讽来看，大家都很严肃，都很正经，我们杀了一头牛来祭奠宙斯，最后我们大家饱餐一顿，大家都认为这很正常。其实这才真的是自然自身的本质性，吃饭和饮酒的秘密正在这里，这就是祭拜的神秘仪式作为自然的本质性的奥秘。"而在喜剧里，它就意识到这种含义的一般的反讽性了"，也就是说，只有在喜剧里才公开地把这样一种反讽性表现出来，大家才意识到，我们在祭奠神的时候实际上是在祭奠自己啊，哪里是什么祭奠神呢，所以我们在表演神的时候也是在表演自己，我们不是在表演神，而是拿神来开涮，实际上是利用祭神的机会自娱自乐，大家都已经意识到了这一点。这是在自然的方面我们已经在喜剧里面意识到的反讽性。

——现在就这种含义包含有伦理的本质性而言，一来，这个本质性就是民族，因为民族的两方面就是国家或真正的人民，以及家庭—个别性；二来，它就是对共相的自我意识到的纯粹认知或理性思维。

刚才讲了在自然方面有这样一种反讽性，在祭拜仪式中还是心照不宣的，在喜剧里面就公开表现出来了。那么，"现在就这种含义包含有伦理的本质性而言"，前面讲神圣实体结合有自然的和伦理的两种本质性，讲了自然的本质性以后，现在就来讲它所包含的伦理的本质性了，从这方面来说，也有两点。"一来，这个本质性就是民族，因为民族的两方面就是国家或真正的人民，以及家庭——个别性"，民族，Volk 包括国家和家庭，这个前面已讲了，这里把国家说成是真正的"人民"，Demos，而把家庭标为"个别性"。也就是说，民族包括国家或人民的普遍性以及家庭的个别性两个环节。伦理的本质性就是民族，民族有两方面，一个是国家，国家也就是真正的人民了，只有组织成国家的人民才是真正的人民。Demokratie 就是民主，Demos 就是人民，这是具有普遍性的。一个是家庭的个别性，这里是指基于私有制下的个体家庭，不是东方的大家族。国和家，它们构成了民族，这是一个方面。第二方面，"二来，它就是对共相的自我意识到的纯粹认知或理性思维"，这是观念层面了。神圣实体的伦理本质性，一个是民族，另外一个是理性，有这两方面。民族就包括人民和家庭，包括习惯、风俗、伦常等等的体制，另外一个呢是对共相的自我意识到的纯粹认知或理性思维。这两方面当然也是有关系的，苏格拉底讲美德是什么？美德就是知识。我们讲人民、讲家庭、讲国家的时候我们都讲美德，但是这些东西都要由知识来奠定基础。所以伦理的本质性包含有两个方面，一个是民族，一个是纯粹认知、理性思维，首先来看民族这方面。

——这些**人民**即普遍聚合体知道自己是主人和主权者，同时也知道自己的知性和明见应该受到尊重，于是他们就被自己现实性中的特殊性所强制和诱惑，并呈现出他们对自己的看法与他们的直接定在之间、他们的必然性与偶然性之间、他们的普遍性与卑鄙性之间的可笑的反差。

"这些**人民**"，"人民"打了着重号，这些人民，这些 Demos，当时的雅典是民主制嘛，是 Demokratie，所以他们特别强调人民主权。黑格尔对这个人民主权呢是有他的考察、有他的批判的，而且当时的有识之士，像喜剧作家阿里斯托芬，也是对这样一种民主有他的批判的。这些人民"即普遍聚合体"，他要用 Masse（聚合体）这个词，实际上是一帮乌合之众了，是一帮聚合体。黑格尔在别处曾讲，人民就是不知道自己要什么的一群人。这些人民即普遍聚合体"知道自己是主人和主权者"，乌合之众有了主权，成了主人，就怎么样呢？"同时也知道自己的知性和明见应该受到尊重"，注意这里用的是"知性和明见"，前面用的是"理性思维"，这个是不一样的。理性思维是下面一段所要推崇和鼓吹的，是喜剧的真正价值之所在，但普通大众的知性和明见则是自以为是的井底之见。但这些乌合之众同时也知道自己的知性和识见应该受到尊重，因为是民主制嘛，"于是他们就被自己的现实性中的特殊性所强制和诱惑"，人民被他自己的现实性中的特殊性所强制和诱惑，这是古代雅典民主制的一个特点。古代雅典的民主制就是经常被现实性中的特殊性所强制和诱惑，被某些野心家所控制和利用，它的控制不是采取专制的方式，而是采取煽动民众的方式，或者是知性的方式，貌似好像有理，滔滔雄辩，谁能说会道，他就能够在公民大会上得到喝彩，得到喝彩以后他就可以掌权，他就可以当领袖。这一段结束的时候，贺、王译本有一个译者注："参看阿里斯托芬的喜剧《骑士》对当时雅典民主派领袖、典型的政治煽动家克勒翁能言善辩、欺骗人民种种行径的讥刺。"克勒翁是一个卑鄙小人，但是他能言善辩，他通过煽动一大帮乌合之众推举他执政，当了领袖，掌握政权，但是实际上他是有他的私利的，他把整个国家搞得乱七八糟，贪污腐化到处横行。他周围的民众正是被自己现实性中的特殊性所强制和诱惑的典型。"并呈现出他们对自己的看法与他们的直接定在之间、他们的必然性与偶然性之间、他们的普遍性与卑鄙性之间的可笑的反差"，他们对自己的看法和他们的直接定在之间是有反差的，他们觉得自己很了不起，但实际上都是些卑鄙小人。他们的必然性与偶然性之间也是不相称的，他们认为自己代表了必然的命运，代表着实体性的力量，但实际上是小人得志，是一种偶然现象，上台也是偶然上台。他们的普遍性与卑鄙性之间更是存在着可笑的反差，他们宣扬他们代表普遍正义，但实际上他们个个都是很卑鄙的。这些在《骑士》这个喜剧里面表现得淋漓尽致，克勒翁小人得志，掌权以后胡作非为；后来由另外一个人、一个腊肠小贩采取同样的办法，通过煽动和阴谋等不正当的办法，把他推翻了。一个腊肠小贩当了领袖，夺了权，夺权以后把 Demos，Demos、"人民" 在台上也是一个人物，把 "人民" 放到锅里面去煮了一番，然后把他提起来，这样 Demos 才恢复了正常。自从这个腊肠小贩掌权以后呢，整个国家才恢复到了正常状态，恢复到了正义，这就是以毒攻毒啊。用腊肠小贩的卑鄙小人去取代原来的克勒翁，最后回复到了阿里斯托芬所理想的民主社会的正常状态，一切才恢复秩序，恢复常态。但是实际上腊肠小贩也存在着这样一种反差，他的必然性与偶然性哪、他的对自己的看法与他们的直接定在啊、他的普遍性与卑鄙性之间哪，都有可笑的反差，以这样一种方式引发了许许多多的笑料。

　　如果他们那从共相脱离开的个别性原则在现实性的本来的形态中出起风头来、公开挟持并安排那以个别性原则为自身隐患的共同体，那么这就更加直接地暴露出作为理论的共相与在实践中所关心的共相的反差，暴露出直接个别性的目的从普遍秩序中获得的完全解放和这个别性对这秩序的嘲弄。

　　这是最后作总结了。"如果他们那从共相脱离开的个别性原则在现实性的本来的形态中出起风头来"，这些人物他们都代表从共相脱离开的个别性原则，他们都是一些小人了，这些掌权的人物、这些角色都是小人，从共相脱离开了，从普遍的东西脱离开了。他们并不是为了国家利益，也不是为了某个正当的道德的目标，他们在现实性的本来的形态中，不是所设想的天上啊、奥林普斯山上啊或者是一个什么历史的场景中啊，而是就在我们的现实生活中，比如说卖腊肠的小贩，这在街头到处可以看到的。在这个现实的本来的形态中出起风头来，这样一些个别性原则出起风头来，一夜之间成了大人物，"公开挟持并安排那以个别性原则为自身隐患的共同体"，挟持共同体，通过他们的煽动掌握了政权、上台来安排这个国家共同体，但这个国家共同体是以个别性原则为自身的隐患的，就是说如果都是一些野心家在这里搞来搞去，那国家是有隐患的，后患无穷。如果你选一个野心家上台，那是后患无穷的，他将挟持这个共同体，一个小贩也可以出风头，来掌握政权。"那么这就更加直接地暴露出作为理论的共相与在实践中所关心的共相的反差"，理论的共相、口头上说的那些共相与在实践中所关心的共相有巨大的反差。理论上是一尘不染的、干干净净的，崇高理想的，但是在实践中关心的共相呢，是由这些野心家、由这些自私的、别有用心的人所操纵的，更加暴露出这样一种反差，那就是对这种崇高的一种讽刺了。当然在黑格尔看来这个崇高并没有被打倒，阿里斯托芬的喜剧也不是要彻底批判崇高，这些崇高还是高高在上的，但是在生活中不现实。阿里斯托芬的喜剧非常现实，所以它才能够得到广大老百姓的热爱，它暴露出了这样一种反差，就是说本来应该是怎么样的，但是你们搞得怎么样，你们把这个事情搞成这样了，这个国家还成为国家吗？这就暴露出这样一种反差了，那些人还是打着普遍性的旗号来做这些肮脏的事情，这就更加显得滑稽可笑了。"暴露出直接个别性的目的从普遍秩序中获得的完全解放"，完全打破普遍秩序，完全不受普遍秩序的束缚、不受约束，完全为所欲为，施展自己的阴谋诡计，施展自己的歪才，来获得自己的地位。"和这个别性对这秩序的嘲弄"，获得完全解放，完全不受这些秩序的束缚，那就是对秩序的嘲弄了。阿里斯托芬的喜剧里很多都是讲这方面的，所以后人评价阿里斯托芬的戏剧基本上都是政治喜剧，他是喜剧大师嘛，我们从他现在所留下的所有剧作来看，都是政治剧，都是讽刺政治的。所以现在政治哲学研究阿里斯托芬非常热，大家有兴趣的话可以去看一看，可以去查一查，网上都有很多这方面的评论。好，今天就到这里。这学期就谢谢大家了！我们下学期再开始。

*　　　　　*　　　　　*

好，我们上次艺术宗教的最后一部分还剩下一点，讲到喜剧，上次讲到它的一个开场白和它的第一个小标题，我们把这个小标题改成了"神圣实体的双重本质性"，神圣实体它有双重本质，它不仅仅是自然的本质，而且它还有伦理的本质。一个是自然的本质性，一个是伦理的本质性，这是神圣实体在喜剧这样一个意识的形态里面所体现出来的内在的矛盾。它本来是伦理实体嘛，艺术宗教它的基础就是伦理实体，这我们前面已经讲到了，但这个伦理实体它有两方面的本质，一个是自然的形式方面。自然的形式方面在这个艺术宗教里面包括在它的神秘的仪式、祭仪里面，已经表现出它的一种反讽性，就是说我用自然的东西来祭奠神，但是这些东西我自己又把它吃掉了，所以这实际上已经体现出一种反讽，但当时的人们没有意识到。只有在喜剧里面这样一种反讽才被意识到，才被提出来说。另一个是伦理的内容方面，就是国家和家庭组成了民族，这是客观精神的内容，主观精神的内容则是自我意识的理性思维。一个民族，一个理性思维，这两方面结合起来构成了神圣实体的伦理方面。这就是双重本质性，伦理实体它本身具有自然形式和精神内容这样双重的本质性。那么今天我们要讲的是第二个小标题，第二个小标题原来的标题叫作"神的抽象个体性之无本质性"，这里我也把它改动一下，叫作"神圣本质性被架空成为偶然个体性的游戏"，更加贴近它的内容。就是神圣实体的本质性被架空了，它空无内容，成了一些语词，成了一些抽象思想、抽象概念，那么它就成为了偶然个体性的游戏，就是在喜剧里面调侃这样一些神圣本质，调侃这些伦理性的、天经地义的、非常崇高的这样一些本质，使它成为自己的玩物。这里体现了伦理实体里面的理性思维所起的一种抽象化的作用。

　　[2.神圣本质性被架空，成为偶然个体性的游戏]理性的**思维**使神圣本质解除了它的偶然形态，与合唱队的无概念的智慧相对立，这种智慧[227]提出了各式各样的伦理格言并且认可一大堆法则、特定的义务概念和权利概念，与之相反，理性思维把这些东西提高为**美和善**的单纯理念。

　　上面讲了神圣实体的双重本性，它的自然的这一方面已经被喜剧精神看破了，它带有一种反讽性，你把自然的东西当作神圣的东西，但是你最后又自己享用了，一点都不神圣，这就使神圣实体的自然方面解构了。那么伦理的方面呢也解构了，伦理方面的解构是借助于伦理方面的理性思维来解构的，神圣实体它在伦理方面呢除了民族、人民，包括家庭，包括国家，除了这些客观精神的实体性的东西以外，还有就是主观精神中的理性思维，它们合起来构成宗教的绝对精神。古希腊的城邦它是有理性思维贯穿其中的，它不是一些偶然聚合在一起的团体，而是由理性思维在里面起作用，但是这个理性思维进入到喜剧阶段，它就起了另外一方面的作用，就是解构的作用。伦理实体内部它的理性思维开始脱离城邦本身的伦理定在，而去追求更纯粹的理念，这就使得神圣本质被架空了。所以他讲，"理性的**思维**使神圣本质解除了它的偶然形态"，神圣本质不是说它偶然碰到一起组成了一个城邦，它是有理性思维的，但理性思维在伦理实体的偶然性中被遮蔽了。当它在喜剧中被触发起来，意识到这些偶然形态与神圣本质的不相容性和反差时，它就解除了神圣本质的偶然形态，而向更高的纯粹理念提升了。"与合唱队的无概念性的智慧相对立"，显然，你要追求纯粹理念，必然会与合唱队的民间智慧相对立。合唱队我们前面已经讲了，在希腊的戏剧中，不管是悲剧还是喜剧，它后面都有合唱队，合唱队代表民间智慧，代表着观众的一种共识。但它不直接参与到戏剧的情节中来，一般来说它是在一幕剧完了以后，当这些角色下场了以后，才歌唱出这一场剧的伦理的意义。但这种表达所体现的是一种未经反思的、无概念性的智慧，它基于一种风俗习惯和传统观念，带有偶然性的形态。那么理性思维则与合唱队的这种偶然的、无概念的智慧相对立，它要搞清问题，它要澄清概念，要建立一种普遍理念，它跟那种常识性的民间共识是不一样的。"这种智慧提出了各式各样的伦理格言并且认可一大堆法则、特定的义务概念和权利概念"，这民间智慧在合唱队里面体现出来，它是一种这样的方式，就是提出各式各样的伦理格言, 也就是民间流行的、约定俗成的、往往体现为一种成语式的、箴言式的格言, 像我们传统的《增广贤文》、《三字经》一类的格言。还有就是一大堆法则, 这些法则是直接认可的, 没有经过理性思维, 不是从根据推出来的, 而是认定的; 特定的义务概念和权利概念, 注意这里是"特定的"义务和权利, 义务和权利本来应该在一个法的系统里面有它的位置的, 你的义务从哪来、权利从哪来、是否公平, 这都应该有待于论证的。但是这里没有论证, 它是特定的, 奴隶就应该怎么样, 主人就应该怎么样, 贵族就应该怎么样, 平民就应该怎么样, 每一个特定的群体都有它特定的义务和权利, 这个不容置疑, 历来如此。合唱队的这种无概念性的智慧是这样的; 那么, 理性的思维使神圣本质解除了它的偶然形态, 与这样一种偶然的智慧相对立。所以下面接下来讲, "与之相反, 理性思维把这些东西提高为**美**和**善**的单纯理念", 与这样一种民间的、不假思索的、无概念的、接受下来的法则、特定的义务和权利的概念相反, 理性思维把这些东西提高到美和善的理念。黑格尔这里暗指苏格拉底和柏拉图, 尤其在苏格拉底那里体现得最为典型。苏格拉底一生就是要探讨这些问题: 什么是美? 什么是善? 什么是美德? 他要搞清这些概念, 清除其中的偶然和模糊的意见。当然这些概念本身就在日常的这些伦理格言、这些法则里面包含着, 但是经过苏格拉底的梳理, 它们提升成了一种单纯理念。比如苏格拉底跟希庇阿斯讨论什么是美, 希庇阿斯就举了很多例子, 比如说一个漂亮的小姐、一匹漂亮的母马、一个漂亮的汤罐等等, 苏格拉底就说, 我要问的是什么是美本身, 不是什么是美的东西, 美的东西你可以无限制地举例子举下去, 但什么是美本身, 这就要回答万物之所以美的那个美本身是什么。经过一系列的辨析, 苏格拉底引出的初步定义是: 美是合适的。而合适又是善的原因, 所以美是善的原因。柏拉图后来把这种"美本身"、"善本身"确定为"美的理念"和"善的理念"。理念也就是理性的纯粹概念, 理性思维的过程也就是追求纯粹理念的过程, 它必须遵守一定的推理程序, 逐级上升, 把那些感性经验的偶然的东西一步步排除出去。理性思维正是这样从人们的日常思维中脱颖而出,颠覆了原来那种想问题的方式:你不要跟我举例子,你要回答什么是美本身、什么是善本身。那就要动用你的理性思维,你就不能单纯凭经验、人云亦云、大家都认可,凭这样一些根据来跟我谈话,这是思维本身的一种提高,这种方式一方面把思维提高到了纯粹理性的层次,但是另一方面呢也否定了很多东西。

　　——这个抽象的运动就是对这些准则和法则本身中所具有的辩证法的意识,从而也就是对这些准则和法则以往显现于其中的那种绝对有效性的消失的意识。

　　"这个抽象的运动",就是说把所有这些东西提高为美和善的理念的这样一个运动就是一种抽象的运动,一种将偶然的经验事物逐步排除掉的运动。理性思维之所以是理性思维,首先就看你具不具备抽象能力,你老给我举例子,说明你没有理性思维,你没有抽象能力,你没有概括能力。所有这些例子,它们的本质是什么,你能不能概括一下?你能不能把那些东西抽象掉,把一个具有概括性的普遍的共相提交出来?这就是抽象的运动。这个抽象的运动"就是对这些准则和法则本身中所具有的辩证法的意识",这种抽象运动的辩证法的意识在苏格拉底那里已经提出来了,苏格拉底的辩证法就是一种抽象。后来的逻辑学家们把苏格拉底的辩证法看作是一种归纳的方法,把所有东西归纳起来,得出一个普遍适用的共同的概念、一个共相。这种说法不能说错,但很表面。当然有归纳,但辩证法不只是归纳了,归纳只是它的表层的形式,归纳是人为的、外在的,我们从外面加给这些例子一个抽象的概念,把它们概括起来、把它们归拢起来。但辩证法不是这样的,而是对这些准则和法则本身中所具有的辩证法的意识,辩证法的意识呢不是人为地从外面去归纳,而是从这些具体的准则和法则、伦理格言等等中提升出来,它们本身已经具有了自我提升的根据,就像美的东西里面已经包含有美的理念,只是还不纯粹。我们所做的只是把它里面混杂着的理念提升到美和善的单纯理念，这种提升不是你人为的外部操作，而是从这些具体事物本身所具有的辩证本性中揭示出它们的自我提升或者说自我否定，否定自己原来的那种具体形态而上升到抽象概念，所以这种抽象运动就是对这样一种辩证法的意识。"从而也就是对这些准则和法则以往显现于其中的那种绝对有效性的消失的意识"，就是说这些准则和法则以往显得像是绝对有效的，永恒的，不可置疑的，但其实里面含有很多偶然经验的东西，现在这些东西的绝对有效性已经消失了。现在我们意识到它们不再是绝对有效的了，它当然还有效，但只是在一定的范围内有效，在一定的层次上有效，不再是绝对有效。而这种有效性的消失不是我给它取消的，是它们本身具有这样一种自我否定的本性、辩证的本性，是这样一种否定性的辩证法的结果。这就是苏格拉底的反讽，苏格拉底发现一个概念它本身会否定自己，走向自己的反面，所以当我们承认一种有效性的时候必须留一手，姑妄言之，故意将它推向绝对，而暴露出它内在的矛盾，让它自己自我否定、自我毁灭。他所有的对话都是利用这种反讽手法，利用这样一种自我矛盾性来把他的对手逼到死角，从而逼向一个正确的方向。你要是坚持自己观点的绝对有效性的话，你就会陷入自相矛盾，你要摆脱出来，你就得提升自己的层次。苏格拉底的对话就是采取这种办法，逼着他的对手提高自己的层次，以往的层次太低了，这就是他的辩证法的意识。

　　<u>由于表象赋予那些神圣本质性的那个偶然规定和表面个体性消失</u>　{399}
<u>了，所以这些神圣本质性就其**自然**方面来看还拥有的就只是它们赤裸裸</u>
<u>的直接定在，它们是云，一种消失着的烟雾，就像那些表象一样。</u>①

---

①　黑格尔这里指的是阿里斯托芬的喜剧《云》，这部剧针对的是以苏格拉底为代表的哲
　　学教育。苏格拉底教导来他的学校学习的斯崔普西阿德说，民族的诸神都不是真神，
　　云才是真神。云标志着迷雾、晨露和影子。斯崔普西阿德想从苏格拉底那里学习从
　　债权人那里捞回钱财的技术。他派他的儿子斐狄庞德斯去学习如何使一件坏事取胜。
　　为此目的在善事的代表和坏事的代表之间展开了一场雄辩术的对决，而赢得胜利的
　　是坏事的代表。——丛书版编者

"由于表象赋予那些神圣本质性的那个偶然规定和表面个体性消失了",表象,我们前面多次接触这个概念,就是神圣本质性它在理性思维里面成为了一种理念,成为了一种抽象概念,这种抽象概念的层次比它原来的那个层次要更高,原来的层次是什么层次呢? 就是表象的层次。合唱队那种无概念性的智慧就是表象的层次,或者是日常经验的层次,人人都可以看到,都可以展示出来,都可以举出例子来。苏格拉底问美诺,什么是美德? 美诺举了很多例子,主人的美德应该怎么样,仆人的美德应该怎么样,父亲应该怎么样,母亲应该怎么样,老人应该怎么样,小孩应该怎么样,各有各的美德。苏格拉底就讽刺他说,我问的是什么是美德本身? 你却给了我一窝美德。就是说,如果你停留在表象思维,你就永远达到不了美德本身。所以这里讲,在理性思维中,表象赋予那些神圣本质性的那个偶然规定和表面个体性消失了,因为那些神圣本质如果只停留在表象的层面的话,它们就只有一些偶然的规定和表面的个体性。而在这个抽象的运动过程中,表象所赋予的那些偶然的规定和表面的个体性消失了,前面讲绝对有效性消失了,这里讲这种表象也消失了。"所以这些神圣本质性就其**自然**方面来看",神圣本质性就是神圣实体了,"自然"打了着重号,"还拥有的就只是它们赤裸裸的直接定在"。这些神圣本质性就它们的自然方面来看,它们的那些表象都消失了,那些偶然性、表面的个体性都消失了,经过抽象的运动已经上升到一种理念了,那么这些神圣本质性就其自然方面来看还剩下什么呢? 还剩下的就是它们赤裸裸的直接定在。就是说我们只知道它们还在,但只是赤裸裸的直接定在,已经没有什么内容附着于它之上了。"它们是云,一种消失着的烟雾,就像那些表象一样","云"这个词呢有一个注释,贺先生他们的注释是:"参看阿里斯托芬的喜剧《云》,此剧用夸张手法嘲笑苏格拉底,借以反对当时社会上利用诡辩和雄辩以取得政治权力和诉讼胜利的风气,并借用苏格拉底的口来破除传统宗教对神灵的迷信。黑格尔这里的意思是说,喜剧标志着个人意识的提高,伦理格言,神灵信仰的烟消云散,向天启宗教过渡"。这里德文本也有一个编者注，意思有所不同，即阿里斯托芬在这里不是借苏格拉底的口来破除传统宗教的迷信，而是抨击苏格拉底用诡辩解构了传统宗教伦理。阿里斯托芬是个保守主义者，他要维护的正是旧道德，他实际上是把苏格拉底等同于智者派的诡辩了，而不知道苏格拉底的辩证法在解构旧传统的伦理道德的同时，开启了西方伦理精神的一个新的时代，为后来的天启宗教开辟了道路。在《云》这个喜剧里面，实际上阿里斯托芬是要批评智者派，但他搞不清楚，因为阿里斯托芬毕竟不是哲学家嘛，他是个诗人，他把苏格拉底和智者派混为一谈了，苏格拉底当作智者派的典型。但有一点阿里斯托芬说对了，就是经过苏格拉底的解构，神圣本质在自然方面虽然名义上还存在，但已经捉摸不定了，它们是云，"一种消失着的烟雾，就像那些表象一样"。这种赤裸裸的定在已经没有任何具体内容了，具体内容都抽掉了，成为了一个抽象概念了，那么从自然方面来看它们就是飘忽不定的云了。你要仍然用自然的知性经验的眼光来看辩证法的概念，那你就会把这个抽象概念看作像云一样虚无缥缈，如堕五里雾中，它们就是云，天上的云你怎么抓得到呢？所以黑格尔这里是借阿里斯托芬的口来讲述一个事实，就是怀抱日常自然思维的人对于苏格拉底辩证法已经无法理解了，只好把它看作就像消失的烟雾，和那些表象一起消失于无形。本来这个表象是消失了，你把它抽象到一种纯粹的、单纯的理念，那么在这个理念里面那些表象已经消失了，一个抽象概念你用自然的眼光来看，它就会成为一种消失的表象。阿里斯托芬对苏格拉底的批评是用传统的眼光来批评的，阿里斯托芬是很传统的，他认为苏格拉底太过激了，虽然他跟苏格拉底是好朋友，在上演《云》的时候，当大家哄堂大笑的时候，苏格拉底在观众席上站起来把自己展示给大家看：这就是我，这就是讽刺的我。他们都互相调侃，都是关系很好的，一种善意的调侃。但是苏格拉底比他们这些人的层次都要高，一般老百姓就从自然的眼光来看，就把它说成是云，这在今天很常见。我们今天讲到哲学家，哲学家是干什么的啊？哲学家就是吃饱了撑着的，他们搞那些东西都是没用的，都是用来混饭吃的，一派诡辩胡言，那就是"云"嘛，所以觉得没有必要提升自己的思想层次，达到一种抽象概念。

按照它们的**被思维**的本质性，它们就成为了美和善的**单纯**思想，这些思想容纳得了用任何想要的内容加以填充。

"按照它们的**被思维**的本质性"，按照这些神圣本质的被思维到的本质性，"被思维"打了着重号，为什么被思维要打着重号？这是跟前一句"自然"打了着重号相对应的，因为自然和思维是神圣本质的两面。你如果还在用自然的眼光来看，那神圣本质就成了一种消失着的表象、云；但是如果你从被思维的本质性来看，"它们就成为了美和善的**单纯**思想"，单纯思想也就是理念，这就提升到了美和善的理念。"这些思想容纳得了用任何想要的内容加以填充"，它们已经提高了层次，已经具有了高度的概括性。你一旦达到了美和善的理念，那么所有的那些具体的例子你都可以把它塞进去，因为它们都是对这个美和善的理念的分有，用柏拉图的术语来讲就是"分有说"，万事万物都是对理念的分有。例如所有的美的事物都是因为分有了美的理念才得以美的，那么这个美的事物是哪些事物，那可以随你去想，你想什么就是什么，你都可以把它填充到这个美的理念里面去，这是理念的特点，就是具有无限的包容性。理念本身是抽象的，但它可以把所有在这个理念之下的那些具体的事物容纳下来，容纳得了用任何想要的内容来填充。

这种辩证的认知之力任凭行动的特定法则和准则沦陷于快乐和因快乐而受到诱惑的少年轻狂之中，而对局限于生活的个别细节的老年人的忧患来说则提供了欺骗的武器。

"这种辩证的认知之力"，这种辩证的认知也就是辩证法了，前面讲到苏格拉底的辩证法，它有一种认知之力，它通过理性思维、通过理性认知已经打破了原来那种无概念的智慧的模糊状态，那种表象的局限的状态，而提升到了一种单纯的理念，所以它是一种辩证的认知之力。这样一种单纯理念不是我加给它的，而是从它本身里面提升起来、挣扎出来的，具体事物本身就包含着这样一种辩证法，是这些具体东西里面所具有的辩证法。这种辩证的认知之力"任凭行动的特定法则和准则沦陷于快乐和因快乐而受到诱惑的少年轻狂之中"，任凭行动的特定法则和准则沦陷于快乐和少年轻狂，让那些看热闹而不加深究的年轻人获得一种摆脱法则束缚的快乐，一种游戏人生的轻松。这不是人为造成的，而是行动的特定法则和准则由于它自身的原因已经沦陷于快乐，沦陷于轻狂，也就是沦陷于物欲，沦陷于人们的欲望，人们对于崇高的东西的不再尊重，而是热衷于亵渎神圣，躲避崇高。但这些现象并不是辩证的认知有意弄出来的，它只是听凭这些现象发生而已。这些行动的法则和准则自己已经沦陷为这样了，它们是自我否定，而且必然会走到这一步，自己败坏自己。最后所有的法则都服从于快乐，都堕落了，都腐败了，都成为了笑料，受到轻狂少年的嘲弄，这就使那些传统的法则和准则被打破了，被抛到九霄云外去了，但是你不要怪这些少年，他们不过是受到摆脱这些陈规束缚的快乐的诱惑，其实是这些特定的法则和准则本身所导致的，它必然要败坏自己。这是一方面，是对青少年这一方面。而对老年人呢，下面讲，"而对局限于生活的个别细节的老年人的忧患来说则提供了欺骗的武器"，而对于老年人来说，什么样的老年人呢？局限于生活的个别细节的老年人。老年人是患得患失的，他不像少年那么轻狂，他是斤斤计较的，他是权衡利弊的。老年人富有生活经验，他不像青年人那样任情使性、放纵享乐，而是充满忧患，患得患失，忧心忡忡。那么对老年人的这种忧患来说辩证法提供了欺骗的武器，就是说它表面上好像并不违背传统伦理法则，似乎也中规中矩，实际上背后隐藏着"理性的狡计"，明明是顺着大众认可的公序良俗亦步亦趋地走，到头来却让人大吃一惊，发现上当了。所以这个辩证的认知之力是双面的，在自然的方面呢，它诱发了少年轻狂，沉沦于快乐和感官物欲，在伦理实体方面呢，它还具有欺骗作用，它并没有从外部摧毁这个伦理实体，而是就从这个伦理实体本身的规定和法则中引出了这些规定和法则的对立面，因此对于老年人有种欺骗作用。当然这样一种欺骗的武器实际上是一种自欺了，因为这种辩证的本性已经从一个传统表象的绝对有效性立场转移到了一个自我否定的立场，你还要坚持原来的那个立场，那就成了一种自欺了。这跟我们今天的情况很相像，我们今天传统的道德伦常为什么越来越变得虚伪，大家都停留在口头上，打着传统道德的旗号做着违背道德良心的勾当，却自以为自己坐得正、行得直，没有丝毫反思，就是这种自欺欺人的效应。

所以美和善的纯粹思想就表现出这样的喜剧，也就是从这种意谓中摆脱出来，这种意谓既包含自己的作为内容的规定性，又包含自己绝对的规定性、包含对这意识的执着，于是这种纯粹思想就成为了一场空，并正因此而成为了偶然个体性的意谓的和任意的游戏。

"所以美和善的纯粹思想就表现出这样的喜剧"，也就是美的理念和善的理念就表现出这样一场喜剧，什么样的一场喜剧呢？"也就是从这种意谓中摆脱出来"，意谓，我们前面讲了，感性确定性和意谓，意谓就是只可意会、不可言传的，没有普遍性。我心中是指的某个东西，但是一说出来就成了别的东西，说出来就是共相，但是我心中的那个意思并不是共相，而是特指的某个具体的对象，所以意谓是说不出来的。现在我要从这种意谓中摆脱出来，这种意谓是什么样一种意谓呢？下面是一个从句，就是修饰这个意谓的。"这种意谓既包含自己的作为内容的规定性，又包含自己绝对的规定性、包含对这意识的执着"，就是这种意谓本来是指什么呢？所有这些道德法则、这些伦常、这些智慧格言，它们的意思是什么呢？一方面包含自己的作为内容的规定性，不能够把这些内容都抽象掉了，一个都不能少，每个美德都有自己的具体规定；但另一方面，又包含自己绝对的规定性、包含对这意识的执着，我还是要相信这些具体规定具有绝对的价值，我执着于我所拥护的规定的绝对性，不想修正一丝一毫。但我的这种立场是说不出来的，一说出来它就不是绝对有效了，它就变成了一个做相反事情的旗号，所以这只是只可意会、不可言传的。我私下里认为它是绝对有效的，但是现实中流行的都是它的赝品，只是广告语，全是假的，为了不与它们同流合污，我只好不说。但不说就没有具体的规定性，内心想的意谓不论多么执着，都是可以不断变动的，无法确证的，如何证明你想的比别人想的更真实呢？没有证据，正如我们刚才讲的，这些法则和准则以往显现于其中的绝对有效性已经消失了。那么，当我们从这种意谓中摆脱出来，既没有了内容的规定性，又失去了准则的绝对有效性，"于是这种纯粹思想就成为了一场空"。这种纯粹思想从这种具体的东西里面摆脱出来，从意谓中摆脱出来，那它还有什么呢？美的理念、善的理念它是什么呢？它是一场空，或者说它是一个非常空洞的东西。柏拉图最后的结论是："美是难的。"美的理念固然层次提高了，但是它的内容也丧失掉了，它成为了一种抽象，甚至成了一个标签，一个旗号。"并正因此而成为了偶然的个体性的意谓的和任意的游戏"，既然它成为了一场空，它什么内容也没有，那么你就可以拿它来做游戏了，你就可以玩弄概念。我们经常说玩弄抽象概念，玩弄词句，玩弄语词，你讲的什么内容都没有，你就几个词汇在那里颠来倒去，以已之昏昏使人昭昭。纯粹思想、抽象概念正因此而成为了偶然的个体性的意谓和任意的游戏（Spiel），成了玩世不恭的借口。个体性的意味你说不出来，但是你可以凭它来耍弄这些概念，让人家摸不着你的意思，反正你可以任意解释它，一点正经也没有。这在伦理上面看就成了游戏人生了，我们今天几乎全都在游戏人生，谁都在那里玩，连崇高也可以玩，玩崇高，玩深刻，美啊、善啊那些理念都可以玩来玩去，因为它没有内容，它本身是空的。这是第二个小标题，就是讲这一段话，我们把它标为"神圣本质性被架空成为偶然个体性的游戏"。第一个小标题是讲"神圣实体的双重本质性"，第二个小标题呢就是说神圣本质被架空了，成为了游戏了。下面第三个小标题"确知自己即绝对本质的个别自我"，就是玩弄了一通以后，它最后要得出一个结果，或者说正—反—合，第三个小标题一般就是

555

合题了，要结题了，最后导致了什么呢？导致了确知自己即绝对本质的
个别自我。连那么崇高的东西我都可以玩来玩去，那说明一个什么问题
呢？这说明了只有我才是绝对的，只有自我才是绝对的，这就是最后结
题的地方了。那些神圣的本质被架空了，成为了抽象的概念，成为了玩物；
而自然的本质性呢又都成为了"云"，变成了一堆本身不确定的表象，那
么最后自我在这里达到了一种自我确定。只要反思一下，我就会发现喜
剧后面起作用的就是那些笑着的人，即王朔所谓的"顽主"，那些人才是
裁判者。他为什么会笑？笑不是出于崇高的观念，也不是出于自然的需
要和感官的快乐，而是出于个别自我的优越感。

[3. 确知自己即绝对本质的个别自我] 于是，以前无意识的、持存于
虚空的静止和遗忘中的、与自我意识分离的命运，在这里就和自我意识
结合起来了。

"于是，以前无意识的、持存于虚空的静止和遗忘中的、与自我意识
分离的命运，在这里就和自我意识结合起来了"，就是说，既然连崇高的
东西我们都可以玩弄，可以玩崇高，玩深刻，那么还有什么可怕的命运我
不能认同的呢？于是那种无意识的、持存于虚空的静止和遗忘中的、与
自我意识分离的命运，以前要么是陌生的，要么是被遗忘了的，要么是被
努力逃避而枉费心机的，现在就在喜剧中和自我意识结合起来了。以前
有一些命运是人必须服从的，在伦理实体里面，你身为这个城邦的人，有
些东西就是天经地义的，不容怀疑的；但由于神圣本质的分裂为二，在现
实中每个人都必然陷入无法逃避的冲突，被命运所玩弄而犯下罪过，对
这种命运你除了忍受、认罪和承担之外，能够安慰的只有遗忘。所以这
种命运和自我意识是分离的，是无意识的、持存于虚空的静止和遗忘中
的，它高高在上，它是异己的天命，不可抗拒，它什么时候来？我不知道，
来了以后，我就得认命，所以它是抽象的伦理实体，是消解主体性的，主
体必须为它作牺牲，这就是悲剧所表现的主题。那么在这里，在喜剧中，

这种命运就和自我意识结合起来了，自我的主体在喜剧中崛起了，甚至把陈旧的伦理实体解构了。以往的那些神圣的本质性被淘空了，成为虚伪的旗号或标签，下降为游戏和调侃的对象，从这一方面来说是一种伦理实体的堕落，但是从另一方面来说呢，它又是一种提升，一种主体的新生。自我意识现在立起来了，原来是匍匐着的，原来是匍匐于命运和实体之下，而现在呢他意识到自己就是命运，自我意识自己就是命运，命运掌握在我自己的手里。所以这个命运呢在这里就和自我意识结合起来，我自己可以掌握自己的命运，自我意识就有力量了，原来是没有力量的，原来是无意识的，被实体性的重量压得抬不起头，现在我自己可以掌握自己的命运，那么它就有了力量。①

个别的自我就是否定之力，凭借这种力并且在这种力中，诸神以及他们的各环节、定在着的自然和对自然的诸规定的思想都消失了；同时，[228]个别的自我并不是消失的空无，而是保持其自身于这种**虚无性**里，存在于自身中并且是唯一的现实性。

"**个别的自我**就是否定之力"，"**个别的自我**"打了着重号，也就是说这里的自我意识是以个别的自我这种方式出现的，它是一种否定的力，纯粹的否定性。"凭借这种力并且在这种力中，诸神以及他们的各环节、定在着的自然和对自然的诸规定的思想都消失了"，个别自我意识现在在喜剧中扮演着宙斯在悲剧中所扮演的角色，它是终极的否定之力，没有别的权威能够凌驾于它之上。所以凭借这种否定的力、并且在这种力中，诸神以及他们的各环节都消失了，都成了纸糊的招牌；定在着的自然和对自然的诸规定的思想也消失了，这些自然规定虽然也给主体造成了

---

① "如果在悲剧里永恒的实体性因素以和解的方式达到胜利，……在喜剧里情况就相反，无限安稳的**主体性**却占着优势。在戏剧体的分类中只有这两种动作情节的基本根由（实体性因素和主体性）才是相互对立的。……从他们的笑声中我们就看到他们富有自信心的主体性的胜利。"［德］黑格尔：《美学》第三卷（下），朱光潜译，商务印书馆 1979 年版，第 290 页。

矛盾和烦恼,但是正如黑格尔在《美学》中讲的,"主体一般非常愉快和自信,超然于自己的矛盾之上,不觉得其中有什么辛辣和不幸;他自己有把握,凭他的幸福和愉快的心情,就可以使他的目的得到解决和实现。"①喜剧中遇到的矛盾没有什么严肃的伦理主题,都仅仅是自然定在中的矛盾,或者是自然诸规定的思想冲突,主人公在其中即使遭到了失败,也不是什么大不了的事情,能够轻松愉快地面对,并对自己所受到的挫折感到好笑。"同时,个别的自我并不是消失的空无,而是保持其自身于这种虚无性里,存在于自身中并且是唯一的现实性",个别的自我在这种消失中并不随之成为消失的空无,而是保持其自身于这种虚无性里,他没有被失败所打倒,反而一笑置之,保持着自己居高临下的地位。因为在喜剧中他清楚地意识到,所有这些矛盾冲突都是过眼烟云,连他自己的失败都是他用来自我调侃的笑料,他在这样一种虚无性里面把自己保持住了,意识到只有他自己才是真实的,他存在于自身中并且是唯一的现实性。黑格尔在《美学》中说:"喜剧性一般是主体本身使自己的动作发生矛盾,自己又把这矛盾解决掉,从而感到安慰,建立了自信心。……但是另一方面,主体之所以能保持这种安然无事的心情,是因为他所追求的目的本来就没有什么实体性,或是纵然也有一点实体性,而在实质上却是和他的性格相对立的,因此作为他的目的,也就丧失了实体性;所以现时遭到毁灭的只是空虚的无足轻重的东西,主体本身并没有遭受什么损害,所以他仍安然站住脚。"② 可以对照着读。

艺术的宗教在个别的自我意识里完成了自身并且完全返回到了自身。

"艺术的宗教在个别的自我意识里完成了自身",也就是说整个艺术宗教我们走过了这么长的历程,我们从艺术宗教的伦理实体的基础出发,

---

① 　[德] 黑格尔:《美学》第三卷 (下),朱光潜译,商务印书馆 1979 年版,第 291 页。
② 　同上书,第 315 页。

最后要达到的就是个别自我意识的主体性,艺术宗教最终在个别自我意识中使实体成为了主体。所以说它在个别的自我意识里完成了自身,"并且完全返回到了自身",艺术宗教完全返回到了自身,也就是作为绝对精神,它是实体和主体的统一,但统一于主体。在喜剧中,主体把一切实体都吞并了,变成了自身的环节,而这正是整个艺术宗教暗中潜伏着的隐秘结构。艺术宗教一直都在努力地寻求揭示神圣实体的本质:先是到对象世界中寻求,寻遍了光明、植物和动物,然后转向人所造成的神庙和神像,再进入到人自身的祭拜活动和人体,从中又抓住人的语言表达和诗,由此展示出精神的艺术品从客观描述的史诗走向主客相冲突的悲剧、最后引出喜剧中独立不倚的个别自我意识这一进程。而在这个最后的终点上,个别自我意识的主体性就展示无余,它才是艺术宗教中最隐秘的本质,在个别自我意识里面艺术宗教才完全返回到了自身。喜剧性突出了人的主体性的自由,而在史诗和悲剧中所体现的还是人的无法抗拒的命运。喜剧把人的命运和人的自我意识、把伦理实体和个别自我意识的主体合为一体,人可以支配自己的命运,这正是艺术宗教最终要证明的。"艺术",Kunst,本身就是"人为"的意思。

由于个别意识在自己本身的确定性中就是个别自我,而个别自我则显示为这种绝对的力量,于是这绝对力量便失掉了一个**被表象的东西**的形式、一个与一般**意识**相**分离**、相陌生的东西的形式,如同那些雕像、甚至那些有生命的美的形体、或者史诗的内容和悲剧中的各种力量与人物曾经所是那样的形式;

我们先看这半句。"由于个别意识在自己本身的确定性中就是个别自我",个别意识就是个别自我,也就是说个别意识就是个别自我意识,个别的意识在自己本身的确定性中就是个别的自我意识。个别意识本来是散的,经验哪、感性哪都是个别的意识了,那些都没有确定性;但是它在这种自身的确定性中,你把它确定下来,那它就是个别自我意识,所有的那些形形色色的个别意识、那些表象、那些经验、那些感觉,如果放在它的确定性中来看，它就是个别自我意识。"而个别自我则显示为这种绝对的力量"，个别自我也就是个别自我意识，现在显示为这种绝对的力量。他跟命运合为一体，他就有了力量，他能够自己决定自己的命运，而且再没有高高在上压迫他的东西了，他自己就是绝对的力量。"于是这绝对力量便失掉了一个**被表象的东西**的形式"，被表象的东西打了着重号。这种个别的自我意识的绝对力量不再采取一种被表象的形式，我们刚才已经讲到，它已经从表象的层次提升到理念了，它不再是那种被表象的东西，而是提升到了一个更高的抽象的形式，你不再能够把它放在一个对立面，主客二分、主客对立地去表象它。"一个与一般**意识**相分**离**、相陌生的东西的形式"，被表象的东西都是这样，它们处于对象意识之中，表象为一个与一般意识相分离相陌生的形式，"意识"和"分离"都打了着重号。与意识相分离就是作为意识的对象，属于对象意识；与意识相陌生也是主客二分的形式。意识跟自我意识的区别就在这里，自我意识是对自己的意识，而意识呢是对一个对象的意识，现在个别意识已经成了个别自我意识，那它当然就不再采取这样一种与意识相分离、相陌生的东西的形式了。就是说它不再是意识和对象相对立、相分离，不再是主客二分的了。"如同那些雕像、甚至那些有生命的美的形体，或者史诗的内容和悲剧中的各种力量与人物曾经所是那样的形式"，这是进一步的说明那样一种形式，那种主客二分的形式，前面的艺术宗教都还没有摆脱这种形式。最典型的比如说那些雕像，还有那些有生命的形体，比如说奥林匹克运动会上面展示出来的；再就是史诗和悲剧中的各种力量与人物曾经表现出来的那种形式，都还是主客二分的。只有到了喜剧中，个别自我意识才显示为这样一种绝对的力量，一个最高主体，它控制了主客双方，而去掉了那些主客二分的形式。这是分号。

　　——甚至这种统一也不是祭拜和神秘仪式中**无意识的**统一；——而是演员真正的自我和他的角色相重合，正如观众在表演给他看的那个自我中感觉完全是自己家里的人、就像看他们自己在表演一样。

　　这是进一步的说明，既然它失去了这种主客二分的形式，那当然这种绝对力量就不再是主客二分的，而是统一的，而这种统一跟艺术宗教中其他那些统一的形式呢也不一样。"甚至这种统一也不是祭拜和神秘仪式中**无意识的统一**"，这种主客的统一、这种绝对的力量和一般对象意识的统一原来也有过，原来在祭拜和神秘仪式中也有这种统一，但是原来这种统一是一种无意识的统一，"无意识的"打了着重号。所以喜剧中的这种统一也超出了祭拜和神秘仪式中的那种无意识的统一，"而是演员真正的自我和他的角色相重合"。在喜剧中的统一和以往的主客统一不同，在祭拜中，在神秘仪式中，比如说在酒神仪式中，它也是一种主客观统一，但只是无意识的统一，那些狂热的妇女们在酒神节上面狂欢，但她们没有把自己当作演员，没有意识到自己是演员，不是有意识的表演，而是兴之所至，一旦进入到角色，就陶醉于这种神秘的仪式之中了。而在喜剧中的统一不同，它是演员真正的自我和他的角色相重合，他不是不自觉的，不是无意识的，而是有意识的，他扮演的角色和他自己相重合。在喜剧里面角色和他自己是重合的，在悲剧里面还不是，在悲剧里面你要演得像，你就必须忘掉自己，你就必须把自己当作悲剧里面的人物一样，把自己提升到英雄或神，忘掉自己原来的身份，忘掉自己原来只是一个普通凡人。而喜剧呢就是一个凡人演一个凡人，他就是那么个普普通通的人，他演的角色也是普普通通的，用不着装。喜剧演员你就把你的日常性格演出来，像我们今天讲相声的，像周立波这样一些人，他就是那么个普通人的性格，一介俗人，他在台上就表现出来了，我们喜欢他的角色，我们也喜欢他的这个人，角色和他的人是复合为一的。"正如观众在表演给他看的那个自我中感觉完全是自己家里的人、就像看他们自己在表演一样"，观众觉得他完全自己家里的人，很家常的，很接近的，他们不是那么崇高的，讲的都是一些真话，没有什么崇高的大话。喜剧演员往往讲真话，小品啊、相声啊这些里面经常讲真话，所以我们听了很亲切，它就是我们日常的话，就是我们想讲而没有讲出来的，我们没有他讲得那么好，所以他往往可以引起会心的大笑。观众看表演就像看他们自己在表演一样，我们看演员在表演，就是我们把自己也当作演员了，我们跟演员认同，我们这些观众每个人似乎都能上台去表演一番，都能够说出他那样一番话，他是代替我们说话，这个是喜剧跟悲剧不同的地方。

这个自我意识所直观到的是，在本质性的形式所假定为与自我意识相对立的那种东西中，在这种东西的思维中，定在和行为反而都消融和被放弃了，这是一切普遍的东西向自身确定性的返回，因此这种自身确定性就是对一切异己的东西的完全无所畏惧，是它们的完全无本质性，而且是意识的一种健康状态以及自安于健康状态，这种情况是除了在喜剧中以外再也找不到的。

"这个自我意识"，这个自我意识就是个别自我意识了，个别自我意识"所直观到的是，在本质性的形式所假定为与自我意识相对立的那种东西中"，本质性的形式所假定为与自我意识相对立的那种东西是什么？就是对象，就是对象意识。主客对立嘛，本质性的形式本来是假定为主客对立的，原来的那种本质性的形式，不论是自然的本质性还是被思维到的本质性，作为神圣的本质性都处于对立之中。而神圣的本质性的这种对立就假定了主客对立，也就假定了与自我意识相对立，它始终对自我意识来说是陌生的或异己的东西。而现在，在喜剧中，"在这种东西的思维中，定在和行为反而都消融和被放弃了"。在喜剧中那种与自我意识对立的东西已经被提高到思维了，美啊、善啊都被提高为一种理念了，原来美和善都是跟自我意识对立的东西，我们要追求它，但是它高高在上，我们追求不到。但是现在我们可以思维它，而在对这种对象的思维中，定在和行为反而都消融和被放弃了，这种思维已经超越于定在和行为之上，成为了不受约束的自由主体。在这种思维眼里是没有定在，也没有行为的，不受我们的世俗生活干扰，也毫不在乎世俗生活中的得失。在喜剧里面原先那种决定世俗生活中的定在和行为的神秘的命运现在已经根本就没有什么力量了，它化解为一阵笑声。"这是一切普遍的东西向自身确定性的返回"，一切普遍的东西，理念、神圣本质、伦理实体，这些东西都可以说是普遍的东西，现在都返回到了个别自我意识的自身确定性，都要由自我来决定，自我意识才是它们最终的根。"因此这种自身确定性就是对一切异己的东西的完全无所畏惧，是它们的完全无本质性"，这种个别自我意识的确定性，现在就是对一切异己的东西完全无所畏惧，不怕神的压制，不怕命运的威胁，对它来说，所有异己的东西，所有在自我意识之外的陌生的东西，都是没有本质性的，我可以在意识里面思维它，和它做游戏，但是它不能够干预我的生活。"而且是意识的一种健康状态以及自安于健康状态"，这种个别自我意识的自身确定性是意识的一种健康状态，是一种自安于健康的自满自足的状态，所谓意识的健康状态就是不再受到陌生力量的恐吓和威胁而自得其乐的状态，一种将异己力量化为己有的自我意识的独立状态，一种将现实生活中的各种挫折满不在乎地当作笑料而始终乐观向上的状态。"这种情况是除了在喜剧中以外再也找不到的"，这是黑格尔的一种洞见，就是在喜剧精神里面看出一种哲学的根基、哲学的原则，整个艺术哲学最后归结到这一点，就是个别自我意识的形成。当然个别自我意识也会有他自身的局限性，但这至少是整个艺术宗教最后的归结点，就是个别自我意识的崛起。苏格拉底对美和善的理念的提升，柏拉图的理念世界的建立，这些东西都是很崇高的，但是这一过程是只有通过一种喜剧精神、只有通过一种反讽才能完成，如果没有这种反讽，没有以个别自我意识的纯粹否定性来消解那些陌生的东西，人们将永远陷在定在和现实的行为中，无法达到主体对实体的全面吸收，无法建立起一个超然于一切被表象之物之上的单纯思维境界。

艺术宗教到这里就讲完了，下面接下来是天启宗教。

德汉术语索引

（所标页码均为德文《黑格尔全集》考订版第9卷页码，即本书边码中大括号里的数字；凡有两种译法的词均以"/"号隔开，并以此分段隔开页码；原文中出现太多的词不标页码，只将字体加粗）

A

Abgeschieden 死去的 363, 364, 373, 384, 390

Absolute 绝对

absolute Geist 绝对精神 365, 368, 371, 373, 381, 387

Abstrahieren, Abstraktion 抽象

Allgemein 普遍的，普遍

Allgeneine 共相 363, 384, 390, 391, 396, 398

Andacht 默祷 380, 382—384

Anderes 他者

Anderssein 他在 364, 371

andeuten 暗示 379

Anerkennen 承认 386, 396

Anschauung 直观 366, 368—372, 376, 386, 389, 399

an sich 自在

Aollo 阿波罗 396

Arbeit 劳动 372—377, 380, 383—385, 390

Atom 原子 372

Attribute 定语 366, 367, 371, 395

Aufheben 扬弃

Aufklärung 启蒙 364

Aufopfern 牺牲 372, 383, 384

Auftreten 出场 366, 376, 377, 389, 393, 396—398

Äußere 外在的东西

B

Bacchus 酒神 384, 387, 388

Bedeutung 含义 / 意义 363, 364, 373, 374, 377, 379, 383—385, 387,

汉德词汇对照表

(按照汉语拼音字母顺序排列；凡有两个译名的分别在两处重现并带上另一译名。)

A

阿波罗 Aollo
暗示 andeuten
奥秘 Geheimnis

B

悲剧 Tragödie
悲情 Pathos
本能 Instinkt
本心 Herz
本性 Natur
本质 Wesen
本质性 Wesenheit
彼岸 jenseitig
必然性 Notwendigkeit
辩证法，辩证的 Dialektik dialektisch

表象 Vorstellung
宾词 Prädikat
不安息 Unruhe
不公正 Unrecht
不可通约性 Inkommensurabilität
不幸的 unglücklich

C

操控 Betätigung
差异性 Verschiedenheit
财富 Reichtum
材料 Stoff
超感官世界 übersinnliche Welt
承认 Anerkennen
成为一 Einssein
持存 Bestehen
崇高 Erhabenheit

冲动 Trieb, treiben

抽象 Abstrahieren, Abstraktion

出场 Auftreten

存在 Sein

存在者 Seiende

D

单纯，单纯性 einfach, Einfachheit

单一性 / 统一性 Einheit

当下 Gegenwart

道德 Moralität

颠倒 Verkehrte

点截性 Punktualität

定语 Attribute

定在 Dasein

地祇 Erdgeist

斗争 Kampf

独立性 Selbständigkeit

端 Extreme

对立 Gegensatz

对象 Gegenstand

对象性，对象性的 Gegenstandlichkeit, gegenstanlich

多数 / 众多性 Vielheit

E

恶 Böse

F

法权 / 公正 / 权利 Recht

法则 Gesetz

翻转 umschlagen

反讽 Ironie

反思 Reflexion

反映 Gegenbild

泛神论 Pantheismus

分裂为二 Entzweien

否定 Negation, negativ

服务 Dienst

复仇女神 Erinnye

赋形 Formierung

福玻斯 Phöbus

符号 Zeichen

G

概念 Begriff

感觉，情感 Empfinden

感性的 sinnlich

歌者 Sänger

个别 Einzeln

个体 Individuum

根据 Grund

共同体 Gemeinwesen

共相 Allgeneine

工匠 Werkmeister

工具 Organ

构形 gestalten

谷神 Ceres

关节点 Knoten

关系 Verhältnis

光明本质 Lichtwesen

怪物 Ungeheur

规定性 Bestimmtheit

规律 Gesetz

鬼魂 Geist

国家 Staat

国族 Nation

H

含义 Bedeutung

行家 Meister

豪情 Begeisterung

和解 Versöhnung

横扫四方 umherschweifen

恨 Haß

滑稽可笑的 Komische

话语 Rede

环节 Moment

换位 Verwechslung

J

激活 begeisten

激情 Leidenschaft

祭拜 Kult

家庭 Familie

假象 Schein

教化 Bilden

经验 Erfahrung

精灵 Geister

精神 Geist

酒神 Bacchus

聚合体 Masse

绝对 Absolute

绝对精神 absolute Geist

角色 Person

K

肯定的 Positiv

空虚 Leere

恐怖 Schreck

恐惧 Furcht

快乐 Lust

快乐 Freudigkeit

狂飙 / 走火入魔 Raserei

狂欢 Taumel

L

劳动 Arbeit

理念 Idee

理性 Vernunft

力 Kraft

力量 / 威力 / 权力 Macht

例示 beiherspielen

联系 Beziehung

良心 Gewissen

灵魂 Seele

灵异 Dämon

令人晕眩的 taumelnd

流动性 Flüssigkeit

伦常 Sitte

伦理，伦理的 Sittlichkeit, sittlich

M

满足 Befriedigung

矛盾 Widerspruch

媒介 Medium

美 / 优美 Schön

面具 Maske

命运 Schicksal

明见 Einsicht

民族 / 民众 Volk

民族精神 Volksgeist

缪斯 Muse

默祷 Andacht

魔鬼 Teufel

漠不相干（关）gleichgültig

目的 Zweck

N

内容 Inhalt

内在的东西 Inneres

能动性 / 活动性 Tätigkeit

O

偶然性 Zufälligkeit

P

评判 Beurteilen

平衡 Gleichgewicht

普遍的，普遍性 Allgemein,
　　Allgemeinheit

Q

欺骗 Betrug

启蒙 Aufklärung

启示 Offenbarung

器具 Gerätschaft

强制力 Gewalt

区别 Unterschied

确定性 Gewißheit

全天下 Gesammthimmel

全体 / 整体 Ganze

全体民众 Gesammtvolk

R

人 Mensch

人格，人格性 Person, Persönlichkeit

人民 Demos

人性 Menschheit

认识 Erkennen

任意 Willkür

认知 Wissen

荣耀 Ehre

肉体 Leib/leiblich

S

善 Gute

上帝 / 神 Gott

伸缩性 plastisch

神秘，神秘仪式 Mysterien, Mysterium

神灵 / 诸神 Götter

神圣的 göttlich

神谕 Orakel

身体 Körper

生命，生活 Leben

时间 Zeit

始基性的 elementarisch

实存 Existenz

实践 Praktische

实体 Substanz

实在性 Realität

史诗 Epos

事件 Geschehen

属性 Eigenschaft

思维 Denken

思想 /Gedanke

斯芬克斯 Sphinx

死去的 Abgeschieden

死亡 Tod/tot

所有物 / 财产 Eigentum

T

他在 Anderssein

他者 Anderes

泰坦，巨灵 Titanen

太一 das Eine

特殊 Besondere

提丰 Typhon

天，天界 Himmel

天启宗教 die offenbare Religion

同情 Mitleid

统一性 / 单一性 Einheit

透明的 durchsichtig

团契 / 共同之处 Gemeinde, Gemeine

推论 Schließen

脱罪 Freisprechung

W

外化 Entäußerung

外在的东西 Äußere

万神殿 Pantheon

忘川 Lethe

为他的 für anderes

我们 Wir

无限 Unendliche

无自我性 Selbstlosigkeit

物，事物 Ding

物性 Dingheit

X

牺牲 Aufopfern

喜剧 Komödie

现成的，在手的 vorhanden

现实的，现实性 wirklich, Wirklichkeit

现象 Erscheinung

享受 Genuss

想象 einbilden

消失 Verschwinden

信赖 Vertrauen

信念 /Überzeugung

信使 Bote

信仰 Glauben

形式 Form

形态 Gestalt

兴趣 Interesse

行动 Handlung

行动者 Handelnde

行为 Tun

行为业绩 Tat

性格 Charakter

性状 Beschaffenheit

虚浮 Eitelkeit

虚无 Nichts

Y

"一" Eins

艺术，艺术家，艺术品 Kunst,
　Künstler, Kunstwerk

义务 Pflicht

验证 Bewährung

扬弃 Aufheben

异己的 / 陌生的 fremd

异化 Entfremdung

意识 Bewußtsein

意谓 Meinung

意义 Sinn

意志 Wille

遗忘 Vergessen

英雄 Hero

永恒 Ewige

有机的，organisch

有死者 Sterbliche

有用性，有用 Nützlichkeit, nützlich

游戏 Spiel

语言 Sprach

欲望 Begierde

元素 Element

原则 Prinzip

原子 Atom

运动 Bewegung

云 Wolken

赞美歌，赞美诗 Hymne

Z

造型 Figuration

宙斯 Zeus

占有 Besitz

哲人 Weise

这一个 Dieses

真实的东西，真实 Wahre

真理 Wahrheit

整体 / 全体 Ganze

证明 Beweis

政府 Regierung

知觉 Wahrnehmung

知识 Kenntnis

知识 Erkenntnis

知性 Verstand

质料 Materie

智慧 Weisheit

秩序 Ordnung

直观 Anschauung

直接性　直接的 Unmittelbarkeit unmitelbar

中介 Vermittelung

中项 Mitte

主权者 Regent

主人 Herr, Herrschaft

主体 / 主词 Subjekt

庄严妙境 Herrlichkeit

自然 Natur

自身本质 Selbstwesen

自为 für sich

自我 Selbst

自我意识 Selbstbewußtsein

自由，自由的 Freiheit, freie

自在 an sich

宗教 Religion

综合的 synthetisch

组织 Organisation

最高统治权 Oberherrschaft

最高指挥权 Oberbefehl

罪行 Verbrechen

罪责 Schuld

尊重 Pietät

作品 Werk

后　记

　　本卷包括自然宗教和艺术宗教两部分，所涉及的历史文化视野在《精神现象学》各部分中应该是最为广阔的，除了中国还在黑格尔当时的视野之外，其他如埃及、印度、波斯、阿拉伯和希腊罗马，从东方到西方的整个古代人类文化圈几乎尽收眼底。我们由此而不得不惊叹的，不仅仅是黑格尔渊博的知识面，更是他用自己一套逻辑整理和描述这些异常庞杂的知识而使之呈现出一种逐级提升的精神层次关系的超强能力。书中对埃及金字塔、神像和神庙的分析以及与希腊建筑艺术和雕刻的精确比较，对酒神精神和日神精神先于尼采而进行的精当的哲学概括，对奥林匹克精神对于人类精神发育史上的重要地位的首次揭示，以及对史诗、悲剧和喜剧依据大量跨越古今的作品而作出的相当内行的剖析，都给人留下了极为深刻的印象。所有这一切，都是在黑格尔的宗教精神这样一个总标题之下展示出来的，在他看来，世界各民族各文化的宗教都是一个唯一的大写的"宗教"的不同方面和层次的体现，因此只要是宗教，它们都有内在的亲缘关系，每一个都把其他宗教的因素包含于自身内，而自身复又成为所有其他宗教中所必然包含的因素，不同的只是这些因素在每个宗教中的构成方式有别，或者说，哪个因素在其中占据主导地位并且是如何支配其他因素的，这是它们各不相同的。当然，作为西方文化集大成的哲学家，黑格尔仍然是以他所属的基督教新教（路德教）作为一切宗教最终的归宿和最高的代表，其他宗教都是趋向于基督教即"天启宗教"的一些阶段；但这种立场也是任何一个有宗教信仰的学者本身所避免不了的，而且这总比那种只承认自己的宗教是宗教、其他宗教都是魔鬼、必欲以"圣战"除之而后快的中世纪宗教狂热要好。不过，黑格尔以宗教来概括一切文化艺术现象的做法在后来有所改变，在他的《哲学百科全书》中，他已经不再把艺术作为宗教中的一个阶段，而是当作绝对精神的三个环节（艺术、宗教、哲学）之一取得了自己的独立地位，这种划分显然更加合理。

　　本卷作为第 9 卷，已经比预计的提前了许多，按照这个速度，有可能在年内或春节前完成整个 10 卷（附带一个新译本）的浩大工程。全套书进展之所以如此之快，得力于一大批学生、弟子和"粉丝"的鼎力相助，他们一个接一个，像接力赛一样把全部讲课录音整理成了文字。当然我的再次加工也决不轻松，而必须重新审视、修订甚至改写，但即使那些改写得面目全非的地方，也亏得有一个现成的文本在手头才有可能。本卷12.5 次讲演的录音整理全部由博士生程寿庆君独力承担，他还承担了后面天启宗教的部分，看来他的确是在用一种完全超功利的宗教精神在做这件事，我对他的这项认真的劳动表示由衷的敬佩和感谢！

　　忽然想到孔子的名言："发愤忘食，乐以忘忧，不知老之将至云尔！"孔子这种心态，大概也是可以"抽象继承"的吧。

邓晓芒

2016 年 9 月 10 日于喻家山